모더니티의 수도, 파리

일러두기

-본문 첨자는 모두 옮긴이 주다.
-외래어 표기는 국립국어원 외래어 표기법을 따랐다.

데이비드 하비
DAVID HARVEY

모더니티의 수도, 파리

김병화 옮김

PARIS

CAPITAL OF MODERNITY

자본이 만든
메트로폴리스
1830-
1871

글항아리

서문

단절로서의 근대성

근대성modernity의 신화 가운데 하나는 과거와의 근본적인 단절이라는 개념이다. 그것은 아마도 세계를 백지 상태tabula rasa로, 과거에 상관하지 않거나 과거가 끼어들더라도 이를 망각하고 새로운 것을 기록할 수 있는 백지 상태로 볼 수 있게 해주는 수준의 단절을 말할 것이다. 따라서 근대성은 온건하고 민주적인 것이든 혁명적이고 충격적이며 권위적인 것이든, 종류를 불문하고 언제나 "창조적 파괴"다. 근본적인 단절이라는 것이 문학이나 미술, 도시계획과 산업 구조, 정치, 생활 방식, 그 외 온갖 상이한 분야에서 무언가를 만들고 표현하는 스타일의 문제인지, 아니면 근대성의 집합적 힘이 나머지 세계를 집어삼키는 방향으로 확산되기 시작하는 결정적으로 중요한 몇몇 장소와 시간에 그런 분야들의 변동이 집결되는 것을 가리키는지, 판단하기 어려울 때가 많다. 근대성의 신화는 후자의 해석 쪽으로(특히 같은 어원을 지니는 근대화modernization와 발전development이라는 개념을 통해) 기우는 경향이 있다. 비록 계속 추궁해나가면 그 해석의 옹호자들은 대개 불균등한 발전이라는 것을 기꺼이 시인하며, 구체적인 내용을 따져나가다보면 상당한 혼란이 있지만 말이다.

나는 이러한 근대성 개념을 신화라고 부른다. 왜냐하면 근본적인 단절이라는 개념이 광범위하게 적용되며 설득력을 지니고 있다고 해도 그것이 발생하지도 않았고 발생할 수도 없다는 증거는 얼마든지 있기 때문이다. 이에 비해 그 대안인 근대화 이론(근대성이 아니라)은 생시몽이 처음 만들어냈고 마르크스가 적극 지지한 것으로, 어떤 사회질서도 기존 여건 속에 이미 잠복해 있지 않던 변화를 만들어낼 수는 없다는 입장이다. 근대 사상의 만신전 안에서 뚜렷한 자리를 차지하는 두 사상가가 근본적인 단절의 가능성을 이렇게 명백히 부정하면서도 그와 동시에 혁명적 변화의 중요성을 주장했다는 사실이 이상하지 않은가? 의견이 수렴되는 곳은 "창조적 파괴"라는 구심점 부근이다. 옛 속담이 말하듯이, 달걀을 깨뜨리지 않고 오믈렛을 만들 수는 없다. 새로운 사회 형태를 만들려면 어떤 방법으로든 옛것을 능가하거나 그것을 폐기하지 않을 수 없다. 그러므로 근대성이 하나의 개념으로서 의미를 지닌다면, 그것이 창조적 파괴의 결정적인 순간들을 신호해주기 때문이다.

전체적으로 보아 1848년 유럽, 특히 파리에서는 뭔가 아주 극적인 일이 일어났다. 그 무렵 파리의 정치·경제·생활·문화에서 근본적인 단절이 일어났다는 주장은 적어도 표면상으로는 전적으로 그럴듯하다. 그 이전에 있었던 도시관都市觀은 기껏해야 중세적인 도시의 하부구조에서 발생한 문제를 땜질하는 미봉책에 지나지 않았다. 그러다가 도시를 강제로 근대성으로 몰아넣은 오스만이 등장했다. 그 이전에는 앵그르, 다비드 같은 고전주의자와 들라크루아 같은 색채주의자가 있었지만, 그 이후에는 쿠르베의 사실주의와 마네의 인상주의가 나왔다. 그 이전에는

그림 1 1848년 6월 모르텔리 거리에 설치된 바리케이드를 그린 에르네스트 메소니에의 그림은 좀더 유토피아적인 사회주의 노선에 따라 파리의 정치체政治體를 재구축하려 했던 혁명운동을 좌절시킨 죽음과 파괴를 묘사한다.

낭만주의 시인과 소설가(라마르틴, 위고, 뮈세, 조르주 상드)가 있었지만 그 이후에는 간결하고 말을 아끼는, 예리하게 날이 선 플로베르, 보들레르의 산문과 시가 나왔다. 그 이전에는 수공업 공정을 따라 조직된 제조업들이 여러 곳에 흩어져 있었지만 그 대다수가 기계와 근대적 산업에 밀려났다. 그 이전에는 좁고 꼬불꼬불한 거리나 아케이드에 소점포들이 늘어서 있었지만 그 이후에는 대로면에 널찍하게 터를 잡고 펼쳐진 백화점이 등장했다. 그 이전에는 유토피아주의와 낭만주의가 있었지만 그 이후에는 빈틈없는 경영주의와 과학적 사회주의가 탄생했다. 그 이전에는 물장수가 중요한 직업이었지만 상수도가 설치된 이후 1870년경 물장수는 거의 완전히 자취를 감췄다. 이런 온갖—또 더 많은—측면에서 1848년은 옛것 속에서 수많은 새로운 것이 응결되어 나오는 결정적인 순간으로 여겨진다.

그렇다면 정확하게 1848년 파리에서는 무슨 일이 일어났는가? 사방에서 굶주림과 실업과 빈곤과 불만이 팽배했고, 사람들이 생계 수단을 찾으려고 도시로 몰려들었으며, 그 가운데 많은 수가 파리를 중심으로 모였다. 공화주의자와 사회주의자들은 군주제와 상대하겠다는, 적어도 그것이 애초에 약속한 민주적 개혁을 요구하겠다는 결심을 하고 있었다. 그런 개혁이 일어나지 않을 때 혁명의 시기가 도래했다고 생각하는 사람은 항상 있었다. 하지만 그런 상황은 한없이 계속되었다. 1840년대에 벌어진 파업과 거리 시위와 봉기 음모는 저지되었고, 그들의 준비되지 않은 상태로 판단하건대 이번은 다를 것이라고 생각하는 사람은 거의 없는 듯했다.

1848년 2월 23일 카푸친 대로의 외무성 앞에서 벌어진 별로 크지 않은 시위가 당국의 통제 범위를 벗어났고, 진압 부대가 시위자들에게 발

그림 2 도미에가 1848년에 그린 「소요」는 1848년 2월 혁명의 잔혹하고 무질서한 성격을 일부 포착한다. 그 참혹한 결과를 예견하는 음울한 조짐이 보이는 듯하다.

포하여 50여 명이 사망했다. 그 뒤의 일은 심상치 않은 방향으로 전개되었다. 살해된 사람들의 시체를 실은 수레와 횃불이 도시 전역을 장악했다. 나중에 플로베르는 『감정 교육』에서 대니얼 스턴의 전설적인 묘사를 활용하는데, 여기서는 한 여자의 시체에 초점이 맞춰진다(전설적이라고 하는 이유는 그 수레를 끌고 간 사람이 실린 시체 가운데 여자는 없었다고 증언했기 때문이다).[1] 스턴의 설명에 의하면, 대체로 침묵한 군중이 거리에 운집하기 전에 한 소년이 그 젊은 여성의 시체를 간간이 횃불로 비췄고, 사이사이에 한 남자가 그 시체를 들어올려 군중에게 보여주었다고 한다. 이 상징이 발휘하는 힘은 강력했다. 오래전부터 사람들은 자유를 여성형으로 생각해왔으니, 이제 그 자유가 저격당한 것처럼 느낀 것이다. 다들 그날 밤이 괴괴하게 조용했다고 한다. 시장 거리도 조용했다. 새벽이 왔고, 도시 전역에 경종이 울려 퍼졌다. 그것은 혁명을 부르는 외침이었다. 노동자, 학생, 불만을 품은 부르주아, 소규모 부동산 소유주 등이 함께 거리로 몰려나왔다. 국민방위대 병사도 다수 가담했으며, 얼마 지나지 않아 많은 부대가 싸울 의지를 잃었다.

루이 필리프는 서둘러, 처음에는 루이 몰레를, 다음에는 아돌프 티에르를 수상으로 임명했다. 방대한 프랑스혁명사를 집필하기도 한 티에르는 7월 왕정(1830)에서도 그 지위에 임명된 바 있지만 그 체제를 영국식의 입헌군주제로 확립하는 데 실패했다. 티에르는 왕에게 베르사유와 왕에게 충성하는 육군 쪽으로 물러나고, 필요하다면 파리의 혁명운동을 진압하라고(1871년에 채택된 파리 코뮌 진압책) 권고했다고 한다. 늙고 사기가 떨어진 왕이 그 말을 들었는지는 몰라도 귀담아듣지는 않았다. 그는 여덟 살 난 손자에게 왕위를 물려주고 마차에 뛰어올라, 왕비와 함께 스미스 부부로 변장하여 영국으로 달아났다. 그때쯤 도시는 혁명군에 장악되어 있었다. 보수파 대의원들은 달아났고, 새 왕을 위해 섭정을 두려고 잠시 시도했던 의회의 제안은 곧바로 거부당했다. 시청에서는 도시 전역에 임시정부의 설립을 선언했다. 공화주의와 사회주의의 동조자이자 낭만주의 시인인 라마르틴과 루이 블랑(오래전부터 사회주의자이던)을 포함한 11명의 그룹이 이끄는 임시정부가 선포되었다. 군중은 당시 왕의 거처였던 튀일리궁에 쳐들어가 그곳을 약탈하고 가구와 그림을 부쉈다. 평민과 거리의 부랑아들까지도 차례대로 옥좌에 앉아보았고, 나중에는 거리로 끌고 나갔다가 바스티유에서 태워버렸다.

이 사건을 목격한 사람은 많다. 발자크는 러시아에 있던 연인 한스카 부인 곁으로 돌아가려고 안달하면서도 튀일리궁으로 가서 자기 눈으로 직접 그 광경을 보고 싶은 마음을 억누르기가 힘들었다. 플로베르는 "예술적 관점에서" 사건들을 직접 보기 위해 파리로 달려갔으며, 20년 뒤에는 일부 역사가도 인정할 만큼 정확하고 풍부한 내용을 담은 그 사건의 묘사를 『감정 교육』에 길게 집어넣었다. 보들레르는 시위에 말려들었다. 하지만 당시 보르도 인근 지역인 블라에의 부지사였으며 나중에는 파리의 변형을 배후에서 지휘하는 주모자가 되는 조르주외젠 오스만은 지방에 있던 다른 많은 사람처럼 이 소식을 이틀 뒤에 듣고는, 처음에는 놀랐고 나중에는 절망했다. 그는 사직했고, 자신이 불법이라고 생각하는 정부로부터 재임명받기를 거부했다.

임시정부는 4월 하순에 선거를 치렀고 입법의회가 5월에 소집되어 공식적으로 공화국을 선포했다. 지방에서는 대부분 우파를 찍었고, 파리에서는 대부분이 좌파를 찍었다. 몇몇 유명한 사회주의자가 선출되었다. 그보다 더 중요한 것은 급진적인 조직이 무럭무럭 자랄 공간이 마련되었다는 사실이다. 정치 클럽이 만들어졌고 노동자 생산자조합worker

그림 3 도미에는 파리 거리의 부랑아들이 방치된 튀일리궁 주위를 기분 좋게 둘부수고 다니다가 잠깐 프랑스의 옥좌를 점령했던 순간을 우스꽝스럽게 재구성한다. 옥좌는 그 뒤에 바스티유로 옮겨져 소각되었다.

association이 등장했으며, 노동문제에 가장 큰 관심을 가졌던 이들은 사회적·정치적 개혁을 위해 공식 위원회를 결성하여 뤽상부르궁에서 정기적으로 모였다. 이것이 "노동자들의 의회"로 알려지게 된다. 국민작업장이 창설되어 실업자들에게 일자리와 임금을 제공하게 되었다. 강렬한 토론의 자유가 향유되던 순간이었다. 플로베르는 『감정 교육』에서 이를 다음과 같이 탁월하게 표현했다.

> 업무가 일시 중단 상태에 빠지자 불안감 때문에, 또 어슬렁거리고 싶은 마음이 생겨 저마다 문밖으로 나오게 되었다. 되는대로 걸친 옷차림 속에 사회적 지위의 차이가 가려졌고, 증오감도 은폐되었으며 희망은 날개를 달았고 군중은 선의로 가득 차 있었다. 얼굴은 권리를 획득했다는 자부심으로 빛났다. 축제 때 같은, 야영장 같은 즐거운 분위기가 감돌고 있었다. 그 시절 초반의 파리처럼 즐거운 곳은 달리 있을 수 없었다……
>
> [프레데리크와 원수는] 모든, 혹은 거의 모든 클럽에 가보았다. 붉은 곳이나 푸른 곳이나, 광기 어린 곳이나 엄격한 곳이나, 청교도적인 곳이나 보헤미안적인 곳이나, 신비스러운 곳이나 술꾼들이 모이는 곳이나, 왕이라면 모조리 죽여야 한다고 주장하는 곳이나 깐깐한 식료품상들의 행태를 비판하는 곳이나, 모두 찾아갔다. 어디서나 세입자들은 집주인을 욕했고, 작업복 차림의 사람들은 잘 차려입은 이들을 비난했으며, 부자들은 빈민을 몰아낼 궁리를 하고 있었다. 경찰에 체포된 과거의 순교자들이 그랬듯이 일부는 보상을 원했고, 다른 사람들은 자신들의 발명품을 개발할 돈을 얻으려고 애썼으며, 그렇지 않으면 팔랑스테르 계획(푸리에주의)이나 지역 시장 개발 계획,

또는 공공복지 증진을 위한 시스템이 문제가 되었다. 그러다가 문득 반짝하는 발상이 우중충한 어리석음의 구름을 뚫고 머리에 떠오르게 마련이다. 소나기 같은 훈계와 맹세와 권리가 동시에 선언되고 셔츠도 입지 않은 맨몸에 칼집을 메고 있는 견습공의 입에서 화려한 웅변이 토해진다. (…) 이성적으로 보이려면 항상 변호사에 대해 신랄한 말을 해야 하고, 기회만 있으면 다음과 같은 표현을 써먹어야 한다. 즉 다들 건축물에 (…) 사회문제에 (…) 작업장에 (…) 자기 몫의 돌을 보태야 한다는 것이다.[2]

그러나 경제는 갈수록 악화되었다. 빚은 갚아지지 않았고 부르주아들은 금리생활자와 부동산 소유주로서 재산권을 잃을까봐 겁냈으며 고용주들은 반동적 의식의 불꽃에 기름을 부었다("사유재산은 종교 수준으로까지 승격되었으며, 신과 구별할 수 없게 되었다"고 플로베르는 썼다). 4월과 5월에 소규모 소요가 여러 차례 일어나 공포감이 심화되었고, 결국 과격 시위의 주동자 여러 명이 체포되는 것으로 막을 내렸다. 좌파에 대한 응징이 준비되고 있었다. 국민작업장은 생산 작업을 가동하지 못하면서도 노동자들이 예전 고용주들에게 돌아가지 못하게 방해하고 있었다. 우파가 절대다수를 차지하던 공화정부는 6월에 국민작업장을 폐쇄했다. 상당수 주민이 반대 시위를 일으켰다. 제2제정에 대한 게델라의 고전적 저술에 따르면, "사람들은 굶주리고 있었고, 절망감 속에서 지도자도 없이, 갈채도 받지 못한 채, 커다란 돌무더기 바리케이드 뒤에서 묵묵히 총을 쏘면서 싸웠다. 나흘간 타오르는 불빛이 파리를 흐릿하게 밝히고 있었다. 바리케이드에 맞설 총이 반입되었고, 연기가 피어오르는 도시 위를 거대한 폭풍이 뒤덮었다. 여자들은 무자비하게 저격당했고, 어느 음산한 일요일에는 바리케이드에 동조했던 한 장군이 굴욕스럽게 살해되었다. 해질녘에 파리 대주교가 거창한 화해의 제스처를 취하면서 평화를 청하러 나갔다가 저격당해 죽었다. 공포의 시간이었고, 여름의 나흘 동안 파리는 싸움의 고통 속에서 살았다. 그러다가 반란이 진압되었고 공화국은 살아남았다."³ 국민의회는 정부를(라마르틴도 포함한) 해산하고 알제리 식민지에서 많은 경험을 쌓은 부르주아 공화파 장군인 루이 카베냐크를 수상으로 임명했다. 군대 지휘권을 부여받은 그는 무자비하고도 잔혹하게 반란을 진압했다. 바리케이드는 분쇄되었다.

6월 혁명의 나날Journées de Juin 1848년 6월 22일에서 26일까지은 끝났지만 상황은 종결되지 않았다. 중도파인 공화주의자는 이제 신뢰를 잃었고, 국민의회는 우익 군주주의자와 좌익 사회민주주의자 사이에서 점점 더 심하게 분열되었다. 그 중간쯤에서 보나파르트주의의 유령이 나폴레옹의 조카인 루이 나폴레옹이라는 가면을 쓰고 등장했다. 공식적으로는 아직 영국에 망명 중이라고 되어 있는데도 그는 6월에 국민의회 의원으로 선출되었다. 비록 출석을 자제하긴 했지만 그는 서한을 보내 "만약 프랑스에서 임무를 다하라는 호출이 온다면 나는 어떻게 그 임무를 달성해야 하는지 알고 있다"며 불길한 암시를 던졌다. 그가, 그리고 그만이 질서를 재건할 수 있으리라는 인식이 퍼지기 시작했다. 그는 9월에 치러진 또 한 차례의 선거에서 재선되었다. 이번에 그는 의회에 출석했다. 보통선거를 통해 미국식 대통령을 뽑기로 한 새 헌법이 시행되자 루이는 그 직위를 노리고 선거운동을 시작했다. 12월 10일에 치러진 선거에서 카베냐크는 140만 표를, 라마르틴은 농담처럼 8000표를 얻었지만 루이는 540만 표를 얻었다. 하지만 대통령직은 임기가 4년으로 제한되어 있었고, 의회에 대한 루이의 통솔력은 그리 크지 않았다(1849년에 선출된 보나파르트파 의

그림 4 1848년 6월 25일 아침, 포부르뒤탕플에 있던 바리케이드를 찍은 이 희귀하고 특별한 은판사진은 질서유지군이 파리를 탈환하려 시도할 때 누구를 상대로 싸웠는지를 보여준다.

원은 소수에 지나지 않았고 보수적인 왕당파가 다수파였다). 루이는 헌법을 거의 존중하지 않으면서도 법과 질서를 지키고 "빨갱이들"을 탄압하는 데 능력을 보이기 시작했다.

사회주의자 지도부의 대부분(루이 블랑, 알렉상드르 르드루롤랭, 빅토르 콩시데랑 등)이 1849년 여름에는 이미 쫓겨나 망명 중이었다. 루이 나폴레옹은 대중의 지지, 특히 시골에서 대중의 지지를 얻고(오스만 같은 관료들의 암묵적인 도움으로), 더욱 중요한 가톨릭(이탈리아 혁명당의 반대를 무릅쓰고 교황을 바티칸에 옹립하는 것을 도움으로써)과 군대의 지지를 얻어, 1851년 12월 2일의 쿠데타를 계획하고 실행했다(어리석게도 의회가 보통선거를 폐지하고 언론 검열제도를 재도입하고 대통령 임기 연장을 거부함으로써 부지불식간에 그를 도운 덕분이었다). 의회는 해산되었고 의회의 주요 인물들(카베냐크, 티에르 등)은 체포되었으며, 파리 시내에서 일어난 산발적인 저항은 손쉽게 진압되었다(몇 안 되던 바리케이드 가운데서 사회민주주의 진영 대표인 보댕이 죽은 사건이 있긴 했다. 그 바리케이드는 훗날 제국의 불법성의 상징물이 되었다). 예상치 못하게 농촌 몇 군데에서 맹렬한 저항이 있었지만, 새 헌법은 12월 20일의 국민투표에서 반대 64만 표 대 찬성 750만 표로 압도적 다수의 지지를 받아 인준되었다. 루이 나폴레옹은 튈일리궁에 들어가서 그곳을 거처로 정하기까지 몇 시간 동안 의기양양하게 말에 올라, "황제 만세"라는 외침을 들으며 시내를 돌아다녔다. 대중의 지지도를 높여 제국이 선언되기까지(또다시 국민투표에서 압도적인 다수의 찬성을 얻어 인준되었다) 1년이 걸렸다. 공화주의와 민주주의 통치가 모두 시도되었지만 실패했다. 해답은 권위주의와 전제주의(자비로운 전제주의인지 아닌지는 아직 판정되지 않았지만)에 있었다.[4]

명백하게 보나파르트주의 성향인 오스만은 1849년 1월에 지사 노릇을 다시 시작해 처음에는 바르, 그 뒤에는 오세르에서 근무했다. 새 부임지를 수여받으러 파리로 오라는 초청을 받은 그는 1851년 12월 1일 저녁 파리의 엘리제궁에서 열린 만찬에 참석하게 되었다. 루이 나폴레옹은 오스만과 악수하고 새 직위를 제안하면서, 그다음 날 아침 일찍 내무부 장관을 만나 지시를 받으라고 했다. 그날 저녁 오스만은 현 내무부 장관이 자신의 말을 도무지 알아듣지 못한다는 것을 알게 되었다. 그다음 날 오전 5시, 오스만은 새로 책임자가 된 신임 내무부 장관이자 나폴레옹의 이복동생인 모르니 공작을 만난다. 쿠데타가 진행 중이었고, 모르니는 오스만을 자기들 편이라고 추정했는데, 이는 옳은 판단이었다. 오스만은 처음에는 이탈리아와의 접경 지역(국경 분쟁이 있어서 민감한 지역이었다)에 배치되었다가 나중에 그가 가장 좋아하는 보르도 지역으로 옮겨졌다. 군주–대통령은 제국 창립을 선언하기 위한 준비로 지방을 순시했으며, 1852년 10월 보르도에서 행한 중요한 연설(그는 "제국은 곧 평화"라고 선언했다)은 그 절정이었다. 이 보르도 방문 길에서 제국이라는 명분을 위해 거창한 스펙터클^{현란한 장관, 시청각적 쾌락을 주는 구경거리. 인간이 주체적 삶을 영위하지 못하고 구경거리의 흐름 속에서 단지 삶을 시청하는 존재로 전락했음을 시사하는 용어}을 동원하는 오스만의 재능(보나파르트주의에 대한 동조 및 행동력과 함께)은 제대로 주목을 받았다. 1853년 6월, 그는 파리 지사로 새로 임명되었다. 오스만이 회고록에서 퍼뜨린 이야기에 따르면, 취임 선서를 한 바로 그날 황제는 그에게 지도를 한 장 주었다. 그 지도에는 네 가지 색깔(각각 기획의 시급성을 나타내는 색깔)로 파리의 도로 시스템을 재구축하기 위한 계획의 윤곽선이 그어져 있었다. 오스만에 의하면, 이것은 그가 이후 20년 동안 충실하게(조금 확대하기는 했지만) 실행해나간 계획이었다.

이제 우리는 이 이야기가 허구라는 것을 알고 있다.[5] 7월 왕정 치하

그림 5 마르빌이 1850년에서 1851년 사이에 찍은 이 사진은 철거 공사가 리볼리 거리와 팔레 주위에서 이미 진행되고 있었음을 보여준다.

에서도 파리의 근대화를 위한 실질적인 노력과 함께 상당한 논의가 진행된 바 있었다. 1840년대에도 수없이 많은 계획과 제안이 있었다. 황제는 1848년에 대통령으로 선출된 뒤 도시 쇄신파의 손을 들어주었고, 오스만의 선임자인 베르제는 진지하게 그 과업에 착수했다. 리볼리 거리는 이미 연장되었고 생마르탱 거리도 마찬가지였다. 오스만이 임명되기 1년 전인 1851년에서 1852년까지 벌어진 철거 작업이 미친 영향을 말해주는 증거로는 르세크와 마르빌의 사진과 도미에가 한 신랄한 언급들이 있다.[6] 나아가 황제는 1853년 8월에 시메옹 백작을 우두머리로 삼는 위원회를 지명하여 쇄신 계획의 자문 역할을 맡도록 했다. 오스만은 그 위원회가 거의 모이지도 않았고, 조잡하며 실행 불가능한 권고밖에 없는 중간 보고서를 작성한 것 외에는 한 일이 없다고 주장했다. 그러나 실제로 그 위원회는 정기적으로 모였으며 매우 자세하고 정교한 계획서를 작성해 1853년 12월 황제에게 제출했다. (자신이 인정한 것보다 더 자주 오스만과 의논했던) 황제가 그 계획서에서 어떤 생각을 얻었는지에 대해서는 알려져 있지 않지만 오스만은 그 계획서를 고의로 무시했다. 게다가 오스만은 대체로 황제가 원한 것보다 더 많이 하거나 혹은 더 적게 했다. 황제는 도시에 있는 기존의 내용적 구조를 무시하지 말고 또한 직선을 피하라고 지시했다. 오스만은 두 가지 사항 모두에 있어 황제를 무시했다. 황제는 상수도 보급이나 교외 병합 문제에는 거의 관심이 없었지만 오스만은 두 가지 모두에 큰 흥미를 보였고, 자기가 원하는 바를 이루었다. 이제까지 대부분의 설명이 의존해온 오스만의 『회고록』은 온통 시치미 떼기로 가득하다.

그러나 오스만의 부정否定에는 뭔가 의미심장한 것이 있다. 그런 부정에서는 이기주의와 허영심을 훨씬 뛰어넘는 무언가가 드러난다(그에게는

그림 6 도미에는 일찍이 1852년에 철거로 인한 주민들의 축출이라는 주제를 다루었다. 흥미롭게도 그는 이 주제를 다시는 다루지 않았다.

이 두 가지 다 얼마든지 있었지만). 그것들은 부분적으로는 오스만이 힘써 싸워야 했던 대상이 무엇이었는지를 암암리에 가리킨다. 그는 근본적인 단절이라는 신화, 오늘까지도 살아남은 이 신화로 자신과 황제를 포장할 필요가 있었다. 왜냐하면 예전에 시행된 것들이 부적절하다는 것을 입증해야 했기 때문이다. 자신이나 루이 나폴레옹은 어떤 면으로도 이제 막 지나간 과거의 사고방식이나 관례에 얽매여 있지 않음을 보여야 했던 것이다. 이 부정은 그 이중의 임무를 달성했다. 그것은 한편으로는 건국신화(어떤 정권에도 필수적인)를 만들었고, 다른 한편으로는 제국이 베푸는 자비로운 전제주의 외에 다른 대안이 없다는 판단을 확립하는 데 기여했다. 공화주의자, 민주주의자, 사회주의자들이 1830년대와 1840년대에 내놓은 제안과 계획들은 비실용적이며 고려할 가치도 없는 것들이었다. 오스만은 유일하게 시행 가능한 해결책을 고안해냈는데, 그것이 시행 가능했던 까닭은 제국의 권위를 바탕으로 하고 있어서였다. 이러한 의미에서 1848년에 터져나온 폭발이 자기 몫을 다한 이후, 사고와 행위 두 방면 모두에서 진정한 단절이 있었다. 그렇지만 오스만은 또한 『파리 통사Histoire générale de Paris』의 첫째 권이 출판될 때(1866) 서문을 장식한, 황제와 교환한 서신에서 다음의 사실을 인정했다. "근대에서 볼 수 있는 가장 놀라운 면모"는 현재를 설명하고 미래를 준비하기 위해 과거를 탐구하는 노력이라는 점이다.[7]

만약 오스만이 초래했다고 알려진 단절이 그가 주장하는 내용과는 달리 전혀 근본적인 것이 아니라면, 우리는 옛것들의 특징 속에서 새로운 것을 찾아 나서야 한다(마르크스와 생시몽의 주장처럼). 하지만 그렇다 하더라도 새로운 것의 등장(마르크스와 생시몽이 역시 주장하듯이)은 여전히 부정되기 힘든 혁명적 중요성을 지닐 수 있다. 오스만과 그의 동료들

그림 7. 프로보스트의 이 석판화는 1850년대 초반 레알 지역을 묘사한다(이 석판화는 마르빌이 찍은 사진과 일치한다. 드 테지(1994), 365를 볼 것). 새 레알은 오른편에 있고 옛날식 시장 시스템, 즉 상인들이 물건을 건물의 돌출한 처마 아래에 쌓아두는 시장 운영 시스템은 왼편에 있다.

그림 8 발타르가 1852년에 처음 설계한 새 레알(요새라 불린 곳). 마르빌의 사진이 기록한 이 건물은 황제와 오스만에게 전혀 인정받지 못했고, 얼마 못 가서 철거되었다.

그림 9 오스만이 원한 것은 "철의 우산"이었으며, 발타르가 마침내 1855년에 만들어준 것도 그런 것, 즉 근대식 건물의 고전이라 할 레알이었다.

은 이제껏 보지 못한 규모로 이루어질 창조적 파괴에 기꺼이 가담할 준비가 되어 있었다. 공화제 민주주의의 폐허에서 형성된 제국 덕분에 그들은 이 과업을 수행할 수 있었다. 내가 염두에 두고 있는 종류의 변화들을 미리 설명하기로 하자.

이토르프는 7월 왕정 치하에서 파리의 개조 작업을 담당했던 주요 건축가 가운데 한 사람이었다. 개선문과 불로뉴 숲을 잇는 새 대로를 낼 계획이 논의되고 있었으며, 이토르프는 그 설계도를 이미 그려뒀었다. 그 도로는 폭이 40미터였으니 기존 잣대로 보면 아주 넓은 길이었다. 이토르프는 1853년에 오스만을 만났다. 오스만은 서로 마주보는 건물들 사이가 180미터, 대로의 폭은 120미터는 되어야 한다고 주장했다.[8] 그러니까 그는 원래 기획의 규모를 세 배로 늘린 것이다. 그는 사고와 행위 모든 면에서 공간의 규모를 바꾸었다. 도움이 될 만한 또 하나의 사례를 들어보자. 레알Les Halles을 거쳐 들어오는 파리의 물자 보급선이 불충분하고 효율적이지 못하다는 사실은 오래전부터 알려져 있었다. 7월 왕정 때에도 이 문제는 뜨거운 쟁점이 되었다. 선임 지사인 베르제는 대통령이던 루이 나폴레옹의 지시를 받아 그곳을 재설계하는 일을 최우선 과제로 삼았다. 그림 7에는 옛 시장 건물(곧 철거될 예정인)이 보이는데, 그곳 상인들은 건물의 튀어나온 발코니 아래에 상품을 최대한 많이 쌓아두곤 했다. 루이 나폴레옹은 1852년에 발타르의 새 건물―그 부근에서 "레알의 요새"라는 이름으로 알려진―을 도저히 받아들일 수 없는 것이라 보고 그 건설 작업을 중지했다(그림 8). 1853년에 오스만은 풀이 죽은 발타르에게 이렇게 말했다. "우리가 원하는 것은 철로 만들어진 우산이오." 그리고 물론 오스만이 잡다한 재료들을 사용하는 설계를 여러 번 기각하긴 했지만(그래서 발타르로부터 영원히 원한을 샀지만), 결국 발타르가 그에게 만들어준 것도 그런 것이었다. 결과적으로 오랫동안 건축 분야의 근대적 고전으로 간주될 건물이 세워졌다(그림 9). 『회고록』에서 오스만은 자신이 발타르의 명성을 구해주었다고 주장한다(루이 나폴레옹이 1852년에 그처럼 흉측한 것을 만든 건축가가 2년 뒤에는 무슨 수로 이렇게 천재적인 작품을 만들 수 있었는지를 묻자 오스만은 망설이지도 않고 이렇게 대답했다. "지사가 다른 사람이니까요!").

그다음에는 1855년의 만국박람회를 위해 지은 산업궁전Palais de l'Industrie(그림 10)으로 가서 발타르의 능력을 훨씬 넘어서는 시원스럽게 뚫린 공간을 한번 보자. 이제 1800년대 초반에 아주 중요하게 여겨졌던 아케이드(그림 11)와 이런 새로운 공간을 비교해보라. 형태와 재료는 동일하지만 규모 면에서는 엄청난 변화가 일어났다(덧붙여 말하자면 발터 벤야민이 도시의 공간적 형태에 강한 흥미를 지녔음에도 불구하고 아케이드 프로젝트에서 지적하지 못한 점이 이것이다). 건축사가인 루아예는 19세기 파리의 설계와 건설 관례를 자세하게 재구성하면서, 당시 준수되던 원칙을 이렇게 설명한다. "자본주의가 건축에 미친 가장 중요한 영향 가운데 하나는 기획 규모의 변화였다."[9] 전적인 단절이라는 오스만의 신화에는 의문의 여지가 있지만, 규모 면에서의 근본적인 변화, 새로운 기술에서 힌트를 얻고 새로운 조직 형태를 통해 촉진된 이 변화를 꾀하는 데 그가 기여한 점은 인정돼야 한다. 이 변화 덕분에 그는 도시(와 근교까지)를 혼란스러운 개별 기획의 무더기가 아니라 하나의 전체로 사고할 수 있게 되었다.

아주 다르게 보이는 영역으로 넘어가보자. 플로베르가 글쓰기에서 이루었다고 추정되는 철저한 단절은 어떤 것일까. 1848년 이전에 플로베르는 비참한 낙오자 신세였다. 그는 1840년대에는 무엇을, 어떻게 써야 하

그림 10 트리숑과 리_{Lix}의 그림에 묘사된 산업궁전은 레알보다도 더 장대한 내부 공간을 만들어냈고, 새로운 재료와 건축학적 형태 및 건축 조직 양식으로 실현 가능해진 규모의 급격한 변화를 다시 한번 보여주었다.

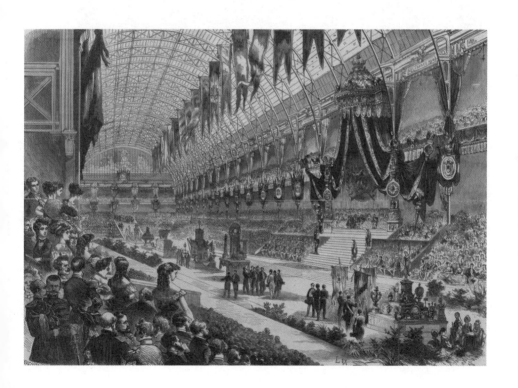

그림 11 이 마르빌의 아케이드(오페라 파사주) 사진은 이런 아케이드가 수없이 지어지던 1820년대와 레알 및 산업궁전이 지어지던 1850년대 사이에 일어난 규모 면에서의(형태에서는 아니지만) 대폭적인 변이를 보여준다.

는가라는 문제를 놓고 신경쇠약에 걸릴 정도로 고민했다. 고딕적이고 낭만적인 주제에 천착하는 방향에서는 아무리 문체를 공들여 다듬어도 형편없는 글만 나올 뿐이었다. 가장 가까운 친구들까지도(막심 뒤 캉과 루이 부이예) 『성 앙투안느의 유혹』의 초고는 완전한 실패작이라고 보았고, 1849년에는 그런 사실을 작가에게 똑똑히 말해주었다. 부이예는 그때 충격을 받은 플로베르에게 발자크를 연구하라고 충고했다. 또 스티그뮐러의 말에 따르면, "플로베르가 부르주아(그가 항상 흥미를 갖고 있었지만 문학적 대상으로는 가치가 없다고 착각하고 있던 계급)를 다루는 소설을 쓴다면, 그러니까 플로베르 고유의 훌륭한 문체를 구사하여 그들의 물질적 관심보다는 감정을 강조하는 소설을 쓴다면 문학사에서 뭔가 새로운 것이 나올 것"이라고 주장했다. 2년 뒤(플로베르가 동양을 여행하고 온 뒤) 부이예는 플로베르에게 한 시골 의사 아내의 비극적인 자살 사건(말하자면 시골 생활의 한 장면이었다)을 이야기해주고는 그것을 소재로 하여 발자크식 소설을 써보라고 제안했다.

플로베르는 자존심을 죽이고(그는 예전에 발자크가 문학적 재능이 전혀 없는 사람이라는 결론을 내린 바 있었다) 1851년에서 1856년까지 충실하게 작업했다. 『보바리 부인』이 출판되자 제2제정 문화의 걸작으로, 그리고 문학적으로는 최초의 주요 사건으로 널리 찬양되었다(그리고 지금도 그렇다).[10] 심지어 프랑스어로 쓰인 최초의 위대한 모더니즘 소설이라는 평가지 얻었다. 어쨌든 플로베르는 1848년 낭만주의와 유토피아주의의 목이 칼날에 잘린 뒤에야 드디어 자기만의 고유한 세계를 찾았다. 천박한 낭만적 환상의 희생물인 에마 보바리는 플로베르의 관점에서는 1848년의 혁명적 낭만주의자들이 바리케이드에서 시도했던 것과 똑같은 방식(그가 『감정 교육』에서 묘사하게 되는, 감정이 섞이지 않은 방식)으로 자살을 시도한다. 플로베르는 라마르틴에 대해 이렇게 썼다. "사람들은 시인에게는 신물이 났다." "시인은 현실에 적응하지 못한다." 플로베르는 발자크에게 진 빚을 낮게 평가했지만(오스만이 선임자들의 영향력을 부정한 것처럼) 자기가 직면한 딜레마를 인정할 통찰력은 있었다. "뭔가 영원한 것을 이루려면 확고한 기반을 가져야 한다. 미래에 대한 생각이 우리를 괴롭히고 과거는 우리를 뒤로 끌어당긴다. 현재가 우리 손아귀에서 빠져 달아나는 것은 그 때문이다."[11]

근대성의 사도인 보들레르는 매일 이 딜레마 속에서 살았다. 그는 1848년에 바리케이드의 이편에서 저편으로 동요했던 것과 마찬가지로 일관성 없이 그 딜레마의 이쪽저쪽으로 흔들거렸다.[12] 그는 이미 1846년의 살롱 전시회를 다룬 평론에서 화가들에게 "근대 생활의 서사적 성질"을 탐구하라고 권유하면서 전통을 거부하려는 조짐을 보였다. 그들의 시대는 "상류사회와 대도시의 지하세계를 차지한 무수한 뿌리 뽑힌 인생과 범죄자와 창녀들이 빚어내는 장면들" 같은, "시적이고 굉장한 주제가 풍부하기" 때문이었다. 그는 그때 이렇게 썼다. "굉장한 것들이 우리를 에워싸고 마치 대기처럼 그것으로 푹 적시지만, 우리는 그것을 보지 못한다." 그러나 그는 부르주아의 영웅주의를 자극하면서 자기 작품을 그들에게 바쳤다. "그대들은 미래라는 관념을 이 모든 다양한 형태로 실현하기 위해 동맹을 맺었으며 단체를 결성했고 빚을 냈다." 이 말에 냉소의 기미가 있을 수 있지만 그는 인간 해방이라는 명분을 위해 몽상적인 시인의 자질과 민활한 사업가의 자질을 동시에 발휘하는 생시몽 유의 유토피아주의에 호소하고 있기도 했다. 전통 및 "사고의 귀족"에 맞서는 자신만의 싸움에 얽혀 들었으며 또한 발자크의 사례에서 영감을 얻기도 한 보들레르는 전통적인 계급 권력을 전복하고자 노력하는 부르주아 세력과의 연대를 제안했다. 둘 다 "최고의 조화가 우리 것"이 될 때까지 상대방에게 보탬이 될 수 있기를 그는 기대한 것이다.[13]

하지만 그 연대는 이루어지지 못한다. 결국 예술가가 부르주아에게 공격적이지 않은 방식으로 그러한 "뿌리 뽑힌 인생"에 들어 있는 영웅주의를 묘사하는 일이 어떻게 가능하겠는가? 보들레르는 남은 평생 한편으로는 만보객flaneur 보들레르의 설명에 따르면 만보객이란 "도시를 체험하기 위해 도시 속을 걷는 사람"이며, 구경하면서 구경을 당하는 사람이다이자 멋쟁이, 비참여파이면서 냉소적인 관망자로서의 자세와, 다른 한편으로 관심 대상의 인생에 열정적으로 개입하는 자세 사이에서 분열하게 된다. 1846년에는 이 긴장이 암시적인 수준에 그쳤지만 1848년은 모든 것을 바꿨다. 그는 2월과 6월에 모반자들 편에서 싸웠다. 5월에도 아마 그랬을 것이다. 그는 부르주아 계급의 질서당Parti de l'ordre 프랑스 제2공화정 기간에 왕당파와 보수파 진영이 결성한 정치 집단. 오를레앙파와 부르봉계 정통 왕조파 외에도 미국 정부 형태 지지자들까지도 포함되어 있는 잡다한 성분의 집단. 1848년의 선거 뒤 의회 내에서 제2의 파벌이 되었고, 티에르, 기조, 토크빌 등이 이 집단에 속한다. 루이 나폴레옹의 반대 진영이었기 때문에 1851년 쿠데타 뒤에 해산되었고, 소속 인사들은 망명하거나 유배됐다이 보인 배신에 치를 떨었지만 낭만주의자들(시인 라마르틴이 대표하는)의 공허한 미사여구에도 똑같이 불쾌해했다. 환상이 깨진 보들레르는 당시 귀스타브 쿠르베와 연대했던 사회주의자인 피에르 프루동의 사실주의에 매혹되어 한동안 그 두 사람을 영웅시했다. 당시를 회상하면서 그는 이렇게 썼다. "1848년이 지닌 매력은 우스꽝스러움의 과잉이라는 점뿐이었다." 하지만 "과잉"이라는 생각을 떠올린 것은 중요하다. 그는 자신의 "격렬한 흥분"과 "자연스럽고" "합법적인 파괴의 즐거움"을 기록했지만 그 결과는 혐오했다. 그때는 전통이 보유한 안정적인 권력으로 돌아가는 편이 오히려 더 나아 보였다. 혁명적 참여의 두 절정기 사이에서 그는 반동적 신문의 편집을 도와주었고, 나중에는 "이성적이고 안심할 만한 정부는 귀족정貴族政밖에 없다"는 글을 썼다(이는 발자크의 감정과 똑같다). 루이 나폴레옹의 쿠데타 초반에는 분노하여 정치에서 관심을 거두어들이고 염세주의와 냉소주의로 물러났지만, 혁명의 맥박이 휘몰아치기 시작하자 자신이 그것에 중독되었음을 털어놓았다. 그는 이렇게 썼다. "혁명과 이성 숭배는 희생의 교리를 확증한다."[14] 심지어 이따금씩 루이 나폴레옹을 왕이 된 전사戰士-시인의 배역을 맡은 인물로 평가하기까지 했다.

1848년 튀일리궁의 약탈과 바리케이드에서 벌어진 창조적 파괴의 달콤쌉싸름한 경험을 한 뒤 보들레르가 느낀 근대성이라는 개념에는 모순이 있다. 현재와 맞붙어 싸우고 미래를 창조하려면, 전통은 필요하다면 폭력에 기대서라도 전복되어야 한다. 하지만 전통을 상실한다면 우리는 세계에 대한 이해의 닻을 빼앗기고 무력하게 표류하게 된다. 따라서 그는 1860년에 이렇게 썼다. 예술가의 목표는 "영원하고 확고부동한 것"을 다루는 예술의 다른 절반과 관련하여 근대를 상대적으로 "일시적으로 덧없고 우연적인 것"으로 이해하는 것이어야 한다. 플로베르의 딜레마와도 공명하는 어떤 문장에서 그는 이렇게 말한다. "충분히 빠르게 나아가지 못한다는 것, 종합이 도출되고 그것을 손에 넣기도 전에 우리를 끌고 가던 유령을 놓칠지도 모른다는 것"이 두렵다.[15] 그러나 온통 이렇게 서두르는 바람에 엄청난 양의 인간 잔해가 뒤에 남겨진다. "뿌리 뽑힌 무수한 인생"을 무시할 수는 없다.

『파리의 우울』에 나오는 「늙은 광대Le vieux saltimbanque」 이야기에서 이 두려움이 웅변적으로 환기된다. "어디서나 즐거움과 돈벌이와 사기 행각이 벌어진다. 어디엘 가든 내일의 일용할 빵이 약속된다. 어디엘 가든 활

그림 12 도미에의 감동적인 그림인 「광대」는 보들레르의 산문시에 나타난 감정을 일부 포착하여 표현한다. 군중은 그에게서 물러나고 남자아이 한 명만 호기심 어린 눈초리로 광대를 바라보며, 광대는 이제 뒤에 처지게 된 어떤 고귀한 인물처럼 먼 곳을 응시하고 있다.

력이 미친 듯이 터져나온다." 제2제정의 제국적 축제fête imperiale는 절정에
달해 있다. 하지만 "먼지와 고함 소리와 즐거움과 난리 통"의 와중에 보
들레르는 "허리가 굽고 늙어 쇠약해진 패배한 인생의 늙은 광대"를 본다.
그의 철저한 불행은 "누더기 같은 익살맞은 의상 때문에 더 심하게 끔찍
해 보였다". 광대는 "말도 없고 움직이지도 않았다. 그는 포기했다. 낙오
했다. 그의 운명은 끝장난 것이다".(그림 12) 작가는 "히스테리의 흉측한
손아귀가 목 줄기를 그러쥐는 것"을, 그리고 "채 떨궈지지 않은 반항의
눈물"이 시야를 흐리는 것을 느낀다. 그는 돈을 주고 싶었지만 군중의 움
직임 때문에 앞으로 밀려나간다. 뒤를 돌아보면서 그는 혼잣말을 한다.
"나는 한창때는 탁월한 연예인이었지만 혼자 너무 오래 살아남은 늙은
작가의 원형을 방금 보았다. 친구도 가족도 아이도 없이, 가난과 군중의
배은망덕으로 몰락하고, 변덕쟁이들은 더 이상 그를 보러 올 생각을 하
지 않는 그 늙은 시인 말이다."[16]

　마르크스의 관점에서도 1848년은 이와 비슷한 지적·정치적 분수령이
었다. 1848년에서 1851년 사이 파리에서 사건이 벌어졌을 때 그는 멀리
망명지인 런던에 있었다(3월에 파리에 다녀가긴 했지만). 그러나 그 사건들
은 그가 과학적 사회주의로 돌아설 수 있게 해준 분기점이자 신성 공현
epiphany과도 같은 결정적인 순간이었다. 흔히 1844년에 쓰인 『경제학-철
학 수고』의 '청년' 마르크스와 『자본』의 '성숙한' 마르크스 사이의 경계
선이라고 일컬어지는 근본적인 단절은 물론 오스만이나 플로베르의 변
화보다 더 근본적이진 않지만 중요하기는 마찬가지다. 그는 젊은 시절 낭
만주의와 사회주의 유토피아 사상으로부터 깊은 영향을 받았지만, 1848
년에 그 둘 모두를 가차 없이 폐기했다. 그는 이렇게 썼다. 유토피아 사상
이 노동자의 계급의식에 새로운 전망을 열어주었던 역사적 순간이 있었

을 수도 있겠지만, 이제 그것은 아무리 잘 봐줘도 부적절한 것이고, 심하게 말하면 혁명의 장애물일 뿐이라고. 1840년대의 프랑스로부터 배출된 사상들이 혼란스럽게 들끓어올랐던 것을(2장의 주제) 감안한다면 마르크스가 사회주의를 훨씬 더 엄격하고 강인한 과학으로 만들기 위해 상충하는 사상들을 융화시키는 데 전략적인 관심을 가졌으리라는 것은 이해할 만하다. 하지만 훗날의 마르크스주의 운동이 근본적인 단절을 전제하고 그 이전에 일어난 사건들은 전혀 중요하지 않다고 주장한 것은 심각한 잘못이었다. 마르크스는 생시몽, 루이 블랑키, 로버트 오언, 에티엔 카베와 같은 사상가들에게서 온갖 사고방식을 가져왔다. 심지어 다른 사상가들을 거부하는 경우에도, 그의 개념은 무에서 창조된 것에 못지않게 비판과 반대를 통해서도 형성되었다. 『자본』에 제시되어 있는 노동과정에 대한 설명은 소외되지 않은 노동이란 열정적인 매혹과 놀이의 기쁨에 의해서만 규정될 수 있다는 푸리에의 사상에 응답하는 과정에서 이루어졌다. 이에 대해 마르크스는 중요 과제를 완수하려면 헌신과 끈기가 필요하며 노동과정이 아무리 고귀하다 하더라도 힘든 작업과 집단적 규율로 인한 고됨에서 완전히 벗어나기는 힘들다고 대답한다. 마르크스는 어떠한 사회질서도 새로운 것의 특징들이 기존 상태에 이미 현존하지 않고서는 변화할 수 없다는—이 점은 생시몽에게서 가져온 것이다—입장을 견지했다.

이 원칙을 1848년에 벌어진 사태에 엄격하게 적용한다면 우리는 플로베르, 보들레르, 오스만뿐만 아니라 마르크스 자신도 아주 특별한 시각으로 바라보게 된다. 하지만 오스만, 마르크스, 플로베르, 보들레르 모두가 1848년 이후에야 그처럼 거창하게 본연의 모습을 찾아냈다는 사실은 근본적인 단절로서의 근대성이라는 신화에 힘을 보태주며, 다양한 상황에서 연속적으로 이루어진 사고와 실천의 변화에 뭔가 결정적인 영향을 미친 것이 그 시기의 경험이었음을 시사한다. 나는 우리가 제기해야 할 주된 질문이 이것이라고 생각한다. 즉 1848년 이후에 달성된 급격한 변형은 그 이전 시기의 사고와 실천에서 어느 정도로, 어떤 방식으로 예시되어 있었는가, 하는 문제다.

플로베르와 보들레르가 그랬듯이, 마르크스는 발자크에게서 큰 영향을 받았다. 마르크스의 사위인 폴 라파르그는 마르크스가 발자크에 대해 "어찌나 탄복했던지, 경제학 연구를 마치기만 하면 『인간 희극』에 대한 평론을 쓸 계획을 세웠다"고 말한다.[17] 마르크스가 판단하기에, 발자크의 모든 작품은 사회질서가 장래에 어떻게 진화해나갈 것인가에 대한 예언이었다. 발자크는 1830년대와 1840년대에 고작 "배아" 상태에 있던 사회적 관계들을 신비스러운 방식으로 "예고했다". 베일을 걷고 왕정복고 이후 막 형성되는 과정에 있던 근대성의 신화를 드러냄으로써 발자크는 우리가 1848년 이후 철저한 단절처럼 보인 것 아래에 깔려 있는 깊은 연속성을 간파하도록 도와준다. 플로베르와 보들레르 모두가 그가 발전시킨 관점에 공공연히 기대고 있다는 사실은 문학작품의 생산 분야에서도 이 연속성이 작동하고 있음을 보여준다. 마르크스도 그에게 공공연하게 빚지면서, 이 연속성을 정치경제학과 역사 서술의 영역으로 확장시켰다. 혁명운동이 기존 질서 안에 잠복해 있는 긴장을 먹이로 삼는 것이라면 1830년대와 1840년대의 파리에 관한 발자크의 글들은 바로 그러한 긴장의 본성을 드러내는 역할을 한다. 그리고 제2제정이 수행한 변형의 윤곽은 이러한 가능성으로부터 만들어졌다. 1장에서 나는 이러한 관점에서 발자크가 표현한 파리를 검토하려 한다.

여기서 예시로 상당히 많이 활용하게 될 도미에의 그림도 이와 비슷하

게 예언적인 성격을 보였다. 발자크와 흔히 비교되는 도미에가 끊임없이
만들어낸 파리의 정치와 일상생활에 대한 논평은 아주 특별한 자료다.
보들레르는 언젠가 감상자들이 도미에에게서 그저 조크만을 보고 예술
에는 관심을 기울이지 않는다고 불평한 적이 있다. 그 뒤로 예술사가들
은 도미에를 단순한 삽화가로 치부되던 처지에서 구해내 그의 그림의 더
훌륭한 지점들에 초점을 맞췄다. 워낙 다작多作이다보니 일반적으로 작
품의 예술적 수준에 기복이 있다고 평가되지만 말이다. 하지만 여기서
내가 더 관심을 갖는 것은 그가 선택한 대상, 그리고 감상자들(및 다른
사람들, 즉 가바르니와 샴 등)과 그가 공유했던 조크의 성질이다. 도미에는
배아 상태에 있는 변화의 과정을 예고하고 그럼으로써 그것을 가시화하
는 경우가 많았다. 이르게는 1844년에 이미 새 잡화점들이 운영되는 방
식을 풍자했고, 1850년대와 1860년대에 생겨날 백화점에서 겪게 될 경
험을 예감했다. 철거와 파괴에 관한 그의 회화적 논평(파세롱은 열등한 예
술 형태라고 무시해버렸지만)의 대부분은 규모가 더 큰 파괴가 일어나기
전인 1852년에 작성된 것들이다. 그때 그는 도시가 무엇인지뿐만 아니라
그것이 어떤 것으로 변해갈지를, 실제로 일이 벌어지기 훨씬 더 전에 간
파하는 신비한 능력을 지니고 있었다.[18]

　격렬한 변화 단계를 거치고 있는 도시를 어떻게 볼 것이며 그것을 어
떻게 표현할까 하는 이슈는 섣불리 손대기 힘든 과제다. 발자크 같은 소
설가와 도미에 같은 화가들은 흥미롭지만 직접적이지는 않은 방식으로
그 과제를 다루는 길을 개척해나갔다. 그러나 각 도시를 개별적으로 다
룬 수많은 연구와 논문이 있는데도, 그 가운데서 특별히 기억할 만하거
나 그 속의 인간적인 조건에 관해 혜안을 제시하는 것은 거의 없다는 사
실이 좀 묘하다. 물론 예외도 있다. 내가 칼 쇼르스케의 『세기말 빈』과

같은 결과물을 만들어내진 못하겠지만 나는 항상 그것을 닮고 싶은 모델로 생각해왔다.[19] 그 연구에서 흥미로운 부분은 엄밀하게 말해, 한 도시 내에서 이루어지는 물질적 생활과 문화 활동 및 사고 유형에 관한 수많은 관점을 살펴봄으로써 그 도시에 관한 일종의 전체적인 감각을 전달하는 일을 해내는 그 방식이다. 도시에 관한 글 가운데 큰 관심을 끄는 것이 있다 해도 대개는 단편적이고 특정한 관점에 국한될 때가 많다. 그래서 부분만이 아니라 전체를 함께 보고자 한다면 난국에 봉착한다. 『세기말 빈』이 그 특별한 마술을 부리는 것은 바로 이 지점이다. 이 난국은 도시 연구와 도시 이론이 전반적으로 처해 있는 상황이다. 도시 내에서 무슨 일이 일어나는지를 설명하는 이론은 잔뜩 있지만 도시에 대한 이론은 부족하다. 또 도시에 대한 기존 이론들은 일차원적이고 고식적이어서, 도시에서 겪는 경험의 본질인 복잡성과 풍부한 내용의 알맹이는 없는 것처럼 보일 때가 많다. 따라서 일차원적인 방식으로는 도시와 도시적 경험에 쉽게 접근할 수 없다.

전체성에 대한 이 단편적인 접근이 가장 탁월하게 발휘된 곳이 발터 벤야민이 아케이드 프로젝트에서 행한 파리 연구다.[20] 최근 이 기획에 상당한 관심과 흥미가 집중되고 있는데, 특히 아케이드 연구의 영역본이 1999년에 나온 뒤로 그러하다. 물론 내 목적은 벤야민의 것과는 아주 다르다. 나는 제2제정의 파리가 어떻게 작동했는지, 자본과 근대성이 어떻게 특정한 장소와 시간에 만났는지, 이 만남에서 사회적 관계와 정치적 상상력이 어떻게 활기를 얻었는지를 최대한 잘 재구성하려는 것이다. 벤야민 연구자들이 나의 이 경험에서 뭔가 쓸모 있는 것들을 얻게 되기를 바란다. 물론 나도 벤야민의 통찰력을 다분히 활용하며, 벤야민을 어떻게 읽어야 하는지(또 공간적 형태의 규모를 검토한 데서 이미 주장되었듯이,

그에 대한 비평이 어떤 것이어야 하는지)에 대해 개략적으로나마 인식하고 있다. 내가 그의 아케이드 프로젝트에 매혹된 지점은 온갖 종류의 2차 자료에서 얻은 드넓은 바다와 같은 정보를 집결시키고 그런 정보의 조각과 단편들(그의 표현에 따르면 역사의 "쇄석detritus")이 파리가 어떻게 작동했으며 그것이 어떻게 해서 근대의 탄생(테크네techne와 감수성이라는 두 측면 모두에서)을 위한 중심 장소가 되었는지 보여주는 거대한 만화경의 일부인 것처럼 열거해나가는 방식이다. 그의 마음속에는 틀림없이 거대한 개념이 있었겠지만, 그 연구는 완성되지 못했고(아마 영원히 완성될 수 없는 것일지도 모른다), 따라서 전체 형태(그런 것이 있을 예정이었다면)는 여전히 모호한 상태다. 하지만 쇼르스케처럼 벤야민도 몇 가지 주제로, 전체를 엮으며 전체의 어떤 전망을 가능한 것으로 만들어주는 지속적인 끈으로 거듭해서 회귀한다. 아케이드(공간적 형태)는 되풀이되는 모티프로 작용한다. 벤야민은 또한 (앙리 르페브르 같은 일부 마르크스주의 저술가가 그렇듯이) 우리가 물질세계에서 그저 살기만 하는 것이 아니라 상상력, 꿈, 개념, 표현 등이 그 물질성을 강력한 방식으로 중재해준다고 주장한다. 스펙터클, 표상, 주마등 따위의 변하는 것에 대한 그의 매혹도 그 때문에 생겨나는 것이다.

벤야민의 독자가 마주하는 문제는 단편적인 조각들과 파리의 전체성의 관계를 어떻게 이해할 것인가 하는 점이다. 물론 어떤 사람들은 그런 것들이 그저 서로 들어맞지 않으니 내버려두는 편이 제일 좋다고 말하고 싶을 것이다. 즉, 주제들을 덧씌우는 일(설령 벤야민의 아케이드라거나 자본의 순환과 축적 및 계급 관계의 편재성遍在性에 대해 나 자신이 갖는 관심이라 하더라도)은 경험에 폭력을 가하는 것이므로 무슨 수로든 막아내야 한다는 것이다. 하지만 나는 과정과 사물 간의 내재적인 관계에 대해 훨씬 더 큰 확신을 갖고 있기 때문에 그 정도로 만족하진 못한다. 또 그런 연관과 관계들이 무슨 의미인지 표현하고 소통하는 우리 능력에 대해서도 더 깊은 확신을 갖고 있다. 하지만 이론가라면 모두 그렇듯이, 나는 추상화에 반드시 수반되는 불가피한 폭력성을 인식하고 있으며, 복합적인 관계를 단순한 인과적 연쇄로 해석하거나 더 심하게는 뭔가 기계적인 과정에서 결정되는 것으로 해석할 위험이 항상 있다는 사실 역시 알고 있다. 역사적·지리학적 탐구가 채택하는 변증법적이고 상대적인 방식을 쓴다면 그런 덫을 피하는 데 도움이 될 것이다.

이런 종류의 연구(나뿐만 아니라 쇼르스케와 벤야민에게도 마찬가지)는 반드시 다른 사람들의 문서 연구에 크게 의지할 수밖에 없다. 그러나 파리의 문서고에 소장된 자료는 양이 무척 많고 또 2차 자료도 워낙 방대하기 때문에(긴 참고문헌 목록이 증언하듯이), 상이한 관점에서 행해진 수많은 연구를 종합하여 역동적인 결론을 끌어내는 것은 대단한 노력을 요한다. 2차 자료(대부분 나 자신의 연구 동기와 전혀 다른 개념 틀과 이론에 의해 제공된 정보들인)에 의지하는 데는 나름의 한계가 있고, 그것들끼리 양립 가능한가 하는 문제는 물론 신뢰성과 신빙성의 문제도 있다. 이번 연구를 진행하면서 이런 자료들을 그것 자체가 가진 이론적 틀의 결을 거스르는 방향으로 읽게 된 적이 많았다. 하지만 어떤 관점에 선 것이든 파리에 관한 문서 작업은 신중하게 수행된 것이었고(내가 크게 의지한 가야르의 탁월한 연구[21] 같은 예) 나는 중요한 발견 내용의 신뢰성을 확보하려고 분투했다.

이런 방식의 설명은 현대의 학술적 관행에 역행하는 것이기도 한데, 그 관행이란 사실적 설명이라는 것에 팽배해 있는 담론적 구조를 다루는 데 집중함으로써 그러한 설명을 비판과 해체에 개방된 문화 구조로 이해하려는 것이다. 그러한 비판적 검토는 헤아릴 수 없이 귀중했다. 이 관점에서 본다면 성실성과 진실성이란 담론의 산물이기 때문에 발견한 내용의 "신뢰성"을 거론하는 데는 문제가 매우 많다. 예컨대, 1847년에서 1848년까지의 파리 산업에 대한 통계 조사에는 보수적 정치경제학의 전제가 잔뜩 들어 있는데, 그런 전제들은 무엇보다도 집에서 일하는 하도급 노동자들을 "소사업자"로 분류하며 사회질서의 수호자로서 가족의 중요성을 확립하려 애쓰고 있다.[22] 또 탈기술화와 지위 하락, 작업의 존엄성의 상실로 인한 직공들의 불만이 계급투쟁의 일차적 요인이라고 보는 "신화"에 도전하는 랑시에르의 연구는 아주 중요하게 받아들여져야 한다.[23]

하지만 여기서 내가 시도하는 것과 같은 종합 작업에는 자체적인 작업 규칙을 세워두지 않을 수 없다. 그것은 다른 산만한 이론들을 끊임없이 해체하는 지점에서 멈춰 설 수는 없으며, 사회생활의 형성에서 담론과 인식 및 역사적·지리학적 연구가 지니는 힘과 중요성을 인정하면서도 사회 진보의 물질성을 계속 탐구해나가야 한다. 왜냐하면 내가 여러 해 동안 발전시켜온(또 1985년에 출판된 원래의 파리 연구『의식과 도시 경험Consciousness and the Unban Experience』을 말함가 상징적으로 기여한 바 있는) 역사적·지리학적 물질주의의 방법론이 특정한 시공간에서의 도시 변화의 역동성을 이해하는 강력한 수단이 될 수 있다고 믿기 때문이다.[24] 그러나 나는 오랜 전통을 지닌 진지한 학술 연구에 빚을 졌음을 강조한다. 그 전통은 파리 문서고를 속속들이 파고들어, 오랜 시간을 들여 무수한 관점에서 그 의미를 파악하고 숙고해온 것이다. 파리 시립 역사문서고(오스만이 설립한 기관)의 편리성과 지금은 파리시 사진자료박물관에 모여 있는 시각 자료(어떤 것들이 창조적으로 파괴되는지를 기록하기 위해 오스만이 위촉한 마르빌이 찍은 사진을 포함한) 덕분에 이 연구를 위한 준비가 아주 수월해졌을 뿐 아니라 즐겁기도 했다.

2부에 나오는 파리 연구는 『의식과 도시 경험』(존스홉킨스대학출판부와 바실 블랙웰이 1985년에 공동으로 출판)에 실린 논문을 개정하고 확장한 것이다. 종결부인 「사크레쾨르 바실리카의 건설」은 원문에서 약간 개정되었다. 원래는 1979년의 『미국 지리학회 회람Annals of Association of American Geographers』에 실렸던 것이다. 발자크의 연구는 『코스모폴리스의 지리학 Cosmopolitan Geographies』(비네이 다와드커의 편집으로 루틀리지에서 2002년에 출판)과, 『도시의 잔상After-images of the City』(조앤 러몬 레지나의 편집으로 코넬대학출판부에서 2002년에 출판)에 각각 실렸던 것을 개정하고 확장했다. 2장과 이 서문은 새로 쓴 것이다.

1부

묘사

PARIS
1830-1848

1장

근대성의 신화 :
발자크의 파리

발자크는 정확한 지형적 등고선을 그려 세계의 신화적 정체성을 확고히 세웠다. 파리는 그의 신화가 자라난 곳이다. 두세 명의 거물 은행가가 사는 파리, 위대한 의사인 오라스 비앙숑을 거느린 파리, 흥행사인 세자르 비로토를 보유한 파리, 대단한 매춘부 너덧 명이 있는 파리, 고리대금업자인 고브세크가 있는 파리, 잡다한 변호사와 군인들이 있는 파리가 그런 곳이었다. 하지만 무엇보다도—또 우리도 거듭 보게 되겠지만—이 세계의 형태가 빛을 보게 된 것은 바로 그 거리와 길모퉁이, 그 비좁은 방과 움푹한 구석에서였다. 그런 지형이 모든 그런 공간에서 항상 그렇듯이 신화적인 전통의 공간의 평면도라는 것, 또 그것이 정말로 세계의 열쇠가 될 수 있다는 것 외에 달리 무슨 뜻이 있겠는가.

_발터 벤야민

발자크는 『노처녀 La vieille fille』에서 근대의 신화가 고대에 기원을 둔 신화에 비해 이해되는 정도는 낮지만 그보다 훨씬 더 강력하다고 주장한다. 그 힘은 신화가 인간의 기원이나 열정과 욕망의 전설적인 갈등에 대한 놀라운 이야기로서가 아니라 일상 경험에서 끌어낸 논란의 여지도 없고 논의될 수도 없는 현실로서 상상 속에 자리잡는 방식으로부터 나온다. 근대성은 반드시 그 자신의 신화를 만들어야 한다는 이 발상을 훗날 보들레르는 평론 「1846년의 살롱전Salon de 1846」의 소재로 택했다. 평론에서 그는 근대가 만들어낸 "열정의 새로운 형태"와 "미의 특정한 종류"의 정체를 밝히면서 당시의 시각예술가들이 "눈을 떠서 주위의 영웅주의를 보고 인식"하지 못하는 점을 비판했다. "우리 도시의 삶에는 시적이고 놀라운 소재가 풍부하다. 우리는 공기 속에서와 마찬가지로 경이로운 것에 둘러싸여 있고 푹 빠져 있으면서도 알아차리지 못한다." 새로운 요인인 "근대적 미"를 환기시키면서 보들레르는 평론을 이렇게 끝맺는다. "보트랭, 라스티냐크, 비로토여, 『일리아드』의 영웅들은 당신들에 비하면 소인이다."(모두 발자크의 소설에 나오는 인물) "또 당신, 오노레 드 발자크, 당신은 자신의 자궁에서 만들어낸 모든 인물 가운데서도 가장 영웅적이고 가장 특별하며 가장 낭만적이고 가장 시적이다."[1]

발자크가 사용한 표현 형식은 산문이었지만 그렇다고 그의 주위에서 벌어지는 일상생활의 시적 감수성과 풍요로움을 놓쳤다고 비난받을 여지는 거의 없다. 그는 묻는다. "이 시끌벅적한 도시의 여왕 한복판에서 드라마나 재앙, 인상적인 장면, 그림 같은 사건에 정신이 팔려 구경하느라 몇 분을 낭비했다고 해서 정말로 불평할 수가 있겠는가?" "장식용 회벽으로 치장된 거대한 새장, 시커먼 수로들로 구역이 표시된 인간 벌집을 지나가면서 당신 주위를 돌아보시오. 그 안에서 움직이고 요동치며 부글거리는 생각들의 지류를 따라가시오."[2] 보들레르가 시각예술에 관한 선언문을 발표하기 전에(또 파리 아케이드에 관한 미완성 프로젝트에서 벤야민이 근대성의 신화를 까발리기 한 세기 전에) 발자크는 이미 근대성의 신화를 현미경으로 들여다보았고, 그렇게 하기 위해 만보객flaneur이라는 인물형을 이용했다. 그리고 파리—부르주아 권력이 자본의 도시로 만들어낸 수도— 는 그의 세계의 중심에 있었다.

외관상 혼란스러워 보이는 19세기 초반 파리의 급속한 성장은 도시의 삶을 해독하기도 어렵고 이해하거나 표현하기도 어려운 것으로 만들었다. 이 시기의 소설가로서 이 도시의 본성과 화해하려고 분투한 사람은 많았다. 그들이 어떻게 화해하려 했는가라는 바로 그 점이 집중적인 검토 대상이다.[3] 그들은 물질세계와 그 세계 주위에서 꽃핀 사회적 변화에 대해 많은 것을 기록했다. 그들은 세계를 나타내는 다양한 방식을 개발하고 이 도시의 본성이 무엇이며 어떤 것이 될지에 대한 대중의 상상을 형성하는 데 기여했다. 그들은 대안과 가능성들을 타진했는데, 때로는 교훈을 내세우기도 했지만(외젠 쉬가 유명한 소설인 『파리의 신비들Les Mystères de Paris』에서 했던 것처럼), 대개는 사회 형태, 제도, 관습과의 관계에서 인간의 욕구가 벌이는 연극을 상기시키는 간접적인 방식에 의거했다. 그들은 도시의 암호를 해독하고 그것을 이해 가능한 것으로 만듦으로써 어설퍼 보이고 파괴적일 때가 많은 도시 변화의 과정을 파악하고 표현하며 형상화할 길을 제시했다.

발자크가 이 과제를 어떻게 수행했는지는 큰 관심거리다. 그는 자신의 많은 작품에서 파리를 중심으로—중심 등장인물이라고 말해도 될 정도다—삼았으니 말이다. 하지만 『인간 희극』은 1828년에서 그가 51세로 죽은 1850년까지 20년 조금 넘는 기간에 쓴 약 90편의 소설과 단편들로 이루어진, 광대하고 불규칙적이고 산만하며 불완전하고 얼핏 보면 따로따로인 것 같은 작품들의 모음집이다. 근대성의 신화와 이 믿을 수 없이 풍요로우면서도 걸핏하면 독자를 혼란에 빠뜨리곤 하는 작품이 만

그림 13 파리에 대한 발자크의 선견지명이 새로운 리볼리 거리를 묘사한 도미에의 그림(1852)에 나타나 있다. 그곳은 "건설 미치광이"(뒤쪽에서 휘둘러지는 곡괭이를 보라)에 시달리고 있고, "밀물 같은 흐름"으로, "그 속에서 사건과 사람들이 서로에게 걸려 넘어지는" 바람에 "거리를 제대로 걸어가는 것조차 집난 지경인" "가공할 만한 기적, 움직임과 기계와 발상의 놀라운 집합체"로 나타나는 곳이다.

들어진 그 도시의 신화를 발굴하는 일은 결코 쉬운 과제가 아니다. 1833년에 발자크는 자신의 다양한 소설을 한데 모아 "인간 희극"이라는 제목으로 묶겠다는 발상을 떠올렸고, 1842년 무렵에는 작품들을 사적인 내용, 지방, 파리, 정치, 군사, 시골생활 및 철학적이며 분석적인 연구라는 일곱 개의 장면으로 분류한다는 계획을 세웠다.[4] 하지만 파리는 거의 모든 곳에서 등장한다(때로는 오로지 시골 지형에 그늘을 던지는 그림자로도). 그러므로 어디가 되든 그것이 발견되어야 할 장소에서 이 도시를 추적해 나가는 길 외에는 다른 도리가 없다.

도시 계획자의 입장(문학평론가가 아니라)에서 『인간 희극』을 읽는 것은 아주 특이한 경험이다. 그것은 한 도시의, 그리고 그 소설이 아니었더라면 계속 숨겨져 있었을 역사적 지형의 온갖 양상을 노출한다. 발자크의 예언자적 통찰력과 표현력은 틀림없이 당시의 문학인들보다는 그의 독자들의 감수성에 훨씬 더 깊은 인상을 남겼을 것이다. 그는 분명히 근대 도시 생활의 기저에 깔린 정치경제학을 더 잘 이해할 수 있는(그리고 미처 알지 못하고서, 아니면 후회하면서라도 그것을 받아들이기도 하는) 여론의 분위기를 창조하고, 그럼으로써 제2제정기에 이루어진 파리의 체계적인 변형을 위한 사전 여건을 상상 속에서 조성하는 데 한몫했을 것이다. 내가 주장하려는 바는 발자크의 최고 업적이 부르주아 사회의 태내 어디에나 있는 사회적 힘을 분석하고 표현하는 데 있다는 것이다. 그는 도시에서 신화를 제거하고 그 도시에 충만해 있는 근대성의 신화를 제거함으로써 그 도시의 현 상황에 대해서뿐 아니라 그것의 장래 모습까지를 조망하는 새로운 시야를 열었다. 마찬가지로 중요한 것으로, 그는 자신의 진술이 기대고 있는 심리적 버팀대에 대해서도 많은 것을 노출시키며 도시의 문서고에 소장된 생명 없는 자료들 속에서 길을 잃곤 하는 욕망

(특히 부르주아들의)의 혼탁한 연극을 꿰뚫어보는 통찰력을 제공한다. 그렇게 함으로써 근대적 자아가 구축되는 방식과 도시가 이루는 변증법이 밝혀진다.

발자크의 유토피아주의

—

발자크는 이렇게 썼다. "훌륭하게 통제되는 사회가 가진 유일하게 확고한 기반"은 "토지 재산이든 자본이든" 사유재산을 바탕으로 확고하게 자리 잡은 귀족계급이 적절하게 행사하는 권력에 의존한다.[5] 토지 재산과 자본의 구별은 중요하다. 그것은 토지에 근거한 부와 화폐에 근거한 권력 사이에서 때로는 사활을 건 분쟁이 벌어진다는 신호다. 전자에 호소하는 가장 전형적인 예가 발자크의 유토피아주의다. 문예 이론가인 프레드릭 제임슨이 발자크의 부글거리는 세계의 "정지 지점still point"이라 부른 것은 "토지 재산을 유토피아적 소망이 달성된 구체적인 형태라고 여기는 온화하고 따뜻한 환상"에 초점을 맞추고 있다. "파리와 대도시의 비즈니스가 벌이는 투쟁의 경쟁적인 역동성에서 놓여났지만, 그래도 어느 정도는 구체적인 사회 역사에 실재하는 낙후 지역에서 상상해볼 수 있는 평화"가 여기에 있다.[6]

발자크는 초기 소설(『올빼미당원Les Chouans』 같은 작품)에서 흔히 목가적인 전원 풍경을 등장시킨다. 그의 후기 소설 가운데 하나인 『농민들Les Paysans』은 파리의 한 왕당파 언론인이 시골 장원의 "아르카디아적"인 장면과 그 주변 환경을 묘사하며 쓴 긴 편지로 시작한다. "쉴 새 없이 전율을 자아내는 파리의 극적인 스펙터클과 고달픈 생존 투쟁"이 그것과 대비된다. 이러한 이상화는 소설에서 행동의 틀을 이루며, 사회 구조가 관찰되고 해석되는 분명한 시각을 제공한다. 『나귀 가죽』에서 유토피아 모티프는 중심 무대로 이동한다. 라파엘 드 발랑탱은 위험에 처한 자신의 목숨을 연장해줄 휴식을 추구하면서 "자연, 시골에 가기만 하면 금방 누릴 수 있는 단순한 생활과 식물적인 삶에 가까이 가야 할 본능적인 필요를 느꼈다". 자연에 가까이 가야만 얻을 수 있는 회복과 회춘의 힘이 필요했던 것이다. 그는 "자연이 놀이하는 아이처럼 가벼운 마음으로, 보물을 숨기는 데 재미를 느낀 것처럼 보이는 지점"을 찾아내며,

> 목재로 정면이 마감된 소박한 화강암 주택을 보고 다가간다. 이
> 오두막의 짚으로 인 지붕은 이끼와 무성한 덩굴로 덮여 오래된 모습이
> 가려졌고 풍경과 잘 어울려 보기 좋았다. 새들도 상관하지 않을
> 정도로 가느다란 한 줄기 연기가 구부정한 굴뚝에서 피어오른다. 문
> 앞에는 큰 벤치가 놓여 있었고 빨갛고 달콤한 냄새를 풍기는 인동덩굴
> 덤불이 큼직하게 자라고 있었다. 오두막의 벽은 내키는 대로 이리저리
> 꼬부라진 포도 덩굴과 장미와 재스민 꽃 무더기에 가려져 거의
> 보이지도 않을 정도다. 이 시골풍의 아름다움에 무관심한 오두막의
> 주인들은 그것을 더 개선시킬 일은 전혀 하지 않고 내버려두었으므로
> 처녀나 요정처럼 우아한 모습이 그대로 유지되었다.

그 집의 거주자들도 집 못지않게 전원풍이었다.

> 개들이 짖어대는 소리에 몸집이 탄탄한 아이가 하품을 하면서
> 나와 섰다. 그 뒤에는 중키의 백발노인이 나왔다. 이 두 사람은

자기들 주변과, 그곳의 분위기와 꽃과 오두막과 잘 어울렸다. 자연의 풍요로움 덕분에 건강이 넘쳐나는 어린아이와 노인은 그들 나름의 아름다움을 지니고 있었다. 사실 어떤 양식의 삶이든 유년 시절에는 제멋대로 행동해도 만족스럽다고 느끼기 마련이다. 그것은 근대 철학의 교훈적인 담론을 비웃지만 과장된 열정의 핵심을 치유하는 데 기여하기도 했다.[7]

　이런 종류의 유토피아적 환상은 그것을 기준으로 다른 모든 것을 판단하는 규준 역할을 한다. 이를테면 『나귀 가죽』에 나오는 광란의 장면 끝부분에서, 발자크는 소녀들이 악덕에 찌들었다가도 제정신이 들어 전원풍의 시골 환경 속에서 가족들과 행복하게 지내던 과거의 순수하고 순진하던 시절을 회상하는 모습을 이야기한다. 이 전원적 유토피아주의에는 그것과 짝을 이루는 도시에서의 상응 형태도 있다. 파리에서 무일푼으로 사는 라파엘은 예전에 어떤 모녀의 가난하지만 고상한 삶을 목격한 바 있다. 그들이 "즐거운 마음으로 꾸준히 노동을 감당해나가는 모습은 고상한 감정에서 우러나온 경건한 체념의 증거다. 두 여성과 그들 주위의 물건 사이에는 뭐라 표현할 수 없는 조화가 드리워져 있었다".[8] 그러나 발자크가 그러한 유토피아적 대안을 능동적으로 구축하는 문제를 생각한 것은 『시골의사』에서뿐이다. 만성적인 무지와 빈곤에 찌든 시골 지역에 필요한 변화를 가져오려면 의사 개인—헌신적이고 동정심 많으며 개혁적인 성향의 부르주아—으로서는 많은 것을 포기하는 고상한 행동을 해야만 한다. 협동적·공동체적 노력을 통해, 그러면서도 사유재산이 주는 즐거움을 강조하는 방법으로 토지에서 나오는 자본주의적 생산물을 조화롭게 운영하는 것이 그의 목적이었다. 발자크는 그러나 그런 계획이 농민의 천박성과 개인주의 앞에서 얼마나 취약한지를 침울하게 암시한다. 하지만 『인간 희극』에서 우리는 사회관계를 이해할 수 있는 하나의 입각점으로서 이 유토피아적 모티프의 메아리를 거듭 듣게 된다.

발자크는 대체로 귀족계급이 지도자가 되기를 기대했다. 그들의 임무와 의무는 명백했다. "한 나라의 지도자가 되고자 하는 사람은 항상 지도할 자격을 갖추고 있어야 한다. 손의 행동을 통제하기 위해 그 마음과 영혼이 되어야 하는 것이다." 하지만 이제 등장해야 하는 것은 "근대적 귀족"이며, "권력의 방패는 예술과 과학과 재산이 이루는 사회의 삼각형 안에 새겨져야 한다"는 사실을 이해할 필요가 있다. 지배자들은 "현명한 판단을 하기 위한 충분한 지식을 가져야 하며, 예속민에게 필요한 것과 국가의 상태, 그 시장과 거래, 영토와 재산에 대해 알아야" 한다. 예속민들은 "교육받고 순종적이어야" 하며 "책임감 있게 행동"하여 "통치의 기술"에 참여해야 한다. 그는 이렇게 쓴다. "행동의 수단은 역사적 기억이 아니라 적극적인 힘에 있다." 그는 영국의 귀족계급에 찬사를 보내는데 (앞으로 보겠지만 생시몽도 마찬가지였다), 그들이 변화의 필요성을 인식하고 있었기 때문이다. 지배자들은 "제도에는 나름대로 위기의 시기가 있어서, 그럴 때에는 용어의 의미가 바뀌고, 관념들이 새로운 의상을 걸치며 정치적 생활이 영위되는 여건들이 기본적인 실체상의 변화는 전혀 없더라도 형태는 완전히 새로워진다"는 사실을 이해해야 한다.[9] "기본적 실체상의 변화는 전혀 없더라도"라는 이 마지막 문장은 발자크의 전원적 유토피아주의의 정지 지점으로 되돌아간다.

근대적 귀족은 화폐 권력을 지배 수단으로 삼았다. 그렇다면 자본가 (토지 자본가는 아닐지라도) 이외의 다른 누가 그렇게 할 수 있을까? 어떤

그림 14 도미에는 걸핏하면 부르주아의 목가적 유토피아주의를 조롱했다. 이 그림에서 남자는 그곳에서 보이는 자기 시골집이 얼마나 근사한지 자랑스럽게 가리켜 보이면서, 이듬해에는 그 집을 초록색으로 칠할 계획이라고 덧붙이고 있다.

계급 배치가 이 유토피아적 전망을 뒷받침할 수 있는가? 발자크는 계급 구분과 계급 갈등이 사라질 수 없다는 현실을 명백하게 인식한다. "귀족은 어떤 의미에서 한 사회의 사고를 대표한다. 그와 마찬가지로 중간계급과 노동계급은 그 사회의 유기적이고 활동적인 측면이다." 이들 계급 세력 간의 "두드러진 적대감"으로부터 조화가 생겨나야 하며, 그런 조화는 "동작의 다양성 때문에 외관상의 적대감이 생기더라도…… 그러면서도 공통의 목적을 위해 작동"하는 것이 되어야 한다. 여기서도 이 모든 이야기가 담고 있는 의미는 생시몽주의적인 유토피아 원리에 대한 암시에만 그치지 않는다(비록 생시몽은 지도력을 귀족계급이 아니라 산업주의자들에게서 구했지만 말이다). 그렇다면 문제는 사회적 차이와 계급 차별이 존재한다는 데 있지 않다. "모습은 달라도 서로 조화하여 앙상블을 이루고 도시 외관을 보기 좋게 만드는 데 기여하는 일"은 얼마든지 가능하다. 왜냐하면 "조화는 질서의 시詩이며 질서의 절박한 필요성은 누구나 느끼기 때문이다. 이제 모든 것이 서로 협력하는 것, 한마디로 말해 단결이 질서의 가장 단순한 표현 형태가 아닌가?" 심지어 노동계급도 "질서 있고 근면한 생활 방식에 매력을 느낀다"고 그는 주장한다.[10]

차별성을 바탕으로 하여 형성된 계급 조화라는 이 이상은 슬프게도 서로 충돌하는 수많은 과정으로 인해 깨졌다. 노동자들은 "사회에 의해 진창으로 밀려났다". 파리 시민들은 이 시대의 거짓 환상, 특히 평등성이라는 환상의 희생물이 되었다. 부유한 자들은 "취향과 개인적 소유물에 대해 30년 전에 그랬던 것보다 더 독점적으로 집착했다". 귀족들은 살아남기 위해, 또 새로운 사회질서를 확고히 하기 위해 돈이 필요했다. 하지만 화폐 권력을 추구하느라 그들이 가진 잠재력은 부패해버렸다. 그 결과 부유한 자들은 "자기표현의 광적인 열망"에 굴복한 것이다.[11] 돈과 섹스와 권력의 추구가 하나의 정교하고도 파괴적인 소극笑劇 같은 게임이 되었다. 돈과 쾌락에 대한 몰상식한 추구와 투기로 사회질서는 난장판이 되었다. 부패한 귀족계급은 그 역사적 사명을 달성하지 못했고, 발자크의 경멸이 향한 주 과녁이던 부르주아들은 내놓을 만한 현명한 대안이 없었다.

그러나 이런 실패는 모두 발자크의 유토피아적 대안을 기준으로 판단한 결과다. 전원주의는 감성적 내용을 제공하며 진보적 귀족계급은 그 계급적 기반을 확보한다. 계급적 관점은 아주 다르지만 마르크스는 그래도 발자크가 『인간 희극』에서 부르주아 사회를 예언적이고 예리하며 명징하게 분석한 것에 열렬하게 탄복했고 그 작품을 연구하면서 많은 영감을 얻었다.[12] 우리 역시 그것에 탄복한다. 신화의 해체라는 분야에서 발자크의 부르주아 사회 연구가 제공하는 명징성은 근대성과 도시의 신화뿐 아니라 부르주아의 자기 이해가 가진 물신적 내용을 철저하게 폭로했기 때문이다.

파리와 그 구역들: 도시 안에 있는 시골

발자크의 유토피아주의는 분명히 토지 소유자, 지방민의 것이며 시골 취향을 지니지만, 지방에서 토지를 두고 이루어지는 실제 사회관계와 비교해보면 더할 나위 없이 극적인 대조를 보인다. 발자크의 작품에 나오는 수많은 인물(발자크 자신이 그랬듯이)은 지방적 삶의 방식에서 대도시적 삶의 방식으로 옮겨가는 힘든 과정을 거친다. 『고리오 영감』에 나오는 라스티냐크 같은 몇몇 인물은 그 이행과정을 성공적으로 뚫고 나아가지만 『세자르 비로토César Birotteau』에 나오는 사제는 도시의 혼잡함에 너무 겁을 먹어 투르로 돌아갈 때까지 자기 방문을 잠그고 들어앉아 다시는 도시에 한 발도 내딛지 않겠다고 맹세한다. 『잃어버린 환상Illusions perdues』과 『창녀들의 영광과 비참Splendeurs et misères des courtisanes』에 나오는 뤼시앵은 끝내 목적을 달성하지 못하고 자살한다. 또 다른 인물, 즉 사촌누이 베트 같은 인물은 농민적인 교활함을 품고 다니면서 자기들이 깊이 들어가야 하는 메트로폴리스의 사회 구역들을 파괴하는 데 이를 이용한다. 경계는 모호하지만 지방의 방식과 메트로폴리스적 방식 사이에는 깊은 적대감이 놓여 있다. 파리는 전국에 그림자를 던지지만, 멀어질수록 그 그림자는 줄어든다. 『올빼미당원』에서 브르타뉴는 멀리 있는 어느 식민지처럼 묘사되고, 부르고뉴나 앙굴렘은 자체적인 생활 방식을 개발할 수 있을 만큼 멀리 떨어져 있다. 여기서 법은 지방법으로 이해되고 지방 단위로 운영되며 모든 것은 국가 수준의 권력관계보다는 지역적 관계에 의존한다.

지방 계급 관계의 분명한 유형은 『농민들』에 탁월하게 표현되어 있다. 발자크는 이 작품에서 "수많은 작가가 무시해온 어떤 계급의 주된 유형을 부각"시키며, "우리가 '약자'라고 부르는 사람들이 스스로를 '강자'라 여기는 사람들에 맞서, 즉 농민들이 부자에 맞서 꾸미는 영원한 음모라는 현상"에 대해 발언한다. (더 최근에 제임스 스콧이 주장했듯이) 약자가 가진 무기가 많다는 사실이 똑똑하게 드러나 있다. 발자크는 "이 공병 같은 농민들은 지칠 줄 모르고 일하면서 땅을 조금씩 갉작거리고 작은 조각이 나도록 쏟아대어, 1에이커를 100개나 되는 땅뙈기로 나누지만, 이들은 거꾸로 이들을 희생물이자 동료로 여기는 부르주아에 의해 다시 분열되고 잔치에 호출된다'고 말한다. "목가적인 시골풍" 아래에는 "추악한 의미"가 깔려 있다. 발자크는 이렇게 말한다. 농부의 암호는 부르주아들의 암호가 아니다. "야만인들(북아메리카 인디언들에 대한 제임스 페니모어 쿠퍼의 묘사와 비교한 것이 여러 번 나온다)과 그 가까운 친척인 농부는 절대로 세련된 언어를 쓰지 못하고, 적에게 덫이나 놓을 수 있을 뿐이다."[13]

농민과 귀족계급은 격렬하게 맞붙지만, 실제로는 지방의 법률가, 상인, 의사, 그 밖에 고리대금과 독점 통제, 법률적 책략을 쓰고, 서로 의존하며 (기회주의적 결혼으로 공고해진) 전략적 동맹을 맺어 교묘한 그물망을 짬으로써 필사적으로 자본을 축적하는 잡다한 부류의 사람들이 진짜 적이 된다. 이 부류는 파리의 중앙 권력에 도전하거나 이를 뒤엎을 수 있고 귀족 권력을 속박하기에 충분하며 자기들 이익을 위해 사건을 통제할 만큼 강한 지방 권력을 보유하고 있었다. 농민들은 그 연대를 통해 이익을 얻을 만한 처지가 아닌데도 어쩔 수 없이 귀족계급에 대항하는 지방 부르주아들과 연대할 수밖에 없었다. "계곡의 뱀파이어" "탐욕의 대가" 등으로 다양하게 묘사되는 부르주아 변호사 리구는 강압적인 저당권을 행사하며 그것을 이용하여 자기가 "비밀 철사"로 조종하는 농민들을 강제로 노동시킨다. 농민인 코르테퀴스는 작은 농장을 사기 위해 리구에서 돈을 빌렸는데, 아내와 함께 아무리 힘들여 일해도 이자밖에 갚을 수 없다. 압수하겠다는 위협에 끊임없이 시달리면서도 코르테퀴스는 결코 리구에게 대들지 못한다. 또 리구의 의도는 농민의 힘—특히 그들의 만성적이고 끔찍한 빈곤, 원한, 이삭을 줍고 땔나무를 주울 전통적 권리—을 귀족 장원의 상업적 취약성을 뒤흔드는 수단으로 이용하는 것이다. 어느 똑똑한 농민은 이렇게 말한다.

에그에 사는 향신鄕紳들을 겁주어 당신들 권리를 충분히, 오래 유지하도록 해보슈. 하지만 그들을 몰아내고 에그를 경매에 부치는 일이라면, 그것이 바로 그 골짜기에 사는 부르주아들이 원하는 일이지만 우리는 관심이 없다구요. 큰 장원들을 쪼개는 데 협력한다면, 곧 다가올 혁명에서 주어진다는 국가 토지들은 어디에서 오겠수? 혁명이 일어나면 당신들은 공짜로 토지를 얻게 되겠지. 리구가 얻은 것이 바로 그런 식이었지요. 하지만 부르주아들이 토지를 씹어먹게 내버려둔다면 그들이 뱉어내는 땅은 훨씬 작아지고 값은 더 비싸지겠지요. 당신들은 그들을 위해 일하게 될 거구요. 리구네 땅에서 일하는 사람들처럼 말이오. 코르테퀴스를 보라구요.[14]

농민들에게는 자기들이 의지해오던 지방 부르주아들에게 맞서는 것보다 귀족들과 싸우고 몰락한 처지를 그들 탓으로 돌리는 편이 더 쉬운 일이었다. 하지만 지방 부르주아들에 대한 원한은 표면 바로 아래까지 차올라 언제라도 드러날 수 있었다. 그것을 얼마나 오래 통제할 수 있을까? 또 파리와 지방의 부르주아들은 그것을 두려워할 이유가 있지 않았던가? 시골이 소요와 계급 전쟁이 일어나는 장소인 한 그것이 파리 세계에 가하는 위협은 매우 명백해진다. 지배하는 것은 파리일지라도 통치하는 것은 지방이다.[15]

파리 시민들은 어떤 계급이든 자기들이 원래는 지방 출신이라는 것을 부정하고 불신하면서 살았다. 도시로 들어오는 지방 이주민들의 통합이라는 복잡한 의례는 그런 말로 설명할 수밖에 없었다. 『잃어버린 환상』의 첫 부분에서 발자크는 앙굴렘의 소도시 지방주의를 잔혹하게 해부한 뒤, 뤼시앵과 드바르주통 부인이 열정을 탕진하기 위해 파리로 이사

그림 15 도미에의 관점에서 볼 때, 농촌 생활의 현실은 목가적인 것과는 거리가 멀었다. 부르주아들은 끔찍한 사고를 당하거나(대개 농촌 생활에 적절하게 어울리지 못하기 때문에 벌어지는 일이다) 아니면 지루해서 죽을 지경이 된다.

하자 그 괴롭기 짝이 없는 장면들을 묘사한다. 자기가 가진 얼마 안 되는 돈을 옷치장 하는 데 모두 써버리고 연줄이 좋은 데스파르 부인의 인도로 오페라 공연에 간 뤼시앵은 "양복쟁이 바보" 혹은 "일요일 옷차림을 한 가게 점원"이라는 등의 혹평을 받는다. 그가 실제로는 약제사의 아들이며 모친의 귀족 혈통을 주장할 권리가 없음이 알려지자 그는 완전히, 드바르주통 부인에게서까지 따돌림을 당한다. 이 부인도 처음에는 일이 잘 안 풀렸다. 파리에서 뤼시앵의 눈에 비친 그녀는 이런 모습이었다. "키가 크고 말라빠졌어. 주근깨가 나고 기미가 돋은 피부에 머리칼은 놀랄 정도로 빨갛고, 각진 얼굴에다 까탈스럽고 젠체하고 사투리를 쓰며, 무엇보다도 옷을 못 입는군." 오페라극장에서 쏟아진 수많은 신랄한 언급의 과녁이 된 드바르주통 부인은 자신의 동반자가 "시골에서 올라온 가난한 친척이며, 어떤 파리 가족이라도 그를 받아들이자면 비슷하게 고생할 것"이 누구에게도 빤히 보였기 때문에 구제되었다.[16] 데스파르 부인의 지도에 힘입어 드바르주통 부인은 재빨리 파리의 유행에 적응했고, 이제는 뤼시앵의 연인이라기보다는 그의 적이 되었다.

발자크는 대개 시골 출신들이 파리 생활에 적응해가는 통과의례의 장면을 묘사하는데, 상인이든(세자르 비로토처럼) 야심찬 젊은 귀족이든(라스티냐크처럼), 아니면 연줄이 좋은 여자든(드바르주통 부인처럼) 상관없다. 일단 적응하고 나면 그들은 절대로 뒤돌아보지 않는다. 설령 자신들이 파리에서 겪은 실패 때문에 결국 파멸하게 되더라도(비로토나 뤼시앵처럼) 말이다. 지방 출신이라는 것, 지방의 권력에 대한 격렬한 부정은 이렇게 발전하여 파리 생활의 창립 신화 가운데 하나가 된다. 즉 파리는 독자적인 실체이며, 어떤 면으로든 그것이 그렇게 경멸하는 지방 세계에 의존하지 않는다는 신화다. 『사촌누이 베트Cousin Bette』에서 우리는 바로 그런 부정이 얼마나 비싼 대가를 치러야 하는지를 보게 된다. 농민 출신인 한 여자가 잔꾀를 부려 자기가 그렇게 열망하는 신분을 가진 귀족 가문을 파멸시킨다. 파리는 결정적으로 지방에 의지하지만 그 사실을 열렬히 부정하려고 애쓴다.

밀어닥치는 흐름

지방 농촌의 여유 있는 삶의 속도와 파리의 빠른 일상의 대조는 충격적이다. 파리가 어떤 것인가 하는 느낌을 전달하기 위해 발자크가 사용하는 은유의 넓은 폭을 살펴보라. 그는 이렇게 쓴다. 도시는 "끝도 없이 행진하고 있고 절대로 휴식을 취하지 않는다". 그것은 "가공할 만한 기적이고, 움직임과 기계와 생각의 경악스러운 집합이며, 1000개의 서로 다른 로맨스가 벌어지는 도시다. (…) 잠시도 쉬지 않는 도시의 여왕이다". "파리의 밀어닥치는 흐름"에서 사건과 사람들은 서로 엉망진창으로 부딪치고 넘어진다. 길거리를 걷기만 해도 정신이 없어질 정도다. 누구나 "자기 나름의 성향에 따라, 아니면 진창을 피하기 위해, 혹은 서둘러야 하기 때문에, 또는 다른 시민들이 제멋대로 몰려다니기 때문에 위를 흘깃거리고, 이리저리 훌쩍 뛰어오른다". 시간과 공간이 모두 빡빡하기 때문에 일어나는 이런 미친 듯한 속도는 부분적으로 파리가 "즐거움의 생산을 위한 거대한 메트로폴리스적 작업장"이 된 방식에 기인한다. 그것은 "도덕과 원칙과 진정한 감정이 없는 도시"이지만 그 안에 모든 감정과 원칙과 도덕이 각자의 시작과 종말을 지닌 도시다. 지멜이 나중에 "무관심의 태도"라고 규정하게 되는 근대성의 도시의 특징이 굉장한 모습으로 눈앞에 펼쳐진다.

> 어떤 감정도 소용돌이치는 사건들의 흐름에서는 버텨내지 못한다.
> 그들의 밀물과 조류를 거슬러 헤엄치려고 노력하다보면 열정의 강도가
> 줄어든다. 사랑은 욕구로 축소되고 증오는 변덕으로 격하된다. (…)
> 살롱에서나 거리에서나 그 어떤 사람도 없어도 되는 사람은 아니지만
> 절대 없으면 안 되는 사람이나 절대적으로 불건전한 사람은 아무도
> 없다. (…) 파리에서는 모든 것이 용납된다. 정부나 기요틴이나 교회나
> 콜레라까지도 허용된다. 파리 사회에서 당신은 항상 환영받을 것이다.
> 하지만 거기에 없어도 아무도 당신을 찾지 않는다.[17]

상품 시장의 혼돈 때문에 혼란이 더 복잡해진다.

> 페랭가슬랭 거리는 미궁 속의 한 샛길이다. (…) 실제로 그 샛길들은
> 도시의 내장을 이루고 있다. 그 길에는 무수한 종류의 상품—냄새
> 나는 것, 유행하는 것, 청어, 모슬린, 실크, 꿀, 버터, 얇은 명주에
> 이르기까지 다양한 상품의 뒤죽박죽—이 넘쳐나고 있다. 거기에는
> 무엇보다도 작은 가게들이 무더기로 몰려 있는데, 그런 가게들이
> 존재하는지 아닌지에 대해 파리가 가진 관심의 정도는 사람들이 자기
> 몸속의 체장에서 무슨 일이 일어나는지에 대해 궁금해하는 정도
> 이상이 아니다.[18]

이 파리가 어떻게 움직이는지 알아내고, 그 미친 듯한 무질서, 만화
경처럼 변화무쌍한 표면의 모습 아래로 들어가보고, 그 미궁을 통과하

려면, 우리는 "신체를 해부하여 그 속에 들어 있는 영혼을 찾아내야 한다". 하지만 부르주아 생활의 공허함이 아주 명백하게 드러나는 것이 바로 그곳, 그 핵심부다. 그곳에서는 지금 작동하고 있는 지배적 힘이 여러 방식으로 해석되는 한편 그 배후에는 싸구려 상인 지고네, 은행가 고브세크, 대금업자 리구 같은 인물들이 배회하고 있다. 황금과 쾌락이 그 모든 게 심장부에 있다. "이 두 단어를 안내 등불로 삼으라." 그러면 모든 게 밝혀질 것이다. 왜냐하면 "모든 것은 홈에 꼭 맞는 나사처럼 돈의 상향 행진을 촉진"하기 때문이다. 파리에서 "하층계급이든 중간계급이든 명문 귀족이든 사회적 지위와 상관없이 사람들은 모두 '필요'라는 무자비한 여신, 돈과 명예와 오락의 필요가 휘두르는 채찍질로 이리저리 달리고 뛰고 법석을 떤다".[19] 이곳을 관장하는 것은 자본의 순환이다.

특히 "투기라 불리는 괴물"이 모든 것을 장악한다. 『외제니 그랑데』는 결정적으로 역사적인 전환의 순간을 기록한다. 황금을 집에 쟁여두고 있던 수전노는 이자를 가져다주는 지폐를 가지고 투기하는 금리생활자가 되며, 그럼으로써 사리 추구와 화폐적 이익을 동일시한다. 마르크스는 다음과 같이 쓰면서 그랑데 노인을 염두에 두었는지도 모른다. "부에 대한 무한한 탐욕, 교환가치를 좇는 이 열렬한 추적은 자본가와 수전노에게 공통적이다. 하지만 수전노는 그저 미쳐버린 자본가인 데 반해 자본가는 합리적인 수전노다."[20] 그랑데도 그런 경우였다. 하지만 정작 상황을 지배하는 것은 온갖 종류의 투기다. 노동계급은 "자기들을 마술에 걸린 듯 움직이게 해주는 금을 얻으려고 스스로를 소진하"면서도 투기를 하고 궁극적으로는 그 때문에 혁명까지도 일으킬 것이다. "이들은 항상 혁명을 황금과 쾌락을 약속해주는 것으로 해석한다!" "법석대고 음모를 꾸미고 투기하는" 하류 중산계층은 파리가 무엇을 요구하는지를 알아내고 그것을 조달하려고 한다. 그들은 상품을 찾아 세계를 샅샅이 뒤지며, "아이들의 환상을 채워"주고, "어른들의 변덕과 악덕"을 캐내면서 "교환권을 할인하고, 온갖 종류의 신용화폐를 유통시키며 현금화한다". 그들은 심지어 실제의 질병과 상상 질병에 대한 가짜 처방을 제공함으로써 "질병 배당금"을 짜내기까지 한다.[21] 향수 제조업자인 세자르 비로토는 자기 제품의 뛰어난 효능을 만인에게 설득하기 위해 처음으로 광고를 활용했고, 그리하여 경쟁자들을 모두 몰아냈다. 더 거창한 차원에서 보면 도시의 형태를 바꾸는 것은 주택 재산의 투기와 토지 임대업이다.

> 파리는 아마 괴물이겠지만 괴물 가운데서도 가장 편집광적인 괴물이다. 그것은 수천 가지 환상에 매혹된다. 한순간 그것은 무슨 미장이의 제왕이나 된 듯이 벽돌 쌓기에 몰두한다. (…) 그러다가 실망의 구렁텅이에 빠지고 파산하며 모든 걸 팔아치우고 파산 신고서를 써낸다. 하지만 며칠만 지나면 제정신을 차리고 춤추는 분위기로 휴일에 외출한다. (…) 하루 만에 끝나는 편집증뿐 아니라, 한 달이나 한 계절, 또는 한 해 내내 계속되는 편집증도 있다. 그에 따라 그 순간, 모든 인구는 제각기 무엇이든, 아니면 어떤 방식으로든 파괴하거나 재건축하고 있는 것이다.[22]

부동산 투기로 수익을 얻는 것은 속도도 느리고 기복도 심했다(『사촌 누이 베트』에 나오는 교활한 부르주아 크레블의 경우 그 동네의 주거 환경이 개선되자 임대료를 올려 실제로 이익을 얻기까지 8년이 걸렸고, 이익이 날 때까지 기다릴 만큼의 신용 대부를 얻을 수 없었던 세자르 비로토 같은 사람은 깐깐한 금융업자에게 모든 것을 잃을 수도 있었다). 심지어 오늘날 "젠트리피케이션

gentrification 도심의 빈민가와 낙후지를 재개발하여 고급주택지와 상업지역으로 바꾸는 사업. 고급주택지화, 도심재활성화라 부르기도 한다"이라고 부르는 현상을 목격할 수도 있다. "짐꾼의 숙소와 보도와 상점이 딸린 우아하고 훌륭한 집을 지을 때 투기꾼 건설업자는 높은 임대료를 매겨 바람직하지 않은 인물이나 빈털털이 가족, 질 나쁜 세입자가 접근하지 못하게 만들 수 있다. 그리고 이런 방식으로 그 구역에서 평판 나쁜 족속들을 제거할 수 있는 것이다."[23] 대금융업자는 비로토 같은 정직한 부르주아 투자자들을 파멸시킬 뿐 아니라 뉘싱겐 남작처럼 가난한 사람들에게서도 돈을 짜낼 준비가 되어 있다. "그가 훌륭한 사업이라고 부르는 게 무엇인지 당신은 알고 있습니까?" 뉘싱겐 부인은 충격받은 고리오에게 이렇게 묻는다.

> 그는 자기 이름으로 미개발지를 산 뒤 허수아비 대리인을 내세워 그 땅에 집을 짓습니다. 이 대리인들은 계약자들과 건물 임대 계약을 맺고 그들에게 장기 상환 계약금을 지불합니다. 그들은 내 남편에게 얼마 안 되는 돈을 받고 그 집의 소유권을 넘겨준 뒤 파산 신고를 하는 방법으로 사기당한 계약자들을 우롱하고 채무관계에서 빠져나가버립니다.[24]

이러한 새로운 사회에서 작동하는 권력의 끈은 신용 시스템 속에 들어 있다. 몇몇 영리한 금융업자(파리의 뉘싱겐과 고브세크, 부르고뉴의 리구)가 다른 모든 것을 지배하는 권력 조직의 결절점을 장악한다. 발자크는 부르주아 권력과 가치의 허구성을 폭로한다. 이것은 허구의 수도—창조적 회계에 의해 액면가치가 증폭된 종이 조각들이 지배하는—가 좌우하는 세계. 정직한 노고는 어쩌다가 있을 뿐 (케인스가 한참 뒤에 『고용,

이자 및 화폐에 관한 일반 이론』에서 주장하게 되듯이) 모든 것이 기대와 갈망의 멜로디에 맞춰 춤을 추는 곳이다. 이 허구적인 세계는 개인의 행동으로까지 확대되었다. 부의 온갖 겉치레, 특히 외형적 표시의 의상을 차려입는 일, 그렇게 하기 위해 빚을 지는 일이 부를 얻기 위해 반드시 거쳐야 하는 필수 전주곡이었다. 허구와 환상, 특히 신용과 이자의 허구가 현실이 되었다. 이것은 근대성의 창립 신화의 핵심 열쇠 가운데 하나였다. 온갖 현학적인 사회적 외관이나 "밀어닥치는 흐름"의 혼란스러운 소용돌이가 은폐하고 있는 것이 이것이었다. 발자크는 그 물신주의(금융적 책략이 구조적인 것이 아니라 우연적인 것이라는 생각)의 껍질을 벗기고 그 속에 들어 있는 부르주아적 가치의 철저한 공허를 드러낸다. 이런 식으로 "정치경제학 전하"의 멜로디에 맞춰 춤을 추면서 심지어는 혁명에 관한 암시도 할 수 있다.

> 모든 계급의 욕구는 허영에 삼켜져 과도하게 자극된 상태다. 도덕과 마찬가지로 정치도 이러한 필요를 충족시킬 수입이 어디에서 오는지 자문해야 한다. 재무성이 지급해야 하는 빚에 대해 알게 될 때, 국가를 본받은 각 가정이 지급해야 하는 빚이 얼마인지 알게 될 때, 우리는 프랑스의 절반이 다른 절반에 전당 잡혀 있음을 알고 충격받는다. 정산을 마치고 나면 채무자들은 채권자보다 훨씬 더 앞서 있을 것이다. (…) 이는 아마 이른바 산업 시대의 종말을 알리는 신호일 것이다. (…) 부유한 부르주아들에게서 잘라낼 머리 수는 귀족들보다도 훨씬 더 많다. 그들이 총을 갖고 있을지 모르지만 총 만드는 사람들이 적으로 등장할 것이다.[25]

1848년에는 이 말의 진실이 완전히 명백해졌다.

지옥과 그 도덕적 명령

—

표면적으로는 비록 황금과 권력과 쾌락을 향한 쉴 새 없는 투쟁 속에서 개인들이 산산이 부서지고 혼란스러운 경쟁을 하고 있는 모습이지만, 발자크는 이 혼란스러운 외형적 세계의 배후를 꿰뚫고 파리를 계급적 세력이 기라성처럼 도열하고 충돌한 산물로 이해하는 입장을 확립한다. 『황금 눈의 여인』에서 그는 이 계급 구조를 묘사하기 위해 멋진 은유들을 뒤섞어 배치한다. 지옥으로 추락하는 과정에 대한 단테의 환상이 가장 먼저 환기된다. "파리가 지옥이라 불린 것은 단순히 농담이 아니기 때문이다. 그 경우는 충분히 타당하다. 온통 연기투성이고, 불이 타오르고, 번쩍거리고 끓어오르며, 모든 것이 솟아올랐다가 비틀거리고 죽고 다시 불태워지며 불꽃을 튀기고 쪼개지고 소모된다. (…) 꺼지지 않는 분화구는 영원한 불길을 토해낸다."[26] 발자크가 신속하게 은유를 바꿔나감에 따라 독자들은 처음에는 전형적인 파리 아파트 건물의 층계를 올라가며 계급의 층위를 알아차리다가 다음에는 파리를 잡다한 선원들이 조종하는 배와 같은 상태로 파악하고, 다음에는 마지막으로 파리의 몸뚱이를 매춘부 또는 여왕으로 보면서 그 세포와 전두엽, 측두엽들을 탐색하게 된다.

하지만 전체적으로 계급 구조는 명확하다. 계급 무더기의 맨 아래에는 프롤레타리아, "가진 것이 없는 계급"이 있다. 노동자는 "자기 자신의 힘을 혹사하고, 아내를 이런저런 기계에 묶어 일을 시키며 아이들을 톱

그림 16 도미에는 발자크가 묘사한 "법석대고 음모를 꾸미고 투기하는" 하층계급을 방대한 시리즈로 그려냈다. 그 시리즈에서는 요행수를 노리는 허풍쟁이이자 기회주의자, 협잡꾼인 로베르 마케르가 등장한다. 그는 여기서 "돈 잃을 준비가 된 자들에게 주식을 팔겠다고 제안하며, 한 세일즈맨에게 그가 파는 물건을 가루로 갈아버리거나 로션으로 만들어 뭔가를 치료하는 약이라고 팔면 돈을 훨씬 더 많이 벌 것이라고 조언한다. 그 자루에 담긴 것이 옥수수라는 말을 듣자 그는 그저 이렇게 대답한다. "그렇다면 더 좋지!"

니바퀴 부품처럼 착취하는" 사람이다. 생산자는 조종 끈을 잡아당겨(자본이 가내수공업을 통합된 생산 시스템 속으로 끌어들이는, 눈에 보이지 않는 끈에 대해 언급하면서 마르크스가 되풀이하는 어법) "이 꼭두각시들"을 작동시키고 그 대가로 이 "땀 흘리면서 노력하는 인내심 있고 근면한 대중"에게 "투기라 불리는 괴물을 대신하여 변덕스러운 도시의 필요에 응하기"에 충분할 만큼 넉넉한 임금을 약속하는 중개자다. 그럼으로써 노동자들은 "야간 보초를 서고 고생하며 먹을 것도 제대로 먹지 못하고 저주의 말을 내뱉으면서 고되게 작업한다. 그들은 모두 자신들을 마법에 걸린 상태로 유지시켜주는 황금을 손에 넣기 위해 스스로를 소진한다". 발자크의 평가에 따르면 30만 명에 달하는 이 프롤레타리아의 전형적인 모습은 힘들여 번 재산을 도시 주위를 에워싸고 있는 술집에서 날려버리며, 방탕한 생활로 탕진하고, 이따금씩 혁명적 열정을 폭발시켰다가 땀 흘리는 노동으로 되돌아가는 것이다. 바퀴에 붙들려 매인 불카누스와도 같지만(마르크스도 『자본』에서 채택하는 이미지) 때로는 모범적인 미덕을 가진 노동자가 있다. 이런 노동자들은 "자신의 능력을 최고 수준으로 끌어올리며 심신의 활동이 결합된 생활을 할 사회적 잠재력을 모두 발휘한다". 그러나 다른 사람은 한 푼 두 푼 수입을 모아 가게를 차려 소매업자가 된다. 이 부류는 발자크가 묘사한 "양품점 주인"의 모습으로 요약되며, 신문 읽는 시간, 오페라에 참석하는 기간, 새 잡화점(아양 부리는 상점 점원이 응대해주는 곳)에 가는 시간, 존경받는 가정생활로 이루어지는 기간 등 상당히 색다른 생활 방식을 영위한다. 그는 자기 가족을 위해 전형적인 야심을 품고 있으며, 교육을 신분 상승의 수단으로 여긴다.[27]

두 번째 단계는 "도매상인과 그 직원, 공무원, 아주 성실한 소규모 은행가, 협잡꾼, 끄나풀, 상하급 점원, 집행관과 변호사 및 법무사의 직원,

간단하게 말해 하류 중산계층에 속하는 법석대고 음모를 꾸미고 투기하는 구성원들이며 파리가 요구하는 것을 산정하고 그것을 조달하려는 사람들이다". 황금과 쾌락을 탐하는 욕구의 열기에 시달리고 사리사욕으로 도리깨질을 당하면서 그들 역시 "삶의 미친 듯한 속도가 건강을 좀먹게 내버려두고" 있다. 그리하여 그들은 "지치고 따분하고 시든" 표정으로, 멍하게 "흐릿한 눈과 비틀거리는 다리"를 대로변에서 질질 끌며 다니다가 인생을 끝맺게 된다.

세 번째 그룹은 "사실, 이 도시의 이익이 소화되고, 사건의 이름으로 통하는 하나의 형태로 압축되는 파리의 위장"이다. 여기서 "약간의 신랄하고 격렬한 내장 활동을 거쳐" 우리는 "변호사, 의사, 변리사, 사업가, 금융가, 대규모 무역상"으로 이루어진 상류 중산계층을 발견한다. 필사적으로 돈을 끌어모으고 축적하기 위해, 심장을 가진 이들도 매일 아침 자기 집의 계단을 내려올 때 그 심장을 뒤에 놓아두고 "다른 가족들을 고통스럽게 하는 슬픔의 심연으로" 내려간다. 이 구역에서 우리는 발자크의 전 작품의 내면을 장악하고 있으며, 그에게 너무나 많은 비판을 받은 다양한 성격의 인물들(로베르 마케르를 다룬 도미에의 풍자화 시리즈로 불멸의 존재가 된 인물들)을 만난다. 설령 자신을 파멸시키는 관례와 행동과 태도를 포괄하는 자기 파괴적 방식을 따른다 할지라도, 이제 지배력을 행사하고 있는 계급은 바로 이들이다.[28]

이 위에는 예술가 세계가 있는데, "천박하진 않지만 수탈당하고 고통받으며"(마치 발자크 자신처럼) "끊임없이 빚쟁이들에게 시달림을 당하"면서도 독창성을 달성하려고 분투하는 이들은 "세속적인 희롱과 영광의 정복을, 또 돈과 예술을 화해시키려고 헛되이 노력"하다보니 밤을 지새우는 과로에 대한 보상으로 악덕과 쾌락에 탐닉한다. 발자크는 이렇게 주장한다(그리고 이 문장이 의미하는 사례를 찾으려면 멀리 갈 것 없이 『잃어버린 환상』에 묘사된 뤼시앵에게서 언론인의 재능이 타락하는 모습을 보면 된다). "경쟁, 대항, 비방은 재능에는 치명적인 적이다."[29] 하지만 이제 헤게모니를 쥔 중산계급은 가장 경악할 만한 여건에서 생활하고 노동한다.

> 파리 귀족들의 부富가 구축된 네 개의 사회적 단계에 대한 이야기를 마치기 전에, 도덕적 명분은 다루었으니 물리적 명분에 대해서도 뭔가 언급을 해야 하지 않을까? (…) 부패한 행동의 지속을 아주 기꺼이 허용해주는 지방 자치단체의 권력 행사와 똑같이 부패한 어떤 행동이 미치는 해로운 영향력을 지적해야 하지 않겠는가? 중산계층 시민 대부분이 생활하는 가옥의 공기가 불결하다면, 거리의 대기오염 때문에 사실상 환기가 거의 되지 않는 뒷골목 상가가 악취에 물든다면, 이런 해악 외에도 이 거대한 도시의 4000호 가옥이 진창에 세워진 기초 위에 지어졌다는 사실을 깨달아야 한다. (…) 파리 인구의 절반은 길거리와 뒷마당과 야외 화장실에서 풍기는 부패한 증기를 밤새 마시면서 잠든다.[30]

20년도 더 지난 뒤, 신경 써서 처리하도록 오스만에게 지시될 생활 여건의 문제가 이런 정도였다. 하지만 중산계급의 노동 여건도 이보다 나을 게 없었다(『잃어버린 환상』에 나오는 팔레 루아얄 주변에 있는 인쇄업자의 지저분한 사무실 묘사가 그런 예다). 그들은 "건강에 좋지 않은 사무실과 병균이 우글우글한 법정과 창문이 막힌 작은 방에서 살고, 매일매일 업무 부담에 짓눌리고 있다".

이 모든 것은 "부유하고 여유 있고 행복하고 돈 있는 사람들의 세계

그림 17 이탈리앵 대로에 있는 부유층의 표정(위)과 탕플 대로에 있는 중산계급의 "근심 어린" 표정(아래)을 그리면서 도미에는 발자크가 묘사한바, 계급에 따라 현저하게 달라지는 용모의 특징들을 포착한다.

인, 정원으로 둘러싸인 저택의 크고 환기가 잘되며 금박 입힌 살롱"(포부르 생제르맹을 중심으로 모여 있는 배타적 사교계가 그 전형인)과 엄청난 대조를 이룬다. 그래도 소화불량에 걸린 듯 답답한 발자크의 설명에서는 이 상류 구역의 주민들도 결코 행복하지 않았다. 이들은 쾌락을 향한 추구(아편과 간음의 문제로 축소되어버린 쾌락) 때문에 부패하고, 따분하고, 뒤틀리고, 시들고, 말 그대로 "허영의 불꽃"(나중에 토머스 울프가 뉴욕에 대해 쓴 소설의 제목으로 차용된다)으로 탈진했으며, "그들의 취향을 연구하여 그것을 이익의 원천이 되는 악덕으로 바꿔놓으려" 하는 하층계급의 호기심에 찬 엿보는 눈길을 받으면서 "절대로 오지 않을 쾌락"을 기다리는 "공허한 존재"로 살고 있다. 이들은 발자크가 자신의 유토피아적 희망을 몽땅 걸었던 계급이지만, 아마 바로 그 이유로 실제 등장인물들 가운데 가장 추악한 모습을 갖게 된다. "분칠한 얼굴, 나이보다 일찍 생긴 주름살, 무능력이 찡그리고 있는 부자들의 관상에서 지성은 달아났고 거울에 비치는 것은 오로지 황금뿐이다."[31]

발자크는 이렇게 요약한다. "그리하여 프롤레타리아의 기적적인 행동과, 위에서 묘사된 두 중산계급을 타락시킨 다양한 이익이 초래한 악화 현상, 예술가 계급이 빠져든 정신적 고통 및 주로 귀족들이 추구하는 쾌락의 과잉. 파리 주민들이 통상적으로 추악하게 보이는 이유는 바로 이런 것들 때문이다."[32] 그리하여 도시의 "만화경 같은" 경험과 "시체처럼 창백한 관상"을 이해할 수 있다.

이들 계급의 특징(지방 출신과 사회적 역사의 핵심적인 구별점도 마찬가지로)이 보이는 완고함은 개인들이 돈과 섹스와 권력을 향한 극히 위험한 추구에 참여하기 때문에 일어나는 빠른 속도의 변천으로 상쇄된다. 그 예로, 뤼시앵은 『잃어버린 환상』의 끝부분에서 시골 고향에 일전 한 푼 없이 몰락해서 돌아가지만, 『창녀들의 영광과 비참』에서는 은행가 뉘싱 겐의 부유한 정부와의 관계를 조종하는 중범죄자 보트랭과 연대를 맺고 다시 힘을 가진 모습으로 파리에 재등장한다. 『고리오 영감』에서 라스티 냐크는 가난하지만 점잖은 하숙인이나 학생들과 함께 살면서도 귀족들과 어울린다(그런 생활을 하는 데 필요한 의상을 장만하려고 가족에게서 돈을 빌린다). "각 사회 구역은 각자의 자식들을 바로 위 구역으로 쏘아올 린다." 그래야 "부유한 식료품상의 아들이 서기가 되고, 목재상의 아들은 치안판사가 되는 것이다."[33] 앞서 보았듯이, 외견상 부유해 보이는 이런 겉치장을 걸침으로써 투기적 행동과 사회관계의 부정직한 운영을 통해 그러한 부를 실제로 구현하는 일이 때로는 가능하다. 하지만 파리 사회질서의 복잡한 공간 속에서 정체와 신원 확인이 한데 엉겨 붙어버리기 때문에, 그것을 구현하는 과정에는 수많은 덫과 제약이 놓인다.

공간적 유형과 도덕적 질서

파리의 모든 구역에는 "당신이 어떤 사람인지, 무슨 일을 하는지, 어디 출신인지, 무엇을 추구하는지를 드러내주는 존재 방식이 있다". 계급을 갈라놓는 물리적 거리는 "그들을 갈라놓아야 하는 도덕적 거리의 물질적 축성祝聖"으로 이해된다. 사회계급의 분리는 공간적 생태와 수직적 격리라는 두 가지 방식으로 이루어진다. 파리는 "과학자와 천재들이 거주하는 다락방이 그 머리에 해당되며, 2층은 잘 채워진 위장에, 1층 상점들은 분주한 거래가 종종걸음으로 출입하는 곳이므로 다리와 발에 해당된다". 발자크는 도시 안의 숨겨진 공간에 대한 우리의 호기심을 가지고 장난치며 그것들을 관심을 자극하는 신비로 바꾼다. "닫힌 책처럼 지방색을 갖고 있는 대중에게 이야기를 해주기는 정말 싫다"며 그는 수줍은 듯 말한다.[34] 하지만 그는 즉시 그 책을 열어 공간성의 세계 전체와 그것의 표상을 드러내 보인다. 공간 유형은 도덕적 질서를 지탱해준다.

예전에 사회학자 로버트 파크는 도시를 공간 유형과 도덕적 질서로 보는 시사적인 논문을 쓴 적이 있다. 사회관계는 공간 유형이 도덕적 질서의 반영이자 그 재생산의 능동적 계기가 되게 하는 방식으로 도시의 공간에 새겨져 있다는 내용이다. 이 발상은 발자크의 소설 전반에서 그대로 구현되고 있다. "파리 역사의 모든 단계에서 상류계급과 귀족은 자기들만의 중심을 갖고 있고, 그와 마찬가지로 평민들의 파리도 언제나 자기들만의 특별한 구역을 갖게 될 것이다."[35] 미세한 변형들이 도시의 사회공간적 형태 속에 짜넣어진다.

파리에서는 저 괴물 같은 도시의 어떤 부분이든 그 외모에 한몫하는 여러 다른 유형이 총체적인 성격과 아주 근사하게 조화를 이룬다. 그러니 콩시에르주, 또는 수위, 또는 현관 집꾼 등, 파리라는 괴물 내부의 본질적인 신경계를 이루는 이들을 뭐라 부르든, 그들은 자신이 활동하는 구역에 적응하며 때로는 그 구역의 성격을 요약해주기도 한다. 포부르 생제르맹의 콩시에르주는 옷 소매마다 수술 장식을 단 여유 있는 사람으로, 정부 주식에 투자한다. 쇼세당탱의 집꾼은 육체적 쾌락, 특히 먹는 것을 즐긴다. 주식교환소의 콩시에르주는 신문을 읽는다. 포부르 몽마르트르의 콩시에르주는 장사를 한다. 창녀들이 접거한 구역에서는 은퇴한 창녀가 여자 콩시에르주로 있다. 마래 구역의 콩시에르주는 지위가 있는 사람이며 꽤나 까다롭고 이러한 공간 유형은 도덕적 질서를 강요한다(콩시에르주와 짐꾼이 보장하는 수준 이상의 질서). 『13인당 이야기』에 속하는 이야기 세 편 가운데 첫 번째 이야기인 『페라귀스』에서 거의 모든 사람이 이 공간 유형을 어기며, 잘못된 시간에 잘못된 장소로 움직였다가 죽음을 맞는다. 제자리를 찾지 못한 등장인물들은 생태적 조화를 깨뜨리며 도덕적 질서를 혼탁하게 하므로 대가를 치러야 한다. 그렇게 되면 도시는 위험한 장소가된다. 왜냐하면 그 속에서 길을 잃고 밀어닥치는 흐름에 쓸려나가 결국은 잘못된 곳에 떨어지기 십상이기 때문이다. 『페라귀스』에서 쥘 부인은 말한다. "난 이 미궁에 한 발짝이라도 들여놓으면 틀림없이 심연으로 떨어져 죽을 거라고 믿어요."[37] 순수하고 완전한 인간인 쥘 부인은 아버지인 페라귀스에 대한 가족적 헌신 때문에 자신의 사회적 지위와 어울리지 않는 파리의 어느 부분으로 모험을 나선다. 그녀가 잘못된 장소에서 헤매고 다녔기 때문에 발자크는 "그녀가 길을 잃었다"고 선언한다. 그녀는 타락하고 결국은 "도덕적 문제가 무척 심각해지고 신체 상태도 더 나빠져서" 죽는다. 쥘 부인을 숭배하는 오귀스트 역시 이와 비슷하게 "그의 장래의 불행 때문에", 쥘 부인의 비밀 행선지이던 "건물의 구석구석을 헐뜯었기" 때문에 죽게 된다. 페라귀스를 돌보는 사람이자 쥘의 부르주아적 주거지에 감히 찾아갔던 이다 구제 역시 죽는다.

하지만 쥘 부인의 아버지인 페라귀스는 어떤 역경이 닥치든 어떤 일을 하든 회원끼리는 서로를 지원하기로 서약한 남자들의 비밀 결사—13이라 알려진—의 회원이다. 그들은 날개를 달고 있다고 발자크는 말한다. 그들은 "사회 어디서든 활개치며 돌아다니고 그 사회에 대해 무한한 힘을 쥐고 있기 때문에 거드럭거리며 아무 장소나 마음대로 차지한다". 그들은 어디 있는지 포착되지도 않고, 어떤 지위에 있는지도 알려질 수 없으므로 어떤 도덕적 질서에도 제약되지 않는다. 페라귀스는 오귀스트와 쥘에게 (그리고 경찰에도) 추적당하지만 한 번도 발각되지 않는다. 그는 자기가 원할 때만 나타난다. 다른 모든 사람은 공간에 붙잡혀 꼼짝 못 하고 있지만 그는 공간을 지휘한다. 그가 가진 비밀스러운 힘의 결정적인 원천은 이것이다.[38]

그러나 발자크의 작품에 나오는 이러한 관점은 변화한다. 『13인당 이야기』에서 결정적인 역할을 하는 공간적 엄격성이 후기 작품에서는 유연해진다. 샤론 마커스가 주장하듯이 『사촌 퐁스』라는 소설(발자크가 마무리한 마지막 작품 가운데 하나)에서 사촌 퐁스는 수위 여자의 손에 들려 내려온다. 왜냐하면 그 수위 여자는 퐁스가 사는 곳을 휘두를 뿐 아니라(그녀가 퐁스의 식사를 갖다주니까) 음모의 그물망을 구축하고 도시 전역에 걸쳐 음모가들의 연대 조직을 구성하여(콩시에르주로 구성된 "신경 시스템"을 이용하여) 미술 수집품이 소장된 그의 아파트에도 들어갈 수 있기 때문이다.[39] 이런 방식으로 공간을 지휘하고 생산하는 능력은 사회 최하층 사람들일지라도 그것을 이용하면 공간 유형과 도덕적 질서를 뒤집어놓을 수 있게 해주는 하나의 힘이 된다. 그렇기 때문에 중범죄자였다가 경찰서장이 된 보트랭은 도시의 공간적 생태에 대한 지식과 지휘 재능을 이용하여 그것을 자기 목적에 맞게 통제한다. 도시의 공간성은 수동적이거나 단순한 반영의 소재인 것만이 아니라 점점 더 변증법적이고 구축된 것이자 필연적인 것으로 평가된다.

거리, 대로,
스펙터클이 있는 공공장소
—

파리에는 오명을 뒤집어쓴 인간처럼 오명을 뒤집어쓴 거리가 있다.
또 고상한 거리도 있다. 그저 단순히 건전한 거리도 있고, 이른바
사춘기적 거리, 그것이 어느 정도로 도덕적인지 아직 대중이 판단하지
못한 거리도 있다. 살인적인 거리도 있고, 늙은 섭정보다 더 나이 먹은
거리도 있다. 존경받는 거리, 언제나 깨끗한 거리, 언제나 더러운 거리,
노동자 계급과 근면한 상인들의 거리도 있다. 한마디로 말해 파리의
거리들은 인간적인 성질을 지니며, 그 거리의 용모에서 받는 인상에
대해 우리는 어떤 저항도 하지 못한다.[40]

이런 표현은 도저히 각각의 거리에 대한 객관적 설명이라고는 할 수
없다. 발자크의 인물들이 갖는 희망과 욕구와 공포감은 그들이 지나다
니는 거리와 이웃들에게 의미와 성격을 부여한다. 그들은 마음 내키는
대로 빈둥거리기도 하고 도저히 함께 지내지 못하겠다는 스트레스를 느
끼기도 하지만, 어떤 경우에도 "어떤 위치에 있음situatedness"이라는 사실
은 결코 무시할 수 없다. 발자크가 보여주는 것은 나중에 상황론자들이
도시의 길거리와 이웃들의 "심리지리학"이라 부르게 되는 것이다. 하지만
그가 처한 관점은 대개 자신의 것이 아니라 자신이 만들어낸 수많은 인
물의 관점이다.[41] 그의 인물들은 심지어 한 구역에서 다른 구역으로 이
사하면 성격이 바뀌기까지 한다. 포부르 생제르맹(온갖 귀족적 특권을 가
진)에 들어가거나 팔레 루아얄(여자들의 성매매뿐 아니라 문학적 재능의 소
유자들에게도 저널리즘의 질 낮은 상업주의에 매명하고자 하는 충동을 불러일

으키는 곳)의 혼돈과 뒤섞이자면 그 속에 사는 사람들은 저항할 수 없는 요구를 받게 된다. 저항하려면 오로지 이사하는 수밖에 없다. 『잃어버린 환상』에서 뤼시앵은 생토노레 거리(특히 오페라극장에서 재앙이라고 할 만한 전시회를 연 뒤) 사교계에 인상을 남기는 데 실패하고 팔레 루아얄의 싸구려 출판계도 감동시키지 못하게 되자 소르본에 가까운 좌안의 금욕적 세계로 달아나서 땡전 한 푼 없지만 냉혹할 정도로 정직한 학생이라는 가면을 쓴다. 그곳에는 최악의 순간에도 그를 지원해주는 가까운 친구 그룹이 있다. 그러나 자신의 잘생긴 외모에 푹 빠진 여배우 코랄리와 함께 강 건너 시내로 이사한 뒤에는 자기가 예전에 살던 곳에 대한 그녀의 판단을 받아들여, 그곳이 지독한 빈민촌일 뿐 아니라 멍청이들이 사는 곳이라고 말한다. 새로운 관점에 선 그는 정치적 입장을 바꾸고 옛 친구들의 글을 공격하기까지 한다.

우리는 도시를 여러 관점에서 이해하는 법을 배운다. 그것은 한편으로는 만화경 같은 성질을 가진 이해 불가능한 미궁이며, 그 만화경을 돌리면 도시의 장면들이 이루는 무수한 조합과 색채를 볼 수 있다. 그렇지만 도시의 이미지가 뭔가 더 영속적이고 실질적인 것으로 융합되는 결절점 역할을 꾸준히 하는 지점이 있다. 우안에 있는 대로 가운데 상업적 세계인 포부르 생제르맹, 증권거래소("온통 덜거덕거리고 부산하고 매춘부 같은"), 팔레 루아얄, 생토노레 거리, 소르본 주변의 학생 구역, 영원히 그늘진 파리의 노동계급이 사는 구역 등등이 그런 곳이다(노동계급 구역은 『사촌누이 베트』를 제외하면 거의 등장하지 않는다. 그 작품에서도 악명 높은 프티트폴로뉴와 포부르 생앙투안이 모두 일반명사로 지칭된다. 산업계의 일자리가 숱하게 안겨주는 불안정과 모욕을 맛보는 인물에 대한 묘사는 발자크의 작품을 모조리 뒤져도 찾을 수 없다). 나아가 스펙터클이 도시의 가독성可讀性

그림 18 발자크는 파리의 거리들이 지닌 성격과 분위기에 매료되었다. 마르빌이 1850년대에 찍은 이 사진은 그러한 분위기를 일부 포착한다. 이 사진에 찍힌 장소는 당시 매춘의 중심지이던 "덕성의 거리"다. 이 길은 1860년대에 국제노동자연합이 파리 지부를 세우게 되는 그라빌리에 거리로 이어진다.

에 빛을 더한다. 오페라극장과 극장, 대로, 카페, 기념물, 공원, 정원 등이 도시라는 직조물 안에서 빛을 발하는 점과 선으로 거듭 나타나며 도시 생활에 의미의 그물을 뒤집어씌운다. 그런 것이 없었더라면 도시는 완전히 어두웠을 것이다. 특히 대로는 도시가 일차적으로 표현되는 시詩다.

거리 차원에서 사용되는 이런 지시봉을 갖고 있으면 우리는 높은 지점에 서서 전체를 그려볼 수 있고, 미궁 내에서 벌어지는 사건과 인물들의 상황 및 파리 일상생활의 만화경 같은 세계를 파악하는 법을 배울 수 있다. 예를 들어 『고리오 영감』의 대단히 훌륭한 개시부에서 발자크가 이 일을 어떻게 해내는지 보라. 다음에 나오는 장면들의 "진가를 알아볼 수 있는 사람은 몽마르트르 언덕과 몽루주 언덕 사이에만 있다". 무엇보다도 먼저 우리는 "부스러지는 회반죽 조각과 진창으로 시커멓게 하수구가 들어찬 골짜기, 진짜 고통과 대개는 가짜인 기쁨으로 가득 찬 골짜기"를 내려다본다. 보케르 부인의 하숙집은 발드그라스와 팡테옹 사이의 거리에 있다. 그곳에서는

바퀴 달린 교통수단이 다니지 않기 때문에 이 거리의 정적은
깊어진다. 이 거리를 지배하는 그 정적은 발드그라스와 팡테옹의
돔 사이에 꽉 들어차 있는데, 이 두 건물은 둔중한 돔 지붕을 가진
답답한 집으로, 거리에 그림자를 드리우고 대기를 어둡게 한다.
(…) 아무리 주위에 신경 쓰지 않는 통행인일지라도 여기서는
불쾌한 기분을 느끼고, 바퀴 소리조차 뭔가 비정상적으로 울리며,
집들은 우중충하고, 벽은 감옥처럼 보인다. 이곳에 사는 파리
시민은 주위에서 하숙집과 관청 건물, 비참함과 피로 외에 아무것도
보지 못할 것이며, 늙은이는 무덤으로 빠져들고 유쾌한 젊은이는

발자크는 이러한 전체 분위기를 카타콤으로 내려가는 것에 빗대면
서, 우선 이웃들을 꿰뚫어보고 다음으로는 집과 정원을, 방과 사람들을
레이저처럼 예리한 눈으로 꿰뚫어본다. 낮에는 작은 쪽문이, 밤에는 튼
튼한 철문이, 담으로 둘러싸인 정원과 거리를 격리시킨다. 벽에는 덩굴
이 덮여 있고 시렁으로 받쳐진 과수와 포도도 있어서 "매년 그 과수들
의 흠집투성이고 먼지 묻은 열매들을 보케르 부인이 불안한 눈초리
로 감시하고 있다". 벽마다 "좁은 통로가 라임나무 덤불 쪽으로 나 있고"
그 아래에는 "초록으로 칠해진 원형 탁자와 의자 몇 개가 놓여 있으며,
커피 값을 낼 여유가 있는 하숙인들이 무더운 여름날, 달걀을 부화할
수 있을 정도로 더운 날씨에도 그 아래에 와서 앉는다". 3층짜리 건물은
"다듬은 돌로 지어졌고 파리에 있는 거의 모든 집을 누추한 꼴로 만들어
버리는 누르스름한 빛깔로 칠해져 있다". 집 안에 들어가면 "하숙집 냄
새"를 풍기는 음울한 느낌의 거실이 있고, 그보다 더 음울한 식당(가구의
끔찍한 몰골이 아주 상세하게 묘사된다)에는 "모든 것이 더럽고 얼룩져 있
다. 넝마나 누더기는 없지만 모든 것이 삭아 부서지고 있다". 이 묘사가
끝날 때쯤 우리는 보케르 부인 본인을 만나게 된다. 그녀는

베일 달린 모자를 쓰고 주름진 슬리퍼를 신고 발을 질질 끌며
등장한다. 그녀의 늙어가는 부스스한 얼굴을 지배하는 것은 앵무새
부리 같은 코다. 살이 쪄서 울룩불룩해진 작은 손, 성당의 쥐처럼
통통한 몸뚱이, 맵시 없는 통통한 옷은 벽에서 비참함이 스멀스멀

새어나오며 희망이 절망에 굴복하여 짓밟히고 질식당한 이 방과
제대로 잘 어울린다. 보케르 부인은 혼탁한 공기도 편안하며, 그것
때문에 토할 것 같은 기분이 되지 않은 채 잘 숨 쉴 수 있다. 첫 서리가
내린 가을날처럼 차가움이 생생하게 드러난 그녀의 얼굴, 주름진 눈,
어음 할인업자의 찌푸린 얼굴에서부터 무희가 버릇처럼 보이는 것
같은 고식적인 미소에 이르기까지 다양하게 변하는 표정, 간단히 말해
그녀의 전체 인격은 하숙집을 이해하는 실마리를 제공한다. 아니,
하숙집 자체가 그녀 같은 사람의 존재를 함축하는 것이기도 하다.[42]

생활 여건과 인격 사이의 일관성은 놀랄 만하다. 높은 시점에서 보고
있으므로 우리는 보케르 부인과 그 집의 다른 모든 거주인을 파리와의
관련 위에서 볼 뿐만 아니라 도시라는 직조물 내에서 각각이 차지하는
생태적 활동 분야라는 관점에서 볼 수도 있다. 도시의 생태와 그 주민들
의 인격은 서로 거울에 비친 영상 같은 관계다.

친밀성에 대한 공포와
실내의 본성
—

실내室內는 발자크의 작품에서 특별한 역할을 담당한다. 틈새가 많은 경
계선과 도시 생활을 유지하려면 그 경계를 가로질러 흐를 수밖에 없는
교통량도, 결코 바람직하지 않은 타자들의 출입을 제한하고 내부 공간
으로의 침범(이 단어에 담겨 있는 성적 함의는 적절하다)을 막으려는 치열한
투쟁을 결코 줄이지 못한다. 마커스가 보여주듯이, 이런 측면에서 아파

트 주거가 갖는 취약점은 그런 관계를 가장 손쉽게 묘사할 수 있는 물질적 토양을 만들어낸다.[43] 발자크의 소설에 나오는 행동 가운데 대다수는 한 사람의 내면생활에 다른 사람들이 끊임없이 침투해 들어오고 나아가 그것을 종속시키고 압도하려는 세계에서 친밀성이 가하는 위협에 맞서 자신을 감정적으로나 물리적으로 보호하려는 시도에 기인한다. 성공적인 침투는 반드시 희생자의 죽음이라는 결과를 낳고 묘지에 있는 최종 휴식 장소로 이어지는데, 그곳에서는 친밀성의 위협이 완전히 제거된다. 진정한 사랑과 친밀성에 기꺼이 굴복하는 사람들(주로 여성들)은 치명적인 결과를 감당하게 된다(『창녀들의 영광과 비참』에 나오는 뤼시앵의 애인인 개심한 창녀처럼 때로는 희생적이고 심지어 아름답기까지 한 사람도 있다). 친밀함에 대한 욕구와 고상함의 추구는 그 치명적인 결과인 죽음의 공포와 영원히 맞서고 있다.

그러나 발자크의 부르주아 비판의 주된 내용은 그들이 친밀성이나 내면적 감정을 느낄 능력이 없다는 것이다. 왜냐하면 그들은 모든 것을 차가운 계산과 돈 계산을 기준으로 한 이기주의, 의제자본擬制資本과 이윤 추구로 환원시켰기 때문이다. 발자크의 부르주아 인물 가운데서도 가장 지독한 인간인 크레블은 『사촌누이 베트』의 시작 부분에서 자기 아들의 장모인 아들린의 애정을 얻으려고 애쓴다. 하지만 아들린이 남편의 방탕과 낭비로 만성적인 빚에 시달린 끝에 결국 그의 유혹에 굴복하자, 크레블은 아들린을 앞에 앉혀둔 채 그녀와 살림을 차리는 데 필요한 집세가 재산에 미칠 손실을 꼼꼼하게 계산해본 뒤 냉담하게 그녀를 거절한다. 친밀성과 그 속에 잠복된 위험이라는 주제는 어디에나 있다. 『황금 눈의 여인』에서 앙리 드 마르세는 튀일리궁에서 본 한 여자의 아름다움에 충격을 받는다. 그는 그 여자, 즉 파키타를 보호하고 있는 장벽을 뚫고 그녀를 열렬하게 쫓아다니며, 사회적, 인간적인 온갖 장벽을 넘어 그녀에게 접근한다. 눈을 가린 채 신비스러운 복도를 지나 인도되어간 그는 그녀의 비밀 침실에서 파키타의 사랑을 얻는다. 그 침실은 (보케르 부인의 하숙집처럼) 그녀에 대해 우리가 알아야 할 모든 것을 말해준다.

이 내실의 커튼은 붉은색이었고, 코린트식 원기둥처럼 주름 잡힌 인도산 모슬린이 그 위에 겹쳐져 있었다. 그 꼭대기와 아래쪽에는 양귀비 빛의 옷감으로 단이 둘러져 있었고, 검은색 아라베스크 무늬가 그 단에 그려져 있었다. 이 모슬린을 통해 보이는 양귀비 빛은 사랑의 색깔인 분홍색으로 보였고, 분홍빛은 창문 커튼에서도 다시 나타났다. 커튼 역시 인도산 모슬린이었고, 분홍색 태피터 천으로 안감이 대어져 있으며 양귀비 빛과 검은색이 교대로 나오는 가장자리 단이 대어져 있었다. 벽에 달린 은도금 촛대 여섯 개는 양초가 두 개씩 꽂혀 있으면서 태피스트리가 걸린 벽에 같은 간격을 두고 박혀 장의자에 빛을 던져주고 있었다. 둔중한 은빛 샹들리에가 중앙에 매달려 있는 천장은 눈부신 흰빛이었고, 돌림띠에는 금박이 입혀져 있었다. 카펫은 동양식 숄을 연상시키는 것으로서, 이 카펫을 짜기 위해 노예들의 손이 움직였을 페르시아의 디자인과 시를 상기시키는 분위기를 자아냈다. 가구는 검은색과 양귀비색으로 단을 댄 흰 캐시미어로 덮여 있었다. 시계와 가지 달린 촛대는 흰 대리석과 금으로 된 것이었다. 형형색색의 장미와 희거나 붉은 꽃이 꽂혀 있는 우아한 꽃 받침대가 있었다.[44]

이런 친밀한 공간에서 드 마르세는 "형언할 길 없는 기쁨의 흐름에 떠다니는 경험"을 하며, "일반 사람들은 너무나 바보같이 '상상 속의 공간'이라고만 부르는 기쁨의 연옥에서 제정신을 잃는 바람에" 오히려 "더 부드럽고, 친절하고, 더 잘 소통하게" 된다. 하지만 파키타는 자신의 운이 다했음을 안다. "그녀가 그를 품에 끌어안는 열렬한 동작에는 죽음에 대한 공포가 숨어 있었다." 그녀는 그에게 말한다. "이제 당신이 내 죽음의 원인이 되리라는 것을 확실히 알겠군요." 그녀가 다른 사람과도 관계를 맺고 있다는 사실을 알고 분개한 앙리가 보복하기 위해 그녀를 그 내밀한 공간에서 끌어내겠다고 결심하고 돌아와보니 그녀는 여자 애인과의 격렬한 싸움 끝에 칼에 찔려 죽어 있었다. 또한 알고 보니 그 여자 애인은 오래전에 잃은 앙리의 이복 누이였다. 파키타의 "온몸은 처형자의 칼질에 난자당해 있었다. 앙리 덕분에 자기 자신이 얼마나 소중한 존재인지 깨달은 그녀가 자신의 생명을 구하기 위해 얼마나 격렬하게 싸웠는지 보여주는 광경이었다". 내실의 물리적 공간은 파괴되었고, "피에 물든 파키타의 손자국이 쿠션에 찍혀 있었다".

『랑제 공작부인』에서는 구도가 이와 반대 방향으로 움직이지만 결과는 비슷하다. 여성들은 회피와 아양, 계산된 관계와 전략적 결혼 등의 방법을 써서 친밀성으로부터 스스로를 보호한다. 몽리보 장군은 (유부녀인) 공작부인이 자신의 열정을 가지고 장난치는 것 때문에 분개한다. 그는 그녀를 공공장소(무도회가 한창인 곳)에서 납치하여 자신의 깊숙한 비밀 장소로 끌고 간다. 그곳은 수도승의 독방 같은 고딕적 분위기가 감도는 곳이다. 자신의 내밀한 공간인 그곳에서 그는 공작부인에게 낙인을 찍겠다고 위협한다. 그녀의 이마에 유형수의 표시를 찍겠다는 것이다(뒤에 있는 부속실에서 불길이 날름거리며 불길한 소리를 토해낸다). 납치된 공작부인은 굴복하고 자신의 사랑이 영혼으로 결속된 것이라고 선언한다.

"사랑에 빠진 여자는 스스로에게 낙인을 찍습니다." 감정적 낙인이 찍힌 채 무도회로 돌아온 공작부인은 몇 번인가의 만남이 불발로 끝나자 멀리 지중해에 있는 어느 성당으로 달아나 테레즈 수녀라는 이름으로 신에게 헌신한다. 오랜 시간 뒤에 몽리보는 잃었던 사랑을 끝까지 추적한다. 수녀를 납치하려는 그의 계획은 교묘하게 성공하지만 그가 되찾은 것은 그녀의 시체뿐이었다. 그는 "죽음의 고요함이 내려앉아 숭고한 아름다움으로 가득 채워진" 시체를 바라볼 뿐이었다.[45]

발자크는 이 주제를 남자와 여자의 관계를 넘어 확장했다. 『미지의 걸작』(마르크스와 피카소가 각각 다른 이유로 열렬하게 찬양한 작품)에서는 한 재능 있는 견습 화가가 유명한 화가에게 소개되지만 걸작품이 만들어지고 있는 안쪽 화실에는 출입을 허락받지 못한다. 화가는 그 걸작 초상화를 아름다운 여성과 비교하여, 자신의 그림이 살아 있는 실물보다 더 실물처럼 보이는 것에 스스로 흡족스러워하고 싶어한다. 견습 화가는 자신의 젊은 애인을 설득하여 (그녀가 원치 않았음에도) 그 화가가 비교 대상으로 삼을 누드모델로 세움으로써 그녀를 희생시킨다(그리하여 그녀의 사랑을 망가뜨린다). 그 대가로 그는 온갖 놀라운 그림으로 가득 찬 안쪽 화실의 출입을 허락받고 걸작품을 보게 된다. 하지만 그곳에는 거의 아무것도 그려지지 않은 빈 캔버스만 있을 뿐이다. 경솔하게도 그가 이 사실을 지적하자 늙은 화가는 분노로 펄펄 뛴다. 그날 밤 늙은 화가는 자신의 그림을 모조리 불태우고 자살해버린다.[46]

『사촌누이 베트』에서, 지방의 농민 출신인 한 음모꾼 친척이 귀족 가문의 여성들에게 접근하여 친근하고 천사 같은 친구가 되어 그들을 파멸시킨다. 『사촌 퐁스』에서 이 주제는 거꾸로 되풀이된다. 퐁스는 오직 골동품 수집에만 몰두하여 인생을 살아온 사람이다. 그에게는 자신의 수집품이 유일한 낙이지만 그 값어치가 얼마인지도 모른다. 소장품은 그의 아파트 내실에 보관되어 있다. 여러 세력이 연대하여(그를 돌봐준다고 주장하는 수위 여자가 이끄는) 그 내밀한 성소에 침입하여 그를 죽게 만든다. 발자크는 이렇게 쓴다. "퐁스의 아파트에 불법으로 들어가는 것은 성채의 중심부에 적을 끌어들이고 퐁스의 심장에 단검을 꽂는 것이나 마찬가지였다."[47] 퐁스는 실제로 이 기습으로 생긴 후유증 때문에 죽는다. 하지만 그가 죽은 정확한 이유는 무엇인가? 상품 가치가 그의 사적 공간에 침투했기 때문이다. 이 공간은 이제껏 수집가인 퐁스에게 활력을 주던 가치의 순수성이 유지되던 곳이다. 벤야민은 다음과 같은 글을 쓸 때 분명히 퐁스를 염두에 두고 있었거나, 혹은 그랬어야만 한다.

> 실내는 예술이 피난하는 요양소다. 결국 수집가는 실내의 진정한 주민임을 입증한다. 그의 관심은 대상을 이상화하는 것이다. 그것들을 소유함으로써 그 상품적 성격을 박탈한다는 시지프스적 과제가 그에게 맡겨진다. 하지만 그가 그것들에게 부여할 수 있는 것은 사용 가치가 아니라 감식가적인 가치뿐이다. 수집가는 그저 사라진 지 오래된 멀리 있는 세계만이 아니라 더 나은 세계, 그 안에서 인간 존재가 진짜 세계에서 필요로 하는 것을 더할 나위 없이 잘 제공받고 있는 그런 세계, 사물들이 따분한 유용성에서 해방되는 세계를 불러내는 데서 기쁨을 느낀다.[48]

그러면 왜 그런 위험이 따르는데도 친밀성을 원하고 높이 평가하는가? 왜 피상적이고 사교적인 것을 선호한다고 여성들을 책망하는가? 친밀성을 무릅쓴다면 사랑의 낙인이 찍히거나 죽음을 받아들여야 하는 상황이 되어버린다. 그런 판국에 부르주아들이 무슨 수를 써서라도 친밀성을 회피한다고 해서 그들을 그처럼 무자비하게 조롱할 이유가 있는가? 친밀성이란 우리가 그것 없이는 절대로 살 수 없는 것인데도 교환가치를 향한 냉혹한 추구 때문에 영원히 위협받는 인간적 특성이다. 발자크의 유토피아주의는 안정적으로 친밀성을 영위하고 가치 있는 소유물을 가지며, 거칠고 불안정한 세계로부터 격리되고 상품화로부터 보호받는 삶을 살 수 있는 안전하고 목가적인 장소를 전제로 한다. 하지만 발자크의 꿈은 항상 최선이라고 해도 몽리보와 공작부인의 사랑처럼 좌절되거나, 파키타와 드 마르세의 경우처럼 극도로 파괴적인 것이 된다.

이 전제는 『사촌 퐁스』에서 직설적으로 들을 수 있다. 퐁스의 아파트로 유인되어 그처럼 치명적인 결과를 빚어낸 콩시에르주 시보 부인은 부당하게 얻은 재산을 가지고 시골로 은퇴하려는 꿈을 꾼다. 하지만 그녀는 감히 그렇게 하지 못한다. 점쟁이에게 의논했다가 시골에서 비명횡사할 것이라는 말을 들었기 때문이다. 그녀는 파리에서 여생을 살며, 자신이 가장 원하는 전원생활을 하지 못한다. 부르주아들도 이와 마찬가지로 친밀성을 회피하는 것이 아니라 화폐적 가치에 집착하는 바람에 친밀성을 발휘할 수 없게 된다는 저주를 받는다. 그러나 그것 외에 뭔가 다른 요인도 작용하고 있다.

파키타는 진정으로 위대한 모든 남자가 찾아 헤매던 무한한 이상, 파우스트에게서 극적으로 표현되고 만프레드에게서 그토록 시적으로 표현되었으며, 돈 후안에게서는 수많은 환상의 추적자가 찾아 헤매던 것을 자기들 속에서도 발견했으면 하는 희망을 품고 여성의 마음을 깊이 탐구해 들어가도록 부추긴 저 무한하고 신비스러운 갈망에

응답했다. 과학자들은 그것을 과학에서 발견할 수 있다고 믿고
신비가들은 신에게서만 그것을 찾을 수 있다고 믿는다.⁴⁹

발자크는 그것을 어디서 발견하는가? 실내 공간의 친밀성에서 달아나
서 뭔가 더 넓은 외부 세계로 가거나, 평범한 사람들이 어리석게도 "상상
적 공간"이라 부르는 일종의 고상한 황홀의 순간을 친밀성을 통해 경험
함으로써인가? 발자크는 이 두 가지 가능성 사이에서 동요한다.

공간과 시간의 말살

풀레는 이렇게 말한다. "발자크의 작품 전체에서 심적 행위로 시공간을
말살한다는 선언만큼 자주 되풀이되는 것은 없다."⁵⁰ 발자크는 이렇게
쓴다. "나는 어마어마한 믿음을 이미 손에 쥐고 있다. 즉 그리스도가 말
한 그러한 믿음, 산을 움직일 무한한 의지, 그것의 도움을 얻어 시간과
공간의 법칙을 말살할 수 있는 위대한 힘 말이다." 발자크는 자신 속에
모든 것을 내면화하고 마음의 고상한 행위를 통해 그것을 표현할 수 있
다고 믿었다. 그는 "인간 속에서 이중적 존재를 구성하는 저 내면적 감각
의 힘으로만" 살았다. "사물에 대한 이와 같은 심오한 직관 때문에 탈진
한" 상태에서도 영혼은 "라이프니츠의 굉장한 구절을 빌리자면, 우주와
중심을 함께하는 거울"이 되기를 열망한다.⁵¹ 그리고 발자크가 그의 실
내를 구성하는 방법은 바로 다음과 같다. 퐁스의 실내는 그저 그의 실내
일 뿐 아니라 유럽식 예술적 생산의 우주와 중심을 함께하는 거울이라
는 이중적 의미에서 귀중하다. 파키타의 내실은 동양, 인도, 노예 소녀,

091

식민지 여자 등과 관련된 이국취미의 암시를 통해 매력을 발산한다. 랑제 공작부인이 강제로 납치된 몽리보의 방은 중세 수도사의 독실과 관련된 고딕적 순수성의 금욕적 느낌을 내면화한다. 실내 공간은 모두 외부 세계의 어떤 측면을 반영하게 마련이다.

공간과 시간의 말살은 발자크 시대에는 충분히 낯익은 주제였다. 그 구절은 알렉산더 포프가 쓴 시의 대구對句에서 인용한 것으로 보인다. "오, 신이여! 공간과 시간을 없애버리소서/ 그리고 두 연인을 행복하게 하소서."[52] 괴테는 『파우스트』에서 은유를 아주 효과적으로 활용했으며, 1830년대와 1840년대에는 이 발상이 범위를 더 넓혀 철도의 보급과 결부되었다. 당시 이 구절은 미국과 유럽 모두에서 새로운 운송 수단과 통신 기술(운하와 철도에서, 헤겔이 이미 아침 기도의 대용물이라고 규정한 바 있는 일간신문에 이르기까지 모든 것)에 의해 재구축되는 세계의 가능성과 결과에 대해 숙고하던 폭넓은 사상가들에게 널리 알려져 있었다. 흥미롭게도 마르크스에게서도 동일한 개념을 발견할 수 있다(『공산당 선언』에서는 잠재적으로, 『정치경제학 비판 요강』에서는 명시적으로). 마르크스가 이용한 이 개념은 자본주의의 지리적 팽창과 자본 순환의 가속화 경향이 갖는 혁명적 성질을 의미한다. 그것은 주기적으로 "시공간 압축"을 벌이려는 자본주의의 경향을 가리킨다.[53]

그러나 발자크에게서는 이 관념이 주로 시간과 공간을 벗어난 고상한 순간을 묘사한다. 그 순간 세계의 모든 힘은 마음에 내면화되며 원자적인 개인의 것이 된다. 그것은 강렬한 계시의 순간에 "불꽃처럼 피어"나는데, 그 배경에 깔린 종교적 연상은 쉽게 눈에 띈다(발자크가 종교와 신비주의와 미신의 힘을 가지고 희롱하는 것은 흔히 볼 수 있다). 그것은 숭고한 sublime 순간이다(숭고함은 발자크가 좋아하는 단어다). 하지만 수동적인 순간은 아니다. 시간과 공간의 말살에 수반되는 눈부신 통찰력은 세계 내에서 어떤 행동을 허용한다. 『절대의 탐구』에서 마르그리트는 아버지와 격렬하게 다투고 난 뒤 다음과 같은 반응을 보인다.

> 그가 가버리자 마르그리트는 당황한 상태로 한동안 멍하니 서 있었다. 마치 온 세계가 그녀에게서 달아나버린 듯했다. 그녀가 있는 곳은 더 이상 친숙한 거실이 아니었다. 더 이상 자신의 신체적 존재를 의식하고 있지도 않았다. 영혼이 날개를 달고 생각이 시간과 공간을 소멸시키는 세계로 솟아올랐다. 그곳에서는 미래에 걸쳐진 베일이 어떤 신성한 힘의 손으로 벗겨졌다. 그녀는 하루 종일 자기 아버지가 계단을 올라오는 한 걸음 한 걸음의 소리 사이에서 사는 것 같았다. 그가 자기 방에서 움직이는 소리를 들으면서 싸늘한 전율이 몸을 훑고 지나갔다. 갑작스러운 경고의 환상이 그녀의 머릿속을 번갯불처럼 스쳤다. 그녀는 소리 없이, 어두운 계단을 쏜살같이 달려 내려가, 아버지가 머리에 피스톨을 대고 있는 것을 보았다.[54]

시공간을 벗어난 계시의 숭고한 순간은 세계를 전체로서 파악하고 그 속에서 단호히 행동할 수 있게 해준다. 성적인 열정 및 "타자他者(연인, 도시, 자연, 신)"의 소유가 그것과 연관되어 있다는 것은 분명하다(포프의 원래 대구對句에 지시되어 있듯이). 하지만 발자크는 그 덕분에 어떤 개념적 힘을 가질 수 있게 된다. 그 힘이 없다면 그는 도시에 대해 개관적인 전망을 가질 수 없을 것이다. 라파엘에게 나귀 가죽을 판 상인은 이렇게 묻는다. "도대체 좌절된 욕구 때문에 생기는 온갖 재난이 어떻게 더 낫다고 할 수 있는가? 전 우주를 자기 마음의 심판석으로 불러오는 최고의 재능이나, 시간의 가시나 공간의 족쇄로 터덜거리지 않고 움직일 수 있는 스릴, 또는 모든 것을 포옹하고 보는 즐거움이나 다른 차원을 탐문하고 신의 음성을 듣기 위해 세계의 가장자리로 몸을 기울이는 즐거움이 모두 그보다 못하다니 말일세."[55] 라파엘은 철저하게 억압적이라고 할 정도로 "시간과 공간의 법칙이 지극히 엄격하게 적용되는 가정에서 자라났다"는 사실이 밝혀진다. 따라서 그는 "시간과 공간을 파괴하는 힘을 주는 열정에 수반되는 특권"에 깊이 매혹된다. 문제는 욕구를 표현할 때마다 라파엘의 피부는 쭈글쭈글해지고 죽음에 가까이 다가간다는 점이다. 그가 택할 수 있는 유일한 해결책은 자기 아버지가 부과했던 것보다 훨씬 더 엄격한 시공간 규율을 따르는 것이다. 움직임도 욕구의 기능에 속하므로 라파엘은 자신을 공간 속에 봉인하고, 자신과 주변 사람들에게 엄격한 시간적 질서를 부과하여 욕구의 표현을 일체 피하려고 한다.[56]

그럴 때, 모든 시공간적 장벽을 축소시키고 제거하려는 부르주아의 끝없는 욕구는 이 혁명적 욕구를 세속적으로 해석하는 양상으로 나타난다. 발자크는 부르주아적 사업 관행의 이 같은 세속적 면모를 재료 삼아 작업한다. 그는 이렇게 말한다. "법률가, 의사, 변리사, 사업가, 은행가, 대규모 상인의 무리는 시간을 게걸스럽게 삼키고 시간을 쥐어짠다. 왜냐하면 시간이 그들의 독재자이기 때문이며, 더 많은 시간이 필요하기 때문이다. 시간은 그들에게서 빠져 달아나며 그것을 늘릴 수도, 줄일 수도 없다." 공간과 시간을 소멸시키려는 충동은 어디서나 확연히 눈에 띈다.

인간은 그 자신과 관련된 것 위에서만 존재하는 공간을 자기와 관련된 부분에서는 말살할 엄청난 능력을 갖고 있다. 또 자기가 거주하는 여건 속에 스스로를 완전히 고립시킬 능력과, 거의 무한한 이동력에

그림 19 발자크가 공간과 시간의 말살이라는 주제를 강조한 것은 1830·1840년대에 등장한 철도와 매우 큰 관련이 있다. 1843년에서 1844년 사이에 그려진 "압착과 내파內破"에 관한 도미에의 이 삽화에서 핵심은 기차가 앞으로 달리면 승객들은 뒤로 밀려갈 수밖에 없음을 분명히 표현한 데 있다.

시간과 공간의 말살이라는 관념은 숭고함에 대한 특별히 자본주의적이고 부르주아적인 해석이 어떻게 구축되는지를 암시한다. 무수한 자본주의적 환상에서, 공간과 시간의 정복 및 세계(어머니 대지)에 대한 지배는 추방된 것이면서도 한편으로는 숭고한 성적 욕구의 형태로 표현된다. 부르주아적 근대성의 신화에 관해 뭔가 결정적인 것이 여기서 드러난다. 그러나 발자크에게서 미래의 시간과 과거의 시간이 무너져 현재의 시간으로 바뀌는 때는 바로 희망, 기억, 욕구가 수렴되는 순간이다. "미래에 대한 열망과 과거의 회상을 통해 현재의 더없는 행복을 세 배로 늘린다." 그는 이렇게 쓴다. 이것은 개인적 계시와 사회적 혁명의 최고의 순간, 발자크가 두려워하면서도 사랑하는 숭고한 순간이다.

발자크의 공관적共觀的 전망

공간과 시간의 순간적 말살이라는 환상 덕분에 발자크는 세계를 변모시키지는 못하더라도 이를 조사하고 이해할 수 있는 아르키메데스와 같은 위치를 구축할 수 있게 되었다. 그는 이렇게 상상한다. 자신이 "말을 타고 세계를 가로질러 달려가며 그 속의 모든 것을 내 마음대로 처리해버린다. (…) 나는 손가락 하나 까딱하지 않고 세계를 내 것으로 만들며 세계는 내게 아무런 힘도 미치지 못한다." 이 황제 같은 눈길은 노골적이다. "나는 하나의 사상이 스스로 발전하려면 얼마나 오랜 시간이 걸리는지 재고 있었다. 손에 나침반을 들고, 큰 파도가 아래에서 희롱하고 있는 해발 100길은 될 높은 바위벽에 올라서서, 나는 미래를 살펴보고, 기술자가 텅 빈 땅에 요새와 궁전을 배치하듯이 예술작품을 그곳에 배치한다."[58] 이 말에서 우리는 데카르트의 기술자와 괴테의 파우스트가 울리는 메아리를 틀림없이 들을 수 있다. 정지와 움직임, 흐름과 운동, 내면과 외면, 공간과 장소, 도시와 시골 사이의 변증법적 관계는 모두 조사와 표현의 대상이 될 수 있다.

발자크는 파리를 차지하러 나선다. 하지만 그는 그것을 하나의 "도덕적 실체", "감정을 가진 존재"로서 몹시 사랑하고 존중하기 때문에, 그저 지배만 하는 것은 그가 바라는 전부가 아니다. 그것을 소유하고자 하는 그의 욕구는 그것을 파괴하거나 축소시키려는 욕구가 아니다. 그는 이미지와 사고와 감정을 공급받기 위해 그 도시가 필요한 것이다. 그것을 죽은 사물로 취급할 수는 없다(방식은 제각각이지만 한 세대 뒤의 오스만과 플로베르도 마찬가지다). 파리는 인격과 몸뚱이를 갖고 있다. 파리, "괴물 가운데 가장 유쾌한 괴물"은 흔히 여성으로 묘사된다(발자크의 남성적 환상의 상대자 역할이다). "여기에는 예쁜 여자가 한 명 있고, 멀리 떨어진 곳에는 가난에 찌든 노파가 있다. 여기는 새로운 정권의 주화처럼 새로 주조되었고 도시의 또 다른 모퉁이는 멋쟁이 여성처럼 우아하다." 파리는 "슬프거나 즐겁거나, 못생기거나 아름답거나, 살아 있거나 죽었다. 열렬 지지자들이 보면 파리는 감정을 갖는 존재이기 때문이다. 모든 개인, 모든 건물 하나하나가 머리와 심장과 예측 불가능한 행동까지도 그들에게는 완벽하게 친숙한, 저 위대한 창녀의 세포막에 있는 섬모 하나하나이기 때문이다". 하지만 두뇌의 기능을 수행한다는 점에서 파리는 지구의 지적 중심이며 남성적 인격성도 띤다. 그것은 "문명의 수레를 타고 행진하는 천재들로 넘치는 두뇌, 위대한 인간이자 쉴 새 없는 창조적 예술가, 혜안을 지닌 정치 사상가다".[59]

마지막 산물은 도시의 관상학과 인격의 특별한 묘사(『황금 눈의 여인』의 시작 부분 같은)에 축약되어 있는 개관적 전망이다. 우리는 도시를 하나의 전체로, 그리고 그렇게 전체로 파악 가능한 것으로 보도록 거듭 설득당한다. 『페라귀스』에 나오는 이 단락을 살펴보라.

> 또다시 파리다. 길거리와 상점 간판과 공장과 저택을 흐려지는 안경을 쓰고 보는 것 같은 파리. 그림자, 유령, 죽은 자의 미세한 차원으로 축소된 현미경 같은 파리…… 쥘은 기다란 센강 골짜기, 보지라르와 뫼동의 비탈길, 벨빌과 몽마르트르의 언덕, 그 진짜 파리가 연기가 만들어낸 더러운 푸른색 베일, 그 순간 햇살에 투명하게 비치는 베일에 싸여 있는 것을 보았다. 그는 그곳에 있는 4만 호의 주택에 수상쩍은 눈길을 던지며, 파리 방돔 광장의 원기둥과 앵발리드의 금박 입힌 둥근 지붕 사이에 있는 공간 위로 팔을 휘저으며 말했다. "내가 빼앗긴 도시가 저기 있습니다. 오로지 이리저리 몰려다니는 것이 재미있어서 몰려다니는 이 군중의 꼬치꼬치 캐묻기 좋아하는 해로운 습성 덕분이지요."[60]

『고리오 영감』의 끝부분에서 라스티냐크는 바로 그 묘지에 서 있다.

> 그는 굽이치는 센강의 양편 제방에 파리가 펼쳐져 있는 것을 보았다. 불빛이 여기저기서 반짝거리기 시작했다. 그의 눈길은 방돔 광장의

원기둥과 앵발리드의 돔 사이에 있는 공간에 탐욕스럽게 못 박혀 있다. 그곳에 그가 정복하기를 원하는 찬란한 세계가 놓여 있다. 그는 약탈을 예고하는 표정으로, 마치 그의 입술에 벌써부터 벌꿀의 단맛이 느껴지는 것처럼 그 웅웅거리는 벌집을 쏘아보면서 도전적으로 말했다. "싸움이다. 우리 둘 사이에서."[61]

이 공관적 전망은 19세기 내내 울려 퍼진다. 풍선과 삼각측량용 망루로 무장한 오스만 역시 그것을 땅 위에서 재구성하는 일에 착수하면서 자신의 상상 속에서 파리를 마음대로 처리했다. 하지만 이 둘 사이에는 중요한 차이가 있다. 발자크는 이 도시가 자기 속에 있는 하나의 감정적 존재인 듯 관련된 모든 것을 강박적으로 지시하고 꿰뚫어보며 해부하고 내면화하는 반면, 오스만은 그 환상적 충동을 전환해 표현과 행동의 기술 면에서 국가와 자금주들이 선두를 차지하는 확연하게 계급적인 기획을 만든다. 심란한 일이지만, 『쟁탈전』에서 졸라가 복제하는 것은 쥘과 라스티냐크의 시점이나 이제 투기의 광란 파티에서 이 도시의 혈관을 절단하여 이익을 볼 계획을 세우는 것은 관망자인 사카르드.

"희망은 욕구하는 기억이다"

발자크는 이렇게 쓴다. "희망은 욕구하는 기억이다."[62] 기억과 욕구의 이러한 결합은 근대성의 신화가 어떻게 그처럼 강력한 힘으로 유통되는지 밝히는 데 기여한다. 발자크의 소설 대부분은 물론 역사적인 상황을 배경으로 삼고 있다. 대개 1814년의 왕정복고 이후의 사회 변화 과정에 초점을 맞추며, 제국이 파국적으로 몰락한 뒤 진보적 귀족, 가톨릭, 군주주의자 권력의 "진정한" 복고를 달성하지 못한 데 대한 애석함이 자주 표현된다. 그 과거의 유산은 어깨를 무겁게 짓누른다. 그의 인물 가운데 대다수는 엄밀하게 말하면 그 어떤 역사 시대에도 속하지 않는다. 그들은 "제국의 추억과 해외 망명자의 기억 사이에서 양분"되어 있다. 따라서 기억은 역사주의로 덧칠되어 있고 때로는 그것과 맞상대하고 있기도 하다.

이것이 『샤베르 대령』의 주제다.[63] 주인공은 황제가 총애하는 유명한 군인이었는데, 독일의 아일라우 전투에서 죽은 것으로 오인되어 내버려졌다. 그는 옷이 전부 벗겨진 채 무덤구덩이에 내던져졌지만 기적적으로 시체 밑에서 기어올라와 구조되고, 근처 마을에서 보살핌을 받는다. 그가 자신이 누구인지 기억해내기까지는 몇 달이 걸렸는데, 몰골이 몹시도 끔찍하게 바뀌었기 때문에 아무도 그를 믿어주지 않는다. 그는 방랑하면서 파리로 가다가 도중에 미치광이 취급을 받아 2년간 감옥에 갇힌다. 그는 더 이상 자신을 샤베르 대령이라 부르지 않게 된 뒤에야 풀려난다. 그는 완전한 거지꼴로 왕정복고 후의 파리에 나타나서 자신의 정체와 권리를 회복할 법률적 도움을 얻으려고 애쓴다. 그의 보호자였던 황제는 사라졌다. 본인은 죽은 것으로 처리되었고 재산은 이리저리 흩어졌다. 아내는 어떤 백작과 재혼했고 아이 둘을 낳았다. 백작부인을 대리하는 변호사가 그의 소송을 의뢰받았지만, 시간이 오래 걸리고 비용도 많이 드는 법정 싸움을 통해 예전 권리를 되찾겠다고 고집하지 말고 타협하라고 그에게 권한다. 아내는 그를 인정하길 거부한다. 그러나 서로 마주한 처절한 순간에 그는 그녀를 팔레 루아얄(창녀 소굴)에서 데려온 것이 자신이라는 기억을 되살린다. 그녀는 그를 시골 장원으로 데려가서,

여자와 어머니로서의 온갖 잔꾀를 동원하여 그더러 소송을 취하하도록 설득하려고 애쓰면서(아이를 위한다는 명분을 내세워), 그동안 내내 그를 미치광이로 몰아 정신병원에 집어넣으려는 음모를 꾸미고 있었다. 이 음모를 알게 된 샤베르는 달아나서 모습을 감추었다가, 오랜 시간이 지난 뒤 어떤 부랑자 사건을 담당한 변호사에 의해 정체가 확인되며, 최종적으로는 1840년에 이아생트라는 이름으로(샤베르라는 이름을 부정하며) 비세트르의 양로원에서 산다. 그는 아내에 대한 기억은 전부 지웠지만 군대에서의 업적은 여전히 자랑스럽게 내세우면서 새로운 정체를 획득한다. 그는 역사적 힘과 사회적 제도가 자신을 저버렸기 때문에 모든 욕구를 잃어버린다. 심지어 변호사에게도 환멸감을 느낀다. 그는 이렇게 지적한다. 사제, 의사, 법률가는 모두 검은 옷을 입는다. "왜냐하면 그들은 모든 덕성과 희망의 죽음을 애도하기 때문이다." 변호사는 "파리에 신물이 났다"고 선언하며 아내와 함께 시골로 은퇴하기로 결심한다.

『샤베르 대령』의 끝부분에서 전원적 유토피아주의가 재천명된다는 사실은 발자크가 이 분야에서는 전원에 대한 향수鄕愁와의 전쟁에서 패할 위험을 영영 벗어나지 못했음을 시사한다. 크리스틴 보이어가 말한바 "향수의 악취"라는 것에서 벗어나는 일이 그 도시를 개념화하고 표현하는 문제 중에서도 가장 골치 아픈 문제가 된 것이다.[64] 그러나 이 점에서 발자크의 실패는 그 혼자만의 것이라기보다는 일반적인 것이다. 마르크스는 이 문제를 명료하게 간파했다. 그는 유토피아주의가 앞보다는 뒤를 너무 자주 돌아보는 탓에 혁명의 교차로에서 해로운 결과를 초래한다는 이유를 들어 그것에 반대했다.

모든 죽은 세대의 전통은 살아 있는 자들의 두뇌를 악몽처럼

짓누른다. 사람들이 대상과 스스로를 혁명화하는 과제에 몰두해 있을
바로 그때, 이제껏 존재한 적이 없는 뭔가를 창조해내는 일에 몰두해
있을 때, 바로 그런 혁명적 위기의 시기에 그들은 불안스럽게 과거의
유령을 불러내어 자기들을 도와달라고 하고 그들의 이름과 전투
구호와 의상을 빌려와서 이 고색창연한 분장과 빌려온 언어로 세계
역사의 새로운 장면을 소개하려 한다. (⋯) 19세기의 사회혁명의 시는
과거에서는 끌어올 수 없다. 그것은 미래에서만 올 수 있는 것이다.
그것은 그 자신이 과거와 관련된 모든 미신을 벗어버리기 전에는
스스로 시작할 수 없다.[65]

그러나 실천은 말보다 어렵다. 마르크스는 의식의 진정한 기반은 실
제로 존재하는 일상생활의 물질적 여건에 놓여 있다는 입장을 견지하면
서, 혁명가들이 세계의 건설에 관한 자신들의 상상력을 마음대로 풀어
놓고 미래의 시를 자유롭게 창조해야 한다는 생각을 그 입장과 어떻게
화해시킬 수 있었을까?

이 질문에 대해 발자크는 나름대로 분명한 대답을 갖고 있다. 그는 역
사(지시되고 시행된 것)와 기억(구조화되지 않은 상태로 잠복해 있지만 예기치
않은 방식으로 분출할 수도 있는)을 구별한다.[66] 샤베르는 자신의 사망을
선언한 공식 역사 앞에 머리를 수그리고 모든 기억을 지워버려야 했지만
그렇게 하려다가 미쳐버린다. 몽리보 역시 랑제 공작부인에게서 같은 교
훈을 얻어야 한다. 즉, "우리가 누구인지를 완전히 기억"함으로써만 삶이
죽음으로 환원되는 것에 저항할 수 있다는 교훈이다. 여기서 벤야민은
비판적 입각점을 제시한다. 그는 "동질적이고 공허한 시간을 통해" 전진
하는 우주적 역사를 절정으로 삼는 역사주의를 공격한다. 벤야민에 주

석을 달면서 크리스틴 보이어는 이렇게 쓴다. 우리는 언제나 역사를 "순응주의에서 구원해낼 필요가 있다. 그것은 역사를 압도하여 그 차별성을 지워버리고 일반적으로 인정된 설명으로 바꾸려는 찰나에 서 있는 것"이라는 점을 깨달아야 한다. 벤야민은 이렇게 쓴다. "과거를 역사적으로 명확하게 진술한다는 것은 '그것이 실제로 그러했던 방식'(랑케)을 인식한다는 의미가 아니다. 역사의 한순간을 포착한다는 뜻이다." 이 말의 함의는 "역사와 달리 기억은 기록한 것 이상의 반응을 보인다. 그것은 예기치 않은 방식으로 그 장면에 갑자기 튀어 들어온다"는 것이다. 마치 샤베르 대령이 자기 아내가 팔레 루아얄 출신임을 기억해내는 결정적인 순간처럼 말이다. 보이어는 이렇게 쓴다. 벤야민의 세계에서 "전통의 자연스러운 연쇄로부터 문득 떠오르는 기억은 신성 공현과도 같은 것이어야 한다. 위기의 덧없는 순간 활짝 피어나며, 그 특정한 순간에 미래로 향하는 통로를 알려주기 위해 세계의 방식을 보여줄 길을 찾는다". 발자크가 판단하기로는 "기억이란 우리를 살아 있게 하는 유일한 기능이다".[67] 그것은 수동적이고 관조적이라기보다 활동적이고 원기가 넘치며 자발적이고 상상력이 풍부하다. 그것은 과거의 시간과 미래의 시간을 지금, 여기서의 활동을 통해 통합할 수 있게 해주며, 그럼으로써 위험이 닥치는 순간 벤야민이 주장하는 바로 그러한 방식으로 분출할 수 있다. 기억은 그것이 아니었다면 우리 속에 잠자는 상태로 있었을 과거의 엄청난 잠재력을 전부 현재로 끌어온다.

하지만 기억은 또한 집합적 방식으로도 작동한다. 알도 로시는 이렇게 쓴 적이 있다.

도시 자체가 그 주민들의 집합적 기억이라고 할 수 있으며, 기억이 그렇듯이 그것도 대상과 장소에 결합되어 있다. 도시는 집합적 기억의 장소다. 그렇다면 장소와 주민 사이의 이 같은 관계는 건축학적으로나 지형적으로 도시의 지배적 이미지가 되고, 어떤 물건이 기억의 일부가 되듯이 새로운 기억이 솟아난다. 이렇게 전적으로 긍정적인 의미에서 도시의 역사에는 엄청나게 많은 상념이 흘러가며 도시에 형태를 부여한다.[68]

발자크는 『인간 희극』 전체를 관통하며 이 연관성을 끈질기게 다루었다. 그는 도시의 역사에 등장하는 위대한 상념의 흐름에 뭔가를 추가하고 보완한다. 그는 도시를 기억할 만한 것으로 만들고, 그렇게 함으로써 집합적 기억을 위한 특별한 장소를 상상 속에 구축한다. 이것은 혁명의 순간이 오면 "번뜩이는" 어떤 정치적 감수성의 근거가 된다. 이것이 바로 작동 중인 도시를 근거로 한 혁명적 변형으로서의 근대성의 신화다. 기억은 1830년에 "번뜩여" 혁명적 감수성을 이어 붙이는 데서 핵심적 역할을 담당했고, 1848년과 1871년에도 마찬가지였다.[69] 이러한 혁명적 순간들이 전통에 호소하는 바람에 짐이 더 무거워지기는 했지만, 그들에게는 미래를 향해 열릴지도 모르는, 완전히 다른 길로 나아가는 급격한 단절을 추구하는 강렬한 근대적 면모도 있었다. 그러므로 희망이 기억을 이끄는 것이 아니라 욕망에 연결된 기억이 희망을 발생시킨다. 아마 그 때문에 위고와 보들레르 모두 발자크가 정치적으로는 반동적인 견해를 가졌음에도 불구하고 그를 혁명적 사상가로 여겼을 것이다.

물신주의와 만보객

도시를 감정을 가진 존재로 나타내려면 그것을 인간과 동형同形인 것(발자크가 버릇처럼 거리낌 없이 사용하는 표현)으로 만들 위험뿐만 아니라 도시를 하나의 물신주의적 대상으로 만들 위험도 따른다. 나는 물신物神주의라는 말을 단순한 사물(이 경우에는 도시)들을 마술적이고 신비스러울 뿐더러 대개 우리 주위의 세계를 형성하고 변형시키는 숨은 힘을 가졌으며, 그럼으로써 우리 삶에 직접 개입하거나 결정하기까지 하는 것으로 간주하는 인간의 습성이라는 의미로 사용한다. 발자크의 많은 소설에 나오는 도시 환경의 특성들은 겉으로 정확하게 그런 기능을 발휘하는 것으로 보인다(『고리오 영감』에 나오는 보케르 부인의 경우와 같이). 하지만 물신주의에는 마르크스가 상품을 분석하여 폭로한 더 깊은 의미가 있다. 우리는 자신들이 생산하고 유통시키는 대상과 사물을 통해 다른 사람들과 사회적 관계를 맺는다(사람들 사이의 사회적 관계는 물질적 사물로 맺어진다). 마찬가지로 대상과 사물은 사회적 의미를 암시한다. 왜냐하면 그것들은 사회적 노동과 합목적적인 인간 행동이 구현된 사물이기 때문이다(물질적 사물은 사회적 관계를 구현하고 표현한다). 마르크스가 보기에, 시장이 바로 물신주의에 따라 움직이므로 자본주의 아래에서 상품 물신주의로부터 벗어날 길은 없었다. 이를테면 화폐(사물)는 그 소유자에게 사회적 권력을 부여하며, 누구나 어느 정도는 그 물신적 권력에 사로잡힌다(돈을 추구하고 돈이 부여하는 가치를 인정하는 것이 사람들의 상호 행동을 이해하는 데서 중심이 된다). 그러므로 마르크스는 이렇게 주장한다. 분석자는 물신주의를 넘어서야 하며, 우리의 사회관계의 진화와 우리의 물질적 전망을 지배하는 마술적 힘에 대한 더욱 깊은 이해를 제공하기 위해 표면 아래로 들어가야 하는 것이다. 그는 이렇게 말한 적이 있다. "만약 모든 것이 겉으로 보이는 것과 같다면 과학은 필요 없을 것이다." 물신은 (혁명에 의하지 않고는) 지워질 수 없지만 대항하고 이해할 수는 있다. 그러나 우리가 세계를 겉모습만 보고 해석하고, 그럼으로써 사고에서도 물신주의를 복제할 위험은 언제나 존재한다.[70]

자본주의적 도시는 어쩔 수 없이 이 두 번째 의미에서의 물신적 대상일 수밖에 없다. 그것이 상품의 유통을 근거로 하여 세워졌을뿐더러 발자크가 빈번하게 단언하듯이 도시에 사는 모든 사람이 "돈의 필요라는 (…) 무자비한 여신의 채찍질 아래에서" 달리고 뛰고 펄쩍거리거나, "투기라 불리는 괴물"에게 잡아먹히기 때문이다. 거리, 이웃, 아파트, 계단, 현관은 사회적 의미를 암시한다. 발자크가 자기 소설에 나오는 길거리에 인간적 성격을 부여한 것은 이 사실을 강조하기 위해서였다. 실내는 더 넓은 사회적 세력을 반영하고 내면화한다. 인간 존재는 혼돈을, 타자들의 밀려드는 흐름을, 복잡다단한 사회적 상호작용과 우연한 만남들을, 그것에 자신들의 행동과 정신 상태를 적응시켜야 하는 외적 세계로 경험한다(예를 들면 세상 물정에 밝은 듯한 태도를 기르는 것처럼). 사람들 사이에서 맺어지는 물질적 관계의 증거는 사회관계가 사물에 구현되는 무수한 방식처럼 어디에나 있다. 그러므로 사물을 재구성할 때마다 사회관계도 그에 따라 재배치된다. 도시를 만들고 또다시 만드는 과정에서 우리는 자신들을 개인적으로든 집합적으로든 만들고 다시 만든다. 도시를 감정을 갖는 존재로 간주한다면 그것이 하나의 정치체로서 갖는 잠재력을 인정하게 된다.

도시에 살다보면 언제나 물신적 힘의 영향 아래 놓이게 된다. 뤼시앵(『잃어버린 환상』 『창녀들의 영광과 비참』), 보케르 부인, 고리오 영감(『고리오 영감』), 아델(『사촌누이 베트』), 퐁스(『사촌 퐁스』), 세자르 비로토와 그 외에 많은 인물이 이러한 힘의 제물이 된다. 하지만 발자크는 자신이 만든 다른 많은 인물, 즉 라스티냐크나 드 마르세라든가 "13의 결사"의 다른 요원들 같은 인물과 함께 그 위로 솟아오를―물신을 이해하고 대항하고 장악하기까지 할―길을 찾는다. 공간과 시간의 파괴에 대한 발자크의 강박관념은 물신에서 벗어나고, 도시 세계를 장악하며 변형할 아르키메데스적 받침점을 찾으려는 그의 노력을 반영한다. 공간과 시간 바깥에 선다는 것은 발자크로서는 관조하고 물러나기 위한 준비가 아니라 극적이고 명료하게 세계에 개입하기 위한 예비 단계다. 고상한 통찰력이 발휘되는 순간에 이뤄지는 명료성은 반드시 어떤 방법으로든―순수하게 신비적인 것에 그치지 않으려면―도시의 물신주의를 꿰뚫어보는 것과 결부되어야 한다.

그 다른 방법은 만보객 생활을 통해 주어진다. 이따금 발자크는 그러한 문학적 인물형의 창조자라는 평가를 받기도 한다(하지만 그것이 창조된 시기가 늦어도 제1제정기였다는 증거가 있다).[71] 아주 초창기 작품 가운데 하나인 『결혼의 생리학Physiologie du mariage』(많은 사람이 『인간 희극』의 출발점이라고 보는 작품)에서 발자크는 그 인물을 다음과 같이 소개한다.

> 1822년 1월 어느 화창한 아침, 나는 평화로운 마레 지구에서 유행의
> 거리인 쇼세당탱까지 파리의 대로변을 따라 걷고 있었다. 걸으면서
> 용모와 다양한 옷차림이 묘하게 변화하는 모습을 처음으로, 또 일종의
> 철학적 즐거움까지 느끼면서 관찰하게 되었는데, 그런 변화 양상들은
> 파드라밀 거리에서 마들렌에 이르는 대로의 여러 조각을 제각기
> 다른 작은 세계로 만들어버리고, 파리의 그 지역이 어떤 방식으로

살아가는지 알려주는 유익한 견본 같은 역할을 한다. 인생이 내게 예비해놓은 것이 무엇인지 아직 전혀 알지 못하지만 언젠가는 대담해져서 결혼 생활의 영지에 들어가야 한다는 것을 당연히 여기는 나는 대학 친구 가운데 한 명과 점심 식사를 하러 가는 길이었다. 그는 아내와 두 아이를 부양하고 있었다. (나이치고는 좀 빠른 편이겠지) 옛날 수학 선생이 친구 집에서 가까운 거리에 살았는데, 나는 더 섬세한 우정을 포식하기 전에 그 훌륭한 수학자를 찾아보기로 약속해두었다. 모든 것이 먼지로 덮이고 어디를 보든 진지한 학술적 탐구의 증거투성이인 널찍한 그의 성소는 쉽게 찾을 수 있었다. 큰 놀라움이 나를 기다리고 있었다.[72]

발자크의 만보객은 예술 애호가 이상의 존재, 한낱 방랑하는 관찰자에 그치지 않는 존재이며, 그는 사회관계와 도시의 신비를 파헤치기 위해, 물신을 꿰뚫어보기 위해 의도적으로 그런 태도를 취한다. 발자크는 자신을 "어디에 가든 주의 깊게 관심을 갖고 보는 소수의 열성분자" "그들의 파리를 맛보고 음미하며 도시의 생리에 대해 워낙 친숙하기 때문에 그 얼굴의 모든 혹, 모든 점, 모든 부스럼을 알고 있는 사람" 가운데 한 명으로 묘사한다. 이 개념에는 뭔가 아주 민주적이고 반엘리트주의적인 요소가 있다. 우리는 모두 만보객 역할을 하게 되고, 그렇게 함으로써 모두 물신주의 위로 솟아올라 벗어나는 입장에 처해 있다. 우리 자신을 위해 도시를 검토하고 사물을 파악하라는 발자크의 끊임없는 요구가 매우 중요해지는 것은 바로 이 지점이다. 그의 발언은 다시 한번 읊어볼 만하다. "이 시끌벅적한 도시의 여왕 한복판에서 드라마나 재앙, 인상적인 장면, 그림 같은 사건에 정신이 팔려 구경하느라 몇 분을 낭비했다고 해서 정말로 불평할 수가 있겠는가?""장식용 회벽으로 치장된 거대한 새장, 시커먼 수로들로 구역이 표시된 인간 벌집을 지나가면서 당신 주위를 돌아보시오. 그 안에서 움직이고 요동치며 부글거리는 생각들의 지류를 따라가시오." 그리고 남자만 이런 일을 하는 것도 아니다. 이를테면 시보 부인이 퐁스를 몰락시키고 그가 수집한 그림을 누구나 볼 수 있도록 공개되게 만들 음모의 조직망을 짜기 위해 의도적으로 도시의 공간과 그 사회관계를 연구해나가는 방법(미술품 수집가들, 콩시에르주, 귀족 가문, 변호사들 사이에서 배회하기)을 생각해보라. 발자크 작품에서 만보객은 동기 없이 그냥 어슬렁거리는 것이 아니라 어떤 목적을 가지고 능동적으로 그런 행동을 하는 것이다.

발자크의 남녀 만보객은 도시 지형의 지도를 만들고, 살아 있는 내용을 그곳으로 불러낸다. 그럼으로써 도시는 아주 독특한 방법으로 우리가 읽을 수 있는 것이 된다. 그는 "수천 명의 뿌리 뽑힌 인생들"을 불러내며, 『사촌누이 베트』처럼 자신의 소설 가운데서도 특히 파노라마적인 작품에서는 도시를 하나의 감정을 가진 존재로 등장시키고, 그 속에서 그런 인생들을 융합시킨다. 그러나 『인간 희극』은 수많은 흥미로운 인생—라스티냐크, 베트, 드 마르세, 뉘싱겐, 시보 부인, 보트랭—의 조각들을 거쳐 이와 같은 전체성에 도달한다. 제임슨은 이렇게 쓴다. "그 전체 시스템은 사회의 상호관계를 우리 눈앞에 결코 정면으로 나타나지는 않을 하나의 확실성으로 설정한다. (…) 다양한 인물과 우연한 사건, 만남, 열정들 사이에 존재하긴 하지만 현재에든 장래에든 결코 우리 의식에 떠오르지 않을 수많은 상호관계가 있다." 그 기법은 만화경 같은 것이다. 제임슨은 또 말한다. "그렇게 하면서 발자크는 어떻게든 개인의 경험에 더욱 진실해진다. 즉 우리는 자신이 사는 세계 외에 아무것도 보지 못하지만 다른 표면이 있고 다른 수많은 사적 관계와 공존하는 세계가 있다는 것을 절대적으로 확신하고 있다는 점에서 그러하다." 발자크는 바로 이 방법을 써서 도시를 하나의 물신적 대상으로 제시하면서 동시에 그것과 상대한다.[73]

보들레르가 주장했듯이, 발자크는 사실주의 작가이면서 그와 똑같은 정도로 몽상적인 작가였다. 도시를 보는 그의 사회적 시각은 갈수록 부르주아의 권력, 국가와 연대한 자금주로 이루어진 자본가 계급의 배타적 권력에 의해 제약받게 되는데(아니면 진작부터 그랬든가), 발자크가 가망 없는 싸움을 단호하게 계속했던 여건은 이러한 상황이었다. 발자크 자신이 예언적으로 주장했듯이, 슬프게도 "문학이 그것을 뒷받침해줄 일반적인 시스템을 갖지 못하면 그것은 견실성을 잃고 시대와 함께 그것이 속하는 곳으로 사라지게 된다."[74] 도시가 이미지를 갖게 되는 것을 자본이 원치 않는다면 발자크적인 환상과 지형을 그려내는 민주적인 힘 역시 지워지고 사라지게 된다(후대에 너무나 자주 벌어지게 될 일이지만). 하지만 우리는 언제라도 그의 전망을 발굴해낼 수 있다. 또 그렇게 하는 데에는 일시적인 흥미 이상의 것이 있을지도 모른다. 발자크의 기법에는 뭔가 전복적인 요소가 있기 때문이다. 그것은 일상성 및 좀더 수동적인 표현 형태와 충돌한다. 발자크는 부르주아적 가치 속에 들어 있는 성소에 침투해 들어감으로써 자본주의적 근대성의 많은 신화를 폭로한다. 심지어는 건조환경built environment 공장, 창고, 도로, 철도, 항만, 상하수도 시설 등 인공적으로 만들어진 자원 체계이면서 생산, 교환, 소비를 위해 이용될 수 있는 시설. 역사 발전의 상이한 단계마다 상이한 생산양식의 지배를 받는 구조물로 나타나는 것들을 말한다. 152쪽에 인용된 세자르 달리의 말이 곧 건조환경의 정의다의 세목에서도 사회관계가 표현된다거나, 도시 내부의 물리적 성격들이 사회관계에 개입해 들어오는 방식을 비판한다.

그는 부정(농촌이라는 출신 성분에 대한 부정, 기억의 부정)을 까발린다. 그는 돈 계산에 근거한 가치의 철저한 허망함, 즉 사회관계와 도시 프로세스의 실제를 추론해가는 신용이나 이런 같은 자본의 허구적 형태의 기만성, 타자들의 욕망을 재료 삼아 이루어지며 그토록 파괴적인 결과를 가져오는 끝없는 투기의 허망함을 입증한다. 하지만 그는 또한 지배적인 생각과 공포에 대해서도 할 말이 많다. 그는 자신도 채 알지 못하는 사이, 이자와 신용이 부리는 허구적 마술과 끝없는 자본축적으로 대변되는 부르주아 시대가 급정거하는 날을 위해 꼭 알맞은 묘비명을 써놓았는지도 모른다. "그리하여 나는 내 관념으로 세계를 둘러싼다. 세계의 모양을 만들고, 꾸미고, 꿰뚫고, 이해하거나 이해한다고 생각한다. 그러나 갑자기 깨어 일어나보면 캄캄한 깊은 어둠 속에 혼자 있는 것이다."[75]

이 말을 적절하게 재구성하고 발자크 자신의 유목민적 사고를 부르주아 우주와 중심을 함께하는 거울로 투사할 수 있는 그의 재능을 이용하여 우리는 언젠가는 부르주아의 전체 역사에 대해 이렇게 말할지도 모르겠다. 그들은 세계를 자기들의 생각으로 감싸고, 모습을 만들고, 꾸몄고, 꿰뚫었고, 이해했고, 아니면 이해했다고 생각했다. 그러나 갑자기 깨어 일어나보면 캄캄한 깊은 어둠 속에 혼자 있는 것이다.

2장

정치체를 꿈꾸다

어제는 그것이 유토피아였지만 이제 눈을 뜨면 상쾌한 진실이 되어
있을 것이다.

_제1차 공산당 정치 연회의 폐막사. 1840년 7월 1일, 벨빌에서.

예술사가 T. J. 클라크는 『근대 생활의 회화The Painting of Mordern Life』에서
오스만이 시행한 제2제정기 파리의 개조는 도시가 무엇이며 무엇일 수
있는가에 대한 자본주의적 재상상再想像에 결정적으로 의존한다고 주장
한다. 그의 주장에 따르면 자본은 "벽돌과 시멘트로 땅 위에 설치되거나
도시 주민들의 마음에 지도처럼 새겨진 자신의 표상을 필요로 하지 않
았다. 이렇게도 말할 수 있겠다. 자본은 자기가 파괴한 것들을 대신해서
집어넣을 자신의 이미지를 대량생산하기 위해 도시가 어떤 이미지를 띠
지 않는 편을 더 선호했다고 할 수도 있겠다. 일정한 형태가 없어서 상상
이나 독해나 오독誤讀의 여지를 허용하지 않으며, 그 공간을 두고 벌이는
주장들 간의 분쟁에 끌려 들어가지도 않는 편이 더 좋았다".[1] 이 주장은

●정치체body politic: 자연적 신체의 은유를 사용하여 정치적 주체를 그와 같은 하나의 유
기체로 간주하는 개념.

112

그림 20 도미에의 놀라운 삽화 「부르주아와 프롤레타리아」 (1848)는 당시 많은 사람이 근본적이라고 생각한 차이점을 포착해낸다. 정적이고 뚱뚱한 부르주아는 쇼윈도에 진열된 상품을 탐욕스럽게 보는 반면, 동적이고 여윈 노동자는 영감을 얻기 위해 단호하게 신문(노동자 언론?)을 훑어본다.

흥미롭지만, 클라크는 과거에 있었던 것들을 대신한 스펙터클과 상품화의 메커니즘을 대단한 것으로 평가하면서도 그렇게 대체된 도시의 이미지에 대해서는 거의 말해주지 않는다.

분명히 1830년대와 1840년대의 프랑스에서 그렇게 격렬하게 유행했던 낭만주의와 사회주의 유토피아주의는 1848년에서 1851년 사이에 일어난 반反혁명으로 크게 억압되었다. 1848년 들끓어올라 혁명을 일으킨 사회운동 가운데 많은 수는 죽음과 망명 그리고 절망을 겪으면서 대의명분을 상실했다. 1848년 이후의 프랑스에서 좌파와 우파 모두 일종의 감수성 변화를 겪었고 정치적 투쟁이라는 것을 재규정하게 되었다는 것은 부정할 수 없는 사실이다. 이를테면 사회주의는 (마르크스가 주장했듯이) 훨씬 더 "과학적"이 되었다. 비록 이 발상이 뚜렷한 결실을 맺기까지는 한 세대가 더 지나야 했지만 말이다. 반면, 부르주아 사상은 훨씬 더 실증주의적이고 행정적이며 현실적이 되었다. 그리고 몇몇 해석자가 보기에, 근대성과 모더니즘으로의 이행이란 바로 이런 것이다. 하지만 제2제정기 파리에서 어떤 일이 일어났는가 하는 이야기는 또한 바로 1848년에서 1851년 사이의 반혁명에서 무엇이 억압되고 무엇이 파괴되었는지, 아니면 무엇이 징발되었는지에 대한 좀더 복잡한 이야기이기도 하므로, 그에 대해 제대로 이해하려면 몇 가지 지표가 필요하다. 그렇다면 대체로, 특히 진보 진영의 사람들은 1848년 이전에 이 도시와 사회를 어떤 것으로 보았고 상상했는가? 그들은 장래에서 어떤 가능성을 보았는가? 제국이 맞서서 분투해야 하는 이 모든 것에는 어떤 의미가 있는가?

하나의 정치체로서의
공화국과 도시
—

1848년 10월 22일, 보르도의 한 묘지에 대중의 모금으로 세워진 플로라 트리스탕에게 바치는 기념비 제막식에 약 8000명의 노동자가 모였다. 플로라는 1844년 그 도시에서, 자신의 가장 유명한 저작이자 여성 해방과 노동자들의 일반 노동조합 결성을 위한 단호한 청원인 『노동자 조합L'Union Ouvrière』이 출간된 직후에 죽었다. 사회주의 여성운동의 선구자적 인물이 1848년에 그토록 존경을 받았다는 사실이 놀랍게 여겨질지도 모른다. 그러나 그 사건의 의미는 또 한 가지 다른 방식으로 설명된다. 1789년 이후 내내 공화국, 혁명, 특히 자유는 여성으로 그려졌다. 이는 칸토로비치가 "왕의 두 신체"—한 개인으로서의 왕 그리고 국가와 민족의 화신으로서의 왕—라 부른 것이 국가와 민족을 이룬다는 생각에 기대어온 중세 후반 이후 군주제 정부의 정치 이론과는 상반된다.[2] 왕에 관한 이러한 묘사와 "짐이 국가"라는 사상은 프랑스혁명 기간에 일부 급진적 풍자화의 소재가 되었다. 자유의 모자—프리기아 캡phrygian cap 소아시아의 고대 국가인 프리기아에서 유래한 원추형의 모자. 고대 로마에서 해방된 노예들이 자유민임을 나타내기 위해 쓰기 시작했고, 18세기 혁명가들이 빨간색 프리기아 모자를 자유의 모자로 채택한 뒤, 국가적 자유의 우의적 상징으로 인식되었다—을 왕의 머리에 씌우는 것은 그의 무능에 대한 한 가지 은유였다(캡의 꼭대기는 발기하지 않은 성기와 비슷한 형태다). 확고한 공화주의자인 도미에는 루이 필리프를 소수의 유복한 부르주아는 옥좌 밑에 숨겨주면서 노동자와 농민 군중에게서 먹을 것을 받아먹고 있는 가르강튀아로 묘사한 강렬한 삽화를 그렸다가 1834년에 투옥되었다.

아귀용은 19세기 내내 계속되는 이 도상학圖像學적 투쟁에 관해 흥미진진한 설명을 들려준다.[3] 자유와 혁명을 여성으로 그리는 이 모티프는 1830년 혁명에서 매우 강력하게 다시 등장했다. 그것은 들라크루아의 그림인 「민중을 이끄는 자유의 여신」에서 가장 효과적으로 상징되었다. 1848년의 여파로 프랑스 전역에서 이와 유사한 이미지들이 말 그대로 홍수처럼 쏟아져나왔다. 그러나 중요한 것은 그 여성이 어떻게 그려지는가 하는 것이었다. 공화주의자의 적들은 흔히 그 여성을 숙맥(시골뜨기 "마리안")으로 그리거나, 아니면 행실이 헤프고 보통의 창녀나 다름없는 음탕한 여자로 그린 그림을 지지하곤 했다. 신분이 높은 부르주아 공화주의자들은 올바른 의상과 품행을 갖추고, 정의와 평등과 자유의 필수 상징들(결국 프랑스의 선물로 뉴욕항의 입구를 장식하게 된 도상학적 형태, 그림 117을 보라)로 둘러싸인 당당한 인물을 선호했다. 혁명파는 그 모습에 정열이 더 담기기를 기대했다. 발자크는 이러한 특징으로 『농민들』에 나오는 카트린이라는 인물을 묘사했다.

카트린은 화가와 조각가가 자유의 조각상과 이상적 공화국상을 만들 때 골랐던 모델들을 생각나게 했다. 산골 젊은이들의 호감을 산 그녀의 미모는 그런 식으로 활짝 핀 아름다움이었으며, 그들처럼 강인하고도 유연한 체격과 똑같이 억센 아랫입술과 통통한 팔과 불꽃이 튀는 듯 반짝이는 눈, 당당한 표정을 하고 있었고, 숱 많은 머리칼은 굵게 꼬아져 묶여 있었으며, 남성적인 이마, 붉은 입에 입술은 약간 비틀려 뭔가 사납다고도 할 만한 분위기를 풍기는 미소 — 들라크루아와 다비드(앙제의)가 포착하여 경탄의 대상으로 삼은 그런 미소 — 를 띠고 있었다. 빛나는 금갈색 머리칼, 인민의

그림 21 도미에의 「가르강튀아」(1834)는 정치체政治體라는 관념을 문자 그대로 받아들여, 의자 아래에 부르주아 식객들을 숨겨주고 있는 우쭐한 루이 필리프에게 수많은 하인 부대가 음식을 먹여주는 형상을 그렸다. 이 삽화 때문에 도미에는 6개월간 감옥에 갇혔다.

그림 22 들라크루아의 「민중을 이끄는 자유의 여신」은 바리케이드에 선 여자의 모습으로 자유를 묘사한 가장 유명한 그림 가운데 하나다. 이 그림은 루이 필리프를 권좌에 앉힌 "7월 혁명"을 축하하기 위해 그려진 것이지만, 대중에게 전시하기에는 인화성이 지나치게 강하다고 판단되어 왕이 그림을 구입한 뒤 치워두었다.

이미지, 부활의 불꽃이 그녀의 맑은 황갈색 눈에서 쏟아져나오는

듯했다.[4]

플로베르는 부정적인 입장을 취했다. 『감정 교육』에서 그는 1848년에
있었던 튀일리궁 침입 때 목격한 한 장면을 기술한다. "현관홀에서 한 창
녀가 옷감 더미 위에 올라서서, 꼼짝 않고 무시무시한 모습으로 눈을 퀭
하게 뜨고 자유의 여신상을 흉내 내고 있었다."[5]

1848년 공화주의 정부가 공화국을 표상하는 그림을 모집한 경연에
제출된 도미에의 그림이 이러한 논쟁적인 영역에 속한다는 사실은 두 가
지 면에서 흥미를 끈다. 왜냐하면 공화국의 정체가 여성으로 표현되었을
뿐 아니라—사실 그런 상황에서는 여성이 아니었더라면 오히려 놀라웠
을 것이다—모성적인 해석을 강하게 띠고 있기 때문이다. 도미에가 묘사
하는 것은 부르주아적 권리의 정치적 상징이나 바리케이드에 가담한 여
성의 혁명적 상징과 대조적인, 아이를 기르는 사회주의 공화정이다. 도
미에에게서 우리는 당통이 외친 혁명 선언의 메아리를 들을 수 있다. "빵
다음에 인민에게 가장 먼저 필요한 것은 교육이다." 정치체를 이렇게 양
육하는 존재로 보는 해석은 1840년대의 좌파 사회주의와 유토피아의 프
로그램에 깊이 새겨졌다.

이상적 공화국이라는 이 이미지는 이상적 도시의 이미지와 뗄 수 없
이 결부되어 있었다. 푸코는 이렇게 쓴다. "국가가 커다란 도시와 같다는
전제 위에서 발전된 유토피아의 전체 시리즈라든가 프로젝트가 있다."
실제로 "프랑스 같은 거대 국가의 정부는 궁극적으로 하나의 도시를 모
델로 삼아 그 영토를 생각해야 한다."[6] 역사적으로 이 관련성은 항상 강
력했고, 당시의 수많은 급진파와 사회주의자는 도시와 국가의 동일성을

명백한 사실로 여겼다. 예를 들어, 물질적·사회적 공학에 관심을 가졌던 게 분명한 생시몽주의자들은 철로, 운하, 그 외 온갖 공공사업 따위의 새로운 사회적·공간적 형태의 생산에 전적으로 몰두했다. 또 그들은 도시 개발의 상징적 차원을 소홀히 하지 않았다. 1833년 쓰인 「생시몽주의자들의 신도시, 혹은 파리」에 대한 뒤베리에의 설명을 보면 "여성 조각상의 모습(여성 구세주, 모성)을 한 거대한 사원이 중심 건물로서 중앙에 설치될 예정이었다. 그것은 의상에 달린 화환들이 수많은 산책용 회랑 역할을 하고, 뒤에 끌리는 옷자락의 주름은 경기가 열리고 회전목마가 설치될 원형극장의 벽이 되며, 오른손을 올려놓은 지구본 형상이 극장이 될 거대한 기념물이었다."[7] 푸리에는 처음에는 전前 산업적인 농업 공동체에 관심을 가졌지만 도시 설계와 계획에 대해서도 할 말이 많았으며, 도시의 끔찍한 상태와 점점 타락해가는 도시의 생활 방식에 대해 항상 불평을 늘어놓았다. 소수의 예외가 있긴 하지만 1840년대의 사회주의자, 공산주의자, 여성운동가, 개혁가는 도시를 미래의 좋은 사회가 되어야 할 어떤 것의 기반이 되는 하나의 정치적·사회적·물질적 유기체 형태—하나의 정치체—로 보고 관심을 가졌다. 전혀 놀랄 일은 아니지만, 이 광범위한 동력은 건축과 도시 행정에도 확산되었고, 세자르 달리라는 위엄 있는 인물이 그 분야에 등장하여 이상理想을 건축학적 형태와 실질적인 계획으로 바꾸기 시작했다(그중 일부는 1840년대에 가동되기 시작했다).[8]

공화국과 도시에 대한 각각의 생각 사이의 전반적인 관련성은 명백했지만, 정치체가 정확히 어떤 방식으로 세워지고 통솔되어야 하는지가 빚어내는 혼란의 와중에 세부 사항은 갈피를 잡지 못했다. 1820년대 이후 내내 사상가 집단이 형성되고 연대하고 분열하고 쪼개져 수많은 관념의

그림 23 도미에의 『공화국』은 공화주의적 덕성을 찬양하기 위
한 새로운 예술을 만들라는 혁명 정부의 요청에 따라 그려졌
다. 굶주린 두 아이가 젖을 빨고 있고, 또 한 아이는 여자의
발치에서 책을 읽고 있는 이 그림에서 도미에는 양육하는 정
치체, "빵이 해결되면 그다음에는 교육이 민중의 가장 중요한
요구"라는 당통의 유명한 말을 진지하게 받아들이는 정치체
를 역설한다.

파편을 남겼으며, 그 파편은 다시 수집되어 완전히 판이한 사고 양식으로 재조합되었다. 파벌과 분열, 균열과 재배치가 왕성하게 이루어졌다. 합리적 계몽주의 원칙이 낭만주의 및 기독교 신비주의와 섞였고, 과학이 찬양되기는 했지만 곧 환상적인, 거의 신비주의에 가까운 지위를 부여받았다. 현실적인 물질주의와 경험주의가 환상적 유토피아주의와 뒤섞였다. 사상의 대통합을 갈망하는 사상가들(생시몽과 푸리에 같은)은 어떤 결론이든 끌어낼 수 있는 뒤죽박죽의 글을 남겼다. 정치 지도자들과 정치 사상가들은 권력과 영향력을 손에 넣기 위해 몸싸움을 했고, 개인적인 경쟁심과 적지 않은 허영심이 그 대가를 받아갔다. 그리고 정치적·경제적 여건이 나아지면서 수많은 사상이 채택되었고, 그 결과 1848년의 관념들은 1830년의 것과 근본적으로 다른 것이 되었다. 그렇다면 우리는 이 소용돌이 같은 사상의 흐름을 어떻게 이해해야 하는가?

세계를 똑바로 세우기

"지금 존재하는 사회는 정말로 거꾸로 된 세계다." 클로드 앙리 드 생시몽은 1819년에서 1820년 사이 언젠가 이렇게 썼다.[9] 물론 사태를 개선하는 유일한 길은 그것을 올바른 자세로 되돌려놓는 것이며, 그것은 일종의 혁명의 발생을 함축한다. 그러나 생시몽은 혁명의 폭력을 혐오했고(그는 간발의 차로 기요틴을 벗어난 사람이었다) 평화적이며 점진적이고 이성적인 변화를 추구하는 편을 택했다. 정체는 병들었고 되살려낼 필요가 있다고 그는 말했다. 하지만 궁극적으로 결과는 마찬가지다. 세계는 똑바로 서야 한다.

크리스토퍼 힐(1975)이 탁월하게 기록했듯이, 세계가 거꾸로 뒤집혔다는 이 같은 느낌은 영국해협 너머에서 크롬웰이 권력을 쥐고 찰스 왕을 처형한 뒤인 1640년에서 1688년 사이 소란스러운 시절에 이미 전성기를 맞은 바 있다.[10] 대동소이한 현상이 1830년에서 1848년 사이 프랑스에서, 투기와 실험이 유행할 때 나타난다. 그러나 1830년에서 1848년 사이에 도래한 이 유토피아적·혁명적·개혁주의적 이상들의 융성은 무엇으로 설명할 수 있을까? 프랑스혁명은 이중의 유산을 남겼다. 한편으로는 뭔가 이성적이고 올바르며 계몽적인 것이 아주 잘못되어버렸다는 압도적인 느낌과 그와 함께 무엇이 (또는 누가) 책임을 져야 하는가의 사실을 받아들여야 할 절실한 필요가 있었다. 이 점에서 1840년대 역사가들은 그럴싸한 역사적 분석과 잃어버린 많은 것에 대한 기억을 쌓아올림으로써 결정적인 역할을 담당했다. 하지만 혁명의 유산 가운데는 또한 "인민"(뭐라고 해석되든 간에)이 집단적 의지를 동원함으로써 올바른 일을 할 수 있다는, 특히 다른 어느 곳보다도 파리라는 정치체 안에서는 그런 일이 가능하다는 느낌도 있었다. 1830년 혁명은 이 능력을 입증했으며, 잠깐 동안은 입헌군주제와 부르주아 우파가 손잡고 나아갈 수 있을 것처럼 보였다. 영국에서 1688년의 합의가 이루어진 뒤 그 두 진영이 그렇게 하여 공화주의를 부적절한 것으로 만들었던 것처럼 말이다. 하지만 화폐에 의거한 귀족제가 신분에 의거한 귀족(연설과 언론의 자유 등 많은 헌법적 자유의 억압을 수반하는)를 대체함에 따라 실망감과 함께 그것에 반대하는 사상이 분출하는 결과를 낳았다(루이 필리프를 가르강튀아로 그린 도미에의 강렬한 삽화가 이를 상징한다). 그로 인해 공화주의라는 대안에 대한 관심이 되살아났다. 하지만 그 배후에는 또 다른 억압적인 문제들이 도사리고 있었다. 극심한 빈곤과 불안, 암적 요소인 사회적 불평등, 그리고 탄압받는 농민과 파리나 리옹 같은 대도시 중심부에 점점 더 모여드는 추세인 미성숙한 산업 노동자 계급의 고통을 최대한 줄이는 방향으로 일과 노동을 조직하려면 어떻게 할지에 관한 문제 말이다. 그리고 이러한 이유로 노동자와 진보적 지식인 사이에서는 사회주의적 대안이 고려되기 시작했다.

혁명기 사상가들이 남긴 유산은 중요했다. 예를 들어 프랑수아 바뵈프는 '평등한 자들의 음모'에서 "훨씬 더 크고, 훨씬 더 진지하며, 최종의 것이 될 또 다른 혁명의 어쩔 수 없는 선두 주자에 지나지 않는" 프랑스혁명이 반드시 밟아야 하는 다음 단계가 경제적·정치적 사회주의라고 주장했다. 바뵈프는 기존의 사회적·정치적 질서를 힘으로 뒤엎으려 했다(공교롭게도 그는 통령정부의 지시로 1797년에 이 명분을 위한 순교자가 되어 기요틴에 보내졌다). 바뵈프와 함께 일했던 공모자인 부오나로티는 이탈리아 국적인 덕분에 기요틴을 피할 수 있었고, 오래 살아남아 1828년 음모의 진행과정에 대한 전체적인(그리고 아마 많이 윤색되었을) 설명을 책으로 낼 수 있었다(그럼으로써 바뵈프가 마르크스와 레닌에게서 혁명적 공산주의의 선구자적 인물로 인식되는 사태가 벌어졌는데, 바뵈프의 전기 작가인 로즈의 판단에 의하면 이는 잘못이다).[11] 이것은 오귀스트 블랑키가 1839년에 7월 왕정을 전복하려 했지만 실패한 계절협회Societe de Saison 등 음모적 기획을 여러 개 꾸미는 과정에서 되살려낸 계통의 노선이었다. 이 비밀결사의 서약문은 귀족제가 "사회적 신체에서 암 같은 존재"이며, "사회적 신체가 정의로 되돌아가기 위한 제1의 조건은 귀족제를 없애는 것"이라고 선언했다. 혁명적 행동, 모든 군주제와 귀족제의 말살, 평등을 기반으로 하는 공화주의적 정부의 수립은 사회적 신체를 "썩어가는 상태"에서 구원할 수 있는 유일한 길이다.[12]

블랑키는 이 논의에 특별한 파격을 두 가지 더했다. 1832년 체포되어 음모죄로 기소되었을 때 그는 어안이 벙벙한 재판장 앞에서 자신의 직업을 "프롤레타리아", 다시 말해 "자신들의 노동에 의해 생계를 유지하며, 정치적 권리를 박탈당한 3000만 명의 프랑스인"이 가진 직업이라고 선언했다. 스스로를 위한 변론에서 그는 "부자와 빈자 사이의 전쟁"을 촉구했으며, "2500만 명의 농민과 500만 명의 노동자를 한 사람씩 짓뭉개고 그들의 순수한 피를 짜내며 특권계급의 혈관으로 수혈하는 무자비한 기계"를 탄핵했다. "놀라운 기술로 조합된 이 기계의 톱니들은 빈민의 일상에 끊임없이 관여하며, 미천하나마 필수적인 최소한의 생활이나 비참한 즐거움을 누리는 곳까지도 추적하여 그가 받는 쥐꼬리만 한 임금의 절반을 가져간다." 하지만 블랑키는 유토피아적 청사진에 대해서는 질색했다. "아무도 장래의 비밀을 알 방도는 없다." 그는 이렇게 썼다. "혁명만이 그 영역을 청소하면서 지평선을 드러내고 기꺼이 베일을 걷고 새로운 사회질서로 통하는 한 가지, 또는 그 이상의 길을 열어줄 것이다. 이 미지의 땅의 완전한 지도를 주머니 속에 지닌 척하는 사람들은 사실은 미치광이다."[13] 블랑키에게는 이행과정의 프로그램이 정말로 있었다. 혁명을 준비한 사람들—대부분 몰락한 급진주의자—은 국가 권력을 떠맡고 대중을 교육시키고 자치 정부를 운영할 능력을 고취시키기 위해 프롤레타리아의 이름으로 독재 권력을 구축해야 할 것이었다. 블랑키는 투옥되지 않았을 때는 혁명 음모를 차례로 준비했고, 부르주아, 특히 공화주의자들에게 공포감을 심어주었다. 벤야민이 지적하듯이, 그는 결국 1871년 코뮌의 실패를 겪고 나서야 "희망 없는 체념"에 항복했다. 사회혁명이 19세기가 겪고 있던 물질적·과학적·기술적 변화와 보조를 맞추지 않았으며, 아마 맞출 수도 없었으리라는 점을 암묵적으로 인정한 것이다.[14]

생시몽(1825년 사망)과 푸리에(1837년 사망)는 블랑키와 반대에서 유토피아적 사상의 사회주의적/개혁주의적 연마 기계에 상당히 다른 재료를 집어넣었다. 그들은 혁명의 오류를 반성하며 대안을 추구하는 인물들 사이에서 핵심적 연결 고리였다. 이 두 사람은 모두 보편성을 획득하고 싶어했지만(이들은 모두 자신을 뉴턴에 빗댔다) 불완전하고, 자주 혼란을 야기하며, 그렇기 때문에 여러 가지로 해석될 여지가 있는 유산을 남겼다.

생시몽은 일반적으로 실증주의적 사회과학의 창시자로 불린다.[15] 그는 다음과 같이 주장했다. 분석가의 과제는 사회의 실제 여건을 연구하고 그것을 기반으로 하여 정치체를 더 조화롭고 생산적인 국가로 만들려면 어떤 일을 해야 하는지 인식하는 일이다. 그렇기 때문에 그의 저작 가운데 많은 수가 유력 인사들(왕, 외교관 등)에게 보낸 공개서한, 소논문, 비망록 형식으로 쓰였다. 그런 자료에서 일반적인 원칙을 추출해내기는 어렵다. 그의 사유 또한 1802년부터 새로운 기독교에 대한 미완성의 최종 저술(이 글은 1826년에서 1827년 사이에 유작으로 출판되었다)에 이르기까지 다양한 경로를 거쳐 진화했다.

생시몽은 이렇게 주장한다. 과거에는 정치체가 조화된 형태(12세기와 13세기의 봉건주의 같은)를 띠었지만 결국은 모순 때문에 해체되고 그 속에서 새로운 것이 등장할 수밖에 없었다. 새로운 정치체의 씨앗은 옛것의 자궁 안에 배태되어 있었다. 인류 진화에 대한 이 역사주의적 시각은 그 뒤를 이은 여러 사상가(마르크스도 포함하여)에게 영향을 주었다. 생시몽 본인의 시절에 일어난 정치체의 위기는 "봉건적·교회주의적 시스템에서 산업적·과학적인 시스템으로"의 이행이 불완전했기 때문에 일어난 것이다.[16] 프랑스혁명은 세습적 특권의 문제점을 다루었지만 자코뱅은 국가권력을 중앙에 집중함으로써 헌법적이고 사법적인 권리를 강제로 부과하려 했기 때문에 실패했다. 그들은 자신들의 뜻을 강요하기 위해 공포와 폭력에 의지했다. 그는 이렇게 쓴다. "18세기는 결정적인 시기였고 혁명적이었다." 하지만 19세기는 "창의력 있고 건설적"이어야 한다. 중요한 문제는 산업인industrial—생시몽은 산업인이라는 용어를 유용한 생산적 활동에 종사하는 모든 사람, 즉 노동자와 농민뿐 아니라 기업 소유자, 은행가, 상인, 과학자, 사상가, 교육자까지 모두를 포함하는 의미로 사용한다—이 봉건제도의 군사적이고 신정주의적神政主義的 권력에서 파생한 정신 상태의 소유자인 게으르고 기생적인 귀족과 사제 계급의 지배를 받는다는 점이었다.

따라서 정신적 권력이 사제의 손에서 지성인—과학자와 예술가—의 손으로 넘어가야 하며 속세의 권력은 산업인 가운데서도 지도적인 인물이 가져야 한다. 후자의 관심은 정부 개입을 최소화하고, 최소 비용과 효율적 형태의 행정을 고안하여 직접 생산자들의 행동을 용이하게 하려는 것이다. 정부의 기능은 "유용한 업무가 방해받지 않도록" 보장해주는 일이 될 것이다. 효율적인 행정이 지시에 의한 통치를 대신해야 한다. 더 나아가, 범위 면에서 이 체제는 한 민족에만 국한되는 것이 아니라 유럽 전역에 적용되어야 한다(현대에 와서 생시몽이 높이 평가되는 데에는 평화롭고 진보적인 경제 발전 조직을 위해 유럽연합이 필요함을 역설한 예언적인 견해가 한몫을 차지한다). "모든 사람은 일할 것이다." 생시몽은 1803년 이미 이렇게 선언했다. 또 사회체제의 질병이 치유되기 위해 우리가 의지해야 하는 것은 적절한 생산 조직과 유용한 노동이다. 그는 개인의 주도권과 자유를 강조했고, 여러 정치경제학자(애덤 스미스 같은)의 자유방임 이념의 목소리에 동조하는 듯 보일 때도 있다.

하지만 생시몽은 산업적 자유를 극대화하고 집단 기획을 통해 유용한 노동을 증진할 수 있는 정치제도의 정확한 성격이 무엇인지에 대해 관심을 갖고 있었다. 모든 산업인(노동자와 농민뿐 아니라 고용주와 전주와 과학자까지도 포함하는)이 참가하는 거대한 생산자조합association 자유로운 개인을 기본 단위로 하는 협동조합, 또는 노동자 단체들의 연합 조직이라는 발상이 빈번하게 촉구되기는 하지만 노동 분업이 반영되는 생산자조합 원칙이 결정적인 역할을 담당한다. 언젠가 그는 노동자가 선출하는 세 가지 관리실을 만들자고 제안했다. (과학자, 예술가, 운하, 철로, 관개 같은 공공사업 시스템을 "프랑스의 부강화와 그 주민들의 처지 개선을 위해, 유용성과 쾌적함의 온갖 면모를 포괄하기 위해" 계획하게 될 기술자로 구성되는) 발명실, (기획의 타당성을 검토하고 교육을 운영할 과학자로 구성되는) 집행실, (예산안을 결정하고 사회적·경제적인 개발을 위한 대규모 기획을 실행하게 될 노동자로 구성되는) 검토실이 그것이다.[17]

생시몽은 산업인들을 동질적인 존재로 보지 않았다. 하지만 그들이 서로 간의 차이 때문에 공동의 이익에 눈을 감을 것이라든가, 혹은 생산자, 은행가, 상인, 과학자, 예술가 등 교육받은 엘리트가 서열적인 권력을 쥐고 무지한 대중(이들을 교육시키는 것이 최우선의 목표였다)을 대신하여 결정을 내리는 데 반대하리라는 주장은 받아들이지 않았다. "타고난 지도자"는 기술적인 능력과 실력에 따라 규정된다. "모든 사람은 각자의 능력에 따라 위치가 부여되며, 각자가 한 일에 따라 보상받을 것이다." 대중 주권은 유용한 관리 원칙이 아니다. 왜냐하면 "아주 짧은 황홀한 순간을 제외하면 인민이 실제로 통치하는 시간은 거의 없다는 사실을 인민은 아주 잘 알기" 때문이다. 하지만 그는 도덕적 동기부여라는 질문에 깊은 관심을 갖게 되었다. 노골적인 이기주의와 사익 추구도 중요하지만. 경제가 집단적 목표를 달성하려면 그것은 다른 동기들에 의해 개선되어야 했다. 이것이 기독교가 항상 약속했지만 한 번도 실현해주지 못했던 바로 그 힘이었다. 정치적·경제적 기획의 목적인 보편적 복지를 보장하려면 도덕적 원칙에 근거하는 새로운 형태의 기독교가 필요했다. 그는 주장했다. "모든 인간은 다른 인간을 형제로 대우해야 한다. 사회 전체는 가장 가난한 계급의 도덕적·신체적 생존을 개선시키기 위해 노력해야 한다."[18] 이 말로써 생시몽은 급격한 변화를 위한 기반으로서 종교적 신비주의와 천년왕국식의 사고에 수문을 열어준 것이다.

그의 생각이 어떻게 전파되었는가를 설명하려면 이야기가 복잡해진다. 그가 죽은 뒤, 가까운 추종자들이 그의 사상을 설명하는 선집(무단 삭제된 것이라고 하는 사람도 있겠지만)을 출판했고, 7월 혁명(생시몽주의자들은 아무런 적극적인 역할을 하지 않은)이 일어나자 그에 대한 관심이 무성해졌다. 1830년대 초반에 개혁적 사고를 가진 부르주아와 노동자들에게서 지지를 끌어모아 많은 사람이 참석한 모임이 여러 차례 열렸고, 노동자를 교육시키자는 운동이 시작되었다. 하지만 랑시에르가 보여주듯이, 운동의 동기와 그 속에 담긴 온정주의를 쉽게 깨닫지 못하는 노동자가 많았다.[19] 1830년대 초반에 노동권 및 적절한 조직을 결성할 권리를 행사하여 농민과 노동자 계층의 빈곤이나 불안을 없애려고 했던 사람이라면 십중팔구 생시몽주의 관념에 연결되게 마련이었다. 대안적 도시 형태에 대한 대부분의 사고는 이러한 사고방식(아래를 볼 것)에서 깊은 영향을 받았다. 그러나 여성과 종교의 역할이 쟁점이 되었고, 그 운동은 각각 카리스마적인(어떤 사람은 최면술적이라고도 하고 신 같다고도 하는) 바르텔르미 앙팡텡과 좀 덜 광신적인 생타망 바자르가 이끄는 분파 사이의 갈등으로 쪼개졌다. 그 이후로 그 영향력의 유산은 온갖 방향으로 흩어졌고, 운동 에너지의 대부분은 종교적인 숭배 활동에서 소모되었다. 그러나 생시몽주의 페미니스트들은 (때로는 푸리에주의와 접촉하면서) 이혼과 여성 노동의 조직 같은 주제에서 자신들의 사상을 발전시켰다. 그들은 도미에가 풍자적으로 언급할 만큼 시끄러워지고 힘이 강해져, 1848년에는 중요한 역할을 맡았다.

일부 생시몽주의자는 기독교적인 길을 택했는데, 그중에서도 피에르 르루는 일종의 연합주의적 기독교 사회주의 쪽으로 나아갔다. 르루는 개인주의를 정치체가 앓고 있는 가장 위중한 일차적인 도덕적 질병으로 여겼다. 사회주의—대체로 이 용어를 1833년 최초로 고안한 사람이 르루라고 인정한다—는 부분 간의 호혜적 관계의 통일성을 복구하고 정치체를 소생시킬 것이라고 그는 주장했다. 하지만 모든 사람에게 순응주의를 강요하는 것이 정치체의 역할은 아니다. 오히려 그것은 "자신들의 절실한 필요성을 깨닫고 있는 개인들을 자율적으로 발전시키는 데" 봉사해야 한다.[20] 다른 사람들은 충성의 대상을 푸리에로 바꾸었다. 마르크스는 사회과학적 탐구, 생산주의, 역사주의, 모순, 사회적 변화의 불가피성 등의 사상을 생시몽에게서 받아들였지만, 역사적 변화의 동력은 계급투쟁에서 찾았다. 페레르 형제나 앙팡탱, 미셸 슈발리에 등 다른 사람들은 여전히 과학기술계와 금융계 엘리트에 의해 주도되는 지도력 및 자본의 연합이라는 생각을 추구했다. 그들은 제2제정의 통치 및 행정의 구조와 대규모 공공사업(수에즈 운하나 철로 같은 것들)을 통한 자본축적 과정에서 중요한 인물로 떠올랐다.

이 마지막 그룹이 이러한 방식으로 발전할 수 있었다는 사실은 부분적으로 루이 나폴레옹이 생시몽주의 이상에 마음이 끌렸음을 반영한다.[21] 미래의 황제는 대규모 공공사업에 매혹되었다. 이르게는 1840년대에 (불로뉴를 침공하여 그곳에서 혁명을 일으키겠다는 시도가 실패한 뒤) 함Ham의 감옥에 갇혀 있는 동안에도 이미 그는 대서양과 태평양 사이에 운하(나폴레옹의 이름을 붙인)를 건설하자는 신생독립국 니카라과 정부의 제안을 연구했다. 그는 『빈곤의 소멸L'Extinction du paupérisme』이라는 제목의 팸플릿도 출판했다. 여기서 그는 노동의 권리를 기본 원리로 찬양했고, 황무지의 강제 구매(국가 대부금으로)에 참여할 자격이 부여되는 노동자들의 생산자조합을 설립하는 법률을 제정하자고 제안했다. 이러한 땅을 경작하면 일자리뿐 아니라 수익성 높고 건강한 농산품의 생산과 판매 활동이 발생할 것이다. 그 기획의 재정은 국가 대부금의 상환과 지주에게 치를 보상금 지불을 위한 회전기금으로 충당될 것이다. 사회주의 지도자와 개혁가들은 그의 명분에 호응하여 달려들었고, 루이 블랑이나 조르주 상드 같은 일부 인사는 함으로 그를 찾아가기까지 했다. 고용주와 경제학자들은 이 제안을 비웃었고, 그를 게으르고 무능한 (혁명에 실패했으니까) 유토피아적 몽상가(1848년에 공화국 대통령으로 선출되었을 때 많은 사람이 그의 잠재력을 과소평가하게 만든 이미지)로 묘사했다. 그의 제안은 생시몽에게 약간의 빚을 졌지만 푸리에로부터 받은 영향의 냄새도 풍긴다(1848년까지도 루이 나폴레옹은 푸리에주의자 그룹과 접촉하고 있었고, 황제 즉위 초반에 그는 노동자 계급의 주거 문제를 해결할 한 가지 방안으로, 푸리에의 팔랑스테르Phalanstère를 모델로 하는 노동자 도시cités ouvrières의 건설에 상당한 관심을 보였다).

그렇다면 푸리에 본인에 대해서는 무슨 말을 할 수 있는가? 독학자인 그는 자신의 기초적 저술인 『네 가지 운동의 이론Théorie des quatre mouvements』을 1808년 출간했다. 이 책에서 그는 두 가지 기본 원칙에 의거하여 "사회적 혼란에서 우주적 조화"로 나아가는 변이를 추구했다. 농

그림 24 1830년대와 1840년대에는 페미니스트 운동이 강해져서 도미에가 '푸른 양말'(예술가나 문인 행세를 하는 여자들), 이혼녀, 여성 사회주의자를 다룬 시리즈를 그릴 정도였다. 이 만화에서 남자는 여자들이 대중 집회에 가지 못하게 막으려 했다고 비난받는다. 여자들은 그를 벌하지 않고, 죄책감에 사로잡혀 혼자 씨름하도록 내버려둔다.

업 생산자조합과 열정적 인력passionate attraction이 그것이다. 푸리에의 찬미자들도 이 저술은 "산만하고 수수께끼" 같으며 "사실상 그 이론의 더 불가해한 측면을 '흘낏' 돌아본 내용들을 미친 듯이 짜 맞춘 작업이고, 조화가 갖는 성적이고 식도락적인 기쁨에 대한 '그림'이자 당대 철학과 정치경제학의 '방법론적 무관심'의 결정적인 '예시'"임을 인정한다. 푸리에의 일부 주장(예를 들면 행성의 성교에 관한 것 같은)은 괴상하고, 다른 것들은 무척 생소하기 때문에 그를 괴짜라 여기고 무시하기 쉽다. 그는 외톨이였고 걸핏하면 시달림을 당하던 존재로서, 기존 질서의 결점에 대한 비판적 이해에 깊이와 세련미를 더해주지만 혼란을 없애는 데는 전혀 도움이 못 되는 글을 수없이 써냈다. 그는 열정적 인력과 성적 관심에 관한 좀더 터무니없는 생각(이를테면 예나 지금이나 많은 사람이 성적 도착증이라 부르는 것에 대한 옹호) 몇 가지를 감추려고 애썼다. 그가 죽고 나자 푸리에주의자들은 이 숨겨진 사상을 더욱 열렬하게 추적했다. 빅토르 콩시데랑의 권위주의적인 지도 아래 그들은 푸리에가 쓴 글의 삭제판을 신중하게 관리하여 나중에 평화주의적 사회민주주의 운동의 중요한 한 진영이 될 세력을 형성했다(영향력 있는 신문인 『팔랑스테르Phalanstère』지와 함께). 이것은 "1848년 혁명의 초기 국면과 7월 왕정의 후반기에 상당한 중요성을 가진 지적知的, 나아가 정치적 세력이 되었다". 하지만 혁명이 분쇄되자 콩시데랑 같은 지도부 대부분은 망명해야 했고, 운동은 직접적인 영향력을 상실했다.[22]

푸리에는 건강하고 열정적인 본능에 대한 조직적 억압 시스템인 "문명"에 대한 전반적인 공격을 감행했다(이 점에서 그는 『문명 속의 불만』에 나오는 프로이트의 일부 논의를 예고한다). 방심할 수 없는 빈곤 문제는 생산, 분배, 소비의 비효율적인 조직에서 발생한다. 그 주적主敵은 인류의 복지에 기생하는 파괴적 존재인 상업이다. 일하는 것이 우리 운명일 수는 있 겠지만, 그 일은 리비도적 만족과 행복과 위안과 열정적인 충족이 보장 되도록 조직되어야 한다. 매시간 끔찍하고 단조로운 업무를 해내면서 혹 사당하는 삶에는 결코 고귀함이나 충족감이 없다. 문명은 한 해에 100 만 명이 굶어 죽게 만들었을 뿐 아니라, "최소한 자신의 본능적인 자극 에 복종할 자유가 있는 모든 사람을 동물보다 못한 처지에 빠뜨린, 감정 적으로 결핍된 삶에 종속시켰다".[23] 그러니 어떤 대안이 있는가? 생산과 소비는 "팔랑스테르"라 불리는 공동체에서 집단적으로 조직되어야 한다. 이것은 다양한 노동과 사회적, 성적 참여의 기회를 제공하여 욕구와 필 요와 욕망의 충족 및 행복감을 보장한다. 푸리에는 팔랑스테르를 어떻 게 조직해야 하며 어떤 원칙을 준수해야 하는지에 대해 엄청나게 공을 들여 구체적으로 설명했다(이를테면 그는 열정적 인력에 대해 아주 복잡하고 수학적인 질서에 의거한 묘사를 했으며, 이러한 열정이 조화롭고 행복한 결과를 낳으려면 개인 간에 짝이 잘 맞아야 한다고 주장했다).

1840년과 그 모든 것

―

생시몽과 블랑키, 푸리에가 최초의 불꽃을 마련했다면 다른 수많은 작 가는 대안적 사고의 불꽃을 사방으로 퍼뜨렸다. 이를테면 1840년 프루 동의 『소유란 무엇인가Qu'est-ce que la propriété?』, 큰 영향력을 발휘했던 에티 엔 카베의 유토피아 이야기 『이카리아 여행기Voyage en Icarie』, 런던 노동 자 계급의 참상과 몰락을 폭로한 플로라 트리스탕의 『런던 산책Promenades dans Londres』, 루이 블랑의 사회민주주의 교본인 『노동의 조직L'Organisation du travail』, 피에르 르루의 두 권짜리 연구서인(사회주의의 기독교적 근원을 탐구한) 『인간성에 관하여De l'humanité』, 아그리콜 페르디기에의 (이주노동 체제 내의 개혁을 추구한) 『직인조합 교본Le livre du compagnonnage』, 그 밖에 사회 여건을 비판적으로 해석하면서 대안을 찾아 나선 다른 수많은 책과 팸플릿이 있다.[24] 프랑스 직물 산업에서의 노동 조건에 대한 빌레르메의 연구서는 널리 읽혔고, 파리 하층계급의 문제를 해부한 프레지에의 책은 수많은 부르주아 독자의 마음에 공포를 심어주었다. 낭만주의 작가들(위고, 라마르틴, 뮈세, 상드)은 급진적 개혁에 지지를 보내고 있었고 노동자 시인들과 우애를 돈독히 했으며, 공산주의자 정치 연회가 벨빌에서 최초로 개최되었고, 총파업이 파리에서 일어났으며, 한 공산주의 노동자가 왕을 암살하려고 했다. 수문은 열렸고, 다시 탄압하려는 시도와 경찰의 통제가 있었지만, 이 소용돌이를 저지하려면 혁명과 반혁명 말고는 다른 방도가 없는 듯했다.

이 시기에 표출된 다양하고도 급진적인 논의의 강렬함, 독창성, 평범성을 정확하게 포착하기란 어려운 일이다. 하지만 문제의 본성이 무엇인지에 대하여 개략적으로 합의된 바는 있었다. 좌절감에 빠진 플로라 트리스탕은 1843년에 출판된 영향력 강한 책자, 『노동자 조합』에서 수많은 선배 해설자에게 호소했다.

> 그들은 글과 연설과 기사와 회고록과 조사와 통계를 통해 현 상황에서
> 노동계급이 물질적·도덕적으로 더 이상 견딜 수 없이 가난하고
> 고통스러운 처지에 있다는 것을 정부와 부유층에게 지적하며
> 입증하고 확인했다. 그들은 이렇게 방기되고 관심을 받지 못하는
> 상태에서는 불운으로 비참해지고 무지와 과로로 거칠어진 대다수

노동자가 사회에 위협적인 요인으로 대두하는 것이 필연적인 결과임을 밝혔다. 노동 조직을 허가하는 법률을 만들어 노동계급을 도와주는 임무를 실천해야 하는 까닭이 정의와 박애 때문만은 아니며, 보편적 이익과 안전에 대한 관심에서 보더라도 이 방안을 시급하게 채택할 필요가 있다는 사실을 정부와 부유층에게 입증했다. 그럼에도 불구하고, 수많은 사람이 거의 25년 동안이나 열변을 토해왔지만 사회가 무관심과 절망으로 탈진한 700만~800만 명의 노동자에게 야기한 위험에 대해 근심하도록 정부를 일깨울 수 없었다. 그들 가운데 대다수는 자살해버릴까…… 아니면 도둑이 될까 하는 갈등 사이에서 양분되고 있다.[25]

트리스탕이 이렇게 자신이 추구하는 명분을 조리 있게 설명했지만 그녀가 제시한 일반 상황, 심지어 결코 특이한 일이 아니던 노동자들의 자살 문제에 대해서까지도 논의하려 한 사람은, 내 생각으로는 당대인들 중에서는 한 명도 없었다.

그러나 진단 내용은 지극히 다양했다. 문명과 상업(푸리에), 시대착오적인 귀족과 사제들의 권력(생시몽과 블랑키), 개인주의(르루), 불평등, 특히 여성의 불평등에 대한 무관심(트리스탕), 가부장제(생시몽주의 페미니스트), 사유재산과 신용(프루동), 자본주의와 통제 없는 산업주의(콩시데랑, 블랑), 국가기구의 부패(낭만주의자, 공화주의자, 자코뱅까지), 공통의 이익을 중심으로 노동자들이 조직과 연대를 체결하지 못한 점(카베, 공산주의자). 이 목록은 한없이 이어진다. 이에 대해 어떤 조치를 취해야 하는가, 변혁기 사회운동의 목적과 목표는 어떤 것이어야 하는가 하는 질문은 더욱 혼란스러웠다. 정치체가 가진 질병의 진단과 치유의 문제는 공통의 언어가 의미상의 급격하고도 불안정한 변동을 겪음으로써 더욱 까다로워졌다. 슈얼은 1793년에서 1848년 사이 정치적 해석과 행동을 변모시키는 데 노동자 세계의 언어 변천이 결정적인 역할을 했음을 보여준다.[26] 하지만 몇 가지 공통된 주제는 있었다. 차이들은 평등과 자유와 공화주의와 공산주의, 생산자조합에 대한 생각이 표제적으로 혼융되는 특정한 방식을 반영하는 경우가 많았다. 르루가 생시몽주의자들과 단절한 직후인 1833년 인권협회Sociétédes Droits de l'Homme를 위해 세운 원칙은 이러한 장르의 전형적인 예다.

이 당은 평등을 목표로 두고, 프롤레타리아에 대한 지원을 일차 임무로, 공화주의 제도를 그 수단으로 삼으며, 인민의 주권을 원칙으로 삼고, 마지막으로 협동조합의 권리를 이 원칙의 최종 결과이자 그것을 실현하는 수단으로 간주한다는 것을 만장일치로 단언한다.[27]

하지만 이러한 각각의 용어는 무엇을 의미할까?

평등

불평등이 문제라는 데는 누구나 동의한다. 그러나 발전이라는 목표가 있는 상황이라면 어떤 종류의 평등을 추구하고, 어떤 수단으로, 누구를 위해 추구할 것인가? 물론 혁명이 평등égalité이라는 단어를 깃발에 새겨넣은 뒤로 이 문제는 항상 쟁점이 되어왔다. 그러나 1840년 무렵이 되자 합의된 내용은 서로 다른 해석의 파도 밑에 가라앉아버렸다. 블랑키는 급진적 자코뱅의 세속적 평등주의 이념을 고집했지만, 그것이 달성되려면 프롤레타리아 독재가 필요했다. 1840년 공산당 정치 연회에 모인 연사들(1000명 이상이 참석)은 사회적 평등 없는 정치적 평등은 무의미하다고 거듭 역설했다. 생시몽주의자에게는 복지의 평등이 중요한 사안이었지만 노동계급은 기술적으로 우월하고 고결한 산업가 엘리트 덕분에 결집된 자원과 교육 및 적절한 관리에 의해 양성된다. 정치체 전반의 건강과 복지는 개인의 복지보다 더 중요하다. (이 점 때문에 르루가 생시몽주의자들과 갈라섰으며, 때로는 생시몽주의자들이 원조파시스트로 간주되기도 했다.) 공산주의자와 자코뱅파는 삶의 기회뿐만 아니라 권력을 얻을 기회에서도 평등하기를 원했다. 하지만 노동자들 사이에서도 전체 시스템을 전복시키고 평등주의적인 공산주의에 제자리를 찾아줄 혁명적 행위를 지지하는 사람은 거의 없었다. 그보다 더 절실한 문제는 공정한 급료와 최소한의 안전 고용을 보장받으면서 인간으로서 대우받고, 부르주아와 동일한 지위에 서는 것이었다.[28] 예를 들면 노동자들은 자신을 가르치려 드는 프티부르주아 급진파(특히 생시몽주의자)의 잘난 체하는 태도에 반발했으며, 이 거만함을 고용주의 무관심만큼이나 견디기 힘들어했다. 노동자인 아그리콜 페르디기에는 바로 이런 것에서 해방된 평등을 주장했다. "우리가 부자보다 덜 섬세하거나 덜 순수한 자질을 지닌 인간이 아니라는 점을, 우리 피와 살이 우리가 보는 그들의 피와 살과 조금도 다를 바 없다는 점을 이해해야 한다. 우리는 같은 아버지의 자식이며 형제로서 함께 살아야 한다. 자유와 평등은 반드시 함께 이루어져야 하며 이들의 지배가 인류라는 위대한 가족 안에서 조화롭게 이루어져야 한다."[29]

불평등은 여성의 종속을 통해서도 나타났다. 1808년에 푸리에는 "한 시대에서 다음 시대로 넘어가는 사회적 진보와 변화의 정도는 자유를 향한 여성의 전진에 비례한다. 또 사회의 퇴보는 여성들의 자유의 쇠퇴에 비례하여 진행된다"[30]고 말했다. 여성의 해방은 인류의 해방과 열정적 인력의 해방이 이루어지기 위한 필수 전제 조건이었다. 앙팡탱 역시 여성 해방을(이와는 다른 남성적 시각에서이지만) 주장했으며, 생시몽주의 운동 내의 여러 여성은 이러한 이념을 실제 실천과 연결시키려 분투하면서『여성 잡지La Tribune des femmes』를 창간하여 성적 해방과 여성 평등이라는 사안에 대해 논의했다. 푸리에주의자들은 섹슈얼리티와 젠더의 문제를 중시하지 않았지만 대부분의 페미니스트는 곧 푸리에의 사상에 이끌렸다. 그 예로 플로라 트리스탕은 남자와 동등한 급료를 받으며 노동하고 이혼할 법적 권리가, 노예화된 매춘보다 나을 것이 없는 결혼의 속박으로부터 여성을 자유롭게 풀어주는 데 필요한 가장 중요한 개혁이라고 보았다. 그러나 성적 해방의 문제는 남성 지배에서 해방되기 위한 조건으로 여겨진 여성들의 자율성과 노동의 권리 때문에 점차 밀려났다.『여성 잡지』에 기고한 한 필자는 이렇게 썼다. "우리가 말하는 자유나 평등의 의미는 우리 자신의 소유물을 가질 수 있다는 것이다. 그렇게 하지 못하는 한 우리는 언제나 남성의 노예로 남을 것이다. 물질적 필요를 공급해주는 이는 언제나 그 대가로 우리에게 자신의 요구에 굴복하라고 요구할 수 있다."

하지만 이 점에서 또 다른 장벽이 솟아오른다(암담한 일이지만 이 장벽은 우리 시대에도 여전히 낯익다). "산업에서 우리가 고를 수 있는 직업은 몇 가지 안 된다. 해볼 만한 일은 모두 남성의 몫이다. 생계유지에조차 부족한 임금밖에 받지 못하는 일거리만 우리 몫으로 남아 있다. 우리가 어떤 일을 해낼 수 있다는 게 알려지는 순간 그 업무의 급료는 삭감된다.

왜냐하면 우리는 남자만큼 많이 벌면 안 되기 때문이다."[31] 트리스탕은 노동계급이나 농민 여성에 대해서도 절대로 (상드처럼) 낭만적으로 보지 않았다. 교육받지 못하고 법적인 권리를 박탈당했으며, 어린 나이에 타의에 의해 결혼하고 의존 상태로 살게 된 여성들은 모든 가족(그녀 자신을 포함한)에게 구원을 베푸는 따뜻한 가정을 만들기보다는 남편은 술집으로, 아이들은 도둑질과 폭력으로 내모는 독설가 마귀할멈이 되기 십상이다. 트리스탕은 남성들의 이기심에 호소했다. 여성들의 교육과 해방은 남성 노동계급의 해방을 위한 필수 전제 조건이라고. 그러나 프루동은 이 주장에 전혀 관심을 보이지 않았다. 그에게 가족은 신성불가침의 영역이고, 여성은 남성의 통솔을 받고 가정에 소속되는 존재로 그렇게 살면 될 뿐이다.

물질적 평등주의와 도덕적 평등주의 사이의 대화, 계급에서든 성별에서든 한 개인의 지위 여하를 막론하고 안전한 노동 여건에서 최저생계에 필요한 임금을 벌 권리와 품위 있게 대우받고 존중받을 권리 사이의 대화는 단순하지 않은 문제였다. 하지만 성직자 수준의 실천은 아닐지라도 기독교의 가르침에 깊이 뿌리박은 개인의 위엄과 자존심이라는 개념이 (초년의) 프루동, 트리스탕, 생시몽, 카베, 그 밖의 수많은 개혁가에 이르기까지 다양한 저자에게서 제기된 사실은 당시에도 쉽게 알 수 있었다. 반反교회적 입장도 한 가지 방법이었지만 많은 사람은 급진화된 기독교(생시몽과 르루가 제안한 것과 같은 종류)를 답으로 보았다. 해방신학과 함께 천년왕국 신봉설과 신비주의 탐색까지도 무성하게 나왔다. 적잖은 수의 지도자는 "복음"을 선언하고 사회의 질병을 구제할 사회적 길을 제시할 태세를 갖춘 "새로운 구세주"의 지위를 취하거나(앙팡탱이나, 자신을 "이성의 구세주"라 부르기 좋아한 푸리에처럼) 억지로 받아들였다(카베처럼).

평등이 신의 선물인지 아니면 세속적 명분의 승리인지, 분명치 않았다. 낭만주의 시인인 라마르틴은 노동의 권리를 보장하기 위한 "산업인 그리스도"를 열망했다.

생산자조합

당대의 문헌을 탐구하려면 정치적 기관 및 정치적 활동의 목적으로든 수단으로든, 생산자조합의 원칙과 맞닥뜨리지 않을 수 없다. 하지만 생산자조합은 또한 여러 의미를 포괄하며 때로는 아주 좁게 정의되는 까닭에, 사람들은 조합union(트리스탕)이나 공동체community(르루) 등 다른 원칙에 비해 이를 경시했다. 여기에 걸려 있던 것은 교육과 개인적 충족감을 이루기에 적합한 분위기를 창출해내면서도 물질적 필요를 충족할 수 있도록 하려면 집단성을 어떻게 조직하는 것이 좋을까 하는 문제였다. 푸리에는 1822년에 간행된 논문 「농업과 가내 생산자조합」에서 이 문제를 분명히 이런 식으로 파악했으며, 이것이 팔랑스테르를 건설하자는 그의 제안의 기반이 되었다. 하지만 푸리에는 자신의 시야를 농업 생산(그것도 원예농업)에만 한정했으며, 자신의 생산자조합 이론을 산업 환경에는 한 번도 적용한 적이 없었다. 뿐만 아니라 그의 생각으로는 생산자조합을 설립하려면 박애주의적 재정 조달이나 사적인 주식 투자, 즉 노동자들의 자체 조직이 아무 역할도 하지 못하는 재정 조달 방식에 의존해야 했다.

산업인들이 참여하는 생산자조합은 생시몽주의자들의 근본이념이었지만, 그것은 각기 별도인 두 가지 차원으로 운영되었다. 정치체 내부에서의 차별화된 이익(특히 기능이나 노동의 분업에서 발생하는)은 그러한 이익을 대표하는 생산자조합으로 조직될 것이다. 이를테면 과학자와 예술가는 그들만의 심의회 조직을 갖게 된다. 하지만 이러한 생산자조합들은 공동의 선을 위해 노력하는 모든 산업인 간의 계급적 연대와 자원의 공동출자 및 생산성과 재능에 따른 기부에 의존하는 "일반 생산자조합 universal association"에 소속되어야 했다. 그런 생각이 제2제정기에 황제 권력의 우산 아래에서 노동자 생산자조합의 역할이 줄어든 상황에서도 조직과 행정과 신용과 재정의 원칙으로 다시 등장하게 되는 것을 어렵지 않게 볼 수 있다. 부르주아와 노동자의 이익 사이를 이어줄 수 있는 일종의 거대한 이권 연합association of interests과 계급 연대라는 발상은 상당한 중요성을 갖는다. 왜냐하면 많은 급진주의자는(그들 자신의 계급적 기원과 관점에 충실하게) 노동자와 농민이 자체적으로 행동을 시작할 만큼 힘이 강하지 못하고 교육도 부족하다고 여겼기 때문이다. 1840년대 초반에 카베는 부르주아의 지원을 기대했다가 거듭 거절당한 뒤에야 분리주의 노선을 택하고, 공산주의적 공동체주의를 목표로 설정했다. 르루 역시 이와 비슷하게 (기독교적 가치에 기반한) 부르주아들의 지지를 기대했으며, 결국은 실패작이었던 뷔삭에서 운영한 농업 공동체와 인쇄소의 재정을 충당할 정도의 지원을 (주로 조르주 상드에게서) 받았다.

노동자들이 자체적으로 결성한 독립적 생산자조합이라는 발상에는 오랜 역사가 있다. 그 생각은 혁명 이후에 억압을 받았다가 1830년 혁명기에 다시 강력하게 등장했으며, 생시몽주의 내의 반대론자인 뷔셰에게서 즉각적인 지지를 받았다. 뷔셰는 일반 생산자조합의 원칙이 제시하는 하향식 관점에 반대하며, 노동자들을 임금 시스템에서 해방시키고 경쟁의 불공정한 결과에 맞서 그들을 보호해주는 것을 목표로 하는 생산자들의 상향식 생산자조합을 주장했다. 이 관점에서 보면 공장 소유주와 고용주는 귀족이나 지주와 마찬가지로 기생적인 존재였다. 이 발상은 훗날 루이 블랑이 영향력 있는 저서 『노동의 조직』에서 강력하게 채택하게 되며, 프루동도 마찬가지다. 그러나 블랑은 생산자조합을 결성하고 재정 지원을 하며 그 운영을 감독하는 것이 국가권력과 정치적 법안의 임무라고 보았다(나중에 1848년 국민작업장의 재정을 국가가 지원하라고 주장한 것과 비슷하다). 한편 프루동은 국가가 조금도 간여하지 않는 편이 좋다고 보았고, 작업장을 사회적 개혁 공간으로 바꾸어놓을 자치 모델을 기대했다. 하지만 그의 생각은 계속 오락가락했는데, 부분적으로는 생산자조합이 문제를 해결하리라거나 노동자들이 기필코 올바른 행동을 할 것이라고 믿지 않았기 때문이다. 몇몇 시점에 그는 작업장 사이의 경쟁에 관한 강력한 규율이 필요하다고 주장하지만, 또 다른 시점에서는 모든 작업장을 생산자조합주의 노선에서 조직해야 할 필요는 없다고 말한다. 빈센트는 그의 견해를 다음과 같이 재구성한다.

기본적으로 프루동이 소망했던 것은 기존 사회의 모순을 극복하고 그럼으로써 그것을 변형시키게 될 상호부조 생산자조합이 서로 연결된 그룹을 조직하는 것이었다. 이 사회 변형 기획은 100명가량의 노동자가 서로 우정 어린 연대를 맺을 수 있는 소규모 사업체들을 조직함으로써 시작된다. 이들 생산자조합은 일차적으로 경제적인 그룹이지만 (…) 교육과 사회적 상호작용의 수렴점 역할도 한다. 그는 이렇게 주장했다. 그 그룹들은 비슷한 유의 생산자조합이 결성되는 본보기가 될 것이다. 왜냐하면 그들의 뛰어난 도덕적·경제적 품성 때문이며 (…) [그리고] "자유와 규제의 이율배반"을 해결하며 "자유와 질서"의 종합을 이루어낼 것이기 때문이다. (…) 생산자조합의

결정적인 기능은 생산자와 소비자 간의 조화로운 평등주의 사회를
도입하는 것이다. 그럼으로써 그들은 자본가와 노동자, 게으름뱅이와
일꾼 간의 대립을 뿌리 뽑을 것이다.[32]

이는 카베의 전망과는 약간의 공통점을 지니지만 푸리에나 루이 블랑
과는 전혀 다르다. 그러나 프루동은 생산자조합이 개별적인 자유와 주
도권을 질식시킬 것을 우려했으며, 자본과 노동 사이의 구분을 철폐하
려는 생각은 조금도 없었다. 그는 단지 관계들을 좀더 조화롭고 정당한
것으로 만들고 싶었을 뿐이다. 프루동은 또한 상호부조 생산자조합이
제대로 기능을 발휘하려면 돈과 신용이 필요하다는 것도 깨달았다. 자
신의 발상을 실현시키기 위해 조급해진 그는 1848년의 혁명기에 인민은
행Banque du Peuple을 열었지만, 거의 시작하자마자 실패로 끝나버렸다.

그러나 노동자들이 그들 자신의 생산자조합을 결성할 수 있다는 발
상은 여러 종류의 직업에서 기본이 되었고 점점 더 큰 인기를 모았다. 그
것은 공화주의자와 노동자가 주로 읽는 간행물에서 다루어지는 논의의
중심 의제가 되었다. 주된 차이는 노동 규율과 기술 혁신을 보장하기 위
해 생산자조합 간의 경쟁을 유지하기를 원하는 쪽과 업계 전체에 대해
궁극적으로 독점적인 통제권을 갖고자 하는 쪽 사이에 있었다. 이 운동
은 1849년에 작성된 생산자조합 동맹l'Union des Associations을 위한 정관(대
체로 사회주의 페미니스트인 잔 드루앵의 노력으로 작성된)으로 결실을 보게
된다. 이 정관이 막 발효되려는 찰나에 지도자들이 체포되고 운동이 탄
압당했다. 그 당시 파리에는 최대 120개의 직업에서 일하는 5만 명의 구
성원을 거느린, 거의 300개에 달하는 사회주의 생산자조합이 있었다. 이
들 가운데 반 이상이 1851년의 쿠데타까지 살아남았다가 그 이후에 탄

압되었다.[33]

공동체와 공산주의

프루동은 공동체에 대해서는 격렬하게 반대하는 입장이었다. 만약 "사유재산이 장물"이라면 "공동체는 죽음"이라고 그는 주장했다.[34] 1840년 공산주의자 회의에 참가한 많은 연사는 공동체와 공산주의가 호환 가능한 용어라고 말했으며, 프루동은 중앙집중식 정치권력과 의사 결정 과정을 혐오했다. 회의의 주최자 가운데 한 명인 데자미는 1842년에 공동체 회관의 설계도까지 갖춘 정교한 공동체 법규를 작성했다. 산업 단지와 유해한 시설물들은 시골로 분산되었고 정원과 과수원은 가까이에 배치되었다. 이 법규는 공동체 내부와 공동체 간의 관계를 지배하는 전체적인 법률 체계의 역할을 했다. 분배와 경제법, 산업과 농업 관련 법규, 위생법, 교육법, 공공질서와 정치법, "모든 불화와 간통을 예방할 목적에서" 가족을 제외한 이성 간의 결합에 관한 법이 전부 구체적으로 제시되어 있었다. 이러한 법률은 "통일과 우애의 실현 바로 그것"으로 해석되는 공동체 개념, "가장 진실하고 완전한 통합, 모든 것, 즉 교육, 언어, 노동, 재산, 주거, 생활, 법규, 정치 활동 등의 통합"으로서 공동체 개념 속으로 포섭되었다.[35] 프루동 같은 사람이 보기에 이것은 끔찍하게 억압적인 시스템이었다.

데자미는 카베의 가까운 협력자였지만 그와 갈라섰다. 그들이 갈라선 이유에는 투쟁의 수위 및 이상적 공동체 운영 방식의 세부 사항을 놓고 벌어진 이견도 있었다. 그러나 1840년대 후반 무렵에는 평화적 방법과 좀더 받아들이기 쉬운 형태인 이카리아_{카베가 『이카리아 여행기』에서 묘사한 이}

상적인 공산주의 사회의 공동체 조직을 지지하는 카베가 공산주의자로서의 영향력을 훨씬 더 크게 발휘했다. "공동체는 이기주의, 개인주의, 특권, 지배, 부유함, 게으름, 굴종을 억제하며, 나뉘어 있는 개인 재산을 모두 분리 불가능하고 사회적인, 혹은 공동의 재산으로 바꾼다. 그것은 모든 상업과 산업을 수정한다. 그러므로 공동체의 성립은 인류가 이제껏 시도한 것 가운데 가장 위대한 개혁 또는 혁명이다."[36] 푸리에, 앙팡탱, 데자미와 대립하는 입장인 프루동과 카베는 모두 전통적인 가족생활을 옹호하면서 생산과 소비를 공동체적 노선으로 재조직하면 여성의 삶에서 부정적 측면(특히 카베가 인정한)은 대부분 사라질 것이라고 주장했다.

카베와 프루동은 불굴의 논쟁가이자 조직가였고, 1840년대 후반 무렵에는 카베의 이카리아 공동체 운동이 실질적인 형태를 갖추게 되었으며, 교육받은 전문 계층(푸리에주의자나 생시몽주의자로 기울어지는 경향을 보였다)이나, 블랑키를 지지하는 몰락 계급 출신 급진파, 또는 공산주의의 좀더 급진적인 진영보다는 주로 당시에 노동계급이라고 규정되던 계층으로부터 지지를 얻었다. 1842년에 이미 1000명 이상의 파리 노동자가 카베의 신문인 『인민Le Populaire』(1848년에는 판매 부수가 5000부 이상으로 늘었다)에 실린 다음과 같은 선언문에 서명했다.

사람들은 우리가 게으르게 살고 싶어한다고 말한다. (…) 그건 사실이 아니다! 우리는 살기 위해 일하고 싶어하며 우리를 헐뜯는 자들보다 더 부지런하다. 하지만 때로는 일거리가 부족하고, 때로는 노동 시간이 지나치게 길어 우리를 죽이거나 건강을 해친다. 임금은 가장 기본적인 생계유지에도 부족하다. 이 부당한 임금, 실업, 질병, 세금, 노령— 우리에게는 너무 빨리 찾아오는—이 우리를 비참하게 만든다. 우리들 대다수에게 이것은 끔찍한 상황이다. 우리에게나 우리 자식에게는 미래가 없다. 이것은 사는 게 아니다! 그런데도 모든 것을 생산하는 사람은 우리다. 우리가 없으면 부자들에게는 아무것도 없을 것이며, 빵을 먹고, 옷을 구하고, 가구를 사고, 집을 얻기 위해 직접 일을 하지 않으면 안 될 것이다. 부당한 일이다! 우리는 노동이 지금과는 다르게 운영되기를 원한다. 우리가 공산주의자가 되는 까닭은 이것이다.[37]

그러나 심정적으로 개혁적 성향을 지닌 공화주의자와 계급 협동을 하려는 카베의 노력은 퇴짜를 맞았고, 1840년대 후반에는 자신의 운동이 노동자만의 운동임을 인정하지 않을 수 없었다. 1847년에 그의 사고는 기독교 쪽으로 돌아섰고, 미국으로 이주하여 그곳에 이카리아를 세우는 것이 해결책이라는 갑작스러운 판단을 내렸다. 존스턴은 카베가 기질 면에서 마르크스와 엥겔스가 궁극적으로 그랬던 것처럼 부르주아와 맞서는 계급투쟁(폭력적 형태의 투쟁일 수도 있는)이 급진적 진전을 위한 유일한 길일 가능성을 정면으로 인정할 수 있는 사람이 아니었다고 요약한다. 이 점에서 카베의 감정은 수많은 노동자의 것과 일치했다. 랑시에르가 거듭 보여주듯이, 노동자들은 자기가 내는 잡지에서 "거리 시위라는 품위 없는 방법을 쓰지 않고도 주인들과 동등한 품위와 자율성과 대우를 누리게 해달라고 요구"했던 것이다.[38] 카베는 수많은 추종자를 함께 데리고 갔으며, 마르크스가 투덜거렸듯이, 그럼으로써 수많은 훌륭한 공산주의자를 유럽에서의 혁명적 과업에서 이탈시켜버렸다. 하지만 마르크스와 카베를 확연히 갈라놓는 것은 그들이 구상한 해결책의 지리적 규모에도 있다. 카베는 공산주의적 대안을 형성해내는 틀로서 일대일 접촉과 친밀성을 특징으로 하는 소규모의 통합된 공동체 이상의 것을 생각한 적이 한 번도 없었다.

노동과 작업의 조직

—

당시의 저술가들은 당대 사회질서의 수많은 면모를 비판했지만, 기존의 사회 배치에 대한 비판과 제시된 해결책 모두에서 노동과 작업의 문제가 근본적인 것임을 다들 인정했다. 실제의 열악한 여건은 있을 수도 있는 세계와 거듭 대비되었다. 또 부르주아가 차지하고 소비하는 가치는 노동이 만들어낸 것이라는 믿음이 널리 퍼졌다. 하지만 대안이 무엇인가에 대해서는 의견이 분분했다.

한 예로 푸리에는 자신이 정교하게 해석한 열정적인 매혹에 잘 어울리는 수많은 종류의 직업을 마련하면 된다고 생각했다. 노동의 사회적 분업은 완전히 사라질 것이며, 일은 놀이 같은 것이 된다. 이것이 아마 푸리에의 체제 가운데서 가장 비실용적인 측면일 것이다. 그런 일은 대규모 산업이 없거나, 있더라도 규모가 아주 작은 세계에서만 일어날 수 있는 일일 테니까. 팔랑스테르 비슷한 어떤 것이 실제로 세워졌을 때, 그것은 활발하게 가동되는 생산 기업이라기보다는 지역적인 소비자조합이나 생활 협동조합의 개척자적 형태로 가동되었다. 그렇기는 하지만, 노동이라는 행위가 자연에 대한 우리의 관계와 인간 본성의 선천적 특성을 규정한다는 푸리에의 주장은 자본주의와 사회주의 또는 공산주의 체제하의 노동과정에 대한 비판에서 되풀이되어 나오는 요점이다. 그 주장의 메아리는 오늘까지도 이어지고 있다. 반면, 생시몽주의자는 훨씬 더 효율적인 노동 분업을 훨씬 더 큰 규모로 재조직할 준비가 되어 있었다. 하지만 이것은 명령에 기꺼이 복종할 것으로 예상되는 노동자들에게 과제와 지위를 지시해줄 산업 엘리트의 행정적이고 기술적인 솜씨를 필요로 한다. 노동자들에게 돌아가는 이익은 최빈 계급에까지 최대한의 이익이 가도록 모든 것이 조직되리라는 도덕적 전제에 의존하고 있다(이것을 존 롤스의 현대판 정의 이론과 비교해보면 흥미롭다).

생시몽주의 교리에는 작업 경험의 질이 중요하다는 점을 시사하는 내용은 거의 없다. 노동 시스템은 후세에 테일러주의나 포드주의로 불린 것처럼 거의 모두가 (레닌이 믿었듯이) 자본주의나 사회주의, 또는 공산주의와 얼마든지 공존 가능하다. 생시몽주의자들은 제2제정기 동안 영향력이 커지자 정의를 실행해야 한다는 도덕적 최고 원칙을 마음 편하게 잊어버리고 노동문제에 있어 절충주의적 입장을 취했다. 프루동이 1858년에 정의 원칙을 진심으로 옹호한 것은 이처럼 도덕적 원칙이 누락된 사실을 집중 조명하기 위함이었다. 하지만 "생시몽주의자의 전망뿐 아니라 뒤에 등장하게 되는 마르크스주의자들이 품었던 꿈, 즉 기계화된 사회주의자 인류가 인색하고 적대적인 환경과 씨름하여 풍요로운 삶을 빼앗아온다는 꿈도 끔찍한 악몽으로 보였을 것이다. 왜냐하면 그는 지구를 자연에 내맡겨두면 총천연색의 영국 정원처럼 원예농업의 낙원이 되리라고 알고 있었기 때문이다".[39]

1840년대에는 경쟁적 대안인 프루동의 호혜주의, 카베의 공동체주의, 심지어는 르루의 기독교 공동체주의 등 한참 뒤에 노동자의 자체 운영 혹은 자주관리_autogestion_라 불리게 될 것의 모델도 얼마든지 있었다. 하지만 프루동은 가치를 생산하는 것은 노동자이므로 그들이 생산한 가치에 따라 급료가 지급되어야 한다는 사실을 반영하기 위해 노동화폐_numeraire: money notes_라는 것을 주창하려고 애쓰다가 풀 길 없는 혼란에 빠져버렸다. 프루동은 주로 소규모 기업이나 작업장을 대상으로 생각을 전개했으며, 대규모 기획을 조직하려는 시도는 무엇이든 매우 불편하게 여겼다. 그런 기획에는 그가 타락한 노동 여건이라고 본 세부적 노동 분업이 포함되기 때문이다. 이런 까닭에 그는 뒤로 물러나서 경쟁이라는 필요악을 협업의 수단으로 받아들이지 않을 수 없었고, 한때 자신이 "무정부주의적 상호부조주의"라고 불렀던 것을 사회적으로 은혜로운 방식으로 노동을 과제에 배정하는 가장 적절한 사회적 형태라고 찬양함으로써 시장의 무정부 상태에 긍정적인 윤기를 더해주려고 시도했다. 1848년 이후 마르크스는 이 모든 시도에 대해 일련의 신랄한 답변을 쓰게 된다.[40]

흥미롭게도 이러한 논의는 최근, 특히 피오어와 사벨의 『제2의 산업분업The Second Industrial Divide』이 출판된 후 되살아났다. 그들은 소규모 공장에서 노동 통제 아래 근본적으로 상이한 원칙에 따라 노동을 조직할 굉장한 기회가 1848년 무렵 상실되었고, 이것이 1970년대 이후에야 유연적 전문화와 소규모의 자주관리를 허용하며, 새로운 산업 지역("제3의 이탈리아" 같은 곳)에 생산을 분산하도록 해주는 새로운 기술과 함께 다시 나타나게 되었다고 주장한다. 그들의 주장에 따르면, 1848년에 사라진 조직 형태는 대체로 푸리에와 카베, 루이 블랑, 생시몽, 공산주의자들보다는 프루동의 제안에 따른(여성혐오증은 제외하고) 것이었다. 경쟁은 유익한 것이고, "상호부조적" 노선으로 조직될 수만 있다면 자본의 소유와 신용기관에 의존하는 것이 원천적으로 잘못된 일은 아니다. 이러한 상황이 19세기 중반을 넘어서까지 유지되었더라면 우리는 대규모(흔히 독점적인) 자본이 조직하는 공장 체제라든가, 똑같이 비참한 공동체주의의 공장 체제에서 발행하는 재난들을 겪지 않아도 되었을 것이라고 그들은 주장한다.

이는 물론 역사적으로든 오늘날의 상황에서든 논란의 여지가 많은 주장이다. 피오어와 사벨은 유연적 전문화라는 문제에서 노동이 매력을 느낄 만한 요건들이 자본 편에 무책임하고 탈중앙집중화된 형태의 하도급과 유연적 축적의 풍부한 기회를 제공하는 것들일 수도 있다는 문제를 회피한다. 내가 볼 때, 최근 자본주의 역사에서는 후자의 위험이 부정할 수 없이 우세한 것으로 여겨지며, 앞으로 보게 되겠지만, 제2제정 파리에서의 산업 조직이 더욱 게걸스럽게 수탈한 것도 대규모 공장보다 소규모 하도급 제도였다(8장을 볼 것).[41] 하지만 이와 같은 이유로, 생시몽과 마르크스주의가 제기한 해결책 역시 부족한 점이 많이 있다는 사실도 인정해야 한다. 1840년대에 논의되었듯이, 노동문제는 아직 발언되지 않고 있던 사안들을 한꺼번에 논의 대상으로 올려놓았다. 그리고 오늘날 반反지구화anti-globalization 운동에서 프루동의 상호부조주의, 르루의, 공동체주의, 푸리에의 열정적 매력과 해방의 이론, 카베의 공동체/공산주의의 해석, 뷔셰의 생산자조합 이론의 메아리를 들을 수 있다면, 1840년대의 프랑스에서 약간의 역사적 교훈을 얻는 동시에 그에 관련된 핵심 사안에 대한 우리의 이해가 좀더 깊어질 것이다.

도시문제: 오스만 이전의 근대성?

—

29세의 기술자 겸 건축가인 세자르 달리가 향후 50년 이상 건축학, 도시계획, 도시화 문제 논쟁의 중심이 될 잡지인 『건축과 공공사업 잡지Revue générale de l'architecture et des travaux publics』 이하에서는 줄여서 『르뷔』라 함를 창간한 것은 이 시대의 기치가 높이 올려진 연도인 1840년이었다.[42] 창간호 서문에서 달리는 이렇게 썼다.

> 지구가 만든 산물과 인류와 가축의 거처가 되는 구조물을 관장할 책임이 있는 것이 건축가와 기술자라는 점을 떠올릴 때, 천재적인 산업 활동을 수용할 수천 개의 공장과 시설을 만들고, 거대한 돌로 된 제방, 바위를 깎아낸 수조 그리고 함대 전체를 수용할 수 있는 부두로 둘러싸인 직선화된 강이 관통하는, 근사한 기념물로 꾸며진 거대 도시들을 세우는 것이 그들임을 상기할 때, 또 도로와 운하를 만들어 사람들 사이의 소통을 용이하게 하며, 강에 다리를 놓고, 깊은 계곡을 가로질러 구름다리를 놓으며, 산을 뚫어 터널을 만드는 것이 그들임을, 습한 저지대에서 남는 물을 끌어와 건조하고 황폐한 땅에 뿌려 농경지를 대폭 확장하며, 토양 자체를 개선하고 변화시키고 어떤 어려움에도 굴하지 않고 인간의 노력과 천재성의 힘을 입증해주는 증거물인 튼튼하고 훌륭한 기념물을 어느 땅에나 새겨두는 것이 그들임을 상기하고, 이런 작업의 절대적인 필요성과 엄청난 효용성, 또 그들이 고용한 수천 명의 사람에 대해 생각할 때, 우리는 이 굉장한 창조를 가능하게 한 과학의 중요성을 자연스럽게 깨닫게 되며, 이런 문제에서의 사소한 진보라 할지라도 지구의 모든 나라에 이익이 되리라고 느끼게 된다.[43]

이 글의 어조는 생시몽과 비슷한데, 달리가 푸리에주의에서 아주 큰 영향을 받았음을 생각하면 이는 얼핏 봐서는 좀 이상하다. 『르뷔』에서는 대규모 공공 기획을 선호하는 생시몽주의 성향과 그것이 충분히 이성적이고 "과학적"이며 조화로운(즉 푸리에주의적) 원칙에 따라 구성되어야 한다는 푸리에주의적 주장이 합쳐지는 경우가 많았다. 당시 푸리에주의의 지도자급 인물이던 콩시데랑은 『르뷔』에 기고했으며 가끔 그와 협력하던 페레몽(실제로 누구인지는 알려져 있지 않다)은 파리의 내부 공간을 재배치해야 할 필요를 역설한 특이한 기사를 썼다.

당시의 행정가와 사상가, 저술가는 대부분 직접적으로든 간접적으로든 도시문제에 대해 뭔가 할 말이 있었다. 말을 해야만 했다. 왜냐하면

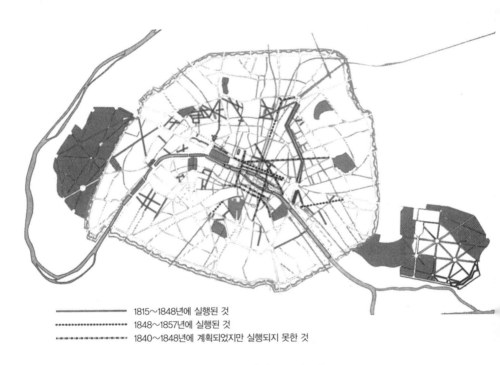

━━━━━━━━━━ 1815~1848년에 실행된 것
••••••••••••••••• 1848~1857년에 실행된 것
•═•═•═•═•═•═•═• 1840~1848년에 계획되었지만 실행되지 못한 것

그림 25 1840년대 제안되고 실현된 파리의 새 도로 시스템

너무나 눈에 잘 보이고 절박해서 도저히 기피할 수 없는 사안이었기 때문이다. 한창 출세 가도를 달리던 아돌프 티에르는 1833년에 상업과 공공 업무 담당 장관을 맡아서 거대 기획에 많은 시간과 돈을 낭비했고, 운하와 도로 및 철로의 건설 비용을 마련하기 위해 세금 법안을 통과시켰다. 그의 주된 공적은 외부 공격에서 파리를 방어하기 위한 새로운 요새 체계를 건설하는 데 엄청난 비용을 썼다는 것이었는데, 이에 대해 그는 호된 비난을 받았다. 그리고 35년 뒤, 얄궂은 운명의 장난으로 그는 파리 코뮌을 진압하기 위해 바로 그 요새를 부수고 들어가야 했다. 파리 지사인 랑뷔토는 교통 개선 계획(지금도 그의 이름을 달고 있는 거리를 포함하는)을 고안하고 보완하는 일에 착수했다. 도시의 보건과 위생 문제는 1832년에 콜레라가 지독하게 창궐하고 난 뒤 큰 문제로 부상했다. 건축가 자크 이토르프는 콩코르드 광장을 설계하고 파리의 중심을 서북쪽으로 이동하는 다른 여러 프로젝트를 진행하느라 바빴다. 투기용 건물들이 들어서면서 촉진된 이 무게중심의 이동으로 인해 이미 인구과잉에 혼잡하던 도심의 서북쪽으로 새로운 파리가 창조되고 있었다. 1830년대 후반 시의회 의장이던 야심찬 사업가 랑케탱은 장기적이면서 재정적으로도 큰 규모의 파리 쇄신 계획을 위촉했다. 그랬으니 이 기간이 아무 일도 하지 않은 때는 아니었다. 별로 정확한 표현은 아니지만, 피농이 "1840년의 유토피아주의자들"이라 부른 사람들은 도시의 거리를 다시 정리하는 구체적인 계획을 여러 개 추진했는데, 그 가운데 일부는 실제로 구현되었다(그림 28을 볼 것).[44] 이때의 활동과 오스만의 활동 간의 차이는 두 가지다. 먼저, 이때는 메트로폴리스적인 규모의 거대 전망을 실현(생각만이 아니라)하는 일이 거의 진척되지 않았다. 철거는 단편적이었고 행동의 규모는 조심스러웠다. 둘째, 랑뷔토는 도시의 예산을 초과하기를 주저했다. 보수적인 재정 운용이 기본 원칙이었고 랑뷔토는 그 점을 자랑스러워했다.

그러나 그렇다고 해서 발상이 부족하지는 않았다. 이 시기의 대사상가는 대부분 도시문제에 대해 할 말이 있었다. 푸리에는 1790년대에 "널찍한 대로, 근사한 관청 건물, 팔레 루아얄 등을 가진 파리와 처음 만난 경험에서 나중에 이상적 도시의 청사진을 위한 기반이 될 '독특한 건축술'의 새로운 유형의 '규칙'을 고안할 영감을 얻었다". 1796년에 이미 그는 "우리 근대 도시의 단조로움과 추악함에 몹시 충격을 받은" 나머지 "화재가 번지는 것을 막고 어떤 크기든 모든 도시에서 말 그대로 인류에 대한 전쟁을 벌이는 악취를 제거할 수 있도록" 설계된 "새로운 유형의 도시 모델"을 구상했다.[45] 그리고 1808년경에는 "도시의 불결함과 목을 옥죄는 경제적 경쟁의 문제는 더욱 심각한 사회적 질병의 징후"임을 뚜렷하게 보았다. 하지만 도시의 삶을 위해 오랜 시간 고심하여 그가 구상한 대안적 설계는 당시의 발달된 교통으로 발생하는 산업 활동과 광범위한 거래 관계의 조직망을 가진 파리보다는 자체적인 생산과 소비, 조화된 성별 관계로 이루어지는 원예적 농경사회에 훨씬 더 적합한 것이었다. 벤야민은 푸리에가 아케이드에서 "팔랑스테르의 건축학적 규범을 깨달았다"고 주장한다. 하지만 매리는 이 점은 의심스러우며 그 의심에는 근거가 있다고 지적한다.[46] 아케이드는 대부분 1830년대 이전에 단층으로 된 상업용 공간으로 지어진 데 반해 푸리에가 구상한 이와 유사한 공간은 주거용이며 2층에 있고 루브르와 베르사유궁의 긴 회랑을 모델로 했을 가능성이 더 크다. 푸리에는 1830년대가 되기까지 아케이드에 대해서는 확실한 말을 남긴 적이 없다. 그러나 팔랑스테르는 반드시 푸리에가 의도했던 그런 방식은 아닐지라도 도시계획 역사에 큰 영향력을 미쳤다. 그것은 제2제정 초기에 시도되었던 노동자 도시cités ouvrières처럼, 산업가들이 실험한 집단적, 협동적 주거 배치의 건축학적 원형(일단 그 사회적 특징, 특히 성별 및 사회 관계에 관련된 것들이 대부분 제거되고 수정된 뒤에는)이 되어 주었다. 하지만 팔랑스테르는 하나의 전체로서 도시의 정치체를 재구축하기 위해 제시된 대안적 도시계획은 아니었다. 푸리에의 기획은 사라진 어떤 과거에 대한 향수가 지나치게 진하고, 파리 같은 도시를 재구축하는 데 구체적인 도움을 주기에는 너무 규모가 작았다.

당시의 다른 많은 사상가도 같은 어려움을 겪고 있었다. 간혹 프루동이 더 큰 규모의 사고를 할 수 있는 재능(신용기관의 개조에 큰 비중을 두는 직관을 보라)을 언뜻 보여주기는 했지만, 그가 대부분의 영감을 얻었던 리옹의 수공업 작업장의 규모를 진정으로 벗어난 적은 단 한 번도 없었다. 르루(예상했던 대로)와 카베(실망스럽게도)는 소규모 공동체 이상으로 실험을 확대하지 않았다. 미국에서 실행된 카베의 시도는 이론적으로 그랬던 것처럼 현실에서도 실패작이었다. 공산주의자들은 좀더 크게 사고할 수 있는 가능성을 조금은 보여주었다. 데자미의 도시 규약은 푸리에의 것과 달랐다. 그가 집단적 재산권과 급진적 평등주의를 강조한 것이 부분적인 이유이지만, 또한 지역을 기준으로 조직된 공동체 시스템 내에서 서로를 지원하고 형제애적으로 소통하면서 노동과 생활 양면으로 운영되는 공동체적 조직을 제안했기 때문이기도 하다. 산업군대는 "문화, 임업, 관개, 운하, 철로, 강과 개울의 제방 쌓기 등의 엄청난 작업 기획을 실행"하게 된다. 건강과 위생 문제는 신중하게 관리될 것이며, 공동체가 자리 잡을 위치는 건강에 가장 적합한 곳이어야 한다.[47] 사람들의 건강과 복지와의 관련 위에서 토지를 합리적으로 사용하도록 하는 구역 지정에 관한 법적 조치 외에도 공동체는 모든 사람이 평등한 교육, 생계, 섭생을 받을 수 있도록 운영되고 통제되어야 한다. 실로 이것은 카베와 푸리에의 구상 가운데 최고의 것과 바뵈프와 블랑키 및 생시몽의 행정 이념을 혼합한, 대규모는 아니더라도 상당히 광범위한 규모에서 완전한 정치체다. 하지만 이 유토피아적이고 향수적인 내용의 많은 부분은 구성원들의 직접 교류가 가능한 소규모 공동체라는 이상에 대한 강한 집착에 의해 형성되었다.

따라서 급속도로 바뀌는 도시 생활의 현실과 이러한 수많은 유토피아적 계획 사이에는 괴리가 있었다. 그러나 예외는 있었다. 생시몽은 지도급 산업가와 과학자, 그리고 필요한 규모에서 도시를 재고할 방법을 아는 종합적 기술자와 공학자에게 문제를 직접 다루도록 요청했다. 그는 또 대안의 씨앗을 현재의 모순 속에서 발견해야 한다고 주장했다. 또 비록 1830년대 초반에 생시몽주의자들은 일관적인 운동으로서의 에너지를 분산하고 소모해버렸지만, 그들의 이상은 금융계의 기술 엘리트, 과학자, 기술자, 건축가 사이에서 (달리의 선언이 예시하듯이) 광범위하게 퍼졌다. 다른 사람들이 상상한 개혁은 지나치게 규모가 작아 도시 내 생활 여건과 노동 여건, 사회관계의 지역 수준에서의 급진화 이상의 것이 되기를 기대할 수가 없었다. 그 외에는 그러한 개혁은 미국(카베)이나 식민지(그때 한창 점령이 진행되고 있던 알제리가 빈번하게 논의에 등장했다. 여전히 자신을 생시몽주의 운동의 아버지로 여기고 있던 앙팡탱은 1843년에 생시몽주의 노선에 따른 알제리 식민지 건설 계획을 다룬 자세한 책을 썼다) 같은 "텅빈" 공간에 건설될 예정인 새로운 공동체를 통해 설명되었다.

중요한 예외는 푸리에주의자, 콩시데랑, 페레몽이었는데, 그들은 사실상 조화와 열정적 인력이라는 푸리에의 이념이 생시몽주의 사고와 합쳐진다고 평가했던 사람들이었다. 철로가 막 건설되고 있을 때 두 진영은 모두 그것이 인간의 이익을 해치며 인간과 자연의 관계를 악화시키는 가장 큰 요인이 될 것이라고 여겼다. 그들은 교통의 개선에 반대하는 것은 아니었지만 그것이 비합리적인 방식으로 보완되는 데는 반대했다. 또 그것이 권력과 자본이 대도시 금융 엘리트들의 손에 점점 더 집중되는 현상을 촉진하는 점에 대해서도 반대했으며, 무엇보다도 중요한 농업이 아니라 산업과 도시의 발전을 자극하는 쪽으로 작용하는 것을 반대했다. 그들은 "직선"을 선호하는 성향 때문에 감각적으로 좀더 만족스러운 자연과의 관계가 압도된다는 사실에 반대했다. 그들은 철로 망의 국영화와 철로 건설이 이성적이고 조화로운(즉 푸리에적인) 원칙에 의거하며 개인의 자본에 의존하지 않고 이루어질 것을 제안했다. 정부는 이에 감명을 받아 철로 건설을 위한 국민 협약을 작성했지만 사적 수탈을 허용하는 조항을 삽입했고 철도는 파리를 중심으로 방사형으로 건설되었다. 흥미롭게도 벤야민은 철로에 대한 콩시데랑의 반대를 상당 분량 인용하면서도 그가 제안한 긍정적인 내용들은 무시한다.[48]

콩시데랑과 페레몽은 이와 유사하게 파리가 안고 있는 문제들을 철저하게 개선하기 위한 포괄적인 논의를 제공했는데, 공허한 유토피아주의라는 비난을 면할 만큼 실용적이고 납득할 만한 것이었다. 이 문제는 페레몽이 1842년부터 기고한 「파리시에 관한 연구」라는 제목의 연재 기사에서 가장 체계적으로 다루어졌다.[49] 기사에서는 도심을 둘러싼 혼란과 무질서 및 혼잡, 부분 간 조화로운 관계의 부족, 서북쪽을 향한 활동의 이동이 주된 관심의 대상이 되었다. 페레몽은 경험적인 근거를 갖춘 신중한 상황 진단을 내놓았고, 그다음에는 푸리에의 과학적 원칙에 의거하여 해결책을 찾았다. 그는 도시가 반드시 전통적인 중심부로 돌아가야 하며 그런 다음에 성장하는 여러 부분과 응집력 있고 조화롭게, 바

157

같을 향하도록 연결되어야 한다고 주장했다. 그렇게 하려면 도시 내의 교통 체계를 근본적으로 재구성할(철로 연결부의 위치 개선과 대로 건설을 포함하는) 필요가 따르겠지만, 이와 똑같이 중요한 것이 도심부의 완전한 개조였다. 그는 오스텔리츠에서 퐁뇌프까지 센강의 왼쪽 지류를 복개해야 하며, 그렇게 해서 얻어진 공간과, 또 시테섬에서 사유지를 완전히 몰아내면 얻어질 도심부 공간을 다시 활성화시켜 상업적·산업적·행정적·종교적·문화적 기능을 한데 합치자고 제안했다.

페레몽은 자신의 기획의 타당성을 입증하기 위해 전문적 기술과 재정 조달 방법을 제시했다. 그는 채무 금융을 집행할 각오가 되어 있었고, 랑뷔토의 재정적 보수주의에 비판적이었다. 이것은 나중에 오스만이 고안하게 될 온갖 기획만큼이나 과감하고 야심찬 기획이었다. 철로에 관한 제안과 함께 고려하면 그것은 사실상 파리라는 메트로폴리스적 공간이 국가라는 공간과의 관계에서 차지하는 역할과 구조를 다룬 것이었다. 그 제안은 어느 면으로 보든 거의 근대적인 경향에 가깝지만, 페레몽은 자본의 순환과 토지 및 부동산의 사적 투기에 기대지 않으려 했다는 점에서 오스만과 크게 달랐다. 그는 국가의 개입이 금융가의 특권적 엘리트보다는 모든 사람에게 이익이 되도록 진행되어야 한다고 주장했다. 이 거대하지만 실용적인 기획이 한번도 진지하게 논의되지 못했던 것은 아마 바로 이 때문이었을 것이다.

이와 비슷하게 장기적인 안목을 가진 제안이 1843년 『아름답고 웅장한 파리Paris pittoresque et monumentale』라는 저서를 출간한 메나디에로부터 나왔다. 페레몽처럼 메나디에도 철거를 통해, 그리고 모든 철로 체계를 통합하는 훨씬 더 합리적인 철로 체계를 건설함으로써 도심부를 재활성화하는 방안을 제안했다. 그의 자세한 새 대로 기획은 마르샹이 지적하듯이 여러 측면에서 오스만의 제안을 예고하는 것(특히 직선을 옹호했다는 점에서)이었다.[50] 여기서도 비위생적인 주거의 철거와 교체는, 낡은 도심부에서는 특히 우선적으로 처리해야 할 업무로 간주되었다. 메나디에는 건강과 위생 문제를 깊이 우려했으며, 역시 파리의 공원 체계를 런던에 필적할 만한 수준으로 끌어올린다는 구상을 아주 강력하게 추진했다. 자연의 회복력에 접할 방도를 도시 내에서 찾을 수 없을 때, 연결 통로만 있다면 교외와 시골이 대안적인 휴식처가 될 수 있을 것이다. 발자크의 목가적 환상은 시골에 있는 작은 집이라는 모습으로 실현될 수 있다. 많은 측면에서 오스만은 메나디에가 먼저 제안했던 것의 대부분을 1850년대에 실제로 구현했다.

콩시데랑, 페레몽, 메나디에, 심지어 랑케탱까지도 유토피아적 이상보다는 실용적인 계획을 세웠다. 비록 그들의 사상이 생시몽주의와 푸리에의 이상 덕분에 활기를 얻은 점은 있다고 해도 그렇다. 오스만이 실제로 행한 일의 의미를 제대로 이해하자면 우리는 이런 온갖 사상이 그 배경에서 들끓고 있었음을 감안해야 한다. 그는 무로부터 시작한 것이 아니며, 이러한 개척자적 사상(그가 달리의 『르뷔』를 읽은 것은 확실하다)에 엄청난 빚을 지고 있다. 문제는 이러한 발상들이 여러 측면에서 보나파르트주의를 증오하는 정치적 전제와 유토피아적 꿈에서 생성된 것이라는 점이었다. 오스만이 근본적인 단절이라는 구상을 퍼뜨렸다는 신화는 이 때문에 생겨난 것이다. 하지만 그가 행한 일의 대부분이 1830년대와 1840년대에 이미 배아 형태로 존재했다는 것이 사실이라고 해서, 서문에서도 이야기했듯이 1848년 이후 근대성이 새롭고도 특별한 단계에 들어섰으며 오스만이 이 새로운 형태의 근대성이 다듬어지는 데 엄청난 기여를 했다는 사실의 가치가 훼손되지는 않는다.

뒤집혔던 세계는 1848년에 바로 세워지지 않았다. 사회주의 혁명은 실패했고, 그것이 만들어지는 과정에 참여했던 많은 사람은 방관자가 되거나 망명을 떠났다. 아니면 1851년 쿠데타가 끝난 뒤 탄압당할 수밖에 없었다. 1848년 이후 반동 혁명은 1830년대와 1840년대에 그렇게 억척스럽게 표명되었던 수많은 희망과 소원을 거꾸로 뒤집고, 무성한 가능성의 고삐를 죄는 결과를 가져왔다. 왜냐하면 1848년 6월 대로에서 실제로 충돌한 것은 근본적으로 상이한 두 개의 근대성 개념이었기 때문이다. 첫 번째 개념은 철저하게 부르주아적이었다. 그것은 사유재산의 강고한 기반에 근거하며, 언론과 시장에서 행동의 자유를 추구하고, 화폐 권력에 수반되는 종류의 자유와 평등을 추구했다. 그 이념을 가장 세련되게 대변한 인물은 아돌프 티에르였는데, 그는 왕들이 수습 불가능한 지경으로까지 사태를 악화시키지 않았더라면 입헌군주제에 완벽하게 만족했을 인물이었다. 1830년대에 장관을 지낸 티에르가 1848년 2월에 군주제를 구하기 위한 단계를 기꺼이 밟으려고 했던 것은 확실하다. 그는 당시 1848년 4월에 치러진 선거 뒤에 열린 국민의회에서 등장한 이른바 "질서당"을 이끄는 등불이 되었으며, 부르주아의 권리와 특권을 보호하는 방향으로 국가 정책을 이끌어나가고자 적극적으로 노력했다.

첫 번째 개념에 비해 일관성이 훨씬 떨어지는 근대성의 둘째 개념은 인구 전체를 양육할 수 있고, 시골과 성장 중인 도시에 사는 프랑스 국민 대다수가 겪고 있던 빈곤과 몰락의 여건을 다룰 능력이 있는 사회공화국social republic의 이상에 기반을 두었다. 그것은 사유재산에 대해서는 양면적인 태도를 보였고, 평등, 자유, 공동체라는 단어가 무엇을 의미하는지를 놓고 걸핏하면 혼선을 빚었지만, 노동과 공동체 활동이 결합된 형태가 좀더 적절한 사회관계와 보급 표준의 형태를 위해 대안적 기반을 제공할 것이라는 데 깊은 믿음을 품고 있었다. 이 운동은 루이 블랑, 라마르틴, 블랑키, 프루동, 잔 드루앵, 카베, 콩시데랑, 르루 등 대변하는 목소리가 많고, 여러 방향을 동시에 지향하곤 했다. 하지만 그것은 근대성의 부르주아적 버전에 심각한 위협이 되기에 충분할 정도로 강력한 추종 세력을 거느리고 있었다. 또 이들도 좀더 전통적인 우파에 위협당하고 있었는데 이는 대체로 보수적인 시골을 기반으로 하며 모든 종류의 근대성이라는 것에 철저한 경계심을 품고 있었다. 6월의 바리케이드에서 깨진 것이 바로 이 사회공화국을 향한 추구였고, 마찬가지로 1851년 쿠데타로 인해 부르주아적 버전에 대한 희망도 유보 상태가 되었다. 결과적으로 제2제정은 세 번째 종류의 근대성을 추구했고, 그 속에는 사유재산의 존중, 민중주의적 기반을 배양하려는 주기적인 시도로 인해 정지되곤 하는 시장에 대한 떨떠름한 존중이 권위주의와 뒤섞이게 되었다.

하지만 1848년 전복 사태 이후 온갖 종류의 결과가 나타났다. 만약 사회공화국 개념이 탄압받는다면 하나의 정치체로서 공화국과 도시 사이의 강력한 연합은 어떻게 유지될 수 있는가? 감정을 가진 존재로서 그리고 하나의 정치체로서의 지위가 부정된다면 도시는 도대체 무엇으로 표현될 수 있겠는가? 그 결과는 표상表象의 위기로 나타났다. 그러므로 1848년의 혁명은 도시를 표현하는 급격히 상이한 방식들을 분리시키는 결정적인 인자였다. 이것은 오스만과 그 선배들인 베르제와 랑뷔토와의 차이에만 해당되는 말이 아니다. 그 차이는 도시가 발자크와 플로베르의 작품에서 재현되는 방식을 통해서도 추적될 수 있다.[51]

발자크는 인상주의적으로, 대범하게 붓을 놀려, 끝없이 동요하는 도시 세계의 환상적인 심리지리학을 만들어냈다. 발자크의 세계에서 만보객은 절대적 지식을 얻을 가능성이 있고, 도시와 그 비밀을 통달하겠다는 열망을 품을 수 있다. 플로베르는 분석적인 메스를 들이대는 것처럼 글을 썼고, 사물과 문장을 하나하나 해부하여 도시를 하나의 정태적 예술작품으로 제시하는 실증주의 미학을 만들어냈다. 그러나 미학적 대상으로 환원된 도시는 발자크가 너무나 잘 전달한 바 있는 그 사회적·정치적·개인적 의미를 상실했다. 플로베르의 세계에서 만보객은 발견보다는 아노미와 소외를 상징한다. 『감정 교육』에 나오는 프레데리크는 자신이 어디 있는지, 혹은 자기가 하는 일이 어떤 의미가 있는지도 똑똑히 깨닫지 못한 채 도시에서 돌아다니는 만보객이다. "프레데리크는 [그 도시를] 한번도 똑똑하게 파악한 적이 없다." "실재와 몽상 간의 경계선"은 영원히 흐려진 상태로 있다.[52]

이를테면 발자크가 온갖 환경을, 방에 비치된 가구와 그 방에 사는 인물의 성격에 대한 아주 세세한 사항(『황금 눈의 여인』에 나오는 파키타의 내실에 대한 생생한 묘사나 『고리오 영감』에서 보케르 부인의 성격이 설정되는 방식 같은 것)들까지도 어떻게 묘사하는지 떠올려보라. 플로베르는 그 의미를 깨닫는다. 『감정 교육』에서 프레데리크는 아르누 부인(그가 격렬하게 사랑하게 되는)을 처음 보고 생각한다. "저 여자 이름이 무엇이며, 집이 어디 있고, 인생과 과거는 무엇이었더라? 그는 그녀 방에 어떤 가구가 있는지 간절히 알고 싶었다." 하지만 플로베르가 제공하는 실제 묘사에서, 가구와 방, 심지어 이웃집의 주민들에 관련된 모든 것은(발자크의 묘사만큼 꼼꼼하고 신중하지만) 전혀 필연적인 관계에 놓여 있지 않다. 다음의 문장을 살펴보라.

마지막으로 그는 스테인드글라스 창문을 통해 흐린 빛이 들어오는 내실 같은 방에 들어섰다. 문 위의 목재는 클로버 모양으로 조각되어 있었다. 불쑥 내민 난간 뒤에 자줏빛 매트리스 세 개를 놓아 장의자처럼 쓰고 있었고 그 위에는 백금제 물담배 파이프가 놓여 있었다. 거울이 있어야 할 자리에는 맨틀피스 위까지 작은 선반들이 피라미드처럼 층층이 달려 있고, 온갖 신기한 물건이 그 위에 진열되어 있었다. 낡은 은시계, 보헤미아 크리스털 화병, 보석 박힌 브로치, 옥단추, 칠보, 도자기 인형과 은도금된 망토를 걸친 작은 비잔틴식 성모 마리아상. 이것들은 모두 푸르스름한 카펫, 스툴의 자갯빛 광택, 누르스름한 갈색 가죽 벽지와 한데 어울려 일종의 황금빛 황혼처럼 녹아들어 있었다. 방구석의 바닥에는 청동제 꽃병에 꽂힌 꽃다발에서 짙은 향기가 퍼지고 있었다.
분홍색 새틴 상의, 흰색 캐시미어 바지, 은화로 목걸이를 만들어 걸고, 재스민꽃이 휘감긴 붉은색 모자를 쓴 차림으로 로자네트가 나타났다.[53]

프레데리크(독자도 그렇지만)가 그 모든 것의 부조화에 "깜짝 놀랐"던 것도 무리가 아니다. 이 묘사와 『황금 눈의 여인』에서 파키타의 내실을 다룬 발자크의 묘사 간의 차이는 놀랄 만하다. 퍼거슨은 이렇게 결론짓는다.

궁극적으로 파리는 아르누 부인이 그렇듯이, 그렇게 정복 불가능한 존재가 아닌, 덧없는 존재다. 플로베르는 이 둘을 연결하려고 무척 애를 썼다. 왜냐하면 프레데리크는 그 둘을 대체로 비슷한 시각으로 보기 때문이다. 파리에 관련된 모든 것은 "그녀와 관련되어" 있으며, "그녀를 자신의 정부로 만들려는 시도는 모조리 헛수고가 될 것"이라는 확신은 파리에 대한 그의 인식에도 해당된다. 그 도시 역시 그것이 내는 수수께끼를 프레데리크는 절대 풀지 못하는 스핑크스다. 두 상대, 즉 여성과 도시를 정복하려는 그의 시도는 반쯤은 한눈을 팔면서 진행되었고 몽상하느라 생긴 무기력의 제물이 되어버린다. 다른 곳에서도 그렇지만 여기에서도 플로베르가 발자크식 모델을 채택하면서도 정반대로 뒤집는 것은 결코 우연이 아니다. 두 작가는 모두 파리를 여성과 결부시키며 만보객을 남성적 욕구와 결부시킨다. 하지만 이런 비유 간의 상응은 그 세계 사이의 차이를 집중 조명할 뿐이다. 소유를 암시하기 위해 발자크가 사용하는 은유는 플로베르에게서는 그와 정반대의 사실을 상징하는 것으로 사용된다. 『감정 교육』에서 욕구는 꿈꾸는 대상일 뿐 결코 실현되지 않는다.[54]

옳건 그르건 간에 발자크와 당대의 다른 많은 사람(그 도시의 적절한 재건설을 추구했던 유토피아 사상가나 도시 이론가 같은 사람들)은 자신의 도시를 소유하고 자기 것으로 만들며, 그것을 개조하는 과정에서 사회질서까지는 아니더라도 그 자신은 개조할 수 있으리라고 믿었다. 하지만 1848년 이후, 그 도시를 소유하고 그것을 자기만의 특별한 이익과 목적에 맞추어 개조한 것은 오스만과 개발업자, 투기꾼, 자금주, 시장의 힘이었고, 대중에게는 상실감과 허탈감만 남았다. 적어도 플로베르는 이러한 여건을 수동적으로 받아들였다. 따라서 그에게는 "감정을 가진 존재" 혹은 "정치체"는커녕 하나의 전체로서의 도시에 대한 단일한 정의도 없다. 플로베르는 그 도시를 하나의 무대장치로 환원했다. 아무리 아름답게 건설되고 고상하게 꾸며졌다고 해도 그것은 그 속에서, 또 그 위에서 진행되는 인간 행동의 배경 구실을 할 뿐이다. 도시는 죽은 대상이 되었다(오스만의 계획에서 대체로 그렇듯이). 오스만이 업무를 완수한 뒤인 1869년에 출판된 『감정 교육』에는 그 도시를 구성하고 있는 생명 없는 사물에 대한 정교한(그리고 아주 뛰어난) 묘사가 풍부하게 실려 있다. 그 도시는 우리의 감각에서 하나의 독립적인 예술작품으로 파악되지만 "감정을 가진 존재"나 "정치체"로서의 성격은 완전히 잃어버린다.

　하나의 정치체로서의 도시라는 발상은 1848년에 박살이 나고, 제2제정 파리에서 스펙터클과 상품화라는 상업적 세계에 매장되었다고 판단할 수도 있다. 클라크의 의중에 있던 것도 아마 이 생각일 것이다. 하지만 그 도시를 하나의 정치체로 보는 발상이 제국과 오스만의 등장과정에서 완전히 상실되었다고까지 나아간 것은 옳지 않다. 루이 나폴레옹은 "황제의 두 개의 신체"를 남성적이고 가부장적인 형태(여성적인 것의 반대)로 구현했다. 제국의 정치체는 강렬한 매력을 지닌 이데올로기로 작용했고, 생시몽주의의 몇몇 원칙과 영향력이 비록 고식적인 방식일망정 어느 정도의 역할을 해낼 수 있었던 것은 이러한 틀 속에서였다(앙팡탱은 1858년에 출판된 저서 『인간의 과학Science de l'Homme』의 첫머리를 루이 나폴레옹에게 보내는 공개적인 찬양 편지로 시작하기까지 했다). 제2제정의 역사는 자본의 축적이 가지는 힘에 맞서 황제 권력 주위에 정치체의 감각을 재구축하려는 시도로 읽힐 수 있다. 자본의 축적이 그러한 정치 형태에 적대적이라고 본 클라크의 관찰은 아주 타당하다. 경제적 해방(예전에는 생시몽주의자이던 미셸 슈발리에가 1860년에 맺은 영국과의 자유무역협정으로 시작하는)은 황제 권력을 서서히 좀먹어 들어가기 시작했다. 제국을 몰락시킨 것은 공화주의자(어쨌든 이들도 대부분 사유재산과 기업의 자유에 이끌리고 있었다)라든가 노동자의 저항만이 아니라 자본주의이기도 했다. 그러나 1848년에 확실히 잃어버린 것은 도미에의 판화에서 상징되었듯이, 양육하는 국가로서의 정치체라는 발상이었다.

들끓던 논쟁도 가라앉았다. 프랑스에서 1839년에서 1848년 사이는 대안적 아이디어가 믿을 수 없이 풍부하게 쏟아진 시기였다. 그 시기에 사회주의와 공산주의는 모두 정치적으로도 지적으로도 모습이 분명해지기 시작했다. 사고방식은 전반적으로 불안정했다. 온갖 상이한 전망과 모험적 가능성의 길이 열렸다. 더 넓고 더 괴상한 제안 가운데 일부는 과학 공상 소설과 진정한 유토피아 문학의 반열에 올랐지만, 그 대부분은 실용적 성향 또한 강했으므로 지나치게 많은 정치 운동과 적지 않은 실용적 계획을 만들어냈고, 그 가운데 일부는 실제로 빛을 보기도 했다. 노동계급이 놓인 처지와 빈민들의 비참한 여건, 도시의 비위생적이고 혼란스러운 무질서, 엄격한 계급 제약이 있는 사회가 대중(농민도 포함되는)에게 강요하는 빈곤한 생활에 대해 확실히 무슨 일이든 시도되어야 했다. 이유 없이 엄격한 구조가 항상 그렇듯이, 그 내부에서 쌓여가는 압력은 끝에 가서는 그것을 깨뜨릴 수밖에 없다. 그리고 그 구조는 결국 1848년의 혁명으로 깨졌다. 그러던 것이 어찌해서 결국은 창조적 사상가들을 모두 쫓아내고 창조적인 대안적 사고를 억압하는 똑같이 엄격한 제국의 구조로 다시 조합되었는가 하는 것은 또 다른 이야기다. 제국은 한동안 번영을 누렸지만, 곧 자본 권력 앞에서 점차 약해졌다.

결국 그것은 1870년에서 1871년 사이에 일어난 전쟁과 혁명적 폭력에서 다시 한번 와해되었다. 하지만 그 무렵이면 뚜렷하게 자본주의적 형태를 띠는 근대성이 그 수도를 아주 특별한 방식으로 지배하고 형성하게 되면서 파리에서도 많은 것이 변한 후였다. 1848년 이전에는 그렇게 중요시되었던 표상에 관한 공개 질의들은 1851년 이후에는 경이적인 물질적 변형의 프로그램을 추종하는 것으로 변했다. 하지만 마르크스가 말했듯이, 아무리 나쁜 건축가일지라도 땅 위에 건물을 짓기 전에 상상 속에서 구조물을 먼저 세운다는 점에서 최고의 벌보다 나은 것처럼, 1830년에서 1848년 사이에 시도된 상상의 실험은 뒤이어 나올 많은 것을 위해 길을 마련해주었다. 설령 땅 위에서 실제 작업을 했던 사람들 대부분이 영감을 얻고 나서는 그 원천을 부정하는 편이 좋겠다고 생각했을지라도 말이다.

2부

형체를 갖다

PARIS
1848-
1870

프롤로그

파리는 그야말로 하나의 대양이다. 음파를 발사해보라. 절대로 그 바닥이 어디인지도 모를 것이다. 이 대양을 조사하고 취재해보라! 아무리 빈틈없이 조사하고 취재한들, 이 대양의 탐험가가 그 수가 아무리 많고 끈질기다 한들, 항상 손 닿지 않은 곳이, 알려지지 않은 동굴이, 꽃, 진주, 괴물이 남아 있을 것이다. 문학의 잠수부가 놓친 뭔가 특별한 것이 언제나 있을 것이다.

_발자크

모든 것이 표면에 나타난 대로라면 과학은 필요 없을 것이다.

_마르크스

1850년의 파리는 사회적·경제적·정치적 문제와 가능성이 끓어오르고 있는 도시였다. 어떤 사람은 파리가 병들고 정치적 고통으로 와해되었으며 계급투쟁으로 찢기고 퇴폐와 부패와 범죄와 콜레라가 범벅이 된 자기 몸뚱이의 무게 때문에 가라앉고 있다고 보았다. 다른 사람들은 파리를 개인적 야심이나 사회적 진보를 이룰 수 있는 기회의 땅으로 보았다. 도시가 담고 있는 가능성의 신비를 열어줄 올바른 열쇠만 발견된다면 서구 문명 전체가 바로 그곳에서 변형될 태세를 갖추고 있었던 것이다. 어쨌든 그 도시의 인구는 1831년 78만6000명에서 1846년에는 100만 명으로(표 1) 급증했다. 산업은 놀랄 만한 성장을 보였고, 국가 행정은 물론 교통과 금융, 상업과 문화까지도 수렴하는 전국적 허브hub라는 전통적으로 중앙집중화된 역할이 고조되었다. 파리의 과거가 그처럼 역동적이었는데, 미래인들 어떻게 역동적이지 않을 수 있겠는가?

표 1 파리의 인구(1831~1876)

연도	구 파리	1860년에 병합된 마을	1860년 이후 파리	변동률(%)
1831	785,866	75,574	861,436	
1836	899,313	103,320	1,002,633	16.39
1841	936,261	124,564	1,059,825	5.70
1846	1,053,897	173,083	1,226,980	15.77
1851	1,053,261	223,802	1,277,064	4.08
1856	1,174,346	364,257	1,538,613	20.48
1861			1,696,141	10.24
1866			1,825,274	7.61
1872			1,851,792	1.45
1876			1,988,800	7.45

자료: 슈발리에(1950)

하지만 1850년에 이 도시는 상승적으로 서로를 부추기는 두 가지 속박에 갇힌 것 같았다. 먼저 그것은 이제까지 겪어본 가운데 가장 깊고 광범위한 자본의 위기가 남긴 후유증에 시달리고 있었다. 그 도시는 예전에도 경제 위기를 많이 겪어보았는데, 대부분 자연재해나 전쟁으로 생

그림 26 귀스타브 도레는 파리의 급격한 변형의 느낌을 환기하기 위해 은유 능력을 총동원했다. 그의 1860년작인 이 그림 윗부분에서 오스만은 파리 지도를 들여다보고 있고, 아래에서는 짐꾼들이 노동자들의 갈채를 받으며 중세적 구조물을 운반하고 있다.

긴 것이었다. 하지만 이번 것은 달랐다. 단순히 신이나 자연 탓으로 돌릴 수 있는 것들이 아니었다. 1846년에서 1847년 사이에 흉년이 들어 시골이 고통을 겪었고, 절망한 사람들이 일자리나 원조를 얻으려고 밀물처럼 도시로 몰려든 것은 틀림없는 사실이다. 하지만 1848년경이면 자본주의가 충분히 성숙한 단계에 올라섰을 때였으므로, 아무리 맹목적인 자본주의 옹호자라 하더라도 1847년에 영국을 휩쓸었고 당시 자본주의 세계 전체의 절반가량을 순식간에 집어삼킨 비극이 당시의 재무 조건, 무모한 투자(특히 철도에 관련된), 과잉생산과 관계가 있다는 사실을 외면할 수는 없었다. 유럽 대부분은 동일한 위기를 동시에 겪었으므로, 그에 대한 해석을 그저 이런저런 정부 시책의 잘못이라는 한 개 국가의 범위에 한정하기도 힘들었다. 이것은 자본주의적 과잉 축적의 문제로 대규모 과잉 사태를 빚은 자본과 노동력이 나란히 존재하는데도 그것들을 재통합하여 이윤을 낼 수 있는 방법을 찾을 수 없는 상태였으며 제대로 된 위기였다. 자본주의를 개혁하든지, 아니면 혁명을 통해 그것을 전복하든지, 두 선택지 중의 하나가 1848년에 모든 사람을 빤히 바라보고 있었다.

파리가 혁명의 길을 선택하여 그 길로 나아간 것이 전혀 예상치 못한 사태는 아니었다. 또 파리 시민들로 하여금 경제적 어려움을 나타내는 징후가 조금만 나타나도 이를 정치적으로 해석하고, 거리로 뛰어나가고, 바리케이드를 설치하고, 인간으로서의 권리를 주장하도록 만든 데에는 단순히 유명한 혁명의 전통만이 아닌 그 이상의 어떤 이유가 있었다.[1] 또 하나의 속박은 바로 실질적으로 18세기 구조 그대로 제조업, 금융, 상업, 행정, 노동관계를 지배하던 사회 관행 및 하부구조였고, 이런 활동과 관행들을 제약하는 물리적 하부구조가 여전히 대개 중세적이어서 또한

그림 27 도미에의 「새로운 파리」(1862)는 오스만화가 가져온 변화의 수많은 면모를 포착한다. 여기에는 "교통 수단이 늘어났으니, 서둘러야 하는 사람들에게 얼마나 다행한 일인가"라고 쓰여 있다. 부르주아는 시계를 들여다보며, 아내와 아이는 망설인다. 통행이 너무 빈잡하다.

걸림돌이 되었음은 말할 필요도 없다. 7월 왕정 기간 동안 도시를 재개발하자는 이야기가 무성하게 나왔고 이따금씩 실제로 시도되기도 했지만 파리는 억눌려 있는 상태였다. 슈발리에는 이렇게 쓴다.

> 그 시절에 파리는 주위를 둘러보았지만 스스로를 알아볼 수 없었다. 또 하나의 더 큰 도시가 거리와 저택과 가옥과 통로를 가득 메우고 흘러넘쳤으며, 인간 위에 인간을 두고, 직업 위에 직업을 쌓았으며, 모든 구석과 빈틈을 가득 채우고, 귀족과 향신들의 낡은 주거 공간을 작업장과 하숙집으로 바꾸고, 마차들이 소리 없이 썩어가고 있던 정원과 마당에 공장과 창고를 세우고 갑자기 시들어버린 거리와 이제는 인구과잉이 된 음산한 묘지도 가득 메웠으며, 쓰이지 않던 하수구는 다시 쓰이다가 넘쳐버리고, 쓰레기와 악취가 이웃의 시골로 퍼져나갔다.[2]

이에 수반되는 인간적인 비참과 몰락, 질병과 범죄와 매춘이야 새삼스러운 일도 아니지만, 이 같은 고대적 도시의 하부구조는 영국—상업 분야에서 프랑스의 주 경쟁자—에서뿐 아니라 벨기에, 독일, 오스트리아, 심지어는 프랑스 다른 지역의 새로운 산업도시에서도 나타나는 점점 더 복잡해지고 효율적이어지는 자본주의적 생산 및 소비의 조직과 양립할 수 없었다. 1830년 혁명 이후 노동의 국제적 분업에서 파리의 지위가 높아지기는 했지만 생산 시스템의 변화를 통해서라기보다는 낡은 방식을 단편적으로 적용해온 덕이 컸다. 프랑스 제조업이 갖는 역동성의 기반은 생산품의 뛰어난 품질과 큰 국내시장이 뒷받침하는 제품의 정교화 및 노동의 사회적 분업이었다. 파리의 상업도—경제적 건강에 미치는 영향이 제조업에 비해 훨씬 더 큰—혼잡한 거리에서 병목현상을 일으키고, 온갖 종류의 관세와 장벽에 가로막혔으며, 상품은 만성적으로 비효율적인 양식으로 다루어지고 분배되고 있었다. 자본 축적이 요구하는 새롭고 엄격한 수준을 충족시킬 만큼 효율적으로 파리가 움직이지 못한 정도에 비례하여 1847년에서 1848년 사이의 위기 동안 느껴진 고통은 배가되고 연장되었으며, 회복을 꾀하려 해도 온갖 장애물이 널려 있는 상황인데도, 정계와 문화계가 하는 일이라고는 의심과 혼란과 공포를 조장하는 것뿐이어서 문제가 더욱 복잡해졌다.

사회의 각 부분이 위기를 이해하는 방식은 저마다 아주 달랐다. 예를 들면, 직능조합corporatist의 전통으로 무장한 수공업 노동자craft worker들은 생산과 분배에 대한 자본주의적 통제 때문에 강요된 탈기술화, 독립성과 품위 및 존경심의 상실, 업무의 분절화—그리고 만성적인 고용 불안정—등을 문제의 핵심으로 보았다. 그들은 2월 혁명 덕분에 노동의 문제와 노동권을 정치적 의제로 설정하고, 정치체 안에서 동등한 존재로 품위와 존중을 받으면서 대우받을 권리를 주장할 수 있었다. 앞에서 보았듯이, 그들에게는 사회공화국도 정치공화국만큼 중요했다. 이 점에서 새로운 생산과 분배 시스템 때문에 똑같이 위협당한다고 느끼던 소장인匠人과 상점 주인에서부터 영락한 급진파(언론인, 화가, 작가 또는 블랑키 같은 완강한 자코뱅 혁명가)와, 낭만주의로 기운 예술가 전통의 상대적으로 안전한 울타리 안에 있으면서 노동과 작업의 고귀함을 믿던 낭만주의 시인과 작가(라마르틴, 위고, 조르주 상드)에 이르기까지, 기묘한 조합을 이루는 부르주아 동맹군이 그들에게 합세했다. 비록 낭만주의자들은 바리케이드에서 진짜 노동자들을 만나자 재빨리 제정신을 차렸지만, 2장에서 보았듯이 수공업 노동자의 의식과 교차하는 1840년대의 사회 운동

그림 28 구 파리의 거리들. 여기에서 1850년대 초반에 마르빌이 찍은 사진 두 장에 나타나 있는 것은 좁고 움직이기 불편하고 비위생적이며, 대개 폐가로 변해가는 건물들이 늘어선 거리다. 오른쪽 사진에서 옴니버스와 철도 광고가 옛 파리의 외피를 형성하고 있는 공간관계의 또 다른 세계로 가는 여행을 약속한다.

은 양육적인 사회공화국이 어떻게 작동할 것인지에 대한 기대로 부풀어 있었다.

그러한 사회주의 감정은 말 그대로 부르주아에게 경각심을 일깨웠다. 그들은 "빨갱이"에 대한 공포 때문에 치유 행동이 필요한 정치적·경제적 위기를 어떻게 표현하고 설명하며 반응할 것인지와 관련해 더 심한 혼란에 빠졌다. 일부는 정부와 재정의 낡은 구조와 관행이 문제의 근원이라 보고, 프랑스 국가를 근대화하고 자본의 흐름을 해방하고, 경제에 더 큰 자극을 주는 방법을 추구했다. 파리의 진보주의자들 역시 누가 보아도 제대로 작동하지 못하고 있는 물리적 하부구조를 합리화하고 쇄신하려면 강력한 국가의 개입이 필요하다고 오래전부터 주장해왔다. 하지만 그들의 노력은 심각한 경기 침체기에 경제를 완전히 마비시킬 것이 틀림없는 보수적 재정 운용의 덫이나, 아니면 국가는 파멸하더라도 개인적으로는 구제받을 수 있을 것이라는 희망으로 여겨진 사유재산권의 전통적 권리의 덫에 걸린 (대체로 부재지주이고 농촌에 있는) 부르주아의 다른 분파들 때문에 좌절되었다. 1848년에 많은 지주가 도시에서 달아나면서 구매력도 함께 갖고 갔다. 이는 파리시의 산업과 상업 그리고 부동산 시장을 더욱 깊은 경기 침체의 늪에 빠뜨렸다.

"저 정신박약자"(이는 마르크스가 아니라, 흠잡을 데 없는 부르주아인 아돌프 티에르가 먼저 사용한 표현이다)인 루이 나폴레옹 보나파르트를 권좌에, 우선 1848년 12월에 공화국 대통령(보통선거에서 선출된)으로, 4년 뒤에는 황제로 올려놓은 연쇄적인 혼란한 사건들 때문에 우리가 여기서 꾸물거릴 이유는 없다. 그에 대한 탁월한 설명은, 물론 마르크스의 『1848년부터 1850년까지 프랑스에서의 계급투쟁』과 『루이 보나파르트의 브뤼메르 18일』을 비롯하여 얼마든지 있으니 말이다.[3] 파리의 노동자들이 거리로 나와 국민작업장National Workshops(노동할 권리의 요구에 대한 제2제정의 대답이던)의 폐쇄에 항의했던 1848년 6월 혁명기의 잔혹한 탄압 와중에 이 위기에 대한 사회주의적 답변 및 노동 의제도 함께 쓸려나가, 긴급한 정치적 현안에서 사라져버렸다고 말하는 것으로도 충분할 것이다.

하지만 곧 이어진 선거 결과는 사회민주주의적 감정이 잘 살아 있음을 시사하는 것이었다. 설상가상으로 그 감정은 파리와 리옹에서만이 아니라 일부 시골 지역에서도 나타나, 프랑스에서 그 혁명의 근원뿐 아니라 반동 전통의 근원 역시 큰 부분이 시골에 놓여 있음을 상기시켜주었다. 이 위협에 직면한 부르주아들은 그때까지도 망명객 신세였지만 대중추수주의자인 루이 나폴레옹이 공화국 대통령으로 선출된 것을 대개 환영했다. 그리고 1851년의 쿠데타와 1852년 1월의 황제 선언에도 상대적으로 쉽사리 굴복했다.

사회질서에 대한 또 다른 위협은 전반적인 경제 위기에 수반된 자산의 파괴와 평가절하로 인해 발생했다. 상호 파괴적인 투쟁에 매몰된 부르주아들 가운데 어느 한 분파도 자신의 의지를 강제할 권위나 합법성을 갖고 있지 못했다. 각 분파의 눈에 루이 나폴레옹이 통제 가능한 타협안으로 간주되는 정도에 상응하여 그는 대중의 의지와 분파주의 및 나폴레옹 전설에 대한 전통적(특히 군대에서의) 충성심을 활용할 위치를 차지했으며, 그럼으로써 극히 사적인 성격의 권력을 공고히 할 수 있었다. 이로 인해 루이 나폴레옹은 개혁과 근대화, 노동운동과 그 요구에 대한 통제, 경제 부흥, 프랑스가 1848년에서 1851년 사이에 시달리고 있던 문화적 불안감 등 극히 복잡한 온갖 문제를 마주하게 되었다.

제2제정의 18년간은 티에르나 마르크스가 (정치적 스펙트럼의 양쪽 끝에서) 예언했던 것 같은 "정신박약"이나 "소극笑劇"과는 거리가 멀었다. 그

그림 29 루이 나폴레옹의 초상 사진. 촬영은 리포Riffaut, 매에Mayer, 생빅토르Saint-Victor

기간은 지독하게 진지한 국가사회주의 형태, 즉 경찰 권력과 인민주의 기반을 가진 권위주의 국가의 실험이었다. 그런 실험이 대부분 그렇듯이 그것도 전쟁과 불화로 인해 몰락했지만 그 기간은 강력한 노동규율의 부과와 자본순환의 기존 규제로부터의 해방을 특징으로 한다. 하지만 그때까지만 해도 정확하게 어떤 새로운 사회적 실천, 어떤 제도적 틀과 구조 혹은 사회적 투자가 제대로 작동할지가 (지금보다는) 분명하지 않았다. 그때 제2제정은 자본주의, 즉 그 안에서 다양한 경제적·정치적 이익들이 의식적으로 이런저런 장점이나 해결책을 추구해보지만 자기들의 행동이 의도하지 않았던 결과에 얽매이는 일이 너무 잦은, 급속히 성장하면서 요구하는 것은 많은 그런 자본주의에 적응하려고 분투하는 단계에 있었다.

황제와 자문관들이 파리를—그 삶과 문화와 경제를—그것을 까마득한 과거에 너무 답답하게 붙들어 매고 있는 규제들로부터 해방시킬 방법을 찾아 나선 것은 그러한 맥락에서였다. 시급하게 필요한 몇 가지, 즉 레알 중앙시장 출입구의 개선과 도심부 슬럼의 철거라든가, 철도역 사이의 연결 및 도심의 관청가로 들어오는 교통 개선 등은 금방 눈에 보이는 문제였지만, 그보다 훨씬 더 불분명한 문제도 수없이 많았다. 목적과 수단의 문제가 있었고, 개인의 이익과 자본순환과 관련된 국가의 적절한 역할이 무엇인가, 노동시장과 산업·상업 활동이나 주거와 사회복지의 제공에 국가가 어느 정도로 개입할 것인가 하는 것도 문제였다. 무엇보다 아직도 강력한 상류 부르주아들의 완강한 저항에 부딪히지 않으면서, 또 겉보기에는 안정되게 뿌리박고 있는 것처럼 보이지만 언제나 한계 상황으로 내몰릴 위협 아래 놓여 있는 중간계급의 불안정성을 더 크게 만들지 않으면서, 마지막으로 노동자들을 노골적인 봉기로 내몰지 않고

서 파리 경제를 다시 확고하게 만들려면 어떻게 해야 하는가 하는 정치적인 문제가 있었다. 이 시점에서 우리는 황제를 처음에는 자신이 그처럼 방자하게 대하고 멸시하듯 의표를 찔렀던 계급 세력에 궁극적으로는 포로가 된 사람으로 이해해야 한다. 그가 그 정도라도 할 수 있었고 또 해냈다는 사실은 그저 1848년 열기에서 발생한 엄청난 소요, 즉 경제와 정치뿐 아니라 세계를 표현하고 그 표현에 따라 행동하는 전통적 방식에도 영향을 미쳤던 소요의 엄청난 위력을 증언해줄 뿐이다. 이 점에서 보더라도 1848년에서 1851년 사이의 파리의 삶은 몹시 혼란스러웠고, 그 혼란은 산업과 상업, 노동관계뿐 아니라 그림(이때는 어쨌든 쿠르베가 자신이 무엇을 추구하는지 이해해주지 못하는 예술계로 뚫고 들어간 시기였다)과 문학, 과학과 경영에까지 영향을 미쳤다. 이 혼란이 가라앉은 다음에야 제국의 권위주의에 대한 완강한 저항이 시작될 수 있었다.

1870년 파리는 1850년의 여건과 근본적으로 달라졌다. 그리고 그 변화는 장기적이고 뿌리가 깊은 것이었지만, 파리 역사에서 또 다른 큰 사건, 즉 1871년의 파리 코뮌을 탄생시킨 봉기를 미리 막을 만큼은 아니었다. 하지만 1848년과 1871년의 혁명 사이에는 연속성도 있는 반면 그들을 갈라놓는 요인도 많았다. 제국 치하의 18년은 오스만의 작업이 도시의 물리적 바탕을 절개하고 개조하는 과정에서 파리인의 의식 속 깊이 각인되었다.

도시의 운명에 관해 말하자면, 제국이 선언되고 7개월 뒤인 1853년 6월에 그 도시가 오스만 손에 넘겨졌다는 사실은 말할 필요도 없이 의미심장하다.[4] 위에서 보았듯이, 오스만은 그 도시가 갖는 중요성에 대해 어떤 신화적 설명을 구축했고, 과거와의 철저한 단절이라는 개념과, 자기 자신은 순진무구하게 황제의 의지를 구현할 뿐이라는 인상을 쌓아올렸다. 철저한 단절은 없었을지도 모르지만 전환점은 확실히 있었다. 오스만은 『회고록』에서 스스로 드러낸 것보다 훨씬 더 마키아벨리적인 인물이었다. 그는 야심적이고 권력에 매혹당한 사람이었고, 나름대로 열정적으로 헌신했으며(공공 봉사라는 것에 대한 아주 독특한 견해도 포함하여), 자신의 목표를 실현하기 위해 장기적으로 노력할 준비가 되어 있었다. 그는 루이 나폴레옹의 권위와 직결된 특별한 차원의 개인적 권력을 얻어냈으며, 그 권력을 최대한으로 행사할 준비가 되어 있었다. 믿기 힘들 정도로 정력적이고 조직적이었고 관찰력이 대단하여 세부까지 잘 포착했으며, 다른 사람들의 견해를 조롱하고 권위(심지어 황제의 권력까지도)를 뒤엎을 준비를 갖춘 사람이었다. 또 합법성의 한계선 위에서 아슬아슬한 줄타기를 했으며, 다른 사람들의 견해를 깔아뭉개면서 오늘날 "창의적 회계"라고 부르는 책략에 기대어 재정을 조달했고, 민주주의에 절대 양보하지 않았다. 그는 오래전부터 이러한 자질을 보였는데, 재정적으로 보수적이며 민주적이고 절제력 있던 선임 지사 베르제에 비해 그가 루이 나폴레옹에게 그토록 매력적으로 비친 이유는 분명 이런 점 때문이었을 것이다. 적어도 1860년대 초반까지 오스만은 황제가 항상 자기를 지원해줄 것이라고 기대했는데, 이는 정확한 판단이었다. 그는 즉시 시의회(신중한 베르제에게 그토록 걸림돌 노릇을 해왔던)를 제쳐놓았고 기획위원회를 무시해버렸다(황제의 묵인 아래 그렇게 했다고 그는 주장했지만, 이 이야기도 그가 멋대로 지어낸 말임이 분명하다). 간단하게 말해 그는 독재적 보나파르트주의자였으며, 보나파르트주의가 별 탈이 없는 한 그도 살아남았고 성공했다. 하지만 보나파르트주의가 약해져 1860년대에 점차 자유주의에 밀려나게 되자 오스만의 위치 또한 약해졌고, 자유민주주의자인 에밀 올리비에가 수상이 된 1870년에는 결국 희생양으로 해임되었다.

오스만에게서 아주 흥미로운 점은 그가 하나의 도시 경제로서 파리가 겪고 있는 특수한 위기의 맥락에서 자신이 직면한 거시경제적 문제의 심각성을 너무나 잘 알고 있으면서도, 흔히 세부적인 문제에 대해서까지 감당하기 힘들 정도로 강렬한 관심을 표명했다는 점이다. 그는 거리 장식의 디자인을 꼼꼼하게 검토했다(가스등, 가판대, 심지어는 베스파지엔vespasiennes이라 불리는 노상 소변기의 디자인까지도). 그는 세세한 문제에까지 신경 써서 정렬하는 데 강박적으로 집착했다. 그는 센강에 걸린 쉴리 다리의 각도를 조정하여 바스티유의 원기둥에서 다리를 거쳐 파르테논까지 일직선을 이루도록 했고, 엄청난 기계공학적 묘기를 부려 승리의 기념주를 옮겨 새로 만들어진 샤틀레 광장의 중심부에 설치했다. 더욱 괴상한 것은 건축가 바이에게 상업 법원Tribunal de Commerce의 돔을 제거하라고 지시한 점인데, 그렇게 해야 그 건물이 새로 건축된 세바스토폴 대로를 따라 내려오는 시선 위에 놓이게 된다는 것이었다. 국지적으로는 비대칭이 되겠지만 도시라는 더 큰 규모에서는 대칭적 효과를 창출하도록 한 것이다.

오스만이 해임되었을 무렵 그가 착수한 도시의 변신 작업은 이미 굉장한 동력을 얻은 뒤였기 때문에 거의 중단시킬 수 없는 상태였다. 오스만화Haussmannization 간단하게 대로화라고도 일컬어지는 도시 개조 과정. 여기서는 아브뉘와 불바르 모두를 대로라고 번역한다—이를테면 오페라 대로의 완성 같은 사례로 대표되는—는 그가 해임된 뒤에도 오랫동안 계속되었다. 그럴 수 있었던 것은 부분적으로 그가 주위에 끌어모은 강인하고 충실하며 유능한 행정가와 기술 관료 덕분이었다. 공원을 담당한 알팡, 수로와 하수도를 담당한 벨그랑, 레알을 쇄신한 발타르, 기념물을 건설한 건축가 이토르프와 분수를 만든 다바우. 그들은 모두 강한 개성과 재능의 소유자였으며,

185

초기에는 (때로는 계속해서) 오스만과 갈등을 겪었지만 나중에는 오스만이 황제의 지원을 받아 자신의 의지를 마음껏 발휘한 것과 똑같이 그들역시 오스만의 지원을 받아 자신들의 의지를 자유롭게 발휘할 수 있음을 깨달았다. 이들의 협력의 결실은 오늘날까지 남아 있다. 탕플 광장의중심에 있는 공원은 알팡의 작품이며, 그것을 마주보고 있는 제3구의구청Mairie은 이토르프의 작품이고, 그 옆에 있는 지붕 덮인 시장은 발타르의 작품이다. 이러한 작업의 가치가 워낙 훌륭하게 입증되었고, 건축가와 행정가들의 명성도 탄탄하게 확립되었으며, 도시계획 전개의 논리도 기반이 튼튼하고 전체 개념도 지극히 잘 받아들여졌기 때문에 파리는 이후 30년이 지난 뒤에도 대체로 오스만이 규정한 노선에 따라 개발되었다.

그 무렵에는 새로운 규모의 행동과 사고를 예전으로 되돌리기도 힘들다는 것이 또한 밝혀졌다. 이것은 레알Les Halles의 변형에 가장 잘 나타나 있다. 그것은 단순히 개별 건물의 규모나 건축학적 스타일의 문제가 아니라 도시의 한 구역 전체가 하나의 단일한 기능에 할당되도록 공학적으로 만들어나가는 "상업도시화"라는 새로운 개념에 기인한 변화였기 때문이다. 이는 완전히 새로운 도시의 바탕을 만드는 것이었다. 그러나 반 잔텐은 그때쯤에는 오스만이 방향을 잃어버린 것 같다고 주장한다. "1860년대 초반, 1853년의 원래 계획이 완료되거나 한참 진행되었어야 하는 때에, 무엇인가가 일어났다. 규모가 바뀌고, 초점을 잃었으며 협동이 늦추어졌다. 원래 기획을 바꾸고 다듬고 확장하는 새로운 기획이채택되어 (…) 첫 10년간의 작업이 놀랄 만큼 성공했기 때문에 원래 기획이 완성될 수 있을 것 같았지만, 그것은 이제 통제권을 벗어나서 1867년에서 1869년 사이의 재정 위기로 이어지고 거기에서 다시 오스만의 해

그림 30 프티가 찍은 오스만의 초상 사진. 오스만이 컴퍼스
와 직각자로 무장하고, 파리의 도시계획을 지배하는 '직선
의 아틸라 왕'으로 표현되어 있다.

임으로 이어졌다."[5] 오스만은 완전한 통제권을 쥐려고 애썼고 잠깐은 이를 손에 넣었겠지만, 계속 쥐고 있는 데는 실패했다.

제2제정기 파리의 이 거창한 변형의 이야기는 어떤 식으로 진술되어야 할까? 역사지리학적 변화의 단순하고 직접적인 서술이면 충분할 것이다. 실제로, 바로 그런 일을 제대로 해낸 탁월한 설명이 여럿 있다.[6] 하지만 도시 경제, 정치, 사회, 문화의 내적인 작동과 관계들에 대한 제대로 된 이해도 없이 어떻게 그 서술을 구성할 것인가? 오스만 본인이 명료하게 간파했던 것처럼 세부 사항들이 중요하다는 사실을 깨닫지 못한다면 전체로서의 파리에 대한 전망을 어떻게 보존할 수 있는가? 전체를 부분으로 해체하는 일에는 서로 엇갈려 짜이는 복잡한 상호관계들의 맥락을 놓쳐버릴 위험이 따른다. 하지만 세부를 파악하지 않고, 부분들이, 단편들이 어떻게 작동하는지를 알지 못하면서 전체를 이해할 수는 없다. 나는 중간의 길을 택해, 서로 맞물리고 교차하는 일련의 주제에 기대어 제2제정기에 일어난 파리의 역사지리적 변형을 이해하려 한다. 그 주제들은 모두 다른 주제와의 관련 위에서가 아니면 제대로 이해할 수 없다. 문제는 지루한 반복의 우를 범하지 않으면서 상호관계를 보여주어야 한다는 점이다. 주어진 시간과 공간 내에서 사회적 변형을 추진하는 동력을 이루는 상호 관계의 전체의 한 부분으로서 그 주제들이 균형을 유지하도록 하려면 여기서 나는 독자들에게 부담을 떠안겨야 한다.

그 주제들은 특정한 제목으로 묶인다. 나는 공간관계에서 시작한다. 부분적으로는 공간관계의 물질성과 그 사회적 결과의 문제를 분석의 제1선에 두는 것이 중요하다고 생각하기 때문이다. 그렇게 하지 않으면 대부분의 경우에 그 문제가 추가 조항의 위치로 격하되기 때문에 그렇다. 내가 말하려는 뜻은 그러한 위치에 둔다고 해서 전체 분석 가운데 그것

그림 31 이 그림에 나타난 바에 따르면 아름다운 의상을 빼입은 거만한 외모의 여성으로 묘사된 파리가 1870년 오스만이 근사한 선물을 가져왔음에도 불구하고 배은망덕하게 그를 퇴짜 놓는다.

에 특권을 부여하려는 것이 아니라, 논의에서 어떤 위치에 놓이느냐에 따라 특권이 부여된다면(항상 그렇기는 하지만) 잠시 기분 전환을 하는 의미에서라도 공간관계의 생산에 그 특권을 부여하지 못할 까닭도 없지 않은가 하는 것이다. 다음에 나오는 세 가지 주제, 그러니까 금융자본, 부동산 이권, 국가라는 주제는 사회적 생산물이 이권과 임대료, 세금으로 분배된다고 하는 이론의 일부로서 함께 연결된다. 분배에 대한 고려가 생산보다 우선시되는 점이 좀 이상하게 보일지 모르지만, 마르크스가 언급했듯이, 자본주의가 어떻게 작동하는지 이해하는 데 극히 중요한 "원초적 생산결정 분배initial production-determining distribution"라는 것이 있다. 이 경우에는 대체로 새로운 공간관계(내면적, 외면적 모두)는 국가와 금융자본, 토지 이권의 연정聯政에서 창출되었으며, 그들 각각은 도시 변형의 과정에서 시행되어야 하는 과제를 위해 고통스러운 상호 적응 과정을 거쳐야 했다는 사실에 따라 위치가 설정된다. 물론 국가는 단순한 분배 도구 이상의 존재이며(비록 세금이 없으면 별 도리가 없지만), 국가 활동의 다른 측면들, 적법성과 권위도 여기서뿐 아니라 뒤의 적절한 지점에서 다루어질 것이다.

생산과 노동과정은 그때 검토된다. 기술과 조직, 위치의 변동은 신용과 임대 비용 및 국가정책뿐 아니라(그럼으로써 분배와 생산이 한 도시의 맥락에서 어떻게 맞물려 있는지를 예시해주는 것들) 변화하는 공간관계(노동에서 새로운 국제 분업의 등장과 파리 내부의 개조)와도 결부되어 있다. 그러나 생산자 역시 일차적 생산력으로서 노동을 필요로 한다. 여기에서 우리는 인구 성장, 이주, 임금수준의 결정, 실업자인 산업 예비군의 동원, 기술 수준 그리고 작업 및 노동조직에 대한 태도 등 다중적인 면모를 가진 파리 노동시장을 검토하게 된다.

그림 32 오스만은 세부 사항에 대단한 관심을 보였다. 왼편 사진에서 보이듯 그는 가스등과 간이 남자 화장실을 한데 합쳤다. 오른쪽에 있는 사진은 거리의 세부(가스등)와 직선 및 균일한 건설 스타일에 대한 열정(이번 경우에는 세바스토폴 대로)의 혼합을 잘 포착하고 있다. 수백 장에 달하는 마르빌의 이 시대 거리 사진은 자세한 정보를 제공하는 탁월한 자료원이다.

그림 33 정렬하기를 워낙 좋아했던 오스만은 바이가 작성한 새 상업 법원 건물의 설계를 바꾸는 게 좋겠다고 주장했다. 쿠폴라의 위치를 건물 측면 쪽으로 옮겼는데, 세바스토폴 대로에서 바라보았을 때 콩시에르즈리 탑과 함께 대칭적 효과를 만들어내기 위해서였다. 건물의 대칭성이 전체적인 도시의 대칭성을 위해 희생된 것이다. 사진은 마르빌.

노동력에 여성이 가담한다는 것은 중요하고도 논쟁을 유발하는 문제였다. 그들이 노동시장과 가정의 노동력 재생산을 이어주는 교량의 위치를 점하고 있다는 것까지 포함해 파리 사회에서 그들이 차지하는 위치 전반은 공개적인 고찰 대상이 될 만하다. 이것은 장기적 측면에서 노동력 재생산을 검토하는 사회학적 맥락을 제공한다. 노동력 재생산은 주로 파리 바깥에서 일어났다. 시골이 1850년대와 1860년대에 파리 노동시장에 이주자를 공급했으니 말이다. 이 사실은 계급 관계가 소비의 구조와 스펙터클의 구조를 통해 파리 내부에서 어떻게 재생산되고 사회 통제에 종속되는지를 살펴보는 것으로 이어진다. 이 시각에서는 공동체와 계급 모두가 급격한 변화를 거치고 있는 사회에서 상보 관계인 그 두 가지의 현실과 관념에 대해 생각하기가 더 쉬워진다.

도시는 흔히 인간의 필요며 욕구와 욕망, 능력과 힘에 맞추어 제작된 인공적인 구조물로 간주되지만 한편으로는 물질대사 및 자연에 대한 "올바른" 관계의 문제가 긴박하게 제기되는 생태적이고 "자연적 환경"에 도시가 뿌리박고 있다는 사실을 무시할 수 없다. 한 예로, 1832년과 1849년의 콜레라 창궐은 도시 건강과 위생의 문제를 예리하게 조명한다. 이러한 사안들은 제2제정 파리에서 막중한 발언권을 얻었다. 과학과 감정의 문제들, 수사학과 표현의 문제들은 거기에서 사람들이 알고 있던 것을, 또 어떻게 알았는지를 밝히고, 어떻게 하여 자신들의 이념을 사회적으로, 경제적으로, 정치적으로 작동시켰는지 밝히기 위해 제기되었다. 나는 여기서 당시의 이데올로기와 의식의 상태를, 적어도 그것이 현재의 고찰을 위해 표명되고 복구될 수 있는 정도까지라도 재구성하려 한다. 그렇게 하면 내가 마지막 부분에서 "도시 역사지리의 지정학"이라고 부르는 것을 더 쉽게 이해할 수 있을 것이다. 그런 다음 나는 나선형으로 배열된 주제들, 공간관계에서 시작하여 분배(신용, 임대료, 세금)를 거쳐 생산과 노동시장, 재생산(노동력의, 계급과 공동체 관계의)과 살아 있는 도시에 대한 진정한 역사지리학으로서 공간을 움직여나가는 의식의 형성에 이르기까지의 과정을 머릿속에서 그리게 된다.

4장

공간관계의 조직

생산이 교환가치에, 따라서 교환에 더 많이 의존하면 할수록, 교환의
물리적 여건—교통과 운송 수단—이 유통 비용에서 차지하는
비중이 더욱 커진다. (…) 자본이 한편에서는 모든 공간적 장벽을
허물려고 애써야 하며 (…) 전 지구를 정복하여 시장으로 만들지만,
그것은 시간과 함께 이러한 공간을 박멸하려고 분투한다.

_마르크스

프랑스라는 국가적 공간의 통합이 논의된 지는 이미 오래되었다. 하지만
1850년이 되자 "현대의 대규모 자본주의의 구조와 방법이 이식됨으로
써 공간을 정복하고 합리적 조직, 새로운 필요성에 순조로이 적응할 필
요가 절박해졌다".[1] 앞에서(2장에서) 보았듯이, 파리 내부 공간의 개선 문
제는 이따금씩 논의된 적이 있었고, 7월 왕정기에 부분적으로 실행되었
다. 그러다가 1850년이 되자 사태가 절박해졌다. 루이 나폴레옹은 두 가
지 이유에서 행동할 준비가 되어 있었다. 1850년 12월에 이미 그는 도시
를 장식하고 주민들의 생활 여건을 개선하기 위해 최대한의 노력을 기울
여야 할 필요에 대해 직설적으로 발언했다. 그는 말했다. 우리는 "새 도

로를 개통하고, 환기가 안 되고 해가 들지 않는 서민 거주지를 열어젖혀, 진리의 빛이 우리 심장을 밝혀주듯이 도시 성벽 안의 어디에나 햇빛이 뚫고 들어가도록 할 것"이다. 1852년 10월 9일에 그는 평화의 작업에 헌신하는 제국이 곧 선언되리라는 신호를 보냈다. 그는 선언했다. "우리에게는 광대한 미개척지를 철거하고, 도로를 개통하며, 항구를 준설하고, 강에 배가 다닐 수 있도록 만들고, 운하와 철도를 완성해야 하는 과제가 있다."[2] 이 말에서 생시몽주의 원리의 메아리가 울려나오는 것을 분명히 알 수 있다. 1853년 6월 23일, 오스만은 계획대로 도시를 개조하라는 위임장을 받고 센강 지사로 취임했다.

갓 태어난 사회적·정치적 시스템이 오래 간직해온 희망과 전망을 생생한 현실로 바꾸기 위해 작업에 착수하려는 가슴이 터질 것 같은 바로 그 순간, 이제 권력이 고도로 집중된 것이다. 1848년에 감당하기 힘들 정도로 적나라하게 드러난 자본과 노동력의 잉여는 건조환경에 대한 대규모 장기 투자 계획을 통해 흡수될 예정이었는데, 이는 공간관계의 개선에 초점을 맞춘 계획이었다. 제국이 선언된 지 1년이 못되어 1000명 이상이 튀일리궁의 건설 현장에서 일하고 있었고, 미처 등록되지도 않은 수천 명이 철로 공사장에서 일자리를 얻었다. 1851년만 해도 한산하던 광산과 제련소는 증가하는 수요를 따라잡기 위해 전력 가동하고 있었다. 아마 자본주의 최초의 대위기였을 사건이 자본과 노동력 과잉을 수송과 교통 시스템의 재편 작업에 장기적으로 채용함으로써 극복된 것으로 보였다.

놀라운 업적이었으며, 결과는 더욱 놀라웠다. 1850년에는 여기저기에 몇 가닥 뻗어 있을 뿐이던 철도망이 1870년에는 약 1만7400킬로미터에 달하는 복잡하게 뒤얽힌 그물망으로 확장되었다(그림 35). 운송의 비

그림 34 도미에가 당시 상황을 묘사한 것처럼, 철도는 도시에 무질서한 혼잡과 혼돈을 더하는 데 기여하는 동시에 파리 주변의 시골을 도시의 조직망 속으로 통합해 들였다. 하지만 시간을 맞추지 못하면 아무 소용이 없었다!

표 2 운송 양식과 규모(1852~1869)

화물(1천 톤/킬로미터)						여객(1천 명/킬로미터)		
연도	도로	운하 및 항해 가능 수로	연안 해운	철도	전체	도로	철도	전체
1852	2.6	1.7	1.3	0.6	6.2	1.36	0.99	2.35
1869	2.8	2.1	0.8	6.2	11.8	1.46	4.10	5.56

자료: 플레시(1973), 116

중이 철로 시스템으로 무게를 옮겨감에 따라 교통량은 같은 기간의 산업 생산량보다 곱절로 빨리 확대되었다(표 2). 제국의 간선도로는 활기를 잃었지만 철로 시스템에 연결되는 지선 도로는 사용량이 더 많아지고 개량되었다. 전신 시스템은 1856년에는 거의 백지나 마찬가지였지만 그 10년 뒤에는 관용 이외의 용도로도 사용될 수 있게 되었고 길이도 2만3000킬로미터에 달했다. 보들레르는 이렇게 썼다. "나폴레옹 3세가 누린 최고의 영광은 전신과 국영 언론의 통제권을 장악한 사람은 누구든 바로 그 순간 거대한 국가를 통치할 수 있다는 사실의 증거가 될 것이다."[3] 하지만 전신은 시장 조정과 재정적 판단을 용이하게 만들기도 했다. 파리, 리옹, 마르세유, 보르도에서의 상품 가격을 바로 알 수 있었고, 조금만 기다리면 런던, 베를린, 마드리드, 빈의 가격 정보도 얻을 수 있었다. 항구와 해운 사업 분야에서만은 황제의 약속이 모두 지켜지지 못했지만, 프랑스의 잉여 자본이 해외로 몰려나감으로써 이것도 얼마든지 벌충되었다. 가용 자본의 약 삼분의 일 정도는 다른 지역을 개방시키려는 목적으로 나갔다.[4] 프랑스가 비용을 댄 철로와 전신 시스템이 이베리아반도와 이탈리아반도 아래쪽으로, 또 중부 유럽을 지나 러시아와 오스만 제국으로 그 촉수를 뻗어나갔다. 프랑스의 자본으로 수에즈 운하가 건설되고 1869년에 개통됐다. 신세계 시장과 노동의 새로운 국제적 분업의 기반이 될 교통과 운송 시스템이 1850년에서 1870년 사이에 광범위하게 설치되었다.

어떤 정권이 들어섰더라도 이 모든 일이 어쨌든 이루어졌을지 아닐지는 따져볼 만한 문제다. 결국 이때는 당시 선진 자본주의 세계에 속하는 지역 전반에 걸쳐 교통과 운송에 대한 대규모 투자가 이루어지던 시기였고, 프랑스의 활동은 1852년에 그 에너지가 최초로 분출한 뒤 다른 강대국들의 보조를 간신히 따라가는 정도였으며, 때로는 뒤처지기도 했다. 몇 안 되는 경우, 즉 수에즈 운하 같은 경우에는 프랑스의 비전 제시와 물질적 지원이 기획의 완성에 필수적이었다고 할 수 있다. 또 황제 및 몇몇 가까운 자문관(재무부 장관인 페르시니가 주도하는)의 생시몽주의적 성향에서 주로 구상된 재정 개혁과 정부 정책의 특정한 혼합 형태가 1852년 직후의 거창한 호경기에 큰 영향을 미쳤다는 데는 다들 동의한다. 하지만 자본과 노동의 과잉을 흡수하는 그러한 과정에는 한계가 있다는 사실이 곧 분명해졌다. 물론 자본주의 체제하에서 "생산적" 고용이란 항상 이윤을 내는 고용을 의미한다는 것이 문제였다. 철로망 가운데 더 유리하고 더 높은 수익을 내는 부분이 1855년에 일단 완성되고, 뒤이어 1856년에 오스만의 1단계 도로망이 개통되고 나자, 작업을 계속 진행시키기 위해 정부는 점점 더 복잡한 방법을 궁리해내야 했다. 1860년대 중반이 되면 전 과정이 자본주의적 재정의 현실적 장벽에 가로막히게 된다. 왜냐하면 이것은 정말로, 그저 모든 권력을 틀어쥔 황제와 그 핵심 자문관들(오스만을 포함하는)의 명령으로 간단하게 착수된 기획이 아니라 자본의 연합을 통해, 또 그것을 위해 조직된 것이기 때문이다. 따라서 그것은 자본축적을 통해 이윤을 취득하는, 강력하지만 모순적인 논

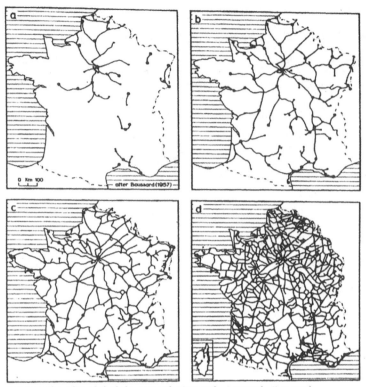

그림 35 프랑스 철로 망의 변천: a)1850년, b)1860년, c) 1870년, d) 1890년

리에 종속되어 있었다.

예를 들어, 파리를 새로운 철로망의 중심축으로 설정하고자 하는 결정은 외견상으로는 정치적이고 전략적인 이유로 내려진 것 같지만 파리가 이 나라의 주된 시장이자 주된 제조업 중심지이므로 경제적 관점에서 완벽하게 현명한 결정이었다. 가장 이윤이 많이 남는 철로 연결망이 있는 곳이 파리이기 때문에 경제 단위는 당연히 새로운 교통 투자와 새로운 형태의 경제활동을 파리 쪽으로 끌어들인다. 그 결과, 파리의 산업

과 상업은 지역 간, 국가 간 경쟁에 개방되었다. 하지만 거꾸로 그들은 또한 수출 시장에 더 쉽게 연결될 수도 있었다. 그러므로 파리의 산업과 상업의 위치는 가변적인 국제 노동 분업과의 관계 위에서 눈에 띄게 바뀌었다. 원자재를 파리에 집결시키는 비용(파드칼레 탄광 입구의 석탄 가격은 오른 반면 파리의 석탄 가격은 낮아졌다)은 내려갔고, 그 결과 파리 산업이 의존하는 투입 원자재 가운데 많은 부분이 그에 상응하여 더 저렴해졌다. 상품이 공장으로 들어갔다가 도시 시장으로 나오는 흐름의 속도가 빨라지고, 규칙성, 수량도 증가하자 자본의 순환 시간이 짧아졌고, 생산과 분배, 두 분야 모두에서 대기업 경영의 가능성이 열렸다.

소매업의 혁명—1840년에 처음 개설된 대규모 백화점의 성장—과 상인과 제조업자 간의 권력관계의 이동은 부분적으로는 새로운 공간관계가 낳은 산물이었다.[5] 파리의 식료품 시장 역시 이와 유사하게 현지 생산물에 한정되고 안정적인 보급도 보장해주지 못하는 공급선에 긴밀하게 의존하는 처지에서 벗어나, 점점 더 지방이나 외국산 재료에 많이 의존하게 되어 "실질적인 소비 혁명"을 일으켰다.[6] 이 도시에서 한때는 번영하던 채소밭, 과수원, 가축 농원이 1870년에는 대부분 사라졌다.[7] 그때쯤이면 부르주아들은 알제리와 지중해 연안에서 온 신선한 야채를 기대할 수 있었고, 빈민들은 서부에서 오는 감자와 동부에서 나는 순무를 식단에 보탤 수 있었다. 그리고 이동한 것은 상품만이 아니었다. 관광객들이 전 세계에서 몰려왔고(유효수요를 더해주며), 근교에서는 쇼핑객들이 밀려들었으며, 파리 노동시장은 더욱 커지는 노동력 수요를 채우기 위해 더 먼 지역에까지 촉수를 뻗었다.

외부적 공간관계의 변형은 파리 자체의 내부 공간을 합리화하려는 추진력에 강한 압력을 가했다. 이 점에서 오스만의 업적은 물론 근대적 도시계획의 위대한 전설 가운데 하나가 되었다.[8] 황제의 지원을 업고 자본과 노동의 잉여를 광대한 공공사업 계획으로 흡수하는 수단으로 무장한 그는 수도의 사회적·경제적 삶의 공간적 틀을 재조직할 일관성 있는 계획을 고안했다. 새로운 도로망뿐 아니라 하수도, 공원, 기념물, 상징적 공간, 학교, 교회, 관공서 건물, 주택, 호텔, 상업 점포 등의 분야 모두에 투자가 이루어졌다.

오스만이 구상한 것 같은 도시 공간의 개념이 새로운 것이라는 데는 의심의 여지가 없었다. "연관성이나 연대성도 없이, 되는대로 부분적으로만 고안된 공공 통로 계획의 무더기" 대신에 오스만은 "다양한 지역적 상황을 충분히 제대로 조화시킬 수 있도록 상세하면서도 전반적인 계획"을 추구했다.[9] 도시 공간은 하나의 전체로서 파악되고 다루어지며, 그 안에서 도시의 상이한 구역과 상이한 기능들은 상관관계를 맺고 활동하는 전체를 형성한다. 황제의 전폭적인 지원이 있었지만, 이러한 도시 공간의 전체성에 대한 지속적인 관심 때문에 오스만은 대도시 지역 내 공간 질서의 합리적 진화를 위협하는 불균등한 개발이 진행되고 있던 근교를 병합하기 위해 격렬한 투쟁을 벌여야 했다. 1860년에 그는 끝내 승리했다. 이 새롭고 광대한 공간에 그는 복잡하고 위계적인—당연히 자신이 꼭대기에 있는 위계—형태의 영토 행정을 창조했다. 그 행정 형태에서는 조직적인 탈중앙집중화가 시행되고 권력과 책임을 20개의 구區arrondissement로 이양하여 파리의 복잡한 전체성을 더 잘 통제할 수 있었다. 그는 서민들에게 그러한 행정적 존재감을 주는 상징물인 구청mairie을 각 구에 세웠다. 그는 개인과 지역적 이익을 수호하는 사생활중심주의 및 교구 중심의 편협성에 반격하기 위해 도시 내부의 합리적이고 질서 있는 공간관계의 진화를 추구하며 공공의 이익에 초점을 맞춰 입법과 글쓰기를 수단으로 계속 싸웠지만, 결국은 그리 성공하지는 못했다.

엄정한 공간적 조화에 대한 오스만의 열정을 상징하는 것은 1853년에 도시 최초로 정확한 측량에 의거한 지적도地籍圖를 만든 삼각측량이었다. 그리고 직선 논리를 지시하고 대칭성을 고집했으며, 전체 논리를 파악하고, 규모와 스타일뿐 아니라 세부 공간 디자인에 대해서도 통일된 분위기를 설정한 것이 황제가 아니라 오스만이었다는 데는 의문의 여지가 없다. 하지만 근대적 도시계획의 창립자 가운데 하나로서 오스만의 위치를 확고하게 한 것은 그 거대한 규모 그리고 계획과 개념의 넓은 범

오스만의 3단계 도로 계획

――――――― 1853년 이전의 도로
・・・・・・・・・ 1단계 도로 체계
●●●●●●●● 2단계 도로 체계
・・・・・・・ 3단계 도로 체계

그림 36 오스만의 새 대로가 건설되는 과정의 여러 단계

위였다. 오랜 세월이 흐른 뒤, 대니얼 버넘은 "소소한 계획은 짜지 말라"고 강조했는데, 이것은 분명 오스만의 방식이었다.

그러나 그와 황제가 의도했던 것이 무엇이었든 간에—제국 로마에 비길 만한 서구 수도의 창조와 새로운 제국을 축하하는 것, "위험한 계급"과 불건전한 가옥과 산업을 도심에서 추방하는 일—그들의 노력이 낳은 가장 명백한 결과 가운데 하나는 도시 구역 내에서 상품과 인간의 유통 능력을 개선시킨 것이었다. 새로 건설된 철도역 사이를 이어주는 흐름, 도심과 주변부 간의 흐름, 좌안과 우안 사이의 연결, 레알 같은 중앙시장 안팎의 흐름, 휴식 지역(낮에는 불로뉴 숲, 밤에는 대로변)의 출입, 산업 지구와 상업 지구 간의 흐름 등 모든 것이 비용과 시간과 움직임을 (대개는) 크게 줄여주는 널찍한 대로를 150킬로미터가량 건설한 덕분에 원활해졌다. 오스만은 페레르 형제와 함께 1855년에 옴니버스 회사들을 몽땅 병합하여 하나의 사적인 독점기업—파리 옴니버스 회사Compagnie des Omnibus de Paris—으로 통합하는 작업을 추진했고, 그럼으로써 승객수가 1855년의 3600만 명에서 1860년의 1억1000만 명으로 늘었다. 이 밖에도 새 도로 시스템은 혁명 열기가 전통적으로 끓어오르던 중심 지역을 깔끔하게 둘러싸고 있으면서, 필요한 경우에는 경찰 병력을 마음대로 돌아다니게 할 수 있다는 보너스도 가져다주었다. 또 불결한 인근 지역으로 원활하게 공기를 순환시키는 데도 도움이 되었고, 낮에는 햇빛이, 밤에는 새로 설치된 가스등이 대로변의 공적 생활을 이 도시 존재의 하이라이트로 만드는, 더욱 외향적인 형태의 도시주의의 배경이 되어주었다. 그리고 공학적으로 정말 대단한 업적은 지금까지도 경탄을 자아내는 상수도와 하수도 시설의 혁명적인 개선 작업이다.

이 과업은 과단성 있게 시행되었으며, 시간과 돈과 공학 그리고 오스만의 엄청난 추진력과 행정 능력을 필요로 했다. 교통수단을 개선하기 위해 오스만이 열정적이고도 장기적으로 헌신했다는 것은 아무도 의심치 않는다. 아무튼 그는 1832년에 먼 시골 마을인 네라크의 부지사로 처음 임명되었을 때에도 지사의 권위를 건너뛴 채 법적으로 수상한 구석이 있는 창의적 회계를 활용하여 5년 뒤에는 그 마을을 수 킬로미터의 포장된 지역 도로와 새 다리 그리고 중심 읍내와 이어지는 제대로 포장된 고속도로를 가진 곳으로 만들어준 사람이 아니던가?

그렇지만 파리의 내부 공간의 극적인 변형이 결코 오스만 덕분만은 아니었다. 7월 왕정기에 오랫동안 논의되어왔던(그림 25) 센강의 중심축에서 여러 곳의 철도 시발점에 이르는 교통 이동 노선의 재정비는 그러한 변형 작업의 결과가 아니었고 오히려 그것을 시행하게 한 강력한 여건이었다 할 만하다. 오스만은 이제 파리에 들어오는 주요 지점이 된 철로역을 "넓은 직통로를 거쳐 도심에 직접 연결되는 위치"에 설치하는 것이 "가장 시급한 필요"라는 사실을 즉각 인식했다.[10] 파리를 빙 둘러싸고 있으면서 근교가 성장하는 데 지대한 활력을 공급한 소순환小循環 철도 노선la petite ceinture 역시 오스만에게 빚진 것이 거의 없다. 또 앞으로 보게 되겠지만, 오스만은 토지와 부동산 시장의 운영, 산업의 입지와 노동과정, 시장과 분배 시스템, 인구 분산과 가정 형성family formation 등의 온갖 변동 양상을 주도했다기보다는 그에 적응하는 입장이었다. 그러므로 파리의 내부 공간의 개조는 이미 가동되고 있던 과정에 대한 반응이라 해야 한다. 하지만 그것은 바로 그 과정—산업과 상업 발전, 주거에 대한 투자와 주거 공간의 분리 등—이 뭉쳐지고 그들 자신의 궤적을 따라 활동할 수 있게 해주며 도시 진화의 새로운 역사지리학을 규정해주는 공간적 틀이 되기도 했다.

오스만이 자신의 제한적 역할을 잘 이해하고 있었던 것은 인정해줄 만하다. 그가 비록 독재적인 권력을 가졌고 걸핏하면 장엄함의 환상에 빠지는 버릇은 있었지만, 파리를 변형하려면 상품과 사람의 흐름을 중세적 규제로부터 풀어주는 데 그치지 않고 그 이상의 것까지도 해방해야 한다는 것도 알고 있었다. 그가 동원해야 할 힘은—그리고 결국 그를 무릎 꿇린 힘도—자본의 순환이었다. 하지만 이것 역시 제국이 출생했을 때부터 이미 존재하고 있던 강력한 여건이었다. 제국이 살아남으려면 자본과 노동력의 과잉은 기필코 흡수되어야 했다. 파리의 내부 공간을 그처럼 변형시킨 공공사업을 통해 그러한 과잉을 흡수하다보면 건조환경 내 특별한 공간 구조의 구축을 통해 자본이 자유롭게 순환하게 된다. 봉건적 족쇄에서 풀려난 자본은 파리의 내부 공간을 그 자신의 고유한 원칙에 따라 개조했다. 오스만은 파리를 서구 문명까지는 아닐지라도 프랑스에 걸맞은 근대적 수도로 만들고 싶어했다. 그러나 결국 그가 기여하여 만들어낸 것은 그 속에서 자본의 순환이 진정한 제국주의적 권력이 되어버린 어떤 도시였다.

새로운 공간관계는 파리 경제와 정치, 문화에 강력한 영향을 미쳤고, 그것이 파리인의 감수성에 미친 효과는 대단히 컸다. 마치 그들이 공간관계가 신속하게 압축되고 가속화하는 놀라운 세계에 방금 빠져든 것 같았다. 제2제정은 시공간적 압축으로 인해 격렬한 발작을 겪었고, 이 현상이 낳은 모순적인 결과(특히 공간과 시간에 대한)는 어디서나 눈에 띄었다. 예를 들면 새로운 운송에 대한 투자의 방향은 행정과 재정, 경제, 인구가 파리에 집중되는 경향을 더욱 강화했다. 그것은 지리적인 중앙집중화와 국가 내에서 정치권력의 탈중앙화 사이의 적절한 균형이라는 까다로운 문제를 다시 제기했으며, 게다가 그 덕분에 시민권과 정치적 정체성의 구축 과정에서 공동체의 역할이 열띤 토론 주제가 되어버렸다.[11] 많은 사람은 중앙집중화를 좋은 현상으로 여겼다. "파리는 중앙집중화 그 자체다." 황제는 자랑스럽게 선언했다. "그것은 프랑스의 머리이자 심장이다."[12] 오스만은 이렇게 설명했다. 그러나 이것은 파리 안에도 엄연히 존재하는 지역 공동체의 생존 능력과 의미에 도전하는 선언이었다. 정치적 이익을 추구하는 데서는 명확한 지리적 경계가 점점 더 없어지는 것 같았고, 지역에 기반을 둔 정치적 정체성은 갈수록 그냥 살아가는 것이 아니라 주장되어야 하는 것이 되었다.

규모라는 문제는 오스만, 자금주, 부르주아 외에 다른 사람에게서도 제기되었다. 노동운동의 새로운 국제주의는 지역적 자율성을 위한 요구 및 투쟁과 불편하게 공존했는데, 1840년대에 노동자들의 활동을 크게 활성화했으며, 훗날 파리 코뮌(지역 자치 권리에 대한 절대적인 주장과 함께)에 구체적인 정치적 색채를 그토록 많이 부여하게 되었다. 화폐경제와 상품 교환을 통해 곧 이루어질 세계 통합은 1855년과 1867년에 파리에서 열린 만국박람회에서 비슷한 방식으로 축하를 받았다. 두 행사의 초점은 기술적 발전만이 아니라 근대적 커뮤니케이션 네트워크를 통해 촉진되고 상품 교환을 통해 실체화한 공간적 상호 연결성의 새로운 세계에도 놓여졌다. 위고는 그해에 열린 만국박람회를 주로 다룬 1867년판 『파리 안내』에 실린 기사에서, 지정학적 긴장감이 막 증가하고 있으며 보불전쟁이 유럽 통합을 파괴하고 제국에 종말을 가져오기 3년 전인 바로 그 순간에, 국가라는 한계에서 벗어나 공통의 문화를 표현하는 통합된 유럽(1820년대 생시몽이 구상한 것 같은 종류의)에 바치는 극히 단순하고 과장된 찬사를 작성했다. 주마등같이 변하는 보편적 자본주의 문화와 만국박람회에서 구체화된 그것의 공간관계는 위고까지도 장소와의 동일

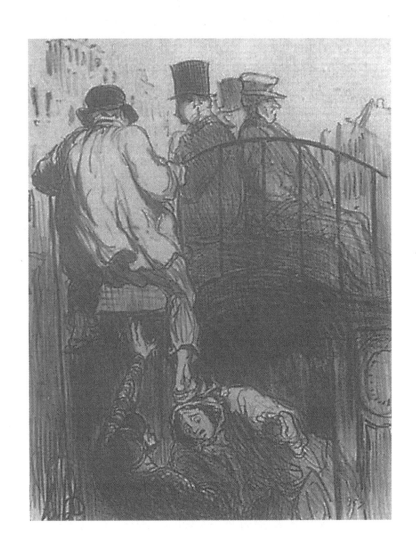

그림 37 대로를 따라 옴니버스 통행량이 증가했지만 과도한 혼잡과 시내 교통의 불편함은
줄지 않았다. 적어도 도미에가 1856년에 그린 이 삽화에 따르면 그러하다.

시 및 그에 대한 충성심이 가지는 의미와 위력에 눈을 감게 했다.

그리고 교통과 운송 수단을 개선하다보면 흔히 일어나는 일이지만, 결과적으로 혼잡은 별로 줄지 않았고 속도와 규모를 달리하여 다시 심해지는 사태가 발생했다. 옴니버스가 실어 나른 승객 숫자가 1855년에서 1860년 사이에 3배로 증가했다는 사실을 보면 상황을 대략 알 수 있다. 새로운 이동 수단에 대한 도미에의 그림 중 다수가 철도, 대로, 정거장의 혼잡스러움과 빨라진 속도, 과밀로 인한 강한 압력, 사적인 친밀성과 공적 인격 사이의 균형 이동(그림 19, 34, 37) 등의 현상을 강조한다. 열차에서의 계급에 따른 격리가 있었고, 옴니버스에서의 "꼭대기인지 안쪽인지"에 따른 격리 때문에 약간의 공간 구분이 있었지만 혼잡한 철도 객차에서는 어떤 계급의 좌석에서도 사적 공간이나 친밀성의 느낌을 유지하기가 힘들었다. 철도는 공간관계의 구체성뿐 아니라 사회관계, 친밀성, 감수성까지도 혁명적으로 바꾸었다.[13] 쉽게 찾아갈 수 있게 된 시골에서 휴식과 오락을 찾아야겠다는 부유층과 중산계층의 욕망이 오래지 않아 인상주의 회화의 큰 주제 가운데 하나가 되었다. 또한 교외와 더 먼 농촌 주변부가 파리 생활의 소용돌이 속으로 통합되었다는 것은 도시화 과정을 피할 수 있는 곳이 없음을 뜻한다.

능률 증진 역시 사람과 상품과 사상이 움직일 수 있는 공간을 확장했다. 이로 인해 도시화 과정을 아주 다른 수준에서 재고하고 재조정하는 것이 최우선의 과제가 되었다. 이에 적응해야 하는 것은 오스만과 보좌관들만이 아니었다(이 문제에서 이들이 선도적 역할을 했다는 데는 의문의 여지가 없다). 자금주, 상업계, 기업가 역시 자신의 생각을 이에 적응시키고 더 장대한 지리적 규모로 작업할 조직적 수단을 찾아야 했다. 근교를 도시 행정 안으로 병합해 들이려는 오스만의 의욕은 이 규모 변화의 상

그림 38 철도 여행은 여행이라는 공적 공간을 경험할 수 있는 방식에 관해 극적인 의미를 지닌다. 어떤 종류의 것이든 친밀감을 갖기가 특히 힘들었고, 도미에가 그린 수많은 삽화는 그 문제를 지적한다. 초반에는 격리된 컴파트먼트 객실을 만들어 상류계급 승객을 군중과의 접촉으로부터 보호하려고 했지만 객실 내에서 살인 사건이 발생하자 객실 운행이 재빨리 중지되었다. 도미에가 그린 이 삽화(1864)는 3등 객실 여행을 찬양한다. 거기서는 질식할지는 몰라도 살해되지는 않을 테니까.

징이었다. 물론 페레몽과 메나디에 같은 도시주의자들은 1840년대에 이러한 사고방식을 개척했으며, 그와 동시에 적어도 볼테르와 디드로까지 거슬러 올라가는 도시 공간의 합리화 전통을 파리의 혼란스럽고도 한없이 빨라지는 도시 성장에 적용시킬 수 있었다. 발자크가 이 도시를 하나의 전체로 보기로 작정했으며, 많은 찬사가 쏟아진 『고리오 영감』의 종결부에서 라스티냐크가 페르라셰즈 묘지의 언덕에서 도시를 내려다보면서 그것을 자기 것으로 움켜쥘 결심을 하는 장면을 상기하라. 그러나 라스티냐크의 계획은 개인적 출세의 계획이었다.

여러 해가 지난 뒤 졸라는 『쟁탈전』에서 발자크의 장면을 되살려낸다. 제2제정의 대투기꾼인 사카르는 어느날 저녁 몽마르트르 언덕 높은 곳에서 앙젤과 식사를 한다. 파리를 굽어보고 "20프랑 은화가 비처럼 쏟아진다"고 상상하면서 그는 "하나 이상의 구역이 녹아 없어질 것이고 모르타르를 데우고 휘젓는 자들의 손가락에 황금이 달라붙을" 모습을 즐겁게 지켜본다. 앙젤은 "막연한 공포감 속에서 이 작은 남자가 자기 발밑에 가로 누운 거인 위에 똑바로 올라서서 뭔가 어울리지 않게 입술을 삐죽 내밀면서 주먹을 흔들고 있는 모습"을 지켜본다. 사카르는 파리가 십자로 때문에 이미 네 조각으로 잘렸다는 것과, 계속해서 제2, 제3의 도로망이 생기고 "토목업자의 칼질"에 계속 난도질당하며, "혈관이 열려 10만 명이나 되는 토목업자와 벽돌공들의 목숨을 부지해주는" 일을 설명한다. 사카르의 "바싹 마르고 신경질적인 손은 허공을 계속 잘라내고 있었고" 앙젤은 이 "살아 있는 칼날 앞에서, 무한히 늘어선 먼지 낀 지붕들을 무자비하게 잘라내는 저 강철 같은 손가락 앞에서, (…) 거대한 희생물 위로 무자비하게 파고들어 결국은 불안스러운 기색을 띠게 된 이 작은 손 앞에서, 약간 떨었다. 힘도 들이지 않고 거대한 도시의 내장을 찢

어발길 때, 그 손은 새벽녘의 푸른빛 속에서 강철처럼 기묘하게 번뜩이는 빛을 띠는 것 같았다".[14] 이리하여 졸라는 높은 곳에서 내려다본, 하나의 전체로서의 도시 규모에서 바라본 파리의 창조적 파괴를 재현한 것이다.

공간관계의 재형성과 그로 인해 발생한 공간적 규모의 변형은 도시화 과정에서 수동적 계기가 아니라 능동적 계기로 작용했다. 교통과 운송을 통한 공간의 실제 조직은 모든 역사적·지리적 분석이 반드시 파악해야 하는 일차적인 물질적 사실이다. 파리 안팎에서 이루어진 제2제정의 공간관계의 혁명은 연원이야 그 이전 단계에 있었는지도 모르지만, 1852년 이후에 이루어진 변화의 속도, 공간적 규모, 지리적 확장은 그 이전의 전반적 수준과 차원이 다르다. 이 혁명이 어떻게 완수되었는가 하는 것은 앞으로 더 탐구해야 할 문제다.

5장

화폐, 신용, 금융

신용 시스템은 생산력의 물질적 발전과 세계시장의 성립을
가속화시켰다.

_마르크스

1851년 12월 2일 아침, 에밀 페레르는 제임스 로스차일드의 집으로 서
둘러 가서, 아직 자리에서 일어나지 않고 있던 은행가에게 쿠데타가 모
두 순조롭게 진행되었다고 안심시켰다. 뒤이어 그들 관계가 단절되고 제
임스가 1868년에 죽기 1년 전 페레르 형제가 몰락할 때까지 계속된 무
시무시한 투쟁의 이야기는 금융계 고위층에서 벌어진 전설적인 전투 가
운데 하나다. 한참 뒤에 그것은 졸라의 소설 『돈』의 주제가 되었다.[1] 경
제 발전에서 돈과 금융이 담당하는 역할에 대한 두 가지 아주 다른 개
념이 그 배후에 있다. 로스차일드의 고도 금융haute banque은 가족 사업
이었다. 사적이고 신용이 튼튼하며 광고도 하지 않고, 부유한 친지들을
주로 상대했고, 돈을 만지는 태도는 아주 보수적이었다. 진정한 화폐 형
태, 진정한 가치 척도인 황금에 대한 집착으로도 표현되는 보수주의 말
이다. 그 집착은 로스차일드에게 유리하게 작용했다. 1848년 한 노동자

신문이 불평했듯이, 그는 "젊은 공화주의자들에게 과단성 있게 대처하며" "구왕조로부터 독립적인 권력"이었다. "당신은 한 국가에 한정되지 않는 인물이다. 당신은 신용의 상징이다." 한편, 1830년대 초반 이후 생시몽주의적 사고방식으로 교육받은 페레르 형제는 위와 같은 상징의 의미를 바꾸려고 애썼다. 그들은 오래전부터 신용 시스템이 경제 발전과 사회 변화의 중추라고 생각했다. 홍수처럼 선전을 쏟아붓는 가운데, 그들은 소액 저축을 장기적 프로젝트를 감당할 수 있는 신용기관들의 치밀한 위계 내로 유통함으로써 저축을 민간 차원으로 확대하는 길을 모색했다. "자본의 연합"이 그들의 주제였고, 미래의 발전에 대한 거대하고 대담한 투기가 그들의 실천이었다. 최종적으로 분석하자면 로스차일드와 페레르 가문 간의 갈등은 자본주의 내에서 금융을 위주로 하는 상부구조와 화폐에 의지하는 하부구조 간에 형성된 긴장이 개인을 통해 표현된 양상이었다.[2] 만약 1867년에 경화를 통제하던 자들(로스차일드 같은)이 페레르 형제의 신용 제국을 파멸시키는 데 성공했다 하더라도, 우리도 곧 알게 되겠지만 그것은 피루스왕 같은 만신창이의 승리였다.

1851년의 당면 과제는 자본과 노동력의 과잉을 흡수하는 것이었다. 파리의 부르주아는 누구나 자신들이 방금 지나온 위기의 경제적 근원이 무엇인지 인식하고 있었지만, 그에 대해 어떤 조치를 취할 것인지에 대해서는 깊은 골을 사이에 두고 두 진영으로 갈라졌다.[3] 정부는 생시몽주의 노선을 택하고, 직접적인 정부 개입과 신용 창조, 금융 구조 개선을 혼합함으로써 과잉 자본과 과잉 노동을 경제 부흥을 위한 기반인 새로운 물리적 하부구조로 전환하려고 했다. 그것은 캘리포니아와 오스트레일리아에서 막대한 양의 황금이 유입되어 원활해진 경제 사정에 힘입어 채택된 온건한 인플레 및 자극에 의한 팽창 정책(일종의 원시적 케인스

그림 39 뒤마는 증권거래소는 "남의 돈 먹기"라고 말했고, 샤르고의 삽화는 증권거래소를 흡혈귀에 사로잡힌 곳으로 묘사한다.

증권거래소는 지주들의 재산을 수없이 집어삼킨
무모한 투기와 타락의 중심이 되었다. 그것이 일상생활에 미친
악영향은 나중에 졸라의 『쟁탈전』과 『돈』에서
사카르라는 인물(은연중에 페레르 형제를 모델로 한)을 통해 불멸성을 얻는다.

그림 40 많은 가톨릭교도가 이자 부과를 매춘과 비슷한 것으로 보았다. 가바르니가 그린 이 삽화에서 예쁘게 차려입은 젊은 여자가 내켜하지 않는 손님을 자기가 친절하게 잘 대해주겠다고 약속하면서 투기소(평판 나쁜 집, 유흥가, 매음굴 등)로 꾀어들이려고 애쓰고 있다. 즉 그가 얼마를 투자하든 좋은 이율로 돈을 늘려주겠다는 것이다.

주의)이었다. 고도 금융과 그곳의 의뢰인들은 이에 대해 깊은 의구심을 가졌다. 로스차일드는 새 발의안을 격렬하게 비난하는 편지를 황제에게 보냈다. 은행가들은 대개 오를레앙파의 동조자였으므로 그들을 신뢰할 수 없었던 정부는 페르시나 페레르와 오스만 같은 행정가들 편으로 돌아섰는데, 이들은 신용의 보편화가 경제 발전과 사회적 화해를 위한 길이라는 견해를 받아들이는 입장이었다. 그렇게 함으로써 그들은 마르크스가 화폐의 "가톨릭주의"라고 부른 것을 포기하고 자신들의 은행 시스템을 "생산의 교황권"으로 전환했으며, 마르크스가 "믿음과 신용의 프로테스탄트주의"라고[4] 부른 것을 수용했다. 그러나 여기 사용된 종교적 이미지는 그냥 무심히 지나쳐도 되는 것이 아니다. 가톨릭교회는 공식적으로는 1840년대 중반까지도 이자를 고리대금과 동일시했고, 불법으로 몰아붙일 방도를 강구했다. 따라서 수많은 헌신적인 가톨릭교도가 볼 때 새로운 금융 시스템의 부도덕성은 심각한 사안이었다. 그들에게는 로스차일드와 페레르 형제가 유대인이며 오스만은 신교도라는 사실도 문제 해결에 도움이 되는 사항이 아니었다. 가바르니의 만화가 재치 있게 확인해주는 것처럼, 그들 가운데 많은 수가 자본주의를 매춘과 동일시했다. 제국이 몰락한 뒤에도 그에 대한 도덕적 비난은 너무나 강력하게 다시 등장하여, 걸핏하면 그의 재정 처리 방식을 들먹이면서 죄악이며 불법적이라고 주장하곤 했다. 새로운 금융 시스템을 만들려면 정치적·기술적·철학적인 장애물만이 아니라 도덕적인 장벽까지도 넘어가야 하는 것은 분명했다.

제2제정 치하 금융 개혁의 이야기는 세부적으로 들어가면 내용이 복잡해진다.[5] 하지만 중심 쟁점은 말할 필요도 없이 페레르 형제의 크레디 모빌리에Crédit Mobilier(동산動産 은행)였다. 이곳은 원래 철도 건설을 진행하고 그에 부수적인 온갖 산업을 진행하는 데 필요한 자금을 모으는 일을 도와주는 투자은행이었다. 크레디 모빌리에는 또한 일반 대중에게 그 은행이 통제하는 회사가 얻는 수입에 따라 보장되는 반환 비율로 채권을 팔기도 했다. 따라서 그것은 이제까지 투자처를 찾지 못하던 수많은 소액 저축자(페레르 형제는 신용의 "민주화"를 예상하고 높이 평가했다)와 넓은 범위에 걸친 산업체들 사이에서 중개자 역할을 했다. 그들은 심지어 그것을 기금 모집과 기업 병합을 통해 모든 경제활동(정부의 활동도 포함하여)을 공동 통제권 아래 두는 일반지주회사로 바꾸고 싶어했다. 오늘날 우리에게 "국가독점자본주의"로 알려진 경제체제의 계획적 발전이라 할 만한 것에 의구심을 가진 사람들이 정부 요인도 포함하여 많이 있었다. 그리고 비록 페레르 형제가 벌떼 같은 보수주의자의 반대와 본인들이 지나치게 확장한 투기의 제물이 되어 궁극적으로는 몰락하지만(로스차일드가 황제에게 보낸 편지에서 예언했고, 스스로 조장하기도 한 운명) 그들의 반대자 역시 억지로라도 새로운 방법을 채택하지 않을 수 없었다. 로스차일드는 1856년에 이미 동일한 형태의 조직을 세워 반격했고, 제2제정 말엽에는 한 무리의 새로운 금융 관련 중개자(1863년에 설립된 리옹 은행Crédit Lyonnais 같은 예)가 등장하여 그때부터 지금까지 프랑스의 금융 생활을 지배하게 된다.

페레르 형제가 인정했듯이, 크레디 모빌리에는 그것에 통합되거나 종속되는 광범위한 다른 기관들 없이 그 자체만으로는 성과를 내지 못한다. 프랑스은행(개인기업이지만 국가의 규제를 받는 기관)은 갈수록 국립 중앙은행 역할을 하는 기관으로 변해갔다. 페레르 형제의 취향에 비하면 그 은행은 재정적으로 너무 보수적이었다. 심지어 신용의 고삐를 죄고, 페레르 형제의 기준에서는 경제성장에 해롭다고 판단될 정도까지 할인

율을 올리는 한이 있더라도 돈의 품질을 아주 진지하게 보존하는 임무도 맡았다.[6] 프랑스은행은 결국 페레르의 사상에 반대하는 금융계의 중심이 된 것이다. 이 은행은 거의 전적으로 상업 환어음을 할인해주는 단기 기업 어음만 다루었다. 1852년 12월 10일(크레디 모빌리에가 설립된 직후)에 드디어 결성된 새 기관인 크레디 퐁시에Crédit Foncier(부동산不動産 은행)는 토지와 부동산 저당 시장에 합리성과 질서를 부여하기 위한 기관이었다. 페레르 형제의 영향력하에 설립된 크레디 퐁시에는 앞으로 그들이 관심을 가지는 영역에서 중요한 동맹이 된다. 1848년 설립된 파리 할인 은행Comptoir d'Escompte de Paris(파리 국립 은행BNP의 전신)이나 1859년에 세워진 산업·상업 은행Crédit Industriel et Commercial 같은 다른 기관들은 특별한 종류의 신용을 취급했다. 페레르 형제는 정부의 축복을 받으면서 자신들의 제국 안에서 위계적인 질서 체계를 가지는 광범위한 기관들, 예컨대 부동산 개발의 재정에 집중하는 부동산 회사Compagnie Immobillière 같은 기관을 양산해냈다. 엄청난 위세를 떨치던 전성기에 크레디 모빌리에의 산하에는 프랑스를 근거지로 하는 20개 회사와 외국에 근거를 둔 14개 회사가 모여 있었다.

이 모든 것이 파리의 변형에 미친 효과는 엄청났다. 실제로, 금융이 조금이라도 재편되지 않았다면 애당초 그처럼 빠른 속도로 변형이 진행될 수 없었다. 단지 도시가 돈을 빌려야 했다는 것(뒤에서 다룰 주제)뿐 아니라 오스만의 기획 자체가 그가 열어젖힐 공간을 개발하고 건설하며 소유하고 관리할 재정적 힘을 가진 회사의 존재에 기댔던 것이다. 그리하여 페레르 형제는 "많은 측면에서, 그리고 많은 장소에서 지사의 세속적인" 오른팔이 되었다.[7] 파리 부동산 회사Compagnie Immobilière de Paris는 오스만의 대기획 가운데 첫째 과제인 리볼리 거리와 루브르 궁전의 완공을 위해 페레르 형제가 1854년에 설립한 조직을 바탕으로 하여 1858년에 세워진 기관이었다. 이 첫 번째 사례가 어떤 식으로 실행되었는지를 보면 새 시스템이 작동하는 방식을 잘 알 수 있다. 자본을 모으고 리볼리 거리를 따라 쇼핑 공간과 호텔을 짓는다는 결정은 1855년으로 계획된 만국박람회를 위한 준비 가운데서도 위험도가 높은 투기사업이었다. 개별 상점들이 늘어선 아케이드를 짓는다는 원래 계획이 별로 인기가 없었으므로, 페레르 형제는 전체 쇼핑 공간을 하나의 큰 백화점으로 바꾼다는 새로운 모험사업의 제안을 받아들였는데, 새 계획도 투기성이 강하기는 매한가지였다. 백화점은 1855년에 개관했지만 경영 솜씨가 형편없었고 이익도 내지 못했다. 페레르 형제는 전체 사업을 재편성하고 자금을 다시 모아야 했으며, 1861년에 가서야 마침내 흑자를 낼 수 있었다.[8] 그동안 페레르 형제는 자금을 모아 백화점에 빌려줘야 했다. 건물을 짓기 위해 끌어 모은 빚을 갚아야 했기 때문이었다. 1861년 이전의 언제든, 누구든 이에 관련된 창의적 회계를 문제 삼았다면(또는 추가 투자가 거절당했다면) 페레르 형제는 큰 어려움에 봉착했을 것이다. 하지만 그들은 단기적인 책략을 써서 장기적으로는 목적을 달성했다.

부동산 회사는 샹젤리제와 말셰르브 대로를 따라, 그리고 오페라극장과 몽소 공원 주위에서 계속 건설을 해나갔다. 그러나 수익을 얻기 위해 투기적 조작에 의존하는 정도가 점점 더 커졌다. 1856년에서 1857년 사이에 회사 수입의 4분의 3은 주거와 산업 공장에서 들어온 임대료였으며, 토지와 부동산의 매매로 얻은 것은 4분의 1에 그쳤다. 1864년 무렵에는 그 비율이 정확하게 반대가 되었다.[9] 회사는 크레디 모빌리에(이 회사 지분의 절반을 소유한)를 통해 자본을 손쉽게 키울 수 있었으며, 크레디 퐁시에와의 우호적인 관계(페레르는 경악한 주주들에게 이렇게 설명했다.

이 회사로부터 은행의 자본 절반을 기획 한 건당 5.75퍼센트의 이자율로 빌리고 8.7퍼센트로 상환함으로써 11.83퍼센트의 수익을 낸다는 것이다)를 근거로 얻어낸 차입 자본을 투자하여 수익을 보강할 수 있었다. 회사가 단기적 재정에 의존하는 비중이 점점 커졌는데, 그 때문에 그 회사는 프랑스은행이 지시하는 이자율 변동에 취약한 처지가 되었다(그 기관이 시행하는 정책에 대한 페레르 형제의 인내심 결여와 낮은 이율의 대부를 받으려는 그들의 강박적인 집착을 실명해준다). 또 그 회사는 크레디 모빌리에의 재정 지원을 받는 기업들에게 건설 사업을 분배했고(그럼으로써 건설 사업에서의 상당한 집중 현상과 고용 증가를 초래했다. 표 4를 볼 것). 흔히 크레디 모빌리에가 지분을 가지고 있는 경영 회사나 상업 집단에게 건물들을 팔거나 임대해주었다.

페레르 형제는 철도를 건설하고 온갖 운송 수단과 산업·상업 기업을 세상에 내보내고, 건조 환경에 대한 거대한 투자를 창출해내는 일을 실행할 수 있는, 수직적으로 통합된 금융 시스템을 만드는 일의 대가였다. 에밀 페레르는 이렇게 썼다. "나는 지형地形 그 자체에 내 아이디어를 새기고 싶다." 그리고 그와 동생은 정말로 그것을 실행했다. 하지만 그들만 그런 것은 아니었다. 로스차일드조차도 체면을 불사하고 자신이 소유하고 있던 북역Gare du Nord 주위의 부동산을 활용하여 수익이 많은 부동산 모험사업으로 바꿀 정도였고, 수많은 건설업자, 도급업자, 건축가, 건물 소유주도 동일한 노선에서 수익을 얻으려고 노력했다. 그리고 앞으로 보듯이, 이것은 파리에서의 유일한 토지 개발 시스템은 아니었지만 파리의 오스만화를 실행하는 일차적 수단이었다.

하지만 금융 시스템의 변화가 파리의 경제와 생활에 가한 엄청난 영향에 비하면 이것은 사실 빙산의 일각에 지나지 않는다. 돈, 재정, 투기

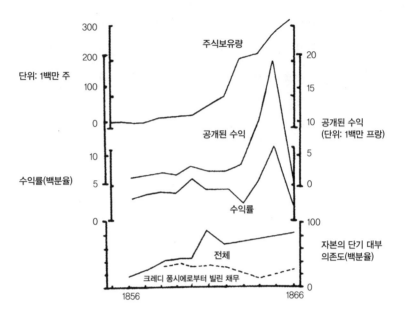

그림 41 부동산 회사의 경영, 1856~1866년(르스퀴르의 표, 1980). 보유 주식 총량(1867 년에 폭락 사태가 일어나기 직전인 1866년에 급등한 수치)과 발표된 수익 및 수익률(1865 년에 폭락한) 그리고 단기 대부에 대한 의존도의 증가를 구별한 표

는 파리의 부르주아들에게 너무나 큰 강박관념이 되었으므로("사업이란 남의 돈 먹기"라고 아들 알렉상드르 뒤마는 농담조로 말했다) 증권거래소는 지주들의 재산을 수없이 집어삼킨 무모한 투기와 타락의 중심이 되었다. 그것이 일상생활에 미친 악영향은 나중에 졸라의 『쟁탈전』과 『돈』에서 사카르라는 인물(은연중에 페레르 형제를 모델로 한)을 통해 불멸성을 얻었 다. 사카르는 두 소설 중 전자에서는 파리의 개조에 참여하는 대투기꾼 으로, 후자에서는 동방에서 이루어지는 투기 음모의 배후 주모자인 자 금주로 그려진다. 그는 이렇게 말한다.

탈진한 혈관에 새 피를 주입하여 그 시스템을 자극할 때 들판이 없어지고 도로와 운하가 건설되며 새 도시가 흙에서 솟아나서 병든 몸에 생명이 돌아오듯 할 것이다. 그래! 돈은 이러한 기적을 행할 것이다. (…) 당신은 투기와 도박이 주된 메커니즘임을, 우리가 추진하는 것 같은 방대한 업무의 심장 그 자체임을 이해해야 한다. 그래, 그것은 피를 끌어들이고, 실개울의 모든 원천에서 물을 빨아들이며, 그것을 주워 모아 사방의 강으로 돌려보내며, 엄청난 돈의 순환을 이룬다. 그것이 바로 거대 기업의 생명이다. (…) 투기, 그것은 우리 삶의 동기가 아닌가. 그것은 우리가 살고 투쟁하도록 몰아붙이는 영원한 욕구다. 내 소중한 친구여, 투기가 없으면 일체의 사업이 없을 것이다. (…) 사랑할 때와 똑같아. 사랑과 마찬가지로 투기를 할 때도 더러운 점이 많이 있지. 사랑에 관해서도 사람들은 그들 자신의 희열만을 생각하지만, 사랑이 없다면 생명도 없을 것이고 세계는 종말을 맞게 되겠지.[10]

『쟁탈전』에서도 이와 똑같은 과정을 떠올리지만 이번에는 무대가 파리 내부다. "파리를 개조한 방대한 기획"에 대한 소문을 들은 사카르는 자신이 얻은 내부자 정보에서 수익을 얻는 데 착수한다(그는 심지어 "지사의 방에서 그 유명한 파리 계획서, 즉 '존엄한 손'이 2차 그물망의 원칙을 붉은색 잉크로 그어놓은 계획서를 훔쳐보는 모험을 하기도 했다"). "시 청사에서 미래를 읽었"으며 "주택과 토지의 매매에서 무엇을 훔칠 수 있는지" 충분히 잘 알고 있고, "모든 종류의 계급적 사기에 능통"한 그는

어떻게 하면 50만 프랑의 비용을 들인 것을 100만 프랑으로 팔 수

있는지를 잘 알고 있다. 미소를 지으며 눈을 감는 국가의 재산을
강탈할 권리를 어떻게 얻는지. 낡은 구역의 허리께를 가로질러 대로를
펼칠 때. 어떻게 하면 얼뜨기들이 만장일치로 보내는 갈채를 받으며
6층짜리 건물을 가지고 잔재주를 부렸는지 잘 알고 있다. 그리고 아직
투기의 종양이 드러나기 전인 구름 낀 날에. 그를 막강한 도박꾼으로
만들어준 것은 그가 자기의 상관보다도 더 멀리 보았고, 파리의
앞길에 놓인 돌과 시멘트로 된 미래를 알아보았다는 사실이었다.[11]

위대한 투기자는 파리와 그 도시 형태를 만드는 책임을 질 뿐 아니라
전 지구를 지휘할 열망을 품는다. 그 열망을 달성하는 수단은 자본의 연
합이다. 졸라가 생시몽주의 원리가 처음 형성된 지 70년가량 지난 뒤에
그 원리의 지극히 오만한 버전을 그처럼 마음 편하게 불러냈다는 사실
은 프랑스에서 19세기 내내 이 사고 모델이 꾸준히 존속해왔다는 것을
충분히 입증한다. 졸라가 불러낸 공식, "과학의 도움을 받은 돈은 진보
를 만든다"는 공식은 모든 차원에서 공감을 얻었다. 계획의 실행을 위해
투기적 자본을 끌어 모으지 않는다면 근대성이 있을 수 없다는 점은 분
명하다. 열쇠는 소규모 실개천 같은 자본을 한데 모아 필요한 규모의 기
획에 착수할 수 있을 만큼 거대한 흐름으로 만드는 방법을 찾는 데 있다.
페레르 형제가 하려고 했고, 금융 분야에서 제도적 변화를 통해 달성하
려 했던 것이 바로 이것이다.

그러나 금융 권력의 엄청난 중앙집중화가 가능해진 것은 바로 그 반
대쪽 극단에 위치한 돈의 민주화 현상을 통해서였다. 꼭대기에 있는 6개
가문이 1860년대 중반의 파리에 등록되어 있던 회사 이사회의 920개
의석 가운데 158석을 차지했다. 페레르 형제는 44석을, 로스차일드 가

문은 32석을 갖고 있었다.[12] 신흥 "재정 영주"의 엄청난 권력에 대한 불평이 광범위하게 일어났고, 뒤셴 같은 사람의 대중적 저술을 통해 비판적 여론의 공격을 받았다.[13] 국제 무대(페레르 형제의 비방자들은 그들이 직권으로 새로운 국제 지폐를 만들어 금을 대체하겠다고 위협했다고 주장했다)뿐 아니라 도시 조직의 모든 영역에까지 그 권력의 영향력이 느껴졌다. 페레르 형제는 가스 회사를 합병하여 단일하게 통제되는 독점기업을 만들고, 산업용 가스 시설과 가로등을 파리의 많은 곳에 설치했다. (또다시 기업 병합으로) 파리 옴니버스 회사를 설립했고, 최초의 백화점 가운데 하나(루브르 백화점)의 재정을 지원했으며, 부두와 중계무역항 사업을 독점화하려고 시도했다.[14]

신용 시스템의 재편은 파리의 산업과 상업, 노동과정과 소비 양식에 장기적인 영향을 미쳤다. 어쨌든 모든 사람이 신용거래에 의존했으니까. 유일한 질문은 누가 누구에게, 그리고 어떤 조건으로 빌려주느냐 하는 점이었다. 계절적 실업으로 시달리는 노동자들은 빚으로 살아갔다. 소규모 장인과 점포주는 계절에 따라 달라지는 주문을 처리하려면 신용거래를 해야 했다. 이 같은 연쇄는 끝없이 이어진다. 채무 상태는 모든 계급과 모든 활동 영역이 처해 있던 만성적인 문제였다. 하지만 1840년대의 신용 시스템은 자의적이고 변덕스러웠으며 불안정했다(진정한 안정감을 주는 것은 토지와 부동산뿐이었다). 1848년 무렵 신용 시스템을 개혁하자는 제안이 무성하게 제기되었다. 수공업자, 소장인, 기술노동자는 지역적이고 민주적으로 통솔되는 일종의 상호 신용 시스템을 만들려고 했다. 프루동이 실험적으로 세운 인민 은행은 "돈의 장사꾼이여, 너희의 지배는 끝났다!"는 기치 아래 무이자 신용거래를 제공했지만, 그가 1848년에 체포되자 그것 역시 몰락했다.[15] 하지만 그 이상은 결코 죽지 않았다. 노동자들이 1860년대에 조직되기 시작했을 때 그들이 점점 더 큰 관심을 보인 것은 상호 신용의 문제였다. 1863년에 착수되고 1868년에 설립된 그들의 노동 은행Crédit au Traveil은 "48개소 협동조합 가운데 18군데는 파산했고, 9개소만이 지불 능력이 있는 채무"의 절망적인 지급불능 상태에 빠졌다.[16] 그 책임은 정부의 무관심과, 더욱 놀라운 일이지만 동료 노동자들의 무관심 탓이었다. 소비자 협동조합 역시 비슷한 문제에 봉착했는데, 주기적인 실업과 실질임금의 감소 사태가 닥치자 많은 가정이 경제적 부담을 지면서 협동조합에 가입하기보다는 차라리 자기들이 사는 지역의 상점 주인들과 계속 으르렁대면서도 그들에게 빚을 지는 편을 선호했기 때문이다. 몽드피에테의 마을 전당포는 파리의 주민 다수가 최후에 기대는 곳이라는 지위를 계속 누렸다. 무이자 신용거래라는 꿈은 더욱 멀어졌다. 노동자 위원회의 한 회원은 1867년에 이렇게 말했다. "상인과 지주와 정부 등의 밥줄이 걸려 있는 사유재산 시스템 전체를 뒤엎어야 한다."[17]

신용 시스템은 자본의 연합을 통해 합리화되고 확장되고 민주화되었지만 대개 무절제한 투기와 중앙집중화되고 위계적으로 조직된 시스템 속으로 모든 저축을 빨아들인다는 대가를 치르지 않을 수 없었다. 그 시스템 속에서 바닥에 있는 사람들은 화폐 권력을 조금이라도 지닌 사람들의 제멋대로이고 변덕스러운 일시적 기분에 더욱 피해를 입기 쉬운 존재가 되었다. 하지만 공간관계에서 혁명이 일어나려면 신용 시스템에서 혁명이 필요했다. 그러나 파리 내에서 그 과정은 금융자본과 토지 자산의 훨씬 더 긴밀한 통합에 의존하여 진행되었다. 우리가 지금 눈을 돌려야 할 것은 이 통합 방식이다.

6장

임대료와
부동산 이권

> 빠른 속도로 성장하는 도시에서 건설 투기의 실질적인 대상이 되는 것은 건물이 아니라 토지 임대다.
>
> _마르크스

1848년에서 1852년 사이에 파리의 부동산 시장은 그 세기에서 가장 심했고 오래 지속된 불황을 겪었다. 이 불황으로 제일 심한 타격을 받은 부르주아들이 사는 일부 구역에서는 빈 집의 비율이 6분의 1까지 치솟았으며, 임대료는 절반으로 떨어졌고 (어쩌다가 매매가 이루어지더라도) 부동산 가격은 심각하게 낮아졌다.[1] 그러다가 제2제정으로 그 모든 사태가 뒤집혔다. 그 시기는 파리 시민의 자산 평가액과 부동산 소득이 상대적으로 안정되고 높은 수준이었다고 알려진 황금기다. 하지만 이때는 도시에서 부동산 소유권의 사회적 의미와 방향이 빠른 속도로 바뀌는 시기이기도 했다. 파리의 부동산은 점점 더 순수한 재정적 자산으로, 자본의 일반적인 유통과정에 통합된 교환가치가 사용가치를 전적으로 지배하는 의제자본fictitious capital 실제로 투하된 자본에서 얻어지는 배당률을 자본화함으로써 발생하는 가격을 의미하며, 이를 가상자본이라고도 한다 형태로 평가되었다. 졸라 본

227

인도 인정했듯이, 사카르의 대규모 투기와 발자크의 『사촌누이 베트』에서 묘사된 장난 같은 소소한 투기, 아니면 『세자르 비로토』와 『고리오 영감』에서 작동되는, 좀더 체계적인 수탈 사이에는 완전히 차원이 다른 차이가 있다.

부동산 시장에 대한 파리 시민들의 투기에는 물론 그다지 존경받지 못할 오랜 역사가 있다. 루이 필리프의 수상인 프랑수아 기조가 투기에 대한 초청장으로 유명해진 "부자 되기enrichissez-vous" 정책을 발표하자, 파리의 부르주아들 사이에서 투기 열풍이 일어나 1840년대 중반까지 계속되었다. 제2제정의 표준형이 되어버린 투기용 아파트식 건물 설계가 인구 과밀인 도시 생활의 해결책으로 시도되어 효과를 본 것이 이 시기였다. 부르주아들이 이 방향으로 눈길을 돌린 이유 가운데 부동산이 그들에게 허용된 몇 안 되는 안정적인 투자 형태 가운데 하나였다는 것도 일부 포함되어 있다. 부동산은 그저 건축 물량이 인구 증가율을 따르지 못했기 때문에 수익을 냈고, 부르주아들은 건물 부족 사태를 악용하여 돈을 벌 수 있었다(그들을 모델로 1840년대에 대중의 비난이 집중되던 표준적 초점이자 1848년의 주 과녁이던 악질적인 집주인 보투르 씨라는 허구적 인물이 창조되었다). 도시에 있는 주택 수는 1817년의 2만6801채에서 1848년에는 3만770채로 늘어난 데 반해, 인구는 같은 시기에 71만3966명에서 105만3897명으로 늘어났다. 노동자 주택의 수익률은 1820년대에는 7퍼센트였는데, 아마 내내 그 수준이었을 것이다. 그 대신 발자크의 『사촌누이 베트』나 외젠 쉬의 소설에 너무나 사실적으로 묘사되어 있는 비위생적 구역에서는 건물의 보수는 제대로 되지 않고 거주인 밀도는 더 높아졌다. 부르주아 구역에서는 임대 수익률이 5퍼센트에 가까웠는데(이보다 적은 경우는 거의 없었다), 임대인을 얻기가 더 힘들었으며 그 이유는

그림 42 도미에는 흔히 지주와 부동산 소득자들을 비난했다. 이 그림에서 지주들은 다음 납기일에 임대료를 올릴 음모를 짜고 있다.

그림 43 보투르 씨는 탐욕스러운 집주인의 대명사였다. 도미에는 그를 철거 작업에 기뻐하는 사람으로 그린다. 왜냐하면 집이 한 채 한 채 철거될 때마다 임대료를 200프랑씩 올릴 수 있기 때문이다.

사람들이 집을 더 까다롭게 골라서였다.[2] 그럼에도 이는 수익률이 3퍼센트 정도인 국채에 비하면 훨씬 더 높았다.

도마르의 꼼꼼한 연구 덕분에 우리는 그 뒤에 변화가 진행된 중심 노선들을 파악할 수 있다. 파리의 부동산은 부르주아 계급의 여러 부류에게서 재산축적의 수단으로 선호되었지만 1840년대의 자산 소유자 비율을 보면 점포 주인과 수공업자가 지배적이었고(절반가량) 자유직과 대상인이 나머지 3분의 1을 차지한다. 1880년이 되면 이 구도는 완전히 변한다. 점포 주인과 수공업자의 비율은 13.6퍼센트로 떨어졌고 자유직도 8.1퍼센트로 떨어졌으며, 오로지 지주이기만 한 사람들 계층(53.9퍼센트)이 그 공백을 메웠다. 대상인(특히 "회사"라는 새로운 범주와 결합했을 때)만이 예전 지위를 유지했다(표 3). 변두리에서만 점포 주인이 그곳에서의 판매량의 4분의 1을 차지하면서 중요한 지위를 점하고 있었지만 그것도 1880년에는 18.1퍼센트로 떨어졌다. 상인, 회사원, 자유직은 부동산 소유자들만큼 지배적인 지위는 전혀 갖고 있지 않았는데도 도심부 부동산 가운데 예상 외로 큰 몫을 차지하고 있었다. 따라서 중하류층과 소부르주아들은 부동산 소유자(특히 도심 지역의 부동산)의 범주에서 계속 밀려났고, 그들의 자리는 지주와 대상인들로 이루어지는 상류층 부르주아가 차지했다. 그러한 변화는 수공업과 소생산자, 점포 주인이 대상인과 금융에 종속되는, 상업, 금융, 제조업 구조의 중대한 변화와 일치한다. 모든 사회집단이 점점 더 투기를 위해 부동산 매매에 기꺼이 참여하고자 했다는 증거도 있다.

소유권은 분산되기 시작하여 계속 그러한 상태가 유지되었다. 도마르의 집계에 따르면 1846년에 평균적 소유자는 부동산 두 건만을 관리했고, 이 부동산 가운데 개별적으로 대규모 부동산도 일부 있을 수 있지만

그림 44 마르빌의 사진은 1850년대 파리 주거 대부분이 처해 있던 비위생적이고 위태로운 상태를 증언한다.

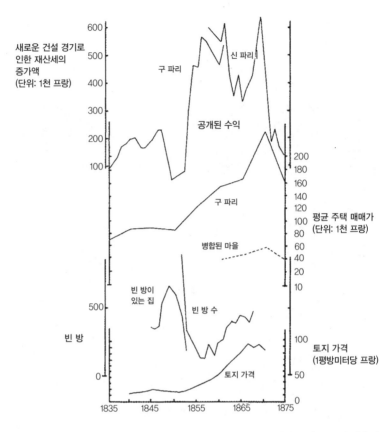

그림 45 파리 부동산 가격의 변동. 새로운 건설이 부동산세에 기여하는 바(1855년 이후의 터무니없는 급등과 1866년 이후의 폭락에 주목하라)와 1848년 이후 1866년까지 주택 가격의 꾸준한 상승(병합된 공동체에서는 훨씬 가격이 낮은 점을 주목할 것), 1852년 이후 공실률의 급격한 하락과 토지 가격의 상승 사이를 구별한 표(도마르, 1965의 표와 가야르, 1977의 표에 의거)

대부분은 그렇지 않았다. 구역에 따른 다양한 차이는 계속 있었다. 가야르는 이렇게 주장한다. 1850년에 이 분야에서 뭔가 특징적인 유형이 있었다면 그것은 "진보적"인 대규모 부동산 사업가가 좌안보다는 우안에,

표 3 개인 재산에서 부동산이 담당하는 역할(1840~1880)

각 사회집단이 소유한 파리 부동산의 비율(%)							
1847년 부동산 형태로 소유된 파리인의 자산 비율(%)				1840년	1880년		
사회경제적 범주	파리 내부	파리 외부	전체		전체	중심부	주변부
지주ⓐ	39.8	21.3	61.6	8.9	53.9	49.1	59.3
상인ⓑ							
현지	16.0	5.3	21.3	14.2	14.5	17.7	11.0
퇴직	23.5	20.5	43.7				
회사					3.5	5.9	0.9
점포 주인ⓒ							
현직	18.0	7.0	25.0	48.8	13.6	9.6	18.1
퇴직	38.8	2.2	41.0				
기능직	13.0	33.4	46.4	4.3	2.2	3.1	0.7
국가고용인	10.7	16.5	27.2	4.0	0.6	1.0	0.2
잡업	14.0	10.2	24.2	2.3	2.7	2.8	2.6
자유직ⓓ	37.5	7.3	44.8	17.2	8.1	10.1	6.0
기타ⓔ	8.7	0.9	9.6	0.3	0.8	0.5	1.1
재택 근로자	15.8	2.3	18.1				
일용직	15.8	2.3	18.1				
하인	2.8	5.3	8.1				
전체	27.4	17.3	44.7				

자료: 도마르(1965), 237, 241; 도마르(1973), 216
ⓐ에는 지위를 '지주'로 기록한 이들이 포함된다.
ⓑ에는 기업가 및 도매업자와 상인이 포함된다.
ⓒ에는 장인들이 포함된다.
ⓓ에는 의사, 변호사, 교사 등이 포함된다.
ⓔ에는 부동산 소유자 항목에 있는 재택 근로자, 일용직, 하인 등이 포함된다.

변두리보다는 도심부에 있었다는 점이다.[3] 도마르가 우안의 일부 도심부에서 탐지해낸 것 같은 소유권의 집중화 경향은 1850년 이전부터 이미 존재하던 유형이 영속적 현상이 된 것일 뿐이다. 실제로, 파리에서 공간 착취의 일차적 방식은 그 결과인 공간의 재편성에서 결정적인 역할을 했다. 좌안에서의 소유권의 형태와 스타일(대규모 귀족 소유자와 수공업자와 상점 주인이 뒤섞인 형태) 때문에 그곳에서의 오스만의 작업에 대한 저항이 커졌고, 그로 인해 빚어진 결과는 지금도 알아볼 수 있다. 우안 도심부에 모여 있던 대규모 상업 이권 소유자들은 7월 왕정 아래서 이러한 변화를 쾌히 받아들였을 뿐 아니라 적극적으로 촉진하고 계획했다.

도시에 기반을 둔 파리의 부동산 사업가들은 7월 왕정 아래서 강력한 정치 세력을 형성했으며, 오를레앙파로 분류되는 정치 성향을 갖고 있었다. 그들의 사회적 태도와 권력은 1850년의 파리 지형에 지울 수 없는 자국을 남겼다. 그들은 전형적으로 개인적 이익의 명령에 따르거나 변덕을 부릴 때, 또는 지위를 얻고자 할 때 외에는 개선을 위한 조처를 전혀 취하지 않았다. 그들이 투여한 자본은 건조환경을 구축하여 자본을 생산적으로 순환시키려는 것이 아니라 주로 수입을 확보하거나 점포 주인처럼 사용가치를 키우기 위한 것으로 여겨진다. 관행적 건물과 반대인 투기적 건물은 여전히 상대적으로 제한되고 어쩌다가 있을 뿐이며, 규모도 작았고, 대체로 변두리(당시에는 쇼세당탱의 신시가지 주변과 그 너머의 서북쪽으로 뻗어나가는 도시의 팽창부를 의미)를 대상으로 했다. 주택 공급이 서민들의 수요를 따르지 못했기 때문에 이를 보충하기 위해 악명 높은 프티트폴로뉴 같은 판자촌 슬럼이 형성되었다. 건설 국채는 값이 비쌌고 대체로 잘 팔리지 않았다. 토지 소유자들은 공공 개량 사업에 저항하는 경향이 있었는데, 그 부분적인 이유는 소토지 소유자들이 공간에 대해 갖고 있는 전형적으로 근시안적인 전망 때문이었고, 또 부분적으로는 분산된 소유자들 사이에서 이익이 공평하게 분배되지 않았기 때문에 변화를 위한 합의가 쉽게 이루어지지 못했으며, 또 부분적으로

그림 46 1850년대 중반에 찍은 것으로 보이는 마르빌의 이 사진은 시 중앙에서 철거가 진행되면서 개발의 변두리와 틈 사이에 생겨난 수많은 판자촌의 주거 여건이 어땠는지를 알려준다.

는 고율의 세금과 수입 감소에 대한 절대적인 두려움 때문이기도 했다. 수요가 점점 커지는 만큼 파리의 물리적 내부 구조가 더욱 악화하고 있다는 사실은 명약관화했다. 하지만 토지 소유자들의 정치 세력과 태도 때문에 손댈 수 있는 구석이 거의 없었다. 파리를 근대화하려면 이런 여건을 꼭 바꾸어야 했다.

오스만이 파리에 왔을 때의 상황은 여러 측면에서 순조로웠다. 황제는 오를레앙파에 공개적으로 동조하는 계급에게는 정치 면에서 특별히 빚진 것이 없었다. 게다가 그들은 정치적으로 아주 수세에 몰려 있던 계급이었다. 의무는 소홀히 하면서 욕심만 부리는 지주들—대중적으로는 보투르 씨로 묘사된—에 대해 오래 누적된 증오감이 1848년의 노동자 운동에서 터져나왔다. 또 6월 혁명기가 지나고 1849년 선거에서 "질서당"이 놀랄 만한 승리를 거둔 뒤에도 지주제에 깊은 적대감을 지닌 사회 민주주의적 사회주의(이따금씩 프루동의 "재산은 장물이다"라는 구호를 흔들곤 하는)를, 특히 파리에서는 너무나 쉽게 볼 수 있었다. 이러한 정치적 어려움에 파리 부동산 시장의 만성적 불황이 더해졌다. 따라서 대폭 기세가 약해진 부동산 이권 소유자들은 자신들의 권리와 시장의 부흥만 보장된다면 어떤 조처든 받아들일 준비가 되어 있었다.

제국은 두 가지 행동을 취했다. 즉 전혀 거리낌 없이 좌익을 탄압했고, 파리 부동산 시장의 획기적인 부흥을 위한 기반을 놓은 것이다. 1855년이 되자 공실률空室率이 떨어져 1년 내내 낮은 수준을 유지했고 부동산 가격은 급속히 오르는 중이었다. 엄청난 양의 세부 정보에 통하는 연줄을 갖고 있던 루이 라자르는 수익률이 12퍼센트 이상인데도 불평하는 지경이었다. 도심부에 위치한 대로변 고급 주택가에서 진행되던 주택 건설 상황을 도마르가 신중하게 재구성해낸 수치를 보면 제2제정

수익률 (퍼센트)	5	5~5.9	6~6.9	7~7.9	8~8	9
건수 (퍼센트)	4.6	6.8	32.7	36.7	13.8	5.2

기 전반에 걸쳐 수익률이 안정되었음을 알 수 있다.[4]

낡은 건물에 대한 수익률이 이보다 많이 낮았을 것이라고 의심힐 이유는 없다. 소유주들은 그저 세입자들에게 조건을 제시하기만 하면 되었다. 간단하게 말해, 파리의 부동산은 주식시장의 전형적 특징인 불안정성으로부터 보호되는, 안정적이고 수익 높은 투자처였다.

파리의 부동산 소유주와 제국이 정치적으로 화해할 물질적 기반이 놓였다.[5] 처음에는 제국이 아무에게도 신세지지 않았지만 1857년에는 자본 분야에서 이미 반대 감정이 우세해지고 있었으므로 갈수록 부동산 소유자들로부터의 지지를 기대하게 되었다. 하지만 부동산 사업가와 오스만의 관계는 대부분 불편했고, 잘해봐야 어정쩡한 관계였다. 다음의 사정을 알면 제국에 대한 부동산 사업가들의 지지가 기대했던 것보다 덜 열렬했던 이유를 더 잘 이해할 수 있을 것이다. 애당초 도시 공간에 대한 오스만의 개념은 근시안적이고 분산되어 있던 소유주들의 전형적인 개념과 근본적으로 달랐다. 일반적으로는 사유재산을 충분히 지지하면서도 오스만은 어느 누구의 특정한 사적 재산권도 옹호하지 않았다. 그는 특권주의자의 반대를 깔아뭉갤 준비가 되어 있었고, 그 때문에 원망을 초래했다. 더 나아가, 그렇게 많은 산개한 소유주에게 이익을 고르게 나눠주기는 어려운 일이었다. 가야르는 제국이 끝날 무렵 공공사업에 따르는 거대한 투기 잔치에서 소외되었다고 느끼는 부동산 소유주들에게서 숱한 불평이 나왔다고 지적한다.[6] 또 오스만은 도시 공간의 변형에 생산적으로 투자하지 못하게 하거나, 그러한 목적을 가진 공공 활동을 긍정하지 못하게 방해하는 소유주들의 재정적 보수주의와 씨름해야 했다. 파리를 변형시키려면 자본을 동원해야 하는데, 그것은 매매뿐 아니라 전통적인 부동산 소유자들의 사생활우선주의와는 상극인 집단적 원칙에 따라 도시 공간의 장기적 경영과 철거와 재편에도 투자할 자본이었다.

간단하게 말해, 오스만이 권장한 것은 토지라는 사유재산을 자본주의적으로 경영하는 형태였는데, 그렇게 함으로써 그는 더 전통적이고 편협한 태도나 관행들과 정면으로 충돌한 것이다. 오스만은 이러한 저항을 만나리라고 충분히 예상했다. 그는 개조 결정에 지주들이 영향을 미칠 통로 두 개를 제껴버렸다. 기획위원회는 사실상 오스만 단독의 위원회가 되었다. 선출되었다기보다 임명된 것이나 마찬가지인 시의회는 쉽게 협력했다. 그럼에도 그는 여전히 세율을 조금이라도 올리기보다는 세금 기반을 확대하는 것을 내용으로 하는 채무 재정이라는 창의적 방법을 고안해냄으로써 고율의 세금에 대한 부동산 소유자들의 공포감을 가라앉히는 편이 신중하리라는 사실을 알았다. 그는 또한 제2공화정의 사회법안으로부터 물려받은 "공공의 이익이라는 명분을 위한" 토지수용권과 "건강에 좋지 못함"에 대한 비난이라는 강력한 힘으로 무장하고 있었다. 그는 그 법률을 입안한 사람들은 도저히 예상하지 못했을 방식으로 이 두 가지 모두를 사용할 준비가 되어 있었다. 어쨌든 오스만은 부동산 사업가들의 사기를 떨어뜨린 뒤, 거의 아무런 반대도 없이 신속·정확하게 문제의 핵심을 찔러 들어갔다.

그 이후 부동산 소유자들은 법무부와 국가의회(둘 다 그들이 장악하게

그림 47 칠기의 영향을 받지 않은 사람은 없었다. 이 도미에의 그림(1852)에서는 한 부르주아 부부에게 노동자가 그들의 집이 곡괭이질 당할 다음 차례니까 빨리 서둘러 일어나라고 말하고 있다.

된)를 통해 반격을 가했고, 성공했다. 1858년에 그들은 오스만이 예전에 도시를 위해 수용한(큰 재정적 이익을 얻은) 토지에 대해 오른 값으로 평가받을 권리를 되찾았다. 그들은 수용된 토지에 대해 점점 더 유리한 보상 판결을 받아냈으며, 미로처럼 복잡한 포고령과 사법적 판결을 통해 1860년대 초반에는 판세를 완전히 오스만에게 불리한 쪽으로 돌려놓는 데 성공했다. 오스만은 나중에 이것이 "공익公益에 대한 사익私益중심주의의 승리"이며, 이러한 판결에 뒤이은 공적 수익의 상실과 함께 이렇게 늘어난 보상 비용이 이 도시가 1860년대에 직면하게 된 재정 곤란의 근원이라고 주장하게 된다. 도마르의 자료에는 확실히 소유자들이 1858년 이후의 시장 가격보다 더 높은 가격으로 보상받았음이 드러나 있다.[7] 이것이 바로 졸라가 『쟁탈전』에서 사카르로 하여금 이익을 찾아 먹게 했던 그러한 여물통이었다. 그러므로 부동산 소유자들이 제국과 동맹을 공고히 맺었다 하더라도 그것은 부분적으로는 오스만을 희생시킨 대가였다. 그의 몰락에 그들이 직접적으로 영향력을 행사했다는 주장은 좀 지나친 면이 있지만, 그들 가운데 많은 수가 그에게 불만을 품고 있었기 때문에 그가 해임되었을 때 항의하는 사람은 없었다.

그러나 이보다 더 깊은 곳에서 진행되는 사건들이 있었는데 그것들은 더 세밀하게 뜯어보아야 한다. 그러한 것들은 순수하게 자본주의적인 관행과 부분적으로만 자본주의적인 관행들 사이에서 부동산의 활용 문제를 놓고 충돌이 일어날 때만이 아니라 자본주의라는 형태로 나타나는 합리성 안에 내재하는 긴장이 표면화될 때에도 발생하는 갈등을 잘 보여준다. 오스만은 그런 긴장을 처리하려고 나섰던 것이다. 결과적으로는 그것들에게 사로잡히게 되었지만 그렇다고 해서 그의 천재성에 흠이 난 것은 아니었다. 파리를 변형시키고 근대화하려면 부동산 소유권을 행사하는 관행을 새롭게 마련해야 한다는 것을 명료하게 간파한 바로 그 점이 그의 천재성이었다.

건조 환경 내에서의
자본의 순환

—

제2제정기에 파리의 건조 환경을 변형하기 위해 동원된 자본의 흐름은 어마어마했다. "진공으로 빨려드는 공기처럼 자본이 몰려왔다." 알박스는 이렇게 썼다. 그러나 그것들은 주로 새로운 재정 시스템을 통해 동원된 연합 자본이라는 특정한 종류의 자본이었다.[8] 오스만의 전략은 두 갈래로 나뉘었다. 기꺼이 참여할 의사가 있거나 이 대규모 기획을 감당하기에 충분한 자본을 가진 개발 회사가 나타나지 않을 때는 국가의 힘을 사용하여 자금을 동원하고 작업의 주력을 감당했다. 그 경우, 도시는 자체 투자를 통해 더 높아진 가치를 다시 손에 쥘 수 있게 되었고, 그럼으로써 비판자들이 불평했듯이 누구보다도 더 큰 투기자가 되었다. 사유지 소유자들은 합법적으로 자신들 것이라고 생각했던 이익이 도시의 금고에 쏟아져 들어가는 것을 보고 경악했다. 그들이 1858년에 법률적인 공격을 감행하여 성공한 데는 이런 사정이 있었다.

하지만 오스만이 더 선호했던 두 번째 전략은 결국은 더욱 강력했고 더욱 강제적이었다. 그는 이렇게 주장했다. "사람들의 진정한 요구를 인식하고 그것을 충족시키는" 과제는 "경쟁에 의해 자극되는 투기가 감당할 문제로 넘기는 것이 제일 좋다".[9] 이 목적을 위해 그는 금융·부동산 관계자(건축업자, 개발업자, 건축가 등) 무리를 "연합된", 혹은 "재정적"인 자

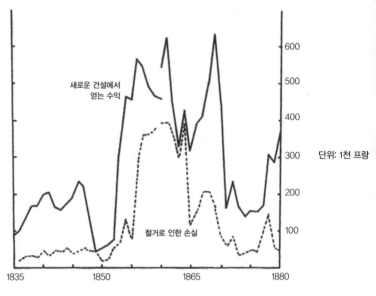

단위: 1천 프랑

그림 48 파리에서 새로운 건설로 들어오는 부동산 세원의 증가(실선)와 대철거로 인한 손실(점선), 1835~1880년(토마르의 표, 1965)

본의 억지력 아래에 모아 도시와 연대하도록 했다. 그러므로 그의 의중에 있던 것은 잘 조직된 전매적專賣的 경쟁 형태였다. 도시가 돈의 모금보다는 토지의 모금을 통해 그 작업을 매수했기 때문에 이런 형태가 되지 않을 수 없었다. 졸라가 표현했듯이, 이런 방식에서는 "주식과 배당으로 투기를 하는 것이나 마찬가지로 새 도로가 투기 대상이 되었다".[10] 그 위에 세워진 건물과 마찬가지로 토지 자체가 의제자본의 형태가 된 것이다. 그러나 이익을 내려면 회사가 그들 자체의 외부적 효과를 충분히 조화롭게 운영할 만큼 규모가 커야 했고(예를 들면, 주변 토지를 개발함으로써 가치가 급속히 상승하는 최고 위치에 부동산을 소유함으로써), 토지 가치의 상승이 실현될 때까지(때로는 몇 년씩이라도) 기다릴 여력이 있어야 했다.

도시 개조 과정에서 국가에 특권적으로 연결되는 연줄(새로 설립된 크레디 퐁시에로부터 받는 기금을 포함하여)을 가진 소수의 자본가나, 그들 배후에 보험이나 건설 회사, 건물 관리 회사 등 다른 사업을 넘칠 만큼 갖고 있는 자금주들을 수도 없이 거느리고 있는 소수의 자본가(페레르 형제들 같은)는 많은 이권을 얻었다. 그것은 연합 자본이나 금융자본이 토지 개발에 적용된 것으로서, 제국의 특수한 구조에서 태어난 것인 동시에 전통적인 토지 소유 및 토지 활용 형태와는 상반되는 혁신이었다. 그러나 그들의 작업이 원래 도시 개조의 일환으로 이루어지는 것이었으므로 자금주들은 부유층이나 대상인들에게서 들어오는 주택이나 점포의 주문만 감당하게 되었다. 그들은 대체로 도심부와 서쪽에서 활동하면서 오스만의 새 대로에서 장식물 역할을 하는 압도적으로 부르주아적인 구역을 형성하는 데 결정적인 역할을 했다. 그러나 토지소유권에 미치는 그들의 지속적인 영향력(페레르 형제의 사례에서 보듯이, 그들의 기획에서 점점 더 큰 비중을 차지하게 된 단기적 매매와 반대로)은 상대적으로 빈약했고, 1880년에는 회사들이 소유한 도심부 부동산의 양은 6퍼센트도 채 되지 않았다(표 3). 그런데도 이 시스템은 통상적인 부동산 관계자들의 시기심과 공포, 분노를 자아냈다. 또 일부 사유지 소유자와 소규모 건설업자, 건축가 등이 어느 정도 개조에 참여한 것은 분명하지만, 갈수록 그들의 참여가 힘들어졌다.[11]

중산계층과 저소득계층의 주택 건설은 이 개발 시스템에 전혀 포함되지 못했다. 이 시스템과는 근본적으로 다른 토지와 주택 개발 시스템이 "상대적으로 빈곤해진" 소규모 지주들의 대리인을 통해 생겼다. "토지 수용령에 의해 뒤늦게 보상을 받고, 약소하게나마 크레디 퐁시에로부터 신

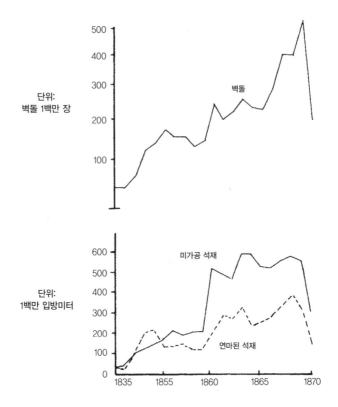

단위:
벽돌 1백만 장

단위:
1백만 입방미터

미가공 석재

연마된 석재

벽돌

1835　　1855　　1860　　1865　　1870

그림 49 파리로 반입된 건설 자재의 양, 1850～1870. 미가공 석재와 연마된 석재의 양은 1860년 이후 증가하지 않고 정체되었지만 벽돌 수량은 1860년이 지난 뒤에도 계속 늘어난 점에 주목할 것.

용 대부가 공급되어", 그래도 그들도 주택 건설, 특히 북부와 동부 변두리에서 투기할 상당한 기회를 얻었다. 이곳은 낮은 토지 가격 덕분에 저축액이 미미한 사람들(변호사, 상인, 상점 주인, 수공업자, 심지어는 노동자까지)도 인구 성장과 저소득계층의 주택 수요의 증가를 활용하여 작은 개인적 소득을 올릴 수 있는 확실한 도시 개발지가 된 곳이었다. 제2제정기에 이런 개발업자 가운데 일부는 주로 변두리 구역이나 도심부를 지배하는 토지 개발 시스템을 완전히 벗어난 곳에서 상당히 탄탄한 사업체를 세웠다. 말할 것도 없이, 그들은 도심부 개조가 보여준 본보기에 자극을 받아 건조 환경에서 자기들 나름의 투자 방식을 통해 자본을 축적할 수 있었다. 1860년에 진행된 교외 병합에 그들이 대체로 호의적인 반응을 보여준 까닭은 도시로 흡수되면 토지 가치도 오를 것이고 토지 수용과 신용 대부를 할 수 있는 특권적 통로도 얻을 수 있으리라는 기대—결국은 헛된 기대였지만—때문이었다. 그런 이익이 실현되지 못하자 속았다고 생각한 그들은 1860년대 말엽 오스만의 정책에 대한 대표적 비판자가 되었다.[12]

하지만 초반에 철거되는 양이 새로 건설된 주택 분량을 상회하여 잠깐 주춤하던 단계를 지나자 놀랄 정도의 주택 건설 붐이 일어나서 1860년대에 19세기 들어 처음으로 인구 증가를 따라잡는 정도를 넘어 도시의 주택 자산이 상당히 증가했다. 이때 주택 건설의 증가율은 27퍼센트인데 반해 인구 증가는 11퍼센트에 지나지 않았다. 하지만 이 놀라운 전체 실적 안에는 같은 정도로 놀라운 차이들이 있었다. 가야르는 이렇게 지적한다. 파리는 두 종류의 발전과 건설로 쪼개졌다. "각각은 독자적인 지리적 영역과 독자적 의뢰인, 고유한 리듬을 지니고 있다." 대부분 변두리(벨빌, 바티뇰 등지)에 벽돌로 지어진 저소득계층의 소형 주택은 1850년대에 활발하게 지어졌다가, 1860년대에 바로 전 시기의 이주자 물결에서 맺어진 가족의 주택 수요에 도심부에서 쫓겨나온 주민들의 수요가 더해지자 폭발적으로 늘어났다.[13] 도시로 실려오는 벽돌의 수량(이러한 종류의 활동을 측정하는 좋은 지표)은 1870년까지 꾸준히 증가했다. 대다수 주민이 이러한 투기적 활동에 손을 댔고, 이미 낮았던 노동자들의 소득에서 또 단물을 빨아냈다. 이와 대조적으로 오스만이 건설한 새 대로의 앞모습을 장식하기 위한 석재의 유입량은 토지 수용의 건수 및 신용 대부의 공급과 밀접한 관계를 가지면서 기복을 보였다. 1854년에 처음 붐을 일으킨 뒤 건설 경기는 (주로 철도 건설로 모인) 기금 운용 수익 및 높은 이자율과 경쟁하느라 1859년까지는 성장이 저지되었다. 또한 1864년과 1867년에서 1868년 사이에는 재정적인 문제로 이러한 건설 계약이 빠르게 위축되었다.[14]

또한 고소득층의 주택 수요가 포화 상태에 도달했기 때문에 이 부문에서의 전반적인 성장 속도가 1860년대에 주춤한 점 역시 주목할 만하다. 노동계급의 수요에 방향을 맞춘 파리 주택 시장의 대중은 오스만이 지원하는 도시 개조와는 완전히 다른 리듬에 맞춰 행진한다. 오스만의 도시 개조가 워낙 화려하다보니 토지 개발의 전통적 형태에서 근본적이고도 혁신적으로 달라진 정도에 상응하게 어느 정도 특별한 관심을 받을 수밖에 없었겠지만 이것이 부당할 정도로 심하게 부각된 것이 사실이다. 그러나 재미있는 것은 건조환경을 만드는 과정에서 점점 더 커진 자본순환의 자유가 어떤 식으로 변두리의 소규모 도시 개발업자들에게까지 흘러넘쳤는가다. 이 관점에서 볼 때, 오스만이 변두리를 도시의 틀 속으로 통합하고자 한 계획은 행정적으로나 공간적으로나 그 전 시기에 쇠퇴했던 토지 개발 시스템의 성장을 용이하게 하는 데 결정적인 역할을 담당했다. 그리고 이 시스템에 대해 노동계급에서는 그 누구도 아무런 실질적인 답변을 제시하지 못한 것으로 보인다. 협동조합을 만들어보려는 미미한 시도가 몇 차례 있었지만 무참하게 실패했다. 이러한 의미에서 파리의 개발 과정 내부에 있던 차이점들은 공통의 기반, 즉 자본의 순환이라는 기반에 의해 한데 묶여 있었던 것이다.

임대와 용도에 따른
토지의 분류

—

크고 작은 규모의 개발업자들도 이 점에서는 모두 마찬가지였다. 그들은 임대업에 투자하기보다는 점점 더 상승하는 지가와 부동산 가치에서 투자 수익을 얻을 방법을 찾았다. 개발업자와 최종 소유자가 분리되는 현상은 자산 가격의 수준 및 유형과 지대에 중대한 영향을 미쳤다. 또 그것들은 도시 내에서의 상이한 토지 용도에 관한 논리를 만들어냈다. 여기서 우리는 제2제정기에 이루어진 또 하나의 중대한 변형을 만난다. 토지와 건물 자산의 임대료 및 가격은 갈수록 분명한 자본주의적인 논리에 따라 토지를 할당하는 기능을 발휘한다는 것이다.

파리의 토지와 건물 자산의 가치는 제2제정기 동안 2배 이상 뛰었다 (그림 43을 볼 것). 세부 내용은 재현해내기 어려우며, 일시적인 변화 리듬과 지리적 유형이 워낙 복잡하게 뒤얽혀 있기 때문에 쉽사리 설명할 수가 없다.[15] 뒷길에 면한 토지 가격은 새 대로변의 토지 가격의 절반이며, 구역에 따라 편차는 더 커진다. 대규모 개발업자들이 그렇게 성공적으로 활동할 수 있었던 것은 바로 새 도로 시스템 덕분에 가치가 상승하는 위치의 임차권을 따낼 놀라운 기회들이 생겨 토지 가격의 결정 요인이 그처럼 가파르게 변동했기 때문이었다. 예를 들면, 페레르 형제는 몽소 공원 주위에 1제곱미터당 50프랑을 주고 구입한 땅과 그 좀 전에 10프랑도 안 되는 가격으로 구입한 그 너머의 또 다른 땅으로 통하는 길을 열기 위해 말셰르브 대로의 중심부를 사들일 때 1제곱미터당 430프랑을 지불했다. 개조 작업이 끝나자마자 토지 가격은 급등했다. 세바스토폴 대로변의 토지는 1850년에 1제곱미터당 25프랑이던 것이 1857년에는 1000프랑에 팔렸고, 1867년의 만국박람회가 끝나자 좌안의 중심부 지역의 가격이 2년 사이에 10배로 뛰었다.[16] 이 정도의 지리적 요인과 시간적 변동이 있었으니, 파리 토지 시장에 대한 투자가 번창하는 사업이 된 것은 놀랄 일이 아니다. 지역에 따라 최고가와 최저가가 나뉘는 복잡한 형태는 한때 파리 임대료의 외형적 특징이기도 했지만 투기가 계속 진행되자 정리되기 시작했고, 좀더 체계적인 토지 가격 지도가 만들어졌다. 이런 방식으로, 새 도로 시스템에 함축된 공간관계의 체계화는 토지 가격과 용도가 더 체계적으로 조직된 시스템으로 이어졌다. 임대료를 감당하지 못하는 용도는 감당할 수 있는 용도에 점차 밀려났다.

예상할 수 있는 일이지만, 중심부에서 변두리로 갈수록 임대료가 점층적으로 낮아지는 양상과 부르주아적인 서쪽과 노동계급 구역인 동쪽 사이에 엄청난 차별이 존재하는 양상이 새롭게 등장했는데, 동서 차별의 경우 역동적인 우안과 어딘가 무기력한 좌안을 구별해주는 높은 임대료의 상업 지구를 기준으로 하여 갈라진다. 이러한 토지 가치의 지역적 구조를 표시하는 지도에서 계속 급격한 변동이 기록되는 곳이 일부 있었지만 그것들은 이제 용도의 차이를 표시하는 쪽으로 기울었다. 예를 들어, 레알 주위에서 제곱미터당 1000프랑이던 토지 가격은 생드니 거리에서는 600프랑으로, 대부분이 노동계급 구역인 동쪽 끝에서는 150~250프랑 사이로 내려간다. 그리고 새 대로변에 있는 주요 교통 요지나 성장하는 상업 센터의 최고로 중요한 자리와 낮은 가격대의 뒷거리나 주거 구역 사이에는 통상적인(현대의 기준으로 볼 때) 차별이 있었다.

이러한 용도에 따른 임대 토지의 차별적 양상—토지 투기 때문에 가속화된 과정—은 건물 자산 가치의 지리적·시간적 변동을 고려할 때 더 뚜렷해진다. 부동산 호황이 어느 정도였는지는 1852년에서 1870년 사이에 파리의 부동산 가치 총액이 25억 프랑에서 60억 프랑으로 치솟았다는 사실로 알 수 있다. 파리 구시가지에 있는 주택의 평균 가격은 같은 기간에 3배가 되었다(그림 45를 볼 것). 여기서도 복잡 미묘한 편차들을 고려해야 한다. 하지만 부동산의 임대료와 가격이 전반적으로 상승하며 지리적 격리 현상이 계속 커지는 사태의 배후에 모종의 일반화 과정이 있음을 탐지할 수 있다.

오스만은 자신이 변두리에 있는 신개발지로 통하는 길을 뚫지 않았더라면 주택 임대료는 훨씬 더 빠른 속도로 상승했을 것이라고 주장하면서, 이 모든 사태를 수요·공급의 문제로 처리했다. 그의 비판자들은 철거 때문에 공급이 제한되었고, 재개발 사업이 수요를 너무 크게 자극했기 때문에 이주 물결이 촉발되었다고 반박했다. 두 입장 모두 일말의 진실을 갖고 있지만, 문제는 이보다 좀더 복잡했다. 우선, 건설 산업의 효율성이 높아지면서 건설 비용이 내려갔다. 반면, 앞서 논의한 바와 같이, 특히 1860년대에는 인구에 비해 주택 건설이 상대적으로 훨씬 과잉이었다. 상승하는 토지 가격이 개발업자와 건설업자들의 주 수입원이기는 했지만, 그것만으로 임대료가 치솟고 자산 가치가 상승하는 원인을 설명하기에는 부족했다. 더 설득력 있는 설명은 파리 주택 시장의 다수를 차지하는 "부르주아화"(또는 오늘날 같으면 "젠트리피케이션"이라 부를 수도 있겠다)에 대한 가야르의 해명에 담겨 있다.[17]

오스만의 정책과 신용 대부는 고가의 주택 건설에 특혜를 주었다. 건설 비용이 낮아지고 공간을 경제적으로 활용할 수 있게 하는 내부 디자인이 채택되자 소득이 증가하던 일부 중산계층도 이런 주택을 가질 수 있게 되었다. 그에 따라 파리의 건설 주식 가치가 상승했다. 또 유효수요가 증가했지만 그 점을 감안하더라도 고가 주택이 너무 많이 지어졌다는 증거도 상당히 있다. 예를 들면, 페레르 형제는 1860년대에 말셰르브 대로변에 지은 건물을 모두 처분하는 데 애를 먹었는데, 이는 앞으로 감당해야 할 골칫거리의 전조였다. 하지만 일단 작동하기 시작한 이런 "성장 기계"의 논리를 멈추기는 어렵다. 그리고 그 논리는 부분적으로는 공간적 격리를 더욱 확대함으로써 창출되는 자산 가치와 고객들에 대한 봉사 모두를 보호하는 것을 목적으로 한다.

따라서 제2제정기에는 재개발된 도심부에서 젠트리피케이션이 부단히 진행되었을 뿐 아니라 서쪽에서 빠른 속도로 배타적인 부르주아 구역이 형성되었다. 하층계급을 위한 "상대적으로 빈민화되고", 고가의 건축에 갖춰진 특권이 결여된 주택 공급 시스템을 이것과 비교해보라. 건설 비용은 낮아졌지만 토지 가격이 올랐기 때문에 상황은 마찬가지였다. 이미 단칸방에서 비좁게 살고 있는 노동자 가족들이 공간을 그 이상 더 경제적으로 활용하기는 힘들었을 테니 말이다. 뿐만 아니라 앞으로 보겠지만, 1850년대에 도시로 온 이주자 물결의 구성원은 주로 독신자들이었지만 1860년대가 되어 그들이 가족을 이루자 주택 수요의 성격이 바뀌었다. 도심부에서는 철거와 젠트리피케이션으로 인해 저소득계층 몫의 주택 공급량이 줄었으며, 저소득층의 수요를 다른 공간(주로 좌안에 많이 있던 하숙집 같은 곳이었는데, 이 때문에 그곳의 임대료도 급등했다)이나 변두리의 새 건설 지역으로 밀어냈다. 변두리에서도 건설 붐이 상당한 정도로 일어났지만 주택 건설이 과잉이라는 증거는 없다. 주택 시장에서 노동계급 구역의 부동산 가치가 상승했다는 사실은 건설과정의 투기적 성격과 대부분의 노동자들이 가용 소득 가운데 반드시 지출해야 하는 주거비의 비중이 커졌다는 사실로 더 잘 설명된다. 또 공간적 격리도 심화되었는데, 이는 대체로 이탈로 인한 격리였다. 즉 토지 개발

과정이 저소득층 상대의 투기용 주택을 건설하는 방향으로 점점 더 기울어지는 지역으로는 부르주아 부동산 소유자나 임대인들을 끌어들이기 힘들어졌으니 말이다. 동서의 구별(서쪽의 평균 자산 가치는 동쪽의 어느 구역보다도 높았다)은 이러한 이중적이고 계급 지향적인 시스템에서 더욱 공고해졌다.

투기과정에서는 서로 다른 유형의 사용자 사이에서 열띤 경쟁이 벌어지는 일도 있었다. 재정적·상업석 용노 때문에 부르스와 쇼세당탱 사이 지역의 임대료가 너무 올라간 나머지 임대 이외의 다른 모든 용도가 사전에 배제되었고, 그 때문에 서북 도심부에는 다른 어느 곳보다 더 강력한 역동성이 감돌게 되었다. 좌안에는 그 같은 상업 중심지가 없었고, 어쨌든 교육기관과 종교기관이 균형이 어그러질 정도로 많이 모인 곳이었으니, 부동산 개발에도 그에 따라 아주 특이한 활기가 생겼다. 살 곳을 잃은 도심부 노동자와 학생 인구가 늘어난 덕분에 수요가 커져 임대료가 올랐지만(오데옹의 가구 딸린 방의 임대료는 1860년에는 1년에 500프랑이던 것이 1860년에는 800프랑으로 상승했다), 재개발 속도에는 여유가 있었고, 이 지역 토지 소유 구조가 가진 특이한 성격 덕분에 금융이나 상업, 공장과 토지 사용을 놓고 강력하게 경쟁할 일이 없었으므로 투기는 어느 정도 억제되었다.[18] 공장의 입장에서 보자면, 그들 또한 부동산 가치가 변동하는 수위를 감수해야 했다. 그러니까 높은 임대료를 내는 도심부에 가까운 위치를 고수하면서도 그 높은 임대료를 낼 여력이 생기고 또 내는 편이 더 나은 결과가 되도록 작업과정을 신속하게 재조정하고 물류비용을 절약하지 않을 수 없었던 것이다. 도심부의 시장과 긴밀한 관련이 있는 그런 산업들은 따라서 임대료가 변두리보다는 훨씬 높지만 서북부 내륙의 상업·금융 지구나 서쪽의 부르주아 주거 구역에 비하면 훨씬 낮은 수공업 노동자 구역 한 복판의 동북부 내륙 쪽으로 집결하는 경향이 있었다. 그렇지 않으면 공장들은 변두리의 더 싼 땅이나 웃돈을 주고도 임대할 만한 가치가 있는 투기적 성격을 지닌 땅(교통 시스템 내의 결절 지점)을 찾아 나서지 않을 수 없었다.

좀더 순수한 자본주의 노선에 따르는 토지와 부동산 시장이 새로운 신용 시스템의 성장에 고무되어 재편성된 현상(좌안에서처럼 전통주의자의 저항 중심지도 물론 있지만)은 중요한 영향을 미쳤다. 즉 파리 내부 공간의 재편성이 공간을 장악하려는 여러 다른 사용자 사이에서 벌어지는 가격 경쟁에 점점 더 예속되어버리는 결과를 낳은 것이다. 산업, 상업, 정부, 주거 용도의 사용자 간에 경쟁이 벌어졌고, 종류와 성격을 달리하는 공장과 주택 역시 그러했다. 1850년에 비해 1870년의 파리에서 공간의 격리 정도가 더 커졌다는 사실은, 건조환경의 재구축과 그 공간적 배치라는 과제에 자본이 제멋대로 투입되던 양상을 감안한다면 당연히 예상할 수 있는 일이었다. 토지와 부동산 투기를 통해 가동된 새로운 토지 사용 경쟁의 여건에 적응하려면 사용자들은 온갖 방법을 고안해내야 했다. 노동 인구의 대다수는 변두리(일터까지 더 먼 길을 가야 하는)로 흩어지거나, 아니면 도심 가까이의 집에서 비싼 임대료를 내면서 비좁게 살아야 했다. 공장 역시 그와 마찬가지로 노동과정을 바꿀 것인가, 근교로 나갈 것인가 하는 선택에 직면했다.

파리의 재건설을 통해 노동과 자본의 잉여를 흡수하는 일은 당시의 많은 사람이 명백하게 병적이라고 여겼던 온갖 부정적인 결과—퇴거당하거나 격리되는 일이 늘어나고, 일하러 더 먼 길을 가야하며, 집세가 치솟고 인구가 과밀한 환경—을 가져왔다. 그러나 루이 라자르 같은 당대인들의 잘못은 그러한 모든 병적인 결과를 오스만의 사악한 천재성 탓으로 돌린 점이었다. 물론, 이 점에서 비평가들은 병적 징후가 나타나기만 하면 전능한 권력을 가졌다고 가정되는 국가의 잘못된 정책이나 정치 탓으로 돌리곤 하던 프랑스의 전통적 관행(지금도 결코 사라지지 않은)을 실천하고 있었다. 따라서 정확하게 말해 그 국가가 대체로 얼마나 강력했으며, 특히 오스만이 얼마나 강력했는가 하는 것은 신중하게 검토해야 할 문제다.

국가

그러나 프랑스 부르주아의 물질적 이익은 수없이 가지를 뻗어나가는 광대한 국가 기계를 유지하기 위한 목적과 가장 밀접하게 교직되어 있다.

마르크스

19세기 중반, 프랑스라는 나라는 당대의 필요에 부응해 국가의 구조와 관행을 근대화하려 애쓰고 있었다. 이는 국가 차원에서도, 그리고 파리만 봐도 사실이었다. 루이 나폴레옹은 노동자와 급진적 부르주아의 관점에서 그러한 필요성의 의미를 규정하려한 시도의 잔해를 딛고 서서 권력을 장악했다. "빨갱이들"에게 질서를 강제할 능력을 가진 것처럼 보이는 유일한 후보로서, 그는 압도적인 승리를 거두고 공화국 대통령이 되었다. 질서유지의 능력을 가진 유일한 인물로 그는 제국을 창건하는 문제에서 광범위한 지지를 얻었다. 그러나 황제는 자신을 지지해줄(자신을 나쁜 것들 중에서 그나마 나은 선택지로서가 아니라) 안정적인 계급 연대를 절실하게 필요로 하고 있었고 효율적인 통제와 행정을 보장해줄 정치 모델을 찾아내야 했다. 초창기에 그가 채택했던(그리고 1860년대에는 점차 포기하지 않을 수 없게 된) 모델은 위계적으로 조직되었지만 대중적인 기반을 가진 권위주의 모델이었다. 그가 이용한 이미지는 대중 지도자가 이끄는 거대한 국민 군대, 누구에게나 이익이 될 민족 발전 계획 속에서 남녀를 불문하고 모든 사람이 자신의 위치를 갖게 되는 그런 군대의 이미지였다. 꼭대기에 있는 엘리트 계층이 부과한 강력한 규율은 밑바닥에서 올라오는 대중적 의지의 표현과 짝을 이루었다. 행정에게는 지휘하고 통제할 과제가 맡겨졌다.

제2제정 아래서 일어난 인사人事와 정책상의 불안정을 타락하고 탐욕적인 조언자들에 둘러싸인 기회주의적 몽상가의 자의적인 동요로 해석하자는 유혹은 솔깃하게 다가온다. 하지만 나는 상반된 정치적 입지에 서 있는 두 사람, 그람시와 젤딘의 견해에 따라, 모호한 점 투성이기는 하지만 이 제국을 국가 기관들이 근대의 요구와 자본주의의 모순점과 보다 밀접하게 조화하는 데 기여한, 프랑스 정부와 정치에서 중요한 변천 단계로 보려 한다.[1] 아래에서 나는 이 정치적 변천 과정이 파리에서 어떻게 일어났으며, 그 도시의 역사적 지형에 어떤 결과를 초래했는지에 초점을 맞출 것이다.

자본순환에 대한
국가의 개입

—

"국가의 생산적 지출state productive expenditure"이라는 발상은 황제와 그의 주요 조언자 가운데 페르시니를 주도자로 하여 오스만도 포함하는 일부가 느슨하게 지지하고 있던 생시몽주의 원리에서 나온 것이다. 이 주장

그림 50 애초부터 루이 나폴레옹이 당면한 문제는 통치를
위한 대중적 기반을 유지하는 일이었다. 도미에가 그린 유
명한 삽화들에서 나폴레옹은 라타푸알이라는 기회주의
적 인물로 묘사되었는데, 이 삽화에서는 1851년 쿠데타가
일어나기 전에, 내키지 않아하는 프랑스를 유혹하려고 애
쓰는 모습으로 그려져 있다. 프랑스는 언제나 그렇듯이 여
성형인 자유의 모습으로 묘사되어 있다. 그녀는 유혹하는
그에게, 그의 열정이 너무 갑작스러워서 믿기 힘들다고 대
답한다.

에 따르면, 적자재정의 지출은 그것이 "생산적"으로 집행되고 경제활동의 성장을 촉진함으로써 안정적인 세율만으로도 이자와 분할상환 비용을 충당할 수 있을 정도로 정부의 수입을 늘려준다면, 추가 징세가 필요 없고 재무부에도 더 이상의 부담을 지우지 않는다. 황제가 오스만에게 집행하라고 요구한 국가 부담의 공공사업은, 적어도 원리 차원에서는 자본과 노동력의 과잉을 흡수하는 데 기여할 수 있으며 경제성장을 이룰 수만 있다면 납세자에게 더 이상의 비용 부담을 지우지 않고도 자본과 노동력의 지속적인 완전고용을 보장할 수 있다.

오스만이 기대할 수 있는 주요 세금은 입시관세octroi 入市關稅 즉 파리에 들어오는 상품에 매기는 세금이었다. 오스만은 이 세금 수입만 늘어난다면 파리에서 이루어지는 모든 개발에 보조금을 주고 적자재정으로 운영할 준비가 되어 있었다. 예를 들면, 그는 개발업자에게 땅을 공짜나 마찬가지로 나눠주었지만 건축 양식과 재료는 빈틈없이 통제하여, 도시에 들어오는 건설 자재에 매기는 세금 수입을 크게 올렸다. 덧붙여 말하면, 오스만이 부유층의 고가 주택을 강력하게 선호한 이유도 여기에 있었다.

오스만의 위태로운 비용 조달 방식에 대한 이야기는 이미 너무나 많은 곳에서 충분히 언급되었기 때문에 자세하게 되풀이할 필요는 없다.[2] 1870년에 그의 사업 비용은 25억 프랑에 달했고, 그 가운데 절반은 회계 잉여금과 국가의 특별 보조금, 토지의 재판매로 충당되었다. 그는 1855년에 기부금을 직접 모금(혁신 가운데 하나)하여 6000만 프랑을 빌렸고, 1860년에는 추가로 1억3000만 프랑을 빌렸는데, 이 대출은 1862년에 페레르 형제의 크레디 모빌리에 은행이 5분의 1을 부담하고 나서야 처리되었다. 1865년 오랜 논쟁 끝에 승인된 2억7000만 프랑의 대출도 크레디 모빌리에 은행의 적극적인 도움으로 간신히 처리할 수 있었다. 오스만은 이 외에도 6억 프랑이 필요했지만, 또 다른 대출을 얻을 가능성은 희박했다. 그래서 그는 공공사업기금의 문을 두드리기 시작했다. 이는 시市의 예산과는 무관하고, 완성하기까지 장기간이 걸리는 공공사업에 결부된 수입과 지출을 처리하기 위해 구상된 것으로서, 유동성 부채를 뜻했다. 건설 비용은 통상적으로 건설업자가 지불하며, 시는 이들에게 기획을 완성한 뒤 1년에 8회까지의 할부(이자도 포함)로 대금을 지불한다. 건설업자들이 자본금을 모아야 했으므로, 실제로 이는 시에 대한 단기 대여인 셈이다. 1863년에 자금 사정이 어려워진 일부 건설업자가 부분적으로 완성된 기획의 대금을 즉시 지불해달라고 요구했다. 시는 크레디 퐁시에 은행에게 구원을 청했고, 황제의 설득으로 그 은행은 시가 건설업자들에게 보낸 편지를 담보로 건설업자들에게 돈을 빌려주었다. 그 편지에는 기획의 예상 완성 날짜와 지불 일정이 명시되어 있었다. 오스만은 사실 건설업자들을 중개자로 내세워 크레디 퐁시에로부터 돈을 빌린 것이다. 이 모든 것은 대중의 비판을 받지 않는 공공사업기금이라는 간판 뒤에 은폐될 수 있었다. 1868년에 오스만은 이 방식으로 5억 프랑을 조달했다.

오스만과 페레르 형제, 크레디 모빌리에 은행 간의 연대를 감안할 때, 그의 잘못들이 1865년에 자유주의(즉 자유 시장) 성향을 지닌 경제학자이자 로스차일드 가문의 피보호자인 레옹 세에 의해 처음으로 폭로되었다는 것도 전혀 놀랄 일은 아니다. 이 폭로는 제국의 반대자들에게 엄청난 화약을 쥐여준 것이나 마찬가지였다. 그 전 과정을 폭로한 쥘 페리의 『오스만의 환상적 회계Comptes fantastiques d'Haussmann』는 1868년의 언론에서 대서특필되었다. 오스만의 해임에 결정적인 역할을 한 것은 말할 필

그림 51 철거 작업이 본격적으로 진행된 뒤에는 온 사방이 건설 노동자들로 가득찼다. 여기에서 도미에는 생자크 탑 (오늘날까지도 외따로 떨어져 있는 이 도시의 지형물)이 홀로 서 있게 된 이유가 풍선 기구를 타고 올라가지 않고는 그것을 철거할 수 없기 때문이라고 여기는 두 노동자를 그리고 있다.

요도 없이 재정적으로 보수주의자이며 상상력은 없지만 정치적인 동기는 많은 부르주아들이었다. 하지만 여기에는 훨씬 더 깊은 문제, 국가가 자본의 순환에 개입하는 형태에서 발생하는 문제가 있었다. 1853년에서 1870년 사이에 "시의 채무는 1억6300만 프랑에서 25억 프랑으로 치솟았고, 1870년에는 채무 상환 부담이 시 예산의 44.1퍼센트를 차지했다". 따라서 시 재정은 이권을 장악한 자본의 유통에 결부되는 온갖 충격과 재난, 불확실성에 극도로 취약한 상태에 놓였다. 파리의 미래를 통제하기는커녕 경제를 안정시키는 문제는 제쳐두고도 오스만 "본인이 자신과 그 주인인 황제가 만들어낸 기계에 지배당하고 있었다". 서트클리프는 다음과 같이 결론짓는다. 그는 국가의 정치적 쟁점 때문에 권좌에서 밀려난 것을 다행으로 여겨야 할 것이다. 과도하게 확장된 시 재정 구조는 "1870년대의 국제적 불황의 반향을 견뎌내지 못했을 테니 말이다".[3]

다른 시공간(1970년대의 뉴욕이 바로 떠오른다)에서도 그렇게 되지만, 여기서 과잉 축적이라는 거대한 문제를 적자재정을 통해 자체 재정을 충당하는 방법으로 해결하려고 시도했던 한 국가기구는 결국은 이권을 장악하는 화폐자본의 순환에 내포된 아슬아슬한 모순의 제물이 되고 만다. 실제로 오스만의 운명이 페레르 형제의 운명을 닮아갔다는 사실은 의미심장하다. 이 측면에서 적어도 황제와 자문관들은 국가를 근대화하여 어디에나 존재하는 당대 자본주의적 재정의 모순덩어리로 만들었다. 그들은 국가를 금융시장의 자비에 내맡겼다가 그 대가를 치르게 된 것이다(훗날 많은 국가가 그랬던 것처럼).

"실업 때문에 봉기가 일어날 것이라는 위협을 당하느니 20만 적군을 마주하는 편이 낫겠다."[4] 황제는 이렇게 말했다. 1848년 혁명이 파리를 해체하고 재조직했던 만큼, 수도에서 완전고용의 문제는 절박한 사안이었다. 이 문제는 공공사업의 진행 속도가 빨라지자 부분적으로 해결되었다. "이제는 폭도 집단이 거리를 휩쓸고 다니지 않고 석공과 목수, 다른 직공 무리들이 일하러 간다. 포장 돌을 벗겨낸다고 해도 바리케이드를 쌓기 위해서가 아니라 수도관과 가스관을 묻을 자리를 만들기 위해서다. 주택을 위협하는 것은 더 이상 화재와 방화범이 아니라 두둑한 토지 수용 배상금이다."[5] 1860년대 중반에는 파리 노동계급 인구의 50퍼센트 이상이 건설업에 고용되어 있었다. 이 비상한 업적은 두 가지 취약점을 지니고 있었다. 우선 나소 1세가 말했듯이, "건설 사업이 1주일이라도 지연되면 정부는 겁에 질린다". 둘째로, 끝없이 돌아가는 회전목마 같은 생산적 지출은 장래의 노동에 너무나 무거운 채무 부담을 주기 때문에, 주민 대다수에게 끝없는 경제성장과 영원한 강제 노동을 해야 할 운명을 지웠다. 1868년 이후 정치적·경제적 이유 때문에 그랬듯이 공공사업이 주춤거리게 되면 세금 수입의 감소와 건설 분야의 실업 사태는 매우 심각한 사안이 된다. 이것이 부르주아들의 견해와는 달리 일반적으로인 오스만 반대파가 결코 아니던 노동자들—그는 그들의 일자리를 만들어낸 원천이었고, 그들도 이런 사실을 알고 있었다—을 급진화시키는 결과를 가져왔다는 사실은 코뮌에 참여한 사람들 중 건설 노동자의 비중이 기형적으로 컸다는 것으로부터 짐작할 수 있다.[6]

국가가 경기를 자극하기 위해 활용할 수 있는 수단은 몇 개 더 있었다. 제국의 영광을 떨치려면 군대는 새 제복을 입어야 했고, 궁정의 복식 규정을 공식 확정해야 했다. 일상 패션은 도시 전역에서 지위와 명성을 유지하기 위한 필수품이 되었다. 1852년에서 1850년대 후반에 이르기까지 의류 산업에 가해진 자극은 대단했다. 그러나 이런 수단이 과잉 노동력을 모두 흡수할 수는 없었다. 프랑스 전역에서 방대한 노동 예비군이 발생하여 파리로 흘러 들어왔으며, 특히 1850년대에는 공공사업으로 창출된 고용 기회에 부응하여 인구가 파리로 몰렸다. 따라서 빈곤율(잉여 노동력을 대략적으로 나타내는 지수)이 1853년에서 1862년 사이에 인구 16.1명당 1명에서 18.4명당 1명으로 떨어졌지만, 빈곤층의 절대적 수치는 결코 줄지 않았으며, 빈곤율 자체도 1869년에는 다시 16.9명당 1명으로 상승했다.[7]

이 같은 대규모의 산업 예비군을 다루는 오스만의 정책은 흥미로운 변화를 거쳤다. 자선을 하나의 권리로 행하는 18세기 도시의 전통, 빈민(시골에서 온 사람들에게도)에게 시가 먹을 것을 제공하는 전통이 점차로 포기되었다. 오스만은 그 대신 좀더 근대적인 신맬서스주의 정책을 채택했다. 실제로, 빡빡한 시 예산과 복지 문제의 규모, 위태롭기 짝이 없는 비용 조달 형태를 감안한다면 그에게 다른 선택의 여지는 없었을 것이다. 그는 시가 할 수 있는 최고의 역할은 복지가 아니라 일자리 제공이라고 말하면서, 일자리 창출 문제를 해결하면 복지를 제공해야 할 의무가 상당히 줄어들 것이라고 주장했다. 일자리가 있는데도 빈곤이 계속된다면 그것은 빈민 자신들의 책임이며, 따라서 그들은 국가의 지원을 받을 권리를 잃을 것이라고 그는 암시했다. 물론 이것은 우리도 지켜울 정도로 계속 들어온 주장이다. 즉 1990년대 미국과 영국에서 복지 시스템 개혁의 중심에 있었던 주장이 바로 이것이다. 파리의 국가기관이 빈민과 병자와 노년층에 대해 책임지는 방식이 1848년과 1870년에 아주 달랐다. 가야르는 복지와 의학적 치료와, 교육 등을 처리하는 행정적 태도에서 생긴 이 같은 변화는 1868년에서 1871년 사에 발생한 사회적 소요의 뿌리에 놓여 있는 권리 및 공동체의 상실감을 만드는 데 일조했다고 주장한다.[7] 신맬서스주의적인 정책이 그만큼 대중적인 반응을 야기시켰다는 것은 놀랄 일이 아니다. 코뮌은 확실히 이러한 권리를 다시 수립하려고 노력했으며, 빙든 체세를 뒷받침하기 위한 방노를 찾으려 하던 오스만조차 실업이 증가하고 요람에서 무덤까지 계속 안전망으로 복지를 제공한다고 선전했던 제국이 그 선전 내용을 실천하려고 애쓰자 복지 문제에 점점 더 많은 관심을 쏟지 않을 수 없게 되었다.

오스만은 식량 가격에 관해서도 이와 비슷한 원칙을 채택했다. 식량 가격이 부당하게 오르면 사회적 저항이 일어나기 때문에 대개는 국가가 서둘러 보조금을 지급하게 된다. 하지만 오스만은 적어도 노동자와 중산계급을 위해서는 자유 시장의 신봉자였다. 가변적인 작황에 연결된 가격 변동 때문에 어려운 사태가 발생하면 그에 대한 해답은 빵 장수와 정육업자가 원자재 공급 가격이 낮을 때 입금했다가 공급 가격이 높아지면 꺼내 쓸 수 있는 회전 기금을 설립한다는 것이었다. 이 기금 때문에 시 예산이 받는 부담은 무시해도 좋을 만했고, 가격 안정이라는 목적은 달성되었다. 오스만은 이런 식으로 상품 가격의 안정화 계획을 처음 고안했고, 1930년대에는 이것이 일상화되었다. 하지만 그는 그런 계획에 기대지 않고 해나가는 쪽을 더 좋아했고, 1860년 이후 자유시장주의가 정부 정책의 중심을 차지하게 되자 그런 계획을 모두 포기했다. 그 무렵이면 거리가 더 이상 장애물이 되지 않고 다양한 공급처에서 들어오는 수입품을 쉽게 구할 수 있게 되어 파리의 식량 공급이 국내 작황에 의존하던 취약한 위치를 벗어날 수 있게 되었다.

복잡하기 짝이 없는 시의 사회복지 기구의 운영이 어떤 간단한 지도 원리에 따라 이루어지는 것은 아니었지만, 오스만은 첫눈에도 어딘가 제국의 중앙집중화된 권위주의와 어긋나 보이는 아주 근대적인 두 가지 방향에 본능적으로 이끌렸다. 먼저, 그는 가능한 한 모든 분야에서 복지 기능을 사유화하려고 노력했다(국가의 역할을 빈민 교육에만 한정되는 것으로 이해했던 교육의 경우처럼). 둘째, 그는 지역의 책임감과 주도권을 강조하기 위해 제한적인 지방분권화를 추구했다. 사회복지의 부담을 파리에서 시골로 분산하는 것과 보건, 교육, 빈민 보호의 책임을 탈중앙화하여 각 구로 분산하는 것은 위계질서를 결코 포기하지 않으면서도 지역의 지불 능력과 봉사에 대한 기대치를 연결시키는 관리 계획과 잘 어울렸다. 따라서 복지 서비스를 필요로 하는 자들이 원하는 것을 얻으려면 시청이 아니라 구청으로 가야 했다.

감시와 통제
—

제2제정은 권위주의적인 경찰 국가였고, 광범위하게 감시와 통제가 행해졌다. 직접적인 경찰 행동이나 정보 요원, 스파이, 법적 고문을 활용하는 이외에도 제국 당국은 정보의 흐름을 통제하려고 애썼고, 보통 수준 이상의 선전을 시도했으며, 친구든 적이든 가리지 않고 징발하고 통제하기 위해 정치적 영향력과 호의를 활용했다.[8] 이 시스템은 프랑스 농촌에서는 잘 작동했지만 도시에서 이를 강제하기는 힘들었다. 파리는 심각한 문젯거리로 부상했다. 부분적으로는 혁명의 전통 때문이기도 하고, 또 그 도시의 규모가 크고 미궁 같은 곳이기 때문이기도 했다. 오스만과 경찰청장(법률적 문제가 생길 때면 흔히 다투는 사이였다)이 감시와 통제의 두 축이었고, 여러 종류의 행정부서(내무부, 법무부 등)도 개입했다. 또 이를 염두에 둔 법률도 제정되었다. 언론의 검열은 제2공화정 치하에서 다시 실시되었다. 아이러니하게도, 한 영국인 방문자는 이렇게 적었다. "모든 공화주의 잡지가 금지되었고, 오를레앙파, 왕당파, 보나파르트파를 대표하는 것들만 허용되었다."[9]

제국은 공화파인 "질서당"이 이미 부과했던 것을 언론법으로 더 강화했다. 1853년에 제정된 법에 의하면, 거리에서 노래하는 가수와 연예인까지도 사회주의와 전복적인 장면이나 노래를 전파하는 행상인으로 간주되어 당국의 허가를 받아야 했고, 노래를 하려면 공식적으로 경찰청장의 도장을 받고 승인을 얻어야 했다. 수많은 거리의 연예인이 그러했듯이, 정치적 내용을 담은 대중문화는 거리에서 쫓겨났다. 그러나 당대 사람들(푸르넬 같은)이 그러한 인물을 만난 빈도, 특히 도미에가 그들을 그림 소재로 삼은 빈도를 본다면 당국이 대중문화의 이러한 측면을 완전히 침묵시키지 못했음을 짐작할 수 있다.[10]

경찰(노동자들이 항상 스파이라고 부르곤 했던)은 범죄 행동을 규제하는 일보다는 정보를 수집하고 (정치적 반대의 낌새만 있어도) 보고서를 써내는 일에 더 몰두했다. 그렇게 하여 공포감을 상당 정도 퍼뜨리는 데는 성공했지만 1854년에 대폭적인 행정 개편이 시행되었음에도 불구하고 그들의 작업은 별로 효율적이지 못했던 것 같다. 공포는 잠재적인 정보원들의 방대한 조직 때문에 발생했다. "도시처럼 작업장에도 경찰 조직이 침투해 있다"고 프루동은 썼다. "노동자들끼리 있을 때나 의사 전달을 할 때도 마음을 놓지 말라. 벽에도 귀가 있다."[11] 하숙집은 엄격한 감시 아

그림 52 거리의 연예인들은 파리의 거리 생활을 구성하는 아주 중요한 요소였다. 하지만 그들을 통제하고 경찰에 체포되지 않도록 예방하는 것은 쉬운 일이 아니었다. 도미에는 활동 중인 거리 연예인들을 그리는 데서 특히 실력을 발휘한다.

래 있었고, 하숙인과 그들의 출입 기록은 정기적으로 검열되었으며, 컨시에르지는 흔히 경찰의 끄나풀이었다. 황제는 1852년에 노동자들의 조합 결성과 연대 그리고 집회의 권리(파업권과 함께)를 폐지하고 대신에 노동쟁의조정위원회conseils de prud'hommes(직장 내에서의 분쟁을 해결하기 위한 노동자와 고용주들의 의회) 및 노동자를 위한 상호부조 조합을 만들었다. 두 조직 모두가 사회주의의 온상이 되는 사태를 예방하기 위해 황제는 담당 관료(내내 경찰청장의 사문을 받아)를 임명하여 정기적으로 보고서를 제출하도록 했다. 1868년에 대중 집회가 끝내 허용되었을 때에도 이와 비슷한 통제 시스템이 만들어졌다. "정치적" 집회를 지켜보고, 부당한 경우에는 해산시킬 힘을 가진 "배석 판사"가 임명되었고, 자세한 보고서를 제출해야 했다. 선전 시스템 역시 이에 못지않게 정교했다.[12] 뉴스와 정보가 공식·반+공식 언론을 통해 통제되었고, 온갖 방식의 공식 발표와 행정활동(그 대부분이 지사의 책임 아래 있는)은 꼭대기에 있는 자들(특히 황제와 황후)의 장점을 대중 계급에게 납득시키려고 애썼다. 이것은 마치 자선사업과 공식적으로 후원되는 공연, 박람회, 축제가 개인적 자유의 상실을 벌충해주기 위해 베풀어진다는 식이었다.

그러한 시스템에는 한계가 있었다. 자본이 한껏 자유롭게 순환되는 경제에서, 경쟁과 기술 진보의 경주가 나란히 질주하고 온갖 문화적 움직임과 대응이 불꽃을 튀기고 있는 사회에서 감시와 통제를 유지한다는 것은 어려운 일이다. 유럽 전역에 편리한 통신이 설치된 이후 브뤼셀이 비판적 출판의 중심지가 되었고, 출판물들의 프랑스 유입을 막기가 불가능하지는 않았지만 어려워졌다. 이 문제를 잘 예시해주는 것이 언론 검열의 딜레마이다. 파리의 신문 유통 부수는 1852년 15만 부에서 1870년에는 100만 부 이상으로 늘었다.[13] 비록 완전히 새로운 화폐 이권에 지배되고 있었지만, 신문과 잡지들은 논쟁을 벌이는 과정에서 정부 정책을 반드시 건드리게 될 만큼은 다양했다. 세Say가 재정적 신중함이라는 명분을 내걸고 오스만의 재정을 공격했을 때, 그가 훼손하고 있던 것은 황제의 권위였다. 쥘 페리 같은 공화파 반대자들은 기회주의적으로 그 뒤를 따르면 되는 일이었다. 검열을 정치에만 한정시키는 것도 쉽지 않았다. 그것은 대중적 도덕성도 다루었다. 당국이 퇴짜 놓은 노래 대부분은 정치적이라기보다는 음란했으며,[14] 정부는 보들레르, 플로베르, 그 외 여러 명을 대중적 부도덕이라는 죄목으로 처벌하려다가 온갖 복잡한 혼란에 뒤엉켜버렸다. 그로 인해 황제 권력의 진정한 기반이 되어야 하는 계급 연대가 잠식되는 결과가 발생했다. 간단하게 말해, 정치 시스템이 이 분야에서 성장하는 자본주의에 제대로 적응하지 못한 것이다. 제국이 사회적 진보로 나아가는 자본주의적 노선을 기반으로 하고 있다면, 젤딘의 주장처럼 자유주의 제국으로 향하는 이동도 그 기반의 내부에 들어 있었다.[15]

대중 계급을 통제하려는 시도에도 이와 똑같은 어려움이 있었다. 황제의 미덕에 대한 선전은 그의 자선 이외의 다른 뭔가에 기대지 않을 수 없었다. "축제와 빵"이라는 공식이 노동계급이 정말로 좋아했던 축제 분야에서는 좋은 성과를 거두었지만 빵 분야에서는 그렇지 못했다. 1860년대에는 실질임금이 감소한 탓으로 사회가 진보한다는 주장은 웃음거리가 되고 축제는 노동계급의 부담으로 개최되는 소름끼치는 사치처럼 보였다. 그렇다면 황제는 어떻게 하면 자신이 단순히 부르주아의 도구가 아니라는 발언을 실천하면서[발언에 일치하도록] 살 수 있을까? 그의 전략은 파업권(1864년)과 대중 집회권 및 조합 결성권(1868년)을 양보함으로써 파리의 노동자들을 끌어들이려는 것이었다. 심지어 그는 집단행동을 장려하기까지 했다. 그리하여 국제노동자조합International Working Men's Association의 프랑스 지부는 정부의 후원으로 노동자들에게 런던 만국박람회(당연한 일이지만 제국을 선전하는 도구일 뿐이라는 의심을 불러일으킨 행사)를 관람시킬 수 있었다. 또 여러 해 동안의 탄압 끝에 대중문화가 고분고분해져 표면적으로는 잠들어 있는 것 같았지만 지하에서 여전히 흐르고 있던 정치적 수사법의 흐름이 1868년에 물꼬가 트이자마자 재빨리 표면으로 떠올랐다.[16]

도시의 변형 역시 감시와 통제의 권력에 상반된 영향을 미쳤다. 밀실과 싸구려 아파트, 쉽게 바리케이드를 칠 수 있는 좁은 거리는 대부분 쓸려나갔고 더 쉽게 통제할 수 있는 대로로 대체되었다. 하지만 도심부에서 흩어진, 뿌리 뽑힌 주민들은 밀물처럼 밀려오는 이주민과 함께 그들만의 독점적인 보호 구역이 된 벨빌이나 고블랭 같은 신흥 지역 주위를 맴돌았다. 노동자들의 조직적인 위협은 줄었지만 감시하기는 더 어려워졌다. 이리하여 계급투쟁의 전략과 지리학은 급격히 변했다.

사회적 재생산 공간의 형성
—

"권력의 공간에서 권력은 본모습을 드러내지 않는다. 그것은 공간의 조직 아래 숨어 있다."[17] 오스만은 공간을 형성하는 자신의 권력이 또한 사회적 재생산의 과정에 영향을 미칠 권력이기도 하다는 것을 분명히 이해했다.

파리에서 산업 기지와 노동계급을 제거하고 싶어한, 그리고 그것을 부르주아 질서를 뒷받침하는 비혁명적 요새로 변형시키고자 한 그의 명

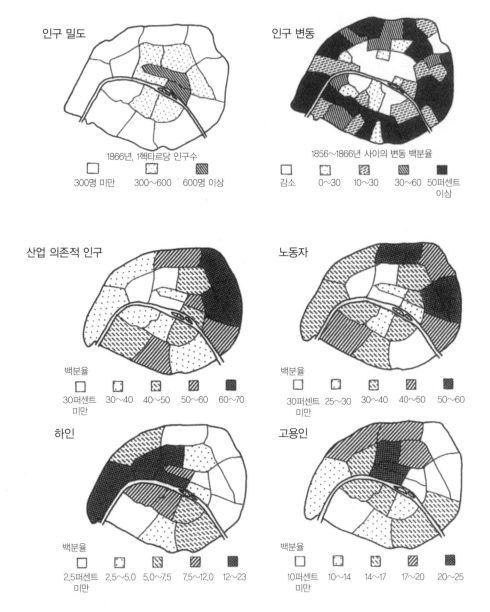

인구 밀도

1866년, 1헥타르당 인구수

□ 300명 미만 ▦ 300～600 ▨ 600명 이상

인구 변동

1856～1866년 사이의 변동 백분율

□ 감소 ▦ 0～30 ▨ 10～30 ▨ 30～60 ■ 50퍼센트 이상

산업 의존적 인구

백분율

□ 30퍼센트 미만 ▦ 30～40 ▨ 40～50 ▨ 50～60 ■ 60～70

노동자

백분율

□ 30퍼센트 미만 ▦ 25～30 ▨ 30～40 ▨ 40～50 ■ 50～60

하인

백분율

□ 2.5퍼센트 미만 ▦ 2.5～5.0 ▨ 5.0～7.5 ▨ 7.5～12.0 ■ 12～23

고용인

백분율

□ 10퍼센트 미만 ▦ 10～14 ▨ 14～17 ▨ 17～20 ■ 20～25

그림 53 1866년의 파리 인구밀도와 1856～1866년의 인구 변동(지라르의 표, 1981; 캉포라아르공도나와 게랑, 1976) 및 1872년 파리의 산업 의존적 인구, 즉 노동자, 고용인, 하인의 구역별 분포도(슈발리에의 표, 1950)

백한 소망은 한 세대 만에 완수하기에는 너무 큰 과제였다(사실 그것은 20세기의 마지막 연도가 되어서야 마침내 실현되었다). 그러나 그는 중공업, 오염 산업, 심지어는 경공업까지도 들들 볶아, 1870년에는 도심의 많은 지역에서 공장이 사실상 사라졌다. 그리고 그가 원했던 것만큼은 절대 아니었지만(그림 53) 노동계급의 대부분도 그 공장들과 함께 쫓겨났다. 도심부는 제국의 권력과 행정의 상징적 시설물, 금융업, 상업, 그리고 급속도로 커지고 있던 관광산업 언저리에서 새로 생겨 성장한 서비스산업에 할당되었다. 새 대로들은 군사적 통제(가스등이 켜지고 순찰이 제대로 이루어진다면)의 기회를 제공할 뿐 아니라 부르주아들이 상업 지역이나 유흥가 안에서 마음대로 돌아다닐 수 있게 해주었다. 도시화의 "외향적" 형태 및 그것이 미치는 모든 사회적·문화적 영향으로의 이행이 확실시되었다(소비가 증가한 것이 사실이기는 하지만 그보다는 그런 현상에 담긴 두드러진 특질들이 누가 봐도 알 만큼 더욱 분명해졌다는 뜻이다). 그리고 주거 공간이 점점 더 격리되는 현상은 실제이건 상상에 의한 것이건 위험하고 범죄적인 계급이 가하는 위험으로부터 부르주아를 보호할 뿐 아니라 도시를 상이한 사회계급들의 재생산을 위해 상대적으로 안전한 공간으로 점점 더 변모시켰다. 이러한 목적을 위해 오스만은 통제적이고 계획적인 권력을 사용하고 (공적 자료의 지출로 인해 나타나는 간접적 영향인) 그런 이웃들 간의 일출溢出 효과(한 지역에 대한 투자가 다른 지역에 한 투자의 가치를 높여주는 효과)의 지리학에 통달함으로써 다양한 사회적 변형과정을 조율하는 놀라운 재능을 보이면서 도시의 지형을 개조했다.

결과가 항상 오스만이 의도했던 대로 나타나지는 않았는데, 부분적으로는 그가 조율하려고 애쓴 집단적 변형과정이 아주 판이한 방향으로 처리되었기 때문이다(뒤에서 보겠지만, 산업 생산의 경우 이것이 사실이다). 하지만 그의 기획은 애당초 정치적이었으므로 자동으로 정치적으로 반대되는 기획의 불씨에 불을 붙였는데, 이러한 사태는 노동계급 내에서만이 아니라 상이한 부르주아 계급 분파들 사이에서도 마찬가지였다. 따라서 미셸 슈발리에(황제가 가장 좋아한 경제학자)는 도시에서 공장을 몰아내는 데 반대했다. 왜냐하면 그런 행동은 안정적인 고용의 기반을 흔들고 사회적 평화를 위협할 것이기 때문이다. 루이 라자르는 유력지인 『르뷔 뮈니시팔Revue municipale』이 오스만에 의해 폐간될 때까지 그 지면에서 페레르 형제의 투기를 통렬하게 공격했을 뿐 아니라 오스만의 작업이 "오래되고 사치스러운 파리"와 "새롭고 가난한 파리"의 사회적이고 지리적인 격리를 강조하는 방식에 대해 혹독하게 비난했다. 그가 본 대로, 이는 틀림없이 사회적 봉기를 야기시키는 요인이었다. 뒤에 그는 오스만의 작업이 미친 사회적 영향을 평가절하하는 책을 썼지만 그것이 출판되었을 때 오스만은 이미 해임된 후였다. 오스만(과 황제)은 그러한 전투적인 목소리들 한복판에서 여러 이권을 묶어주는 연대를 찾아내야 했다.[18]

계급 연대의 추구

모든 지사의 소임은 정권을 쥔 정부를 위한 정치적 지지를 양성하고 공고히 하는 것이었다. 배후에 아무런 정당도 없고 의지할 수 있는 자연적인 계급 연대도 없었던 나폴레옹 3세는 권력의 사회적 기반을 그저 가문의 이름이나 군대의 지지보다 더 깊은 곳에서 찾아야 했다.[19] 오스만은 정치적으로 적대적인 도시 안에서 그러한 계급 연대를 꾸려내고, 황제 권력을, 또 그 연장선에서 자신의 권력까지 좀더 확고한 기반 위에 세우는 일을 도와야 했다.

변화하는 계급 지형(빠른 도시 성장과 자본 축적이 야기한) 위에서 그리고 "맹목적인 불만, 화해 불가능한 질투심, 정치적 적개심"이 걸핏하면 들쑤셔져 긴장감을 안겨주는 근대화라는 여건에서 오스만이 이 일을 얼마나 성공적으로 해냈는지가 그의 몰락의 드라마 때문에 숨겨지는 경향이 있다. 그렇기는 하지만, 굉장한 "성장 기계" 안의 중추로서 그는 온갖 이런 단체가 그 주위로 모여들 만한 각종 선물을 가지고 있었다. 물론 문제는 계곡이 말라버리면 물을 다른 곳에서 끌어와야 한다는 데 있었다. 나아가서 마르크스가 자주 지적했듯이, 부르주아는 "이런저런 개인적 동기와 부닥치면 항상 자기 계급의 전반적 이익을 희생시키는 경향이 있다". 이는 『회고록』에서 그들이 "공적 이익보다 개인주의를 우선시"한다고 불평하는 오스만도 동의하는 판단이다. 강력한 지지 정당도 없고 어떤 지배적 계급 연대에서도 지지를 얻을 다른 수단이 없는 상황에서 오스만은 항상 편협한 물질적 이익을 좇는 세력의 약삭빠른 배신에 취약할 수밖에 없는 처지였다.[20] 이 관점에서 볼 때 아슬아슬한 그의 재정 운용 방식은 자신의 권력을 보존하기 위해 댐에 물을 한껏 채워두려는 필사적인 움직임으로 봐야 한다.

오스만은 지주계급과 항상 불편한 관계였다. 그가 가진 전망이 편협한 개인적인 부동산 소유권자가 규정하는 것보다 더 거시적인 공간 구조에 대한 것이었기 때문이다. 그리고 지주계급은 자체 내에서도 봉건적 지주와 근대적 지주, 대지주와 소지주, 중심부 지주와 주변부 지주로 쪼개져 있었다. 하지만 "제국과 파리 부동산 소유자 사이의 연대는 갈수록 공고해졌다"는 가야르의 느낌이 아마 옳았을 것이다.[21] 하지만 이것 역시 정부가 행한 모든 근본적인 사업이 적응과정에서 그랬던 것처럼, 부동산 소유권의 의미가 변한 것과 관련이 크다. 어떤 경우든 모든 부동산 소유자는 편협한 개인적 이득을 위해 계급 이익을 배신할 가능성이 가장 큰 자들일 것이다. 오스만과 페레르 형제의 연대는 지속되는 동안에는 지극히 강력했지만, 여기서도 금융자본은 변천을 겪고 있었다. 페레르 형제의 몰락과 금융권에서 재정적 보수주의의 점증 현상은 1860년대에 들어서자 과거에 그를 지지하던 굳건한 기둥의 뿌리를 잠식해 들어갔다. 오스만의 비용 조달 방식을 제일 먼저 공격한 것이 로스차일드가 지원하는 레옹 세였다는 사실을 상기하라. 동시에 오스만이 산업계와 맺은 관계는 계속 악화되었으며, 제국이 종말을 맞을 무렵 그들은 한데 뭉쳐 오스만에게 반기를 들었다. 여기서 도시에서 공장을 몰아내려 했던 그 자신의 노력이 뿌린 씨앗이 확실한 수확을 거둔 것이다. 또 상업계는 오스만이 시행한 일을 대체로 좋아했지만 전형적으로 실리적인 사람들이었으므로, 자기들 손에 들어오는 것은 받았지만 그 대가로 주어야 할 열정적인 지지는 보내지 않았다. 제일 흥미로운 것은 오스만과 노동자의 관계다. 이들은 1857년부터 이미 확고하게 공화파에게 표를 던짐으로써 계속하여 그의 분노와 경멸을 받았다.[22] 그리고 그는 대중 속에 자신의 기반을 길러내려는 시도를 거의 하지 않았다. 하지만 1868년에서 1870년 사이의 힘든 시절에도 그를 직접 과녁으로 삼은 노동자 시위는 놀랄 만큼 적었고 그가 해임되자 건설 업종은 실망했으며 반대 시위를 벌였다. 일자리의 대량 제공자로서 그는 적어도 노동자계급 가운데 일부의 충성심은 분명히 얻었던 것이다. 그리고 높은 임대료라는 문제가 있기는 했어도, 노동자들은 그 돈을 가지는 것이 오스만이 아니라 집주인이라는 사실을 알고 있었다.

도시 내에서 안정적인 계급 연대를 유지하기가 특히 어렵게 된 더 깊은 불만의 원천이 있었다. 변형 자체로 인해 "오래된 파리"가 사라지는데 대한 향수와 회한(귀족이든 노동자든 모두에게서)이 광범위하게 생겨났고, 이는 가야르가 대단히 높게 평가하는 공동체가 사라진 상실감을 널리 퍼뜨리는 데 기여했다.[23] 낡은 방식과 구조가 뒤집어진 것이다. 오스만은 그 점을 알고 있었으므로, 상실되는 것들을 수집하고 목록을 정리하고 기록하는 기관을 세웠다. 그는 파리 시립 역사 문서고Bibliothèque Historique de la Ville de Paris를 설립하고 마르빌을 고용하여 도시 지형의 변화를 기록했다. 그러나 사라진 것을 대신하여 확실하게 출현한 것은 아무것도 없었다. 그리고 시정부를 선거로 선출하는 형식을 확립하지 못한 후유증이 확실히 뼈아프게 느껴지는 것이 이 부분이다. 왜냐하면 오스만은 파리를 통상적인 의미의 공동체로 보고자 하는 입장에 확고부동하게 반대하고 그것을 "유랑하는" 이익과 개인들이 왕래하여 일체의 고정적이거나 영속적인 의미의 공동체 형성이 애당초 배제되는 방식으로 움직이는 자본주의적 도시로 다루어야 한다고 주장했기 때문이다. 따라서 파리를 국가가, 국가를 위해 관리해야 한다는 것이 핵심이었으며, 이 목적을 위해 그는 선출된 관리보다 임명된 지사의 손에 모든 행정 권력을 쥐어주는 1855년의 정부조직법안을 발의하고 옹호했다. 파리 공동체를 이행 단계의 것으로 본 점에서는 오스만이 옳았을지도 모르지만, 수도에서 대중의 주권을 부정한 것은 수많은 노동자와 부르주아를 코뮌 지지로 끌어들인 가장 중요한 사안이었다.[24] 이 관점에서 볼 때, 오스만이 영구적인 계급 연대를 유지하는 데 실패한 것은 그가 한 일보다는 그 일을 한 방식에 더 많이 관련된다. 또 그렇기 때문에 권위주의적인 그의 행정 스타일은 애당초 쿠데타를 유발시킨 상황과도 완전히 일치한다. 그러므로 그가 자유주의 제국으로 이행하는 과정에서 오래 살아남을 수 없었다는 주장은 타당하다.

　오스만이라는 압도적인 존재는 제2제정기 내내 파리의 국가기구를 지배했다. 그가 그저 자본의 급속한 축적을 통해 고삐 풀린 사회 세력의 폭풍을 잘 견뎌냈을 뿐이라는 말이 결코 그의 입지를 축소하려는 뜻은 아니다. 왜냐하면 그는 그 폭풍을 절묘한 기술로 타고 넘었고, 놀라운 기술과 전망을 가지고 그 소용돌이치는 힘을 16년가량이나 조율해냈기 때문이다. 하지만 그 폭풍은 그가 만든 것도, 길들인 것도 아니었고, 프랑스의 경제, 정치, 문화의 진화에 내재하는 깊은 소용돌이였으며, 결국 그것은 그가 중세적 파리를 철거반demolisseurs에게 내던진 것만큼 무자비하게 그를 내던졌다. 그 과정에서 도시는 외형적인 측면과 행정적 내부 구조의 두 측면 모두에서 오늘날까지도 지속되는 자본주의적 근대성의 광휘를 얻었다.

8장

추상적·구체적 노동

공장의 노동자, 즉 그것이 한 장소에 집결시키고 직접 지시를 내리는 많은 수의 제조업 노동자와 수공업 노동자 외에도 자본은 또 하나의 군대, 즉 가내수공업 노동자의 군대를 또 하나의 끈으로 조종한다(묶어 움직인다).

_마르크스

노동자들의 집단적 힘과 권력은 7월 왕정을 전복하는 데 빼놓을 수 없는 요인이었음이 입증되었고, 뒤이어 1840년대에는 그들의 낙후된 여건으로부터 사회적·산업적 개혁을 위한 수많은 제안과 운동이 태어났다. 따라서 1848년, 파리 노동자들의 핵심적인 관심사는 노동문제였다. 그러나 이러한 운동과 개혁에서 수공업 전통 출신의 숙련 노동자—제국 중반 무렵 저술 활동을 했던 코르봉의 말에 따르면, 노동력의 40퍼센트가량을 차지하는 상위 집단—가 정확하게 어떤 역할을 담당했는지는 쉽게 판단할 수 있는 문제가 아니다.[1] 표준적인 설명에 따르면 이들 노동자는 자신들의 기술에 확신은 있었지만 만성적인 직업 불안정성 때문에 사기가 저하되어 있었다. 또 노동의 고귀함은 충분히 알고 있었지만 실제로 일하는 것은 항상 힘들었으며, 노동이 모든 부의 원천이라고 믿으면서도 그 불확실성을 진정시키고 자신들의 상대적 빈곤을 덜어주며 기술이 필요 없는 단순 작업과 수탈 정도가 심해지는 쪽으로 나아가는 추세를 저지해줄 새로운 산업 질서를 갈구하고 있었다. 그러나 랑시에르는 이들 수공업 전통의 힘과 성격에 의심의 눈길을 던진다.[2] 그가 끌어대는 증거는 대체로 신문 『아틀리에L'Atelier』에 기고한 노동자 시인과 작가들의 글에서 뽑은 것인데, 수공업 노동자craft workers들을 프롤레타리아적 혁명의식의 담지자로 낭만화하고 균질화할 위험을 분명하게 지적하고 있다. 랑시에르의 치밀한 연구 자료가 된 글과 편지를 쓴 노동자들은 노동에서 놓여나기를 원했고, 등골 휘는 노동의 고귀함이라는 것에 대해 어떤 환상도 품고 있지 않았다. 그들은 혁명이 아니라 고용주로부터 존중받기를 원했다. 고용된 일손이 아니라 하나의 인간 존재로서, 동등한 존재로 대우받기를 원한 것이다. 그들은 각자가 개별적으로 안고 있는 문제에 대한 즉각적인 해결책과 개인적인 도움을 원했다. 프롤레타리아 독재라는 블랑키주의 이념에는 아무 관심도 없었고, 생시몽주의 운동에 그들이 걸었던 기대도 대부분은 사회 개혁적 이념이 아니라 재정 지원과 고용에 대한 바람 때문이었다.

　그러나 랑시에르의 설명은 마르크스주의에서 영감을 얻은 노동사가들이 강조하는 혁명적 낭만주의에 대한 잘못된 시각을 교정해주기는 하지만, 바리케이드 위에서 싸우고 뤽상부르 위원회의 토론회에 참여했으며 카베와 콩시데랑과 프루동과 당대의 공산주의자/사회주의자들의 노력을 적극적으로 지지했던 노동자들이 감정을 제대로 포착했을지는 그리 분명치 않다. 확실한 것은 대부분의 노동자들이 중앙집중식 국가 통제보다는 생산자조합association이나 자주관리, 혹은 상호부조의 형태를 기

그림 54 최소한 풀로 같은 고용주에게서는 자신들을 너무 과대평가한다는 평을 받았던 파리 노동자들의 자기 확신과 굴종의 면모가 도미에의 「노동자」에 포착되어 있다.

대했던 것 같다는 점이다. 그러나 그들은(카베, 콩시데랑, 르루 및 다른 사람들도 그랬듯이) 부르주아 전반, 특히 고용주의 고집불통 때문에 대부분 더욱 혁명적인 입지를 취하는 것 외에 달리 선택의 여지가 없는 처지로 내몰리곤 했다. 의제 설정과 수단(특히 폭력에 의존하는) 두 측면 모두에서 상당한 혼란과 부침이 있었던 것은 분명하지만, 1848년에 대부분의 수공업 노동자가 사회주의 공화국의 창설을 기대했으며, 노동을 재조직하고 생산의 사회적 관계를 개혁하여 앞으로 올 몇십 년 동안 그들 자신의 사회적 진보를 위한 무대를 마련하고자 하는 자신들의 노력을 이 공화국이 지지해줄 것을 바랐다는 데에는 의문의 여지가 없다.

　제2제정기 동안 파리 산업의 진화는 아주 특별한 경로를 거쳤다. 19세기 중반의 파리는 이 나라에서 타의 추종을 불허하는 가장 중요하고 다양한 생산의 중심지였다. 과시적 소비의 거대한 중심지라는 이미지도 있었지만, 그곳은 사실 여전히 노동계급의 도시였고 생산의 성장에 크게 의존하는 곳이었다. 예를 들면, 1866년에 그곳 주민 180만 명 가운데 공장에 생계를 의존하는 인구는 58퍼센트였지만 상업 인구는 13퍼센트에 불과했다.[3] 그러나 그곳의 산업 구조와 조직은 아주 독특한 특징을 몇 가지 갖고 있었다(표 4, 5, 6). 1847년에 고용인이 2명 이하인 생산 공장이 절반 이상이었고, 10명 이상을 고용한 곳은 11퍼센트뿐이었으며, "대기업"이라는 호칭에 어울리는 곳(노동자가 500명 이상인 곳)은 425개소밖에 되지 않았다. 고용주와 노동자를 구별하기가 어려운 경우가 많았으며, 스콧은 1847년에서 1848년 사이의 설문 조사가 그 범주를 정치적인 이유에서 어떻게 고의적으로 흐렸는지 보여준다.[4] 어쨌든 수공업 노동자는 위계적 형태의 지시 체계를 발전시켰기 때문에, 소기업에서 계급적대감이 강하게 나타날 근거는 거의 없었다(제2제정기 내내 노동운동의

한 진영 전체, 특히 프루동의 영향을 받은 진영을 이끌어 파업을 부정하고 생산자조합 결성을 추진하게 하며 사유재산과 자본의 소유권이 아니라 자금주, 독점자본가, 지주, 권위주의 국가만을 반대하도록 한정시켰던 지배적 여건이 바로 이런 것이었다). 길에 면한 가게 건물 뒤로 돌아가면 대개 작업장이 한데 붙어 있는 형태였기 때문에 상업을 수공업과 분리하기도 아주 힘들었다.

이러한 조건은 산업 종류와 지역에 따라 달라졌다. 음식과 식량 공급(이 부문에서는 산업과 상업 간의 구분이 특히 더 힘들다)을 제외하면, 직물과 의류 산업이 가구와 금속가공업과 함께, 당연한 일이겠지만 그로 인해 이 도시가 이름을 떨쳤고 앞으로도 계속 그러할 "파리의 간판 품목들"을 항상 지배하고 관통해왔다. 따라서 자본주의적 산업 발전의 고전에 속하는 부문들은 대부분 수도에는 존재하지 않았다. 심지어는 중요 산업이던 직물공업마저 1847년이면 대부분 지방으로 분산되며, 의류 산업만 파리에 남게 된다. 대부분의 파리 산업이 자체 시장을 섬기는 쪽으로 방향을 잡은 것은 분명했다. 오로지 금속가공업과 기계 부문에서만 자본주의적 산업 구조의 "근대적" 형태와 닮은 양상들을 찾아볼 수 있었다.

이렇게 방대한 경제적 산업이 쉽게 변형될 수는 없었다. 하지만 그것은 산업적 융합, 기술, 조직, 위치라는 면에서 중대한 발전과정을 거쳤다. 그것은 1848년에서 1850년 사이의 불황을 놀랄 만큼 활기차게 헤치고 나왔는데, 그 활기가 제일 먼저 전해진 곳은 경공업이었고, 1853년 이후에는 건설업과 중공업, 금속가공업, 의류 산업에도 확산되었다. 1860년대에는 성장 속도가 느려졌는데, 특히 대규모 산업에서, 그리고 부문과 위치에 따라 선별적으로 그런 현상이 나타났다.

표 4 파리의 고용구조(1847, 1860)

업종	1847년			1860년		
	공장 수	노동자 수	공장당 인원수	공장 수	노동자 수	공장당 인원수
의류·직물	38,305	162,710	4.2	49,875	145,260	2.9
가구	7,499	42,843	5.7	10,638	46,375	4.4
금속·기계	7,459	55,543	7.4	9,742	68,629	7.0
디자인	2,691	19,132	7.1	3,018	21,600	7.2
식품	2,551	7,551	3.0	2,255	12,767	5.7
건설	2,012	25,898	12.9	2,676	50,079	18.7
정밀기계	1,569	5,509	3.5	2,120	7,808	3.7
화학제품	1,534	9,988	6.5	2,712	14,335	5.3
운송 장비	530	6,456	12.2	638	7,642	12.0

자료: 도마와 파앵(1976)

표 5 경제적으로 산업 의존적인 인구(1866)

업종	소유주	고용인	가족	전체	백분율
의류·직물업	26,633	182,466	103,964	313,063	25.3
건설	5,673	79,827	71,747	157,247	12.7
미술·디자인ⓐ	11,897	73,519	60,449	145,865	11.8
금속	4,994	42,659	50,053	98,906	8.0
목재·가구제조	5,282	27,882	33,093	66,257	5.3
운수	9,728	35,022	48,938	93,688	7.6
상업	51,017	78,009	101,818	240,840	18.6
잡업	10,794	50,789	58,435	120,018	9.7
분류 외	2,073	4,608	5,417	12,098	1.0
전체	128,091	575,981	533,914	1,237,987	(100.0)

자료: 루즈리(1971), 10(N.B. 1866년의 파리 인구는 182만 5274명이었다; 표 1을 보라)
ⓐ에는 인쇄업, 파리의 간판 품목 제작, 정밀기계 공업, 귀금속 가공업이 포함된다.
ⓑ에는 피혁가 공업, 요업, 화학공업이 포함된다.

표 6 파리 산업의 업종별 규모(1847~1848, 1860)

업종	1847~1848년	1860년
음료·식품업	226.9	1,087.9
의류	241.0	454.5
파리의 간판 품목	128.7	334.7
건설	145.4	315.3
가구제조	137.1	200.0
화학제품·도자기	74.6	193.6
귀금속	134.8	183.4
중금속	103.6	163.9
직물·방적	105.8	120.0
피혁	41.8	100.9
인쇄	51.2	94.2
마차 제작	52.4	93.9

단위: 10억 프랑   자료: 가야르(1997), 376

1847년에서 1848년 사이, 그리고 1860년과 1872년의 설문 조사는 결함은 좀 있지만 산업 발전이 거치는 일반적 경로를 재구성할 수 있게 해준다.[5] 1860년의 설문 조사에는 41만6000명의 노동자를 고용한 공장 10만1000개소가 명단에 올라 있는데, 이는 1847년에 비해 11퍼센트 증가한 수치다. 이에 상응하는 구舊파리의 자료보다 노동자가 1만9000명 더 나와 있는 것을 보면 그 증가분의 대부분은 교외의 병합으로 얻어진 것이다. 하지만 공장 수는 30퍼센트 증가했는데, 이는 소규모 공장의 수가 놀랄 만큼 늘었다는 뜻이다. 그러나 2명 이하를 고용하는 공장의 비율이 62퍼센트로 올랐으며, 10명 이상을 고용하는 공장 숫자는 11퍼센트에서 7퍼센트로 떨어졌다. 이러한 파편화 현상의 증가increasing fragmentation는 여러 구역에서 눈에 띄는데, 특히 구舊 파리에서 현저하다. 예를 들면 의류 산업에서 기업 수는 10퍼센트 늘었지만 고용된 노동자 수는 20퍼센트 줄었다. 화학공업의 표는 더욱 놀랍다. 공장 수는 45퍼센트 늘고 노동자 수는 5퍼센트 줄었다. 최대 규모의 산업인 기계 공업은 1847년에서 1848년 사이에 공장당 노동자 수가 평균 63명이었는데, 1860년에는 평균 24명으로 줄었다.

이것을 어떻게 해석해야 옳을지에 대해서는 논란의 여지가 많다. 표면적으로 보면 모든 사항은 아주 작은 공장들이 무수히 왕성하게 성장하고 산업구조의 파편화가 심해지는 사태를 가리키고 있는데, 이 과정은 제국이 종말을 맞은 뒤까지도 계속된다. 뿐만 아니라 이러한 소기업의 성장과 단편화는 도심에 가까운 곳이든 변두리든 어디서나 발견된다. 1847년에서 1848년 사이와 1860년까지의 대기업 성장률의 절대치(숫자는 1860년에서 1879년까지는 사실 조금도 변함이 없었다)가 큰 것은 그들이 교외로 분산한 데 따른 결과다. 하지만 여기서도 이동이 균일하게 이루어지지는 않았다. 대규모 인쇄업은 좌안에 있던 중심 위치를 고수했고, 금속 가공업은 북부와 동부 변두리 내륙까지 물러났다. 그러나 대규모 화학 공장은 대체로 더 멀리 이동하는 편이었다.

화학 산업은 이 시기 파리 산업에서 벌어지고 있던 복잡한 움직임의 많은 면모를 보여준다는 점에서 흥미롭다. 한편으로는 규모가 크고 오염 산업이 대부분인 이 부문은 강제로든 자발적으로든 교통망에서 소외되지 않으면서도 토지 가격이 상대적으로 싼 주변 입지를 찾아 나섰다. 반면, 생산의 혁신은 곧 도자기나 약품, 의상, 보석류, 조화 같은 것을 전문적으로 생산하는 소기업의 번창으로 이어졌고, 주로 "파리의 간판 품목들"의 범주에 속하는 다른 산업의 경우, 소량의 페인트, 염료 따위의 품

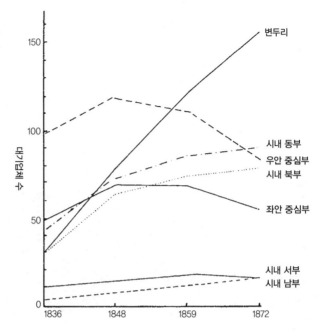

그림 55 파리의 각 구역별 대기업 수[1836년, 1848년, 1859년, 1872년의 조사 결과(도마와 파앵의 표에 의거, 1976)]

변두리

시내 동부

우안 중심부

시내 북부

좌안 중심부

시내 서부

시내 남부

대기업체 수

1836   1848   1859   1872

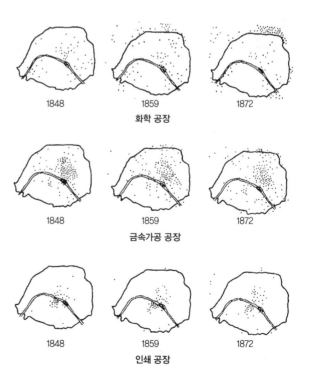

그림 56 파리에 있는 대규모 화학공장, 금속가공 공장, 인쇄 공장의 분포도[1848년, 1859년, 1872년 조사에 의거(레텔, 1977)]

1848   1859   1872

화학 공장

1848   1859   1872

금속가공 공장

1848   1859   1872

인쇄 공장

그림 57 이와 같은 화학 관련 업종의 큰 공장들이 1860년대에 라빌레트 등의 근교에 나타나기 시작했다.

목, 즉 소량 생산 체제에 가장 적합한 품목을 전문적으로 생산하기도 했다. 많은 산업 내에서도 이와 유사하게 교외에 위치한 몇몇 대규모 공장의 성장과 특히 도심부에 가까운 곳에서의 경제활동의 전문화 및 증가하는 파편화라는 이중적 움직임이 있었다.

이렇게 고도로 전문화된 발전을 이루는 데는 "우수한" 노동자로 이루어진 소규모 그룹의 뛰어난 기술 수준을 유지하는 것이 매우 중요하다. 산업의 단편화와 작품당 임금을 지불하는 체제로의 전환은 수공업자들이 자신들의 자율성과 독립성, 노동과정에 대한 명목상의 통제권을 그대로 유지하는 편을 강하게 선호한 데 대한 대가로 볼 수 있다. 가야르가 설득력 있게 주장하듯이, 실제로는 개인과 소기업, 외주 노동자, 도급제 일꾼이 고도로 효율적인 생산 시스템에 통합되는, 점점 더 복잡하고 세부적으로 전문화되는 노동 분업이 이루어지고 있었다. 수많은 소기업은 좀더 큰 조직 형태의 하도급 단위에 불과한 존재가 되었다. 따라서 그들은 자본가-생산자나 원격으로 그들을 조종하는 상인들에게 매여 있는, 도제적 노동 시스템에서 활동하는 존재였다.[6] 가정에서 도급제로 작업해 오도록 함으로써 자본가들은 점포나 연료 등의 경상 비용을 절약했다. 나아가서 고용주들은 일감을 따내기 위한 경쟁에 이런 하도급 단위를 계속 묶어둠으로써 노동 비용을 낮추고 이익을 최대한 늘릴 수 있었다. 노동자들은 명목상으로는 독립적이지만 어떤 공장 시스템에서 볼수 있는 것과 다를 바 없이 비참한 제 살 깎아먹기식 형태에서 굴종을 강요당하지 않을 수 없었다.

크나큰 증오의 대상이던 억압적 십장제, 감독제, 하도급제(1848년의 사회적 입법 아래서는 금지되었다가 1852년 이후에 재도입된 것)와 그 외의 중개업은 이러한 상황에서 모두 확고하게 자리를 잡을 수 있었다. 그러므로 수공업 노동자들은 그 뒤에도 여전히 중요한 존재였지만 그들의 지위는 눈에 띄게 몰락했다. 노동의 극단적 분업 덕분에 몇몇 부문에서는 유례 없이 높은 수준의 품질과 기술적 완벽성을 달성했지만 노동자는 더 많은 임금도, 더 많은 자유도 얻지 못했다. 그것은 오히려 예전에는 독립적이던 수공업 노동자와 고용주들이 엄격하게 통제되는 상업적·산업적 조직의 공식적 지배하에 점차 흡수되었음을 의미했다. 그 결과, 풀로(당국자들 앞에서 걸핏하면 일꾼들이 게으르고 다루기 힘들다고 험담하던 사람)조차 다음의 사실을 인정하게 되었다.

> 파리는 사람들이 세계의 다른 어느 곳보다도 열심히 일하는 도시다.
> (…) 지방에서 파리에 온 노동자들이 모두 버텨내지는 못한다.
> 여기서 생계를 꾸리려면 힘든 일을 너무 많이 해야 하기 때문이다.
> (…) 파리에서는 도급제로 유지되는 직업이 있는데, 그 일을 20년간
> 하다보면 노동자는 불구가 되고 탈진해버린다. 다행히 그때까지
> 목숨을 부지하고 있다면 말이다.[7]

이 같은 일반적인 진화과정의 배후에는 더 많은 비난을 받아 마땅한 수많은 세력이 있다. 공간적 장애물이 줄어들어 넓고 귀중한 파리 시장이 지방과 외국과의 경쟁 무대에 개방되었다(이는 1860년에 자유무역을 향한 움직임이 있은 뒤, 더욱 장려되었다). 하지만 그것은 또한 파리의 산업이 지리적으로 더 넓은 지역에서 반가공품을 조달하고 노동자들에게 식량과 원자재를 공급할 길이 열렸다는 뜻이기도 하다. 파리 시장이 산업의 강력한 근거지임을 감안할 때 이는 파리가 지방과 외국과의 경쟁 무대가 될 뿐 아니라 파리 역시 지방이나 외국에서 얼마든지 쉽게 경쟁의 대상

이 될 수 있다는 것을 의미한다.

실제로 프랑스의 수출무역에서 파리가 차지하는 비중은 1848년에 11퍼센트였다가 1860년대에는 16퍼센트로 늘어났다.[8] 예상할 수 있는 일이지만 파리의 전문 분야인 사치품 생산이 이 광대한 수출의 밑물에서 대표 역할을 잘 해주었다. 그러나 파리에서 생산된 열차와 철로 장비의 절반 이상과 증기기관의 5분의 1은 외국으로 나간 프랑스 자본을 따라 갔고, 심지어는 일부 식량 산업(설탕 정제업 같은 종목)도 지방 시장에서 자리를 잡을 수 있었다. 파리의 산업가들은 지방의 몇몇 산업가와는 달리 결코 자유무역을 반대하지 않았다. 왜냐하면 파리의 제조업은 몇 가지 생산 노선에서 지방 및 국제 시장을 확실하게 장악할 수 있었기 때문이다.

그러나 이들이 이 국제적 노동 분업과의 관계에서 유리한 지위를 차지하기는 했지만 몇 가지 위험도 따랐다. 파리 산업은 외국 시장의 변덕에 점점 더 많이 노출되었다. 산업가들은 이 시기 세계무역의 전반적인 팽창 덕분에 물론 엄청난 혜택을 얻었지만, 변덕스러운 외국 취향과 갑작스러운 관세 장벽의 설치, 외국 공장의 성장(프랑스 디자인을 베껴 품질은 낮지만 더 싼 가격에 비슷한 물건을 만들어내는 추악한 버릇)과 전쟁으로 인한 방해(미국이 주요 수출 시장이었기 때문에 남북전쟁은 특히 극심한 타격을 입혔다)에 신속하게 대응할 수 있어야 했다. 파리의 산업 역시 외국무역의 특이한 흐름의 요구 사항에 적응해야 했다. 예를 들면, 미국과의 무역 규모가 커지자 계절 실업의 문제가 늘어났다. 가을에 면화가 미국에서 들어오면 미국인 수입업자들은 돈을 쥐게 되는데, 이들은 봄이 되면 다시 미국에 물건을 갖고 돌아가기 위해 최대한 빨리 돈을 썼다. 3개월간의 집중적인 작업이 지나면 9개월의 "비수기morte-saison"가 따랐다. 1860

그림 58 고블랭 회사의 카펫 제작은 제2제정 치하에서도 살아남았으며, 외국 시장에 대한 접근성이 높아짐에 따라 이득을 본 전형적인 고급 수공업 산업이었다(그림은 도레).

년의 설문 조사를 보면 파리 공장의 3분의 1 이상이 비수기를 겪었다고
되어 있으며, "파리의 간판 품목"을 생산하는 공장의 3분의 2 이상, 가구
와 의류, 보석 무역에 종사하는 산업의 절반 이상이 4개월에서 6개월간
비수기를 겪고 있었다.[9] 이 사실이 생산 조직과 노동시장에 어떤 문제를
안겨주는가 하는 것은 앞으로 다룰 것이다.

외국과 지방 산업은 국제적이거나 지방적인 시장에서만 파리 산업과
경쟁한 것이 아니라, 파리가 제공하는 갈수록 많아지는 소비자와 넓어
지는 중개 상품 시장에도 게걸스러운 눈길을 돌렸다. 1860년대에는 외
부와의 경쟁이 점차 격렬해졌다. 처음에는 대량생산된 상품이 도전해왔
는데, 이런 상품의 경우 화물 운송료가 낮아지면서 값싼 노동력과 원자
재를 더 쉽게 구할 수 있는 지방과 외국 생산자들의 가격 경쟁력이 더
높아졌다. 따라서 신발 생산은 지방으로, 즉 파드칼레나 루아즈, 또는
그 비슷한 장소로 흩어졌다. 하지만 대량생산이 침투하면 사치품 또한
쉽게 따라올 수 있다. 이런 사태가 벌어지는 과정은 파리에서 등장하고
있던 산업과 상업 사이의 새로운 관계를 검토하면 가장 정확하게 설명될
수 있다.

금융과 상업에 대한
산업의 관계
—

산업·금융·상업 간의 상대적 위세는 제2제정기의 파리에서 눈에 띄게
변했다. 몇몇 대기업은 여전히 아무 탈이 없었지만 대다수의 소규모 산
업은 점점 더 자금주와 상인들이 강요하는 외적 규율에 예속되었다. 자

금주와 상인은 사실상 구체적 노동에서 추상적 요구로의 변형을 책임지는 중개자가 되었다.

새로운 신용 시스템이 성장하자 대규모 생산업과 서비스산업의 창출이 여러 다른 방식에서 유리해졌다. 근대적 기술 형태와 산업 조직을 사용하는 공장의 생산에 직접 재정 지원을 하는 것이 그럴듯한 방법이었다. 이 방식을 개척한 것은 페레르 형제였지만 온 사방의 금융기관이 재빨리 그 뒤를 따랐다. 그러나 그로 인한 간접적 영향도 똑같이 심각했다. 공공사업과 건설 규모(국내외)의 변화 및 여러 종류의 생산물을 위한 대량 시장의 형성(그 자체로서 신용 시스템의 산물인 백화점의 등장이 그 조짐이었다)에서는 대규모 산업이 유리했다. 소액 저축을 새로운 신용 구조가 흡수한 결과 소규모이고 지역적이며 친근한 소기업에 대한 신용 재정의 기반이 고갈되고 그를 대신할 것은 전혀 마련되지 않는 방향으로 사태가 전개되었다. 그리하여 전체적으로는 신용 대부 능력이 재분배되어 소생산자와 장인들의 손이 닿지 않는 곳으로 점점 더 멀리 밀려나는 결과를 낳은 것이다.

그러므로 새로운 신용 시스템은 자금주를 통제와 합병의 도구로만 본—페레르 형제에 관해서는 너무나 타당한 판단이지만—대부분의 산업가에게 환영받지 못했다. 생산자와 화폐 자본가 간의 계급 관계는 전형적인 불신의 관계였다. 실제로 페레르 형제의 몰락은 로스차일드의 다분히 부풀려진 개인적 적대감 때문이기도 하지만 프랑스은행 내에서 상업가와 산업가가 가진 힘도 같은 정도로 관련이 있었을 것이다. 제2제정기 말엽, 자금주들의 과도한 독점적 권력에 맞서 발생하여 오래 지속된 분쟁이 장인artisan과 소기업가들의 갈채를 받았다는 사실은 제국의 경제 정책에 대한 부르주아의 반대가 커지던 이유를 부분적으로 설명해준다.[10]

그렇기는 해도, 흔히 장기간의 비수기와 온갖 골칫거리를 처리해야 하던 소공장주와 장인들은 단기 신용거래의 필요를 절실히 느끼고 있었다. 프랑스은행은 기업 어음에 대해 할인 편의를 제공했지만, 이 서비스를 이용할 수 있는 고객은 극소수였다.[11] 이 시기의 끝 무렵에 가서야 다른 금융기관들도 이런 간극을 메우기 시작했다. 그런 기관이 없는 곳에는 오직 혈연 간의, 아니면 판매자와 구매자 사이에 제공되는 소소한 외상 거래에 기반을 두는 비공식적인 유사 자본 조달 시스템밖에 없었나. 이는 하층 노동계급에게까지 침투한 시스템이었는데, 후불 구매, 즉 외상 구매 관행이 없었다면 이런 사람들은 살아남지 못했을 것이다. 그리고 새롭게 기반을 다진 상인계급이 파리 산업의 조직과 성장과정에 지배력을 점점 더 많이 행사하게 된 것도 그런 시스템 덕분이었다.

상업은 파리 경제에서 물론 언제나 특별한 위치를 차지하고 있었다. 하지만 19세기 중반에 제조업과 상업의 구별은 너무나 불분명해서, 확실하게 상업적인 이익을 얻는 것은 전문적 무역업자들(예를 들면 포도주 상인 같은)뿐이라고 할 수 있었다. 상업은 대부분 산업의 하인이었다. 그러나 제2제정에서는 생산과 판매의 격리가 점점 커지며 권력관계가 점진적으로 뒤집혀 파리 산업의 많은 부분이 점점 더 상업의 지시에 복종하는 꼭두각시의 처지가 된 것이 특징이었다.[12] 대부분의 경우, 이 변화는 급격하지는 않고 점진적이었다. 공장주들은 점포는 시내에 남겨두고 작업장은 포기했다. 하지만 생산자와 직접 상대한다는 방식까지 포기한 것은 아니었다. 그들은 전형적으로 하도급 조직망, 즉 주문 생산이나 삯일에 의한, 혹은 외주에 의한 생산 조직망의 축이 되었다. 이런 식으로 하여 자율성이 점점 강해진 상인계급은 장인과 수공업 노동자를 상인 자본의 지배하에 포섭하는 공식적인 중개자가 되었다. 코트로는 이렇게 쓴다. "때로는 각각 수천 명씩의 직원을 거느리는 대규모 의류 산업 이권에 준準수공업 노동자 수백 명, 또는 소작업장 수십 개소가 한낱 말단 촉수처럼 딸려 있는 경우도 있었다. 그 이권을 관리하는 것은 상인이나 기업가, 혹은 백화점이다." 더 심한 것은 이러한 새로운 "자본주의적 조직의 교점交點 (…) 이 꾸준히 노동을 재분배하고 작업을 재조직하여 그중 가능한 한 많은 부분을 노동자, 여성, 어린이, 노인 등 아무런 조직적 기술도 갖지 않은 노동력의 손에 맡기려 한다는 점이다."[13]

파리 산업은 극도로 세분화하고 전문화된 방식으로 작업을 진행했기 때문에 경쟁력과 품질에 관한 한 지역과 국제시장에서 상당한 명성을 얻게 되었다. 그리고 제2제정기에는 이러한 조직 형태가 갈수록 정교해졌다. 조화 제조업은 1848년에 이미 작업장마다 각기 다른 종류의 꽃을 만들어낼 정도로 전문화되는 추세였는데, 제국의 종말이 다가올 무렵에는 각 작업장에서 특정한 종류의 꽃 부품 하나씩을 만들어내는 시스템으로 조직되어 있었다. 막심 뒤 캉은 간단한 칼 하나를 만드는 데도 9가지의 서로 다른 기술이 합쳐져야 하는 "노동의 무한 분업"에 대해 불평했다.[14] 그런 시스템이 작동할 수 있었다는 사실은 전적으로 원자재를 공급하고 곳곳에 흩어진 수많은 작업장에서, 혹은 가정에서 도급제로 행해지는 세부적인 노동 분업을 조직하며, 생산품의 품질을 감독하고 유통 시기를 조절하고 최종 조합된 생산품을 잘 파악된 시장에 내보내는 일을 담당한 상인 경영자의 효율적인 조직 기술 덕분이었다.

그러나 외국의 경쟁자를 쫓아내기 위해 파리의 산업을 재조직한 바로 그 중개인들은 외국과 지방의 경쟁을 파리 시장 한복판으로 끌어들이기도 했다. 수익을 최대화하기 위한 경쟁적 압력 아래 파리의 상인들은 지방과 심지어 외국에서도 원자재를 공급받을 다른 노선을 찾기 위

그림 59 1843년에 이미 도미에는 새로운 잡화점의 경영을 비웃었다. 이 그림에서 점원은 손님이 원하는 목면 모자를 파는 구역에 가기 위해 헤치고 가야 하는 상점 안의 복잡한 동선을 손님에게 설명해주고 있다.

해 지휘 체계를 확대하고 비용(특히 임금)이 더 싸기만 하다면 파리에서 한참 먼 곳에까지 외주를 맡기는 등, 수단과 방법을 가리지 않았다. 그렇게 하여 그들은 조직적으로 외부 경쟁을 내모는 만큼이나 그것을 부추기기도 했다. 또 어떤 경우에는 생산의 일부 단계를 지방으로 보내는 지리적 분산을 적극적으로 조직하기도 했다. 외국과 지방의 상인들은 한때는 이 도시에서 행상처럼 계절을 타는 존재였지만 점점 더 상시적으로 정착하는 추세였고, 다른 나라나 지방에 가진 연줄을 활용하여 파리 시장으로의 상품 유입을 더욱 경쟁적으로 조직했다. 모자와 장갑 산업처럼 (지방으로 간) 생산과 파리에 남아 있던 디자인 및 판매가 분리된 사례도 있다.[15]

파리 산업의 여러 다양한 측면에 강한 영향을 미친 상업의 발전은 그 외에도 있다. 대규모 백화점의 등장은 기성품 의류의 대량 판매 시장이 형성되었음을 뜻한다. 용도나 가치, 품질을 막론하고, 이익이 남고 대량으로 생산할 수 있는 것이면 무엇이든 그쪽으로 주문이 옮겨 갔다. 대량 판매가 반드시 공장에서의 대량생산으로 직결되는 것은 아니지만, 각기 다른 노선을 따라 조직된 소작업장에서의 생산을 의미하는 것은 사실이었다(하도급이 지배적인 추세가 되었으므로). 생산품의 품질에 대한 관심이 줄어들고 수공업 전통에서 작업의 숙련도가 낮아지는 데 대한 노동자들의 불만은 봉마르셰Bon Marché(1852년에 설립되었으며 1869년의 총 매상은 700만 프랑이었다), 루브르Louvre(1855), 프랭탕Printemps(1865) 같은 큰 백화점들이 파리 상업의 중심이 되면서 이런 종류의 거래가 거창하게 성장한 것과 크게 관련된다.[16]

1860년대가 되면 위계적 구조를 가진 신용 시스템이 점점 더 산업 발전을 위한 강력한 신경 중추가 되고 있었지만, 아직 소기업에까지 확산되지는 않았다. 필요하다면 새로운 신용 구조와 구 신용 구조 둘 다 얼마든지 이용할 수 있는 상인들이 개입하여 대다수의 소규모 산업을 위한 조직력이 되어주었다. 제2제정기에 이러한 상인계급의 자율성이 점진적으로 커지는 조짐은 상인들이 따로 모여 사는 구역이 형성된 데서 나타난다. 그것은 서북부 도심의 쇼세당탱 주변과, 그보다는 작았지만 마유에상티에와 동북부 도심(파라디 거리는 예나 지금이나 유리와 도자기 상품을 주로 취급하는 번화가다)에 있었다. 이곳으로부터 파리 시장과 수출을 위한 시내·지방·국제 생산이 점점 더 많이 조직되었다. 이러한 구역은 또한 화이트칼라들에게 특수한 일자리 기회도 제공했는데, 도시 내 사회적 공간의 분화에 그 발자취가 남아 있다(그림 53을 볼 것). 이 구역에서는 정치와 교육, 종교 등등에 대한 특별한 전통이 형성되어 상인들이 코뮌의 형성에든 그에 대한 탄압에든 거의 참여하지 않는 결과를 낳았다.

점점 커지는 상인계급의 자율성과 새롭게 성장하는 자본력이 파리 산업의 많은 부분을 복잡한 통제의 그물로 뒤덮은 반면, 상인들은 수익에 대한 관심과 지리적인 활동 범위 때문에 새로운 국제적 노동 분업의 조건에 맞추기 위해 파리 산업을 재편하는 쪽으로 옮겨 가게 되었다. 소생산자들은 한때 자부심 있고 독립적인 수공업 노동자와 장인이었지만 점점 더 빚과 의무, 특정한 지시와 통제된 공급의 그물 속에 갇힌 존재가 되었다. 그들은 어디로 발전해나갈지 자기들로서는 도무지 알 수 없는 전체 생산 시스템 속에서 전문적인 부분 작업만 하는 노동자의 지위를 강요당했다. 그러한 생산 시스템에서 1848년 이전에 이미 현저해진 탈기술화와 지배의 과정이 계속 진척될 수 있었던 것이다. 노동자들은 당연히 문제의 본질을 인식하고 있었다. 1867년의 노동자위원회는 이 문제점을 장시간 논의하고 사회적 신용과 노동 자유의 문제를 일차적인 사회 의제로 내세웠다. 하지만 그때는 자본의 연합이 노동의 연합이라는 고귀한 전망을 지배해온 지 이미 20년이 다 되어가는 무렵이었다.

산업, 국가, 사유재산

—

앞에서 보았듯이, 오스만은 인기가 없거나 유해한 산업(가죽 가공업이나 일부 화학공업 같은)을 망설이지 않고 쫓아냈다.[17] 또 그는 온갖 간접 수단을 행사하여 사치품 산업이나 "파리의 간판 품목" 이외의 공장들을 도심 바깥으로 최대한 몰아내려고 애썼다. 그의 반산업적 정책은 부분적으로는 서구 문명 전체에 어울리는 "제국의 수도"를 만들고 싶다는 욕구 때문이었지만, 파리에서 노동계급이 일자리를 얻을 기회를 없앰으로써 그들의 정치권력을 제거하려는 생각도 이유 가운데 큰 자리를 차지하고 있었다.[18] 비록 1870년이면 도심 한복판의 탈산업화가 이미 기정사실이 되었지만, 통신 및 도시 하부구조(가스, 수도, 하수도 시설 등)가 개선되었기 때문에 파리는 아주 매력적인 장소였다. 오스만은 어느 정도는 양다리를 걸치고 있었다. 그러나 산업의 요구에 부응하지 못하는 점과 주택지 개발을 선호하는 그의 특유한 성향(가령 3차 도로망 설계에서 나타난)으로 인해 그는 점점 더 거세지는 산업 이권 진영의 반대에 부딪혔다. 그들의 힘은 어쨌든 황제의 재배치 계획을 일부나마 틀어버릴 수 있을 정도로 강력했다. 또 지방과의, 그리고 국제적인 경쟁이 1860년대에 절정기를 맞은 것에 비례하여, 오스만의 반反산업 작전이 강화되자 파리 산업이 당하는 어려움이 점점 더 그의 책임으로 돌려졌고, 제국에 대해서도

그림 60 심하게 오염된 비에브르강에 면해 있는 가죽 가공 공장의 모습이 1860년대에 촬영된 마르빌 사진에 포착되어 있다. 이 공장들은 오스만이 시내에서 쫓아내려 했던 오염 산업 가운데 하나였다.

격렬한 반대가 일어났다.

임대료는 파리 산업이 감당해야 하는 주요 비용이었다. 서부와 서북부 지역의 새로운 금융·상업 구역(부르스, 쇼세당탱), 그리고 상류층 주거 구역에서 급속히 치솟는 임대료는 기존 산업을 밀어내고 새 산업이 발붙이지 못하게 막는(예컨대 서쪽 변두리 같은 곳에서) 장애물로 작용했다. 도심의 치솟는 임대료 때문에 산업은 교외로 밀려나거나 특히 유리한 위치에 있는 공간의 활용도를 높이거나 합병하지 않을 수 없었다. 예를 들면 금속 가공업은 동북부의 상대적으로 가까운 곳에 흩어져 있었는데, 그곳은 교통이 좋고 우수한 노동력을 공급받기 쉬운 곳(그림 56을 볼 것)이었다. 도심에 가까워 임대료가 높은 지역 역시 아주 매력적인 위치였다(오스만은 이런 곳을 베수비오 화산 기슭의 포도밭에 비유했다. 위험한 산꼭대기에 가까울수록 토양이 더 비옥해지는 곳 말이다). 이는 사치품 소비자 시장(혹은 그런 시장을 제공하는 산업)에 금방 연결될 수 있는 위치가 결정적으로 중요한 요인인 산업에 특히 해당되는 사실이었다. 도시의 중심이라는 위치가 가진 매력은 성장하는 관광업에 기여하는 거대 백화점이나 호텔, 온갖 부류의 사람을 끌어들이는 레알의 중앙시장으로 상업이 집중됨에 따라 더욱 커졌다.

공공사업과 도시 투자는 끝이 없을 것 같은 수요의 시장(고급 가구와 장식품 수요도 포함하여)을 추가로 창출했는데, 그 가운데 많은 부분은 도심부 가까운 곳에 몰려 있었다. 중심 위치에 집착할 만한 동기가 강한 산업은 많다. 조제 약품, 세면 화장품류, 페인트, 금속 가공업(특히 장신구 제작용), 목공, 목세공품 및 유행 의상과 파리의 간판 품목 생산업이 그러하다. 그렇지만 도심에 있으려면 높은 임대료를 감당해야 한다. 이 점에서 도급제 외주제작의 성장을 가능케 한 응용법이 현명한 선택이 되는 것이다. 그렇게 할 경우, 노동자들은 높은 임대료를 그들 스스로 감당하거나(인구 밀집 구역에 있는 집에서 작업하면서) 아니면 도심부에 들어오지 못한 대가를 다른 방도로(즉 긴 출퇴근 시간으로) 치르는 것이다. 상인들은 높은 수요에 깔끔하게 부응할 수 있도록 제작과정을 배치할 수만 있다면 임대료를 확실히 절약할 수 있다. 그곳에 남아 있던 독립 작업장들은 상인들의 품 안으로 강제로 흡수되든가, 아니면 자체 내에서 노동 분업을 재편하여 노동 비용을 줄여야 하는 부담에 짓눌리게 되었다. 도심부의 임대료 상승은 산업과 노동자에게 심각한 부담을 요구했고, 그렇게 함으로써 제2제정의 파리 산업 재편성에서 결정적인 역할을 담당했다.

생산성, 효율성, 기술

지금에 와서야 역사가들에 의해 잘못임이 밝혀지기 시작한 일반적인 통념이 있다. 대규모 산업이 소규모 산업을 몰아낸 것이 규모의 경제를 통해 우월한 효율성을 발휘했기 때문이라는 통념 말이다.[19] 소규모 산업이 제2제정기에 파리에 계속 남아 있었다는 사실은 이 통념을 반박하는 증거로 간주된다. 소작업장들이 살아남은 것이 바로 그들의 우월한 생산성과 효율성 때문이라는 데는 의심의 여지가 없으니까. 그렇지만 이 반박을 너무 확대 적용하는 것은 위험하다. 규모의 경제를 쉽게 실현할 수 있는 산업(예를 들면 직물공업, 나중에는 일부 의류 산업도)은 지방으로 흩어졌고, 대규모 기계공업은 근교로 나가거나 다른 지역으로 갔다. 그리고 뒤에 남아서 그처럼 활발하게 성장한 소규모 산업은 기업 병합을 통

해서가 아니라 전문화된 무수한 업무를 한데 뭉침으로써 규모의 경제를 달성했다. 중요한 것은 기업의 규모가 아니라 무수한 생산자가 상인이나 다른 운영자의 조직력에 의해 지리적으로 집중되었다는 사실이다. 그리고 사실상 새로운 국제적 노동 분업에서 경쟁적 우위를 발휘하는 기반을 마련한 것은 파리 지역 내에서 이런 산업이 달성한 전체적인 규모의 경제성이었다.

반박하기 더 어려운 통념이 하나 더 있다. 즉 장인匠人들이 경영하는 소공장과 소규모 제작업은 새로운 생산품이나 새로운 노동과정의 문제에 부딪힐 때 비혁신적인 태도를 보인다는 것이다. 당시, 코르봉은 "우수한" 노동자와 장인들이 새로운 기술과 과학의 적용에 대해 보인 관심, 새로운 생산 노선에 대한 아주 활발한 관심을 탐지하여 위의 신화를 강력하게 부정했지만, 그와 동시에 이들이 새로운 것이면 무엇이든 감탄하면서도 유독 자신의 전문 분야의 것에 대해서는 모르는 척하는 경향이 있다는 점도 지적했다.[20] 하지만 생산 혁신(특히 사치품 부문에서)이 워낙 성공적으로 이루어진 터라, 소공장주들이 그런 기회를 붙잡지 않고 그냥 지나칠 리는 없었다. 새로운 기술은 신속하게 번창했다. 아직 미약한 수준의 마력馬力밖에 내지 못하던 증기기관까지도 작업장에서 집단적으로 사용할 수 있는 형태로 개조되었다. 의류 산업은 재봉틀을 사용했고, 가죽 가공업은 재단 기계를 받아들였고, 금고 제조업자는 기계식 절단기를 썼다. "파리의 간판 품목"의 제조업자들은 염색, 물감, 특수 가공, 장신구 등의 분야에서 혁신 열풍의 포로가 될 지경이었다. 건설과 토목에서도 중대한 혁신(기계식 승강기의 사용 따위)이 일어났다.

그렇게 하여 활발한 혁신이 이루어지고 새 노동과정이 신속하게 채택되는 그림이 그려지게 된다. 1867년의 노동자위원회와 발랭 같은 노동자

그림 61 이 시기에 집단 증기기관 시스템이 파리 산업의 한 특징이 되었다. 1872년에 작성된 이 도면은 그 시스템이 지하실에 있는 증기기관을 통해 작동되고 여러 층 위로 힘을 배분해주어, 한 건물에 여러 다른 종류의 산업을 수용할 수 있게 하는 방식을 보여준다.

의 글을 기준으로 판단하건대, 수공업 노동자들의 반대는 새 기술에 대한 것이 아니라 이러한 기술이 생산품의 표준화, 탈기술화, 임금 감축이 진행되는 과정의 일부로 자신들에게 강요되는 방식에 대한 반대였다.[21] 여기서도 상인과 운영자의 지시를 받는 전문화되고 세밀한 노동 분업의 증가로 인해 노동과정의 변형이 특별한 성격을 갖게 되었다. 파리에 있는 소산업에서 확실하게 볼 수 있었던 기술적 활력은 반드시 노동자들이 원하던 종류는 아니었다. 이 점에서 노동자들은 반대할 이유가 충분히 있었다. 풀로(혁신자라는 평을 들은 산업가)가 인정했듯이, 혁신을 이루는 과정에서 그가 염두에 두고 있는 세 가지 주요 목적은 정확성의 증가, 생산 속도 증가, "노동자들의 자유 의지의 감축"이었다.[22]

이 관점에서 그자비에두아르 르쾽의 회고록은 시사적이다.[23] 시골의 조부모 슬하에서 자란 그는 열 살 때인 1855년에 파리에 있던 홀어머니(아마 어떤 유명한 부르주아 가문의 아들과 나눈 낭만적 사랑의 배신으로 인한 희생자였던 모양)에게 갔다. 그의 어머니는 여자를 6명에서 8명까지 고용하여 고급 여성복을 만들어 특별한 거래처들을 가진 소매상에게 납품하는 공장을 경영하고 있었다. 그해는 국가 지출로 인한 활성화와 황제의 궁정과 파리 전역에서 번진 유행 덕분에 의류 산업이 호황의 절정에 이른 때였다. 그의 어머니는 도심의 상당히 널찍한 집에 살면서 하녀를 고용하고 친척과 지인들을 초대하곤 했다. 그러나 6년 뒤에는 직공이 1명밖에 남지 않았고, 어머니는 집세가 더 싼 작은 집으로 여러 번 이사해야 했다. 그녀는 하녀도 없이 살았고, 손님 초대도 중지했다. 그 자비에두아르가 한동안 집안일과 장보기를 맡았으며, 그다음에는 "경제적인 이유" 때문에 얼마 안 되는 임금을 받고 숙식이 제공되는 소매점에 일하러 나갔다. 손바느질로 옷을 짓던 그의 어머니에게 오는 수요는 줄어드는데, 재봉틀을 상대로 맹렬한 경쟁 시장에 내던져진 것이다. 그녀는 점점 가난해졌다(1868년 이후에는 어머니에 대한 언급이 사라지지만, 계속 찾아보면 1872년까지 일을 계속했으며 1874년에는 완전히 빈털터리가 되었고, 정신 이상으로 판정된 후 1891년에 수용소에 유폐되어 죽을 때까지 그곳에 있었음을 알 수 있다). 나는 수많은 소규모 자영 노동자가 대략 이와 비슷한 경로를 걸었으리라고 짐작한다.

노동의 경험

그러면 제2제정기에 파리 산업에서 일한다는 것은 어떤 것이었을까? 노동 경험은 워낙 다양하기 때문에 그 모두를 포괄하는 그림을 그리기는 힘들다. 그림의 소재는 얼마든지 있고 많은 사람의 노동 경험의 핵심을 포착한 소재는 되풀이하여 그려진다.

1865년에 아내와 두 자녀를 데리고 로렌 지방에서 새로 이주해온 어떤 사람이 파리의 변두리 벨빌에 쥐구멍만 한 방을 두 개 빌린다. 그는 매일 아침 5시에 빵 한 덩어리를 챙겨들고 집을 나가서 도심까지 6.4킬로미터를 걸어간다. 그곳에서 그는 한 단추 공장에서 하루에 14시간 일한다. 임금을 받아 집세를 내고 나면 하루 1프랑(빵은 1킬로그램당 0.37프랑)밖에 남지 않으므로, 아내가 할 만한 삯일거리를 가지고 오지만, 그녀가 장시간 일하고 받는 돈은 쥐꼬리만 하다. "노동자에게 있어 산다는 것은 죽지 않는다는 것이다"는 것이 당시의 속담이었다.[24]

졸라가 『목로주점』에서 사용하여 매우 극적인 효과를 거둔 것이 바로 이런 상황에 대한 묘사였다(그는 실제로 이 소설을 준비하면서 풀로의 저작을 아주 꼼꼼하게 연구한 모양이다). 쿠포와 제르베즈는 쿠포의 누나와 자형인 로리외가 살림하는 방에 붙어 있는 작업장을 찾아간다. 그 작업장은 작고 어질러져 있으며 숨 막힐 정도로 덥다. 이 부부는 함께 일을 하면서 금선을 잡아당겨 기둥사슬column chain 가는 원기둥에 금선을 빽빽하게 감은 뒤, 한쪽을 절단하여 같은 크기의 고리를 수없이 만들고 그것들을 연결하여 사슬을 만드는 방식을 만들고 있었다. "작은 고리와 묵직한 사슬, 시곗줄 사슬, 비꼬인 로프 사슬이 있다"고 쿠포가 설명하지만 로리외가 만드는 것은 기둥사슬뿐이다(그는 12살 때부터 뽑아낸 사슬이 8000미터는 될 것이라고 추산하면서, 언젠가는 "파리에서 베르사유"까지 닿게 하고 싶다고 했다). "고용주들은 정확한 함량의 금을 철사 형태로 공급하고 노동자들은 먼저 그것을 당김판에 대고 적당한 굵기가 될 때까지 잡아당기는데, 작업하는 동안 그것이 끊어지지 않도록 대여섯 번은 다시 데워줘야 했다." 이 작업은 힘이 엄청나게 들지만 동시에 손힘이 꾸준해야 되는 일이므로 그의 아내가 맡는다. 로리외는 가끔씩 심한 기침 발작을 하기 때문이다. 워낙 탈진할 정도로 힘든 작업이다보니, 두 부부는 아직 젊은데도 금방이라도 부서질 것처럼 보였다. 로리외는 금선이 어떻게 꼬이고 잘라지고 섬세한 고리로 만들어지는지, "규칙적으로 연달아 수행되는 작업의 시범을 보였는데, 고리들이 어찌나 신속하게 이어지는지, 사슬이 점차 길어지는 것을 빤히 보고 있으면서도 제르베즈는 그 일이 정확하게 어떻게 이루어지는지 알지 못했다".

고도로 전문화된 사치품의 부품 생산이 그렇게까지 비참하고 가난해진 여건에서 이루어진다는 아이러니를 졸라가 놓칠 리 없었다. 그리고 그러한 시스템은 오로지 생산과정에 대한 엄격한 감독이 행해질 때만 실효를 거둘 수 있었다. 원래는 아주 온건했던 금은세공업 노동자 대표단이 1867년 박람회에 제출한 "만족할 줄 모르는 자본주의"에 대한 보고서에서, 거대한 생산 중심지에서는 축적된 자본이 아무 제재도 받지 않고 일종의 합법적인 억압 기구가 되어 노동을 통제하고 작업을 분배하여 좀더 전문화된 일자리를 만들어내며, 그것들이 자행하는 "명백하고 파괴적인 악"에 대해 자신들은 무방비 상태로, 저항할 수 없는 처지가 되었다고 불만을 표했던 것도 무리가 아니다.[25] 흥미롭게도 이 보고서는 마르크스의 『자본』 1권이 라이프치히에서 출판된 바로 그해에 씌어졌다.

제르베즈는 나중에 철물 노동자인 구제를 만나러 갈 때 파리 동북부의 산업 구역을 겁에 질린 채 지나가는 동안 이와는 아주 다른 종류의 생산 과정을 만나게 된다. 이 구역은 모든 측면에서 지극히 인상적인 공장 지대였다. 르죈은 당시의 회고록에서 그 광경을 이렇게 묘사한다.

> 마당과 막다른 골목의 외진 구석 뒤쪽으로 공장과 생산 시설들이 있고, 1층에서 더 높은 층의 주거 구역까지 작업장들이 있었다. 엄청나게 빽빽하게 모여 있는 노동자들 덕분에 이 구역은 활기차고 떠들썩한 분위기였다.

졸라의 묘사에서, 구제는 제르베즈에게 2.5킬로그램짜리 쇠망치를 휘둘러 빨갛게 달아오른 금속을 살살 두드리면서 6각형의 20밀리 리벳을 하루에 300개씩 만드는 방법을 보여준다. 하지만 이 기술도 도전을 받는다. 주인이 새 기계를 설치했으니 말이다.

> 증기기관이 한쪽 모퉁이의 낮은 벽돌담 뒤에 가려져 있었다. (…)

그는 목청을 높여 설명하더니 기계 쪽으로 갔다. 철괴를 집어삼키고 매번 자를 때마다 한 토막씩 잘라 차례로 넘겨주는 기계낫. 강력한 스크루를 한번 돌려 나사 머리를 하나씩 만들어내는 키가 크고 복잡한 볼트·리벳 기계. 주철로 된 플라이휠과 쇠공이 달린 재단기. 그 공은 제품 끝이 잘려나갈 때마다 공중에서 거세게 윙윙 돌았다. 여자들이 조작하는 홈 파는 기계는 기름으로 번질거리는 휠이 철컥거리며 볼트와 너트의 나선을 깎아냈다. (…) 기계는 침착한 거인처럼 힘도 들이지 않고 44밀리 리벳을 만들어내고 있었다. (…) 24시간에 이 빌어먹을 기계는 수백 킬로그램 분량의 볼트를 만들어낼 수 있다. 구제는 심술궂은 사람은 아니지만, 어느 순간 울화가 치밀어 기꺼이 (…) 자기보다 힘센 팔을 가진 이 모든 철제 기계를 두드려 부수고 싶어지는 것이다. 인간 신체가 쇠에 맞서 싸울 수는 없는 법이라고 인정하면서도 그는 마음이 언짢아진다. 언젠가는 분명히 기계가 육체노동자를 죽일 것이다. 이미 그들의 일당은 12프랑에서 9프랑으로 떨어졌고, 더 삭감된다는 소리가 있다. 리벳과 볼트를 소시지처럼 뱉어내는 이런 거대한 기계에 우스운 구석은 하나도 없다. (…) 그는 곁에 바싹 붙어 서 있던 제르베즈를 돌아보고는 서글프게 미소 지으며 이렇게 말했다. (…) "아마 언젠가는 저것이 모든 사람의 행복을 위해 일하겠지요."26

이리하여 자본주의의 추상적 힘은 제2제정 아래서 노동의 구체적 경험을 압박하게 된 것이다.

9장

노동력의
판매와 구매

[자본은] 생산과 생계 수단의 소유자가 시장에서 자신의 노동력을
판매하는 자유노동자를 만날 때 비로소 생명을 얻는다. 이 한 가지
역사적 여건이 세계 역사 전체를 포괄한다.

_마르크스

제2제정기에 파리에서 건설업의 팽창과 짝을 이룬 산업과 상업의 성장
은 노동시장을 강하게 압박했다. 그 노동력의 공급원은 어디인가? 노동
자들은 어떤 여건 아래서 자신의 노동력에 대한 권한을 타인에게 양도
할 것인가? 파리에서 제공되는 노동력의 양과 질은 경제활동의 형태와
지리적 분배에 어떤 영향을 주었는가?

　1848년의 파리는 엄청난 노동력 과잉 상태였다. 파리 산업과 무역의
붕괴로 실업자가 양산된 위에 어려운 시절이면 전통적으로 파리에서 보
호를 구하곤 하던 지방 노동자들의 이주 밀물이 더해졌다. 국민작업장
에 등록된 실업자의 숫자는 1848년 3월과 6월 사이에 1만4000명에서
11만7000명으로 늘었다.[1] 6월 혁명기의 탄압 때문에 많은 수가 도시를
떠났지만, 그래도 실업은 도시와 국가 모두에게 핵심적인 문제였다. 파리

의 잉여 노동력은 1849년에서 1850년 사이의 경기회복 때 부분적으로 흡수되었지만 1852년 경제활동이 극적으로 급증한 뒤에야 1860년대까지 노동력 과잉과 임금 감소가 노동력 부족과 명목임금의 상승으로 전환될 수 있었다. 비록 그 증가분은 인플레이션 때문에 상쇄되었지만 말이다.[2] 이 같은 인력 부족은 1850년대에 이루어진 도시 내 대량 이주 사태라는 결과를 초래했고, 뒤이어 1860년대에 명목임금은 정지 상태인데 실질임금은 감소하자 산업예비군의 다른 부문—즉, 여성—이 점점 더 많이 투입되었다. 이런 방식으로 파리 산업과 상업의 양적인 수요는 대체로 충족되었다.

노동력 공급의 품질은 분석하기가 더 까다롭다. 파리가 보유하고 있던 진정한 장인artisan—시장 변화와 무관하게 자신의 노동과정과 작업을 제어할 수 있는 노동자—들은 이미 대부분 사라졌다. 코트로는 1847년에는 그런 장인들이 경제활동인구의 5퍼센트에 지나지 않았다고 추산한다. 그러나 기계를 조작할 수 있는 노동자도 별로 없었다. 노동력의 대부분은 자기 직업에 관련된 모든 국면에 통달한(대개 도제 기간에) 수공업 노동자craft worker와, 세밀하게 분화된 노동 범주 내에서 전문화된 과제에만 국한된 기술을 지닌 숙련 노동자skilled worker, 그리고 대개 떠돌이 막벌이꾼이며 "위험한 계급"이라든가 "룸펜 프롤레타리아" 등의 다양한 이름 아래 빈곤한 범죄적 계급으로 분류되는 비숙련 노동자unskilled worker로 구분된다. 글을 읽을 줄 알고 셈을 할 줄 아는 노동자는 금융업과 상업 부문에서의 혁명과 관광업 성장의 산물로서 급격히 늘어나고 있던 화이트칼라 직종에서도 일자리를 찾을 수 있었다.[3]

수공업 노동자는 그 전의 반세기 동안 노동력 시장을 비공식적으로 통제하는 수단을 개발했다.[4] 그들은 직능별 노동자 조직을 은폐된 형태

그림 62 건설업은 엄청난 이주민의 물결을 도시 안으로 끌어들였다. 그중 몇 차례는 특정 지역 출신자들의 물결이었다. 이 그림에서 도미에는 리무쟁 출신자를 그 주의 주도州都인 리모주보다 저녁 6시경 파리의 대로에서 더 쉽게 만날 수 있다고 말한다.

로 보유하고 있었고, 이익 분배율이나 작업 여건, 고용 기간 등을 놓고 고용주와 집단으로 협상할 수 있었다. 노동시장은 대개 중앙집중식이었고, 집단의 통제를 받았으며, 고용주는 노동자들이 정보를 교환하고 고용주들이나 다른 노동자들에게 집단적 규범을 존중하도록 최대한의 압력을 가할 수 있는 특정한 장소나 잘 모이는 장소를 찾아가서 사람들을 고용했다. 이런 관행이 있다고 해서 꾸준하거나 안정적인 고용이 보장되지는 않았다. 경기의 기복은 임금수준의 변화보다는 계절적이고 주기적이며 간헐적으로 연장되는 실업 상태(이 마지막 경우는 정치적 저항이나 사회적 불안정을 흔히 유발했다)로 느껴지는 경우가 많았다. 이 통제 시스템에 따르면 이주해온 수공업 노동자들을 도시의 노동시장으로 손쉽게 끌어들일 수 있다는 이득도 있었다(적어도 2세기 이상 지방 노동력의 이주 운동을 조직해온 직인조합compagnonnage의 전국 순회 시스템이 남긴 유풍이다).

이러한 노동시장에서 활동하고 있는 파리 노동자의 비율을 정확하게 추산하기는 어렵지만 상당한 수였다는 것은 분명하다. 수공업 노동자들은 모범성과 정치적 지도력을 무기로 이론의 여지 없이 1840년대의 파리 노동시장을 주도하는 존재였으며, 1848년 노동자 운동의 핵심이었다. 자본의 연합이 투쟁해야 하는 대상은 그들이었다.

제2제정기에는 노동시장에 대한 수공업 노동자의 장악력이 점점 줄어들었다.[5] 또 마르크스가 『자본론』에서 탁월하게 묘사한 과정인 기술의 재규정, 즉 생산과정이 점점 더 복잡해지고 노동의 사회적 분화가 진행되면서 생산이 기계와 공장제 생산으로 넘어가는 현상도 일어났다. 일부 산업에서는 수공업 기술이 배제되고, 세분화된 분업 체제 내에서의 전문화된 기술이 그 자리를 대신했다. 다른 산업에서는 기계 조작자가 수공업 노동자를 대신했다. 노동과정의 변형에서 등장한 전문화된 기술 몇 가지는 모방될 수 없는 것이었지만, 다른 것들은 상대적으로 복제하기 쉬웠다. 이 분야에서도 (공장이든 연합 작업장이든) 저품질 대량생산 시스템에서의 탈기술화 경향과 쉽게 복제될 수 있는 기술을 사용하는 쪽으로의 이동이 대세였다. 기술과 조직에서의 변화를 감안할 때, 기술 없는 이주민이나 여성을 작업장에 들여놓기가 쉬워졌기에 기술자와 비기술자 사이의 경계선은 점점 더 흐려졌다. 수공업 노동자들이 가졌던 전통적 노동시장의 통제력 역시 파리 노동시장이 크기 면에서 폭발적으로 팽창하고 공간적으로는 분산됨에 따라 와해되는 추세였다. 몇 군데에 집중되어 있던 고용 거점은 1847년에서 1848년 사이의 설문 조사에서는 여전히 중요한 위치였지만 1870년에는 거의 다 사라졌다.[6] 또 대부분의 해설자는 1870년의 노동시장이 1848년의 것에 비해 경쟁적 개인주의가 훨씬 더 강해졌다는 데 동의한다.

하지만 노동자들은 특별한 힘과 영향력을 계속 행사했다. 1870년의 파리 작업장에서의 생활과 관습을 묘사한 드니 풀로의 말(1980)에 따르면, 그들은 거만해 보일 정도로 자신감이 강하고 고집불통이며 거칠고 손댈 수 없이 독립적인 데다 거의 무질서하다고 할 사람들이었다(표 9를 볼 것). 그들은 비꼬는 듯한 거친 태도를 무기로 자본가들의 권위에 저항했는데, 고용주의 관점에 섰던 풀로는 그것을 깔보는 투로 "숭고주의 sublimism"의 특징이라 불렀다. 그들이 도저히 떨쳐버리지 못하는 어떤 신념이 하나 있었다. 그들 가운데 한 명이기도 한 발랭은 그것을 "대부분의 노동자는 그 직업 분야의 숙련된 기술도 없으면서 그저 수탈자에 불과한 고용주들에게서 배울 것이 전혀 없다"[7]는 믿음이라고 표현했다. 그들은 대개 자신들의 전통적 구역에서 계속 버티는 방법(도시 재개발과 임대료 상승에도 불구하고)으로 노동시장에 집단적 압력을 계속 가했다. 그들의 기술을 필요로 하는 산업은 그들에게 의존하지 않을 수 없었다(도심과 동북부 근처의 산업체가 계속 살아남은 부분적인 이유다). 실제로 제2제정기의 파리 산업에서 일어난 위치의 이동과 혁신 가운데 일부는 그러한 노동자 권력에 대한 반응으로 해석해야 한다. 그들을 무시할 수 있는 방법은 탈기술화와 산업 구조의 재편성뿐이었으니 말이다. 또 이 집단이 노동자 운동의 정치적 지도력 가운데 큰 부분을 제공한 것도 물론이다. 코뮌의 정치적 폭발력은 노동자 구역에서 나왔다.

그러한 힘과 영향력이 지속적으로 존재했다는 사실은 1852년 이후 노동자 운동이 심하게 탄압당했던 일을 생각하면 더욱 놀라운 일이다. 생산자조합, 단체 행동, 노조 결성, 대중 집회, 파업권을 모조리 거부당한 그들은 리브레livret(모든 노동자가 가지도록 되어 있는 일종의 노동 기록부), 사법적 분쟁(고용주와 노동자 간의 견해차로 인한 분쟁이 일어날 경우, 법률에 의하면 고용주의 견해가 우세해진다), 항상 노동자가 소수파에 불과한 노동쟁의조정위원회conseils de prud'hommes(노조위원회)에 노동자가 참여하는 문제 등을 다루는 일련의 법안과도 맞서게 되었다. 그들은 조금이라도 비공식적이거나 공개적인 토론의 낌새라도 보이면 금방 음모라고 아우성칠 만반의 태세를 갖추고 있는 감시 시스템과도 상대해야 했다. 그러나 노동자들은 이러한 탄압에 단련된 지 이미 오래였고, 그 안에서 은밀하게 조직하려면 어떻게 해야 하는지 너무나 잘 알고 있었다. 비꼼과 불경스러운 조롱을 사용하는 것이나 온갖 방식으로 저항의 징후를 알리는 복잡한 암호는 계급 전쟁에서 빼놓을 수 없는 무기가 되었다. 이것이 바로 "숭고주의"가 의미하는 내용의 정수精髓였고, 산업이 발전하려면 그것이 제거되지 않으면 안 된다고 본 풀로 같은 고용주들을 확실히 격분시켰다. 하지만 파리에서 노동자들을 또 다른 힘도 갖고 있었다. 그들의 기술과 능력은 대부분의 파리 산업에 없어서는 안 되는 것이었다. 리브레에 관한 법률이 수공업 노동자들 사이에서 대체로 사문화된 것은 이 때문이었다.[8]

결국 그 어떤 정치적 탄압보다도 그들의 힘을 잠식하는 데 크게 기여한 것은 노동과정의 변화였다. 추상적 노동의 조건이 변화함에 따라 수공업 노동자들이 제공할 수 있는 구체적 노동의 중요성이 감소했다. 하지만 새로운 노동 배치도 속에서도 노동자들이 자신의 권력을 활용할 기회는 여전히 충분했다. 장인과 노동자 사이의 경계선이 대개 아주 엉성한 것인 한, 예전만큼은 아니더라도 상향 이동은 여전히 가능했다. 그들 자신의 노동 시스템이 가진 위계적 조직 역시 세밀하고 사회적인 노동 분업 내에서 감독이나 십장, 하도급자로 투입될 기회를 주었다. 기술과 교육, 적응 능력 덕분에 그들은 새로운 직종이 만들어질 때 그 분야를 장악하고 새로운 기술을 독점할 수 있었다. 그러나 그렇게 하는 과정에서 그들은 수공업 노동자로서의 지위를 잃고 1871년 이후 노조 사회주의의 기반이 되는 "노동 귀족"의 핵심 성분을 구성했다. 이 변이가 이미 진행되고 있었다는 증거는 인터내셔널의 프랑스 지부가 1864년 이후 거치는 진화과정에서 가장 잘 나타나 있다. 그것이 대표하는 이념이 수공업 전통에서 나오는 상호부조주의 이데올로기에서 산업 프롤레타리아의 혁명적 노동조합의식으로 바뀐 것이다.

기술과 직업의 유형은 1848년에서 1870년 사이에 상당한 구조적 혁명을 겪었다. 새로운 직업(예를 들면 전기 기술자)이 생겨났고 다른 직업이 사라졌다(예를 들면 오스만의 공공사업 때문에 물장수 직종은 거의 소멸했다). 공장과 작업장 모두에 기계 기술이 도입되었고—재봉틀은 의류 산업에서 혁명을 일으켰는데, 그 영향은 앞에서 본 것처럼 특히 부정적이었다—옛날 기술을 대체했다. 1860년대에는 은행, 상업, 관광업, 정부에서 전문적 화이트칼라 직종이 생겼으므로 상점 점원, 은행 회계원, 지배인, 호텔 고용인, 행정 관료 역시 훨씬 더 많아졌다. 하락하는 점포주들의 재산과 권력에 곧 대등해지는 상향 이동적 소부르주아들의 씨앗이 여기 놓여 있다. 그리고 지방에서 온 이주민과 여성들이 투입되고 수공업 노동자들이 노동시장 내에서 근본적으로 새로운 구조를 창출하는 방향으로 변형된 것은 이 소용돌이 속에서였다.

표 7 파리에서의 직업에 따른 연간 소득과 1일 임금수준(1847~1871)

직업	1860년 뒤보의 평가수치(프랑)			평균 일당 수준(프랑)		
	연봉	일당 수준	비수기 (개월 수)	1847년	1860년	1871년
남자						
기계공	1,500	5.00-6.50	3	4.50	4.50	5.00
목수	1,350	5.50-6.00	4	5.00	5.00	6.00
석공	1,150	4.50-5.50	4	4.00	5.00	5.00
모자 제작자	1,150	4.00-5.00	3	4.00	5.00	6.50
보석 세공인				4.00	5.00	6.00
청동 주물 노동자				4.50	5.00	7.00
자물쇠 기술자	1,050	4.00-5.00	4	4.00	4.50	4.50
인쇄공				4.00	5.00	5.00
양복공				3.50	4.50	5.00
소목장이	1,000	4.00-5.00	4	3.50	4.00	5.00
칠 기술자	980	4.50-5.00	5	3.50	4.50	6.00
구두 수선공	950	3.00-3.50	2 1/2	3.00	3.00	3.50
제빵사	900	4.00-5.00	불규칙적	4.25	5.00	6.60
집단 작업 노동자	850	2.00-2.50				
금고 제작자	700	3.00-4.00	4	3.50	4.50	5.00

일용직 노동자			2.50	3.00	3.25
건설 노동자			2.75	3.00	4.00

여자
세탁부	685	2.00-2.25	
양품 제작자	640	2.25-3.50	
조화 제작자	420	1.50-2.25	3-6
기계공	387	1.50-2.25	
맞춤 양복 제작자	340	1.00-2.25	

자료: 뒤보(1946), 320~328(1~3 항목); 루즈리(1968a), 표 4, 6(4~6 항목)
시몽(1861), 286~287은 여성 고용에서 비수기의 비중을 산정한다.

어떤 자료든 임금수준이 제2제정기에 20퍼센트 가량 상승했으며, 그 증가 현상이 주로 여성들이 담당하는 분야도 포함하는 서로 다른 직업에 걸쳐 광범위하게 확산되었다는 주장에는 모두 동의한다(표 7). 제정 말기에는 그 정도가 덜해졌지만 꾸준히 표준화되어 가던 임금수준은 고용이 불안정하고 악명 높은 비수기가 있는 노동자의 수입에 비하면 표를 작성하기가 훨씬 쉽다. 뒤보는 수많은 당대 도표를 끌어 대어 비수기 동안 1년간의 노동자 수입을 개략적으로 추산했다. 연간 노동자 수입은 남자는 700프랑에서 1500프랑, 여자는 345프랑에서 685프랑에 이르기까지 다양했는데, 직업에 따라 달라진다. 이러한 수치가 대략 제정 중반기 무렵의 여건을 가리키는 것인 만큼, 제정 말기의 실제 연간 수입은 아마 이보다 좀 높았을 것이다.[9]

실질임금의 변동은 아주 다르다. 생계비의 상승 때문에 명목임금의 상승이 거의 전부 상쇄되어버린다. 노동자의 필수품 구입비를 표준으로 삼는다면 명목임금 수준의 상승분이 상쇄되는 정도에 그치지 않을 것이다. 제2제정기에는 부르주아뿐 아니라 노동자들에게도 영향을 준 소비 습관의 혁명적 변화가 일어났기 때문에 실질임금의 계산이 특히 까다롭다.[10] 어찌 되었든 간에, 모든 자료 근거를 볼 때 제2제정기에 물가가 올라 노동자들의 생계 수준에 근본적으로 영향을 미쳤다는 데 동의할 수 있다. 토마는[11] 4인 가족의 연간 생계비를 (프랑으로) 다음과 같이 추산한다.

연도	주거비	식료품, 난방비, 기타	합계
1852~1853	121	931	1,051
1854~1862	170	1,052	1,222
1864~1873	220	1,075	1,295

끝없는 불평의 원인이던 임대료 인상이 주도하는 이 같은 비용의 증가율은 20퍼센트였다. 이 비용을 뒤보가 산정한 연간 소득과 비교해보면(표 7을 볼 것), 4인 가족의 생계를 유지하기에 충분한 평균 소득을 버는 것은 기계공과 목수밖에 없음을 알게 된다. 다른 모든 직업은 가족의 기본적인 생계라도 이으려면 보충 소득원이 필요했고, 즉 여성이 돈을 벌어야 했다. 이 같은 조건은 어디나 마찬가지여서, 1867년의 노동자위원회가 결성되기 전에도 널리 관심을 불러일으키고 제각기 한마디씩 했을 만한 상황이었다. 그 위원회에서 책정한 예산에서는 4인 가족의 연간 필요 생계비가 1670프랑에서 2000프랑 사이로 되어 있다. 그런데 그해에 337일을 일한 목수 한 명이 번 돈은 1470프랑뿐이었다. 700프랑 정도가 있어야 기본 생활을 꾸릴 수 있는 독신 남성은 그런 상황에서 분별이 있는 사람이라면 직업 없는 여성과 가정을 이룰 수 없었다. 그러나 여성은 그들이 받는 임금으로는 도저히 혼자 살아갈 수도 없었다. 이 불균

형은 노동계급의 생활에 엄청난 사회적 영향을 미치게 된다.

그러나 이 전반적인 실질임금과 명목임금의 변화가 만드는 그림에는 시기와 유형상의 변동이 약간 있었다. 예를 들면, 뒤보는 노동계급에서 소득이 생계비 증가율을 앞질러 증가하는, 성장하는 소수의 특권노동자 집단(심지어는 부동산 소유자가 될 것이라고 기대할 수도 있는)과 아무리 힘들게 일해도 도저히 수지를 맞출 수 없는 "불행한" 범주에 속하는 대나수 노동사로 양극화하는 현상이 증가함을 탐지했다. 후자에 속하는 노동자 수는 점점 많아졌다. 이러한 양극화 경향은 확인하기 힘들다. 그러나 당대의 설명을 보면 분명히 적어도 일부 노동자는 소액이라도 저축하거나, 월요일에는 일하러 나가지 않고 카바레에서 흥청망청 돈을 쓸만큼 형편이 좋았다는 인상을 받을 수 있다.[12]

하지만 수지 맞추기가 얼마나 어려울지는 경제 상황에 달린 문제였다. 1857년 이전에는 여건이 아주 어려웠던 것으로 보인다. 흉작과 적자재정으로 인한 인플레이션 효과, 캘리포니아와 오스트레일리아산 금의 유입이 복합적으로 작용하여 임금은 정체되어 있는데도 물가는 대폭 상승했다. 그 이후 노동력 부족으로 임금이 상승하고 운송 수단의 개선으로 생필품 가격이 내려감에 따라 여건이 급속도로 개선되었다. 1860년대 초반의 대세였던 것으로 보이는 임금의 변화와 생계비 변동 간에 이루어진 어설픈 균형은 재정 곤란 및 공공사업의 중지와 격심한 외부적 경쟁이라는 요인들이 한데 합쳐져 파리의 노동계급 대다수가 살기 힘들어진 1866년 이후에는 깨어졌다. 이러한 전반적 상황(루즈리의 1968a, 뒤보의 1946, 토마 n.d에서 확인된)에는 말할 필요도 없이 직업과 성별, 장소에 따라 수없이 다양한 뉘앙스의 차이가 있다. 이들 뉘앙스를 이루는 몇몇 세력은 좀더 깊이 검토해볼 만하다.

노동시장에서의
시간적·공간적 단편화

다른 곳에서도 그렇지만 파리에서 노동자의 시간에 대한 통제권을 두고 벌어진 투쟁은 꾸준히 진행되었다. 파리의 노동일을 하루 10시간으로 한정하려는 1848년 3월의 입법은 9월에는 도로 12시간으로 후퇴했는데, 너무나 예외 조항이 많이 달려 노동자들이 거의 아무런 보호를 받지 못할 지경이었다. 뒤보는 제2제정의 대부분 기간 동안 평균 노동시간이 하루 11시간이었다고 추산하지만 수공업 노동자(여전히 대개 "성월요일"은 쉬는)의 경우와 일부 노동 착취가 심한 소규모 공장에서 하루 14시간씩 일하는 경우 사이에 큰 격차가 있었음을 지적한다.[13] 그러나 무엇보다도 큰 문제는 고용 불안정이었고, 제2제정의 파리는 이 점에서 악명 높았다. 몇몇 부문에서는 비수기가 너무 오래 지속되어, 한 해 중 일정 기간 높은 임금을 받고 고급 물건을 만드는 수공업 노동자들까지도 나머지 기간에는 낮은 임금을 받더라도 대량생산 작업에 끼어 일하면서 소득을 보충해야 했다. 따라서 어떤 직업의 표준 임금수준을 노동 소득으로 해석하기는 매우 힘들다. 뿐만 아니라 한 해 중 일정 기간에는 수공업 노동자이던 사람이 나머지 기간에는 그저 숙련 노동자로 바뀌는 이동 경로도 있었다. 비수기는 총체적으로 감소하는 추세였지만, 제2제정이 종말에 다가갈 무렵 일부 직종에서는 오히려 증가하여 이를 큰 문제로 여긴 사람들이 많았다.[14] 특정 직종에서는 고용 불안정성 때문에, 임금이 더 낮고 노동과정을 통제할 수 있는 권한이 더 적다 하더라도 공장에 정식으로 고용되는 편이 더 좋아보였을 수도 있다. 파리가 장래의 고용주들에게 갖는 매력 중의 한 가지는 분명 비수기 동안 유능한 노동력을 저임금

으로 활용할 수 있다는 점이기도 했다.

파리의 노동시장도 지리적으로 더 단편화되었다. 인구, 주거, 고용이 성장하고 분산되면서 노동과 가정의 분리 또한 점점 더 심화되었다. 상당한 명성을 지닌 당대의 관찰자 라자르는 일하러 나가는(대개 걸어서 먼 길을 가야 하는) 거리가 점점 더 멀어지는 것이 노동자들에게, 특히 변두리에 정착할 수밖에 없었던 최근 이주민들에게 더 큰 부담이 된다는 점에 주목했다. 타르타레라는 이름의 한 노동자는 1867년의 노동자위원회에 증인으로 출석하여 많은 노동자가 이제는 도보로 출퇴근하는 데 3시간을 써야 한다고 불평했다.[15] 노동자의 필요에 맞추기 위한 값싼 운송 시스템을 마련할 것인지, 아니면 늘어난 출퇴근 시간을 감당할 수 있게 노동시간을 줄일 것인지가 쟁점으로 떠올랐다. 하지만 도심에서 버티고 있던 수공업 노동자들은 이 점에 관해서는 불만이 없었고, 그보다는 높은 임대료 쪽에 분노가 집중되었다. 점점 심해지는 노동시장의 분산과 단편화가 미친 영향은 다양했다. 또 다른 당대인인 코친은 제각기 고유의 전통과 스타일, 연줄을 가진 새로운 고용 중심지가 등장함으로써 파리가 시민citizen의 도시가 아니라 주민inhabitant의 도시로 바뀔 것이라고 우려했다. 확실히 도시의 각 지역에 따른(특히 도심과 근교 사이의) 임금 편차는 더욱 뚜렷해졌다. 하지만 지리적 단편화 역시 노동자와 흔히 같은 지붕 밑에 살곤 했던 소유주 간의 격리감을 증대시켰고 도제 시스템의 와해를 촉진했으며, 비공식적인 노동시장 통제 시스템을 유지하는 것을 더욱 어렵게 했다. 비록 목수 같은 일부 직종은 코뮌 이후에도 자신들의 공동 전통을 지켰지만 다른 직종에서는 지리적 확산과 단편화로 인해 집단적 권력이 심각하게 부식되었다.

물론 파리 노동시장이 전적으로 중앙집중화되었던 적은 결코 없었으며, 프랑스 노동자들은 풀로의 『숭고주의Le sublime』가 너무나 잘 보여주듯이, 개인주의적이라는 평을 충분히 받을 만하다. 하지만 공동의 전통이 새로운 지리적 유형과 상승하는 개인주의에 대처하려면 그 이상의 무언가가 필요했다. 인터내셔널 파리 지부가 내부적으로 상호부조주의에서 혁명가들의 직업 노조주의로 바뀐 것은 바로 그러한 상황에 대한 적응으로 해석될 수 있다.

이주

1851년에 130만 명이던 인구가 1870년의 포위 직전에 200만 명 가까이 되도록 급증한 것(표 1을 볼 것)은 대체로 40만 명에서 45만 명에 달하는 대규모 이주가 주원인이었다.[16] 파리의 노동 예비군은 대부분이 지방 출신이었다. 이주 움직임이 발생한 원인은 부분적으로는 1850년대 농촌의 불황에 있었다. 또 그 불황은 부분적으로는 농촌 산업을 와해시키고 지역의 자족성을 무너뜨리며 프랑스 농업의 근대화 속도를 늦춘 공간관계의 변화 때문에 일어났다.[17] 이러한 상황이 파리에서의 공공사업과 파리 산업의 부흥으로 창출된 엄청난 고용 기회의 붐과 맞닥뜨렸으니, 이주 배후에 있는 근본적인 충동이 무엇이었는지 이해하기는 어렵지 않다. 파리의 노동시장은 오랫동안 그 촉수를 지방으로 뻗쳐왔다. 그 방향은 주로 북쪽이었지만 저 유명한 크뢰즈와 리무쟁 출신 석공의 이주 같은 몇몇 특수한 경우에는 프랑스 농촌 깊숙한 곳까지도 닿았다. 하지만 철도가 등장하자 무대가 바깥쪽으로 이동하여 더 넓은 범위에서 지속적으로 모집이 이루어지게 되었다. 나아가서, 파리 노동시장은 임금 격차야 어떻든 간에 규모가 크고 다양하다는 점에서 이주자들에게 매력적인 목적지가 되었다. 농촌의 여건이 1860년대에 나아졌고 파리의 임금이 제자리걸음을 하고 있을 때에도, 1850년대의 절정기 때보다는 느린 속도였지만 이주는 계속되었다.

이주자들이 파리 노동시장에 받아들여지는 일은 단순한 문제가 아니었다.[18] 우선 이주자들이 파리에서 얻은 직업은 그들이 원래 가졌던 기술과 거의 아무 상관이 없었다. 대다수가 별다른 기술이 없거나, 기술이 있더라도 파리가 제공하는 직업에 알맞은 것은 아니었으며, 일자리를 얻을 기회도 자기 스스로 찾아야 했다. 이렇게 이주자의 파도가 밀물처럼 몰려오는데도 기술을 가진 노동력이 계속 부족하다는 사실은 파리 산업에 기술적이고 조직적인 변화가 일어나야 한다는 동기를 부여했다. 또 이주자 대부분은 자기들이 접근할 수 있는 새로운 기술을 신속하게 터득했다. 예외가 틀림없이 있기는 했다. 숙련된 건설 노동자가 계절에 따라 이주해오는 현상은 점점 더 영구적인 일이 되었으며, 석공의 숙소는 여전히 일자리 교환과 새 이주자를 받아들이는 거점 역할을 했다. 그러한 특별한 지역 출신자들(오베르뉴 출신 혹은 포부르 생앙투안의 독일인들까지도)에게는 노동시장에 받아들여지는 특권적인 길도 있었다. 때로는 숙련공 부족 현상을 겪고 있던 파리 산업이 그 고장에서 직접 일꾼을 뽑아 오기도 했다. 예를 들면 알자스에서 목공이나 금속 가공업자를 뽑아 오는 것이다. 하지만 공공사업 때문에 수요가 많았으며, 따라서 이주 물결을 선도했던 건설업을 예외로 하면, 이주자들은 노동의 전통적 형태를 유지하기에 필요한 자질은 갖고 있지 않았지만 새로운 노동과정에 필요한 새 자질을 재빨리 터득한 것으로 보인다.

이처럼 기술은 없지만 적응력은 있는 이주자가 대량 유입됨으로써 파리 산업에 온갖 기회가 생겼다. 수많은 오염 직종—백랍 가공업은 악명 높게 사망률이 높은 업종이어서 길거리에서 그 분야 노동자들이 지나가면 다들 피할 정도였다—을 누군가는 맡아야 했고 대량생산이 늘어나다보니 신참 이주자들이 상대적으로 쉽게 익힐 수 있는 반+숙련기술을 요구하는 업종이 많이 생겼다. 또 이러한 이주자 대부분이 변두리에 주거를 구했다는 점에서 일부 새로운 산업은 근교라는 위치에 더욱 매력을 느꼈다. 따라서 기술 없는 대규모 이주자는 수공업 노동자들의 변형을 통해 달성된 것과는 아주 다른 산업 자본주의 방식을 통해 사회화 과정을 거쳤다. 그리하여 파리 노동시장 내에는 강력한 사회적 분업이 발생했는데, 그것은 코뮌이 일어났을 때 근교 산업 노동자들의 낮은 참여도에서 보이듯 뚜렷한 정치적 영향력을 갖게 된다.

여성 고용

여성들의 고용—또 하나의 잉여 노동력의 거대한 저장고—은 1848년 이후 어느 면에서는 가장 특이한 동요를 겪었다. 여성들은 1847년에서 1848년 사이의 노동력 가운데 41.2퍼센트(가사 노동은 포함되지 않음)를 차지했고, 이 비율은 1860년에는 31퍼센트로 줄었으며 1872년에는 다시 41.3퍼센트로 올라갔다.[19] 1850년대에 여성 참여도가 낮아진 것은 통계상의 예외라 해야 할 경우인데 1860년에 병합된 근교에 뒤죽박죽으로 어지럽게 모여 있던 공장들이 남성을 고용하는 쪽으로 더 기울어졌기 때문에 나타난 현상이다. 하지만 여전히 상대적 감소 현상이 틀림없이 있었는데, 이는 1850년대에 파리를 강타한 이주 물결에서 남성 우세

현상이 아주 강했기 때문이다. 또는 주로 여성들이 고용되던 업종의 요새인 도심부의 탈산업화와 인구 분산 때문이기도 하다. 남성 임금의 상승 역시 아무리 보아도 저임금 작업에 지나지 않는 일에 기혼 여성을 끌어들일 매력을 감소시켰다. 여성 임금수준은 비슷한 작업에서 남성이 받는 임금의 절반에도 못 미쳤다. 또 독신으로 이주한 젊은 여성들은 아마 귀족들이 시골 영지에서 파리로 데려온 가내 하인들일 텐데, 이는 그들 대부분이 비산업구역인 이 도시의 서쪽에 사리 잡았음을 의미한다. 그리하여 노동계급 파리의 동서 분리는 남성이 수적으로 우세한 동쪽과 여성이 우세한 서쪽이라는 인구 분포 형태로도 나타났다.

1860년 이후 여성들의 노동 참여율이 전반적으로 회복되는 현상에 대해서도 똑같이 일관성 있는 설명이 가능하다. 파리 산업에 점점 더 심하게 가해지는 경쟁의 압력, 특히 노동 비용 측면에서의 압력 때문에 저임금 여성의 고용이 매력적이 되었을 뿐 아니라 어떤 부문에서는 필수적이 되기도 했다. 또 이주민 수가 줄어들자 고용주들은 1850년대에 변두리로 흩어졌던 방대한 전속 노동 예비군인 여성에게 틀림없이 게걸스럽게 눈독을 들였을 것이다. 이미 낮았던 여성 임금수준은 근교에서는 도심에 비해 3분의 1이나 더 낮았다. 그들의 고용이 임금 수준을 낮추는 방향으로 압력을 행사했을 뿐 아니라 일부 직종에서는 수공업 노동자들의 권력에 직접 맞서는 데 이용되기도 했다. 1862년에 인쇄 작업장에서 일어난 최초의 대규모(불법) 파업을 분쇄하는 데 여성이 이용된 것은 고용주와 노동자 양쪽 모두에게 깊은 인상을 남겼다.[20] 또 부분적으로는 그 때문에 남성들이 여성 고용에 대해 전형적인 남성 중심적 태도로 격렬하게 비난했지만, 1860년대에는 남성 임금만으로 가계를 꾸리기에 부족하다는 사실을 점점 더 인정하지 않을 수 없었다. 1850년대의 이주자들이 1860년대에 가정을 이루었으니, 여성의 고용은 점점 더 경제적으로 필수 사항이 되었다.

물론, 이러한 일반적 추세 속에는 기술적·조직적 변화와 일부 직종이 새로 생기고 또 다른 직종은 없어지게 한 생산 혁신(특히 졸라가 묘사하는 재봉틀 같은 경우)에 따르는 수없이 많은 뉘앙스 차이가 있다. 여성의 교육과 지위 및 노동 조직에 대해 상당한 논의도 벌어졌다.[21] 한편으로는 파리의 수녀원이 엄격하게 조직되고 임금은 낮으며 고도로 경쟁적인 여성 노동의 중심지가 되었는데, 이는 남성 노동자들의 분노를 적지 않게 야기시켰으며, 코뮌 기간에 활활 타오른 반反교권주의 감정에 불을 지른 원인이었다. 1860년대 후반, 한 소규모 사회주의 여성운동가 집단이 여성들의 생산과 소비 협동조합을 결성하려던 1848년의 실험을 되살리려고 애썼는데, 이는 코뮌에서 여성이 주요 조직 세력이 되기 전의 일이었다.[22] 그러나 이 시도는 여성의 지위에 대한 좀더 폭넓은 질문을 제기했으며, 이는 그 자체로 고찰의 대상이 될 만하다.

10장

여성의
여건

> 어떤 역사적 시대에서 일어난 변화의 판단 기준은 항상 여성들이
> 자유를 향해 얼마나 진보했는가 하는 것이다.
> _마르크스

"여성의 최악의 운명은 혼자 사는 것이다"라고 미슐레는 『여성La femme』(1859년 출판)에서 썼다. 그는 가족의 보호 바깥에서 살아온 여성들이 피할 수 없이 겪게 되는 숙명을 다룬 자신의 논지를 뒷받침하는 섬뜩한 근거로 보건소에 방치되어 아무도 찾아가지 않는 젊은 여성 시체의 엄청난 숫자를 인용했다.[1] 그는 제2제정 파리에서의 이러한 삶의 암울한 현실을 도덕적 판단의 근거로 사용했다. 하지만 그는 순종적이지 않고 독립적인 여성에 대해 부르주아들이 광범위하게 공유하던 공포감을 그 수치로써 표현해낸 것이기도 했다. 부르주아가 보기에 독신 여성이라는 단어는 "빈곤의 영역, 요란스러운 성생활의 세계, 전복적 독립성과 위험한 반항 (…) 의 영역이다. 매춘과 결부된다는 점에서 그러한 여성들은 대도시를 '영구적 전염의 중심지'로 만드는 '도덕적 나병균'의 보유자다. 또 그들은 정치적 불안정기에—1848년의 혁명기가 그랬듯이—사회질서 전체

를 뒤엎으려고 위협하는 그러한 '요란스러운 열정'의 표현을 허용하거나, 그러한 것의 표현 그 자체이기도 했다".[2] 나중에 보게 되겠지만, 성별과 관능성과 혁명 사이의 강력한 연관성은 이런 식으로 구축되었다.

나폴레옹 법전에 따라 법률상의 약자로 간주되는 여성이 경제적으로나 사회적으로, 아버지, 남편, 친척, 애인, 기둥서방, 기관(수녀회나 학교), 고용주의 어떤 보호 없이 자신만의 생활을 유지한다는 것은 불가능하지는 않더라도 어려운 일이었다. 한편으로는 가부장적 책임감을 진지하게 고려한 남성들도 많았고, 여성들도 개인적으로든 가끔은 집단적으로 자신을 가두고 있는 전반적인 질곡 안에서 자신들만의 특별한 지위를 만들어내는 수많은 방식을 찾아내기는 했지만, 그 같은 "보호"에 온갖 학대(사회적, 경제적, 성적)의 여지가 포함되어 있다는 사실은 너무나 명백했다.

우선, 유급 일자리에 고용됨으로써 무리 없이 경제적 독립을 이룰 가능성이 있는지 먼저 검토해보자. 여성의 임금(표 7를 보라)은 대부분 기본적인 필요를 채우기에도 부족했다. 1861년 이후를 다룬 시몽의 연구는 비수기가 가장 짧을 때에도 여성이 집에서 하루에 12시간씩 일을 하고 받는 임금이 후하게 치더라도 연간 500프랑에 지나지 않는다고 설명한다. 임대료와 의류비 등 기본 비용을 제하고 나면 하루 식비로 쓸 수 있는 것은 59상팀뿐이다. 빵과 우유를 조금 살 돈은 된다. 이도 그녀가 계속 건강하게, 하루 종일 힘껏 일할 수 있다는 것이 전제될 때의 일이다. 작업장이나 서비스 산업, 소매업(예컨대 가판대, 음식 준비 같은 분야)의 일자리 전망 역시 똑같이 암울하다.[3] 주로 여성들이 고용되는 이러한 업종, 즉 1870년 파리에 있던 7만 명의 전문적 세탁부와 여자 다림질꾼도 이와 비슷하게 임금이 아주 적다.

그림 63 도미에의 「맥주홀의 여신」은 폴리베르제르의 여급을 그린 마네의 유명한 그림에 영감을 주었을 뿐 아니라 제국의 축제에서 여성들이 점점 더 큰 비중을 차지하게 된 역할 한 가지를 암시한다. 바에서나 백화점에서, 상품화와 관련된 성의 노골적인 전시는 이 시기의 일상적인 관행이 되었다.

숙련된 양재사, 재봉사, 제본공이 경제적 독립성을 획득하는 경우는 가끔 있었다.[4] 자기 소유의 작은 사업체를 운영하는 독립적 여성이 여기 저기서, 특히 양재사나 재봉사, 세탁부 같은 업종에서 눈에 띄지만, 어려운 일이 생겨도 자금을 구하거나 신용 대출을 받을 길이 없기 때문에 그들의 생활 역시 위태위태하다. 기성복이 꾸준히 주문 의상을 대체해나가는 추세 역시 이렇게 독립적 여성 사업가가 경쟁에서 성공할 수 있는 몇 안 되는 분야 가운데 하나를 사라지게 한 것으로 보인다. 기성복을 공급하는 신흥 백화점은 가부장제 통제 시스템 내에서 조심스럽게 보호받는 매력적이고 유복한 여성들에게 새로운 기회를 제공했다. 1869년에 상업 노동자들이 파업을 일으킨 뒤 고용주들이 "온순한" 여성 노동력에 더 크게 의존하게 되면서 이러한 기회는 늘어났다.

도시에서 압도적으로 중요한 여성용 업종(1861년에 11만1496명)인 하녀직은 다른 특징을 갖고 있다. 이 직종은 숙소는 좀 불확실했지만 식사는 제대로 제공했고, 노동 강도가 그리 심하지 않았다. 하지만 노동시간이 길었고(대개 한 주 내내, 그리고 하루에 15~18시간 정도 대기 상태에 있어야 했다), 생활 여건은 엄격하게 통제되었다(모든 여성이 그렇듯이 하녀는 법적 약자로 간주되었고, 엄격하게 감시당했다). 고용주를 자주 바꿀 수는 있었지만 고용주의 변덕에 예속되는 노예처럼 살아야 한다는 여건은 결코 벗어날 수 없었다. 또 때로는 성적인 변덕도 겪어야 했다(하녀들이 주인 아들들의 성적 욕구를, 덜 통제받는 다른 여건에서 처리했을 욕구를 처리하는 상대 노릇을 하는 이야기는 얼마든지 있다). 원치 않은 임신을 하면 즉각 해고되기 때문에 그런 일이 생기면 곧 유산하거나 아니면 창녀로 전락한다. 창녀나 사생아를 출산한 여성 대부분이 "타락한" 하녀 출신이었으며, 아마 미슐레가 인용한 무연고 시체도 대다수가 그들이었을 것이다.

그러나 그런 위험을 피할 수만 있다면 하녀라는 지위는 다른 대안과 비교하여 매력이 없지도 않았다. 돈으로 받는 임금은 적었지만 저축할 수 있었고(소액 저축가 중 하녀가 가장 큰 집단을 이루었다) 몇 가지 훈련과 교육도 받을 수 있었다. 뿐만 아니라 믿을 만한 하녀라면 늙은 뒤에 연금이나 유산도 기대할 수 있었다. 또 하녀 업종은 젊은 시골 여성이 위험한 도시 생활에서 사회화되기 위한 그런대로 안전한 통로이기도 했다(이들은 좀더 안전한 서부의 부르주아 주거 구역에 집중되어 있었다). 일자리를 유지하는 채로 결혼하기도 힘들지만 자녀를 갖는다는 것은 더욱 힘든 일인 반면, 지참금을 비축해두고 가사 운영 기술을 익힌 신중한 젊은 하녀라면 상점 주인이나 장인에게는 나쁘지 않은 결혼 상대였다. 따라서 대부분의 하녀는 상당히 젊었다(25살 이하인 경우가 40퍼센트다).

교육받은 여성은 가정교사, 안잠자기, 학교 선생이 될 수 있었는데, 이 역시 행동의 자유는 거의 없고 임금수준도 일반적으로 낮은 직업이었다. 연간 임금이 400프랑이 못 되는 여교사가 4000명이었다.[5] 독립적인 생활 수단을 가진 여성(지참금제le regime dotal라 불리는 시스템하에서 결혼한 사람은 지참금으로 갖고 온 재산에 의한 보호와 권리를 어느 정도 누릴 수 있었다)만이 경제적인 면에서 남성지배사회의 관습과 제도에 사회적으로 지배당하는 처지를 면할 수 있었다.[6] 재산이 넉넉한 과부의 삶은 많은 사람이 희망하지만 극소수만이 누릴 수 있는 특권이었다. 조르주 상드처럼 별거하는 기혼 여성은 아내가 남편의 동의 없이 떠날 경우 아내를 3년까지 수감시킬 수 있는 법적 권리를 가진 남편으로부터 사법 투쟁을 거쳐 양보를 얻어낸 뒤에야 자신의 재산권을 행사할 수 있었다.

그렇다면 독신 여성 노동자가 얼마 안 되는 빵과 우유를 먹고 하루에 12시간 일하면서 할 수 있는 일이 무엇일까? 대부분의 부르주아 해설자

그림 64 오페라극장 복도(애인을 얻기에 가장 좋은 장소)와 카페 음악회 장면을 그린 귀스타프 도레의 그림은 성적인 자리매김에 따라 여성들의 역할이 규정되는 장소를 묘사한다.

들은 기본적으로 선택지가 둘 있다는 데 동의했다. 매춘으로든, 특정 남자와 관계liaison(공식적이거나 비공식적인)를 맺는 방식으로든 보충 수입을 올리는 것이다. 매춘은 지극히 널리 퍼진 현상이었고—1850년대의 파리에는 매춘활동을 하는 것으로 추정되는 여성이 3만4000명 있었다—부르주아들은 이 사태를 버릇처럼 철저하게 위선적인 태도로 대했다.[7] 관리받는 시설—유곽 및 그 밖의 허가된 장소—에서는 매춘활동과 그 위생 상태를 당국이 감시할 수 있었다. 큰 문제는 능복하지 않고 자체적으로 활동하는 여성의 수(1850년대 초반에 등록된 창녀 수는 4000명가량이었다)가 많다는 것이었다. 독신 여성femmes isolées이라는 용어는 양재사나 재봉사로 독립적인 노동을 하는 여성들뿐 아니라 등록되지 않은 창녀를 가리키는 말이기도 했으며(스콧의 지적처럼) 그럼으로써 이 두 형태 사이에 연관성이 있음을 시사했다.

매춘은 하층민이 이용하는 댄스홀에서부터 상류층이 출입하는 오페라하우스와 극장에 이르는 광범위한 활동 영역으로 조금씩 스며들어 갔으며, "정부情婦"라는 직업과 합쳐졌다. 은행가의 재산에서 한몫을 따낼 만큼 예쁜 외모를 써먹을(졸라의 나나처럼) 확률은 아주 낮았지만 여자의 입장에서 본다면 매춘의 유혹은 엄청나게 컸다. 뿐만 아니라 꼭대기에서는 경쟁이 매우 심했다. 고급 창녀와 부르주아 생활의 높은 지점은 이미 대부분이 점령된 상태였기 때문이다. (하트퍼드 후작이 가끔 나폴레옹 3세의 정부 노릇도 했던 세련된 미인인 카스틸리오네 백작부인과 하룻밤을 보내기 위해 정말 100만 프랑을 냈을까?) 그러나 어느 정도의 익명성은 쉽게 지켜질 수 있는 파리 같은 대도시에서는 온갖 종류의 연줄이 맺어질 수도 있었으며, 다만 어떤 관계든 모두 위험의 소지가 있게 마련이었다. 예를 들면 지방 출신의 학생들이 관행처럼 정부를 거느리는 일이 많았는데, 그럼으로써 여공grisette이라는 수상쩍은 직업이 등장하게 되었다. 이 학생들의 생활을 면밀히 관찰하던 한 영국인은 그러한 여건을 너그럽게 용서하지 않으려고 필사적으로 애썼지만 결국은 그런 여자들에게 상당한 찬사를 보내게 되었다. 그들은 지루하고 임금도 제대로 받지 못하는 일자리에서 놓여나는 대가로 학생들을 충실하고 훌륭하게 돌보았으며, 돈 관리까지 해주었다. 간혹 어쩌다가 위고의 『레미제라블』에 나오는 운 나쁜 팡틴처럼 학생이 본연의 임무를 수행하러 시골 고향으로 돌아가는 바람에 완전히 낭패를 당하는 수도 있고 결혼은 생각도 못 할 일이지만, 충실한 봉사의 대가로 가끔 자녀 양육비를 지원받거나 모종의 보상을 받기도 했다(이들이 가장 선호하는 것은 가게를 열어주는 것이었다. 독립한 가게 여주인들 가운데 많은 수가 이렇게 시작한 사람들이었다).

　　로레트의 노트르담Notre-Dame de Lorette 구역(이런 사람들이 몰려 산다고 추정되는 곳) 구역에서 따온 호칭인 "창부〔로레트〕lorette"들이 여공을 점차 대체하게 된 사태를 애석하게 여기는 사람도 있었다.[8] 이들은 일시적인 이익(돈뿐 아니라 식사, 유흥, 선물 같은 것들)을 얻기 위해 유혹 능력을 발휘하는 유흥가 여자들이었다. 르죈은 1850년대에 백화점 점원으로 일하던 생활을 회상하면서 그들이 어떤 식으로 일하는지 말해주는 한 가지 사례를 들었다. 그는 나이 든 영업 사원을 대신하라는 지시를 시간에 임박해서 받고는 판매할 물건을 갖고 고객의 집에 갔다. 현관에서는 속이 비치는 속치마를 입은 어떤 여자가 그를 맞아주었다. 그녀는 눈에 띄게 놀라면서, 당장은 현금이 없으니 물건을 남겨두고 가면 생각을 좀더 해볼 테니까 다른 점원이 나중에 돈을 받으러 오도록 하면 어떻겠냐고 말했다. 르죈은 물건을 다시 집어 들고 서둘러 그 집을 빠져나왔다. 영국인 방문객은 이렇게 말했다. 이러한 창부의 역할은 오로지 "난봉꾼을 보호하기" 위한 용도로만 세워진 법률 시스템에 대한 적절한 대응으로 보였다는 것이다. 노골적으로 정부를 자랑하는 행위라든가, 카페나 대로, 극장, 오페라극장에서 이루어지는 화류계와 부르주아 간의 수많은 교류를 감안할 때, 가능성과 유혹의 여지는 무궁무진했다. 예를 들면 오스만은 오페라극장의 어떤 여배우와 아주 공개적인 관계를 오래 유지했고 그녀는 오스만의 보호 아래 전성기를 누렸다.

그러나 대부분의 매춘은 순전히 배고픔과 절망적 상황 때문에 이루어졌다(졸라의 『나나』에서 나나가 겪는 기복 심한 운명보다는 그녀의 어머니인 제르베즈가 『목로주점』에서 사흘 동안 한 입도 먹지 못하자 대로로 나서는 모습이 이와 더 비슷하다). 매춘은 대부분의 경우, 그저 그것을 길러낸 빈곤과 똑같이 널리 퍼져 있는 소름끼치는 현상이었다. 다만 간혹 마담이 영리하면 그럴듯한 사업으로 변신하기도 했지만—1870년에는 유곽 소유주의 15퍼센트가 여성이었다—그럴 때도 뚜쟁이를 견제하기가 쉽지 않았다.[9] 그러나 빵과 약간의 우유를 살 돈밖에 없는 독신 여자에게 하룻밤 외출하거나 싸구려 보석이라도 얻게 해주는 유혹은 사소한 일이 아니었다. 또 가족이 딸린 기혼 여성들도 심각한 궁지에 몰려 매춘을 하는 수밖에 없는 경우가 너무나 흔했다. 산업가 풀로까지도 노동계급 여성이(기혼 여성들도) 계급적 보복심과 계급 전쟁의 정신으로 무장하여 길거리에 나선다고 걱정할 정도였다. 이에 비해, 재산이 있는 남자와 어느 정도 안정적인 관계를 맺을 수 있는 것은 어떤 형태든 간에 진정한 경제적 해방임이 분명해 보였을 것이다. 폴 밍크는 말했다. 여자들은 "충분한 생계비를 벌기 위해 애인을 가지며, 그 사실을 냉소적으로 인정한다".[10] 문제는 여성은 경제적 필요 때문에 남자를 얻지만 남자에게 처자식이란, 아내가 일을 하지 않는 한 경제적 부담이라는 데 있다. 그러한 불평등 때문에 온갖 관계가 발생한다. 파리의 노동계급 내에서 내연 관계는 결혼만큼이나 흔했다. 그 이유는 부분적으로는 결혼은 고비용 업무였고(결혼 허가를 받으려면 돈이 많이 들었다), 온갖 법률에 구애받기 때문이었다(25살 미만인 경우 부모의 동의가 있어야 했다). 1860년 이전에는 13구에서 결혼하는 사람들이 많았다(이 말은 농담이다. 파리에는 12구밖에 없으니까). 노동계급에서는 결혼이 상대적으로 드물었는데, 주로 종교적이거나 경제적인 이유, 아니면 출신지까지 멀리 거슬러 올라가곤 하는 오래전부터의 가족 관계 등의 이유에서 결혼이 이루어지곤 했다. 내연 관계는 일시적인 관계일 수도 있지만 상대적으로 오래 지속되는 사실혼인 경우가 많았다. 여기서 문제는 경제적으로 무력한 상태로 그런 관계를 시작하고 조금이라도 유리한 입장에서 관계를 끝낼 수 있는 법적 능력도 없는 여성들은 지배하는 남성에게서 온갖 수탈을 당하는 처지에 놓인다는 점이었다. 가외의 수입이 반드시 필요하거나(이 경우 여자들은 성희롱과 난폭한 학대가 너무나 일상적으로 벌어지는 작업장으로 내던져진다[11]) 졸라가 『목로주점』의 금세공 장면에서 묘사하는 것 같은 노동력이 흡수되어 집에서 작업하는 남자의 보조자나 조수로 버린다. 그들은 포용되고 보호받기는 하겠지만 그다음에는 일하러 나가야 하고(그들의 노동력 가격은 그런 여건에서 일하는 견습공보다도 싸다) 임신하게 되면 버림받는다. 또 대개 노동의 부담이 너무 커서 아내와 어머니 노릇을 효율적으로 하지 못하지만, 일반적으로 여성들은 가사 업무까지도 처리해야 하는 신세다.

제2제정기 내내 파리 산업의 많은 분야에서 이루어지는 노동의 끔찍한 조건과 부담에 대해 남녀 모두가 제기해온 문제의 초점이 바로 이 점이었다. 예를 들면 1862년에 열린 런던 만국박람회에 파견된 양복공 대표단은 자신들의 작업에서 차지하는 비중이 점점 커지고 있는 가내 작

그림 65 여공과 창녀라는 직업은 가바르니가 즐겨 그린 주제였다. 위 그림은 여공의 보살핌을 받는 학생이 자기가 법무부 장관이 되면 여자들이 학생들을 공부하지 못하게 방해하는 일이 없게 하겠다고 말한다(이에 그녀는 그렇게 되면 그는 대화를 못하게 될 것이라고 대답한다. 아래 그림에서 창녀는 자기가 언제나처럼 아름답다고 말하는 멋쟁이 방문객의 말에, 당연히 그것이 삶에서의 자기 위치라고 대답한다.

업 시스템은 부르주아 이론가들이 주장하듯이 좀더 보람찬 가정생활을 꾸리는 데 도움이 되지 않는다는 불만을 제기했다. 아무 보상도 받지 못하고 자신을 도와주는 아내와 함께 하루에 16~18시간 일하다보면 가정일을 할 시간이 전혀 남지 않는다는 것이다. "아내가 쉬는 동안 남편은 자신의 몫을 다하고, 아내의 일감을 준비한다. 그가 일을 마치면, 아니, 피로에 지쳐 쓰러지면 아내가 일어나고 남편은 아내 자리에서 쉰다. (⋯) 이렇게 비참한 상황에서 어떻게 여자들이 자녀를 훌륭하게 가르치고 양육할 수 있겠는가?"[12] 더 심한 것은, 남성 동료들이 이런 수많은 작업장의 야만적인 여건 때문에 탈진하고 병이 들거나 죽어버리면(대개 비교적 젊은 나이에) 쥐꼬리만 한 임금으로 이 남자들뿐 아니라 나머지 가족들도 먹여 살려야 하는 책임이 대개 여자들에게 지워진다는 점이다. 젊은 나이에 노동자의 과부가 된다는 것은 여성이 겪을 신세 중에서는 아마 최악이었을 것이다.

남자들이 다른 여자를 얻거나, 술집이나 카바레에서 맺어진 관계가 끝나고 나면 여자들은 어디에도 의지할 곳이 없었다. 실패한 관계에 갇혀 사는 것은 정말 심각한 문제였기 때문에 1868년 이후에 열린 대중 집회에 나온 대부분의 여성 연사는 이혼과 자유 결합의 권리를 강조했다.[13] 하지만 일상생활이 오로지 살아남기 위한 아주 기본적인 투쟁일 뿐인 노동계급 여성들에게는 그러한 법적 형식에 치중하는 것이 무슨 의미가 있는지 결코 분명하지 않았다. 그러나 결혼 여부에 상관없이 남자와 여자 사이에 맺어진 사실 관계는 많이 있었고, 경제적으로도 최악인 상황에서도 그런 일은 흔히 일어났다. 1867년의 노동자위원회 이전에는 대부분의 남자가 가정생활의 가치를 호의적으로 보았고, 1848년에 절정에 달했던 왕성한 운동을 거쳐 제2제정으로 넘어온 극소수의 사회주의 여성운동가들도 사회생활에서 가족이 차지하는 중요성(그리고 여성의 확고한 모성 역할)을 인정하는 것과, 동등한 임금으로 노동할 권리의 요구를 한데 묶어 추진했다. 풀로는 자신이 거느린 노동자들 사이에서 맺어지는 수많은 후원관계가 일시적이고 결혼에 저해되는 것이라고 보았다. 그는 여성들도 결국은 남성들과 똑같이 "숭고주의"의 게임을 하게 되며, 고용주에 맞서는 강력한 동반자 관계를 맺는 수가 많다고 불평했다. 브플레의 사회조사를 보면 여성들이 가족의 예산을 관리하는 경우가 많으며, 심지어는 남자들이 아내에게서 점심값을 타오기도 한다는 것을 알 수 있다. 집으로 가져갈 임금 계산서를 챙겨주는 방법으로 고용주들이 조장한 이 관행 때문에 풀로는 "좋은 아내"란 배우자에게 근면하고 진지한 습관을 갖도록 격려하면서 지출을 절약하고 관리할 줄 아는 사람이라고 규정했다. 고용주들은 노동자들을 통제하려고 노동자의 아내들과 연대를 맺는 방법을 써보았다(이는 또한 고용주가 여성 교육에 관심을 보인 이유도 설명해준다). 하지만 그런 전략은 거의 대부분 실효를 거두지 못했고, 고용주의 수탈에 맞서 남편과 아내 사이에 형성된 연대감은 상당히 전반적인 현상이었던 것으로 보인다.[14] "좋은 아내"는 부르주아의 사고에서 중요한 이념적 역할을 여러 가지 담당했다. 여성이 공적 생활에 참여할 길이 점점 더 억제되며 가정과 일터가 격리되고 도시 생활의 혼란상이 증가하자 부르주아 여성이 19세기 파리에서 담당한 역할은 혁명적으로 변했다.[15] 부르주아 여성은 가정의 관리자와 지배자(그들의 선배인 귀족 여성이 회피한 역할)일 뿐 아니라 질서, 특히 공간적이고 시간적인 질서를 가정의 내부 공간 안에 만들어내는 창조자 역할을 맡았다. 갈수록 후자의 역할이 그들의 전담 영역이 되어, 그들은 하인을 관리하고 회계를 맡았으며, 가정의 내적 조직에 엄격한 규율을 부과했다. 이 규율은 동시에 자본주의적 합리성의 표현이자 길거리뿐 아니라 시장 거리까지도 지배하던 무질서와 통제되지 않는 열정에 대한 일종의 구조적이고 통제된 반응이었다. 과도한 자극과 열정이 날뛰는 이 바깥쪽 공간은 그들에게는 개방되지 않았다. "코르셋에 갇히고 주택에 갇힌 자제력 있는 여성은 질서 있는 여성이다." 미슐레가 묘사했듯이, 그녀는 시장 거리에서 전시되는 이와는 다른 가정의 사적인 친밀성과 보호의 수호자로 설정되었다.[16]

가장 유명한 여성 인상주의 화가 두 명—베르트 모리조와 메리 커샛—이 주로 관심을 집중했던 무대가 여기였다. 그러나 이것이 미슐레나 시몽만큼 여성의 온순함과 모성의 이상을 선전하는 데 헌신하는 것 같았던 소수의 여성과 대조적인 여성 일반의 여건을 반영한다고 결론짓는 것은 잘못일 듯하다. 모리조와 커샛의 그림이 "길거리나 대중 오락장, 매춘이나 임의적인 성관계 등 사회적으로 유동적인 대중세계에서 남녀와 마음대로 교류하는 남성 동료들에게는 다양한 공간이 열려 있지만 그들에게는 닫혀 있었다"는 사실을 반영하고 있다는 폴록의 주장은 좀 과장일 수도 있다. 그러나 부르주아의 관점에서 볼 때 그들은 이러한 바깥 세계에 있으면 안 되는 것이고, 이런 사실이 그들의 그림에 반영되어 있음은 부정할 수 없는 사실이다. 그 공간들이 실제로 그들에게 닫혀 있었다는 것은 별개 문제다.[17]

도미에는 이들과 다른 계급 지위에 있는 여성들이 파리의 공적 공간과 사회에서 담당하는 판이한 역할들을 다양하게 그린다. 일부 부르주아 여성은 일과 권력의 세계에 가까이 있으려고 애썼으며, 때로는 주식 시장에까지 손댔다(비록 그들이 직접 거래할 수는 없었고, 바깥쪽 복도에서 어슬렁거리며 그들을 대리하여 주식을 사줄 중개인을 고용했지만 말이다). 또

유행의 전시자로서만이 아니라 쇼핑객과 소비자로서, 구경거리로서의 상품을 대중적으로 전시하고 소개하는 데서, 또 소비자 문화에서 결정적인 역할을 담당했다. 뿐만 아니라 제2제정 파리의 살롱은 정치적·재정적·문화적 음모의 중심지로서 선배들의 것보다 더, 아니 적어도 그만큼은 유명했다. 하지만 그것은 그저 집안을 유능하게 다스리는 사람에 그쳤던 올리비아 오스만 같은 "좋은 아내"가 갈 길은 아니었다. 일종의 "가내 여권주의"가 등장할 수 있었던 것은 이러한 내부 공간, 여성이 확보한 상당한 권력의 중심지 안에서였다. 인상주의 여성 화가들이 포착하고 찬양하려던 것이 혹 이것이었는지도 모른다.

가정에서 여성은 교육자라는 지극히 중요한 역할도 맡았다. 자녀의 교육이 반드시 아버지의 권위 아래에서 이루어져야 한다는 프루동의 강력한 항의는 소용이 없었다. 그렇기 때문에 여성들의 교육이 맹렬한 대중적 논의와 관심의 초점이 되었다. 교회는 소녀들의 교육을 거의 독점적으로 장악해야 자신들의 도덕적 영향력을 영구화할 수 있다고 본 반면 쥘 시몽이나 빅토르 뒤뤼 같은 부르주아 개혁가들은 사회의 진보에서 모든 사회적 계급의 여성에 대한 좀더 자유롭고 철저한 교육이 결정적인 요인이라고 생각했다. 어머니에게 주어진 존경은 매우 대단했다. 예를 들면, 르플레는 어머니에게 바치는 존경이 목수 조합 의례의 핵심 요소였다고 기록한다. 또 이 시기에 나온 거의 모든 시와 소설의 배후에는 나쁜 어머니의 이미지가 웅크리고 있다(보들레르와 플로베르를 보라). 이 시기에 관한 편람 몇 가지가 조금이라도 믿을 만한 것이라면, 성관계 상대로서의 영향을 무시하면 안 될 것 같다. 고통스러운 산부인과 질병이 너무나 심하게 퍼졌기(파리 여성들의 80퍼센트가 걸렸다) 때문에 정상적인 성생활에 심각한 지장이 초래되었다.[18] 성병 역시 엄청난 고통을 유발하고 생명을 앗아갔다.

여성들의 이런 역할은 최하층 노동계급의 생활에도 적용되었던 것으로 보인다.[19] 물론 그런 역할은 노동계급의 아내(혹은 그와 동등한 존재)가 가정을 돌보는 일 외에도 재봉을 하거나 바깥일을 하고, 음식을 팔러 다니거나 삯빨래를 하고, 작업장이나 가게에서 남자들의 조수 노릇을 하는 등 가정의 보조 수입원이 되어야 하는 처지라는 사실에 따라 상당 부분 수정되어야 했지만 말이다. 형편이 좀 나은 노동자들은 아내에게 길모퉁이 식품점이나 포도주 상점, 세탁소 등의 가게를 차려 주겠다는 희망을 품을 수도 있었다. 그러나 일부 여성은 가정 관리와 회계, 교육, 보건, 나아가서 가족계획 문제에도 상당한 재량권을 가졌던 것으로 보인다.

이러한 역할로 그들은 높은 신뢰와 평가를 받는 동지로 대우받은 듯하다. 페미니스트들이 제안한 대부분의 개혁 안건은 가족을 좋은 삶의 구축을 위한 중심 기관으로 보는 점에서 플로라 트리스탕의 뒤를 따랐지만, 만족스러운 가족생활은 자본주의가 지배하는 사회관계와 경제적 여건 아래서는 달성할 수 없는 꿈이었다. 또 기억해둘 만한 플로라 트리스탕의 문장에서 "프롤레타리아 중의 프롤레타리아"라고 표현된 노동계급 여성의 지위라는 것이 성별과 계급 간의 긴장, 페미니즘과 사회주의 사이의 긴장이 당시에 상대적으로 약화되었음을 의미한다는 점도 대체로 인정되었다. 파리 코뮌에서 여성조합l'union des femmes은 아주 중요한 역할을 하게 된다.

가족계획 이슈는 낙태라는 예민한 문제의 뚜껑을 열었다. 하녀, 정부, 여배우에게는 원치 않는 임신을 중단해야 할 강력한 동기가 있었다. 임신으로 일을 쉬면 가계 소득에 보탤 수 없게 되고, 흔히 "먹는 입을 늘려 경쟁만 더 키울 이유가 전혀 없다"고 생각하는 남자들의 묵시적인 동의를 얻었던 것으로 보이는 노동계급 여성들 역시 마찬가지였다. 파리의 출생률은 전국 평균에 비해 극도로 낮았다. 후대의 관찰자들은 1850년대가 되면 이미 낙태가 대규모 사업으로 성장했다고 본다. 또 19세기 후반에 널리 알려져 있었던 낙태를 유발하는 온갖 방법(민간요법도 일부 있었지만 더 거칠고 위험하기도 한 방법도 있었다)에 대한 지식이 그 이전에 구축되었다는 것은 분명한 사실이다.[20] 그러나 여기서도 여성들이 자신의 신체에 대해 어느 정도는 통제권을 행사했던 것으로 보이는데, 이는 공적이고 정치적인 성향이 강한 페미니즘보다는 가정 페미니즘의 논조와 일치한다.

  법적으로 허가된 것이든 아니든, 관습적인 가족 구조는 계속 살아남았고, 여성들은 그러한 상황에 내재하는 온갖 위험 요인과 제약에 시달렸다. 부르주아 계층의 수많은 결혼은 순수하게 사업적인 일이었으며, 점포주와 소상인에게까지 확산되어 특히 악랄한 결과를 초래하게 된 관습이었다. 하지만 노동계급의 가족 관계는 부르주아가 생각할 수 있는 것(졸라 같은 사람들의 생각)보다 훨씬 더 우호적이었던 것으로 보인다. 풀로는 노동자의 아내들을 자기편으로 끌어들이려고 여러 번 시도했지만 번번이 역효과만 냈다고 투덜댔다. 토요일 저녁이면 술집은 크든 작든 고용주를 상대로 한 주일 동안 거둔 승리를 자축하는 가족들로 북적댔다. 포위 사태와 코뮌에 참여했던 여성들은 부르주아들이 묘사한 것처럼 격노나 미칠 듯한 분노와는 거리가 멀고 대부분 아주 전통적인 방식으로 자기들 남자를 뒷바라지 해주었을 뿐이었다. 또 여성 클럽이나 그들이 만든 조합에서는 대안적 페미니스트 정책을 분명하게 표명하기도 했지만 이혼과 노동의 권리뿐 아니라 생산과 소비의 집단적 조직을 통해 여성들의 해방을 위한 경제적 기반을 마련하기 위해 노력하기도 했다. 코뮌에 가담한 평민 여성들은 재봉사, 양재사, 마무리공, 재단사, 세탁부, 카펫 올 다듬는 사람, 조화공들이었다(하녀들은 거의 참여하지 않았다). 이들은 경제적으로 자립하면서 많은 경험(대부분이 마흔 살 이상이었으므로)을 겪었고, 남자들이 그랬듯이 자신들이 얻고자 하는 해답이 집산주의와 협동조합주의 정치collectivist and cooperative politics에 있음을 알았던 사람들이었다.[21]

하지만 제2제정기에 가장 대표적으로 부각된 한 가지 주제는 가정의 내부 공간에 대한 여성들의 통제권이 커짐과 동시에 대중생활에서 여성들이 상품화되는 사태가 증가한 점이다. 토지나 재정적 투기가 새로운 현상이 아닌 것과 마찬가지로 이것도 완전히 새로운 사실이 아니라는 것은 발자크의 작품만 읽어봐도 알 수 있다. 그러나 다른 경우에서도 그랬지만, 이 문제에서도 제2제정은 획기적으로 도약하여 판이한 차원의 관행으로 뛰어올랐다. 모든 계급에서 성적 관계 및 개인적 연계가 화폐화하고 상품화한다는 것은, 그리고 노동시장뿐 아니라 가정의 가내 경제에서 여성들의 중요성이 증가한다는 것은 사회에서 여성의 역할이 바다만큼이나 크게 변한다는 신호였다. 그러나 그 바다는 남성 지배와 경제적 조직화라는 전통적 법적 구조로 가로막혀 있었다. 그렇기는 하지만 사회적 관계가 점점 더 화폐화하는 추세 속에서 게릴라전이 전개되고 있었다. 그 전쟁에서 하녀들은 고용주를 상대하는 방법을 배웠고, 심지어는 사취하기까지 했다. 창녀들은 고객을 자주 바꾸었으며 여공이 사라지고 창부lorette가 등장했으며, 아내나 동반자들은 수입의 흐름을 치밀하게 장악했다. 부르주아 여성들은 사교계의 소비자 문화를 형성하는 데서 주도권을 쥐게 되었고, 노동계급 여성은 새로운 공장 노동과 서비스 역할이라는 도전을 받아들였으며, 미래의 해방을 위한 경제적 기반을 마련할 수 있는 대안적 조직 형태를 개발했다. 마치 자신이 화폐 가치를 갖는 값비싼 상품임을 여성들이 알아차린 것 같았다. 그리하여 소비자로서든 생산자로서든 여성들은 화폐의 민주주의를 자신들의 해방을 위한 도구로 사용할 수 있었다.

11장

노동력의
재생산

> 다양한 자본은 따라서 노동의 특정한 역사적 형태일 뿐이다. 노동은
> 노동자가 자신과 가족의 생계를 유지하는 데 필요한 자금, 사회적
> 재생산 시스템이 무엇이든 그 자신이 생산하고 재생산해야 하는 그런
> 자금이다.
> _마르크스

예나 지금이나 여성들에게 막중한 책임이 지워져 있는 노동력의 재생산
에는 두 가지 측면이 있다. 하나는 단기적 재생산으로서, 노동자가 기운
을 차려 그다음 날 다시 일하러 나올 수 있게 해주는 음식과 잠, 주거와
휴식의 문제다. 다음은 장기적인 필요성인데, 이것은 자녀를 낳고 기르
고 교육하는 노동자들의 다음 세대에 관한 문제다.

공정하게 평가하자면 평균적으로 일반 남성 노동자가 가져올 수 있
는 자원이 일상 생계를 근근이 충당할 정도이고 자녀 양육이라는 장기
적 필요를 충족하는 데는 많이 부족했다고 해야 할 것이다. 이 일반적
판단—미묘하고 다양한 편차를 구별해야 하는 것은 틀림없지만—은 제
2제정기의 파리 인구에 관한 기본적 사실 몇 가지와 일치한다. 예를 들

면 1866년에는 파리에서 태어난 사람은 전 인구의 3분의 1뿐이었다. 거대한 이주 물결의 정점이 지나간 뒤인 1860년대에도 이주민은 1만8000명인데 비해 인구의 자연 증가는 연간 9000명뿐이었다.[1] 노동력의 장기적 재생산은 다분히 지방만의 문제처럼 보인다. 파리는 마르크스가 한때 말했듯이, "원초적이고 신체적으로 오염되지 않은 구성원을 시골에서 꾸준히 흡수함으로써" 노동력 수요를 충족했다. 그러나 지방과의 관계는 이주라는 간단한 사실보다 훨씬 더 복잡 미묘했다. 자녀들을 시골로 보내 키우는 경우가 많았는데, 심지어는 노동계급도 자녀를 시골의 보모에게 맡기는 프랑스식 관행을 답습했다. 높은 사망률을 감안할 때 이런 관행은 노동력의 재생산이라기보다는 거의 조직적인 영아 살해에 가까웠다.[2] 어떤 경우든 파리는 온통 독신 남성들로 득실거렸다(1850년에는 21세에서 36세 사이 남성의 60퍼센트가 독신) 결혼은 이루어지더라도 상대적으로 늦은 시기(1853년에는 남자가 29.5세, 1861년에는 거의 32세에 가까웠다)에 행해졌고, 가족당 자녀 수는 평균 2.4명에 그쳤다. 이에 비해 지방에서는 자녀 수가 3.23명이었고, 사생아 출생률도 다른 곳에서는 8퍼센트였는데 파리에서는 28퍼센트에 달했다. 더 나아가, 파리의 자연적 인구 증가는 주로 젊은 층이 이주해왔기 때문에 생긴 결과를 제외하면 거의 제로에 가까웠다고 볼 수 있다.

제2제정 종반에 다가갈 무렵 인구분포도에 약간의 변화가 생겼다. 가족이 형성되는 수치는 1860년대에 최고조에 달했고 장소는 근교 쪽으로 옮아갔으며, 도심부에는 연령 구조상 노령층과 독신자만 남았다. 주로 신참 이주자와 노인들에게 해당되는 도심부 슬럼가의 만성적인 빈곤은 이제 가족 단위의 빈곤이 근교로 물러나는 현상과 짝을 이루었으며, 젊은 층도 이에 영향을 받고 있었다(그림 69). 1850년대에 젊은 기혼자들이

그림 67 도미에의 「수프」는 노동계급에서의 가족 재생산 관계를 묘사한다. 부르주아 가정의 고요함(그림 66)과 대조적으로, 노동자 여성은 아기에게 젖을 먹이면서도[도미에의 그림 「공화국」(그림 23)에서 묘사된 것과는 천양지차의 방식으로] 서둘러 그리고 허기진 표정으로 수프 한 접시를 떠먹고 있다.

주가 된 대규모의 이주 물결이 일으킨 연령 구조의 변화는 도시의 인구 분포를 한 구역씩 야금야금 잠식해 들어갔다. 부르주아들에게도 이 노동력을 제멋대로 끌어 쓰는 사람들이 져야 할 책임감이나 자기 이익 따위의 생각이 조금씩 들기 시작했다. 또 부르주아가 이 문제를 처리하지 못하는 까닭이 1848년의 사건과 모종의 관련을 가진다고 본 황제 같은 사람들도 중재를 위한 합의는 물론 그 근거가 무엇인지조차 규정하지 못했다. 그럼에도 불구하고 부르주아 개혁가들은 이 문제에 몰두해 있었다. 실현 가능성은 모자랐지만 온갖 발상은 풍부했던 그들의 조사와 논쟁 덕분에 수많은 정보와 아이디어가 쏟아져 나와, 코뮌의 상처를 입은 뒤인 제3공화정 치하에서 사회 개혁의 기반이 마련되었다. 주거와 섭생, 교육, 보건, 사회복지 분야에 쏟은 그들의 노력이 계급 세력의 배치 때문에 어떻게 좌절되었는가 하는 것은 주의 깊게 살펴볼 필요가 있는 주제다.

주거

제2제정기에는 주거 보급 시스템에 급격한 변화가 일어났다. 새로운 비용 조달 시스템과 토지 개발, 건설 및 도시와 주거가 점점 더 격리되는 현상이 부르주아의 주거 문제를 전반적으로 장악했다. 이와 나란히, 노동계급의 주거 수요를 채우기 위한 단기 투기적인 건설 시스템 역시 변두리 지역에서 쑥쑥 솟아났다. 그러나 주거 보급 시스템이 변하기는 했지만 노동 소득은 여전히 상대적으로 낮았으며, 그들이 감당할 수 있는 주거비에는 여유가 별로 없었다. 1868년에 안정된 직장이 있고 맞벌이를 하는 비교적 유복한 가족은 한 해에 2000프랑을 벌었지만 그들이 감당할 수 있는 집세의 최대한도는 연간 350프랑이었다. 350프랑 혹은 그 이하로 얻을 수 있는 주거는 어느 정도이며 품질은 어떠했을까? 아무리 잘 고르더라도 그리 신통찮다는 것이 대답이다. 그리고 최악의 경우, 즉 토지 가격과 건설 비용이 높고 집주인이 집세로 8퍼센트 이상을 받겠다고 극성을 피울 경우, 주거 여건은 끔찍해진다는 말밖에는 할 수가 없다.

급속히 치솟는 임대료는 노동 인구에게 점점 더 큰 부담이 되었다. 레옹 세는 1855년에 임대료가 이미 도시 전역에서 20~30퍼센트 증가했으며, 150프랑 이하로는 단칸방도 얻기 힘들다고 지적했다. 코르봉은 노동계급의 주거 임대료가 1862년에는 1848년에 비해 70퍼센트 올랐다고 보며, 토마는 황제의 치세 동안 주거비가 10년마다 50퍼센트씩 올랐다고 본다. 플로스가 수집한 일련의 통계 자료에서는 전체 기간의 상승률은 50~62퍼센트라는 더 낮은 수치였고, 임대료가 100프랑 이하인 경우는 상승률이 19.5퍼센트에 불과했다고 나와 있다. 그러나 실제로는 100프랑 이하로 얻을 수 있는 셋집은 거의 없었다. 빈민으로 등록된 사람들이 얻는 단칸방의 방세도 1866년에 평균 100프랑에서 200프랑 사이였다. 이렇게 등록된 4만 호가량의 빈민 가족이 낸 임대료에 관한 어떤 보고서에서는 평균 액수를 1856년에는 113프랑으로 보았는데, 근교가 병합되어 값싼 근교 주거가 조사 범위에 포함된 뒤인데도 1866년에는 141프랑으로 올랐다고 되어 있다. 특히 1860년대에 상승하는 임대료가 노동자의 명목소득을 앞질렀다는 점에 관해서는 모두들 전폭적으로 동의한다.[3] 임대료 인상은 부동산 가치의 전반적인 상승과 일치하며, 모든 사회 계급에 영향을 미쳤다. 고정 수입이나 제자리걸음을 하는 시골 영지의 임대료로 살아가는 사람들, 주거비로 700프랑 이상은 쓸 여유가 없는 부류에게 이 시절은 특히 힘들었다. 부르주아 가운데 이 부문에서 곤궁해져서 이사하지 않을 수 없게 된 사례는 수없이 많다. 제2제정이 올린 경제적 이득에 낄 수 있었던 부류에게는 치솟는 임대료 정도는 아무 문제가 아니었다. 하지만 도시에서 행해지는 노동으로 생계를 잇는 50만 명 이상의 사람들에게는 상황이 완전히 달랐다.

노동자들이 이 상황에 적응하는 방식은 여러 가지였다. 대체로 일화에 그치는 것들이지만, 그들이 예산 가운데 점점 더 큰 비율을 주거비로 썼다는 증거가 있다. 1860년 이전에는 노동자 소득의 10분의 1이 주거비였지만 그 이후에는 7분의 1이며, 1870년이 되면 그 수치는 더 올라서 30퍼센트에 달하게 된다.[4] 또 주거 면적을 줄이는 수도 있었다. 이미 단칸방에 살고 있던 가족(1866년에 조사된 빈민의 3분의 2에게 해당되는 사실)이 그 반쪽 방에 좁혀 산다는 것은 힘들기는 하지만 불가능한 일은 아니

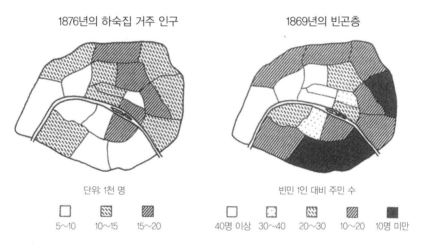

1876년의 하숙집 거주 인구   1869년의 빈곤층

단위: 1천 명   빈민 1인 대비 주민 수

5~10 10~15 15~20   40명 이상 30~40 20~30 10~20 10명 미만

그림 68 1876년 하숙집에 살고 있는 전체 인구와 1869년 파리의 빈곤층 비율(가야르에 의거, 1977)

었고, 또 가난한 가족들에게 이런 일은 결코 드물지 않았다. 독신자들에게는 문제가 좀 수월했다. 하숙집들은 사실상 저임금 독신 노동자들이 자도록 한 방에 침대가 여러 개 놓인 합숙소 같은 모습이었다. 또 변두리에서는 더 낮은 비용의 숙소를 찾을 수도 있었으므로, 출근하기 위해 오래 걸어야 하는 대신 집세는 싼 주거를 얻곤 했다. 하지만 가격 압박이 너무 심하다보니 변두리에 지어진 투기용 집들도 임대료가 조금은 낮았지만 많이 낮은 것은 절대 아니었다. 특히 근교의 건설업자와 부동산 소유주들이 노동자들을 제물로 삼아 파리의 부동산 붐에서 각자 나름대로 이익을 챙기려고 안달했다는 점을 감안하면 더욱 그러하다.

임대료에 비해 노동자들의 소득이 상대적으로 적다는 사실은 이 도시의 주거 상황에 지울 수 없는 낙인을 찍었다. 부르주아가 주거 문제를 해결할 길은 한 가지, 즉 이리저리 움직이는 길밖에 없다는 유명한 논지를 엥겔스가 만들어낸 것은 부분적으로는 이런 역사에서 나왔다. 오스만이 다스리는 파리만큼 이 논지를 잘 입증해주는 곳은 없다. 보건위원회는 도심에 있는 신흥 건설 장소 인근에 형성된 임시 판자촌에 대해 불평했다. 그곳의 주거 여건은 그저 끔찍하다는 말로밖에는 표현할 길이 없었지만 다들 그에 대해 모른 체했다.[5] 도심 가까운 곳에 비좁은 하숙집이 갑자기 늘어나고, 환기가 안 되고 비좁으며 시설도 빈약하고 지어지자마자 곧 슬럼이 되어버리는 숙소들이 지어졌으며, 저 유명한 "증축", 즉 오스만 스타일로 화려하게 늘어선 건물의 파사드façade 바로 뒤 안마당까지도 집세가 짭짤한 노동계급의 슬럼으로 바뀌었다. 이 모든 것은 노동자들의 소득으로는 제대로 된 주거를 얻기 힘들다는 사실을 솔직히 인정하는 것이었다. 오스만이 벌인 사업은 도시의 슬럼을 없애기는커녕, 노동자 소득은 정체한 동안 임대료는 전반적으로 상승하는 데 기여했으

그림 69 도미에는 집주인들이 원치 않는 요인들, 예를 들면 아이와 애완동물 같은 것들을 쫓아내기 위해 권세를 휘둘렀다고 판단한다. 그런 것들은 밤이면 쫓겨나서 길거리에서 지내야 했다.

며, 그와 나란히 슬럼 형성을 촉진했다. 루이 라자르가 도심에서 요새까지 곧바로 걸어가는 도중에 센 것만으로도 시의 허가 없이 건설된 뒷골목과 안마당, 하숙집, 판자촌의 수가 269개가 넘었다. 빈곤층 가족의 주거는 대다수가 도시 동쪽을 빙 둘러싸는 근교, 특히 동남부와 동북부의 반원 지역에 있었지만, 도심 가까이에 있는 하숙집에는 독신 노동자들이 콩나물시루처럼 모여 살았고, 부르주아가 지배적인 서부의 틈새에도 빈곤층 주거 지역이 몇 군데씩 있었다.

그런 암담한 주거 여건이 사회적 영향을 미치지 않을 수는 없었다. 그것은 이미 가족 형성을 심각하게 방해하던 상황을 더 확실하게 악화시켰다. 또 시몽과 풀로는 모두 그들 눈에 노동계급의 불안정한 생활과 성적 문란함으로 판단된 현상의 원인이 높은 임대료와 제대로 갖추어지지 못한 주거 시설에 있다고 보았다(풀로는 그렇게 함으로써 자신이 지불하는 저임금도 아마 한몫을 할 것이라는 사실에 대해서는 모른 체 했다). 줄어들기는 했지만 여전히 끈질기게 남아 있던 콜레라와 티푸스의 위협이 비위생적이고 거주에 부적합한 공간 때문이라는 증거도 상당히 있었다. 공간이 워낙 부족하다보니 사회생활은 대부분 길거리로 밀려났고, 요리 시설이 부족하여 이러한 추세가 심화되기도 했다. 이 때문에 먹고 마시는 일을 카페나 카바레에서 해결할 수밖에 없었고, 결과적으로는 그런 장소가 정치적 선동과 의식 형성의 집단적 중심지가 되었다.

부르주아 개혁가들이 그러한 여건을 깊이 인식하고 있었고 불안해했으며, 황제 또한 "빈곤의 소멸"(1844년에 황제가 쓴 논문을 인용하자면)을 통해 노동계급의 지지를 공고히 해야만 자신의 통치 생명이 유지될 수 있음을 알고 있었다는 사실을 생각하면, 실행된 구체적인 개혁이 그처럼 없다는 것은 정말 놀랍다. 가톨릭 개혁가들의 강권에 따라 제2공화정 때 통과된 비위생에 관한 법안은 오스만 자신의 목적에 맞춰 선별적으로 이용되거나 아니면 사문화되어 있었다. 18년 동안 위생 검사를 받은 주택은 전체의 18퍼센트도 채 되지 않았다.[6] 1849년에는 일련의 노동자 도시cité ouvrière(푸리에가 세운 집단 노동계급의 주거 형태 팔랑스테르의 이상에서 착안한 대규모 노동계급 주거 단지)를 세운다는 계획이 출범했고, 루이 나폴레옹이 기금 일부를 내기까지 했지만, 노동자 도시가 사회주의 의식화의 온상이자 잠재적 혁명의 난로가 될 것이라고 본 보수파의 격렬한 반대에 부딪혀 곧 중단되었다. 그러나 노동자들도 10시면 문이 닫히고 엄격한 통제하에 생활해야 하는 그곳을 감옥 비슷한 곳으로 여겼다. 보수적 우파와 좌파 프루동주의자들 모두가 더 받아들이기 쉬운 개별 주거를 짓자는 제안이 나와 여러 가지 디자인이 만들어졌지만(1867년의 파리 만국박람회에서는 이 부문의 경연까지 열렸다) 실행된 것은 거의 없었다. 저소득층 주거의 보급에 보조금을 주자는 제안이 나왔지만 그에 따라 지어진 집은 1870년까지 고작 63채였으며, 한 협동조합(황제가 또 다시 너그럽게 보조금을 하사한)이 같은 날짜까지 지은 집도 41채에 지나지 않았다.

황제가 명백하게 관심을 가졌음에도 불구하고(그는 집단주의적, 개별주의적 발의안을 모두 자비로 지원했으며, 논문 작성과 정부 계획을 장려했고, 이 문제를 다룬 영국의 논문을 자신의 책임하에 번역시켰다), 실제 행동이 이루어지지 못한 것은 부분적으로는 이데올로기의 혼란상이 원인이었다. 좌파는 집산주의적 모델을 가진 푸리에와 노동자들의 개별적 주거 소유권을 아주 강력하게 선호한 프루동 사이에서 분열했다. 프루동의 영향력이 워낙 강했기 때문에, 지주들에 대한 원한이 절정에 달했던 코뮌 치하에서도 부동산 소유권에 대해서는 전혀 반박이 없었다. 가톨릭 우파인 르플레에서부터 사회주의 좌파인 프루동에 이르기까지 의견의 범위가 워낙 넓었으므로, 선택할 수 있는 길은 오로지 주거 문제를 사유재산의 틀 안에서 다루는 것뿐이었다. 하지만 노동자들의 주택 소유는 정부 보조금 없이는 불가능했다. 그리고 그 지점에서 정부는 그 정치적 기반으로서 갈수록 더 많이 의지하게 되던 지주들의 강력한 계급 이익뿐 아니라, 오스만 같은 사람의 결정적인 행동 원칙이던 시장의 자유에 대한 전반적인 집착과도 충돌했다. 강력한 계급 세력 때문에 이데올로기적 혼란이 심해져 주거 문제에 관한 일체의 행동이 좌절되고 중단되었다. 오스만이 구상한 전체 그림의 일환이던 빈민가 철거 정도가 최대한이었다. 주거 개혁이 조금이라도 착수되기 시작한 것은 코뮌이 일어나서, 비참한 슬럼과 안마당이 그 어떤 노동자 도시보다도 더 심한 혁명적 행동의 온상임을 개혁가들이 파악한 뒤의 일이었다.

영양 Nutrition

농산물 운송 가격의 하락과 규모의 경제성 및 파리의 효율적인 분배 시스템 덕분에 촉진된 "소비 혁명"은 사회 계급 전체에 걸쳐 "식단과 입맛의 계층화"가 증가했음을 의미하기는 했지만 노동자 역시 그에 대해 완전한 무풍지대는 아니었다.[7] 뚜렷이 노동계급적이라 할 수 있던 식단은 빵, 육류, 포도주를 기본으로 하여, 신선한 야채와 유제품으로 보완되고 다양해졌다. 물론 육류는 대개 그대로가 아니라 주식의 중심인 수프와 스튜로 만들어 먹었다. 식량 공급의 안정성과 다양성이 개선되는 데 비례하여 생계비가 오르고 그와 동시에 영양 기준도 올랐다는 증거가 있다.

파리가 흉작의 영향을 여전히 크게 받는다는 사실은 농산물 가격이 급등했던 1853년에서 1855년 사이의 힘든 시절이 되풀이된 1868년에서 1869년 사이에 아주 뚜렷하게 나타났다. 또 노동계급의 소득이 낮다보니 부르주아와 달리 대다수 주민은 다양해진 기본 식량의 혜택을 쉽게 받지 못한다는 것도 분명해졌다.

식량 분배 시스템에는 몇 가지 중요한 특징이 있다. 대다수 하숙집 거주자와 부엌 시설이 부족한 수많은 가구 때문에(빈민의 63퍼센트는 요리 시설로 화덕 하나밖에 갖고 있지 않았다) 식량의 소비와 준비를 길거리에서 하거나 카페로 갈 수밖에 없었다. 노동 소득이 정기적으로 들어오지 않는다(특히 비수기 동안)는 사실은 식량을 외상으로 구입하는 비중이 크다는 것을 뜻한다. 하지만 식량은 관례적으로 고도로 집중화된 시장(레알)이나 도살장(라빌레트), 또는 포도주 저장소(베르시)에 대량 원자재 형태로 들어왔다. 큰 무더기로 들어온 원자재가 소매업자와 노점 혹은 그 비슷한 상인들의 시스템을 통해 나눠지는 과정 또한 외상 거래였다. 이러한 방식은 소규모 중개활동이 이루어질 수 있는 수많은 길을 열어놓았다. 그런 일은 여성들의 손으로 이루어지는 경우가 많았는데, 다른 생활 영역에서 그렇듯이 여기서도 대개 최종적으로는 남성의 통제를 받는다.

이런 복잡한 중개 시스템에서 흥미로운 사회적 결과가 발생했다. 노동자들이 그에 대해 보이는 태도는 양편으로 확연하게 갈라졌다. 한편으로 그것은 보충적인 일자리 기회(특히 여성을 위한)를 다수 창출했고, 점포 주인이라는 소부르주아 세계로 올라가는 상향 이동의 기회도 제공했다. 반면, 중간 상인은 흔히 노동자들에게 외상을 연장해줄지 말지를 놓고, 거의 생사가 걸린 결정을 내리는 사람들이었고, 대개는 쩨쩨한 수탈자로 여겨졌다. 1860년대에 노동자 운동이 실질적인 소비자 협동조합 운동을 벌이기 시작한 것은 이들을 따돌리기 위한 것이었으며, 이런 협동조합 가운데 상당한 성공을 거둔 예가 많았다. 나탈리 르멜은 불굴의 발랭과 힘을 합쳐, 노동자가 매년 50프랑을 내면 매일 값싸고 잘 조리된 음식을 레스토랑보다 훨씬 싼 가격으로 받아먹을 수 있게 해주는 음식협동조합인 라 마밋La Marmite, 'marmite'는 프랑스어로 솥이라는 뜻을 설립했다. 1870년에 이 라 마밋은 지부를 세 곳 두고 아주 활발하게 운영되고 있었다.[8] 르멜과 발랭의 목표는 이중적이었다. 자기 집에 요리할 장소가 없는 사람들의 필요에 부응할 길을 찾을 뿐 아니라 협동조합을 정치적 조직과 집단행동의 중심점으로 본 것이다.

이 점에서 이들은 부르주아 개혁가들이 서서히 느끼기 시작하던 두려움을 확인해주고 있었다. 즉 안정된 가정생활을 영위하는 데 필요한 시설과 안락함을 누리지 못하는 파리의 다수 주민이 집단행동의 이데올로기와 정치적 선동의 제물이 될 수 있는 장소와 길거리로 쉽게 내몰리고 있다는 두려움이었다. 풀로가 볼 때 카바레와 카페, 술집이 사회질서에 대한 신랄한 비판과 사회 재편을 위한 계획을 구체화할 장소가 된다는 것은 너무나 분명한 사실이었다. 그런 장소들이 노동계급의 의식과 문화가 형성되고 구체화하는 온상이라는 사실은 1867년 이후에 정치적 선동이 증가함에 따라 누가 봐도 뻔했다. 쥘 시몽 같은 부르주아 공화파들이 안정된 가정생활(적절한 요리 시설을 갖춘 훌륭한 주택)을 강조한 것은 부분적으로는 먹고 마시는 것과 정치가 집단적인 노동계급 문화의 일부가 되면서 커진 위험에 대한 반응이었다.

교육

제2제정의 사회 개혁가들은 세속적이고 의무적인, 국가에 의한 무상의 초등 의무교육 시스템을 구상했다. "질서당"이 승리를 거둔 이후 그들이 마련한 것은 1850년의 팔루 법안Falloux Law이었다. 이 법안은 이중적인 교육 시스템—하나는 종교 단체에서, 다른 하나는 국가가 제공하는—을 제안하는 한편, 모든 교육을 이제 대학의 전통적 권위가 교회의 권위와 대등해지고 선출된 임원과 임명된 위원들로 구성되는 지방 교육 위원회의 감독 아래 두려는 것이었다. 이 법안은 인색하기 짝이 없는 국가의 교육예산과 짝을 이루어, 제2제정이 교육 부문에서 극히 비참한 성과밖에 거두지 못하는 데 한몫을 했다.[9]

문제가 발생한 원인은 부분적으로는 교육 정책이 교회-국가 관계의 성격에 의존하는 데 있었다. 가톨릭 세력을 자신이 내건 명분에 가담시키려는 목적으로 황제는 팔루 법안을 지원했을 뿐 아니라 1863년까지도 그 기본 취지를 훼손하기를 꺼려했다. 교황과 이탈리아 정책을 놓고 불화하게 되었을 때에야 그는 자유주의 사상가이자 개혁가인 뒤뤼를 교육부 장관으로 임명했다. 뒤뤼는 엄청난 핸디캡과 맞서 싸워 국가가 담당하는 부문에 더 큰 추진력을 부여하고 교회 권력을 잠식하는 제한적인 성공만을 거두었다. 무상의 초등 의무교육과 소녀들에 대한 공립 교육을 지향하는 그의 노력은 지지부진한 입법 과정과 빈약한 교육예산 때문에 성과를 내지 못할 때가 많았다. 하지만 그 외에도 갈등 요인은 수없이 많았다. 끝도 없이 계속되는 철학적·신학적 논쟁(예를 들면 종교 대 유물론 같은 논쟁들)은 차치하고라도 부르주아 내에서도 교육의 목표가 무엇인지에 대한 명료한 합의가 이루어지지 않았다. 일부에서는 그것을 사회통제의 수단으로 보았고, 그렇기 때문에 권위와 가족, 전통적인 종교적 가치에 대한 존경심을 고취시켜야 한다고 보았다. 이런 것은 무모했던 1848년에 일부 교사가 성급하게 선전한 바 있는 사회주의 이데올로기에 대한 전면적 치료제였다. 전통적으로 반교회적인 공화파들도 종교가 부르주아적 가치를 보호할 수만 있다면 교육에서 종교가 차지하는 비중이 커지더라도 개의치 않았다(그들 대다수가 팔루 법안을 지원한 것도 이 때문이다). 문제는 교회 내에서 고취된 종교적 가치가 대부분 극도로 보수적이었고, 여러모로 퇴보적이었다는 데 있었다. 1830년대에도 교회는 여전히 이자와 신용거래에 반대했고, 1850년대에는 유물론적 과학을 전혀 인정하지 않았다. 블랑키주의 혁명운동의 핵심이 된 수많은 학생(특히 의과생)이 보인 격렬한 반교회주의 성향도 부분적으로는 그런 문제에 관한 교회의 퇴영적 성격 때문이었을 것이다.[10]

그러나 다른 사람들은 교육을 자유로운 과학적 탐구와 유물론적 과학, 그리고 과학적 진보와 보통선거의 세계에 적합한 합리성의 이상을 고취시켜 국민 대중을 근대 정신으로 끌어들이는 길이라고 여겼다. 문제는 그 일을 해내는 방법이었다. 프루동 같은 사람들은 국가가 관장하는 교육에 심각하게 반대한(프루동은 교육은 언제나 아버지의 통제를 받아야 한다고 말했다) 반면 다른 사람들은 중앙집중적인 국가 통제가 없으면 파괴적 선전의 확산을 막을 길이 없으리라고 우려했다. 뒤뤼는 책임감 있고 진보적인 교육을 구현하기 위해 애썼으며, 사방에서 인정과 비방을 동시에 받았다. 그러한 혼란상을 감안한다면, 결과적으로 실행된 것이라고는 교육예산의 미미한 증액과 교육 내용 면에서도 똑같이 미미한 진보밖에 없다는 사실에 놀랄 이유도 없다. 하지만 교육의 역할을 놓고 벌인 1860년대의 토론은 프랑스의 정치 생활에 지속적으로 영향을 미치게 된다.[11] 진보적 가톨릭과 공화파들은 모두 주거 및 사회복지의 다른 분야와 함께 교육 분야에서도 부르주아 사회의 대중 교육에 새로운 의미를 부여할 철학을 규정하고 관행을 마련하려고 노력했다. 비록 1870년 이전에 이루어진 성과는 미미했을지라도 그 논쟁은 몹시 중요했다.

파리가 프랑스 전역에서 노동력을 끌어들였다는 점을 생각하면 교육을 전국적으로 개선하지 못한 것은 파리 노동력의 품질에 심각한 영향을 미치는 일이었다. 물론 프랑스 전역에서 문맹률이 점차 감소하는 상황은 희망적이었지만 1872년에도 파리 주민의 20퍼센트가량은 여전히 문맹이었다. 읽고 쓸 줄 아는 사람들 중에서도 많은 수가 극히 초보적 수준의 교육밖에 받은 적이 없었고, 정식 교육을 필요로 하는 기술을 만나면 거의 무능력자가 되어버렸다. 파리의 교육 시스템이 전국의 이렇게 비참한 상황을 벌충해줄 여지는 거의 없었다. 정부는 원래 교육을 단지 통제 수단으로만 보는 사람들 편을 들었다. 국가와 교회, 학교는 같은 정도로, 나란히 발전했다.[12] 공공사업에 대한 아낌없는 지출에 비하면 오스만의 교육예산 할당액은 극도로 인색했다. 그는 종교학교와 사립학교만 있으면 새로 들어오는 이주자와 새로 형성되는 교외 동네의 필요가 충족된다고 보았고, 무상교육은 빈민층 자녀들 외에는 받지 못하게 하려고 최대한 노력했다. 그러므로 통상적으로 공립학교에 다니려면 학비를 내야 했다. 한 해에 1500프랑 정도인 교사의 급료는 독신자라 해도 필수 생계비만 간신히 감당할 수 있을 정도였고, 가정을 부양하는 데는 확실히 부족했다. 순수하게 예산상의 이유로 오스만(그리고 상당수의 납세자)은 교사들에게 그보다도 낮은 급료(연간 800프랑가량)를 지불하는 사립 부문, 특히 교회 기관에 교육을 떠넘기는 편을 선호했다.

이러한 상황은 1868년 이후에야 바뀌기 시작했다. 그때 뒤리는 드디

어 무상 공립교육이라는 원칙을 가까스로 관철시켰고, 그레아르는 파리
에서 교육 설비 개혁에 착수했다. 하지만 그 무렵이면 오스만의 자유방
임과 개인주의적 전략에 힘입어, 아주 독특한 이 도시의 교육 보급 분포
도가 이미 형성된 뒤였다. 파리로 병합된 근교에는 공립학교가 거의 없
었고, 있는 것들도 시설이 부족했으며 종교계 학교든 사립학교든 거의
설립되지 않아 교육적 황무지라는 말로밖에는 묘사할 수 없는 지역이
되었다. 이런 지역의 학부모들은 학비를 낼 만큼 부유하지 않았기 때문
이다. 오스만이 근교 지역의 교육 문제를 소홀히 취급했다는 것은 1860
년에서 1864년 사이에 새 구청을 짓는 데 4800만 프랑, 새 도로를 내
는 데 6900만 프랑, 새 교회를 짓는 데 550만 프랑을 썼으면서도 병합
된 근교에 새 학교를 세우는 비용은 고작 400만 프랑에 불과했다는 사
실로 가장 잘 입증된다. 근교 도시는 학교에 다니는 학생 수가 평균적으
로 도시보다 낮았고, 문맹률은 더 높았다. 이런 곳에는 "똑같이 무지하
다는 사실 외에 (…) 다른 어떤 공통점도 없는 (…) 온갖 연령대의 아이
들이 다니는 허름한 학교"가 있었다. 빈곤하고 교육적으로 변두리에 속
하는 노동계급의 사회적 재생산이 이루어지는 공간이 이런 곳이었다.
서쪽의 부르주아 구역에서는 오스만의 시스템이 실효를 거두었다. 공립
학교는 부르주아들이 선호하는 사립학교나 종교학교와 완전히 격리되어
빈곤층이 무상으로 교육받는 곳이 된 것이다. 수공업 노동자craft worker
와 소부르주아, 상업 종사자가 사는 도심의 일부에서는 공립학교가 가
톨릭 학교들이 가르치기 곤란하다고 여기는 전문적 기술과 실용적 기술
technical & practical skills을 모든 자녀에게 가르치는 공통적 수단으로 여겨졌
다. 따라서 도시 내의 사회적 공간 격리는 교육 보급의 분포도에 더욱 잘
반영되어 있다.[13]

이러한 교육 시스템의 품질에는 큰 편차가 있었다. 진보적 가톨릭 학교(교회는 파리의 교육에 노력을 쏟도록 특히 강조했다)가 있는가 하면 공립학교는 대개 과학과 그 밖의 근대적 과목에서 더 우수했다. 그러나 1850년에 감독 위원회가 만들어져 교사들에 대한 엄격한 감독이 가능해지자 교육 시스템 전체가 계몽적 유물론보다는 통제와 종교적 규범화 쪽으로 기울어졌다. 하지만 가톨릭 학교들이 전통적 가치에 대한 존중뿐 아니라 불관용도 설교하자 자유주의 부르주아는 그들에게 점점 더 흥미를 잃었고, 개신교 학교로 돌아선 사람이 많았다. 여자아이들의 교육은 1860년대 후반에 뒤뤼의 개혁이 나오기까지는 거의 전적으로 교회의 손에 장악되어 있었다. 극히 흥미로운 일이지만 여성의 역할이라는 주제가 전면에 대두되면서 도덕 교육과 직업적인 기술 교육 간의 적절한 균형이라는 문제가 제기된 것은 이 시점에서였다.

공식 교육 시스템이 근대적 기술 지식을 갖춘 노동력을 배출하지 못했다 해도 다른 방식, 즉 전통적인 기술 교육 체제가 붕괴되지 않은 상황이었다면 그리 심각한 문제가 되지는 않았을 것이다. 그러나 1848년 무렵 이미 심각한 곤란을 겪고 있던 도제 시스템은 제2제정기에는 전반적인 위기 상황에 빠졌다.[14] 몇몇 직종에서는 도제제도가 경쟁과 업무 세분화의 압력 아래 저임금 소년노동이나 마찬가지인 수준으로 전락해버리고 말았다. 노동시장의 지리적 분산과 함께 작업장과 거주지 간 격리 현상의 심화로, 관련 당사자 모두의 엄밀한 감시와 통제가 없다면 언제라도 학대가 자행될 위험이 있는 시스템 속에서 혹사의 정도가 더욱 커졌다. 이 시스템이 그런대로 잘 살아남은 것은 보석 가공업 같은 소수의 직업뿐인 것 같다. 뿐만 아니라 파리의 노동시장을 위해 기술을 훈련시키는 지방의 전통적 중심지들도 계절적인 이주가 줄어들고 영구적 정착생활이 우세해짐에 따라 점점 더 사라지는 추세였다. 따라서 도제 시스템을 대신하여 교육기관에서 직업 기술을 가르쳐주는 학교 제도에 대한 요구가 고용주와 노동계급 양쪽에서 발생했다. 1860년대에 세워진 소수의 사립 학원은 어느 정도 성공을 거두어, 코뮌이 끝난 뒤 교육개혁을 위한 길을 개척했다. 하지만 그런 학원에 다닐 시간이나 돈의 여유가 있는 것은 주로 소부르주아나 유복한 노동자의 자녀뿐이었다. 1860년대에 노심부에 설립된 대중적 성인 교육과정도 마찬가지 한계를 지녔다.

노동계급의 교육은 예나 지금이나 집에서 기초가 닦였고, 대부분의 부르주아 관찰자의 말에 따르면, 프루동이 어떤 주장을 했든 간에 가정에서 중심 역할을 맡은 것은 대개 여성이었다. 여성 교육(도덕 교육뿐 아니라 기술적 교육도)에 대해 시몽이 큰 관심을 보인 이유는 부분적으로는 어머니들이 제공하는 교육의 품질을 개선할 필요가 있었기 때문이었다. 그 이후로 아동교육은 "아이들이 더 많이 벌수록 배우는 것은 더 적다"는 갈등에 부딪혔다. 생존의 한계선상에서 살아가는 가정에서 이것은 아주 중요한 문제였다. 교육받지 못한 노동계급은 대부분 바로 이 이유 때문에 의무교육과 도제제도에 적대적이었다. 수공업 노동자들 사이에서는 이와 다른 태도가 우세했다. 이들은 도제제도를 숭배했으며, 그것의 몰락을 슬퍼했다. 무상의 의무교육과 직업교육을 요구하는 목소리가 가장 크게 나온 것은 노동계급 중에서도 이 부문이었다. 또 그들은 자신들 손으로 이 문제를 처리할 준비가 되어 있었다. 파리에는 반체제적인 자유사상가라든가 블랑키주의자들이 그렇듯이, 정치적 명분에서든 얼마 되지 않는 보수를 위해서든 기꺼이 교육을 제공할 사람이 결코 부족하지 않았다. 예를 들면, 발랭은 독학도 했고, 시간제 교사에게서 도덕 원칙과 정치경제 이론을 배웠다.[15] 풀로 같은 좀더 약아빠진 부르주아가 깨달은 것처럼, 바로 여기에 심각한 위험이 놓여 있는 것이다. 수공업 노동자들 가운데 자유로운 사고와 비판 정신(그들의 "숭고주의")을 지닌 독학자는 정치적 봉기가 일어날 때 교육받지 못한 대중을 이끌 수 있었다. 블랑키주의 혁명운동의 핵심 세력이자 인터내셔널이나 대중적 급진 언론에 가담한 자유사상가 학생들이 이와 유사하게 급진화의 역할을 맡을 수 있다는 사실 역시 1868년 이후에 수많은 대중 집회에 교육받지 못한 수많은 노동자가 참가한 데서 너무나 명백해졌다. 그리고 결국, 무정부주의자인 루이즈 미셸이 특이하고도 말썽 많은 교사 일을 시작한 것도 교육의 황무지인 이 변두리에서였다. 이 관점에서 보면 부르주아들은 교육개혁과 투자라는 분야에서 자기들이 뿌린 씨앗을 거두게 되는 것이다. 이들은 이 교훈을 명심하여, 코뮌 이후 제3공화정을 굳건하게 세울 초석을 교육에서 찾았다.

가정의 경찰화?

—

합법적으로 이루어진 것이든 아니든, 한 가정의 내부에서 실제로 어떤 일이 일어나고 있는가 하는 것은 대부분 수수께끼로 남아 있었다. 이주자들을 파리의 생활과 문화에 통합시키고, 나름대로의 사회적 안정감을 제공하는 데 친족 시스템이 얼마나 효과적이었는가 하는 것 역시 논쟁의 여지가 있는 문제다. 이따금씩 나타나는 전기와 자서전(나도, 발랭, 루이즈 미셸, 에두아르 모로 등의)은 가족과 친척이 파리 생활의 사회적 조직망 내에서 엄청나게 중요한 존재였음을 말해준다. 그렇지만 여기서 우리가 다루는 범위에는 정치적으로 활동적인 사람들뿐 아니라 앞에서 보앉듯이 사회적 여건상 교육받지 못한 대다수 이주자와 아주 판이한 교육을 받은 수공업자나 소부르주아 전문가, 점포주 같은 사람들도 포함된다. 교육받지 못한 이주자들 가운데는 짝을 원래 출신지인 시골에서 데려온 사람이 많을 것이고, 아마 프랑스 시골에 잔존하던 형태의 친척 관계와 가족 시스템도 그와 함께 파리로 들여온 경우가 많을 것이다.[16] 그런 1세대 이주자에게는 파리라는 용광로도 아마 별 의미가 없었을 것이고, 브르타뉴, 크뢰즈, 오베르뉴, 알자스에서 옮겨 온 각각 상이한 식민지를 형성하여 파리 생활의 전체적인 틀 속에서 지방 문화를 유지할 수도 있었을 것이다. 하지만 이들이 대규모 도시 문화의 특성인 소외와 아노미 상태 속에 너무 빨리 섞여 들었다는 증거도 많이 있다. 찾아오는 사람 없이 병원에 방치된 시체, 거지로 버려지는 수많은 아이, 고아와 버림받은 자녀들. 이런 것들은 모두 가족과 친척 조직이 구현하고 있던 전통적이고 안정적인 시스템이 파리 생활의 고용 불안정과 비참한 생존 여건, 다른 모든 병적 현상과 유혹적 사태(음주, 매춘)에 직면하여 와해된 모습이다.

그때까지 남아 있던 가족과 친족 시스템 내에서는 나이 든 여성이 어머니와 보모, 교육자의 능력, 즉 가족 내 노동력 재생산 관리자로서의 능력에 힘입어 어느 정도의 특권을 가졌던 것으로 보인다. 이는 많은 남성이 분명히 가치를 부여한 역할이며, 부르주아 개혁가들이 사회적 안정성의 주축으로 권장하려고 애썼던 역할, 교회가 종교적 가치와 도덕성의 담지자로서의 여성 교육을 통해 이식하려 했던 역할이었다. 여성들이 심어줄 것으로 기대되는 핵심 가치 가운데 하나가 가정 내에서 아버지의 권위, 바깥에서는 교회나 국가의 권위에 대한 존중이었다는 점에서 그러한 역할은 더욱 중요하다. 그런 이데올로기가 헤게모니적이라는 사실

그림 70 도미에는 가족생활을 대부분 목가적인 것과는 전혀
딴판인 것으로 묘사한다. 끔찍하기 짝이 없는 이 그림의 상
황도 그러하다. 이런 분위기는 이 시기의 인상주의 여성 화가
들, 커셋과 모리조 같은 사람들의 특징인 이상화된 고요함과
뚜렷하게 대조된다.

은 가장 급진적인 페미니스트가 최종적으로 도달한 지점이 자유노조 내에서 상호 존중하자는 주장이었다는 데에서 암시된다. 앞서 보았듯이, 그것은 남성과의 관계를 벗어나서는 경제적으로든 사회적으로든 여성이 혼자 살아남기가 거의 불가능했기 때문이다.

여성들이 지갑 끈을 쥐고 있었다 할지라도, 사실 적절한 노동력 재생산을 위해 쓸 돈이 지갑에 거의 남아 있지 않는 경우가 대부분이었다. 비수기 때문에 계절에 따라 수입이 극도로 쪼들리고, 집세를 내는 날짜(석 달이나 여섯 달 앞당겨 지불하는 것이 관례) 때문에라도 지출을 극도로 절약하지 않을 수 없었다. 그러한 물질적 여건하에서 다른 형태의 지원 없이 가족이 한데 모여 살기는 힘들었다. 저축은행caisses d'épargne(1818년에 설립되어 노동계급의 절약을 장려하려는 목적으로 1837년에 강화된 기관)에 계좌를 연 가구 수는 엄청나게 늘었지만 1870년경에는 평균 저축액이 계좌당 250프랑—공치는 날 하루나 이틀 정도 버티면 그만일 액수—으로 떨어졌다. 다른 방법—자녀를 친척들에게 맡기는 방법—은 친척들도 대부분 경제적으로 비슷하게 힘든 사정이었을 테니까 한계가 있었을 것이다.[17] 그러나 친족 시스템이 가장 빛을 발하는 경우는 긴급한 위기에 처한 사람들에게 일자리를 찾아줄 때였다. 이 시스템에 들어 있지 못한 가정은 국가나 자선 기관에 의지하는 수밖에 없었다.

파리는 전통적으로 모든 빈민이 도움을 받을 권리를 요청할 수 있는 교회 재단과 국립 자선 기관이 있는 프랑스의 복지 수도였다. 제2공화정 때 보수적 공화파들에게서 비난받은 이 시스템은 앞에서 보았듯이 복지 문제에 대해 신맬서스주의적 태도를 취한 오스만의 손으로 꾸준히 해체되었다. 물론 그의 의도는 재정 부담을 줄이고 복지의 공급을 가족 책임의 틀 속으로 되돌려 보내겠다는 것이었지만, 이는 예나 지금이나 가족들이 그 부담을 감당할 재정적 능력이 있는 경우에만 통하는 전략이다. 실상을 보면 병원과 의료 시설이란 그렇게 쉽게 추방될 수 있는 것이 아니며, 빈곤 문제 또한 시 예산에서 빈민 보조금이 중요 항목일 수밖에 없는 정도인 것이 당시의 상황이었다.

결국 오스만의 탈집중화 전략과 복지 공급의 책임을 지역으로 분산한다는 방안은 그저 가족이 급속히 근교로 분산되고 자녀가 줄어드는 현상과 보조를 같이할 뿐이었다. 유일한 대안은 상호부조적인 사회의 형성 및 노동계급 내에서 상호부조의 다른 형태를 찾아보는 데 있었다. 정부는 그런 조직을 장려하기 위해 갖가지 조처를 취했지만, 그것들이 비밀 정치 단체가 될까봐 겁내기도 했다. 또 실제로는 당연히 그렇게 되었다. 그러한 조직이 이룬 상당한 성장과 그들에 대한 정부의 감시와 통제는 정치적 권리와 경제적 안정을 위한 투쟁의 역사에서 흥미진진한 장章을 구성한다. 여성들은 그러한 조직에 참여할 길을 찾기가 힘들었고, 독자적으로는 자신들의 이익을 얻어낼 수 없었다. 그렇게 되면 가족에게 보탬을 준다는 근본 목적이 훼손되기 때문이다. 하지만 정부가 엄격한 감시와 통제를 끈질기게 고집한 것도 그러한 조직의 발전을 크게 제약했다. 빈민을 위한 복지 조직에 따라붙은 감시 시스템이 그랬던 것처럼 여기서도 권위주의적 국가는 온 가족의 경찰화로 나가는 길을 서투르게 내딛고 있는 것이며, 나중에 더욱 현학적인 이론을 내세우는 부르주아 개혁가들의 뒷세대도 그 길을 밟게 된다.

12장

소비자중심주의, 스펙터클, 여가

> 한 개인의 노동과 나머지 사람들의 노동을 이어주는 관계는 일하고 있는 개인들 간의 직접적 사회관계로서가 아니라 그들의 진정한 존재, 즉 인격들 간의 물질적 관계와 사물들 간의 사회적 관계로 나타난다.
>
> _마르크스

제국이 보여주는 스펙터클은 원래 나폴레옹 전설의 대중추수주의와 제국 권력의 과시에 초점을 맞춘, 순수하게 정치적 측면의 것이었다. 로마 제국의 외피를 걸치고 유럽 문명의 심장이자 머리가 되겠다는 파리의 도시계획은 오스만이 위임받은 임무 가운데 일부였다. 궁정 행사와 황실 결혼, 장례, 외국 고위 인사들의 방문, 군대 행진(1859년 이탈리아에서 돌아올 때처럼 무슨 전투에서든 승리를 거둔 뒤 황제가 근위대 앞에서 말을 타고 가면 더욱 좋다) 같은 것들이 모두 황실 권력을 지지해줄 스펙터클을 제공하는 행사가 되었다. 오스만이 파리 지사로 임명된 이유도 부분적으로는 제국이 선언되기 직전인 1852년에 루이 나폴레옹이 보르도에 근사하게 입성하는 장면을 성공적으로 연출했기 때문이었다. 오스만은 이린 스펙터클 연출의 대가였고, 기회 있을 때마다 시 청사를 온갖 무도회와 갈라 공연이 열리는 장소로 바꾸어놓았다. 대로의 개통식─세바스토폴(1858), 말셰르브(1861), 외젠 공(1862)─은 기념물의 제막식(예를 들면 1860년의 생미셸 분수 제막식)처럼 정교하게 연출되고 꾸며진 행사였다. 이 모든 행사는 숭배자 대중이 황실의 관용과 은총, 힘을 찬양하는 으리으리한 축하 행사로 전환됐다. 황제에 대한 대중의 지지 역시 이와 비슷하게 갈라 행사와 축제, 무도회(공화주의로 유명한 레알의 여자들까지도 1852년에 제국의 성립을 축하하기 위해 대중 무도회를 크게 열었다)를 통해 동원되었다. 8월 15일은 제국의 축제일로 선포되었다.

도시 바탕을 개축할 때 함께 세운 좀더 영구적인 기념물들(제국 권력의 중요한 상징물에 초점을 맞춘 공간과 시각 디자인)은 새 정권의 합법성을 뒷받침하는 데 일조했다. 공공사업의 드라마와 새 건축술의 사치스러움은 의도적이지만 축제적인 분위기를 강조했고, 제국의 정권은 그런 분위기로 스스로를 포장하려고 애썼다. 1855년과 1867년의 만국박람회는 제국의 영광에 무게를 더해주었다. 그렇지만 반 잔텐(1994, 211)이 지적하듯이, 파리 재건축의 동력으로 등장한 자본과 상업 권력 앞에서 제국 권력이 점차 빛을 잃게 되는 1862년 이후에는 이러한 연극적 효과가 급격히 줄었다. 그 이후 오스만은 도시화 과정에 대한 통제력을 계속 잃어갔다. 건축가인 가르니에는 1867년 만국박람회가 한창 열리고 있던 중인 8월 15일의 축제 전야에, 자신이 지은 새 오페라극장의 새로 완성된 파사드의 제막식을 아무런 공식적 협조와 참여 없이 혼자 준비해야 했다.[1]

스펙터클은, 심지어는 도시 자체의 스펙터클도 항상 도시 생활의 근본적인 구성요소였고, 그것이 가지는 정치적 기능은 오래전부터 정당성

그림 71 1849년에 이미 도미에는 하루 종일 힘들게 일하고 난 대중 계급이 스펙터클을 좋아할 것이라는 발상에 주목했다.

그림 72 군대의 열병식은 제국의 스펙터클을 만드는 데 아주 큰 역할을 했다. 1852년 5월에 있었던 이 장면은 제국이 공식적으로 선언되기 전의 것이다.

과 사회통제를 확립하는 데 중요한 역할을 해왔다. 7월 왕정 치하에서도 스펙터클이 부족했던 적은 없었지만 그런 행사 대다수는 당국이 다룰 수 있는 통제 범위를 벗어났다. 노동자들은 일요일이면 시외로 소풍을 나가 벨빌 같은 곳의 술집과 댄스홀에서 시간을 보내다가 저녁에는 상스럽고 시끌벅적하게 떠들어대면서 도심으로 내려오는 것으로 하루를 마감했다. 이런 스펙터클 뒤에는 공포가 잠복하고 있어서, 금방이라도 소요와 혁명으로 이어질 수 있었다. 1840년대에는 사순절 바로 전 주일인 사육제 날이 특히 그러했다. 그날은 "메트로폴리스 초기의 이데올로기와 완전히 상반되는 전前산업적인 무절제의 무대가 최후로 혈기 왕성하게 날뛰는 날"이었다. "문란한 교제와 사태의 반전", 옷 바꿔 입기, 계급 격차의 일시적 상실 등은 위협적이었다. 사육제는 "도시 전역에 널려 있는 도시적 골칫거리와 스펙터클 사이의 조심스러운 조율을 노골적으로 조롱했다. 몸짓과 표정과 외모를 점점 더 명백하고도 더욱 공공연히 거짓스럽게 행동하는 데서, 전혀 잘못될 것이 없다는 듯 그런 것들을 마구잡이로 뒤섞는 데서, 이탈리앵 대로와 쇼세당탱에 표현된 허세에 도전했다". 이런 광기에 끌려들지 않았던 부르주아와 당국은 겁을 내고 혐오감을 느꼈다.[2] 1848년 2월의 그날 저녁에 카푸친 대로에서 저격당한 자들의 시체를 실은 행렬이 혁명을 자극하기 위해 시내를 돌아다닌 섬뜩하고 야만적인 방식도 그 전통에서 유래한 것이었다. 그렇다면 제2제정이 시행한 사회적으로 통제된 스펙터클은 바로 이것을 대체하기 위한 것이었다. 그것은 능동적 가담자를 수동적 관객으로 바꾸는 데 목적이 있었다. 벨빌 사육제는 제2제정기에 추방과 적극적 탄압, 행정구역 변동 (1860년의 병합 때 벨빌은 파리시에 합쳐졌다) 등의 여러 복합적 이유 때문에 쇠퇴했다. 하지만 "벨빌로부터의 하강"이라는 골치 아픈 이미지는 여전히 남아 있었고, 1860년대에 그것이 드디어 부활했을 때는 제국을 끝장내고 혁명을 일으키겠다는 명백한 의도가 있었다.

하지만 제2제정의 스펙터클은 제국의 허세라는 수준을 훨씬 넘어섰다. 우선 그것은 솔직하게 근대의 탄생을 축하하는 것을 목표로 삼았다. 이 점은 특히 만국박람회에서는 사실이었다. 벤야민도 말했듯이, 이 행사는 "상품이라는 물신物神에 대한 순례지"였고, "자본주의 문화의 주마등이 가장 찬란하게 펼쳐지는" 곳이었다.[3] 하지만 그것은 또한 근대적 테크놀로지의 찬양이기도 했다. 여러 측면에서 제국의 스펙터클은 상품화와 자본 유통이 일상생활에 미치는 더욱 심화된 영향력과 깔끔하게 맞물린다. 새 대로는 일자리를 창출한 외에도 상품과 화폐, 인간의 순환을 촉진했다. 박람회는 지방과 외국으로부터 수많은 군중을 끌어들였고, 소비 수요를 자극했다. 이 모든 스펙터클을 연출하려면 기술, 노동과 상품과 돈이 필요했다. 따라서 이런 행사가 경제에 주는 자극은 대단히 컸다.

오스만은 이 모든 차원의 작업들을 동시에 수행했다. 새 대로는 새로운 머캐덤 공법macadam 자갈을 깔고 그 위에 아스팔트를 부어 굳히는 도로포장 공법으로 포장된(일부 급진파는 이 공법을 고안한 목적이 포장 돌을 빼내어 바리케이드 축조에 쓰지 못하게 하려는 데 있다고 생각했다) 길 위에서 북적대는 수레와 대중 운송 수단 덕분에 그 나름대로 구경거리가 되었다. 새 대로변의 보도에 우후죽순처럼 솟아난 신흥 백화점과 카페들로 공적 공간과 사적 공간의 경계가 희미해졌다. 늘어나는 카바레와 서커스, 음악회, 극장, 대중 오페라극장은 대중오락에 열광하도록 분위기를 조성했다(제2제정의 부박한 문화는 이탈리아 오페라에 대한 조롱인 오펜바흐의 대중적인 오페라 부파 형식과 강력하게 결부되어 있다). 불로뉴 숲이나 몽소 공원, 탕플 광장

그림 73 대로의 개통식―세바스토폴 대로(위쪽, 촬영자 미상 사진)와 외쟁 공
대로(아래, 토리니와 리Lit 사진)―은 제2제정을 과시할 기회도 마련해주었다.

그림 74 여유 있는 사람들은 불로뉴 숲으로의 낮 소풍과 오페라극장으로의 밤 외출(둘 다 게라르 그림)로 즐겁게 지냈다.

그림 75 개통 축하 행사로 갈라 공연과 무도회가 열렸으며, 열린 날짜는 대개 8월 15일경이었다. 레알의 여성들과 '무고한 자들의 행진'(역사적으로 공화국 동조자들)도 1853년 8월에 행사를 열어 제국의 출범을 축하했다. 나중에는 8월 15일의 축제와 불꽃놀이로 튀일리 공원이 사람들로 가득 찼다.

등지가 사교와 오락의 장소로 변형된 사태 역시 사적인 현란함의 공공연한 과시를 중요시하는 도시화의 외향적 형태를 부각시키는 데 일조했다. 대로에 매력을 느끼는 군중의 사교성은 이제 경찰력뿐 아니라 상업적인 명령에 의한 통제도 받게 되었다.

상품 그 자체가 스펙터클이 되었을 때 가지는 위력이 가장 잘 드러난 곳은 신흥 백화점이었다. 1852년에 개관한 봉마르셰가 그 개척자였다. 그다음으로, 1855년(비록 그 원형은 1840년대로 거슬러 올라가지만)에 루브르가 세워졌다. 그렇게 매상을 많이 올리려면 도시 전역에서 다수의 고객을 끌어들여야 했고, 새 대로는 그런 움직임을 편리하게 만들어주었다. 상점의 쇼윈도는 걸음을 멈추고 바라보게 만드는 유혹 장치로 꾸며졌다. 백화점 내부에 눈에 띄도록 높직하게 쌓인 상품은 그것 자체로 하나의 스펙터클이 되었다. 상점들은 길거리로 열렸고, 사야 한다는 강제성을 느끼지 않으면서 대중이 들어오도록 부추겼다. 한 부대는 될 정도로 많은 호객꾼과 영업 사원, 매력적인 젊은 남녀들이 내부 공간에서의 행동을 순찰하면서, 동시에 소비자의 요구에 부응하려고 애썼다. 그 속에는 노골적인 관능성이 개입되어 있었다. 따라서 여성들은 구매자와 판매자로서, 훨씬 더 중요한 역할을 담당하게 되었다. 졸라의 회고적 소설인 『여인들의 행복 백화점』에서, 봉마르셰와 비슷한 상점을 경영하는 허구적 인물인 무레는 어떤 남작(상당히 명백하게 오스만을 모델로 한)에게 "근대적 사업 기법"을 설명한다. 무레는 이렇게 말한다.

최고로 중요한 것은 여자들을 써먹는 겁니다. 다른 모든 것은 그들에게로 이어지지요. 자본을 끝없이 새로 끌어들이는 것, 상품을 쌓아놓는 시스템, 사람을 끌어들이는 낮은 가격, 그들에게 확신을

그림 76 시골에서 여가를 보내는 생활 형태가 제2제정의 한 특징이 되었다. 하지만 여기서 도미에는 시골에 닿기까지 만원 열차에서 실랑이하느라 얻는 상처에 대해 언급한다. 인상주의 그림의 전형적 특징인 여유 있는 장면들과의 대조에 주목할 것.

심어주는 가격 정찰제, 모든 게 그래요. 상점들이 그렇게 맹렬하게 경쟁하는 건, 여자들 때문이랍니다. 우선 전시된 상품으로 현혹시킨 다음, 가격을 할인해주면서 끌어들이려고 계속 애쓰는 대상도 여자들이에요. 상품은 여자들의 취약한 육체 속에 있는 새로운 욕구를 일깨웠으니, 그런 엄청난 유혹에 여자들이 굴복하지 않을 수 없지요. 처음에는 집을 위해 물건을 사다가, 다음에는 아첨에 이끌리고, 마지막으로는 욕구에 사로잡힙니다. 판매고를 10배로 하고 사치품을 모든 사람에게 허용하는 방법으로 상점들은 돈을 쓰게 하고 가계를 집어삼키고 점점 더 값이 비싸지는 최신 유행 물품과 나란히 작업하는 흉악한 중개자가 된답니다. (…) 그는 뻔뻔스럽게 웃어젖히면서 "여자를 잡으시오. 그러면 세계라도 팔 수 있을 거요"라고 남작에게 말했다.[4]

유혹의 기술은 쇼윈도의 전시(새로운 계열의 기술이자 급료도 좋은 직종)에서 시작한다. 무레는 "파리 최고의 쇼윈도 전시자, 전시 기술 분야에서 무자비하고 거대한 학파를 창설한 혁명적인 쇼윈도 전시자"라고 묘사된다.

7월 왕정 치하에서 공공 전시의 중요한 중심지로 이미 확립되었던 대로의 역할이 훨씬 더 광범위한 것으로 다시 강조되고 다시 만들어졌다. 대로가 갖는 극장 같은 성격은 그 연변에 수없이 솟아난 극장과 카페, 기타 오락 장소들 안에서 이루어지는 공연 세계와 한데 녹아들어 부르주아의 풍요로움과 과시적 소비, 여성 유행을 전시하는 장소를 창출했다. 간단하게 말해, 대로는 상품의 물신숭배주의가 최고의 권위를 가지고 지배하는 공공장소가 되었다. 철로라는 새로운 교통수단 역시 새로운 여가 형태의 등장을 촉진했다. 훨씬 많은 수의 관광객과 외국인이 도시로 왔고, 해변이나 시골(도미에는 그곳에 도착하기 위해 타고 가야 하는 지나치게 혼잡한 "쾌락 열차"가 입히는 피해를 더 강조했지만, 인상주의 화가들에게는 가장 선호되던 주제였다)에서 주말 소풍을 하는 일이 점점 더 유행이 되어갔다.

상업적이고 공적인 공간과 소비를 통한 그 공간들의 사적 전유 사이의 공생관계가 아주 중요해졌다. 상품이라는 스펙터클이 공/사의 구분선을 넘어 지배하게 되고, 그 둘을 사실상 통합하게 된 것이다. 그리고 이렇게 아케이드로부터 백화점으로 진출한 데 힘입어 부르주아 여성의 역할이 어떤 면에서는 높아지기도 했지만, 여전히 수탈당하는 것이 그들의 신세였다. 물론 이 시점에서는 가정의 관리자로서가 아니라 소비자로서이기는 하지만 말이다. 그들이 대로를 산책하고, 쇼윈도를 구경하며 구매하고, 자신들이 산 물건을 빨리 집이나 침실로 갖고 들어가는 게 아니라 공적 공간에서 과시하는 것이 유행에 필요한 일이 되었다. 그들 역시 공적 공간을 관능적 욕구와 성적 교류의 후광을 띠고 있는 상업과 상품의 전시 장소로 규정하며 그 스스로의 먹이가 되는 스펙터클(특히 거대한 크리놀린 드레스가 유행하게 되었을 때)의 한 부분이 된 것이다. 분명히 이것은 여성을 가정에만 한정하는 부르주아 가정생활의 종교와는 깊이 모순된다. 세넷은 그것의 다른 효과가 탈정치화라고 단언한다.

자본주의 질서는 외형이라는 요소를 영구적인 문제 상황으로, 영구히 "불가해한" 상태에 빠뜨리는 힘을 가졌다. (…) 관찰에 의하면 사람들은 "공공" 장소에서 서로 주거니 받거니 하는 일 없이, 침묵 속에서 수동적이고 집중적인 관심의 끝에 자신이 무엇을 사고

그림 77 삽화가 샅은 돌로 포장되어 있던 도로를 머캐덤 포
장으로 대체하는 일이 낳게 될 결과를 다루었다. 이 그림
에서 여성은 철거된 포장 돌을 길 한편에 조심스럽게 쌓고
있다. "혹시 바리케이드를 칠 때 필요할지도 모르잖아."

그렇지만 사적 세계는 설령 전도되기는 했을지라도 중요한 방식으로
공적 세계를 반영한다. 그 한 예를 보면, 보들레르는 내면 심리에 스펙터
클이 미치는 위력을 충분히 인정하면서 이렇게 썼다. "거의 초자연적인
어떤 내면 상태에서 삶의 깊이는 스펙터클에서, 아무리 평범하다 할지라
도 상징적인 것이 되어 우리 눈앞에 펼쳐져 있는 스펙터클에서 거의 완
전하게 드러난다."[6]

이 모든 소비자란 어떤 사람들인가? 기계화의 증가(예를 들면 재봉틀),
원자재 가격의 하락, 생산과 소비 두 방면 모두에서의 효율성의 증가, 노
동력 수탈 수준의 상승, 이런 것들 때문에 여러 종류의 상품 가격, 특히
의류 가격이 낮아졌다. 이는 몇몇 생산품의 소비자 범위를 하층 중산계
급에까지, 때로는 상대적으로 높은 임금을 받는 노동자(혹은 독신자)에
게까지 넓혔다. 공간의 격리는 여전했다. 토르토니 카페 부근과 이탈리
앵 대로에는 여전히 상류층 부르주아가 모여들었고, 탕플 대로는 극성
스러운 중산계급의 집결지였지만, 화폐 민주주의의 지원을 받는 대량소
비주의는 모든 곳에서 동시에 번식하는 것인 만큼, 몇몇 공간(샹젤리제
같은 곳)을 잡탕으로 만들었다. 외부 공간—대로라든가 튀일리 같은 공
공 정원—에서 벌어진 이 뒤섞임 현상은 도시 내 주거 생태의 격리가 심
화되었는데도 불구하고 통제하기 어려웠다. 공적 공간을 감시하는 것도
힘들어졌다. 신분이 높은 여성과 헤픈 여성을 구별하려면 엄격한 감시가

그림 78 크리놀린 드레스의 유행 덕분에 도미에에게는 유머러스한 코멘트를 할 기회가 잔뜩 생겼다.

그림 79 대로―유명한 토르토니 카페(게라르 그림)와 새로 생긴 큰 호텔들(신원 미상의 화가 그림) 주변―의 생활이 제2 제정기에 유행한 소비자 중심적 도시화의 일부가 되었다.

필요했고, 거리 생활의 정치—유랑 음악가와 팸플릿 필자들—는 경찰 활동을 다분히 집중시키는 초점이었다. 공적 공간에서의 상품화와 스펙터클이라는 소란스러운 가면 뒤에 숨은 불안정하고 취약한 느낌, 부르주아들의 불안감, 심지어는 아노미 감정도 여기서 발생한 것이다.

예를 들어, 이 불안감이 보들레르의 산문시인 「빈민의 눈Les yeux du pauvre」에 어떻게 표현되어 있는지 보라.[7] 그는 첫 부분에서 애인에게 왜 자기가 갑자기 그녀를 그렇게 미워하게 되었는지 알고 있느냐고 묻는다. 그날 내내 두 사람은 지극히 친밀한 태도로, 마치 두 사람이 한 몸이 된 것처럼 자신들의 생각과 감정을 털어놓는다. 그러다가 그날 저녁에,

> 당신은 새 대로의 모퉁이에 들어서고 있던 새 카페 앞에 앉고
> 싶어했지요. 거기에는 아직도 쓰레기가 널려 있었지만 미완성인
> 채로도 화려함을 벌써 자랑스럽게 과시하고 있었어요. 카페는 눈이
> 부셨소. 가스등도 사교계에 데뷔하는 사람처럼 열정적으로 타오르고,
> 온 힘을 다해 눈이 부실 지경인 벽의 흰색을, 넓은 거울을, 금빛
> 처마 장식과 몰딩을 (…) 밝히고 있었지요. 님프와 여신들은 과일과
> 사냥감과 파이 더미를 머리에 이고 있었고, (…) 모든 역사와 신화가
> 폭식을 조장하는구려.

그러다가 그들은 도로에서 수염이 거뭇거뭇하게 난 마흔 살가량의 남자가 남루한 옷차림의 아이 둘을 데리고 그 아름다움을 선망하는 듯한 눈초리로 카페를 바라보고 있는 것을 본다. 아버지의 눈은 이렇게 말한다. "가난한 세계의 황금이 모조리 저 벽에 가 있는 모양이구나." 그리고 어린 소년의 눈은 이렇게 말한다. "하지만 저기는 우리 같은 사람은 가지

못하는 집이에요." 소년은 경외감에 사로잡혀 뚫어지게 바라본다. 보들
레르는 말한다.

> 작사가들은 즐거움이 영혼을 고귀하게 만들고 가슴을 부드럽게
> 해준다고 말해요. 내게 관한 한 그날 저녁 그 노래가 옳았소. 나는
> 이 눈을 가진 가족에게서 감동받았을 뿐 아니라 우리의 갈증에
> 비해 너무 큰 술잔과 술병 때문에 조금 부끄러워지기까지 했어요. 난
> 눈길을 돌려 당신 눈을 찾아. 사랑하는 이여, 내 생각을 그 속에서
> 읽으려고 했지. 내 눈을 당신 눈 속에, 너무나 아름답고 이상할 정도로
> 부드러운 저 초록빛 눈에, 변덕의 고향이며 달이 지배하는 눈에
> 담갔을 때, 당신은 말했소. "저 사람들이 저렇게 눈을 휘둥그렇게
> 뜨고 있으니 참을 수가 없군요. 지배인에게 말해 저들을 쫓아버릴 수
> 없을까요."

시인은 결론짓는다. "그러니 당신은 알겠지, 사람들이 서로를 이해하
기가 얼마나 어려운지. 나의 천사여, 생각이란 사랑하는 사람들 사이에
서도 얼마나 소통되지 못하고 있는가."

새 대로의 공적 공간은 무대장치를 마련해주었지만 그 특질은 부분
적으로는 그곳을 밝혀주고 그곳으로 쏟아져나오는 상업적이고 사적인
활동을 통해 얻어진다. 공적·사적 공간 사이의 경계선은 모호한 것으로
묘사된다. 저 시는 소유권, 미학, 사회관계의 모호성과 공적 공간에 대한
통제권을 놓고 벌이는 논쟁의 문제를 말한다. 시인의 연인은 공적 공간
의 소유권을 누군가가 주장해주기를 원한다. 정확하게 말하면, 사실 카
페는 사적 공간도 아니다. 상업적이고 소비적 목적을 위해 선별된 대중

에게 입장이 허용되는 곳이다. 가난한 가족은 그곳을 자신들을 배제하는 공간, 자신들에게서 빼앗아간 황금을 내면화하는 공간으로 본다. 그들은 그곳을 무시할 수 없고, 카페 안에 있는 자들이 그들을 무시할 수 없는 것과 같은 방식으로 그곳을 직면하도록 내몰린다. 시인은 그들을 근대성이 만드는 스펙터클의 일부, 파리를 이루는 "수천 명의 뿌리 뽑힌 삶"의 상징으로 본다. 남자는 차이와 뒤섞임을 인정한다. 그의 애인은 카베냐크가 1848년 6월의 혁명기에 혁명가들을 대로변에서 몰아냈듯이 빈민들을 쫓아내기를 원한다. 그녀는 격리를 통해 안전과 배타성을 찾고 싶어한다.

클라크는 이렇게 주장한다. 스펙터클은 "절대로 한 자리에 안정적으로 박혀 있는 이미지가 아니다. 그것은 언제나 타자들과 경쟁하며, 때로는 사회적 관행이라는 끈질긴 형태로 제기되는 상이한 것의 저항에 직면하는 세계의 서술이다".[8] 그는 오스만화Haussmanization가 "아노미에 대한 설명과 사회적 분업에 대한 설명을 조합하는 데 실패했다. 그것은 한 가지 형태의 통제를 다른 형태 위에 배치하는 데 실패했다"는 입장을 견지한다. 그리고 「빈민의 눈」에서 조명된 것이 바로 이 실패다. 상품화와 스펙터클("모든 역사와 신화가 폭식을 조장하는구려")이 가하는 사회적 통제는 빈민이 수탈당하는 분명한 표식을 만날 때 분노("저들을 쫓아버릴 수 없을까요") 혹은 죄책감("나는 우리의 갈증에 비해 너무 큰 술잔과 술병 때문에 부끄러워지기까지 했어요")을 유발한다. 스펙터클 한 가운데서 부르주아들이 느끼는 불안과 불안정함은 손에 만져질 것처럼 뚜렷하다. 그 불안감은 부분적으로 생산에 의거한 관계보다는 소비와 외관에 근거하는 새로운 계급 차별 감각의 등장을 반영한다. 계급 간의 구분은 그 어느 때보다도 더 부각되며 일상생활이 가면무도회나 사육제 기간에 전시되는 건물 외관을 닮은 것이 되었으므로 이제는 가면이 실제 모습보다 더 중요해진다. "얼굴은 의상 때문에 빛이 바래고, 감정은 지형 때문에 빛이 바랜다"고[9] 공쿠르는 썼다.

어떻게 해서 이 모든 것이 부르주아 내부의 정치적 정체성으로 활약했는가 하는 것은 추측으로만 답할 수 있는 문제다. 하지만 나는 공적 공간에서의 자아의 현시presentation of self가 표상representation의 대체물이 되었으며, 자아의 현시는 점점 더 상품화와 스펙터클의 문제로 환원되었다고 주장한 세넷이 대체로 옳다고 본다. 그 결과, 공적 공간은 점점 더 수수께끼 같은 곳이 되었다. 스펙터클에서는 능동적 역할을 맡는 사람이 극소수다. 그렇기 때문에 대중적 페르소나란 개인들이 스펙터클의 운반자(설령 걸어다니는 최신 유행 마네킹에 불과한 존재일지라도)가 되었다는 의미에서는 참여적이지만, 그들이 무엇(즉 상품)을 운반하는가 하는 것만 중요하지 정치적으로나 사회적으로 어떤 입장을 대변하는가 하는 것은 중요하지 않다는 점에서는 수동적이다. 마찬가지로 부르주아의 경우, 가정 내로 물러나는 현상이 더욱 현저해졌는데, 이는 그곳에서, 그리고 오로지 그곳에서만 친밀감, 신뢰, 진정성을 얻을 수 있는 것처럼 보이기 때문이다. 하지만 부르주아 여성은 이러한 새 요구 조건들에 부응하기 위해 상품 가치의 담지자로서의 역할과 부르주아 가정 내에서 간신히 유지되는 친밀감과 따뜻함의 담지자로서의 역할 사이에서 양다리를 걸치면서 거센 압력을 감당해야 하는 것은 물론이고, 극단적인 비밀과 고립, 노출에 대한 끊임없는 두려움을 그 대가로 지불해야 한다.

대부분 비참한 임금으로 살아야 하는 운명에 처해 있으며 악명 높게 불안정한 고용 조건을 감수해야 하는 노동자 대중은 작업장이 아닌 다른 곳에서 살고 소비해야 한다. 남성 이민자들의 절대다수가 먹고 마시는 것은 무수히 많은 작은 식당에서, 유흥은 카페와 댄스홀, 캬바레와 선술집에서 해결했다. 발자크가 "인민의 의회"라고 부른 곳이 된, "모든 구역의 유명 인사가 모이는" 장소인 노동자 카페는 제2제정기 동안 심한 규제와 감시를 당했다. 하지만 이에 굴하지 않고 그 수가 늘었다는 사실 (1851년에 4000개소이던 것이 1885년에는 4만2000개소로 늘었다)을 보면 사회적·정치적 생활에서 그런 장소가 차지하는 중요성이 확실히 커졌음을 알 수 있다. "대다수 노동자가 살면서 가장 변함없이 마음 편히 들어갈 수 있는 공간이 카페였을 것이다." 그리고 그런 곳은 결코 여성과 가족의 출입 금지 구역이 아니었다. 많은 결혼식이 카페에서 열리기도 했다(카페 주인이 증인 선서도 해주었고). 따라서 카페나 술집은 노동계급 생활에서 정치적이고 사회적인 역할 뿐만 아니라 하나의 기관 같은 역할도 담당했다. 노동자들은 "이사는 자주 했지만 대개 멀리 가지 않았고, 같은 카페를 계속 이용하곤 한다". 간단하게 말해, 카페나 술집은 노동계급의 연대감이 이웃이라는 지역적 기반 위에서 공고해지는 구심점이 되었으리라는 것이다.[10] 노동계급 여성들에게는 1850년 이후 번창한 세탁소가 이와 비슷하게 사회적 교류와 친밀함, 연대감, 가십, 때로는 갈등까지도 나누는 둘도 없는 중심이 되었다(졸라의 『목로주점』에서 눈에 선히 보이는 듯 묘사된 바로 그런 장소).[11]

운이 더 좋은 남성 노동자라면 좀 다른 생활을 누릴 수 있었다. 그들은 도심에 모여 살면서 소규모 상업 시설을 사교와 정치 토론, 유흥의 중심지로 이용했다(풀로 같은 당대의 해설자들이 투덜댄 것처럼, 대개는 그 정도가 좀 심했다). 이런 지역에 있는 음침하고 상업적인 공간은 공적 공간에 그들을 드리우며, 부르주아들은 소란스러운 프롤레타리아의 길거리 생활 때문에 불안해져서 안정된 세계에 살고 있다는 확신을 전혀 가질 수 없었다. 그런 공간은 그들에게 두려움의 대상이었고, 부르주아들은 대부분 늘 그런 곳을 기피했다. 제2제정 당국은 프롤레타리아를 통제하려 했지만 한계가 있었고, 비좁고 부족한 주거 사정 때문에 길거리와 카페는 노동계급 거주 구역의 사교 중심지로서 언제나 필요한 장소였다.

제2제정이 시작되면서 제국이 제공하는 스펙터클이 어마어마하게 강조되었지만 시간이 흐를수록 상품이 제공하는 스펙터클이 우세해졌다. 모두가 다 이런 변화를 깨달은 것은 아니었다. 유명한 저술가 에르네스트 르낭은 이러한 변화에 대해 혹평을 장황하게 늘어놓았으며 여자들이 그들을 괴롭히는 천박한 상업적 유혹 앞에서 나약하다고 공격했다. 공쿠르 형제도 경악하기는 마찬가지였다. 에드몽 공쿠르는 1860년의 일기에 이렇게 썼다.

> 우리의 파리, 우리가 태어난 파리, 1830년과 1848년 방식의 파리는
> 사라지고 있다. 그것은 또한 물질적으로가 아니라 도덕적으로
> 사라진다. 사회생활은 큰 변화를 겪고 있는 중이다. 나는 여성과
> 아이, 남편과 아내, 전 가족이 카페에 나앉아 있는 것을 본다. 가정은
> 죽어가고 있다. 생활은 공적인 것이 되겠다고 위협하고 있다. 상류
> 계층은 클럽에서, 하류 계층은 카페에서. 이것이 사회와 일반인이
> 변한 모습이다. 이 모든 것이 내가 정신적 고향에 있는데도 여행자
> 같은 기분이 들게 만든다. 앞으로 일어날 것과 지금 존재하는 것이
> 내게는 낯설다. 예를 들면 발자크가 살던 세계가 모두 자취를 감춘,
> 런던이나 미래의 바빌론을 떠올리게 하는 이 새 대로 같은 것들이
> 그러하다.[12]

그렇다면 대로변에 늘어선 상품의 대열을 마주한 저 흥분한 구매자 군중의 한복판에서 스스로를 돋보이게 하려면 어떻게 해야 하는가? 보들레르가 군중 속의 남자—군중에 휩쓸리고 그것에 중독되지만 그래도 어떤 식으로든 그들과 구별되는 만보객과 멋쟁이 신사—에게 느낀 매혹을 다룬 벤야민의 탁월한 분석은 한 가지 흥미로운 남성 시점을 보여주는 것으로 참조할 만하다.[13] 점점 더 높이 밀려오는 상품과 화폐 유통의 조류潮流를 막을 수는 없다. 군중과 화폐 유통이 지니는 익명성은 온갖 개인적 비밀을 숨길 수 있다. 군중 속에서의 우연한 만남은 물신주의를 꿰뚫어보도록 도와준다. 불안감은 섞였을망정 보들레르가 소중히 여긴 순간은 이런 것들이다. 창녀, 넝마주이, 빈털터리에다 퇴물이 된 "늙은 광대", 누더기 차림이지만 점잖은 노인, 신비스러운 미인, 이 모든 사람이 도시에서 벌어지는 드라마의 핵심 등장인물이 된다. 시인은 공원에서 누군가와 우연히 마주치고 소스라친다. "공장의 먼지를 들이마시고 솜 가루 속에서 숨쉬며, 세포가 백랍과 수은, 기타 명품 제작에 필요한 온갖 유독성 물질에 찌들도록 내버려두는 이 병든 군중이 보여주는 스펙터클에 사로잡히지 않을 수 없다."[14] 우연한 만남의 가능성을 열어둔 이 시인은 적어도 쾌락적인 부르주아 남성을 위해서라도 돈을 매개로 하여 이어지는 손들의 무수한 상호 연관성을 재구성할 수 있다. 불안정성은 두려워할 대상이라기보다 탐닉해야 할 대상이다.

하지만 스펙터클을 통치와 화해 유지의 수단으로 삼는 문화 내에서 좀더 불온한 요소가 작동하고 있다는 징후가 있었다. 예를 들면, 루이 나폴레옹이 1867년의 만국박람회에서 전시되고 있는 놀라운 새 테크놀로지에서 어떤 인상을 받았는지 집단으로 보고받기 위해 다양한 직종의 노동자를 초청했을 때, 노동자들은 그 스펙터클에서 별다른 인상을 받지 못했다고 하면서 그보다는 노동과 기술 수준의 하락 및 물건들의 열악한 품질을 지적했다. 그들이 내린 전반적인 결론은 노동 여건을 개선하고 효율성을 높이려면 노동자 생산자조합worker association(지금도 다시 한번 사용될 수 있는 마술 같은 단어)을 결성하고 새 테크놀로지로 보완하는 편이 낫다고 지적한다. 그리고 1851년의 쿠데타에 항거하기 위해 세워진 몇 안 되는 바리케이드 중의 하나에서 무의미하게 저격당해 쓰러진 민주적 사회주의자 연합의 부의장인 불운한 보댕1811-1851. 의사 출신으로 생시몽의 노선을 따르는 사회주의자을 누군가가 기억해냈을 때, 그 결과로 오스만이 강요한 제국적인 대작大作주의imperial monumentality를 반박하기 위한 포괄적인 주장의 일환으로 공공 모금을 하여 보댕의 기념비를 세우자는 운동이 벌어졌다. 자유를 기념하는 조각을 어딘가에 세우자는 발상이 명백한 함의를 지닌 하나의 정치적 제스처로 발의된 것이 이 시점이었다. 더 골치 아픈 문제는 1848년이나 1851년의 저항과 조금이라도 관련 있는 사람의 장례식이 매번 무덤 옆에서 열정적인 조사를 읊는 거창한 정치적 행사로 변질되는 관례가 생긴 것이었다. 1869년에 나폴레옹의 조카가 공화파 언론인인 빅토르 누아르와 언쟁을 하다가 그를 살해하자, 누아르의 장례식에 2만 명이 넘는 인파가 참석하기도 했다. 페르라셰즈 묘지나 벨빌로부터의 하강이 혁명의 조짐으로서 정권에 불행을 예고하는 위협적인 스펙터클과 뒤섞이면서, 이 모든 상징적 질서가 그들 자신에게 화근이 되었다. 연극성과 스펙터클은 양편 모두가 이용할 수 있는 요인이었는데, 제국이 약해지자 스펙터클의 중심이 상품화뿐 아니라 정치적인 반대편으로도 이동한 것이다.

13장

공동체와
계급

따라서 코뮌은 계급의 생존이 걸려 있는, 또한 그렇기 때문에 계급 지배의 존립이 걸려 있는 경제적 기반을 뒤엎는 지렛대로 작용하게 된다.

_마르크스

사람들은 화폐의 개인주의에서 얻는 연대감이나 충성심보다 더 폭넓은 어떤 것을 가족과 친족과의 관계에서 만들어나간다. 그러한 폭넓은 사회적 지형으로 계급과 공동체가 있다. 근대에는 이것들을 적대적인 형태의 의식과 정치적 행동을 야기하는 상호 배타적인 범주로 보려는 경향이 있다. 하지만 제2제정 전후 어느 시기든(2장을 볼 것) 파리에서는 결코 그렇지 않았다. 공동체의 계급a class of community이 있으면 당연히 계급의 공동체a community of class도 있다고 생각한 사람이 많았으며 이는 이데올로기적 일탈이 아니었다. 그런 생각에는 물질적 근거가 실제로 있었다. 그리고 더욱 놀라운 것은 아마 많은 사람이 공동체와 계급이 양립 가능한 범주와 정체성이 되어준다고 느꼈을 뿐 아니라, 그 둘의 종합이 바로 진보적인 시민사회가 달성하기 위해 분투해야 하는 이상이라고 생각했다는 데 있다. 이것은 1840년대 공산주의의 기본 이념이었는데, 생산자 조합의 이상—노동자 운동과 생시몽주의 이상 속에서 워낙 근본적인 이상이었으므로 금융자본의 관행보다도 우선하게 된 이상—은 그 차이를 무시하거나 합쳐버렸다. 그렇지만 제2제정이 이어지는 동안 공동체와 계급의 개념과 실재가 급격히 변했다는 것 또한 사실이다. 오스만의 작업과 파리의 토지·부동산 시장의 변형은 전통적인 공동체 개념을 뒤흔들어 그 사회공간적 구조를 뒤엎었고, 금융 구조와 노동과정의 변형 역시 계급 관계의 물질적 기저에 그에 못지않은 충격을 주었다. 파리 코뮌—자본주의 역사상 계급에 근거한 최대의 공동체적 봉기—을 만들어낸 극히 이례적인 힘의 연대에 대한 올바른 평가는 그러한 혼란상의 이해 위에서만 가능하다.

사태를 이런 식으로 설명하면 당연히 논쟁이 유발된다. 굴드는 코뮌이 계급과 조금이라도 관련된다는 발상을 거부했다. 그는 그것이 억압적 국가에 맞서 시市 municipal의 자유를 얻으려는 투쟁이었으며, 그런 만큼 순수하게 공동체적인 동기에서 나왔다고 말한다. 시간이 흐르면서 프랑스의 혁명 전통을 "시 차원의 것으로 만들려는municipalize" 시도가 여러 차례 있었다.[1] 잘 알려진 예를 하나 들자면 코브는 1789년을 계급적 동기에서 추진된 사건으로 보는 소불의 설명을 논박했고, 예전의 마르크스주의에서 자극받아 만들었던 공식을 포기한 카스텔스는 『도시와 풀뿌리The City and the Grassroots』에서 코뮌을 도시의 사회운동으로 해석했다. 그 외에도 도시의 혁명적 전통을 고도로 집중 조명하여 독자적으로 정치적·문화적 변화에서 결정적인 역할을 한 사회 세력으로 바꾸어버린 퍼거슨의 책 등 수많은 연구가 있다. 나는 이러한 경향에 반대하여 이웃 사이에 유지되는 지역적이고 공동체적이기도 한 계급 정체성이 오

그림 80 도미에는 기차에서 설정된 계급 차별을 소재로
써서 계급적 외관을 탐색했다.

랫동안 존재해왔다고 주장하려 한다. 계급 연대감이 형성되는 과정에서 공동체가 갖는 중요성을 인정하지 않으려는 마르크스주의자들은 심각한 오류를 범하고 있다. 하지만 같은 이유에서 공동체 연대감이 계급과 아무 상관이 없다고 주장하는 편도 이와 비슷하게 다른 것을 놓치고 있다. 계급과 계급의식의 징후는 노동 공간에서와 마찬가지로 생활공간에서도 똑같이 중요하다. 계급의 위치 설정은 생산과의 관계에서처럼 소비 양식을 통해서도 표현될 수 있다.

계급
—

1847년 파리인들이 남긴 상속재산 현황을 재구성한 도마르의 작업은 사회경제적 범주에 따라 부의 분포 상태를 분류한 생생한 자료다(표 8).[2] 4개의 주요 집단이 눈에 띈다. 꼭대기에는 상층 부르주아 기업가(상인, 은행가, 관리자, 소수의 대규모 산업가), 지주 신사, 고위급 공무원이 있다. 이들은 표본 집단 인구의 5퍼센트에 불과하지만 세습된 부의 75.8퍼센트를 소유한다. 하층계급들(맨 아래쪽 4개 범주)은 인구로는 전체의 4분의 3을 차지하지만 부는 집단 전체를 모두 합해도 0.6퍼센트에 그친다. 그 중간에 공무원, 변호사, 전문직, 상급 관리자, 연금생활자, 금리생활자로 이루어진 상층 중산계급이 있다. 점포 주인은 한때 중산계급의 뼈대 같은 존재였지만 앞에서 보았듯이 사회적 지위가 낮아지는 중이다(그들이 차지하는 부는 인구 비율과 거의 같은데, 1820년에는 13.7퍼센트였다가 1847년에는 5.8퍼센트로 낮아졌다). 그러나 여전히 고용인과 하급 관리자(주로 화이트칼라 직종), 또 자영업자(주로 수공업 노동자와 장인들)인 하층 중산계급보다는 한 단계 높다. 이처럼 계급 구조 내부의 불균형은 어마어마하게 심하다.

이 계급의 구조를 다른 방식으로 파악할 수 있다. 우선 마르크스가 "도시와 시골 사이의 오래된 대립, 자본과 토지재산 사이의 경쟁심"이라 부른 것의 증거는 아주 많다. 농촌의 신사 계급과 국가 공무원이 차지하는 불균형의 비중은 파리가 온 국민의 생활에서 차지하는 중앙 집중적 역할에 직결된다. 농민 계급은 적극적으로 눈에 띄는 존재는 아니지만 파리가 끌어다 쓸 수 있는 노동력의 저장소로서뿐 아니라, 정부의 버팀목인 세금과 부동산 소유주들이 내키는 대로 써버리는 불로소득의 원천으로서 그 존재감이 어디서나 감지된다. 연금생활자와 금리생활자(이자로 먹고 사는 사람들)를 추가한다면 파리 주민 가운데 10분의 1에 가까운 수가 부의 70퍼센트 이상을 장악하여 불로소득으로 살고 있음을 알게 된다. 엄청난 유효수요의 대부분은 이들에게서 나오는 것이며 파리의 산업은 그것을 충족시키기에 너무나도 좋은 위치를 차지하고 있는 것이다. "게으른 부자"와 "소비 계급"의 지배는 국가 공무원들의 부풀려진 역할이 그랬던 것만큼이나 파리의 생활과 정치, 경제와 굉장히 중요한 관계를 가진다. 상층 부르주아 가운데 경제적으로 유익한 활동에 종사하는 사람들은 5분의 1에 불과한 것으로 알려져 있다. 이 사실은 부르주아들의 처신과 사회적 태도, 내적 구분에 큰 영향을 미쳤다.

하층계급 대중(도마르가 수집한 1847년의 표본에 따르면 74.3퍼센트)에서 내적 구분은 식별하기가 더욱 까다롭다. 비록 풀로는 나중에 노동을 대하는 태도와 작업 기술 및 규율에 대한 태도를 기준으로 하는 구분법을 선호했지만 수공업 노동자, 숙련 노동자, 비숙련 노동자, 일시적 노동자, 가내 노동자는 구분되는 것이 확실히 타당하다(표 9). 당시 사람들

표 8 사회적·직업적 범주에 따라 집계한 상속재산(1847)

범주	등록된 사망자 1명당 평균 재산 액수(프랑)	유산을 남기지 않는 경우의 비율(%)	등록된 사망자 중 비율(%)	전체 재산액 중 비율(%)
사업(상업, 금융, 기타)	7,623	26.3	1.0	13.8
지주와 부동산 소유주	7,091	8.6	3.7	54.0
고위 기능직	7,177	13.0	0.6	8.0
자유직과 관리자	1,469	39.4	2.0	5.6
중간기능직	887	16.9	1.7	3.2
금리생활자와 연금생활자	709	38.2	5.7	8.3
점포 주인	467	35.7	6.1	5.8
공적·사적 고용인	71	52.8	2.7	0.4
재택 근로자	61	48.5	1.8	0.2
성직자	15	75.9	0.4	0.1
하인	13	81.6	6.9	0.2
불특정(잡업)	4	79.2	29.1	0.1
노동자	2	92.8	30.2	0.2
육체노동자	1	80.5	8.1	0.0
전체	503	72.6	100.0	100.0

자료: 도마르(1973), 196~201

주: 전체 맥락에 손상이 가지 않는 범위 내에서 다른 표의 부수적인 범주를 몇 가지 합쳤다.

은 대개(상당한 공포감을 느끼면서) 모든 사회적 구분 가운데 가장 논란이 많은 기준, 즉 노동하는 계급과 "위험한" 계급을 구분하는 방법을 따랐다. 1848년 이전에는 대다수 부르주아가 그들을 한 무리로 뭉뚱그렸다.[3] 1848년의 노동자 운동은 부르주아들의 착각을 완전히 없애지는 못했지만 그들과는 다르게 현실을 규정했다. 하지만 그것도 잡다한 노점상, 넝

마주이, 청소부, 거리의 음악가, 광대, 심부름꾼 소년, 소매치기, 가정이나 작업장의 임시 일꾼 등을 어떻게 분류할지의 문제는 해결하지 못했다. 오스만의 관점에서 보면 이런 사람들은 파리의 "진정한 유목민"으로, 이런저런 직업을 기웃거리고 여기저기 빈민가를 돌아다니며, 그 어떤 도시에도 감정이나 충성심을 갖지 않는 존재들이다. 티에르가 보기에 이런 사람들은 바리케이드가 쌓이고 정부가 쓰러지는 것을 순전히 연극이나 축제 보듯 하는 "천박한 군중"이었다. 마르크스 역시 이들보다 더 자비롭지 않았다. 그의 말에 의하면, "유랑민, 퇴역 군인, 출감한 전과자, 도망 노예, 사기꾼swindler, 돌팔이 약장수, 나폴리에서 온 부랑자lazarone, 소매치기, 협잡꾼trickster, 도박꾼, 기둥서방, 포주, 짐꾼, 문인, 오르간 악사, 넝마주이, 칼 가는 사람, 땜장이, 거지" 등 "정체불명의 타락한 대중"—"불량배, 찌꺼기, 온갖 계급의 퇴물들"—이 룸펜 프롤레타리아, 즉 루이 나폴레옹의 쿠데타를 지지한 중요 세력이었다.[4]

당시 사회를 직접 관찰한 코르봉은 대비를 통해 어떤 드라마를 포착해내려고 시도했다.[5] "쓸모없는 계급"은 하층계급의 5분의 1에 불과하며, 그들 가운데 대다수는 넝마주이처럼 너무 가난해서 수동적이고 "악의가 없다"(가난한 티가 역력한 몰골을 보면 그렇지 않게 보이지만). 그들은 정규 노동을 할 정도의 사회성도 없고, 거의 아무것도 만들어내거나 소비하지 않으며, 지성과 야망, 공적 업무에 대한 관심도 없다. 그들 가운데 "악의적인" 무리는 주변머리 없고 심술궂을 수도 있지만 이들 역시 진정으로 공격적인 "위험한 계급", 위고나 쉬, 발자크의 소설에서 그토록 대단한 존재로 취급되었고 마르크스나 티에르 같은 다양한 범주의 분석가들에게서 정치적 힘을 인정받은 소수파와는 구별되어야 한다. 예나 지금이나 "주변부"나 "비공식적 부문" 및 그 경제적·정치적 역할을 어떻

표 9 풀로가 작성한 파리 노동자 유형론의 재구성(축약판, 1870)

	진정한 노동자	노동자	혼합형 노동자
노동 습관과 기술	항상 "고상한 자"만큼 유능하지는 않은 숙련 노동자들—그들은 승진하기 위해 공장주의 모든 요구를 들어준다. 그들은 야근도 하며 일요일에도 기꺼이 일하고, 월요일에 절대 결근하지 않는다. 이들은 동지나 친구나 가족 누구의 말에도 일터를 떠나지 않는다.	충분한 기술을 갖고 있지는 않지만 기꺼이 야근을 하고 일요일에도 일하려 한다. 그리고 월요일에 결근하는 적은 없다. 이들이 일하는 동기는 순전히 돈을 더 벌려는 것이다.	기술이 가장 없고 누구를 감독할 능력이 없는 유형. 이들은 그저 다른 사람들의 흐름을 따를 뿐이고, 그들과 함께 월요일에 결근하기도 한다.
음주와 절제	"모범적인 절제"의 사례. 이들은 절대로 취하지 않고 기분이 나쁘거나 슬픈 일이 있어도 드러내지 않는다. 이들은 일에서 위안을 찾는다. 이들은 작업장의 동지 정신을 거부하며 그 때문에 동료들에게서 흔히 따돌림당한다.	이따금씩 "고주망태"가 되는 일이 있지만 일요일에는 대개 집에 있다. 일터의 동료들과 함께 마시는 경우는 거의 없는데, 왜냐하면 아내들이 허락하지 않기 때문이다.	집에서도 빈번히 술에 취하지만 동료들과 함께, 또는 월급날을 축하하기 위해, 그리고 월요일 아침과 사람들이 모이는 행사 때도 마신다.
결혼 전의 생활	이들은 자기들이 매력을 느끼는 여자보다는 직업적 매춘부를 찾는 편이며, 첩을 두는 일 없이 결혼을 한다.	세탁부 여자나 하녀 등과 동침하며, 그럼으로써 집세나 장인들과 함께 살아야 하는 신세를 면하려 한다. 결혼할 때는 정부를 버리는 경우가 많고, 고향에서 좋은 가정부인감을 찾곤 한다.	방만 빌리는 하숙에서 독신생활을 하거나 잔소리가 심한 아내와 결혼하고 혹은 "고상주의" 쪽으로 넘어간다.
경제 여건	가장 유복한 편이며, 저축이 있고 상호부조협회에 참여하지만 "고상한 자"들은 참여시키지 않으려 한다. 이들의 아내는 수위 노릇을 하거나 구멍가게를 운영하는 경우가 많다.	가끔은 가욋돈이 생겨 빚을 갚는데 쓴다. 아내들은 대개 수위이거나 구멍가게를 운영한다.	수지를 맞추기 힘들어 항상 고생한다.
가족생활	가족의 우두머리로 행세하며 여자를 본성적으로 열등한 존재로 본다. 이들은 가정과 일터를 엄격하게 분리한다.	아내들이 대개 가사를 돌보며. 남편의 친교관계나 처신을 통제한다.	아내는 친구들이 무서워하는 사나운 경찰 같은 존재다. 아내는 지갑끈을 단단히 움켜쥐고 있으며, 노동자와 "고상한 자" 사이의 주요 장벽이다.
정치	진짜 민주주의자들. 이들은 제국과 사회주의 모두에 반대한다. 그들은 "소유권에 대한 정당한 갈망"이라는 프루동의 견해에 동조하며, 자본과 노동 간의 연합을 기대한다. 이들은 공화주의적인 반정부 잡지를 읽고, 정치 집회에는 거의 가지 않으며, 유토피아적 구상은 인정하지 않고, 선동 기술을 연마한다. 이들은 공화국을 옹호하고, 사회주의자들에게서 경멸당한다.	사회주의 수사학을 제대로 이해하지 못하며, 더 진보적인 사상은 거부한다. 대중 집회에 가기를 좋아하는데, 그런 곳에서는 선동가들의 말에 넘어갈 수도 있다.	이들은 "신의 아들"의 사상을 따르며, 그들이 추천하는 것을 읽는다. 이들은 대중 집회에 자주 가는데, 지도자의 생각을 그대로 따른다.

단순한 "고상한 자"	진정한 "고상한 자"	"신의 아들"과 "최고의 고상한 자"
팀을 지휘할 능력이 있는 기술 노동 자이지만 흔히 대장을 속여먹는 것을 임무로 여기곤 한다. 엄격한 규율에 복종하느니 차라리 일을 그만 두겠다는 편이며 따라서 이 장인 저 장인으로 이직이 잦다. 월요일에는 항상 결근하며 일요일과 밤 근무를 거부한다.	기술이 아주 뛰어난 엘리트 노동자이며 보복당할 걱정 없이 공개적으로 사장에게 도전할 수 있을 정도로 꼭 필요한 사람들이다. 대개 한 주일에 3.5일만 일하고도 생계비를 벌 수 있다.	다른 사람들에게 큰 인격적 영향력을 행사하면서 생산팀을 지휘하는 능력이 가장 큰 사람들. 그들은 사장에 대한 집단적 저항을 조직하고 작업 리듬을 지시한다. 최고의 고상한 자는 절대로 작업장의 규율에 복종하지 않고, 집에서 작업하지만. 작업 세력 내의 "저항의 예언자"다.
적어도 두 주일마다 하루는 술 마시느라 까먹으며, 토요일과 월요일에도 술에 취하는 경우가 많지만, 일요일은 가족과 지낸다.	진짜 알콜 중독자. 이 생명의 물이 없으면 일터에서든. 다른 곳에서든 제대로 몸이 돌아가지 않는다.	잔칫날이나 친구와 가족들이 모일 때만 술에 취한다. 그들은 술 마시는 것과 정치 이야기를 좋아하며, 술보다는 정치에 더 잘 취할 수 있다.
방만 빌리는 하숙에 살면서 독신생활을 하거나 첩을 거느린다. 결혼 목적은 노년에 자기들을 보살펴줄 자식을 낳기 위함이다.	혼자 살거나 동거하며, 자유를 까다롭게 지킨다. 오로지 노년에 보살핌을 받기 위해 결혼한다.	30대 후반까지는 "돈 후안" 행세를 하고, 같은 작업팀 동료들의 아내와 딸을 손쉽게 꼬여낸다. 늦게 결혼하며 결혼하는 목적은 노년에 돌봐줄 자식을 얻기 위해서이지만, 동거하는 경우도 많다. 아내들도 대개 일한다.
항상 경제적으로 어려운 지경에 있으며 하루 벌어 하루 먹고 산다. 빚을 질 때가 잦으며, 빚을 갚지 않는 것을 태연히 여긴다. 아내들도 대개 노동자다.	항상 경제적으로 쪼들리며, 동반자도 대개 일을 하는데도 가족을 부양할 돈이 모자란다.	심각한 곤궁을 겪지는 않지만 가게 주인이나 집주인들에게 진 빚을 갚지 않는 것을 원칙으로 삼는다.
아내가 "부르주아적" 태도를 갖고 있으면 이들 사이에는 갈등이 많다. 그녀가 일하지 않으면 복지기금을 받아야 살아남을 수 있다. 일하는 아내들은 사장과 직업에 대해 남편과 같은 태도를 취하는 경향이 있으며, 부부간의 연대감을 공공연하게 표명한다.	아내 역시 고상한 여자가 아니라면 끊임없이 갈등이 있고 폭력이 자주 행사될 것이며, 술에 취해 때리고 소리지르는 일도 흔할 것이다. 아내가 고상한 여자라면 걸핏하면 싸움은 하더라도 공통의 이해 기반이 있게 된다. 아내는 "길거리로 나섰을" 것이고, 그런 식으로 착취자들이 자녀 양육 비용을 부담하게 만드는 것을 자랑스러워한다.	남자가 나이를 먹고 기력을 잃을수록 여자 동반자가 점점 더 통제권을 많이 행사한다.
월급날마다 사회주의에 대해 생각해보며, 사장과 집주인에게서 착취당한다고 생각한다. 그들을 도둑이라고 여긴다. 이들은 가끔 대중 집회에 가는데, 거의 항상 "신의 아들"과 함께 간다.	정치에 대해 거의 이야기하지 않으며, 독서도 거의 하지 않고 대중 집회에도 가지 않지만 "신의 아들"의 해설은 아주 주의깊게 듣는다.	신문을 매일 읽으며 정치에 대해 심오한 해석을 제시하는데, 다른 사람들은 이를 경청한다. 그들은 사회문제를 해결하려는 꿈을 품고 있으며. 프루동에 반대하는 입장이고, 노동자 운동에 활력을 불어넣는다. 순교자가 될 준비가 되어 있다. 최고의 고상한 자는 더욱 사색적이며, 노동운동에서 예언자와 스승 역할을 하는 "원칙을 가진 사람"이다. 공화국에 반대하여 투쟁을 할 준비가 되어 있으며, 집회에서는 가장 존경받는 연설가들이다.

주: 리프킨과 토마(1988), 104~111에 나온 좀더 전체적인 유형론을 축약한 것이다

게 규정할 것인가 하는 문제는 여전히 논쟁적이고 혼란스러운 문제다. 고용의 불안정성을 감안할 때, "거리의 사람들"과 노동자 사이의 경계선에는 분명 구멍이 숭숭 나 있었을 것이다. 가난에 찌들어 거리로 내몰리고 그곳에서 생계를 이어가는 수많은 여성도 인구 중 가장 하층을 차지하는 이 부문의 실제 구성에서 강한 성별적 요인이 되었다(또 나중에 보게 되겠지만, 혁명에 대한 공포에 성적인 공포가 혼합된다). 그러나 거리의 사람들—시내에서 산다기보다는 쫓겨나서 시내에서 벌어 먹고 사는 사람들—은 파리의 경제와 생활, 문화에서 극히 중요한 세력이었다.

이들 하층계급과 그 위에 있는 사회경제적 집단 사이의 경계선 역시 사회적·경제적 불안정성으로 인해 흐트러지고 희미해졌다. 예를 들어, 위고는 "중산계급과 하층계급 사이에 끼어 있는 사회의 그 불확실한 층위, 출세한 인간쓰레기와 몰락한 교양인으로 이루어졌으면서도 그 두 부류가 가진 최악의 품성을 한데 합쳤고, 노동자의 관용도, 부르주아의 품위 있는 정직성도 갖고 있지 못한 자들"이라고 말했다.[6] 점포 주인과 가운데 대다수(지위가 낮아지고 심각하게 몰락하고 있음을 앞에서 본 바 있다)는 이처럼 존망의 기로에 선 한계적 존재에 가까웠다. 그들은 빚의 그물에 갇혀, 평생 고되게 일해 쌓은 얼마 되지 않는 재산을 잃지 않으려면 속이고 인색하게 굴고 새치기하는 등, 온갖 수단을 동원하지 않을 수 없었다. 고객을 무자비하게 수탈하면서도, 경제적으로 나아지지 않을까 하는 희망에서 혁명에 집착하는 점포 주인도 있었다. 작업장 주인들도 대체로 비슷한 처지였다. 1848년에는 대규모 작업장이 거의 없었으므로, 생산에서 자본과 노동이 직접 대립하게 되는 물질적 여건이 대규모로 존재하지는 않았다. 파리 산업의 지배적 형태인 소규모 작업장에서는 대개 노동자와 장인 간의 구분이 뚜렷하지 않았고, 그들 사이의 공감대와 협동심의 연대가 서로 으르렁대는 일상적 적대감만큼이나 강할 때가 많았다.[7] 이 두 집단은 모두 하도급제의 "제조confection" 시스템과 새로운 대량생산 기법을 원망했고, 고위 금융계와 상업 권력에 의해 억압당한다는 느낌과 같은 정도로 게으른 부자들을 질투하고 그들에게 분노했다. 또 풀로가 불평했듯이 부자들도 몸을 굴려 생계를 해결하는 사람들을 같은 정도의 경멸과 불쾌감을 품고 대했다. 빚과 새로운 생산과정에 위협당하는 처지이며 대개는 급진적 소장인인 소부르주아 계급은 파리의 정치 생활에서 다른 어떤 자본주의적 산업가 계급보다도 중요한 존재였다.

부르주아들도 혼란상을 내보였다. 보헤미안la bohème이란 잘난 척하는 가난뱅이 젊은 학생들이 모인 반체제적인 집단이라고만 볼 수는 없는 존재였다. 사실 그것은 흔히 극도로 개인주의적이며 실패에도 개의치 않고 걸핏하면 부르주아 생활과 문화의 딱딱함을 조롱하는 잡다한 반체제적 부르주아—작가나 기자, 화가, 기타 온갖 종류의 예술가가 되고자 하는—를 망라하고 있었다. 쿠르베가 들르곤 하던 카페의 동료들은 대체로 다른 어떤 부르주아 계층보다도 풀로가 말한 "고상주의" 노동자들과 더 비슷했다. 그리고 학생이 많다보니 계급적으로는 완전한 잡탕이었다. 회의적이고 야심차며 전통을, 때로는 부르주아 문화까지도 경멸하는 그들은 파리를 "광대한 이념의 실험실"이자 유토피아적 구도와 이데올로기의 실험실로 만드는 데 일조했다.[8] 상대적으로 가난한 그들은 거리의 사람과 노동자들과도 어느 정도 접촉하지 않을 수 없었으며, 점포 주인과 빚쟁이의 탐욕스러움을 너무나 잘 알고 있었다. 그들은 수많은 혁명 음모의 핵심 분자였고(예를 들면 블랑키주의자들 같은), 인터내셔널에서 적극적으로 활동했으며, 좌안의 거리에서 나름대로 자발적인 저항운동을 벌일 가능성이 큰 인물들이었다. 또 보헤미안 가운데 불평분자 계층과도 흔히 어울렸다. 때로는 상대적으로 유복한 변호사와 성공한 작가나 화가 같은 전문인들을 망라하기도 하는 부르주아 내부의 강력한 반체제 운동의 뿌리는 이 층위의 사람들에게 있었다.

이 계급 구조는 제2제정기 동안 어느 정도 변형을 겪었다. 정확한 비교를 하기에는 자료가 부족하지만 대부분의 관찰자는 불균등한 부의 분배 양태에 조금이라도 변화가 있었다면 그것은 불평등이 줄어드는 쪽이 아니라 더 커지는 쪽으로의 변화였다는 데 동의한다. 그러나 계급 분파class fragments 내에서 중대한 이동이 발생했다. 기업 활동(은행, 상업, 유한회사)이 상층 부르주아 내에서 상대적으로 더 중요해졌고, 이들이 생시몽주의 이상 때문에 고생한 경험이 있는 관료(오스만 같은)뿐 아니라 상대적으로 정체 상태인 농촌의 지대地代에 비해 수익성이 더 나은 파리 부동산 시장과 주식시장으로 재산 다각화를 꾀하는 부동산 소유주 계급의 일부까지도 그쪽으로 끌어들였다. 하지만 전통적인 토지 부동산 소유주들의 비중이 조금은 줄었다 하더라도 금융, 상업, 산업 사이의 구분은 파벌들 사이의 경쟁심(로스차일드 일가와 페레르 형제의 관계 같은)이 더 커지면서 더욱 현저해졌다. 1870년의 상층 부르주아는 1848년만큼 여전히 많은 분파로 갈려 있었지만 그들을 갈라놓는 경계선은 달라졌다.

노동계급 내에서도 이와 유사한 큰 변이mutation가 있었다. 노동과정과 산업구조의 변화가 나름대로 영향을 미쳤다. 인쇄업, 기계공업, 심지어는 상업 같은 부문(큰 백화점)에서도 대규모 산업이 확고한 자리를 차지하자 작업장에서의 노동과 자본이 직접 대립할 수 있는 무대가 만들어졌다. 신호를 던진 것은 1862년의 인쇄공 파업과 1869년의 상업 노동자 파업이었다. 수공업 노동의 재편과 탈기술화 역시 소작업장의 장인들이나 극도로 분절된 생산 시스템을 관장하는 수많은 중개인에게 외적으로 지배받는다는 느낌을 심화시켰다. 1867년에 일어난 양복공과 청동 주물 노동자의 파업, 1869년의 가죽 가공업과 목공 노동자의 파업, 1870년에 카일에서 일어난 철鐵 주물공의 파업은 자본과 노동 사이의 대립이 심지어는 외주 작업과 소규모 생산을 원칙으로 하는 직종에까지도 점점 확산되는 상황을 수면 위로 드러냈다. 이러한 사태에 따르는 결과로서, 수공업 장인들이 프롤레타리아로 몰락하거나 어쩔 수 없이 차별화된 고용주 계층으로 승격하여 원래 계급으로부터 자신들을 분리시키게 되면서 노동자가 소작업장의 장인이 될 전망이 사라졌다.

하지만 1870년 파리의 프롤레타리아가 1848년보다는 좀더 관습적인 부류였다 하더라도 노동자계급은 여전히 극도로 차별화된 집단이었다. 뒤보는 이렇게 말한다. "노동자가 연마되는 도가니는 복잡미묘한 곳이다." "도시는 노동계급의 생활로 통합을 만들어냈지만 그 전통은 그것이 띠고 있는 뉘앙스만큼이나 다양하다."[9] 그리고 산업 예비군과 실업자들의 질식할 듯 끔찍한 여건을 완화시키기 위해 취해진 조처는 아무것도 없었다. 이주자 때문에도 수가 한층 더 늘어난 이들 실업자는 생존의 한계선상에서 살고 있었으며, 오스만이 복지 보급 문제에 관해 신맬서스주의적 국가정책을 계속 추진함에 따라 점점 더 전망이 암울해지게 된 방대한 비공식 부문 속에 녹아 들어갔다. 하지만 빈곤 수준 혹은 그 이하로 살고 있는 사람이 거의 100만 명에 이를 지경이었으니(오스만 자신의 추산), 사실 오스만인들 할 수 있는 일이 별로 없었다. 이리하여 1867년에 실업이 폭증하자 황제는 굶주린 자들에게 음식을 주기 위해 수프 배급소를 광범위하게 운영하도록 조처했다.

중산계급의 내적 구성 역시 변했다. 자유직업의 전문인, 관리자, 공무원이 경제 발전의 열매를 함께 누리는 반면, 금리나 연금 생활자들은 파리에서의 생계비와 임대료가 상승하여 재산이 깎여나가는 바람에 형편이 어려워졌다(물론 그들이 투기성이 더 강한 투자에 자본을 돌려놓지 않은 경우에 그렇다는 것이다. 또 그렇게 했더라도 졸라의 『돈』에서 묘사된 내용이 조금이라도 정확하다면 아마 십중팔구는 주식시장의 늑대들에게 재산을 몽땅 털리고는 제자리걸음을 하고 있는 시골 토지의 임대료를 올리는 수밖에 다른 도리가 없게 되었을 것이다). 점포 주인이 장악하던 파리 부동산의 비중이 줄어들었다는 소식이 믿을 만한 것이라면, 새로운 판매 방식(상류 계층이나 관광객의 인파를 상대하는 큰 백화점 혹은 전문화된 부티크)을 찾아낸 사람들을 제외한 그 부류는 하층 중산계급, 혹은 그보다 더 아래로 계속 하락하고 있었다. 졸라가 『여인들의 행복 백화점』에서 신랄할 정도로 치밀하게 기록한 변화가 바로 이런 종류의 것이다. 동시에 호황을 누리는 은행과 금융업은 중간 위치의 화이트칼라 직종을 잔뜩 만들어냈으며, 그 가운데 몇몇 직종의 보수는 상대적으로 높았다.

제2제정기 동안 파리의 계급 구조는 완전히 변화하는 중이었다. 1870년에도 계급 관계의 낡은 패턴—전통적 지주, 수공업 노동자와 장인, 점포 주인, 공무원—은 여전히 쉽게 눈에 띄었다. 하지만 이제 다른 계급 구조가 그들 위에 더 확고하게 덧씌워지고 있었고, 그들 자체도 다수의 신흥 상층 부르주아가 구사하는 국가독점자본주의와, 파리의 소규모 산업과 상업의 광범위한 분야에서 이루어지는 자본주의적 생산과 교환 관계가 점점 더 모든 노동(수공업과 숙련 노동)을 포섭해 들이는 현상 사이에서 혼란을 겪고 있었다. 탈기술화는 수공업 노동자가 가졌던 권력을 잠식해 들어가는 중이었다. 그리고 경제적 세력은 이러한 틀 안에서 이동하고 있었다. 자금주들은 적어도 파리의 산업과 상업 분야에서는 권력을 공고히 했지만, 노동자 가운데 한 작은 집단은 점점 커져가는 비숙련 노동자와 빈민들의 대집단 내부에서 특권적 노동 귀족의 지위를 얻기 시작했다. 그러한 변동은 다분히 긴장감을 발생시켰으며, 그 모든 것이 1868년과 1871년에 파리에서 벌어진 격렬한 계급투쟁에서 구체화되었다.

공동체

—

예나 지금이나 공동체의 이상과 현실은 분류해내기 힘들다. 파리를 두고 말하자면, 오스만은 이상에 관여할 생각은 전혀 없었으며, 현실이 존재하더라도 그것에 눈을 감았다. 파리의 주민은 단지 이주자와 유랑민, 그리고 재산과 온갖 종류의 쾌락을 추구하는 자(노동자만이 아니라 학생, 변호사, 상인 등)가 모인 "뜬구름처럼 부유浮遊하고 동요하는 바다"이며, 그 어떤 안정적이고 충실한 공동체 의식을 도저히 가질 수 없는 족속이다.[10] 파리는 그저 국가의 수도, "중앙집중화 그 자체"이며, 그런 곳으로 다루어져야 한다. 이런 견해를 가진 사람이 오스만만은 아니었다. 티에르에서 로스차일드에 이르는 대다수의 상층 부르주아는 파리를 내적인 불안정과 혁명적 성향 때문에 어떤 입장을 취하든 진정한 공동체로 받아들일 수 없는, 그저 "전국적 권력 투쟁을 해결하는 지리적 열쇠"로 보았을 뿐이다.[11] 하지만 파리가 포위되어 있는 동안, 그리고 파리 코뮌에서 싸우고 죽어간 수많은 사람의 행동은 이 도시에 대한 강렬한 충성심에서 나온 것이었다. 그들은 쿠르베처럼 파리를 고향으로 여기고, 자신들의 공동체가 적어도 다른 공동체만큼은 자유를 누릴 자격이 있다는 단순한 주장으로 코뮌 참여를 옹호했다. 그리고 이 도시의 최고 저명인사 125명이 집단으로 만든 1867년의 『파리 안내Paris Guide』를 읽으면 이 많은 사람이 열정적이고 지속적인 충성심을 느꼈다고 털어놓은 그 도시가 가진 강력한 이미지에 금방 사로잡히지 않을 수 없다. 하지만 이 『파리 안내』는 또한 얼마나 많은 파리인이 공동체라는 것을 이웃이나 동네, 혹은 바로 몇 해 전에 만들어진 새 〔행정구역인〕 구arrondissement라는 좁은 의미로 받아들이고 있는지를 말해주기도 한다. 그러한 충성심 역시 중요하다. 코뮌 기간 동안 많은 사람은 도시 성벽보다는 자신들의 동네를 방어하는 편을 택했고, 그 때문에 반동군이 도시로 너무도 쉽게 뚫고 들어올 수 있었다.

"공동체"란 사람 한 명 한 명에게 각각 다른 의미를 갖는다. 하나의 의미를 강요하지 않고, 사람들이 느끼고 행동하는 방식에 의미상의 폭력을 가하지 않기는 힘들다. 한 예로, 오스만이 파리에 관해 내린 판단은 공동체의 농촌 같은 이미지와의 비교를 기초로 한다. 그는 파리가 농촌 생활의 큰 특징인 개인 상호 간 관계의 긴밀한 조직보다는 "화폐 공동체"라는 것으로 지배되고 있음을 너무나 잘 알고 있었다. 그리고 그는 정치체를 양성한다는 사회주의적 이상socialist ideal of a nurturing body politic을 유발하는 일체의 공동체 개념을 본능적으로 혐오했다. 오스만은 이런 공동체의 가능성은 부정했지만 제국의 영광에 근거하며 권위와 자비, 권력과 진보의 상징이 넘쳐나는 공동체를 이식하려고 애썼으며, 파리의 "유랑민"들이 그곳에 집결하기를 희망했다. 앞에서 보았듯이 그는 공공사업(특히 그러한 사업의 대작주의monumentalism)과 만국박람회, 대규모 갈라 공연, 축제, 불꽃놀이, 왕족 방문과 궁정 생활의 거창한 의식, 제국의 축제

그림 81 삽화가인 다르주는 이 그림에서 파리가 공동체가 아니라 유목민의 도시라는 오스만의 말에 대답한다. 즉 오스만의 사업으로 인한 해고가 바로 유목의 1차 원인이었다는 것이다.

fête impériale라고 알려지게 된 온갖 겉치레를 활용하여 권위주의적 지배, 자유시장 자본주의 및 새로운 국제 질서와 양립가능한 공동체 감각을 구축하려고 했다.

간단하게 말해, 오스만은 좀더 근대적이고 새로운 공동체 개념을 사람들에게 주입하려 했으며, 그 안에서는 돈의 힘이 스펙터클로서, 또 대로변과 백화점과 카페와 경기장에서, 무엇보다도 만국박람회, 저 으리으리한 "상품 물신화의 축하 행사"의 전시품으로 찬양되는 것이다. 그것을 공허하고 피상적이라 여긴 사람들도 있었고, 가야르가 주장하듯이 코뮌 기간 동안 그 구조물에 반대하는 봉기가 일어나게 되기도 했지만, 상관없었다.[12] 그것은 대단한 시도였고, 제2제정기만이 아니라 그 한참 후까지도 대다수 주민이 그것을 지지했음은 분명하다. 구_區로 행정 기능을 분산하고 그곳의 상징물에 투자하면서 오스만은 위계적인 통제 시스템 내에 국한되는 지역적 충성심을 주조해내는 작업도 시도했다. 또다시 그는 놀라운 성공을 거두었다. 새 구에 대한 주민들의 충성심은 신속하게 형성되었고, 오늘날까지도 강력하게 지속되고 있다. 구는 코뮌 기간 동안 결정적인 역할을 했는데, 아마 구가 국민방위대Garde nationale의 모집 단위였기 때문일 것이다. 또 국민방위대가 직접적이고 지역적인 민주주의의 위대한 매개체가 된 것도 우연이 아닐 것이다. 오스만의 하향식 강제는 상향식 풀뿌리민주주의의 표현 수단이 되었다.

직접적이고 지역적인 민주주의 정서는 오랜 역사를 가진다. 그것은 1789년에 만들어진 파리의 여러 파벌자코뱅, 지롱드 등과 1848년의 정치 클럽에서, 그리고 1868년 이후 정치 회합을 조직하는 방식으로도 표출되었다. 지역공동체와 민주주의가 서로에게 필수적이라고 보는 이러한 정치 문화는 강력한 연속성을 가진다. 그 이데올로기는 프루동의 상호부조주의mutualism와 협동조합cooperation, 연방federation, 자유 생산자조합free association 등의 이념이 매우 큰 신뢰를 얻었던 경제 영역에 전해졌다. 하지만 프루동이 그렇게 유력한 사상가로 등장하게 된 정확한 까닭은 바로 수공업 노동자 전통이나 심지어는 소규모 공장주들에게도 매우 강한 호소력을 지녔던 경제조직을 통한 공동체라는 아이디어를 구상한 데 있었다. 파리는 오래전부터 각각 뚜렷한 특성을 지니는 주민, 각각 고유한 경제활동의 형태와 심지어는 고유한 생활 스타일을 지니는, 각각 뚜렷이 구별되는 지구quartier 한 구 안에 4개씩 있는 행정 단위와 도시적 동네urban village로 나뉘어 있었다. 여러 번 강조되었듯이 이웃에 있는 술집은 이웃 간의 연대감을 공고히 하는 중심 기관이었다. 뿐만 아니라 밀물처럼 밀려드는 이주자들에게도 흔히 도시 내에 출신 지역이나 직종에 따라 구분되는 그들을 받아들이는 각각 다른 "수용 지역"이 있었고, 파리의 "유랑민"은 흔히 친족 조직을 도시의 미궁을 헤쳐나가는 지침으로 삼은 것 같다.

르페브르에서 가야르에 이르는 여러 저자에게서 상당히 다양한 해석과 함께 제기되는 논지 하나가 있다. 즉 오스만의 도시 변형, 토지 투기, 제국의 통치는 전통적 의미의 공동체를 붕괴시켰고, 그것을 대신할 확고한 것을 전혀 주지 못했다는 주장이다. 또 어떤 사람들은 공동체 감각에 정치적 표현을 부여할 일체의 자치 관리 수단을 주기를 거부한 행정부의 태도가 파리 주민들의 옆구리에 박힌 제일 큰 가시였다고 주장한다. 그렇다면 코뮌은 계급 연대를 통해 상실된 공동체 감각을 다시 붙잡아 오고, 자신들이 쫓겨났던 도심 공간을 다시 사용하며, 파리 시민으로서의 권리를 재천명하려는 시도로 해석될 수 있는 것이다.[13]

이 논지에는 그럴듯한 구석이 없지 않다. 하지만 그것이 타당성을 가지려면 많이 다듬어질 필요가 있다. 예를 들어, 1848년에 공동체 개념

그림 82 이 1860년대 사진에 기록된 시테섬에서의 철거 사업은 오늘날의 기준으로 보더라도 방대한 규모였다.

이 더 안정적이고 확고하게 뿌리박고 있었다는 주장은 터무니없다. 당시 상황은 오스만에 의한 붕괴라는 테제를 낭만적으로 재구성된 회고적 시각이라고 쉽게 무시해도 될 만큼 현저하게 혼란스러웠다. 공동체 건설의 현실과 이데올로기가 제2제정기의 파리에서 대폭 변형되었다는 사실은 더욱 명백하다. 또 계급 관계를 변형시키고 있던 바로 그 과정이 공동체에도 똑같이 강력한 충격을 가하고 있었다. 화폐 공동체는 사회적 연대성을 가진 다른 모든 연대를 해체하고 있었고, 부르주아 내에서는 특히 그러했다(1830년대에 이미 발자크가 불평한 바 있던 현상이다).

오스만의 도시화는 새롭고도 거대한 공간 규모로 구상되었다. 그는 예전에 서로 고립되어 있던 공동체들을 일시에 연결했다. 그와 동시에 그런 공동체들은 이 연결 덕분에 도시의 그물망 속에서 전문화한 역할을 가질 수 있었다. 생산과 서비스 보급 영역에서의 공간적 전문화가 그렇듯이, 사회적 재생산에서의 공간적 전문화도 점점 더 중요해졌다. 사실 오스만의 기획은 일부 공동체(예를 들면 시테섬)를 없애버리고 다른 것들은 공동화시켰으며, 수많은 지역에서 젠트리피케이션을 추진하고 원래 주민의 이사와 철거를 지원했다.

이로 인한 직접 영향이건 아니건 간에, 모든 사회 계급이 사라진 과거에 대한 향수를 품게 되었다. 사진 작가인 나다르는 고향에 있는데도 낯선 기분이 들었다고 털어놓았다. "사람들은 모든 것, 모든 기억을 부숴버렸다"고[14] 그는 애석해했다. 하지만 쫓겨난 자들 편에서야 상실감이나 "없어진 집에 대한 비탄"이 크겠지만 실제로는 집단적 기억은 놀랄 만큼 빨리 사라지며, 인간의 적응력은 상당히 빠르다. 슈발리에는 시테섬이 파괴되자마자 옛날 그곳에 대한 기억과 이미지가 어떤 식으로 지워졌는지 지적한다.[15] 수많은 부르주아 관찰자는 공동체의 상실에 대해 애도했지만, 그것이 사라진 일차적 원인은 아마 급속한 인구 증가와 주거 격리의 증가, 사회적 보급(교회에서 학교에 이르는 모든 자원의)이 사회적 재생산 공간의 급속한 재편성과 보조를 맞추지 못한 데서 기인한 전통적 사회 통제 시스템의 와해일 것이다. 사회복지에서 신맬서스주의를 추구하고, 자치 관리 정부보다 권위주의적 지배를 고집한 오스만의 태도가 위험을 심화시킨 것은 굳이 물어볼 필요도 없다. 문제는 벨빌이 공동체가 아니라는 데 있지 않았고, 그곳이 부르주아는 겁내고 경찰은 들어가지 않으려 하며 정부도 손대지 못하는 그런 공동체, 온갖 무질서한 열정과 정치적 회한을 품은 대중 계급들이 지배력을 장악한 곳이 되었다는 사실에 있었다. 이것이 1855년에 어느 경찰서장이 한 다음의 말 뒤에 숨어 있는 진정한 의미다.[16]

> 지적된 대로 노동자들이 파리 도심부에서 밀려나갈 수밖에 없었던 상황은 그들의 처신과 사기에 전반적으로 개탄스러운 영향을 미쳤다. 과거에 그들은 사업가 가족이나 기타 상당히 유복한 인물들의 가족이 아래층을 차지하고 있는 건물의 꼭대기 층에서 살곤 했다. 한 건물의 세입자들 사이에는 일종의 연대감이 생겨났다. 이웃들은 소소한 방식으로 서로 돕곤 했다. 병이 들거나 일자리를 잃을 때 노동자들은 많은 도움을 받을 수 있었으며, 또 한편으로는 일종의 인간적인 존경심이 통례처럼 노동계급의 관습에 배어들어 있었다. 그런데 이제 생마르탱 운하 북쪽이나 관문 너머까지 이사한 노동자들은 부르주아 가족이 없고 그들의 도움을 받지 못하는 곳, 또한 예전에는 이 부류의 이웃들이 그들에게 묶어놓은 족쇄에서 해방되기도 한 곳에서 살고 있다.

산업과 상업, 금융의 성장과 변형, 이주와 교외화suburbanization 주거의 교
외화. 중심 도시의 거주 기능 및 그에 딸린 상업 등 부수적 기능이 중심 도시 주변에 원심적으로 확
대되면서 전개되는 여러 현상을 말한다. 고도성장 경제와 현대적 도시 팽창의 부수 현상, 노동시
장에 대한 통제력 상실과 도제제도의 와해, 토지와 부동산 시장의 변형,
공간적 격리와 구역의 전문화 경향의 증대(상업 구역, 수공업 구역, 노동계
급 재생산 구역 등), 주거의 재편성, 사회복지의 공급, 교육, 이 모든 것들
이 돈 계산이 발휘하는 압도적인 위력 아래 한꺼번에 합작하여 공동체
의 의미와 경험의 결정적인 변천을 조장했다. 공동체의 의미가 1848년에
어떤 것이었든 간에 1870년에는 급격히 변했다. 하지만 그 연속성이나
생존 능력이 줄어들지는 않았다(이는 코뮌에서 입증된다). 이러한 차이를
좀더 깊이 따져보기로 하자.

계급의 공동체와
공동체의 계급
—

1848년 6월의 노동자 운동은 300개 이상의 지방 중심지에서 모집되어
온 국민방위대에 의해 진압되었다. 파리의 상업 궤도 안에서 움직이는
부르주아는 "지역적 연대감은 강하지만 지역이나 국가 단위의 행동 능력
은 거의 없는 노동계급에 비해 장거리 통신을 하기에 훨씬 유리했다".[17]
부르주아들은 경제적·정치적 권력을 보존하기 위해 광범위한 상업적 연
줄의 공간적 네트워크를 활용했다.

이 사건 배후에는 상당히 중요한 원칙과 문제가 놓여 있다. "공동체"
가 공간적 응집성을 수반하는가. 만약 그렇다면 공동체의 경계는 어떻

게 확정되는가? 혹은 "공동체"란 것이 단순히 특정한 공간적 영역과는 상관없는 이익의 공동체를 의미하는가? 실상 우리가 보는 것은 공간적으로 펼쳐져 있는 계급 이익의 공동체를 규정해주는 부르주아들이다. 한 예로, 로스차일드가 성공한 비결이 바로 이것이었다(여러 다른 국가의 수도에 있는 가문의 광범위한 통신원 네트워크를 활용한). 하지만 1848년의 교훈으로 무장하고, 자신들의 계급 이익을 좇아 사업과 행정에 가담한 상층 부르주아(페레르 형제, 티에르, 오스만 같은 이들)는 점점 더 그러한 노선에 따라 생각하고 행동했다. 티에르는 1848년에 했던 것과 똑같은 방식의 동원령을 내려 코뮌을 진압했다. 부르주아들은 특정한 장소에서의 지역적 연대가 제아무리 강하다 한들 자신들이 갖고 있는 우월한 공간 지배권을 행사하여 계급운동을 분쇄할 수 있음을 깨달았다.

노동자들도 계급과 공간의 개념으로 공동체를 재규정하지 않을 수 없었다. 1848년에 일어난 그들의 운동은 외국인 노동자들을 대상으로 한 외국인 혐오증과 사방의 탄압받는 민족에 대한 강렬한 동정심(폴란드와의 연대감이 1848년 5월 파리에서 대규모 거리 소요의 불씨가 되었다)이 중첩되었다는 특징을 갖는다. 새로운 공간관계와 변화하는 국제적 노동 분업으로 인해 코르봉 같은 저자는 노동문제를 이제는 지역적 차원이 아니라 적어도 전 유럽적인 시각에서 파악해야 한다고 주장하게 되었다.[18] 그렇다면 문제는 이 국제주의적 시각이 노동계급 전통에 녹아들어 있는 상호부조적·직능조합적 감정과 양립 가능하도록 만드는 것이었다. 직인조합compagnonnage 동업조합이라고도 함. 프랑스 특유의 기술 전승 체계. 기술을 배우고 싶은 사람은 먼저 직인조합에 가입한 후 프랑스 전역, 또는 전 유럽을 유랑하며 기술을 익히게 되며, 기술을 모두 배우는 데는 평균 5년이 소요된다과 프랑스 순회tour de France 프랑스 순회 수련이라는 뜻. 위의 기술 전승 과정에서 프랑스 전역을 돌아다니는 단계의 전통은 부르주아 계급에 비할 만한 방식으로 공간을 지배할 수 있는 새로운 노동자 조직을 구상하도록 일종의 기반을 마련해주었으니 말이다. 새로 태어난 인터내셔널, 즉 국제노동자조합Association internationale des travailleurs은 이 문제를 당장 해결해야 했다. 그 결과, 부르주아 대열 내에서는 통제할 길 없는 엄청난 공황 상태가 빚어졌는데, 그 이유는 바로 인터내셔널이 "모든 지역과 산업 중심지, 국가에 걸치는" 계급의 공동체를 규정하는 데 착수하고 그럼으로써 부르주아가 1848년에 그렇게 효과적으로 활용했던 권력에 대응하려고 했기 때문이다.[19]

현실에서 부르주아는 별 뚜렷한 이유도 없이 벌벌 떨었다. 국지적 성격이 강한 상호부조주의의 강력한 잔재와 중첩된 인터내셔널 연대의 취약성은 1870년 전쟁과 코뮌에서 너무나 빤히 드러났다. 이와 대조적으로 도시 전역에 걸쳐 창설된 노동자조합연맹Fédération des Chambres Syndicales Ouvrières(발랭의 지도하에, 새로 합법화된 노동조합을 위해 우산 역할을 해줄 조직)은 오스만의 도시화에 상응하는 도시 전체 규모의 노동문제에 대한 노동자의 시각을 구축하는 데 도움이 되었다. 이러한 조직은 국지적인 상호부조주의와 직접민주주의의 강력한 전통을 종합하여 노동과정과 고용 여건에 관한 도시 전역의 계급투쟁을 이끌어냈다. 이것은 강한 폭발력을 지닌 혼합체의 일부로 편입되었고, 코뮌이 발휘한 힘의 대부분은 여기서 나오게 된다.

공동체의 성격을 규정해주는 공간은 도시화의 규모가 변하고 공간적 장애물이 줄어듦에 따라 변했다. 하지만 그것은 또 공간 및 공간적 네트워크에 대한 통제권이 사회적 권력의 원천임을 참여자들이 배우게 된 그 투쟁들이며 새로운 계급배치에 반응한 변화이기도 했다. 이 지점에서 계급과 공동체의 진화가 만나 새롭고 까다로운 가능성과 배치를 창

그림 83 살 곳이 필요한 노동계급 주민들은 변두리의 주택을 찾아 나서거나(흔히 가건물) 도심부 안에서 그보다 든든한 건물 안마당을 구했는데, 대개 이런 곳에는 거주자가 너무 많았다.

출해낸다.

새로운 계급 공동체는 공동체 계급의 새로운 형태에 대응한다. 파리의 사회적 공간은 언제나 격리된 상태였다. 오래전부터 도심부의 광채와 풍요로움은 근교의 음산한 빈곤과 대조되었다. 부르주아가 지배적인 서부와 노동계급이 지배적인 동부, 진보적인 우안과 학생들이 많이 몰려 살지만 전통적으로 보수적인 좌안이 대비되어왔다.[20] 이와 같은 전체적 유형 안에서 상당한 공간적 뒤섞임이 이루어져 있었다. 음침한 슬럼가가 부유한 주택가와 뒤섞이고, 수공업 노동자와 장인들의 업체가 좌안과 마레 지구의 귀족 주택가와 뒤섞여 있었다. 또 저 유명한 수직적 격리(1층 양장점 위 2층에는 부유한 부르주아가 살고, 노동자 가족은 다락방에 사는 방식)가 이전보다 줄어들기는 했지만 여전히 계급 간의 사회적 접촉을 유발했다. 상업과 산업에 속한 장인과 고용인들 역시 전통적으로 서로 가까이, 특히 시내 도심에 살았으며, 오스만이 시내에서 공장을 몰아내려고 아무리 애를 써도 이런 패턴은 계속 유지되었다.

도시 안에서 공간적 격리가 생긴 것이 오스만 때문이라고 한다면 틀린 말일 것이다. 하지만 그의 작업이 토지 및 부동산 시장의 변화한 맥락에서 임대료를 기준으로 발생한 토지 용도의 분류 효과sorting effect와 중첩되어 공간적 격리가 훨씬 더 심하게 일어난 것은 사실인데, 그중 많은 부분이 계급 차별 때문이었다. 슬럼의 철거와 건설 투기로 인해 파리의 서부가 확실한 부르주아 구역이 된 반면, 북부와 동부 변두리에서 각기 별도의 방식으로 진행된 토지 개발은 어떤 상층 계급이 그 속에 섞인다고 해도 달라질 것이 없을 저소득층 주거 지대를 만들어냈다. 이로 인해 벨빌, 라빌레트, 몽마르트르에는 특정한 직업에 따라 나뉘기보다는 총괄적이고 광대한 노동계급 집결지가 형성되었고, 나중에 코뮌으로 이어지는 결정적인 선동 역할도 하게 된다. 토지 용도 간의 경쟁에 따라 비즈니스 구역과 금융가도 확정되었으며, 산업과 상업 활동도 도심의 선별된 지역에 더 치밀하게 공간적으로 무리 짓는 추세를 따랐다. 인쇄업은 좌안, 금속 가공업은 동북부 내부, 가죽 및 피혁 공업은 아르스에메티에르Arts et Métiers, 기성복 업체는 대로 바로 바깥에 각각 모였다. 각 구역의 고용 유형이 그 주변 주거 구역의 사회적 형태를 결정하기도 했다. 즉 화이트칼라 고용인들은 비즈니스 중심지 북쪽에, 수공업 노동자들은 동북부 중심, 인쇄공과 제본공(아주 전투적인 집단)은 좌안에 살았다. 권역zone과 분열 지역, 도심과 변두리, 심지어는 그물처럼 짜여진 지구quartier들은 1870년에는 1848년에 그랬던 것보다 훨씬 더 분명하게 계급적 혹은 직업적으로 규정되었다.

이것은 오스만이 고삐를 풀어놓은 도시화 과정의 공간적 규모와도 관련이 크지만, 노동과정과 산업구조가 겪은 근본적 변형이 반영된 것이며, 기능과 직업이 맡는 역할이 총체적으로 덜 중요해지는, 새로 생긴 계급 관계 유형이기도 하다. 상업과 금융 권력의 공고화, 상층과 중간층 부르주아라는 특정 분파가 누리는 풍요로움의 증대, 노동자와 장인 간 격리의 심화, 탈기술화를 허용하는 노동 분업 전문화의 증가 등 이 모든 변화가 계급의 새로운 공동체가 만들어지는 과정에 기록되었다. 낡은 유형—이것저것 뒤섞인 좌안은 여느 때나 다름없이 혼란스러웠다—도 계속 알아볼 수 있었지만, 이제 그 위에는 더욱 격렬하고 확정적인 사회적 재생산 공간의 구조가 덧씌워져 있다. 그에 수반되는 공간적 조직과 공동체 감각은 계급 배치의 재생산 과정에서 포착되었다. 세넷이 통찰력 있게 내린 결론처럼, 제2제정기에 "지역주의와 하층계급이 융합된 것"은[21] 노동자들이 반드시 그런 방식을 원했기 때문이 아니라 사회적

그림 84 낮에는 레알 주변의 거리에서(로쿠뢰의 그림) 밤에는 술집에서(크레퐁 그림) 이
루어지는 노동계급의 생활은 부르주아들이 말하는 품위와 거리가 멀었다. 술집이 등장
하는 장면에 여성과 아이들이 항상 나오는 것을 보라.

힘이 그러한 정체성을 그들에게 부과했기 때문이었다.

계급의 공동체가 도대체 어떻게 작동하는가 하는 것은 파리 노동자들의 "고상주의"에 대한 편견으로 가득찬 풀로의 설명에서 가장 잘 알수 있다. 대산업가이자 고용주인 그는 일터에서의 불복종과 반권위주의, 계급적 저항의 태도 때문에 격분했다. 그는 가족이 형성되지 않는 것이 문제의 중요 부분이라고 여겼다(여성들과 협력하여 "존경받을 만한" 가정생활 형태를 선전하려고 시도한 것도 이 때문이다). 이웃의 술집은 골칫거리였다. 노동자, 심지어는 온 가족이 습관적으로 그곳에 모여, 작업장이나 집에서 격리된 상태로 수행하는 하도급 일터의 억압적 여건하에서는 말할 수 없는 불평들을 털어놓곤 한다. 술집 단골이 대부분 직업상의 손님이라기보다는 이웃이므로[22] 특정 직업 내의 노동 조건보다는 노동계급일반의 여건에 기초한 관점이 형성될 수 있었다. 술집이 어떤 성격의 장소인지를 둘러싼 긴장도 있었다. 세넷이 지적하듯이 "카페가 동료 일꾼들 사이의 연설 장소가 되면 사회질서를 위협하는 곳이 된다. 카페에서 술기운 때문에 연설이 죽어버리는 분위기면 사회질서가 유지된다." 발랭 같은 사회주의자가 사회주의 이상을 표현해내는 정치적 공간으로서 음식협동조합인 라 마밋La Marmite을 육성했던 것은 이 때문이었다. 풀로가 인정한 것, 또 대개 사실로 입증된 것은 계급 연대감과 정체성은 공동체 조직의 후원을 받을 때(이 측면에서는 광업 공동체의 사례가 표본이 된다) 훨씬 더 강력해진다는 사실이었다. 계급 정체성은 작업장에서처럼 공동체에서도 단련된다. 풀로의 좌절감은 작업장에서는 어느 정도의 통제가 가능하지만 공동체 공간에서는 그것이 불가능했기 때문이었다.

굴드는 이 관점에 동의하지 않는다. 그는 이렇게 쓴다. "파리 중앙부의 재건축, 노동자들이 수많은 직종으로 지리적으로 분산되는 것, 새 변두리인 구arrondissement로 인구가 대폭 확산되는 현상은 사회적 저항 양식이 만들어질 여건을 창출했다. 그 속에서는 공동체의 집단적 정체성이 노동에 근거하는 직업의 정체성 및 좀더 정체가 모호한 사촌인 계급과 크게 구분된다." 이웃은 "노동 세계와 무관한 집단적 정체성의 기반"이었다. 따라서 코뮌은 "직업과 계급보다는 도시 공동체와의 동일성에 입각해 있다".[23] 굴드는 오로지 "중립적"인 경험을 근거로 이 결론에 도달했다고 주장하며, 우리가 다루기 까다로운 사실을 계급적 해석으로 재단한다고 판단하여 맹비난을 퍼붓는다.

코뮌에서 극히 중요한 역할을 담당했던 신흥 변두리(벨빌 같은 곳)가 직업과 별 관련이 없다는 굴드의 주장은 매우 타당하다. 하지만 그것이 "좀더 정체가 모호한 사촌인 계급"과 아무 관계가 없다고 추정한 점은 틀렸다. 이에 대해 그가 끌어대는 증거는 벨빌에서는 1848년에서 1872년 사이에 계급 집중의 정도가 크게 증가하지 않았다는 점이다(그 자신의 설명에 의하면, 어마어마하게 늘어난 1872년의 인구 가운데 놀랍게도 80퍼센트가 노동자였는데 이는 그냥 유지된 정도에 불과하다는 것이다). 풀로 같은 사람이라면 사회적 연대를 만들어낼 때 이웃 간의 조직과 시설들이 차지하는 중요성을 강조한 굴드의 입장을 당연히 누구보다도 지지했겠지만, 그것이 계급과 아무 상관이 없다는 말을 들었더라면 경악했을 것이다. 계급에 구애되지 않는 연대감이 존재했다는 주요 증거로 굴드가 제시하는 것은 노동계급 결혼식에 증인으로 참석한 자들의 계급 구성이다. 어울리지 않게도, 공장주와 고용주가 노동자들의 결혼식 증인으로 나선 경우가 많았던 것이다. 그는 이 사실을 근거로, 이웃 간의 사회적 네트워크는 아무런 계급적 기반을 갖지 않는다고 결론짓는다. 굴드는 당시 내연관계가 일반적이고 결혼이 드문 편이었다는 사실(바로 이 때문에 풀로는 1881년에 노동계급의 결혼을 증진시키기 위한 협회를 설립하려고 무척 공을 들였다)을 편리하게도 무시한다. 대부분의 노동자는 비용이 너무 많이 들고 너무 복잡한 일이기 때문에 결혼을 하지 않았다. 결혼을 하는 사람들에게 결혼의 이유는 틀림없이 상향 이동하고 존경받고 싶다는 데 있었을 것이고, 십중팔구는 그렇기 때문에 "존경받을 만한 사람"들(의사, 변호사, 지역 유지 같은 이들)을 증인으로 원했을 성싶다.

우리가 각각 여러 번 지적했듯이, 노동자와 소공장주 사이의 구별은 불분명하며, 이것이 일차적인 계급 구분은 되지 않는다. 노동자들의 계급적인 주적主敵은 은행가, 자금주, 지주, 상인 자본가, 산업가, 하도급 업자 등의 억압적 네트워크 전체인데, 굴드가 모은 자료에서 그들 가운데 몇 명이라도 증인으로 등장한 적이 있는지 의심스럽다. 결혼식 증인들이 지역의 사회적 네트워크의 일부라는 사실은 부정할 수 없지만, 그것이 담고 있는 의미 역시 의문의 여지가 있다. 하인의 견해에 따르면, 술집과 카페 주인은 자주 단골 고객들의 증인이 되어주었지만 이 사실이 계급 연대감의 결여를 입증하는 증거는 되지 못한다. 그런 시설은 흔히 계급의식이 표출되는 중심이었기 때문이다.[24] 그러나 굴드가 시의 자유municipal liberties라는 문제가 코뮌 전후를 막론하고 필수적인 요구 사항이었다고 한 것은 아주 타당한 지적이다. 하지만 더욱 급진적인 형태인 부르주아의 정치적 공화주의와 중복되는(간혹 불편한 사이이기는 하지만) 부분을 제외한다면 이것이 하나의 계급 요구로 개념화되었다는 증거는 양편 모두―노동자뿐 아니라 부르주아에서도―에서 얼마든지 있다.

1868년 이후에 일어난 대중 집회의 사회주의적 내용이 조금이라도 실효를 거두고 있었다는 "증거가 전혀 없다"는 굴드의 근거 없는 견해와는 반대로 우리에게는 1869년에 이미 8개월간 대중 토론회가 벌어진 결과 "작업장에서 죽도록 일하는 사람들, 그리고 배고픔에 맞서 싸우는 것 외에 임금을 받을 별다른 길이 없는 사람들은 갈수록 공산주의 시스템을 더 선호하게 된다"는 사실이 드러났다는 발랭의 확고한 주장이 있다. 또 밀리에르가 1870년에 노동계급 생활에 존재하는 문제의 해결책으로 "사회적 공동체"의 전망과 위험을 다룬 사려 깊은 신문 기사도 있다.[25] 앞에서 보았듯이, 더 이전부터는 아닐지라도 1830년부터는 정치체의 통솔 문제가 계급적 노선에 따라 계속 심각한 시련을 겪어왔으며, "공산주의"와 "공동체" 간의 연합은 활발하게 부활했다. 노동계급이 명백한 다수를 점하고 있는 도시에서 시의 자치에 대한 요구가 아주 현저했다는 사실이 결코 계급적 이해관계가 결여되었다는 증거로 간주될 수는 없다. 또 만약 코뮌이 오로지 시의 자유에만 관심을 가졌다면, 공화파 부르주아는(대체로 그것을 좋아했던 사람들인데도) 왜 그렇게 쏜살같이 도시에서 달아났으며, 왜 (정치의 탈집중화 운동을 그렇게 오랫동안 전개해온) 군주주의자들이 핵심부에 포진해 있는 군대 지휘부가 1871년 5월 피비린내 나는 한 주간 코뮌 참가자들을 "빨갱이"로 몰아 그토록 잔혹하게 처리했겠는가?

흥미롭게도, 사회적 (계급) 관계에서 공간적인 인접성이 갖는 중요성, 그리고 사회적 연대의 구심점으로서 이웃의 기관들과 새 구arrondissement가 갖는 중요성의 증거로 굴드가 동원하는 것들 가운데 대다수는 내가 여기에서 제공하는 설명과 양립하지 못할 것이 전혀 없다. 코뮌은 1848년과는 정말로 다른 종류의 사건이었는데, 그렇게 된 이유는 부분적으로는 오스만화가 노동과정과 자본축적의 조직 및 국가권력의 배치를 급격히 변형시키면서 함께 수행한, 똑같이 급격한 생활공간의 재편성 때문이었다. 계급 공동체와 공동체의 계급은 제2제정의 일상생활과 정치에서 점점 더 현저한 특징이 되었고, 이러한 요인들이 뒤섞이지 않았더라면 코뮌이 그런 형태를 띠지는 않았을 것이다.

14장

자연과의 관계

인간의 신체적이고 정신적인 삶이 자연에 연결되어 있다는 것은 단지 자연이 그 자신에게 연결되어 있다는 뜻이다. 인간은 자연의 일부이기 때문이다.

_마르크스

오스만의 기획이 실행되는 과정에서 발자크가 품었던 유토피아주의의 전원적 갈망은 무시되지 않고 충족되었다. 또 그것은 프랑스라는 나라의 중세적이고 고딕적인, 그리고 그리스도교적인 기원(건축가이자 위대한 고딕 성당 복원가인 비올레 르 뒤크는 노트르담 사원을 꾸미는 일을 두 번 맡았는데, 한 번은 제국의 선언을 축하하기 위해 급히 맡았고, 또 한 번은 루이 나폴레옹의 결혼을 축하하려는 오스만의 요청 때문이었다)에 호소하여 정당성을 얻는 문제도 소홀히 하지 않았다. 오스만은 또한 건강과 위생에 대한 강조, "순수한" 자연이 가진 치유력을 접함으로써 인간의 심신을 재생한다는 주장에도 관심을 보였는데, 이러한 주장은 1830년대의 "위생학자"들이 제안한 일련의 제안에 연원이 있다. 그리고 그는 도시 안에 공원과 개방된 공간(도시의 "허파"로 기능하도록)을 만들자는 제안, 즉 1843년에 메

그림 85 도미에가 기록한 바에 따르면, 이웃집이 철거되어 햇빛과 신선한 공기를 쐴 수 있게 되자 이 주민은 자기가 기르던 식물이 장미인지 패랭이꽃인지 비로소 알게 된다.

나디에가 가장 명확하게 제시한 제안을 실행에 옮겼다. 이러한 사안들을 처리하는 데 개인적으로 몰두한 오스만은 유능한 자문관들(특히 알팡과 벨그랑)에게 치유책을 만들어내라고 주문했다. 불로뉴 숲(7월 왕정 시절에는 '무자비한 사막'으로 알려졌으며, 루이 나폴레옹이 세운 재생 계획의 특별한 대상이 된 곳), 뱅센 숲, 뤽상부르, 뷔트 쇼몽(쓰레기 하치장을 개조한 곳), 몽소 공원, 또는 탕플 광장 같은 자그마한 공간도 거의 대부분 알팡의 창조적 지휘 아래 무에서 창조되거나 완전히 개조되어 도시에 자연 개념을 어느 정도 도입했다.

물론 여기에서 작동되고 있는 것은 구축된 자연constructed nature이라는 개념인데, 그것은 아주 분명한 기준에 따라 형성되었다. 석굴과 폭포, 호수와 시골풍의 식사 장소, 느긋한 산책로와 나무 그늘, 이 모든 것이 도시의 독특한 공간 속에서 솜씨 있게 제작되어 전원적이고 아르카디아적인 풍경과 고딕적 디자인을 강조했으며 또한 오염되지 않았고 위협적이지 않은(따라서 길든), 그러면서도 여전히 정화의 기능을 가진 자연과 접하여 얻는 회복력이라는 낭만적 개념을 부각했다.[1] 이러한 전략에는 다중적인 목적이 있었다. 그것들은 도시 속에 "자연의 스펙터클"을 도입했으며, 그럼으로써 제국 정권에 영광을 더해주었다. 또 그것은 1840년대의 정치색 짙은 낭만주의를 가져와서 그것을 도시의 개방된 공간 속에서 이루어지는 자연과의 좀더 수동적이고 관조적인 관계로 변형시키려고 했다.

이러한 시도는 적어도 왕정복고 이전으로까지 거슬러 올라가는 노동자와 부르주아 모두에게 공통적인 특별한 문화 전통에 호소하는 부분이 많다. 하지만 이것은 자본주의의 발전 노선과 전혀 상관없이 자율적으로 발전하는 문화가 아니다.[2] 자연(과 자연에 접촉할 길)의 상품화 및

그림 86 '무자비한 사막'이던 불로뉴 숲을 7월 왕정 치하에서 고딕적 손질이 수없이 가해진 목가적 이미지를 지닌 장소(위, 마르빌의 사진)로 변신시킨 것은 알팡이 이룬 최고의 업적 가운데 하나다. 또 오래된 이 도시의 쓰레기장을 개조하여 근사한 뷔트 쇼몽 공원으로 바꾼 것도 마찬가지다(아래, 샤르팡티에와 브누아 그림).

금융자본과 신용이 미치는 영향력이 확산되는 현상은 7월 왕정 시절의 개발과 많은 관련이 있다. 인구과잉, 비위생, 갈수록 빈곤해지는 노동 인구의 비정규화—모두 자본주의 발전에서 전형적으로 기계화와 근대 산업의 앞 단계에 놓이며 마르크스가 "공장제 수공업" 기간이라고 부른 시기의 산물—가 초래하게 될 결과에 대한 우려 때문에 왕정복고 기간 및 그 이후에도 자연과의 관계라는 문제가 중앙 무대를 차지하게 되었다. 낭만주의(라마르틴과 조르주 상드 같은 부류)와 목가적 유토피아주의(발자크가 명확하게 표현해낸 종류)는 둘 다 부분적으로는 이같은 도시의 타락한 생활 여건에 대한 반응과 반발이었다. 푸리에주의자는 특히 단호한 태도로 자연과의 관계를 회복하는 것을 자신들의 유토피아 계획의 중심 교의로 삼았다. 좀더 실질적인 측면을 본다면, 7월 왕정의 위생주의자들(빌레르메, 프레지에, 파랑뒤샤탈레)은 파리와 지방 모두에서 대다수 도시 주민이 처해 있는 몹시 불결한 생활 여건의 증거를 점점 더 많이 제시했다. 이들은 청결성과 공공 보건 수단을 치유법(특히 콜레라 박멸의)으로 간주했지만, 이들이 제출한 보고서에는 문명의 실패에 대한 푸리에주의적 환멸에서부터 살아 있는 자연과의 건강한 관계로 돌아가려는 낭만적인 갈망에 이르는 다양한 감정들에 근거를 제공할 소지가 얼마든지 있었다. 그러한 감정을 발생시킨 조건은 모든 점에서 점점 빨라지는 자본주의의 발전 속도와 밀접한 관계가 있다.

오스만은 버릇처럼 이러한 질문에 대한 대응책의 규모를 수정했고, 그럼으로써 그가 만들어낸 치유책에 걸려 있는 위험도 손보았다.

1850년에는 시립 공원의 면적이 47에이커였다. 22년 뒤, 그가 관직에서 물러났을 때는 4500에이커였다. 그가 도시에 추가한 녹지는

그림 87 탕플 광장을 개조함(왕과 그 가족이 1793년에 처형되기 전 몇 달 동안 수감되어
있던 장소에 대한 대중적 기억을 편리하게도 모두 지워버린)으로써 식물과 흐르는 물이
도시 한복판으로 들어오게 되었다. 그것은 알팡이 만든 정원과 이토르프가 만든 시청,
발타르가 세운 지붕 덮인 시장과 실제로 합쳐져서, 도시 공간을 여가와 행정과 장보기 활
동을 중심으로 운영되는 공간으로 만들었다.

이때는 봄에 꽃을 피우고 가을에는 낙엽이 지는 밤나무의 시대였다.
알팡은 (특히 불로뉴 숲의) 전반적인 디자인에서 천재성을 발휘했고, 원예
분야에서는 바리예데샹을 보르도에서 불러들여, 도시의 공원과 광장
내부에 수많은 낭만적 손질을 가하도록 했다.

그러나 상하수도 문제에서는 오스만에게도 선택의 여지가 거의 없었
다. 1850년에 파리는 상하수도 보급 수준에서 볼 때 영국과 미국의 도시
들뿐 아니라 유럽의 몇몇 다른 도시(베를린 같은)보다도 한참 뒤처져 있
음이 분명했으니 말이다. 패니 트롤럽이 1835년에 방문했을 때 묘사한
역겨운 여건은 1848년까지도 거의 그대로였다. 그녀는 이렇게 썼다. "파
리의 침실과 부엌에서 물 부족 때문에 발생하는 해악도 간단한 문제가
아니고 엄청난 것이지만, 이보다 규모가 더 크고, 결과 면에서도 무한히
더 심각한 부족 사태가 있다. 배수구와 하수구의 부족은 프랑스의 모
든 도시가 갖고 있는 커다란 결함인데, 정말로 엄청난 문제다."4 마르빌
이 1850년대에 찍은 거리 사진은 대부분이 비가 오다가 방금 멈춘 것처
럼 보이는데, 사진에서 알아볼 수 있는 길거리 중간의 작은 수로들은 노
천에서 흐르는 하수이지 빗물이 아니다. 1848년에서 1849년 사이에, 또
1855년에 다시 유행한 콜레라는 그 위험성을 더욱 높였다. 그 원인이 밝
혀지지는 않았지만 대체로 불건강한 생활 여건 때문이라고 추정되었기

그림 88 마르빌이 찍은 옛 파리의 사진은 대부분 소나기가 지나간 직후에 찍힌 것처럼 보인다. 사진 속 길거리에는 항상 액체가 흐르는 수로가 보이기 때문이다. 하지만 이런 수로들은 대부분 생활하수가 흐른 것이다. 이 비위생적인 상황을 시정하려면 대대적인 작업이 필요했다.

그림 89 새 하수도는 넓었고 부르주아와 왕족들이 관광하
러 올 만큼(맨 위, 발랑탱 그림) 공간이 충분했다(아래, 펠
코크 그림). 이런 관광은 부분적으로는 부르주아들에게
위고가 『레미제라블』에서 묘사한 것 같은 지하에 거주하
는 불길한 세력이 없다는 것을 확인시키기 위한 것이었다.

때문이다.

오스만이 파리의 지하를 개조했다는 이야기는 수없이 되풀이되어 왔고, 드라마틱하고 장관인 데다 영웅적이기까지 한 업적이라는 갈채를 받았다.[5] 물 공급 사정은 확실히 개선되었다. 1850년에 파리에는 하루 2700만 갤런의 물이 유입되었는데, 이는 고르게 분배된다면(실제로는 그렇지 않았다) 주민 1명당 26갤런에 해당하는 양이다. 1870년에 이는 주민 1명당 하루에 50갤런으로 늘었고(아직 런던보다 훨씬 적은 양), 진행되고 있던 수도 사업이 완료되면 곧 64갤런으로 늘 예정이었다. 분배 면에서는 이만큼 성공적이지 못했다. 1870년에는 주택 절반에 상수도 시설이 없었고, 상업 시설에 대한 물 분배 시스템은 허술하게 운영되고 있었다. 오스만의 후원을 업은 벨그랑 역시 음용수와 분수, 거리 청소, 산업 등에 사용하는 비음용수의 공급을 분리하기로 결정했다. 처음에는 이 방법이 신선한 음용수 공급 비용을 줄이는 데 도움이 되었다. 하지만 파리 지역에서 고품질의 신선한 음용수 공급량을 충분히 찾아내고 확보하려는 노력에는 수많은 기술적 어려움이 뒤따랐다. 오스만은 결국 성공했다. 파리에서 상당히 멀리 떨어져 있는 뒤즈와 반Vanne의 상수원에서 깨끗한 물을 운반해 오는 수로는 마침 로마 제국의 수도로를 적절한 모델로 삼을 수 있었고, 그럼으로써 제국적인 영광을 증진하는 데도 나름대로 기여했다. 뿐만 아니라 그 수도로가 파리에 들어오는 구간도 높직하게 설치되어 중력에 의한 흐름으로 충분히 전 도시에 물을 공급할 수 있었다.

물 보급량이 늘자 하수도 처리에 더 많은 관심이 집중되었다. 1850년까지도 길거리가 그대로 주主하수도였다. 1852년(오스만이 임명되기 전)에 파리 지사가 이미 "하수도가 있는 거리에 면해 있으며 대규모 개조가 진행되는 건물과 새 건물에는 하수도에 연결되는 시설을 설치해야 한다"고 지시한 바 있다. 하지만 실제로는 파리의 모든 거리에 하수도가 있어야 했다. 오스만은 전형적으로 그다운 방식으로 반응했다. "도시 거리의 길이는 제2제정기에 2배가 되었지만(424킬로미터에서 850킬로미터로 늘어남) 하수도 시스템은 5배 이상(143킬로미터에서 773킬로미터로) 늘었다."[6] 하수도가 그 속에서 수도관을 쉽게 수리할 수 있고 그 밖의 지하 내부 구조물들(훗날의 전기 케이블 등)도 수용할 수 있을 만큼 널찍하게 건설되었다는 것은 더욱 중요했다. 파리의 지하는 볼 만한 스펙터클이 되었다. 이제까지는 지하에 있던 모든 것과 그곳에 웅크리고 사는 최하층 계급의 비천한 부류들(위고의 『레미제라블』에 나오는 유명한 파리 하수도의 묘사 때문에 이런 생각이 심해졌다)을 겁냈던 부르주아와 저명인사들의 방문을 위해 관광 코스가 마련되었다. 시의회에 제출한 보고서에 오스만이 쓴 다음의 구절은 상당히 유명하다.

> 지하의 저 회랑들은 메트로폴리스의 신체 기관이며, 대낮의 햇빛을
> 전혀 보지 못하는 인간 신체의 내장 기관 같은 기능을 할 것이다.
> 깨끗하고 신선한 물과 빛과 열은 생명 그 자체를 유지하기 위해
> 움직이고 보충 작업을 하는 그런 여러 가지 액체처럼 순환할 것이다.
> 이러한 액체는 드러나지 않은 채 활동하며, 도시의 원활한 소통을
> 방해하지 않고, 또 그 외관상의 아름다움을 망가뜨리지 않고 공중의
> 건강을 유지할 것이다.[7]

간디는 이것을 (죽은 자연이 아니라 살아 있는 자연이라는) 전근대적 개념으로 종잡을 수 없이 물러나는 후퇴로 해석하며, "경제 교환의 순환적

동력이 어떻게 도시 질서의 유기적 개념을 압도하고 자연과 도시 사회 간의 새로운 관계를 설정하는지"를 보여주려고 시도한다.[8] 그는 이 과제가 오스만의 손으로 완성되지 못했고 19세기의 마지막까지 기다려야 했다고 주장한다. 이 부분에서 오스만이 사용한 언어는 물론 7월 왕정의 위생학자들의 작업에 만연해 있는 생물학적 추론과 유기체적 은유의 오랜 전통에서 끌어 온 전술적인 것에 불과했는지도 모른다. 하지만 기계 공학적 언어가 아직은 근대성의 기술적 언어로 정착하지 않았던 시기에 그가 순전히 실질적인 문제로서 순환과 물질대사의 은유에 이끌렸을 수도 있다. (현대의 많은 환경론자가 물질대사라는 개념을 지속 가능한 도시 개발의 발상에 근본적인 것으로 되살려낸 것과 마찬가지로). 벨그랑의 신중한 과학적 조사와 보고서, 언제나 회의적이고 조심성 많은 시의회를 설득하기 위해 오스만이 작성한 비망록은 그러한 유기체적 수사법을 대체로 배제하고 있으며, 기계적인 태도로 문제를 분석한다. 그러나 그들이 순환이라는 생각을 강조한 것은 사실인데, 이 은유가 맡은 임무는 두 가지다. 우선, 그것은 건강한 도시환경을 건설했을 때 공기와 햇빛, 물, 하수의 원활한 순환이 수행하는 청소 기능을 강조할 수 있었고, 그와 동시에 도시 전역에서 이루어지는 돈과 사람과 상품의, 마치 완전한 자연의 기능 같은 자유로운 순환과의 연관성도 환기할 수 있었다. 따라서 자본의 순환은 "자연적"인 것으로 해석될 수 있었고, 메트로폴리스의 개조(대로, 공원 공간, 광장, 기념물)는 자연적인 디자인과 조화하는 것으로 이해될 수 있었다.

15장

과학과 감정, 근대성과 전통

재산의 여러 다른 형태 위에서, 사회적인 존재 여건 위에서, 분명하고 독특하게 형성된 감정과 환상, 사고 양식, 인생관이라는 상부구조 전체가 나타난다.

_마르크스

의식의 내부를 엿보려는 시도는 언제나 위험한 행동이다. 그래도 사람들을 행동하도록 자극하는 희망과 꿈, 공포와 상상에 대해 뭔가가 이야기되어야 한다. 그런데 1세기도 더 지난 과거의 파리인들이 품었던 생각과 감정을 재구성하려면 어떻게 해야 하는가? 방대한 양의 문헌 자료(대중적인 자료와 학술적인 자료)가 있으니, 만화, 그림, 조각, 건축물, 기계 등으로 보완하면 적어도 일부 사람이 어떻게 느끼고 생각하고 행동했는지를 알 수 있다는 것은 틀림없다. 그렇지만 그러한 구체적 흔적을 남기지 않은 사람들이 많다. 대다수 주민은 침묵하고 있다. 대중의 생각과 문화에 대해 단편적인 느낌이라도 얻으려면 언어—단어, 몸짓, 대중가요, 극장, 대중 출판물(『만인을 위한 과학La science pour tous』『로제 봉탕Le Roger Bontemps』, 『어린이 주간La eemaine des enfants』 같은 제목이 달린)—에 대한 꼼꼼

한 연구가 필요하다.[1]

제2제정은 실증주의 시대에 속한다고 알려져 있다. 하지만 현대의 기준으로 본다면 그것은 의혹과 모호성과 긴장의 범벅이며, 실증주의 치고는 좀 묘한 종류다. 사상가들은 "서로 다른 방식으로, 또 서로 다른 범위에서 양립 불가능한 갈망과 신념을 조화시키려고 시도"하고 있었다.[2] 수많은 노동자의 사정도 인텔리겐치아, 화가, 학자가 처해 있던 사정과 마찬가지였다. 진보에 열정적인 관심을 보이다가도 그것을 노동과정에 적용하려 하면 저항하기가 예사였다. 코르봉은 이렇게 썼다. "글을 읽고 쓸 줄 알고, 시인의 정신을 갖고 있으며, 물질적·정신적 열망이 크고, 진보에 몸을 바친 노동자들이 실제로 자기 일자리가 걸린 문제에 부닥치면 반동적이고 퇴영적인 개화 반대론자가 된다."[3] 발랭 같은 지도자도 끊임없이 불평을 늘어놓게 되지만, 수공업 노동자들의 입장에서 보면 물론 그들의 기술이 곧 과학이었고, 탈기술화는 진보의 상징이 아니었다. 파리가 이 나라의 최상층 인텔리겐치아뿐 아니라 노동계급의 "유기적 지식인"에게도 지적 격동의 화덕 구실을 하다보니, 파리는 두 세력과 다중적이고도 긴장된 관계를 엮어가게 되었다. 또 노동자가 자본주의의 화폐 권력에 갈수록 굴복해가는 모습이 작가와 화가들이 시장의 지시에 따라 기술을 팔고 이름을 파는 모습과 마치 거울에 비친 영상처럼 똑같아지는 수많은 교차 지점이 있었다. 이러한 경험의 일치가 혁명의 장에서 보헤미안을 노동자 편에 서게 한 것이다.

당시 대부분의 사람은 과학이 가진 장점에 충격을 받았다. 의학의 업적은 특히 중요했다. 의과 학생들이 1860년대의 정치적·과학적 운동에서 대개 전위前衛를 담당했기 때문만이 아니라 인간 신체처럼 개인적인 어떤 것을 냉정하게 해부한다는 이미지가 과학이 어떤 것인가를 말해주

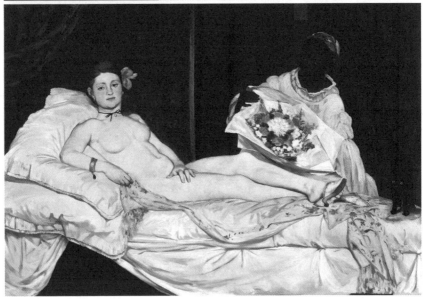

그림 90 근대성이 전통을 반영하는 방식이 마네의 「올랭피아」(아래쪽)에 훌륭하게 구현되어 있다. 이 그림은 티치아노의 「우르비노의 비너스」를 모델로 삼았음이 분명하다. 하지만 고분고분한 개는 말 안 듣는 고양이(중산계급에서 강력한 세력을 얻어가고 있던 프리메이슨 운동의 상징물)로 바뀌었고, 하녀는 훨씬 더 현세적인 존재이면서 더 모호한 힘을 행사하며, 당시의 비평가들이 불평했듯이 이 누드는 고급 창녀보다는 보통 창녀의 것처럼 보인다.

는 하나의 패러다임이 됐기 때문이었다. 또 만약 인간의 신체가 해부될 수 있다면 정치단체도 그러지 말라는 법이 어디 있는가? 과학은 사물의 신비를 벗겨내고 그 내면의 본질을 꿰뚫어보고 해부하기 위한 투쟁과정에서 방법이라기보다는 하나의 태도로 간주되었다. 그러한 태도는 "예술을 위한 예술"을 지향하는 운동에서도 그 기저를 이루게 되었다. 과학자뿐 아니라 작가와 시인, 경제학자, 화가, 역사가, 철학자도 과학을 목적으로 삼을 수 있었다. "그것은 관습적 도덕이나 그 어떤 교훈적인 동기에도 구속되지 않는다. 그것은 자신들의 예술이 '순수하게' 되기를 바랄 때의 그 의미에서 '순수했고', 그것의 객관성과 공정성은 감상주의와 사적 감정의 공개적인 노출을 피하겠다는 그들의 결심과 닮아 있었다." 생트뵈브가 『보바리 부인』을 찬양하는 글에서 썼듯이, "외과 의사가 메스를 놀리듯 펜을 놀리는 것"이 모든 작가의 야망이었다. 의사의 아들인 플로베르는 평생 시체 해부에 매혹을 느꼈다. 그는 이렇게 썼다. "내가 이렇게 의학 연구에 매료되는 건 이상한 일이지만, 요즘의 지적 풍향은 그쪽으로 기울고 있다네." 플로베르의 유년 시절 제일 친한 친구 가운데 한 명이던 막심 뒤 캉은 나중에 파리 "신체"의 해부적 분석을 썼다(그리고 에드몽 공쿠르가 일기에서 언급했듯이, 자신의 『회고록』에서 플로베르를 비슷한 양식으로 상당히 많이 해부했다). 들라크루아는 과학은 "쇼팽 같은 인물이 보여준 것 같은 예술 그 자체, 천재가 윤색해낸 순수한 이성"이라고 주장했다. 많은 화가는 자신들이 당시 발효의 신비를 파악해낸 파스퇴르 같은 과학자의 정신과 유사한 정신으로 작업하기를 꿈꾸었다.[4]

과학과 감정 사이의 간극이 넓어지는 것을 감지한 다른 사람들은 그것을 좁히려고 애썼다. "그 어떤 문학이든 과학과 철학 사이에서 사이좋게 나아가기를 거부하는 것은 곧 범죄적인 문학이자 문학적 자살이라는 사실을 이해할 날이 머지않았다"고 보들레르는 썼다. 위고 역시 이와 비슷한 생각을 가졌다. "우리가 시인의 고상한 환상, 사회적 아름다움을 실현하게 되는 것은 과학을 통해서다. (…) 문명이 달성된 단계에서는 어떤 것이 탁월해지려면 반드시 정확성을 기해야 하며, 예술적 감정은 과학적 접근을 통해 도움을 받을 뿐 아니라 완성될 수 있다. 꿈은 계산하는 법을 알아야 한다."[5] 발랭 같은 수공업 노동자들 역시 당연히 이에 동의했을 것이다. 결국 이들이 스스로를 교육시키겠다고 나선 것도 바로 그 이유 때문이었다. 역사가인 미슐레는 더욱 계획적이었다. 그는 "그 정수를 발견하기 위해 실제 존재를 꿰뚫고 들어가서 (…) 자유의 문학과 과학을 격리하는 어리석은 장벽을 깨부수는 진실의 시, 순수성 그 자체"를 추구했다.[6]

과학과 감정을 분리할 준비가 되어 있던 사람이 거의 없었기 때문에 혼란스럽고 모호한 상황이 벌어졌다. 자유사상가들이 낭만주의와 유토피아주의, 무엇보다도 기존 종교의 신비주의의 덫을 피하는 데서는 과학적 자세가 도움이 되었지만, 그것이 사회적 진보의 방향과 전통과의 관계를 검토하는 문제를 면제해주지는 않았다. "과학을 약간 알면 종교에서 멀어진다. 과학을 많이 알면 도로 그곳으로 돌아가게 된다"고 플로베르는 말했다. 예전에 생시몽은 이러한 노선에 서서 사회에 대한 자신의 새 과학은 그 도덕적 목적을 몰아붙일 쇄신된 그리스도교의 힘이 없이는 어떤 결과도 거둘 수 없다고 주장한 바 있다. 오귀스트 콩트(초반에 생시몽과 협력했던)도 그 뒤를 따랐다. 1830년대에 추상적이고 체계적이고 이론적 실증주의를 만들어낸 그는 1840년대에는 좀더 인간주의적 노선의 사고로 전환했다. 1849년 이후 1857년에 죽을 때까지 소르본 광장 가까운 곳에 있던 그의 집에서는 인류의 실증주의 사원을 세우는 데 헌신하는 논문들이 차례로 발표되었다.

사회의 과학을 구축하는 데 가장 큰 관심을 가졌던 사람들은 사실과 가치를 분리하기를 원하지 않았다. 1848년 이전에는 사회과학이 콩트, 생시몽, 푸리에 같은 거창한 조직자와 경험론자로 나누어져 있었다. 전자의 추상과 사색이 영감을 고취한다면 후자는 1840년대의 위생론자들처럼, 빈민들이 당면하고 있고 위험 계급들이 저지르기 쉬운 끔찍한 질병과 결핍에 대한 감동적이지만 맬서스적인 묘사에만 관심을 한정한 사람들이었다. 두 전술 모두 예리한 사회과학을 내놓지 못했다. 자본주의와 빈곤, 범죄 사이의 연관성을 프랑스적 맥락에서 좀더 명료하게 밝힌 설명은 프루동에게서 비로소 이루어졌으며, 1867년에 가서야 독일어로 출판된 마르크스의 『자본론』제1권에서 그 연관성이 더욱 분명해졌다. 훗날 블랑키주의 운동의 핵을 이루게 될 의과 대학생들 역시 마찬가지로 사회와 그 질병을 해부하는 데 자신들의 유물론적 메스를 탁월하게 활용했다. 하지만 이와 다른, 덜 고무적인 추세도 관측할 수 있었다. 1850년대에 르플레는 가톨릭의 의제를 지지하기 위해 실증주의를 경험론과 융합하여 새로운 종류의 사회과학을 구축했다. 가족 예산과 가정생활에 관한 그의 광범위한 연구는 사회질서의 기반으로서 가족에 대한 그리스도교적 해석을 공호히 하는 데 바쳐졌다. 자유주의 정치경제학자들 역시 정치적 목적에서 자신들의 "객관적" 사회과학을 형성하는 데 똑같이 열성적이었다.[7]

이같이 어지럽게 엇갈리는 흐름들은 1848년에 만들어진 계급 관계와 계급 연대들, 즉 보수적 공화정과 제국의 복잡한 진화에 대한 설명이 없으면 이해하기 힘들다. 앞에서 보았듯이, 1848년의 혁명에서 진보적 사회민주주의자들은 바리케이드에서 보헤미안(예를 들면 쿠르베, 보들레르),

낭만주의자(라마르틴, 조르주 상드), 유토피아 사회주의자(카베, 블랑), 자코뱅(블랑키, 들레클뤼즈) Louis Charles Delescluze 1809-1871. 공화주의, 사회주의 진영의 언론인. 1830년, 1848년 혁명에 참가했으며, 신문을 발간하다가 탄압받아 벨기에로 피신하고, 프랑스령 기아나에 유형을 가 6년 동안 살기도 했다. 사면되어 파리로 복귀한 뒤에도 국제노동자조합과 관련된 언론활동을 했으며, 파리 코뮌에 참가했다가 1871년에 바리케이드에서 사망했다 등의 잡다한 혼성 군중 및 똑같이 잡다한 노동자, 학생, 거리의 사람, "위험 계급"의 대표자 등과도 손을 잡았다. 쓰러렸던 6월의 나날에 이 연대는 가능한 모든 수단에 의해 분쇄되었다. 그들의 실제 역할이 무엇이었든 간에, 낭만주의자와 사회주의 유토피아주의자들이 1848년의 미사여구에 찍은 강력한 이데올로기적 인장은 6월의 탄압과 함께 철저하게 불신당했다. "시인은 따라올 수 없어"라고 플로베르는 빈정댔다. 프루동은 바리케이드에서 행해진 선동을 실용성은 전혀 없고 지루하며 유토피아적인 것이라 여겼다. 하지만 낭만주의와 유토피아주의는 각종 사상이 종교에 복종하는 데 대항하는 최전방 방어선이었다. 좀 다른 방어와 저항의 수단을 찾아내야 했다.

> 유토피아주의는 이제, 일반적으로 말하자면, 실증주의로 대체되었다.
> 모든 인류의 미덕에 대한 신비적 믿음과 정신적 부활을 바라는 희망은
> 인류에 대해 더 수세적인 염세주의에 자리를 내주었다. 눈앞에서
> 찬란한 희망이 분쇄되었기 때문에 인간은 세계를 다르게 보기
> 시작했고, 대화와 글쓰기 스타일 자체도 변했다.[8]

쿠르베가 돌연히 열어젖힌 사실주의 회화로의 돌파구, 1848년의 폭력에 의해 훨씬 더 비극적인 차원을 갖게 된 근대성을 타협 없이 치열하게

끌어안은 보들레르, 그리고 처음에는 혼란을 겪었지만 곧 유토피아적 구도를 전면적으로 거부한 프루동의 태도가 갖는 의미가 여기 있다. 쿠르베, 보들레르, 프루동은 제휴할 수 있었고, 또 제휴했다.[9] 낭만주의와 유토피아주의에 대한 그들의 환멸은 1848년에 대한 사회의 전형적인 반응이었고, 그것은 사실주의와 실용적 과학을 인간 감정을 해방하는 수단으로 간주했다. 그들은 심정적으로는 여전히 낭만주의자였을지 모르지만 메스로 무장하고 있었고, 종교와 제국의 권위주의를 떠나 실증주의와 초연한 과학의 방패 뒤에 아지트를 구할 준비가 되어 있었다. 신분 높은 부르주아들도 비슷한 결론을 끌어냈지만 그 이유는 상당히 달랐다. 어떤 사람은 "무능하다보니 심술궂어지고, 관공서마다 쫓아다니며 탄원서나 내고, 허세나 부려 국가를 괴롭히는 노총각 무직자들"을 만들어낼 것이 아니라 "생산의 전투를 위해" 유능한 노동자, 십장, 공장 관리자를 훈련시킬 직업학교를 만들어야 한다고 썼다.[10]

제국이 산업적·사회적 진보에 관심을 갖고 있었으니 이러한 사실주의와 과학으로의 전환을 환영하고 격려하고 활용했으리라고 다들 짐작할 것이다. 그리고 제국도 표면적으로는 바로 그런 일을 했다. 즉 새로운 기술에 대한 찬미에 몰두하는 만국박람회를 선전하거나, 노동자위원회를 설립하여 기술적 변화의 결실과 적용을 검토하는 등의 일이 그것이다. 하지만 제2제정이 프랑스 과학이 19세기 초반에 절정에 이른 뒤 내리막길을 걸어, 세기말경 상대적으로 평범한 수준에 머무르게 될 때까지 심각한 퇴보 추세를 되돌리려는 시도를 전혀 하지 않았고, 심지어는 그 추세를 심화하기까지 했다는 데 대부분의 해설자가 동의한다.[11] 연구 지원은 거의 이루어지지 않은 반면—예를 들면 파스퇴르도 연구비 지원을 받기가 무척 힘들었다—대학에서는 정부 정책을 두고 지독한 소란이 일어났고 학생들은 길거리로 쏟아져나와 반대 운동을 벌이거나 블랑키주의자 같은 지하 음모가로 변신하지 않을 수 없는 처지로 내몰렸다. 과학과 실증주의, 자유사상과 유물론은 저항의 형식이 되었다. 종교의 신비주의, 검열적인 권위주의와 제2제정 문화의 천박함이 그 저항의 주된 과녁이었다.

제국의 정책에 내포된 모순 또한 루이 나폴레옹이 자신의 권력을 지탱해온 위태위태한 계급 연대라는 개념을 통해 이해되어야 한다. 사실, 근대성을 이식할 길을 전통의 이름으로 추구한 것, 제국의 권위주의를 이용하여 사적 자본 축적의 자유와 해방을 찬양한 것이 그의 천재성이자 불행이었다. 그가 그렇게 역사의 기묘한 한 모퉁이를 점령할 수 있었던 것은 바로 1848년의 계급 관계의 불안정성으로 인해 모든 계급 가운데 가장 비전이 없고 두려움만 많던 계급을 안정과 안전, 나아가서 국가적 수준의 영광까지도 약속하는 전설 주위로 불러 모을 기회가 생겼기 때문이다. 하지만 그는 자신이 앞으로 나아가야 한다는 것을 알고 있었다. 그는 이렇게 썼다. "19세기가 품은 이상의 선두에 서서 행진하라. 그러면 그 이상들은 여러분을 따르고 지지할 것이다. 그 뒤를 따른다면 그것들은 여러분을 질질 끌고 갈 것이다. 반대쪽으로 행진하려 한다면 그것은 여러분을 넘어뜨릴 것이다."[12] 그런데 문제는 나폴레옹이 철저하게 반동적이고 교양도 없으며, 진보, 자유, 근대 문명과의 화해를 철저하게 부정하는 교황이 이끄는 가톨릭교회의 지지를 얻어야 했다는 점이었다. 물론 진보적 가톨릭도 있었다. 하지만 그들은 로마의 총애를 받지 못했고 몽탈랑베르처럼 쿠데타를 지지했다가 나중에 제국과 로마의 연대를 어찌나 심하게 비난했는지 검사에게 소환되기까지 한 사람들이었다. 하지만 실질적으로 적어도 1869년 그 연대가 깨어질 때까지는 교육을 사회 진보의 원천이 아니라 오로지 전통적 가치의 고취를 통한 사회통제 수단으로 보는 사람들에게 교육의 대부분이 넘어가게 되었다. 이런 현실이 검열제도와 짝을 이루자 대학의 자유사상 운동은 제국에 대한 강력한 비판으로 바뀌었다.

또 제국은 근대성과 전통 사이의 균열에 위태롭게 양다리를 걸치고 있었기 때문에 취약점도 있었다. 그것은 사회적·기술적 진보를 추구했고, 그럼으로써 행동에서나 사고에서나 전통 계급과 개념(종교, 군주제적 권위, 예술가적 자부심)의 위력과 맞서야 했다. 제국이 세워진 기초에는 전설도 들어 있다. 하지만 너무 가까이에서 들여다보면 그 전설은 살아남을 수 없다. 가장 낯뜨거운 이슈가 두 가지 있었다. 제1제정이 제1공화정에서 등장한 방식, 그리고 끝내 몰락한 방식이라는 이슈였다. 검열관은 그런 문제를 다루는 대중 공연과 연극(알렉상드르 뒤마의 것까지도)을 금지하여 약삭빠르게도 그에 대한 침묵을 강요하려 했다. 빅토르 위고는 안전한 망명지에 앉아 펜을 휘두르며 "꼬마" 나폴레옹Napoleon "le petit" 나폴레옹 3세의 별명의 죄악에 대해 우레 같은 비난을 쏟아냈다. 『레미제라블』의 워털루 패배 장면은 탁월한 솜씨로 묘사되기는 했지만 구성 측면에서 볼 때는 전혀 필요 없는 부분인데, 위고가 이것을 소설에 끼워 넣은 까닭은 나폴레옹 1세가 워털루에서 이겼더라면 "19세기의 추세를 거스르는 일이 되었을 것"이며 "그렇게 넓은 세계가 단 한 사람의 손에 장악된다는 것"은 "문명에 치명적인 사건"이 되고 "위대한 세기가 태어나려면 한 위대한 인물은 사라져야" 하기 때문이었다. 『레미제라블』은 브뤼셀에서 출판되었지만 1862년의 파리에서 그 책을 읽지 않은 사람은 없었고, 독자들은 위고가 전달하려는 메시지를 정확하게 알아들었다.[13]

전통을 이런 식으로 이용하는 것은 새로운 일도 아니다. 미슐레, 티에르, 라마르틴 같은 역사가와 작가가 프랑스혁명의 의미를 놓고 벌인 드잡이는 1840년대 정치학의 중요한 부분이었다. 1851년 이후 공화주의자는 정치적 쟁점을 만드는 데 역사와 전통을 사용했다. 그들은 전통에 대한 특정한 해석을 제시하는 것만큼 전통을 발명하는 데도 관심이 있었다. 그렇다고 해서 그들이 전통을 왜곡했다고 비난하는 것은 아니다. 단지 특정한 정치적 목적을 위해 전통을 동원하는 방식으로 역사 기록을 독해한다는 뜻이다. 마르크스가 『루이 보나파르트의 브뤼메르 18일』에서 표현했듯이, "산 자의 두뇌에 맴도는 악몽처럼" 전통의 무게가 느껴지지 않을 때에도 마치 사회적 진보를 환기하기 위해서는 반드시 의존해야 하는 것처럼 전통을 다룬 것이다.[14] 이 점에서 화가, 시인, 소설가, 역사가도 손을 잡았다. 예를 들면 제2제정기에 그려진 마네의 작품 가운데 많은 수는 고전적 주제의 공공연한 재창조를 통해 근대 생활을 전시한다(그는 1863년에 그린 논쟁이 분분한 「올랭피아」의 주제를 티치아노의 「우르비노의 비너스」에서 그대로 따왔다). 프리드는 마네의 행동이 근대 생활의 영웅주의를 표현하는 예술을 하자는 보들레르의 호소에 대한 대답인 동시에 미슐레가 1846년에서 1848년 사이에 쓴 정치적, 공화주의적인 소논문들의 논조에 동조하는 방식이었다고 주장한다.[15]

수공업 노동자들의 경험도 다르지 않았다. 파리 산업의 대다수는 그들의 저항 때문에 온갖 방식으로 적응의 길을 모색하지 않을 수 없었다. 그들은 자신들의 일과 생활 방식을 격렬하게 방어했고, 그렇게 하기 위해 집단 전술을 사용했다. 황제가 그들을 만국박람회에 초대하여 기술적 진보의 장점을 살펴보게 하고 만국박람회에 대한 반응을 점검하려 하자, 그들은 수공업 전통을 방어하는 것으로 반격했다.[16] 하지만 그들의 힘은 잠식당하고 있었고, 노동의 국제적 분업 내에서의 경쟁과 기술적 변화로 인해 종종 궁지에 몰리곤 했다. 이는 노동계급운동의 "유기적 지식인"이나, 미래로 나아가는 길을 찾으려고 애쓰지만 맹렬하게 신봉하는 이데올로기적 전통의 기반을 떠날 수는 없는(블랑키주의자가 그렇듯이, 프랑스혁명에 연원이 있는) 혁명적 사회주의자 모두에게 엄청난 문제를 떠안겼다. 그리고 대개 타락한 농촌의 전통과 편협하게 교구주의적인 시각에 매달려 있으며 대개는 아무 기술이 없는 노동자들의 대량 이입도 문제 해결에 도움이 되지 못했다. 하지만 쿠데타 때문에 또한 농촌의 혁명적 의식과 저항의 주요 거점이 노출되었으니, 이제까지는 후진적이라고 추정되던 시골로 파리가 수출한다고 자랑하곤 했던 혁명적 감정을 그곳으로부터 역수입하게 되었다. 시골 지역도 자체적으로 계급 관계와 논쟁이 벌어지는 장소였다는 사실, 그리고 계급 정치를 위한 온상이었다는 사실을 대부분의 파리인은 앞에서 보았듯이(1장) 부정하고 싶어 했다.

그러나 문제는 파리의 산업과 상업 내의 새로운 물질적 상황과 계급 관계로 인해 정치적 분석과 행동의 노선이 필요해졌는데, 그 노선은 어떠한 전통도 갖고 있지 않다는 점이었다. 상호부조주의와 직능조합의 전통에 뿌리를 두고 시작된 인터내셔널은 1868년에서 1871년 사이의 계급투쟁을 처리하기 위해 새로운 전통을 발명해내야 했다. 이는 코뮌에서 발생한 몇 가지 사건에 진보적이고 근대적인 광택을 더해주었다. 하지만 이것이 더 큰 성공을 거둔 것은 슬프게도 1871년의 수많은 참가자가 순교한 뒤의 일이다. 의식은 현재에 대해 그런 것만큼 과거에도, 그리고 그 해석에도 뿌리박고 있다.

오스만이 창조한 근대성 자체도 전통에 강력하게 뿌리박고 있다. 철거와 재건축 때문에 필요해진 "창조적 파괴"는 혁명적 정신에 선례가 있다.

오스만은 절대로 상기시키지 않는 사실이지만, 1848년 바리케이드의 창조적 파괴는 그를 위한 길을 닦아주었다. 그리고 단호하게 행동하기를 꺼리지 않는 그의 태도에 경탄한 사람들은 많았다. 아부About는 1867년의 『파리 안내』에 이렇게 썼다. "인간 정신을 백지로 만든 18세기의 위대한 파괴자들처럼 나는 이 창조적 파괴를 찬양하고 갈채를 보낸다." 그러나 오스만은 근대성과 전통, 과학과 감정 간의 투쟁을 초월한 존재가 아니었다. 계속해서 도시계획에서 근대성의 사도로 찬미되거나 비난받으면서도 그가 한 일이 실행될 수 있었던 것은 부분적으로 전통에 대한 그의 깊이 있는 호소 덕분이었다. 오스만은 자신의 『회고록』에서 "만약 볼테르가 자신이 원했던 모든 것을 능가하는 오늘날 파리의 광경을 즐길 수 있다면 그는 왜 자기의 아들들인 파리 시민이, 자신의 세련된 정신의 후계자인 그들이 그것을 공격하고 비판하며 헐뜯는지 이해하지 못할 것이다"라고 썼다. 그는 계몽적 합리성과 특히 볼테르, 디드로, 루소, 생시몽—심지어는 루이 블랑과 푸리에 같은 사회주의자까지도—등 다양한 저술가가 표방한 소망에 직접 호소하여 이 다루기 힘든 도시의 혼란스러운 무정부 상태에 합리성과 질서를 부과하려고 했다. 비들러는 파리의 오스만화가 "제1제정과 그 기관들에 의해 쇄신된 앙시앵레짐의 합리주의적 분석 기술과 형식적 도구를 논리적 극단에까지 밀어붙인 것"이라고 주장한다.[17] 나는 부분적으로는 이렇게 전통에 뿌리를 두고 있기 때문에 오스만의 작업이 그나마 받아들여진 것이 아닐까 하는 의혹을 품고 있다. 아부뿐 아니라 (그해에 개최된 만국박람회를 집중 조명하기 위한 특별판인) 1867년의 『파리 안내』에 글을 실은 여러 저명 작가는 바로 이런 용어들로 오스만의 작업을 찬양했다.

하지만 파리는 또한 오래전부터 병든 도시라는 별명을 갖고 있었다.

그러므로 오스만은 외과 의사로 가장하고 등장할 수도 있었다.

> 오래 지속된 병, 질질 끄는 고통을 겪고 나면, 환자인 파리의 신체는
> 외과 수술이라는 전면적 행위를 통해 그 병, 암, 역병에서 단번에
> 해방되어야 한다. "절개"와 "천공"은 수술을 묘사하는 말이며, 특히
> 장애가 많은 지역에서는 간선도로를 재구성하고 유통을 회복하기
> 위해 "내장 적출"을 시행해야 한다. 이러한 은유는 병리학자들과
> 외과 의사, 그들의 비판자에게서 하도 여러 번 반복되고, 도시계획의
> 무의식적 유추에 워낙 굳건히 이식되다보니, 그 뒤로는 그 은유와
> 행동의 과학적 성격이 헷갈리고 뒤섞여버렸다.[18]

"위생적 과학"과 "외과 수술"은 호소력이 강한 은유다. 도시의 물질대
사 기능—환기, 상하수도—을 다룰 때 오스만이 사용한 전략은 도시를
핵심 기능의 청소가 필요한 하나의 살아 있는 신체로 간주하여 표현하
는 것이었다. 불로뉴 숲과 뱅센 숲은 도시의 거대한 허파라는 친근한 이
름으로 불렸다. 그러나 오스만은 일반적으로는 도시를 냉정하게, 기계적
이고 자연과학적인 원칙과 기술에 따라 이해되고 형성될 수 있는 하나의
사물로 파악했다. 파리의 삼각측량이 실시된 탑들은 직선의 기하학이
나, 상하수도의 흐름을 조종하기 위해 정확한 수평을 요구한 오스만의
집착이 그랬듯이, 하나의 전체로서의 도시를 바라볼 수 있는 공간적 관
점을 상징했다. 그가 작동시킨 기계공학은 정확하고, 탁월하며, 까다로
웠다. 위고식으로 표현하자면 아마, 볼테르와 디드로의 꿈이 계산하는
법을 배웠다고 할 수 있을 것이다. 또 카르모나는 몽상가(루이 나폴레옹)
가 계산할 줄 아는 사람(오스만)을 찾아냈다는 표현을 더 좋아한다. 하

지만 우리도 보았듯이, 오스만 역시 감정을 방조했고 그것을 조종하기도 했다. 정교한 거리의 장식(벤치, 가스등, 가판대), 기념물, 분수(생미셸 광장의 분수 같은 것), 대로변에 널찍널찍하게 심은 가로수, 공원에 세운 고딕식 동굴 등이 만들어진 것은 그 때문이었다. 그는 계몽주의적 합리성과 제국의 권위라는 쌍둥이 이상을 그려낸 거대한 디자인의 세부에 낭만을 재이식할 방법을 모색했다.

그러나 만약 도시의 신체가 급작스럽게 개조된다면 그 영혼에는 무슨 일이 일어날까? 이 질문에 대한 대답은 소란스럽고 논쟁적이었다. 한 예로, "파괴하면서 느끼는 당연한 즐거움"을 너무나 잘 알고 있던 보들레르는 파리의 변형에 항의할 수도 없었고, 하지도 않았다. 그의 유명한 구절인 "아아, 도시의 얼굴은 인간의 마음보다 더 빨리 변하는구나"(『악의 꽃』 2장 "파리의 풍경" 중 「백조 Le cygne」)라는 시구는 당시에 일어나고 있던 변화보다는 현재와 화해하지 못하는 무능력을 더 중요한 비판 대상으로 겨누었다. 위생에(특히 1848년에서 1849년 사이에 심각한 피해를 입혔고, 그보다는 정도가 약했지만 1853년에서 1855년까지, 또 1865년에 다시 한번 발생했던 콜레라의 유행에 대해) 관심을 가진 사람들은 도시의 개조를 신체와 영혼 모두를 청결히 하는 방식으로 기꺼이 받아들일 수 있었다. 하지만 많은 사람은 본능적으로 비난했다. 파리는 외과 의사의 칼날 아래에서 죽어간다. 그곳은 바빌론으로 변하고 있다(아니, 그보다 더 심한 말로, 미국화되거나 런던처럼 변하고 있다!). 그 진정한 영혼과 본질은 물리적 변화뿐 아니라 제국의 축제의 도덕적 퇴락에 의해서도 파괴되고 있다.

어디서나 대개는 향수가 가미된 비탄 소리가 들렸다. 옛 파리의 파괴와 모든 기억의 적출이라는 말이 빈번히 환기되었다. 졸라는 『쟁탈전』에 강렬한 장면 하나를 집어넣었다. 과거에 토지 수용에 대한 보상 평가

위원회의 노동자 회원이던 어떤 사람이 젊었을 때 한동안 살던 곳의 이웃을 방문한다. 그는 철거 도중인 건물에서 예전에 자기가 살던 방의 벽지와 "한 푼 한 푼 아껴 모은 돈 300프랑을 넣어두던" 찬장이 노출된 것을 보고 감동에 사로잡힌다. 이것은 도미에가 여러 번 환기시킨 주제였다. 반면 사카르는 "철거 현장을 걸어가면서 격정에 사로잡힌 것 같았다. (…) 그는 마치 자기 자신이 철의 손가락을 가진 곡괭이로 최초의 타격을 가한 것처럼, 창조주가 느낄 법한 비밀스러운 기쁨을 느끼면서 절개선을 따라갔다. 그는 기름 낀 진창의 흐름 끝부분에서, 건물 잔해 더미 아래에서 300만 프랑이 자신을 기다리고 있다고 생각하면서 웅덩이를 건너뛰었다." 오스만화를 있는 그대로 노골적으로 표현한 이 비범한 소설에서만큼 창조적 파괴의 뻔뻔스러운 기쁨이 잘 환기되는 사례는 없다.[19]

하지만 향수는 강력한 정치적 무기가 될 수 있다. 왕당파 작가인 루이 뵈요는 자신이 발행하는 명망 있는 잡지 『파리의 향기』Les odeurs de Paris에서 그것을 대단히 효과적으로 불러일으켰다. 아버지가 태어난 집이 철거되는 것을 보면서 그는 이렇게 쓴다. "나는 쫓겨났다. 또 다른 사람이 이곳에 자리 잡고 살았고, 내 집은 철거되어 무너졌다. 단단한 포도鋪道가 모든 것을 덮고 있다. 과거가 없는 도시, 추억이 없는 정신이 가득찬 곳, 눈물 없는 심장을 가진 곳, 사랑 없는 영혼이 가득한 곳! 뿌리 없는 군중의 도시, 언제라도 쓸어버릴 수 있는 인간쓰레기의 더미, 너는 성장하여 세계의 수도가 될 수도 있겠지만, 너에게 시민은 절대로 없을 것이다." 쥘 페리1832-1893. 프랑스 정치가. 제3공화정 초기인 1880년대 전반에 두 차례 총리를 했다. 예수회 해산령을 내리고, 예수회가 장악하고 있던 교육 체제를 개혁하여 세계 최초로 의무교육을 실시했다. 광신도에게 암살당했다는 오스만의 창의적 회계를 분석하면서(1868) "우리가 후손들에게 남겨주고 있는 장엄하지만 참아줄 수 없는 새 주택들,

유복한 군중, 참을 수 없는 천박함, 끔찍스러운 물질주의 앞에서" "옛 파리, 볼테르의 파리, 디드로와 데물랭의 파리, 1830년과 1848년의 파리에 대해" 눈물을 줄줄 흘렸다.[20] 오스만이 자신의 작업이 바로 볼테르와 디드로의 전통에 입각한 것이라고 옹호한 것은 분명 이 말을 염두에 두고 있었을 것이다. 1865년에 출판된 최후기 저작 가운데 하나에서 프루동은 힘과 광기에 의해 물리적으로 파괴된 도시를 보았지만 그것이 정신적으로는 파괴되지 않았다고 주장했다. 즉 새로운 파리 아래에 파묻힌 옛날의 파리와 밀물처럼 몰려오는 코스모폴리탄과 외국인 때문에 보이지 않는 존재가 된 토박이들은 과거로부터 유령처럼 다시 일어날 것이며 자유의 명분을 다시 불러일으킬 것이라고 보았다. 다른 많은 사람에게도 그랬지만 푸르넬에게는 직선에 대한 오스만의 기하학적 집착이 강요한 천편일률성, 동질성, 지루함이 문제였다. 파리는 이제 곧 거대한 팔랑스테르가 되어버릴 것이라고 푸르넬은 투덜거렸다. 그 안에서 모든 것은 동등해지고 똑같은 높이로 납작해질 것이다. 복합적이고 다양하던 파리는 지워지고 획일적인 도시로 대체되고 있다. 파리에는 오직 거리 하나—리볼리 거리—밖에 없고 모든 곳에서 그것이 복제되고 있다고 푸르넬은 말했다. 푸르넬의 이 말이 아마 파리를 그리워하느냐는 질문을 받은 망명 중의 위고가 했던 수수께끼 같은 대답을 설명해줄 것 같다. 위고는 이렇게 대답했다. "파리는 하나의 관념이오." 관념을 제외하면 나머지는 곧 "리볼리 거리" 같은 것인데, "나는 언제나 리볼리 거리를 혐오했소."[21]

물론 이 가운데 얼마만큼이 진정한 상실감이며, 어느 정도가 군주주의자나 공화주의자들이 제국의 통치를 공격하는 수단으로서 과거의 황금시대를 환기하려는 전술적 행동(페리는 그랬으리라고 의심된다)에 불과한 것인지는 분명하지 않다. 과거의 직업이 사라지는 것, 새로운 일자리와 소유 구조의 등장, 신용기관의 등장, 투기의 팽배, 시공간적으로 압축된다는 느낌, 공적 생활과 스펙터클의 변형, 대량소비주의(공쿠르의 일기에서 비탄의 대상이 된), 이주와 근교화의 진행에 따른 이웃 관계의 불안정성, 이 모든 것은 불만에 찬 상실감을 낳았으며, 이는 새로운 파리가 옛날 파리의 자리를 빼앗아가는 방식에 대한 전면적인 분노 언제라도 폭발할 수 있었다. 보들레르의 광대처럼 뒤처진 자들은 근대성과 진보가 일상생활에 필요하며 해방의 작용도 한다는 이야기로 불평을 누그러뜨릴 수 있는 사람들이 아니었다.

이 모든 것을 어떻게 읽어내는가 하는 것이 문제였다. 무언가가 확실히 사라졌다. 그러나 그것이 무엇이며, 그것이 정말 그렇게까지 대단한 원한의 과녁이 되어야 하는가? 이 측면에서 보들레르의 산문시 「후광의 상실Perte d'auréole」을 검토해보라.[22] 보들레르는 평판 나쁜 어떤 장소에서 예기치 않게 마주친 한 시인과 그 친구 사이의 대화를 기록한다(실제로 무슨 일이 있었는지 공쿠르의 일기에 의거하여 설명하자면, 어떤 창녀 집에서 나오던 보들레르가 막 들어가려던 평론가 생트뵈브와 마주쳤다는 것이다. 생트뵈브는 반가운 나머지, 마음을 바꾸어 보들레르와 술을 마시러 갔다). 시인은, 말과 수레 때문에 겁에 질려 "온 사방에서 나를 죽이려고 달려드는 것처럼 부글거리며 끓어오르는 혼란 속에서 진창을 철벅거리면서" (도미에가 훌륭하게 그린 「새로운 파리」에서 시각적 형체를 부여받은 긴장감. 그림 27을 볼 것) 서둘러 대로를 건너갔다고 해명한다. 갑자기 움직이다보니 후광이 머리에서 미끄러져 "질척거리는 포장도로로" 떨어졌다. 너무 겁에 질리다보니 그것을 집어들지도 못하고 떠났지만, 이제 그는 후광을 잃어버린 상황을 오히려 즐기게 되었다. 왜냐하면 "돌아다녀도 사람들이 자신을 알아보지 못하고, 마음 내키는 대로 천박하게 굴어도 되며 평범한 사

그림 91 철거 광경—세바스토폴 대로(린턴과 토리니의 그림)와, 렌 거리(아래, 코송, 스미턴, 프로보스트의 그림)를 위한 철거—은 당시 석판화로 여러 번 기록되었다.

그림 92 이 두 삽화에서 도미에는 오스만이 만들어낸 변화 속에서 상실된 것들에 대한 향수라는 주제를 다룬다. 첫 번째 삽화에서 남자는 자기 집이 철거된 것을 보고 놀라는데, 자기 아내도 잃은 것 같다고 덧붙인다. 두 번째 삽화에서 남자는 리무쟁 출신 건설 노동자들의 둔함에 대해 불평한다. 자신이 허니문을 지낸 방을 허물면서 추억을 존중해주지 않았다는 것이다.

람들처럼 방탕에 젖어도 되기" 때문이었다. 뿐만 아니라 그는 "어떤 나쁜 시인"이 그것을 주워 쓰고 다닐지도 모른다는 생각을 하면서 기쁨 비슷한 것을 느끼기까지 한다.

「후광의 상실」에 대해서는 많은 이야기가 나온 바 있다. 볼파르트는 그 이미지 속에서 『공산당 선언』과 나란히 놓였을 때의 "인식의 충격"을 이렇게 기록한다. "부르주아들은 이제까지 경외감으로 숭앙되고 존경받던 모든 직업에서 후광을 벗겨냈다." 자본주의는 "의사, 변호사, 사제, 시인, 과학자를 날품팔이 노동자로 바꾸어놓았다". 볼파르트에게 그 시는 "자본주의적 도시의 맹목적이고 살벌한 자유방임주의의 와중에서 작가가 겪는 곤경"을 상징한다. "도시의 교통은 전통적인 가장假裝을 두르고 있던 시인을 위축시켜 목숨을 구할 것인가, 아니면 후광을 보존할 것인가의 양자택일의 상황에 내세운다." 수공업 노동자들이 1848년의 혁명에서 직면한 딜레마를 이 이상 잘 요약하는 것이 또 있을까? 하지만 버먼은 또 다른 방향에서 이를 해석한다.[23] 그는 교통에 주목한다.

> 우리가 여기에서 보듯이, 근대인의 원형은 근대 도시에서 교통의 소용돌이에 휘말린 보행자다. 무겁고 빠르고 치명적인 어떤 부피와 에너지의 덩어리를 홀로 상대해야 하는 인간 말이다. 급증하는 거리와 대로의 교통에는 공간적·시간적 한계가 없고, 이것은 모든 도시 공간에 넘쳐흐르며, 자기의 속도를 모든 사람의 시간에 강요하고, 근대 환경 전체를 "움직이는 혼돈"으로 바꿔버린다. (…) 이는 대로를 자본주의가 가진 내적 모순의 완벽한 상징물로 만든다. 즉 모든 개별적 자본주의 단위는 합리성을 갖고 있지만 그것은 모든 단위를 한데 합쳐버리는 사회 시스템 속의 무정부주의적 합리성으로

이어지는 것이다.

하지만 기꺼이 이 소용돌이 속으로 몸을 던지고 후광을 잃고자 하는 사람들은 새로운 권력과 자유를 얻는다. 버먼은 말한다. 보들레르는 "그 교통의 한복판에서 태어나게 될, 그 무정부적 에너지에서 솟아날 예술 작품을 원한다. '후광의 상실'은 그럼으로써 얻어진 어떤 것에 대한 선언이 되는 것이다." 나쁜 시인만이 전통의 후광을 집어들어 머리에 쓰려고 애쓸 것이다. 버먼은 그 경험 배후에 자본주의적 개발업자의 원형, 창조적 파괴의 대천사인 오스만이 있다고 본다. 도미에의 그림이 그렇듯이, 이 시 자체가 파리의 변형이 낳은 창조적 산물이다.

볼파르트는 이를 다르게 본다. 시인이 평판 나쁜 장소에 오게 된 것은 우연이 아니다. 여기에서 "보들레르는 스스로를 팔아치우는 냉혹한 난장판인 부르주아 사회가 점점 상업화되리라고 예견한다". 이 이미지는 또한 마르크스를 떠올리게 한다. 자본주의 아래 노동의 전락에 대한 것뿐만 아니라, 화폐 관계가 모든 사회생활에 침투한다고 보는 것까지 말이다. "매음의 보편화는 개인적 재능, 포용력, 능력, 활동성이라는 사회적 성격이 개발되는 과정에서 필수적 단계처럼 보인다."[24] 보들레르가 창녀에게서 느끼는 매혹—성행위 과정에서 그를 통해 화폐가 흘러가는 것처럼 보이는 인간 및 상품에 대한 동시적인 매혹—과, 화폐의 유통에 의해 규정되는 것 이외의 다른 모든 공동체 감각이 해체되는 상황이 그의 「어스름 저녁Le crépscule du soir」에 아름답게 포착되어 있다.

바람에 흔들리는 등잔불 아래에서
매음은 거리에 그 빛과 생명을 퍼뜨린다.

그림 93 똑바른 직선 배열로 된 리볼리 거리는 흔히 오스만이 추구했던 모든 것의 상징물로 간주된다. 이 때문에 망명해 있던 위고가 파리는 관념으로는 아직 위대하지만 형체로서는 모두 리볼리 거리 같은 모습이 되어버렸다고 하고, "나는 리볼리 거리를 혐오한다"고 말했다.

나갈 길을 뚫는 개미처럼, 그것은

자기만의 비밀스러운 통로를 뚫고 신비스럽게 어디나 지나간다.

요새의 기반 아래로 파고들어가는 적군처럼

혹은 원 없이 사과를 파먹는 벌레처럼

그것은 꽉 막힌 도시 한복판에서 안전하게 돌아다닌다.[25]

도시 자체는 화폐와 자본의 순환에 팔린 존재다(가바르니의 만화를 볼 것). 혹은 볼파르트가 내린 결론처럼 평판 나쁜 장소는 도시 그 자체이며, 『파리의 우울』에 붙은 에필로그의 표현에 따르면 시인이 마치 "늙은 난봉꾼이 옛날 애인을 찾아가듯" 찾아가는 늙은 창녀. 그 도시에 "유곽과 병원, 감옥, 연옥, 지옥"이라는 별명을 붙인 보들레르는 이렇게 선언한다. "치욕의 도시여, 나는 너를 사랑한다."

물론 오스만화로 결코 해소되지 못한 긴장감이 파리를 제국의 권위로 보호받는 자본의 수도로 변모시키고 있었다. 그 기획은 정치적이고 감정적인 반응을 불러일으키게 되어 있었다. 오스만은 도시를 자본가와 투기꾼과 환전상에게 넘겨주었다. 그는 스스로를 팔아치우는 난장판에 그것을 넘겨준 것이다. 그를 비판하는 사람들 가운데는 자신이 그 파티에 초대받지 못했다고 느낀 사람들도 있었고, 모든 과정이 혐오스럽고 추잡하다고 여긴 사람들도 있었다. 보들레르가 제시한 창녀라는 도시의 이미지가 특별한 의미를 띠는 것은 그러한 맥락에서다. 제2제정은 항상 논쟁 중에 있는 파리의 이미지가 변화를 겪는 순간에 처해 있었다. 오래전부터 이 도시는 여성으로 묘사되어왔다. 발자크(1장을 보라)는 그녀를 신비스럽고 변덕스러우며 걸핏하면 타락하지만, 또 자연스럽고 구질구질하고 특히 혁명이 일어나면 예측 불가능해지는 존재로 보았다. 졸라가 그런 이미지는 아주 다르다. 그녀는 이제 타락하여 야수 같은 여자가 되었고, "내장이 드러나고 피를 흘리고 있는" 여성이며, "투기의 대상이고 모든 것을 집어삼키는 탐욕의 제물이 된" 존재다.[26] 이렇게 야수처럼 변한 여자가 할 수 있는 일이 혁명 봉기 외에 달리 또 있겠는가? 성별性別과 파리의 이미지가 여기서 기묘한 관계를 맺게 된다. 뒤에서 보게 되겠지만, 이 관계는 1871년의 여성과 파리 모두에게 불운을 예고했다.

16장

수사법과 표현

생산의 경제적 여건의 물질적 변형, 즉 자연과학처럼 정확하게
판정될 수 있는 것과 법적, 정치적, 종교적, 예술적, 철학적인 형태들,
간단하게 말해, 인간이 그 내부에서 갈등을 의식하고 그것을
해결하려고 노력하는 이데올로기 형태를 구별할 필요는 항상 있다.
_마르크스

사람들은 서로를 어떻게 관찰했고, 자신 및 다른 사람들을 서로에게 어
떻게 표현했는가? 그들은 파리 사회의 등고선을 어떻게 그렸으며, 그들
의 사회적·공간적 위치와 당시 진행되고 있던 급격한 변형을 어떻게 이
해했는가? 또 이러한 표현이 정치적 논쟁의 수사법에서는 어떻게 바뀌어
표현되고 사용되고 형성되었는가? 이러한 문제들은 제기하기는 쉽고 또
중요하지만 대답하기는 까다롭다.

　1848년의 경험은 그 뒤에 이어지는 많은 사건이 그것을 배경으로 이
해되어야 하는 기준점을 제공한다. 그것을 이해하는 데 필요한 암호는
"질서"와 "무질서"였지만, 그 뒤에는 뭔가 잊을 수 없는 경험들이 놓여 있
다. 드 토크빌의 경험은 이를 잘 말해준다. 5월 15일, 국민의회가 정치적

467

그림 94 흔히 여성으로 표현되는 파리는 이 그림에서 무수한 건설 노동자들에 의해 쓰러뜨러지고 습격당하는 모습으로 묘사되어 있다(작가 미상).

클럽에 습격당했을 때, "한 남자가 연단에 올라섰는데, 그를 본 것은 그 날뿐이었지만 그 뒤로 그가 생각날 때마다 항상 불쾌감과 혐오스러운 느낌이 들었다. 창백한 뺨, 칙칙한 피붓빛, 그리고 입술에는 핏기가 없었다. 그는 불쾌하고 사악하고 음침한 인상이었으며, 얼굴은 시체같이 썩은 빛깔에 불결한 창백함을 띠고 있었다. 셔츠도 입지 않은 것 같았고, 낡은 검은색 프록코트가 구부정하고 흐느적거리는 팔다리에 휘감겨 있었다. 하수구에서 살다가 방금 올라왔는지도 모른다. 나는 이 사람이 블랑키라는 말을 들었다". 드 토크빌은 다시 한번, 6월 24일에 길에서 야채 수레를 끌면서 거치적거리는 한 노파와 마주치게 된다. 그는 그녀에게 "당장 길을 비키라"고 명령한다.

그녀는 비키지 않고 도리어 수레를 버려둔 채 내게 달려들었는데, 어찌나 사나웠는지 막아내기가 힘들 정도였다. 나는 그녀가 보인 무섭고 지독한 표정에 몸이 떨렸다. 내전의 선동적인 열정과 분노가 그 표정에 반영되어 있었다. (…) 마치 이 거대한 대중의 감정이 불타오르는 대기를 만들어 그 속에서 개인적 감정들이 부글거리며 끓어오르고 있는 것 같았다.[1]

부르주아들은 공공질서의 와해뿐 아니라, 해방된 감정, 고삐 풀린 열정, 창녀나 음란한 여자가 만들 참상, 파리 하수구 지하에 웅크린 사악함의 폭발, 위험한 계급의 망령 등에 대해서도 두려워했다. "질서당"이 탄압을 목적으로 하는 드라콘적인 엄벌주의 노선을 채택하여, 처음에는 공화주의자 없는 공화국을 만들었다가 다음에는 제국을 유일한 희망으로 여기고 항복했던 것도 무리가 아니다. 하지만 제국은 질서와는 거리가 멀었고, 무너지지 않기 위해 적극적인 감시와 경찰 탄압에 의존해야 했다. 그러니 누구에게, 혹은 무엇에게 무질서의 책임을 물어야 하는가? 노동자들은 (심중을 털어놓도록 허용된다면) 자유시장 자본주의의 무정부주의와 주기적으로 벌어지는 투기, 시장 붕괴, 실업, 즉 고삐 풀린 탐욕과 돈에 대한 열광, 직업 안정성과 기술과 노동자의 존엄성의 와해, 그리고 보편적 선善이라는 명분으로 격렬하게 벌어지는 계급 전쟁이 그 원인이라고 지목했을 것이다. 하지만 그들은 동시에 이주자와 외국인, 불공정한 경쟁, 무자비한 관료주의와 자신들의 존엄성이나 권리를 전혀 인정하지 않는 무관심한 정부 탓도 했다. 부르주아들은 무책임하고 무기력한 정부와 위험인물, 보헤미안, 타락한 여자, 자유사상가, 사회주의자, 코스모폴리탄적 외국인, 티끌만 한 자극만 생겨도 "천박한 군중"을 부추겨 소요와 혁명을 벌이게 하는 유토피아주의자를 탓했다. 양편 모두 질서의 옹호를 위해서는 한데 뭉칠 수도 있었겠지만, 그들이 염두에 두고 있는 "질서"란 조합을 통해 기술을 방어하려는 수공업 노동자에서부터 다른 종류의 부동산 소유권을 옹호하는 지주와 은행가들에 이르기까지 의미가 매우 다양했다. 한 영국인 방문객은 숙소 주인이 심각한 위험에 처했다고 단언한 "사회"라는 것이 오로지 그들의 활동 반경인 상류사회만을 가리킨다는 것을 알고 놀랐다.[2] 같은 단어가 매우 여러 가지 의미로 소통되는 모양이었다. 문제는 이러한 의미들을 정확하게 해석하는 것이다.

그 과제는 정치적 탄압과 검열제도 때문에 더욱 어려워졌다. 은폐되어 있고 은유적인 온갖 의미, 베일에 싸인 인용과 미묘한 풍자들이 정치적 논쟁에 개입되고 널리 이해되었던 것으로 보인다. 가톨릭주의가 물려준 전통은 정치적 용도로 쓰일 수 있는 상징과 유추(1860년 이후에는 제국에 반대하는 입장으로 바뀐 교회들이 쓰는 것까지도 포함하여)를 사용하는 것으로 정평이 나 있었다. 노동자 세력 내부의 조합주의 전통과 프리메이슨 운동(온갖 입회 의식을 가진)은 각종 암호와 언어를 제공했다. 역사, 특히 혁명기 역사 다시 쓰기는 대중적 이미지를 형성하는 데 활용되었다. 검열관은 그런 문제점을 잘 알고 있었다. 그들은 보네bonnet라는 단어가 들어 있는 간단한 노래를 퇴짜놓았는데, 아마 보네가 공화주의자의 자유의 모자를 가리키는 것으로 받아들여질 수 있기 때문이었을 것이다.[3] 그러나 제국의 비판자들이 장례식과 축제와 그 밖의 다른 공공 행사를 자발적인 대중 시위의 기회로 바꾸어놓는다면 당국이 무슨 일을 할 수 있겠는가? 문제는 통지가 가면 24시간 내로 노동자 2만5000명이 한 공화주의자의 아내 장례식에 모여든다는 단순한 사실이 아니라, 어떤 전통적 장례식에서든 무덤 옆에서 전개되는 담론이 곧 정치적 대중 집회로 변한다는 데 있었다.

표현과 소통의 수단이 급속도로 증가하고 있었다. 신문 구독 부수가 폭발적으로 늘자 정치적 다양화의 한편으로 검열을 교묘하게 피하는 방법에 능통한 숙련된 편집자들이 등장했다. 그런가 하면 다른 신문들은 자신의 입장을 표명하고 검열을 맞상대하다가 영광의 불꽃을 작열시키며 폐간되는 길을 택했다. 1860년대 후반경에는 매달 신문과 잡지가 새로 창간되고 있었다. 『르 라펠Le Rappel』 등 유력한 신문이 망명 중인 빅토르 위고 같은 과격한 비평가의 지시를 받는다면 정부에는 분명히 곤란한 일이 벌어진다. 교육과 로맨스, 여행 및 그것을 통해 수익을 낼 수 있는 상업 시설의 증대와 함께, 싸구려 언론 역시 폭발적으로 늘어났다. 이들 대부분은 별로 해될 것이 없는 시시한 읽을거리 정도였다. 하지만 그 가운데 몇몇, 즉 프랑스 역사에 관한 팸플릿 같은 것은 강력한 정치적 논조를 띠고 있었다. 1860년쯤에는 이런 싸구려 출판물이 일간 신문보다 더 수가 많고 높은 인기를 얻었다. 설상가상으로 그런 출판물은 모두 삽화 의존도가 컸다. 스케치와 만화—도미에의 작품이 그 가운데 한 예다—는 정치적 풍자와 논쟁을 위한 지극히 훌륭한 수단이었다. 또 1848년에서 1851년 사이에 행해진, 인민을 위한 인민의 예술을 창조하고자 하는 쿠르베의 용감한 투쟁도 쉽게 잊을 수 없다.[4]

전시회는 여전히 부르주아(이들은 냄새나고 땀에 젖은 하찮은 노동자들과 어깨를 비비지 않기 위해 매주 하루는 입장료를 높게 해달라고 요구했다)뿐 아니라 대중적 계급들도 관심을 보이는 정치적 행사였다. 또 정부가 빅토르 위고의 희곡 상연을 금지할 수는 있었지만 『레미제라블』이 1862년 벨기에에서 출판되자마자 거의 모든 사람 손에 들리는 사태를 막을 수는 없었다. 그리고 여기에 또 다른 문제점이 있다. 운송 및 통신 시스템이 발전하고 외국인 방문객이 밀려들면서(1855년에서 1863년 사이에 영국에서 온 방문객 수가 10배로 증가했다) 외국의 소식과 해설이 물밀듯이 쏟아져 들어왔기 때문에, 망명객들이 쓴 정치적 팸플릿이 몰래 들어오는 분량이 늘어났다. 황제는 1859년에 망명자들을 사면하기로 했지만 이 결정은 관대함 때문이 아니라 외국에 놓아두기보다 프랑스 안에 두고 감시하는 편이 통제하기에 더 쉽다는 판단 때문이었다. 망명자들도 이 사실을 너무나 잘 알고 있었기 때문에, 프루동은 한동안, 그리고 루이 블랑과 위고는 제정이 끝날 때까지 계속 외국에 있었다.

이미지와 표현과 정치적 수사법의 소용돌이와 혼란에서 지배적인 주제가 무엇인지 고르라는 것은 공정하지 않은 요구일 것이다. 그렇기는 하지만 다른 것에 비해 더 두드러지고 더 많은 설명을 요구하는 것들이 실제로 있었다. 그러한 각각의 주제 속에서 우리는 질서와 무질서 사이,

그림 95 새로운 예술을 위한 전시회는 엄청난 군중을 끌어들였다. 전시회는 너무나 인기가 많아, 부르주아들은 자기들이 어중이떠중이들과 섞이지 않도록 입장료를 받으라고 요구했다. 입장이 무료이던 시절(도미에가 그린 이 삽화가 보여주듯이), 엄청난 군중이 모였다.

그리고 근대성과 전통 사이의 긴장감에 대한 관심이 최우선적으로 표명되는 것을 보게 된다.

지리적 상상력

철로망의 촉수가 확장되고 해운과 전신 접속이 더욱 정기적으로 이루어지며 속도가 빨라지는 현상은 공간과 장소라는 개념을 뿌리부터 흔들어놓았다. 1870년에는 정보, 상품, 화폐와 사람이 1850년보다 훨씬 더 용이하게 세계를 돌아다녔다. 노동의 국제적 분업 내에서의 경쟁과 의존성이 증가하자 파리는 지역적 속박에서는 풀려났지만 멀리 떨어진 사건(예를 들면 미국의 남북전쟁 같은 것. 이는 원면의 유입 경로와 대규모 시장에 파리 상품이 풀려나가는 흐름에 혼란을 유발했다)에 취약해졌다. 외국의 사건들(북아메리카대륙에서의 식민지 권력의 공고화, 이탈리아전쟁, 크림전쟁, 멕시코에서 막시밀리안 황제를 즉위시키려 한 시도의 실패, 수에즈 운하 건설 등)이 지역에까지 영향을 미쳤다. 시장에 나와 있는 상품들(기본적인 식품에서 이국적인 사치품에 이르기까지)의 종류가 나날이 다양하게 바뀌어 공간관계의 변화가 일상적으로 증명되었다. 성장하는 언론(전신을 통해 소식을 전달받았다)은 외국의 투자, 가격 변동, 수익을 얻을 기회에서 괴상한 외국 관습에 대한 지정학적 대면에 이르기까지 온갖 정보를 사람들의 점심 식탁에 올려놓았다. 사진이 발명되자 공간과 시간은 항복하고 하나의 단순한 이미지 속으로 들어오는 것 같았다. 공간을 새로 정복한 일은—수에즈 운하나 철로 연결망의 개통 등—매번 엄청난 축하를 받았고, 새로운 기술뿐 아니라 새로운 지리적 연결에도 조명을 집중한 만국박람회

역시 그러했다.

변형된 공간관계의 충격을 맛보기 위해 파리를 떠날 필요는 없었다. 따라서 마음의 지리학은 이제 지구 전체로 넓혀진 정치-경제활동의 공간인 지리적 상상력과 타자성他者性의 세계에 적응하고 그것을 감식하는 법을 배워야 했다. 이는 특히 그중에서도 시장의 물품 교환 뒤에 은폐된 사회적·공간적 관계와 친숙해지는 것을 의미했다(예를 들면 『감정 교육』에서 플로베르가 로자네트의 방에 있는 물건들의 국제적 출신지를 설명하는 부분을 보라). 싸구려 언론에 넘쳐나는 여행기와 대중적 지리학은 사람들의 호기심이 얼마나 컸는지 말해준다.[5] 하지만 여행과 여행 문학은 마음을 넓혀주는 것만큼 쉽게 편견과 공포를 굳혀버릴 수 있다. 그러므로 그렇게 급격한 변형의 와중에서 "타자他者"라는 것은 대략 어떻게 이해되었는가? 이것은 중요한 질문이다. 앞으로 보게 되겠지만, "타자"를 넓은 의미의 인종주의적이고 배타적인 용어로 설정함으로써 국내 정치뿐 아니라 프랑스가 해외에서 끌어모으기 시작한 식민제국 전역에 걸쳐 참혹한 결과가 초래되기 때문이다.

프랑스의 지리적 상상력은 오래전부터 과중한 환경주의와 인종주의에 발목이 잡혀 있었다. 몽테스키외와 루소는 자유가 어떤 기후에서든 열리는 열매가 아니며, 따라서 모든 인종이 얻을 수 있는 것이 아니라는 데 동의했다. "전제주의는 열대 기후대에, 야만주의는 한랭 기후대에, 훌륭한 정부는 온난 기후대에."[6] 이런 태도는 1870년경 고비노 같은 작가 때문에 뒤집혔다. 그는 1855년에 『인간 종의 불평등성에 관한 논문 Essai sur l'inégalité des races humaines』이라는 중요한 논문을 발표하여 노르만족의 우월성을 주장하면서 "문명인" "미개인barbarian" "야만인savage" 등의 범주를 세계 지도 위에 부착하는 식의 간단한 해석 틀로 분위기를 바꾸어놓았다.[7] 야만인은 가끔은 고귀한 모습으로 묘사되기도 하지만 대중적 상상력은 오래전부터 제임스 페니모어 쿠퍼(발자크가 자주 언급한, 『모히칸 족의 최후』를 쓴 미국 작가)의 이야기와 야만스러운 관행에 대한 묘사가 루소의 이상형을 대체하는 것을 보아왔다. 그런 이야기에 나오는 종족들은 너무나 완벽한 자연 상태에서 살기 때문에 인간 이하의 존재가 되어버리며, 그렇기 때문에 어떤 시민권을 갖거나 권리 체제에서 살기에도 부적절하다. 반면, 미개인은 인정받을 만한 세력이 되기에 충분한, 잘 짜인 정치적 조직 형태를 갖고 있다. 하지만 그들이 존중하는 가치와 관행(특히 비그리스도교도일 때) 때문에 문명에 적대적이 된다.

이러한 해석의 틀은 파리뿐 아니라 전 세계에 느슨하게 끼워 맞춰볼 수 있다. 부르주아들은 주기적으로 벨빌의 "개척지"에 살고 있는 노동자들을 야만인으로 묘사했다. 때로 오스만의 비판자들은 오스만이 사회적 격리를 촉진하여 그런 결과를 초래했다고 비난했다. "행운과 재산과 우아함의 축복을 받은 자들과, 생계를 위해 일할 수밖에 없는 운명을 짊어진 자들이 이웃에 살지 못하고 격리되는 도시는 더 이상 그리스도교도의 도시가 아니다. 그것은 미개인의 도시가 될 것이다."[8] 만약 부르주아들이 걸핏하면 묘사하는 것처럼 노동자가 "야만인"이고 "천박한 대중"이며 그저 범죄자이고 "위험한 계급"에 불과한 존재라면 1848년은 그들이 어떤 위험을 야기하며 어떤 야만성을 발휘할 것인지를 지극히 분명하게 보여주었다고 할 수 있다. 하지만 빅토르 위고는 노동자들이 "문명의 야만인"이라고 당당하게 선언했다. 그러나 1871년에 그랬듯이 1848년에도 전반적으로 이러한 연상은 "문명"과 "질서"의 힘에는 혁명가들을 개 또는 그 비슷한 존재로 추정되는 야만인들처럼 쏴 죽일 도덕적 권리가 있다고 단정하는 쪽으로 나아갔다. 파리에서 노동계급이라는 "타자"가 그렇게 인종차별적인 용어로 표현된다는 사실은 계급 전쟁이 어찌하여 그렇게까지 격렬하고 폭력적으로 수행되었는지를 해명해준다. 귀족과 군주주의자가 자신들의 지배권을 프랑크족(노르만)이 갈리아족(켈트계: 노동자와 농민)에게 갖는 인종적 우월성의 개념을 사용하여 정당화하는 일이 드물지 않았다.[9] 또 1848년의 폭력적 탄압을 무자비하게 이끈 사람이 알제리 "미개인"에 대한 식민지 건설 전쟁에서 직업 훈련을 쌓은 장군인 카베냐크였다는 사실도 결코 우연이 아니다.

당시 가장 큰 영향력을 지닌 역사가 가운데 하나인 미슐레는 문명을 "이성, 정신, 서방, 남성이 자연, 물질, 동방, 여성 속에 있던 그들의 기원으로부터 스스로를 격리하고, 그 기원에 대해 권위를 확립하려 하는 투쟁"이라고 보았다. 이런 식의 선정적인 인종주의와 성차별을 내세우는 이미지는 들라크루아 같은 화가와 수많은 낭만주의 작가에 의해 강화되어 사이드가 "오리엔탈리즘"이라 부른 것을 만들어냈다.[10] 오리엔트는 문명이 만들어진 자궁이면서 동시에 비합리적이고 에로틱한 여성성과 미개한 관행의 터전으로 간주되었다. 동서양 간의 인적 교류는 점점 더 쉬워졌지만 그러한 이미지는 여전히 변하지 않았다. 플로베르가 1849년에 나일강을 거슬러 올라갔을 때 그는 과거에 그 강을 지나간 수많은 사람처럼 오직 한 가지만 가슴에 새겼다. 즉 오리엔트 여성의 풍만한 관능성에서 "또 다른 고향을 찾으리라"는 것이었다. 그 뒤에 나온 그의 글들은 그 이미지를 확인해준다. 히츠먼은 이 모든 것을 "끔찍한 어머니mère terrible에 대한 기저의 불안이 고대 세계의 면모에 무의식적으로 투영된 것"으로 해석한다.[11] 그것은 또 "파괴적이고 거세하는 여성의 관능성"에 대한 깊은 공포심(위고와 드 토크빌이 1848년의 힘든 시절과 코뮌이 일어날 무렵인 1871년 표현한 것과 비슷한)의 발로일 수도 있다. 플로베르의 『살랑

보』(지독한 폭력이 분출되는 장면에 대한 생생한 묘사를 담은)와 그가 어머니에게 보낸 편지를 읽으면 그런 해석에 고개를 끄덕이지 않기가 힘들다.

하지만 그냥 이쯤에서 문제에서 손을 떼는 것은 너무 안이하다. 왜냐하면 사이드가 지적하듯이, 오리엔트는 부르주아가 갖는 가정의 환상 및 그에 수반되는 가정 숭배를 교란하는 일이었을 상상 속의 방탕한 섹스 이외의 다른 위협도 제기하기 때문이다. 유럽인이자 아주 자본주의적인 "합리적 시공간 개념과 개인적 정체성"을 가진 사람이 "상상도 할 수 없는 고대, 비인간적인 아름다움, 무한한 거리"와 마주한 것이다. 그리하여 미슐레와 생시몽주의자들은 오리엔트를 철도와 운하와 상업으로 관통(이 용어에 포함된 성적 은유는 아주 악랄하다)하고, 비합리적 오리엔트를 우월한 계몽주의적 합리성의 이름으로 정복하는 것을 정당화했다. 동방을 서방에 복속시키는 것은 여성이 남성의 권위와 통제에 복속되는 것만큼이나 문명의 진보에 필수적이었다. 『돈』에서 졸라는 허구적 인물인 사카르(대략 현실의 페레르 형제를 모델로 삼은 인물)를 만들어내어 서방의 기준과 서방의 상업적이고 자본주의적인 이상에 맞추어 오리엔트를 변형하는 방향으로 활약하게 했다.[12] 그러나 플로베르는 이 전술을 쓰지 않았다. 부르주아의 가치와 문화에 대해 비판적인 입장인 그는 삼류 신문에 실리는 하렘과 왕자와 아라비안나이트 이야기의 열렬한 독자들이 그랬듯이, 오리엔트 신화를 사용하여 그 자신의 인격과 부르주아 문화의 이면에 있는 "타자"를 탐구했다. 이집트 여행을 회고하면서 그는 이렇게 썼다.

우리에게 부족한 것은 스타일이나 재능이라 알려진 교묘한 운지법이나 운궁법이 아니다. 우리에게는 큰 오케스트라, 풍부한 팔레트, 다양한 자원이 있다. 예전 그 어느 때보다도 더 많은 기교와 묘안을 우리는 알고 있다. 그렇다. 우리에게 부족한 것은 내재적 원리, 사물의 영혼, 주제라는 발상 바로 그것이다. 우리는 메모를 하고, 여행을 하지만 공허, 공허뿐이다! 우리는 학자가 되고 고고학자가 되고 역사가가 되고 의사, 구두장이, 멋쟁이가 된다. 그게 다 무슨 소용인가? 심장, 기백, 진수는 어디 있는가? 어디에서 시작해야 하는가? 어디로 가야 하는가? 우리는 빨고, 혀로 장난하고, 오랫동안 애무하는 것은 잘한다. 하지만 진짜인 것! 사정射精하고 잉태시키는 일은 어찌 되었나![13]

그렇다면 "주제라는 생각 자체"가 무엇이겠는가? "여행하면 겸손해진다"고 플로베르가 주장했다. 놀랍게도 그는 오리엔트라는 발상을 자기 혼자만 독점하지 않았다. 오리엔트 신화 속에서 서구의 특징이라 할 신경증을 꿰뚫어본 것이다. 오리엔트를 무대로 한 소설 『살람보』에서 그는 1871년 코뮌의 폭력으로 폭발하는 남성 히스테리의 작열하는 분노를 드라마틱하게 예언했다.

하지만 그런 해석 양식이 모든 사람에게 해당된 것은 아니다. 한 예로, 엘리제 르클뤼는 세계에 대해 미슐레나 플로베르와는 아주 다른 지리적 이해를 추구했다. 르클뤼는 "인간"과 "자연" 간의 잠재적 조화뿐 아니라 "지구 위에 거주하고 있는 모든 상이한 문화 사이"의 조화도 가능하다고 믿었다. 그 믿음 뒤에는 유토피아적 전망이 놓여 있다. "이제까지 서로 다른 지류로 나뉘어 있던 인류는 이제 하나의 강이 되고 하나의 흐름으로 재통합될 것이며, 그곳에서 모든 생명이 자기 자신을 상실하고 혁신되는 거대한 바다로 함께 흘러 내려갈 것이다." "진보적"인 미슐레가 강요한 사이코드라마에서 벗어나, 프루동의 찬양자이자 바쿠닌의 동료 음모가, 코뮌 가담자이고, 장래에 크로폿킨의 협력자가 될 르클뤼는 파리 수공업 노동자들의 낙관적 상호부조주의의 맛을 모두 담은 지리적 전망을 만들어냈다. 그는 세계 노동자들을 공통의 투쟁으로 단합시키기 위한 인터내셔널의 노동자 생산자조합 기획을 지원했다. 1860년대 이후 쓰인 방대한 분량의 글(너무 오랫동안 알려지지 않고 있다가 요즘에야 소개되기 시작하는)에 제시된 르클뤼의 지리적 사고는 개인의 존엄과 잠재적 화합의 빛을 찬란하게 발하는 있는 그대로의 "타자"를 제시하고 이해하는 다른 길을 제공한다.[14] 이것은 포부르 생제르맹의 부유한 살롱들의 특징이던 인종주의로 충만한 제국주의보다는 파리 작업장에서 본 전망과 훨씬 더 일관된다.

그러나 오리엔탈리즘의 사례는 일반적인 관점을 보여준다. 세계에 대한 지식을 늘려준 바로 그 과정 덕분에 세계에 대한 틀린 해석이 훨씬 더 그럴싸한 것이 되었다. 도시와 시골 간, 파리와 지방 간 관계의 이미지가 변화하는 국가 경제 공간 내에서의 계급 이익과 편견에 의해 혼란스러워졌다. 부르주아 서클에서는 농촌과 지방 생활에 대한 일정한 거부의 시늉(발자크처럼)이 오랫동안 유행했지만, 파리로 유입되는 불로소득의 안정적인 기반은 대부분 시골에 있었다. 또 파리의 반항적인 지리멸렬함과 비교하면 (때로는 착각이었지만) 시골은 복종과 반동의 평화로운 천국으로 보였다. 상황이 통제를 벗어나게 될 때 위협을 느낀 부르주아들(들라크루아, 플로베르, 조르주 상드 같은 그들의 화가와 작가들도)이 달아난 곳도, 1848년과 1871년의 파리 봉기를 분쇄하기 위한 군대와 국민방위대가 징집되어온 곳도 그곳이었다. 지방 프랑스는 파리 생활과 프랑스 정치의 근거가 되어주는, 눈에 보이지는 않지만 확고한 암반이었다. 조르주 상드의 소설에 나오는 농촌이 가진 목가적인 이미지는 마음을 놓게 했다. 심지어 그녀가 격려한 노동자 시인들(지방 출신자가 많은)까지도 위협적이지 않은 사회주의를 내세우는 순진한 사람들로 보였다.

따라서 1851년 쿠데타에 시골이 광범위하게 저항한 것은 하나의 충격이었다. 그것은 계급 관계와 불만과 혁명적 감정이 시골에도 만연해 있음을 가리켰다. 또 이것은 쿠르베가 1851년의 살롱 전시회에 가져온 감정, 특히 「오르낭의 장례식」에서 표현한 감정이었다. 문제는 그가 프랑스 농촌과 지방의 계급 관계를 눈에 잘 보이게 드러냈으며, 그것도 그에게 "회화계의 프루동"[15]이라는 이름을 붙여준 격렬한 사실주의로 표현했다는 점이었다. 제각기 고유한 혁명적 감정을 지니고 리무쟁, 크뢰즈, 바르, 센에우아즈, 두Doubs에서 파리로 쏟아져 들어온 새로운 노동자의 출신지는 그들 자신의 계급 경험이 심히 애매모호한 시골이었다. 1868년에서 1871년 사이의 수많은 노동자 운동 지도자들은 발랭처럼 지방이나 농촌 출신이었다. 하지만 제2제정이 종말을 맞을 무렵 또다시 기묘한 반전이 일어났다. 대중 계급도 시골로 소풍을 갈 수 있게 된 것이다. 이 시골에서는 하나의 소비 품목으로서 자연에 접하는 통로를 상품화하는 일이 새 산업 부지와 주거지 개발을 위한 빈 땅을 물색하는 일만큼이나 중요해지고 있었다.[16] 인상주의 화가들이 수많은 작품을 만들어낸 것은 이러한 환경에서였다.

파리 내부의 변형과 교외화의 시작 역시 이와 비슷하게 정치적 렌즈를 통해 인식되고 이해되었다. 그 뒤에 나온 해설자들은 그로 인한 모호성을 똑같이 반복했지만, 그런 내용을 언제나 이해한 것은 아니었다. 한편으로 버만은 보들레르의 「빈민의 눈」이 오스만의 대로가 어떻게 하여 "반쯤 폐쇄되고 은둔자처럼 봉인되어 있던 전통적 도시 빈민의 세계를

그림 96 새로운 교통수단이 등장하면서, 그리고 오스만이 근교의 넓은 구역들을 파리로 편입해 들이기 시작하면서 시골과 도시의 관계는 급격히 바뀌었다. 이 도미에의 삽화에서 두 농민은 자기들이 갑자기 파리 시민이 되었다고 자축한다.

부지불식간에 깨뜨려버렸는지", 그럼으로써 "한때는 신비에 감싸여 있던 비참함"을 하나의 기정사실로 만들어버렸는지를 보여주는 이미지라고 여긴다. 반면 다른 많은 사람은 오스만화에 기인한 공간적 격리의 증가를 문제의 핵심으로 보았다. 두 주장 모두가 사실일지도 모른다. 제2제정 치하 도시주의의 외향적이고 공적이고 집합적인 스타일은 도시에서 공적 공간과 사적 공간 간의 균형을 바꾸었다. 공적 투자는 사적 이익을 둘러싸고 조직되었고, 공적 공간은 사적 용도로 횡령되었다. 부르주아에게는 외면이 곧 실내가 되었고, 파노라마, 디오라마, 사진이 외부를 실내로 끌어들였다.[17] 대로는 가스등과 상점의 휘황찬란한 쇼윈도로 밝혀졌고 길거리로 열린 카페(제2제정의 한 가지 혁신)들은 앞에서 보았듯이 돈과 상품의 위력을 숭배하는 회랑, 부르주아들의 놀이 공간이 되었다. 「빈민의 눈」에서 보들레르가 묘사한 연인이 누추한 남자와 아이들을 내쫓으라고 지배인에게 제안했을 때, 정말로 중요한 것은 너무나 익히 보아온 빈곤과의 만남이 아니라 공적 공간의 소유권 주장이 가진 의미다.

물론 여기에는 도시가 새로운 교통수단(대로, 거리, 옴니버스)과 조명에 의해 개방되어 예전에는 불가능하던 방식으로 비판받게 되었다는 아이러니가 포함되어 있다. 그리하여 도시 공간이 체험되는 방식이 완전히 달라진다. 플로베르의 『감정 교육』의 주인공인 프레데리크 모로는 파리와 근교의 공간을 이리저리 이동하면서, 가는 곳마다 아주 판이한 성질의 경험을 수집한다. 공간 감각은 발자크에게서와 아주 다르다. 분해된다는 느낌이 여기에도 똑같이 있을지도 모르지만, 특이한 것은 프레데리크가 너무나 자유롭게, 심지어는 1848년 혁명의 공간 안팎까지도 마음대로 움직여다니는 방식이다. 그는 이 공간 저 공간과 이 관계 저 관계를 돈과 상품이 주인을 바꾸는 것처럼 쉽게 미끄러져다닌다. 그리고 그런 행동을 늘 같은 냉소적이고 권태로운 태도로 해치운다. 하지만 프레데리크의 방황에는 숨은 구속이 있는데, 그것은 돈의 유통이 어느 한 구역에 특히 집중되는 것과 대체로 동일한 종류의 구속이다. 프레데리크는 기예 산업artisanal industry이 장악하고 있는 벨빌이나 파리 동부의 어느 한 구역에 있을 이유가 없다. 프레데리크가 활동하는 곳은 오로지 부르주아 파리와 그 주변뿐이다. 플로베르에게 이 격리는 너무나 자연스러워서 거의 알아차리기도 힘들 정도였고, 그것들을 문학의 심장부로 다시 가지고 오기 위해서는 민족학 연구와도 같은 졸라의 탐문을 거칠 필요가 있었다.

부르주아들은 노동계급이나 위험한 계급이라는 "타자"와 만나기를 원치 않았다(「빈민의 눈」에 나오는 연인처럼). 그리고 그들은 또 다른 두려움도 갖고 있었다. 군중은 전복적인 요소를 숨기고 있을지도 모르고, 갑자기 무질서한 군중이 될지도 모른다. 이 공포심에는 충분한 근거가 있었다. 창녀들은 대로변의 군중 속에서 아무렇지도 않게 돌아다녔고, 경찰이 그들을 통제하고 쫓아내려고 아무리 애를 써도 소용이 없었다. 블랑키가 자신의 비밀 군대를 사열하겠다는 결정을 내리고 그 말이 전달되자, 서로 전혀 모르는 사이이고 블랑키 본인도 모르는 사람들인 2000명의 부대가 별 이상한 기미를 전혀 알아차리지 못한 샹드마르스의 군중 한복판에 있는 그를 지나쳐서 행진했다.[18] 부르주아가 계급 지위와 권력을 유지하려면 공간과 군중은 통제되어야 했다. 1868년에서 1871년 사이에 공화파 부르주아가 직면한 딜레마는 1848년에 그랬듯 그들 자신의 혁명을 달성하기 위해서는 공간을 개방해야 한다는 것이었다. 그들은 힘이 약해졌기 때문에 노동계급과 혁명운동의 커지는 압력에 저항할 수 없었을 것이다. 이 때문에 대중 계급의 파리 중심부 재점유—벨빌에서의 하강—가 그렇게 큰 상징적 의미를 띠게 된 것이다. 왜냐하면 빈민층과 노동계급이 상상 속에서나 현실로서나 전략적 공간에서 쫓겨나고, 이제는 부르주아의 실내로 간주되는 대로에서도 쫓겨나고 있던 상황에서 그 일이 발생했기 때문이다. 더 많은 공간이 물리적으로 개방될수록, 그것은 강제적 게토화와 인종적 기준에 따라 시행된 배제의 사회적 관행을 통해 분할되고 폐쇄되어야 했다. 회고하는 입장에서 글을 쓴 졸라는 플로베르가 개방된 것으로 보았던 파리의 바로 그 공간들을 닫힌 것으로 묘사했다. 부르주아들의 지리적 상상력은 그렇게 하여 오스만이 개방한 공간들에 사회공간적 배제와 질서sociospatial exclusion and order를 부과하는 길을 찾으려 했다.

중앙집중화와 탈집중화
—

전통적으로 중앙집중화된 국가, 시민사회, 개인적 자유 사이의 관계가 오래전부터 프랑스 정치 토론의 받침점 구실을 해왔다. 군주제와 종교는 위계적 질서를 갖춘 국가 및 시민사회 내의 권위에 대한 존경이라는 생각을 매개로 제휴했다. 자코뱅파는 강력하고 중앙집중화된 권력을 추구했지만 그 뿌리를 시민사회의 위계질서에서 해방된 인민의 주권 의지에 심기를 원했다. 그들은 노동의 자유를 구속하는 노동자들의 직능조합을 공격할 때 종교를 공격할 때와 똑같은 분노를 품었다. 제2제정은 보통선거를 이용하여 모든 권위의 원천인 황제를 합법화하고 두 세계에서 장점만 취하려고 했다. 하지만 그러한 형식의 중앙집중화를 강력하게 비판하는 흐름이 있었다. 한 영국인 방문객은 그 정치 시스템을 "조야한 형태의 공산주의"라고 보았는데, 자기 동포들이 그 교조의 이론적 형태 앞에서는 "겁에 질려 오금도 펴지 못해"면서 그것이 실제로 적용된 상황은 어쩌면 그렇게 찬양하는지 의아해했다.[19] 따라서 제국의 적들은 공격의 예봉을 점점 더 그 과도한 중앙집중화에 맞추었다. 그러나 불평의 초점이 경제적 권력인지, 정치적 권력인지, 아니면 권력의 영토적 중앙집중화인지에 많은 것이 달려 있었다.

제2제정은 국가가 자본을 중앙집중화하는 강력한 기관을 설립하는 방법으로 직접적인 경제 통제권과 경제에 대한 간접적 영향력을 늘려야 한다고 보았다. 페레르 형제와 오스만의 연대는 국가독점자본주의나 금융자본주의에 가까운 조직 형태의 전형적인 예였다. 그들이 은행과 운송과 통신과 언론, 공공서비스, 부동산 투기를 통제했으므로 금융자본과 국가의 궤도에 포함되지 않는 경제생활 영역은 거의 없었다. 이는 자본주의의 본성과 경쟁 및 독점의 상대적 장점에 관한 논쟁에 불을 붙였다. 그 논쟁은 대략 생시몽주의 이데올로기와 관행이라 부를 수 있는 것과 자유시장 경제학자의 교조 사이에서 벌어졌다. 생시몽주의자들은 결코 일관성 있는 경제 이론을 개발하지는 않았지만 대개 사회문제 해결에 중점을 두며 실용적인 입장을 취했기 때문에, 비록 항상 생산의 일반적 주제 주위를 맴돌기는 했어도 자신들의 이념을 다양한 방식으로 응용했다. 황제가 제국을 세웠을 때는 "말 위에 탄 생시몽"(생트뵈브의 유명한 구절을 빌리자면)이었는지는 모르지만, 제국을 떠날 때는 자유주의적인 자유무역론자였다. 그 분파의 창립 멤버이자 당시에는 경제학 교수이던 슈발리에는 1860년에 영국과의 자유무역협정을 성사시켰고 이후 자유주의를 수용했다. 페레르 형제의 관행은 실용적이고 흔히 자기 본위적인 방식으로 운영되었다. 하지만 생시몽주의 교조 덕분에 제국의 경제정책과 자본의 중앙집중화는 합법성을 획득했다.

이와 대조적으로 바스티아와 세Say 같은 자유시장 경제학자들은 더 큰 시장의 자유와 경쟁을 옹호했다(1852년에 이미 이러한 특성들이 노동계급에 강제되었다고 추정한다). 1850년대의 파리에서 사유재산권이 국가 권력에 대해 재천명되었고, 페레르 형제의 권력에 대한 두려움이 커짐에 따라 자유시장 이데올로기는 제국의 정책에 대한 공격의 한 부분으로 동원되었다. 로스차일드 같은 은행가나 산업가들에 의해 사용될 때 이 논지는 위선적이고 이기적인 것으로 보였다. 하지만 1860년대에는 부르주아와 노동자 운동 모두에서 경제적 권력의 과도한 중앙집중화가 저지될 필요가 있다는 목소리가 점점 커졌다. 그들이 제시한 해결책은 아주 달랐지만 더 이상의 자본 중앙집중화에는 반대한다는 주제를 놓고 강력한 계급 연대를 형성할 수 있었다. 페레르 형제와 오스만의 몰락, 자유주의 제국으로의 이행, (자유주의) 경제학자들의 위신 상승이라는 사태는 그 연대의 위력이 증가했음을 입증했다.

정치적 탈집중화의 문제 역시 이와 비슷한 열광을 불러일으켰다. 제2제정은 황제 이하 지사와 부지사, 임명된 시장과 지역 시의회들, 상호부조협회의 임명된 우두머리들, 노동자-고용주 위원회 등으로 치밀하게 통제되는 권력의 위계질서를 만들어냈다. 지역적 민주주의라는 문제는 무시해버릴 수도 있었다. 하지만 파리 바깥의 지역적 자율성이 보호된 이유 중에는 가기 힘들다는 점도 한몫을 했다. 흔히 지역 유지들이 강력하게 추진했던 새로운 운송과 통신 시스템은 아이러니하게도 중앙 정부가 더 쉽게 지방을 통제하게 되고 그럼으로써 지방의 자율성을 축소시키는 효과를 낳았다. 공간적 통합이 점점 증대하자 그다음 단계로 지방자치에 대한 요구가 점점 더 커졌다. 정통왕조주의자, 오를레앙파, 공화주의자, 사회주의자들은 모두 1860년대에 지방의 자유라는 명분을 찬양하는 데 골몰했다. 그들 모두, 심지어 보나파르트주의자까지도 정치적 중심 기관으로서 공동체의 중요성을 소리 높이 외쳤다. 하지만 보나파르트주의자는 중앙 행정을 지방에 전파하는 운송수단이라는 점에서 그것을 지지했고, 왕당파는 공동체가 지역의 유지와 사제들에게 권력을 부여하는 한에서만 그것을 지지했으며, 공화주의자는 지방 민주주의의 중심 기관(지역의 부르주아나 인민에 의한 민주파에 의해 운영되는)으로서, 공산주의자는 공동체가 정치적 연대감이 형성되는 곳이기 때문에 지지했다. 또 프루동 같은 상호부조주의자들은 연방 행정의 기반이라는 이유에서 그것을 지지했다. 역사학자들은 자코뱅인 로베스피에르와 더 민주적 지향성을 가진 지롱드파의 상대적 장점을 따지는 형태로, 그 문제를 놓고 끝없이 토론하곤 했으며 대개 후자의 손을 들어주었다. 1860년대 말엽, "탈중앙화는 국내적 십자군의 모습을 갖추었다". 그것은 확실히 오스만에 대항하는 공격의 중심 세력이 되었다.[20]

그러나 권력을 갖지 못한 자들의 오로지 기회주의적이기만 한 논의(군주주의자는 특히 수상한 점이 있다)와 독립적이고 자율적인 연합의 연방을 통한 국가의 쇠퇴를 이상으로 갈구하는 프루동 같은 인물의 깊은 신념을 분간하는 것은 쉽지 않다. 또 프루동도 어찌 되었건 자본의 중앙 집중화에 대항해 생산을 근본적으로 재조정하지 않고서 정치적 재조정만 하는 것은 의미가 없다고 보았다. 하지만 근거야 무엇이든 정치적 탈집중화를 위한 투쟁은 얼마든지 진정한 투쟁이었고, 그것은 파리의 자치 문제를 정식 의제로 설정했다. 거의 누구도 공동체(소문자 c를 쓰는 코뮌)의 이상에 반대하지 않았다는 사실은 본질적인 공통점이 없는 수많은 세력이 1871년의 파리 코뮌(대문자 C를 쓰는 코뮌)을 지지하기 위해 결집하는 과정에서 결정적인 역할을 하게 된다.

하지만 그것은 또 다른 문제를 제기했다. 오스만이 주장했듯이 파리
는 "중앙집중화 그 자체"가 아니었던가? 경제, 정치, 행정, 문화적 힘이
엄청난 수준으로 파리에 집중되는 것을 두려워하여 탈집중화를 지지했
던 수많은 지방은 그렇게 영향력이 큰 도시, 이제까지 정치적으로 "붉은"
쪽은 아닐지라도 급진적인 성향을 가져왔던 도시의 자치화 문제가 대두
되자 이의를 제기했다. 그리고 파리 부르주아들 중에도 그러한 두려움
을 공유한 티에르 같은 사람이 많았다. 파리 코뮌으로 나아가는 길에서
그렇게 선동적으로 행동했던 것은 이런 연정聯政이었다. 그럼에도 불구
하고, 탈집중화의 명분을 지지하면서도 동시에 파리가 "유럽의 머리, 두
뇌, 심장"이라고 자랑스럽게 주장하는 파리인은 수없이 많았다. 한 영국
인 방문객의 심술궂은 주장에 의하면, 이러한 견해야말로 "왜 유럽이 가
끔 그렇게 괴상한 짓거리를 하는지 설명해줄 수 있다".[21]

그러므로 프루동은 파리가 "수도라는 왕관을 버렸으면" 했지만 그렇
더라도 "자유롭고 독립적인 하나의 코뮌으로서 연방제 국가를 위한 십
자군 운동을 선도하기"를 원했다. 블랑키는 혁명이 파리에서 일어나야
한다는 데 동의했지만, 자코뱅파였던 만큼 혁명적 파리가 후진적인 지
방을 정복하고 지배하고 계몽을 가져다준다고 생각했다. 블랑키주의자
와 상호부조주의자들이 코뮌을 수호하기 위해 나란히 싸운 것은, 따라
서 외관상으로는 어땠을지 몰라도 실제로는 이상한 일이 아니었다.

코뮌이 시의 자유를 위한 봉기였다는 것도 확실히 맞는 말이다. 그러
나 그것이 그린버그가 주장하듯이 전적으로 사회민주주의적 의미에서
만 그러했는지, 아니면 굴드가 주장하듯이 순수하게 공동체에 관한 것
이고 계급적인 의미는 전혀 없었는지 하는 것은 옳고 그름을 따질 수 있

는 문제가 아니다. 각각 다른 분파들이 코뮌을 아주 다르게 보았다는 것은 분명하다. 상호부조주의자와 공산주의자들에게 그것은 그 뒤에 숨어 다른 중심지에서 다른 운동과 연대하고 생산과 분배, 소비의 좀더 굳건한 재조정 작업을 시작하게 해주는 방패였다. 블랑키주의자들에게 그것은 전 세계는 아닐지라도 프랑스의 정치적 해방을 위한 첫걸음이었다. 각 구의 공화주의 구청장들에게 그것은 파리를 공화주의적 정부 시스템으로 통합하는 첫걸음이며, 필요하다면 군주주의적 반동에 대항하여 사용할 수 있는 방어 무기였다. 이 모든 입장에게 코뮌이 어떤 존재였는가 하는 문제는 그것이 무엇을 위한 것인가보다는 무엇을 반대하는가를 배경으로 할 때 더 규정하기가 쉽다. 물론 지방의 강력한 탈집중화 감정이 그렇게 많은 권력이 집중되어 있는 도시 내에서 탈집중화 운동을 분쇄하기 위해 그렇게 쉽게 동원될 수 있었다는 사실은 하나의 모순이다.

두 도시, 두 종족
—

4시. 다른 쪽 파리, 일하는 파리는 깨어난다. 두 도시는 서로를 거의 알지 못한다. 한낮에 일어나는 도시와 8시에 자리에 눕는 도시. 그들은 서로의 눈을 마주보는 일이 거의 없고, 슬프고 엄숙한 혁명의 날에만—그런 날이 너무 자주 있지만—마주볼 뿐이다. 그들은 서로 멀리 떨어져 산다. 그들은 다른 언어를 쓴다. 그들 사이에는 잃어버릴 사랑도 없다. 그들은 두 개의 종족이다.[22]

계급 구조와 사회적 공간의 분리가 현실에서 얼마나 복잡하게 뒤얽혀 있었는지와는 무관하게, 두 개의 계급과 두 개의 공간으로 나뉜 도시라는 파리의 단순화된 이미지가 그 당시를 재현할 때 계속 거듭하여 출몰한다. 그것은 오랜 역사를 가진 이미지였다. 1848년 이전에는 "다른 쪽 파리"가 "위험한 계급"이라는 개념으로 파악되었다. 그들의 너무나 비참한 상태는 가끔은 연민을 불러일으키기도 했지만 대체로는 두려움과 불쾌감과 혐오감의 원천이 되었다. "야만인" 또는 "미개인"이라는 용어와 "짐승" 등의 별명이 부르주아가 그들에게서 받는 이미지에 인종적 색채를 입혔고, 부르주아가 노동자와 빈민을 다룰 때 가하는 지독한 폭력을 정당화해주었다.[23] "평등은 스스로의 권리를 의기양양하게 내세운다"고 1848년의 플로베르는 썼다. "야수나 누릴 법한 평등성, 어디서나 볼 수 있는 피비린내 나는 잔혹성, 빈민의 광기와 막상막하인 부자들의 광신, 귀족과 천민에게서 똑같이 나타나는 광포함, 취침용 무명 모자는 붉은 보닛만큼이나 야만적이다."[24] 1848년의 혁명으로 노동계급과 위험 계급의 차이가 분명히 판명되었는데도, 노동자들은 진정한 정치권력을 약속받았다가 거부당했다. 권력은—결과적으로는 상대적인 의미에서 영구히—바리케이드를 넘어 부르주아 편으로 가버렸다. 그 이후, 대다수 부르주아는 반대편에 있던 사람 모두에게 똑같은 붓으로 제멋대로 검댕을 칠했다. 예전에는 위험 계급에 적용되던 이미지가 이제는 노동계급뿐 아니라 블랑키 같은 그들의 옹호자에게도 부착되었다. 더 나아가서, 모든 사람은 어디에 바리케이드가 세워졌으며, 도시의 어느 부분이 "타자"에게 속하는지 알고 있었다. 바리케이드는 간단한 분리선이 되었다. 1848년의 경험은 사회적·물리적 공간의 단순화하고 양극화된 표현으로 살아남았다.

"다른 쪽"에 무엇이 존재하는지에 대한 부르주아의 표현은 그들의 교유 관계가 주로 어떤 성격인지에 따라 채색되었다. 상층 부르주아의 대부분은 경제활동을 하지 않거나(파리의 경우) 정부 관리였고, 경제활동을 하는 사람도 고위 금융계에 집중되는 경향이 있었다. 산업가 가운데 노동자를 실제로 상대하는 수(풀로처럼)는 적었고, 말단 계층에 속하거나 어쨌든 열등한 부류로 간주되었다. 하지만 파리는 노동계급의 도시였고, 라자르가 말한 것처럼 점점 더 그 과시적인 소비자들이 "벌의 윙윙대는 소리에 신경쓰지 않고 오래오래 꿀맛을 볼" 수 있는 방향으로 조직되어갔다.[25] "다른 쪽"에 존재하는 자들의 이미지는 일시적이거나 대개 운 나쁘게 길거리에서 마주치는 경우(보들레르의 「빈민의 눈」에서 묘사된 것 같은)를 제외하면 인간적으로 접촉하는 일이 전혀 없이 형성된 것이었다. 파리 노동계급의 생활 여건에 관해 부르주아 개혁가들이 작성한

그림 97 1848년 6월 봉기 기간의 파리의 바리케이드 분포도. 도시의 동서 간 정치적 구분이 얼마나 강한지를 잘 보여준다(지라르에 의거, 1981).

보고서는 빈곤과 몰락상에 대해 성찰함으로써 그 이미지를 완화하기보다는 오히려 더 심화시켰다. 그렇게 짐승 같은 여건에 사는데 그런 사람들이 짐승 이상의 존재일 수 있겠어? 유력한 서클들도 겉으로 드러내어 발설하지 않을 뿐 이런 인종적인 추론이 표면 아래에 들어 있었고, 문학적 표현에도 금방 스며 들어갔다. 그것이 코뮌에 대한 반응으로 나타난 표준적인 태도였다. 시인인 테오필 고티에는 이렇게 썼다.

모든 도시에는 짐승, 냄새나는 야수, 해로운 야수, 문명이 길들일 수 없었던 고집불통의 심술쟁이들, 피를 좋아하는 자들, 불 지르기를 불꽃놀이처럼 좋아하는 자들, 도둑질을 좋아하는 자들, 선함에 대한 공격을 애정 표현쯤으로 여기는 자들, 괴물 같은 심장과 불구가 된 영혼의 소유자들, 다른 세계의 주민, 대낮의 햇빛에 익숙하지 않은 자들, 깊은 땅속의 그림자에 대한 갈망을 떨쳐버리지 못하는 자들이 가는 폐쇄된 굴이 있다. 어느 날, 야수 조련사가 무심코 이 동물원의 문에 열쇠를 꽂아둔 채 떠났고, 사나운 동물들은 겁에 질린 도시에서 야만스럽게 포효하며 날뛴다. 우리가 열리자 1793년의 하이에나와 코뮌의 고릴라들이 몰려나왔다.[26]

그러한 감정에 들어 있는 유해한 폭력성은 너무나 흔했다. 1860년대에 나온 『두 개의 세계Revue des deux mondes』 같은 영향력 있는 잡지를 읽으면 등골이 오싹해진다. 그리고 그 폭력은 묘한 성질을 갖고 있는데, 마치 악령을 불러내고 싶은 욕구, 지독하게 아픈 사회의 종기를 태워 없애거나 뭔가 궁극적인 결말, 카타르시스를 맛보고자 하는 내적 욕구가 있는 것 같기도 하다. "존경할 만한 가치가 있는 것은 세 부류뿐이다. 사제, 전사, 시인이 그들이다. 알고, 죽이고, 창조하는 것." 보들레르는 이렇게 썼다. 플로베르는 정치에서 자신이 이해하는 것은 오직 시위뿐이라고 털어놓았다. "나는 근대의 전제주의를 경멸한다. 내 눈에는 어리석고, 허약하며, 용기가 없어 확신도 가지지 못하는 것으로 보이기 때문이다." 그는 이렇게 덧붙였다. "인류가 최고 수준으로 나타난 형태라고 여겨지는 고대의 전제주의를 나는 깊이 숭배한다."[27] 『살람보』에 어떤 종족을 정복하고 그들에게 살인적인 폭력을 가하는 장면이 나오자 사디즘이라는 비난이 가해졌다. 하지만 코뮌에게 자행된 것이 바로 그런 것이었다. 호전적인 빨갱이를 죽이고 피바다를 만드는 것이니 정당하다고 공쿠르가 주장한 야만적인 피의 잔치였다. 공포정치를 섬뜩하게 상기시키는 그 장면은 다른 쪽 파리에 대항하여 자신들이 감행하는 선제공격을 정당화하려는 부르주아들이 구축한 이미지와 표현으로 보인다.

혁명가들, 특히 학생과 보헤미안 대열 출신의 혁명가는 그와 정반대의 이미지를 연출했다. 그들은 노동자를 고귀하고, 숙련되고, 자립적이고, 지성적이며, 관대하고, 지도력 있는 존재로 보았다. 그들이 보는 서쪽의 "다른 쪽 파리"에는 투기꾼과 늑대 같은 증권 거래인, 임대업자, 기생충, 노동자들의 피를 빨면서 그들의 존엄성과 자립성을 파괴하는 흡혈귀들이 거주했다. 게으른 부자들의 무게에 짓눌린 노동계급 파리는 혁명을 일으킬 충분한 권리를 갖고 있다. 블랑키주의자들은 그런 생각을 더 멀리까지 밀고 나갔다. 그들은 파리를 1789년에 그랬듯이 프랑스의 나머지 지역뿐 아니라 세계의 나머지 지역으로도 해방을 확산시켜야 하는 혁명의 중심지로 보았다. 더 나아가서, 혁명이 시작되는 것은 "다른 쪽" 파리, 특히 벨빌과 페르라셰즈 같은 구역이었다.[28] 귀스타브 플루랑(코뮌 초반에 살해당한 인체해부학 교수) 같은 블랑키주의 동조자가 혁명 기지를 구축하기 위해 이사해온 곳도 이 구역이었다. 그리고 블랑키주의 수사법에는 그와 동일한 폭력적 혁명의 카타르시스가 단순한 암시 이상으로 들어 있었다(1793년의 에베르주의Hébertist 프랑스혁명기에 자크 르네 에베르를 중심으로 활동하던 산악파 중의 과격 분파적 혁명적 순수성의 이상을 아주 명백하게 흡수하면서).

그렇게 양극화된 이미지가 모든 사람을 사로잡은 것은 아니었다. 하지만 그 모서리를 부드럽게 다듬으려 애쓰더라도 대개는 전반적 논의를 더욱 강화하는 쪽으로 결론이 나곤 했다. 오디간, 코르봉, 풀로 같은 당대의 저자들은 적어도 파리 노동자들과 가깝게 접촉하고는 있었으며, 그 복잡다단한 성격을 전해준다. 오디간은 이렇게 쓴다.

> 파리의 노동자들은 지극히 사교적이고 개방적이며 거창한 이념과 강한 박애주의적 관심을 갖고 있는데, 그 관심은 상호부조와 호혜적 관용으로 표현된다. 그런가 하면 이들은 억누를 길 없는 방탕과 낭비벽의 소유자이고, 끝없이 유흥을 즐기고 열렬하게 변화를 좋아한다. (…) 그들은 축제에 참가하는 것처럼 열정적으로 소요에 가담하며, 결과는 생각지도 않고 자신들의 일상생활의 단조로움을 깨부수는 데서 기쁨을 느낀다. 평등성과 국가에 대한 숭배가 그들의 특징이다.[29]

물론 파리 노동자들의 무책임성은 상당히 청교도적이고 급진적인 부르주아들(예를 들면 풀로 같은 자)에게는 저주의 대상이었다. 하지만 억압받는 자들에 대한 공감 때문에 파리의 노동계급 구역으로 이사한 사회주의자 발레스처럼 그들을 잘 알고 있던 해설자들은 그곳에서 발견한

따뜻함과 너그러움에 경탄했다. 따라서 견해의 양극화 현상과 파리의 노동계급에 가해진 무거운 탄압을 애석하게 여길 이유는 더욱 많다. 그러나 탄압을 완화할 방도를 논의하면서 개혁가들은 의견의 양극화 현상을 심화하지 않을 수 없었다. 코르봉은 계급 구분이 깊어지고 영구화되는 상황에 대해 통탄하면서, 빈민이 부 자체에 원한을 가지는 것은 아니지만, 부자들의 부가 점점 커지는 상황에서 그들의 위태로운 형편이 부자들의 안전에 위협을 제기하는 것은 틀림없다고 주장했다. 더욱이 그 위험은 지정학적으로 표현되었다. "파리가 변모하면서 노동 인구를 도심으로부터 변두리로 강제로 쫓아내자 수도는 두 개의 도시가 되었다. 하나는 부유하고 하나는 가난하다. (…) 가진 것이 없는 계급은 부유한 계급 주위에 엄청난 차단 막을 친다." 라자르도 똑같이 위협적인 이미지에 호소한다. "최고조에 달한 사치의 강물이 파리의 새 구역으로 흘러드는 동안 벨빌에서는 빈곤의 밀물이 일어났다."[30] 상층 부르주아는 "빨갱이들"이 벨빌에서 일어나는 빈곤의 밀물 속에 몸을 숨기고 있다고 의심했는데, 여기에는 충분한 근거가 있었다. 그들이 그 장소에 발을 디딜 수도 없고 디디지도 않는 한 그런 설명은 그들의 공포를 가중시킬 뿐이었다. 『르 피가로Le Figaro』와 『르 모니퇴르Le Moniteur』 같은 신문은 사설에 이렇게 썼다, 그곳에는 "인간쓰레기들"이 산다. 언론인 사르시는 다음과 같이 썼다. "질투와 게으름과 분노가 끊임없이 부글거리고 있는 곳에서 가장 심각한 빈곤과 증오를 발견하게 된다."[31]

공산주의자, 자본가,
생산자조합의 꿈

—

블랑키는 부르주아들에게 대단한 공포의 대상이었지만 노동계급 내에 대중적인 기반을 형성하는 데는 끝내 성공하지 못했다. 사실, 소원하고 비타협적이고 감금된 상징이라는 위치를 제외하면 그가 어떤 영향력도 발휘하지 못하는 것처럼 보이던 기간도 있었다. 블랑키주의 운동이 되살아난 것은 1860년대뿐이었지만, 그때도 지지자는 주로 그의 명분의 순수성과 그가 겪은 고통의 존엄성에 이끌린 호전파와 무신론적 지식인, 학생들뿐이었다.[32] 1868년에서 1871년 사이에 벌어진 적극적인 계급투쟁 기간 동안 블랑키주의자들은 부분적으로 교육에 대한 헌신적인 관심과 "다른 쪽 파리"에 흐르는 "빈곤의 강물"에 기꺼이 뛰어들려는 태도 덕분에 상당수의 추종자를 얻었다. 대중적 영향력을 갖지 못한 것은 부분적으로는 그들 자신의 선택 때문이기도 했다. 보통선거를 거쳐 제국이 수립되었다는 사실과 1848년의 경험 때문에 그들은 대중이 무지한데다 대중매체의 수단도 부르주아가 장악한 상황에서 이루어지는 대중민주주의를 의심했다. 프랑스혁명 전통의 순수한 형태(바뵈프, 에베르, 부오나로티로 대표되는)를 낳은 뿌리는 그들을 반란적인 자코뱅 정치에 소속시켰다. 당시에는 엄격한 정치적 감시가 행해지고 있었는데, 이는 적의 침투를 방지할 수 있지만 그와 동시에 대중의 참여도 허용되지 않는 폐쇄적인 조직을 형성한다는 뜻이었다. 그들의 목적은 반란적인 폭력을 통한 프롤레타리아 독재의 실현이었다.

그들의 영향력 역시 자신들이 전달하고자 하는 메시지와 계급 구조가 쉽게 들어맞지 않는 상황 때문에 저지되었다. 상층 부르주아에게 조종되는 국가기관에 반대하는 봉기라는 것이 대단히 정당한 것인데도 이들은 소규모 작업장과 선대제先貸制가 지배적인 도시, 제국 말엽이 되어도 여전히 생산 내 자본과 노동 사이의 경계가 흐릿한 도시에서 노동 조직의 문제를 의제로 제기할 수가 없었다. 파리의 작업장은 앞의 2장에서 보았듯이, 사실 1830년대 이후 온갖 종류의 사회주의자, 공산주의자, 공산주의 이데올로기를 기르는 비옥한 토양이었고, 그 뒤로도 계속 그랬다.

"능력에 따라 일하고 필요에 따라 갖는다"는 공산주의자들의 구호는 빈곤층 대중에게 매력 있게 들렸고, 일자리의 불안정과 기술 변화로 인한 참화에 직면한 수공업 노동자들에게 강한 호소력을 지녔다. 하지만 코르봉이 지적했듯이, 공산주의자에는 두 부류가 있었다. 사유재산에 맞서는 국가권력의 비중을 늘림으로써 자신들의 시스템을 사회 전체에 적용하려는 일파가 그중의 하나였다. 이들은 1848년에, 노동의 권리와 분배의 동등성을 보장하는 국가 소유권에 선행하는 단계로서 국민작업장national workshop을 설립하고자 했다. 루이 블랑, 라스파일, 바르베스 같은 사회주의자들은 이러한 관점에서, 1848년 4월 16일과 5월 15일의 불발된 시위에서 국가권력을 장악하기 위해 블랑키와 제휴할 수 있었다. 다른 사람들, 카베주의자Cabetist(이카리아파Icarian)와 푸리에주의자 같은 이들은 일상생활에서도 원칙에 따라 살아가기를 원했다. 자신이 본보기를 보임으로써 집단적 조직과 공산주의의 장점을 사람들에게 설득할 수 있으리라는 희망에서였다. 그러나 1848년의 좌절을 겪은 뒤, 이 두 번째 그룹은 대개는 유일한 희망이던 미국으로 이주하거나 망명하지 않을 수 없었다.

그러나 프루동은 1848년의 경험에서 이와 아주 다른 결론을 끌어냈다. 그는 봉기 운동에서 얻은 것이라고는 하나의 억압적 정권을 또 다른 정복 정권으로 갈아치우는 것뿐이라고 느꼈다. 노동문제는 정치적 채널을 통해 해결될 수 없다. 국가는 누가 주도하든 적이었다. 이 때문에 프루동은 블랑키주의자와 공산주의자뿐 아니라, 정치적 공화국을 사회 변화로 나아가기 위한 필수적 전주곡이라 여긴 모든 사람과 입장을 달리하게 되었다. 노동자를 해방하려는 투쟁은 유토피아적 기획보다는 작업장에 실제로 적용할 수 있는 계획을 이행하는 것에서 시작한다. 협동조합과 상호부조주의는 노동과정에서 이루어지는 새로운 노동자 민주주의 개념을 의미했으며, 상호 신용과 금융, 상호 보험과 상호부조 협회, 협동조합식 주거 기획 등의 지원을 받게 된다. 그러한 프로그램의 장점은 국가의 개입이 배제되며 국가의 소멸을 위한 기초를 놓을 수 있다는 점이었다. 마찬가지로 중요한 사실은 거기에서는 작업장 내의 계급 대결이 없으며, 소장인들(경쟁과 신용 및 시장의 변화하는 여건에 위협받고 있는)을 이 명분하에 집결시킬 수 있다는 점이었다.

프루동은 주택과 소매업 등의 분야에서는 사유재산제를 지지했다. 그는 파업과 노동조합에 반대했으며, 생산자조합이 계급투쟁 이데올로기의 일부가 되어가고 있던 1860년경에는 생산자조합이라는 발상에 의심을 품었다. 그의 생각은 파급력이 컸다. 그리하여 1867년의 노동자위원회에 참가한 제화공 대표 클레망이 노동자들의 명분을 진전시키기 위한 파업과 계급투쟁 등의 방식을 기대하던 사람들을 비난하고 꾸짖게 된다.[33] "연대하여 일하며, 함께 결속하여 서로를 알게 되고, 가정생활을 하면서" 자본을 모으고, 그럼으로써 그들의 삶 바깥에서 행사되는 소유권의 힘을 배제할 수 있는 노동자들을 통해 사유재산의 힘을 잠식할 수 있고, 계급투쟁을 피할 수 있다고 그는 주장했다.

하지만 제2제정 파리에서 노동 조직 문제를 둘러싸고 벌어진 토론에서 특이할 정도의 위력과 매력을 발휘한 개념이 하나 있었다. 그것은 생산자조합association 개념이었다. 그것이 중심 위치로 부상한 이유 가운데 일부는 전통에 깊이 뿌리박고 있는 데 있었지만 의미가 모호한 데 있기도 했다. 1830년대에 생시몽 사상뿐 아니라 푸리에주의와, 또 같은 시기에 경험을 쌓기 시작한 노동자 사회주의도 그것을 중심 개념으로 삼았다. 원래 그것은 사유재산 자본주의 때문에 위기에 다다른 계급 갈등과 사회적 무정부주의, 이기적 탐욕, 사회적 불평등을 극복하기 위해 노력한다는 발상이었다. 그런데 생시몽주의자들의 손에 들어가자 그것은 크고 작은 모든 자본의 조합, 즉 노동자 자신들을 포함하는 시민사회 전체가 사회적 진보의 조화 속에서 받아들여질 수 있을 정도로 그렇게 생산적이고 사회적으로 바람직한 결과를 가져오기 위해 동원된 조합을 의미하게 되었다. 페레르 형제는 1830년대에 그 이데올로기를 배웠고, 1850년대에는 일종의 민주적 국가독점자본주의 같은 것을 구축하려는 시도에서 그 개념을 활용해보았다. 따라서 생산자조합이라는 아이디어는 일종의 합법성을 지닌 것이었고, 정부의 적극적인 뒷받침도 받았다. 심지어 자본의 조합은 투기의 난장판을 유발하는 불터 이상의 역할을 할 수 없다고 조롱한 마르크스조차 그것이 "새로운 생산양식으로 이행하는 형태"가 될 수도 있다고 인정하면서, 페레르 형제를 "사기꾼과 예언자를 뒤섞어놓은 듯한 유쾌한 성격"을 가진 인물로 규정했다.[34]

그 이상은 노동자 운동 내에서도 큰 변화를 겪었다. 1830년대에 최초로 천명되었을 때 그 개념은 생산자조합, 상호부조협회, 또 나중에 프루동이 승인하게 되는 여러 가지 형태를 의미했다. 그러나 기술의 변화와 자본주의적 수탈이 맹위를 떨친 뒤 이어진 탄압으로 인해 나중에

는 "생산자조합"이 계급과 조합주의적corporatist 저항을 뜻하는 암호 용어
가 되었다. 적어도 1848년에서 1851년까지의 파리에서는 여전히 첫 번
째 의미가 우세했던 것으로 보인다. 노동 권리를 보장한 1848년의 정부
임시 포고령은 노동자들이 "그들 노동의 적법한 이익을 누리기 위해" 연
합할 권리도 보장했다. 이 구절의 의미는 애매모호하다. 그것이 노동조
합trade union을 결성할 권리를 가리키는가, 아니면 생산자 협동조합producer
cooperative을 결성할 권리를 의미하는가? 현실에서 그것은 부富의 근거가
노동이라는 점을 이해함으로써 제조업 노동자들의 자유로운 생산자조
합이 자신들의 노동의 이익을 확보하는 수단이자 동시에 평화로운 사회
재조직을 직접 생산자들direct producers의 통제 아래 둘 수 있게 하는 수단
임을 깨달은 모든 수공업 노동자를 결집시켰다.[35]

1851년에 시행된 모든 형태의 노동자 조직(상호부조협회와 제국의 엄격
한 통제를 받는 것들을 제외한)에 대한 악랄한 탄압은 그러한 희망을 지하
로 몰아넣었고, 그 이후 프루동은 그것을 국가의 지시를 받는 형태보다
는 자발적인 형태로 부활시키려고 분투했다. 하지만 코르봉은 1848년
이후 그러한 발상이 어떤 사회주의적 미래의 고귀한 전망이 아닌 실질적
인 문제로서는 계속 입지를 상실해갔다고 생각했다. 노동과정의 재조정,
그리고 파리 산업에서 자본과 노동 간의 점점 더 커지는 간극을 감안할
때, 노동의 탈기술화와 뒤처지는 실질임금에 저항할 집단적 수단을 찾아
내야 했다. 코르봉은 1860년대에 조합주의적 감정이 되살아나고 직능조
합주의 형식(프랑스혁명에서 철폐된)이 노동계급의 이익을 방어하고 노동
시장의 자유에 도전하는 데 동원되었음을 지적했다.[36] 그때의 "생산자조
합"은 임금수준과 노동 조건에 관해 집단적으로 협상하기 위해 노동조
합union을 결성하는 권리를 의미했다. 두 가지 의미 모두 1860년대 후반

에 함께 사용되었다. 생산자조합 결성의 자유는 1867년의 노동자위원회에 참여했던 모든 노동자가 제시한 요구 가운데 하나였다. 그러나 그들은 그 개념으로 각기 다른 것을 의미했든가 아니면 정치적 활용도를 높이기 위해 의식적으로 모호한 태도를 취하는 편을 선택한 것 같다.

사회주의적 도시를 꿈꾸며
—

1869년, 무알랭은 『2000년의 파리Paris en l'an 2000』라는 유토피아주의 팸플릿을 발행했다.[37] 헌신적이고 교양 있는 의사(그는 유명한 의사 클로드 베르나르의 조수였다)인 그는 콜레라가 유행했을 때 1구역의 빈민을 치료하여 대단한 명성을 얻었다. 1860년대에는 질서와 사회 정의에 기초한 사회주의적 장래에 매료되었고, 사상 때문에 간혹 당국과 사이가 나빠지기도 했다. 그는 도시를 개조하여 2000년쯤이면 모든 사람을 행복하게 만들어줄 사회주의 정부를 상상했다. 모든 재산은 국가의 소유가 되고, 부동산 투기와 지주 제도는 없어질 것이다. 도시의 개조는 건축가의 손에 맡겨져, 허름한 슬럼가와 비위생적인 구조물은 철거될 것이다. 하지만 그 과정은 점진적으로 이뤄질 것이며, 오스만처럼 계급적 편견에 입각하여 야만적으로 철거하는 일은 없을 것이다. 도시의 바탕 조직urban fabric 도시와 시의 물리적 형태은 궁극적으로 푸리에의 팔랑스테르를 연상시키는 구조물, 그러니까 입방체 형태의 주거 시설, 정원과 사교 및 공동 활동을 위한 마당이 중앙에 있는 건축물이 주도하게 될 것이다. 도시 내부는 다리와 통로가 이어져 있고 엘리베이터가 설치된 2층짜리 아케이드를 통해 연결된다. 이것은 서로 연결된 쇼핑가와 산책 공간과 도시 주민 전체를 위한 아늑한 왕래 시스템(만보객에게는 이상적인 시스템)을 제공한다. 작업장은 1층에 위치하며, 빛과 환기를 고려하여 최선의 환경 여건에서 노동할 수 있도록 설계될 것이다.

엄청난 규모의 구조물이 시테섬과 생루이섬 전체를 차지하고 있다. 그것은 팔레 앵테르나시오날Palais Internationale(페레몽의 영향을 받은 건물— 157~159쪽을 볼 것)로서, 그 속으로 공중 철도가 지나가며 만인의 우애와 인류 통합을 축하하기 위한 영구적 만국박람회 비슷한 것의 안내장 역할을 하는 곳이다. 또 정부 기구와 새로운 질서를 섬기는 제례와 숭배의 중심인 사회주의 신전(노트르담 성당 대신에)도 이곳에 자리 잡고 있다. 수많은 시민 활동이 이곳에서 이루어지며 그 활동을 통해 모든 사람이 이 도시와의 일체감을 주조해나가게 된다. 이 구조물 높은 곳에 있는 발코니에서 사람들은 도시 전체를 내려다보면서 그 통일성을 감상할 수 있다. 궁전을 둘러싸고 있는 거대한 원기둥들이 커다란 돔형 지붕을 떠받치고 있는데, 그 지붕은 유리와 철골을 쓰는 새로운 건축술 덕분에 실용화될 수 있었다.

2000년이면 소득의 불평등은 대폭 줄어들어 있을 것이며(1 대 5 이하로), 공공 소유권 덕분에 노동 조직도 평등해졌을 것이다. 교육과 도제제도의 개혁을 통해 관대함, 상호부조, 평등한 참여라는 사회적 관습이 달성되어 있을 것이다. 부동산 소유자는 별로 없고, 임대료는 낮으며, 주거구역은 최대한의 다양성을 특징으로 한다. 가사 노동은 폐지된다. 많은 여성이 각자 적성에 따라 일을 하지만 정치적 권리는 여전히 없으며(프루동에 대한 양보인가?) 가정이 사회질서의 기초다(그렇지만 이혼은 인정되고 매춘은 금지된다). 지적 세계는 파리 아카데미(여성과 젊은이들도 보통선거를 통해 회원으로 선출될 수 있는) 내의 활발한 토론과 논쟁을 특징으로

한다. 전시회, 무도회, 연주회, 극장, 잡지 등을 좋아하고, 경쟁과 우수성의 표시(공화국 훈장이 최고의 가치로 평가된다)의 획득을 강력하게 추구하는 성향은 문화생활에서 여전히 중요한 면모일 것이다. 커다란 카페(과도한 음주는 없다)는 사교와 대화의 중심지다. 파리인들이 쾌락을 추구할 줄 모르게 된 것은 아니며, 어슬렁거리고 게으름 피우는 기술도 다분히 존중된다. 벤야민이 상당히 경멸하는 태도로 지적했듯이, 무알랭은 푸리에로부터 많은 것을 가져왔을 뿐 아니라, 조직적인 생산보다는 주로 소비 개념과 민주화한 제국의 축제라는 개념을 통해 이상적인 도시를 상상해냈다.

1848년에 그토록 철저하게 파괴된 유토피아적 사고의 기술은 그 20년 뒤인 이곳에서 부활했다. 무알랭은 1871년의 코뮌에서 아주 미미한 역할을 담당하게 된다. 그는 3월의 첫 사흘 동안 자기 구의 구역장 대행으로 활동했다. 그러다가 5월 27일에 베르사유 군대에 체포되었고, 뤽상부르 정원에서 열린 약식 군법 재판에서 곧바로 사형선고를 받았다. 재판관의 말에 의하면 이는 그의 활동 때문이 아니라 "그가 사회주의당의 지도자 가운데 한 사람이며, 재능과 성격과 대중에게 미치는 영향력면에서 위험인물이기 때문이다. 간단하게 말해 신중하고 현명한 정부라면 적절한 기회만 생기면 없애버려야 할 인물 가운데 한 명이다."[38] 그는 임신한 여자 동료와 결혼하기 위해 12시간의 여유를 얻었고, 그런 다음 1871년 5월 28일 오전에 정원에서 총살되었다.

코뮌이 일어나기 직전, 에드몽 드 공쿠르는 일기에서 이렇게 지적했다. "그들은 여성의 신경과민적인 과도한 흥분에 대해 (…) 여성들의 소요를 진압해야 하는 공포에 대해 말한다." 코뮌이 지나간 뒤 그 공포는 외설적이고 수치도 모르고 뻔뻔스럽게 남자들을 부추기고 불을 지르며 "옷도 제대로 입지 않고 가슴을 거의 다 드러낸" "아마조네스와 여장부들"인 "사악한 여자들"이 파리의 봉기를 도발하고 유도한다는 속설로 변했다. 주택과 바리케이드에서 끌려나와 즉결로 총살당한 여자들의 시체를 보면서 우세는 이렇게 썼다. "그들 가운데 인간의 얼굴을 한 사람은 한 명도 없었다. 오로지 범죄와 악덕의 이미지가 있을 뿐이었다. 그들은 불을 지르려고 석유에 손을 대기 전에 이미 천 번도 더 죽어 마땅한, 영혼 없는 몸뚱이였다. 그들을 묘사할 용어는 하나뿐이다. 가증스럽다."[39]

소요와 혁명의 한복판에 있는 여성의 야만성과 야수성의 이미지, 코뮌에서 "여성 방화범"이 맡았던 역할은 군사 법정이 그에 대한 증거를 거의 찾아내지 못했음에도—또 증거를 발견하려는 노력이 부족하지 않았음에도—강력하게 살아남았다.[40] 코뮌에 관해서 막심 뒤 캉의 진술에 크게 의존했던 졸라는 분노한 여성들이 마을 상점 주인에게 린치를 가하고 거세하는 무시무시한 장면을 『제르미날』에 집어넣었다. 이런 종류의 이미지는 전혀 특별한 것이 아니었다. 그런 이미지는 제2 제정 내내 언제

● 섹슈얼리티sexuality: 성행위에 대한 인간의 성적 욕망과 성적 행위, 그리고 이와 관련된 사회제도와 규범들을 뜻한다. 즉 욕망의 차원을 넘어 인간의 성 행동뿐만 아니라 인간이 성에 대해 가지고 있는 태도, 사고, 감정, 가치관, 이해심, 환상, 성의 존재 의미 등의 모든 것을 포함한다.

나 있었다. 그렇다면 이런 것들은 모두 무슨 의미인가?

여성, 자유, 공화국(따라서 혁명도) 간에는 오래전부터 연결선이 그어져 있었다(앞의 2장에서 보았듯이). 그 이미지가 워낙 강렬하다보니 앞에서 본 것처럼, 도상학 분야에서 여성이 묘사되는 방식 간의 대비가 치열한 논쟁의 초점이 될 정도였다. 1848년의 6월 혁명기에 『런던 이그재미너London Examiner』지는 들라크루아의 그림인 「민중을 이끄는 자유의 여신」이 살아서 돌아다니는 상황을 연상시키는 한 사건을 보도했다(비록 그림과 달리 해피엔딩이 아니었지만).

> 한 여자. 단정한 옷차림을 한 젊은 여자가 깃발을 집어 들고
> 바리케이드로 뛰어올라 선동적인 말을 지껄이면서 국민방위대를 향해
> 달려갔다. 총격이 가해졌고, 그녀는 죽었다. 그러자 또 다른 여자가
> 앞으로 달려가서 깃발을 집어 들고, 국민방위대에게 돌을 던지기
> 시작했다. (…) 방위대는 두 번째 여자도 죽였다.

빅토르 위고도 이 사건을 기록했다. 하지만 그는 두 여자가 모두 "예쁘장한 매춘부였고, 매무새가 흐트러져 있었으며 무시무시했다"고 말했다. 위고에 따르면, 그들은 음란한 말을 지껄이면서 치마를 허리춤까지 끌어올리고 외쳤다. "비겁한 자식들아! 용기가 있으면 여자의 배에 총을 쏴보라구." 위고는 우울하게 덧붙였다.[41] "이 전투는 그렇게 시작되었다."

앞에서 보았듯이, 드 토크빌 역시 혁명의 대리자인 순종적이지 않고 통제 불가능한 여자들에 대한 부르주아의 공포심을 드러냈으며, 1848년 튀일리궁에서 한 매춘부가 자유의 여신 포즈를 취한 일에 대한 플로베르의 묘사도 그 전통을 이은 것이다. 영국 해협의 건너편에서는 찰스

디킨스가 『두 도시 이야기』에서 드파르주 부인과 "보복La Vengeance"의 모습을 빌려 동일한 생각을(물론 프랑스인 특유의 모습이라고 서술되기는 했지만) 전파했다.

위고가 묘사하는 사건들은 은유를 행동으로 옮긴 것이다. 또 그 상징성도 결코 간과되지 않았다. 공화국이 바리케이드에서 자유를 쏘아 넘어뜨리지 않았던가? 이후로 도상학圖像學iconography은 사회적 공화국과 정치적 공화국 사이에 정확하게 표시된 경계선을 따라 분열하게 된다. "질서와 화해의 신중한 공화국"은 인민 공화국의 "무모하고 반항적인" 이미지와는 아주 다른 표현을 필요로 했다. "노동자 복장을 한 자들의 진영이 빨간 모자와 헐렁한 코르셋을 입은 공화국을 가진 반면, 검은 복장의 신사들은 또 다른 공화국, 머리끝에서 발끝까지 주름 잡힌 의상과 나뭇잎으로 장식된 모자를 쓴 요조숙녀 같은 공화국을 갖게 된다."[42] 1848년 이후, 신분 높은 공화주의자들은 그 이미지를 가정적인 것으로 만드는 일에 착수했다(바르톨디가 지금 뉴욕 항구에 서 있는 자유의 여신상을 만들자는 계획을 처음으로 낸 것이 1860년대 후반이었다). 노동자들은 좀더 혁명적인 이미지에 집착했다. 그들은 "마리안파 음모자들"의 조직을 결성했는데 주로 농촌 지역에 있었고 파리에는 하나 있었다가 1855년에 해체되었다. 여성 해방, 토지 및 "그 속에 놓여 있는 모든 것"의 국유화, 적정 생활수준의 보장, 고용과 교육의 보장이 모두 그 조직의 계획에 들어 있었다. 그런 감정은 사라지지 않고 완강하게 살아남았던 모양이다. 여성 옵서버들이 1867년의 노동자위원회에 참가하자 한 노동자가 감동받아 이렇게 외쳤다. "부인, 당신이 들어오는 것을 보고 저는 자유가 들어온다고 생각했소. 여성이 남자들과 이 회의에 함께 앉을 때마다 자유와 정의의 통치가 시작됩니다. 여성 만세! 자유 만세!"[43]

그림 98 국민의회를 습격하여 이혼할 권리를 얻어내려는 여성들을 묘사한 1848년의 이 그림에서 도미에는 페미니즘과 여성의 정치 개입이 낳을 정치적 결과에 대한 부르주아들의 공포심을 들춰낸다.

여성이 가정에만 속한다는 주장은 부르주아들이 맹렬하게 신봉했던 믿음이었다. 미슐레 같은 급진적 공화주의자와 사회주의자들도 그런 믿음을 지지했다. 『포르노크라티La pornocratie, ou les femmes dans les temps modernes』에 대한 프루동의 메모는 "여성 해방에 반대하는 가장 극단적인 반反페미니스트가 사용한 것 중에서도 가장 잔인한 반동적 개념을 모조리"[44] 담고 있다. 고분고분함(자유의 이미지를 길들이는 것과 폭넓게 병행하는)에 대한 숭배로 강화된 그 믿음의 물질적 토대는 결혼을 하나의 사업으로 보는 개념과 작업장과 주거 구역의 격리 현상의 확대, 부르주아들의 성공을 위해 가정경제의 원활한 운영이 결정적으로 중요하다는 사실 등에 놓여 있다. 그것은 또한 재산 및 상속 제도와도 밀접하게 관련 있는데, 그 제도에서는 엄청난 부자를 제외하면 귀족들의 관습과 도덕이 모두 비실용적인 것이 되어버린다. 부르주아 공화주의자들은 노동계급의 비참한 처지로 몰락할 수도 있다는 불안과 귀족의 노블레스 오블리주 사이에서 진퇴양난의 처지에 놓였다. 그들의 입장에서 계급적 지위를 유지하려면 여성을 통제하지 않을 수 없었다. 뿐만 아니라 대부분의 여성도 그 공식을 받아들인 것 같았다. 조르주 상드조차도 1860년대에 가정이 가진 미덕에 갈채를 보냈고, 코뮌이 지난 뒤 저 자신은 시골 장원에서 꼼짝 않고 있었으면서도 코뮌 동조자들에 대해 신랄한 욕설을 거리낌 없이 퍼부었다. 그녀에게 동조하지 않은 데리쿠르 같은 여성들은 별 관심을 끌지 못했고, 독립적인 페미니즘 정치학—(영국에서 많은 논의가 벌어지고 있던) 여성들의 보통선거권의 문제—의 징후는 조금도 나타나지 않았다. 제국의 종말이 다가올 무렵에야 일군의 여성(루이즈 미셸, 폴 밍크, 앙드레 레오, 엘리자베트 드미트리에프)이 여성 권리를 주장하고 코뮌에서 중요한 역할을 담당했던 여성 조합 같은 그룹을 조직하기 시작했다.[45]

이 모든 사태의 사회심리학적 의미를 고찰해보는 것은 흥미롭다. 부르주아 사유재산권과 계급 지위의 보존이 여성에 대한 통제에 의존하고 있는 남성우월주의 사회에서 자유의 이미지를 드 토크빌이 만난 것 같은 무시무시하고 통제 불가능한 종류의 여성—그보다도 더 심한, 창녀—으로 그리는 것은 틀림없이 부르주아 남성 심리를 뿌리부터 뒤흔드는 일이었을 것이다. 마네가 그린 여성(「올랭피아」와 「풀밭 위의 점심」)은 바로 그녀가 그리 순종적이지 않은 눈길을 한 보통의 창녀 모습이었기 때문에 부르주아들을 화나게 만들었던 것 같다.[46] 허츠는 계급 적대감과 혼합된 거세 공포(졸라가 『제르미날』에서 그토록 명확하게 표현한)가 "정치적 압력을 받으면 남성 히스테리"를 만들어낸다고 주장했다.[47] 혁명적 행동에 가담했던 여성에게 반대하는 남성들의 수사법에 담긴 지독한 폭력성은 이외의 다른 방식으로는 설명하기가 어렵다. 관례적인 공화주의적 표현들은 마주 상대하기도 힘들 정도다.

1859년에 첫 출판된 미슐레의 『여성La femme』은 저명한 공화파 역사가가 쓴 아주 영향력이 컸던 팸플릿이다. 1867년의 노동자위원회가 여성에게 관심을 돌렸을 때 뒤파 박사라는 사람이 미슐레의 사상을 개략적으로 길게 소개했다. 그의 주장에 따르면, 여성은 신체적 힘이나 지성이나 도덕적 관심이나 공적인 일에 대한 헌신성이라는 면에서는 남성과 동등하지 않지만, 아내와 어머니로서 사랑과 헌신에서는 남성들보다 수천 배나 더 뛰어나다. 남성은 문명의 대표자이고 여성은 자연의 창조물의 대표자다("여성은 자연이다. 이는 곧 혐오스럽다는 말이다"라고 보들레르는 침을 튀기며 흥분했다. 반면 마네의 「풀밭 위의 점심」은 미슐레가 그렇게 대단하게 평가한 그 대립을 표현하면서 동시에 패러디하는 것으로 보인다).

남성과 여성 사이의 대립은 창조적으로도, 또 파괴적으로도 해결될 수 있다. 남성적 절제가 없으면 여성적 본성의 불결한 측면(월경으로 대표되는)이 우세해지고 (위고와 드 토크빌, 코뮌 반대파가 혁명의 와중에 보았다고 생각한) 폭력적인 히스테리가 폭발할 수 있다. 뒤파 박사는 계속 말했다. 일하는 여성, 남성의 통제를 벗어난 여성은 사회에 도덕적 얼룩을 묻힌다. 이 불행한 상황은 사회를 작업장에서 발생하는 비참함과 히스테리에 노출시킨다. 유일하게 긍정적인 해결책은 남성과 여성이 남성(그는 남성은 "1"이고 여성은 "0"이며, 사회적 힘을 증식할 유일한 방법은 1을 0 앞에 두는 것이라고 설명했다. 그렇게 하면 10이 만들어지기 때문이다)의 지배 아래 통합되는 데 있다. 하지만 여성은 반드시 존경받고 동정받아야 한다. 그리고 미슐레가 전하려는 메시지의 요점이 여기에 있다. 즉 여성은 고통받는 성모의 역할을 맡도록 만들어져야 한다는 것이다. 성모의 자연적 부담이 덜어지고 사랑하고 헌신하는 무한한 능력이 발휘될 수 있는 것은 존경받고 가부장적인 남성이 통솔하는 여건에 있을 때뿐이다.[48] 나는 여성 노동자 가운데 그 견해를 지지하여 발언한 사람이 한 명도 없으며, 대부분 곧바로 그 발언을 비난했다는 사실이 중요하다고 생각한다.

쥘 시몽 역시 노동자위원회 앞에 나타났지만, 상당히 다른 전술을 택했다. 그는 여성이 일한다는 사실을 경멸했다. 그렇게 되면 가정이 파괴되고 아이들이 소홀히 다루어지며, 남자들은 심신을 재충전할 수 있는 안정되고 보살핌과 사랑을 주는 가정환경을 빼앗기게 되기 때문이다. 가정을 보존하기 위한 방법을 찾아내야 했다. 그러나 시몽은 대부분의 노동계급에서 여성의 노동이 필수라는 사실을 알고 있었다. 또 산업이 여성 노동력을 필요로 한다는 것도 알고 있었다. 그는 여성들이 일자리를 필요로 한다는 것과 귀중한 (시장의) 자유에 대한 간섭이라는 근거 위에서 여성을 작업장에 들여놓지 말아야 한다는 생각을 비판했다. 문제는 여성이 존중도 받고 임금도 적당한 일자리를 찾아내어, 비참한 매춘으로 빠져들지 않게 하는 일이었다. 대답은 국가가 제공하는 무상교육에 놓여 있었다. 이 방법으로 여성들은 자신들의 노동력 가치를 증진할(인적 자본이라는 주장) 수 있으며, 동시에 가정에서 교육자로서의 기술을 개선할 수도 있었다. 1860년대 후반의 교육개혁은 이 가능성을 열어주었고, 실제로 노동자나 더 전투적인 페미니스트도 그 점을 인정했던 것 같다. 시몽은 1869년의 선거 때 노동계급의 표를 다량 끌어올 만큼 인기가 높았고, 전투적 페미니스트도 그의 생각을 인정했다. 하지만 위원회 회의에서 많은 노동자가 지적했듯이, 개선된 여성 교육은 여성들이 경쟁하는 직업의 범위를 늘려 임금수준을 낮추는 결과를 가져오게 된다. 실제로 시몽은 산업계의 지지를 받았는데, 그들이 그들 관점에서 시몽의 제안이 담고 있는 장점을 간파했기 때문이었다.[49]

그렇다면 노동자들은 어떻게 생각했는가? 인터내셔널의 일원인 프리부르는 노동자위원회에서 프루동에게 동조하는, 아마 다수파의 입장에 속할 발언을 했다. 프루동은 여성이 남성의 권위 아래, 가정에 속한다고 주장한 바 있다. 프루동의 글에는 여성혐오의 기미가 단순한 암시에 그치지 않는 수준으로 있었지만 노동자들의 감정worker sentiment은 미슐레나 뒤파 박사가 전개한 논의를 그대로 따르지는 않았다. 그들의 주장은 우선, 남성들이 가족의 노동력을 처분하는 문제에서 법적·도덕적인 권리를 갖는다는 전통을 인용했다. 또 그것은 가족 및 최대 부양자로서의 남성의 권위를 보호받고 싶다는 욕구에도 호소했다. 따라서 남성은 여성보다 더 많은 임금을 받아야 한다. 하지만 제2제정의 파리에서는 수녀원을 통한 것이든 작업장에 직접 동원된 것이든, 여성 노동력과의 경쟁에 대한 강력한 적개심이 그러한 주장에 불을 붙이기도 했다. 이런 측면에서 볼 때, 1862년의 인쇄공 파업은 유명한 사건이었다. 남성 노동자들은 임금이 남성에 비해 3분의 2밖에 안 되는 여성 인력의 투입으로 파업이 깨지는 사태를 두려워했다. 남성 임금을 인상하여 가정의 필요를 충족하고 여성을 작업장 밖으로 몰아내는 법안 제정은 단기적 해결책이 될 수 있었다. 인쇄공이 황제에게 청원한 것이 바로 그것이었다. 또 그렇게 하는 과정에서 그들이 거리낌없이 사용한 논리가 바로 미슐레의 논리였다. 그들은 여성들이 작업장에서 지내다보니 히스테리가 발생하며, 여성들이 처한 작업의 성격과 유해한 상황 때문에 그곳에 고용된 여성들의 사산율과 자연유산율이 높아졌다고 주장했는데, 이는 아마 사실이었을 것이다. 이러한 주장의 목소리가 너무 강했기 때문에 1866년 인터내셔널의 제네바 회의에 파견된 프랑스 대표단은 작업장에서 여성 고용을 금지하고 여성의 활동 영역을 가정으로 한정하는 결의안을 통과시키자고 강요하기까지 했다.

폴 밍크 같은 사회주의 페미니스트들은 인터내셔널의 파리 지부 안에서 그런 태도에 맞서 싸웠다. "우리는 성모마리아로도, 노예로도 취급받고 싶지 않다. 다만 인간 존재로서, 다르지만 동등한 존재로서, 동등한 임금을 받고 일할 권리와 우리 자신의 경제적 해방을 위해 연합할 권리를 가진 존재로서 대우받고 싶다." 그녀는 1868년의 한 대중 집회에서 이렇게 주장했다. 그녀에게는 노동자위원회에서 프리부르를 반박했던 발랭 같은 남성 동맹자가 있었다. "여성들의 일할 권리는 그들의 진정한 해방을 위한 유일한 수단이다." 이에 반대하는 자들은 그들을 "그저 남성의 지배하에 두고 싶어했다". 적어도 발랭은 자신의 말에 충실했으며, 제본공 조합의 헌장에 동등한 임금으로 일할 여성들의 권리를 명시했다.[50] 그러나 제화공들이 진보적이라고 해봤자 여성은 남성 조합원들에게 서면으로만 질의한다는 조건으로 조합에 가입을 허용받는 수준에 불과했다.

노동자위원회에서는 표현과 수사법이 서로에게 가닿지 않고 겉돌았다. 그런 상황에서 발생하는 진정한 비극은 여성들의 일상생활에 이미 새겨져 있었다. 코뮌의 섬뜩한 후유증은 계급과 성별 간의 적대감이 서로 상승작용을 할 때 어떠한 폭력과 참혹함이 벌어지는지를 보여주었다. 그저 구급차나 식당에서 조수로 활동했을 뿐인데도 군법회의에 끌려간 수많은 여성은 자신들에게 씌워진 극악한 범죄 혐의와 수사법에 완전히 얼이 빠져버렸다. 그들은 한 가지 비전의 존엄성에 따라 살았지만 다른 비전의 히스테릭한 어법에 따라 심판되고 만다.

사적인 표현이 공적인 수사법에 개입하면 그것은 개인적이고 집단적인 행동 모두를 위한 수단과 동기로 변신한다. 물론 사람들이 한 말을 재구성하는 것은 쉽지만 그들의 생각을 짐작하기란 훨씬 어렵다. 그리고 이 영역에서는 개인 간의 편차가 대개 너무 크기 때문에, 일반화된 그 어떤 발언도 오해를 초래할 듯하다. 하지만 상충하는 수많은 관념의 소용돌이에서 광범위한 주제가 드러나서 동기를 암시해준다. 그러나 최종 시험장은 언제나 행동이다. 왜냐하면 영원히 꿈의 영역에 잠겨 있느라 물질적 힘의 지위를 절대 획득하지 못하는 사고가 많이 있기 때문이다. 이제까지 우리가 검토해온 주제들은 그런 종류는 아니다. 코뮌이라는 실험을 통해 그 주제들은 사회생활 속으로 들어왔고 때로는 보복까지 당했다. 그리고 제2제정 파리의 일상생활의 배열에 대해 말해주는 증거는 충분히 있기 때문에, 그러한 수사법과 표현 방식도 과학이나 감정의 방식이 그런 것처럼 그저 극소수 사람이 누린 한가한 순간의 표현 이상의 것이라고 추측할 만한 이유도 있다. 그러나 또 하나의 범주, 침묵의 범주가 추가되어야 한다. 그들이 어떤 생각을 품고 있는지 우리가 추적할 수 없는 다수의 침묵과 추적 가능한 자들의 전략적 침묵의 범주 말이다.

17장

도시 변형의
지정학

> 인류는 (…) 아무래도 자기가 해결할 수 있는 과제만 감당하게 된다.
> 자세히 들여다보면 항상 문제 자체는 그 해결을 위한 물질적 조건이
> 이미 그 속에 있거나 아니면 적어도 문제가 형성되는 과정에 들어
> 있는 경우에만 발생한다는 것을 알게 될 것이다.
> _마르크스

"제국의 외피가 마침내 루이 보나파르트의 어깨에 떨어질 때 나폴레옹의 청동상은 방돔 광장의 기념주 꼭대기에서 무너져내릴 것이다." 마르크스는 1852년에 이렇게 예언했다.[1] 1871년 5월 16일, 파리를 포위하고 있던 반동군의 위협적인 포격으로부터 잠시 주의를 돌린 코뮌 가담자 무리 앞에서 그 증오의 대상이던 상징이 무너졌다. 그 예언과 사건 사이에는 18년간의 "잔혹한 소극笑劇"이 놓여 있었다.

그 잔혹성은 상호보완적일 때도 있지만 결국은 갈등하게 되는 이중의 기원에서 유래했다. 제국은 자기 자신 및 그것이 통치하게 되는 시민사회 모두를 보호하기 위해 국가권력의 재량에 호소했는데, 대로에서 쫓겨난 길거리 예술가에서 이익이 두둑한 시의 대여 사업을 따내지 못한 은

행가에 이르기까지 모든 사람에게 그 재량의 여파가 미칠 수 있었다. 그러나 자본의 순환과 축적이 가진 힘도 점점 더 크게 발휘되면서, 노동과정과 공간적 통합, 신용관계, 거주 여건, 계급 관계를 파리의 건설 환경을 창조적으로 파괴할 때와 똑같이 잔혹한 태도로 변형했다. 1848년 혁명의 여파 속에서 국가권력의 자의성은 사유재산과 자본의 결정적인 버팀대인 것처럼 보였다. 하지만 제국이 공공연한 소극으로 퇴보해갈수록 제국의 전통에서 근대성이 생성될 수 없다는 사실은 더욱 명백해졌다. 즉 제국 권력을 떠받치는 안정적인 계급 기반이란 있을 수 없으며, 정부의 전능성全能性이라 추정된 것은 시장 합리성의 전지성全知性과 조화할 수 없다는 것이다. 생시몽주의와 자유주의 정치경제학자들 사이의 균열은 따라서 정치적 과정과 경제적 과정 사이에 놓인 깊은 적대감을 상징했다.

나폴레옹 3세가 권력을 유지하기 위해 쓴 전략은 간단했다. "가장 인구가 많은 계급의 이익을 만족시켜주고, 상류계급에 자신을 밀착시키는 것"이었다.[2] 그러나 불행하게도 자본 축적의 폭발적 힘은 그런 전략을 무너뜨리는 쪽으로 기울어졌다. 부유층(사회주의적 요구로부터 자신들을 방어해주기 때문에 제국을 지지했던)과 빈민 사이의 간극은 점점 커져 상호 적대감의 증가로 이어졌다. 어느 한편에 가까이 가려는 황제의 몸짓은 항상 다른 편을 소외시키는 결과만 낳고 말았다. 게다가 노동자들은 자신들이 만드는 데 힘을 보탰고, 자신들의 사회적 관심을 대변했던 공화국이 한때 있었다는 사실(그리고 점점 더 많은 허구로 수식되는 사실)을 기억하고 있었다. 시장에서의 자유와 평등을 향한 요구 역시 부르주아 내에서 공화주의 정치 이데올로기를 강조하는 쪽으로 기울었다. 이들은 사회공화국을 세우려는 계획에 적대적이었지만, 마찬가지로 제국의 권

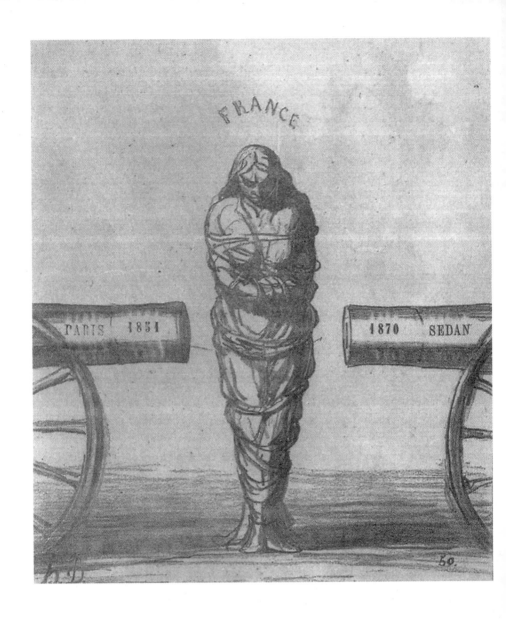

그림 99 도미에는 제2제정의 역사를 전통적으로 여성형이
던 자유가 손발이 꽁꽁 묶여 1851년 쿠데타와 1870년의
스당 패전이라는 두 개의 대포 사이에 놓여 있는 모습으로
표현했다.

그림 100 1871년 5월 16일, 코뮌 가담자들에 의해 방돔 기념주가 끌어내려진 모습. 브라크에가 찍은 이 사진에서, 후방에 서 있는 사람들 속에 화가인 쿠르베(이 기념주의 재건 비용을 물어내라는 명령을 받았다)가 있을지도 모른다. 이 기념주는 굴절된 역사를 갖고 있다. 쇼데가 만든 황제의 조각상(포획된 오스트리아군 대포로 만들어진)은 1815년 왕정복고 때 분리되고 녹여져, 퐁뇌프 다리에 있다가 지금은 파괴된 앙리 4세의 조각상을 만드는 데 사용되었다. 기념주 꼭대기에 있던 카이사르로 표현된 나폴레옹상은 그저 단순한 백합꽃으로 대체되었다. 나폴레옹의 대중추수주의 및 혁명과 연결 고리를 만들고 싶어 안달하던 7월 왕정은 1834년에 나폴레옹상을 다시 기념주 꼭대기에 올려 세웠지만, 그것은 시민 군인의 전투 복장 차림이었다. 쇠르가 만든 이 조각은 1863년에 끌어내려지고, 고대식 의상을 입고 로마식 승리의 상징을 들고 있는 카이사르로 표현된 뒤몽의 나폴레옹상이 대신 세워졌다. 코뮌 가담자들이 끌어내린 것은 이 조각이다.

위주의와도 매우 불편한 관계였다.

공화국의 정치적 개념과 사회적 개념의 분열—1848년에는 너무나 명백해진 사실—은 계속 아주 중요한 문제였다. 그것은 분열시켜 통치한다는 정책에 아주 효과적으로 사용될 수 있었고, 실제로도 사용되었다. 하지만 그것이 정치권력에 확고한 계급 기반을 마련해주지는 않았다. 그러나 제국은 자본주의적 진보의 소용돌이에 꼼짝 못 하고 붙잡혀 있었으므로 생성 과정에 있는 새로운 유물론과 새로운 계급 배치에 반대하는 전통주의자와 보수주의자(특히 가톨릭교도)를 만족시킬 수 없었다. 과잉 축적과 화폐가치 하락의 문제가 또다시 발생하자, 제국의 권위 배후에 있는 합의는 유지되기 힘들어 완전히 사라질 위험에 처했다. 그리하여 자본주의 성장의 모순은 계급 주파수대의 이쪽저쪽, 이 분파 저 분파로 비틀거리는 불안정한 정치적 요동과 짝을 이루었다. 1862년에 황제가 제임스 로스차일드의 시골 저택으로 찾아가는 영광을 베풀었을 때(페레르 형제는 엄청나게 비통해했지만), 그리고 같은 해에 노동자들이 선출한 대표단을 런던(카를 마르크스가 이곳에서 그들을 간절히 기다리고 있었고, 대표단은 여기서 돌아간 뒤 1차 인터내셔널의 파리 지부를 결성했다)에 파견하는 비용으로 25만 프랑을 주라고 허락했을 때, 뭔가가 확실히 잘못 돌아가고 있었다. 그러한 변동은 문제를 개선시키기는커녕 제국이 만약 몰락한다면 그 자리에 어떤 것이 들어설지에 대한 불안감만 가중했을 뿐이다.

세력은 극히 강했지만 군주주의자도 진정한 대안이 될 수 없었다. 자체 내에서 분열되어 있었던 그들은 극보수파인 가톨릭과 전통주의자, 또 자본주의 진보에 적대적인 반동적 감정을 모두 주위에 끌어모았다. 프랑스 농촌에 강력한 기반을 가진 그들이 파리에 미치는 영향력은 제2제정기에는 줄어드는 추세였고, 결국은 귀족적인 좌안의 아주 전통적인 살론에만 국한되었다. 특히 금융 자본가와 국가 공무원, 오스만의 작업에 아주 만족했던 파리 서부의 부르주아 부동산 소유주 가운데 제국을 지지하는 자들이 있기는 했지만, 우안에 있는 기업과 상업 중심지, 전문직(법률가 등) 사무소는 공화주의의 요새가 되었다. 그렇기는 해도 실리적인 금융 기회주의가 분위기를 누그러뜨렸으므로 제국이 그들과 협력할 기회는 많이 있었다. 몽마르트르 대로에 있는 마드리드 카페는 이런 공화주의 언론과 통신 권력의 중심지인 그 장소에 이끌린 더 영락하고 때로는 보헤미안적인 감정을 가진 작가들과 지정학적으로 만나는 지점이었다. 좌안의 공화주의가 유지하는 질서는 이와 좀 달랐다. 학생과 학자들이 만들어낸 그것은 덜 실리적이고 더 혁명적이었으며, 노동자와 장인들과의 연대나 그들 고유의 혁명적이고 음모가적인 정치 형태로 고안되어 사방팔방으로 파생될 힘이 있었다. 서북쪽에서 동쪽을 거쳐 서남쪽에 이르는 광대한 변두리 지역에 퍼져 있는(가장 밀집한 곳은 동북쪽) 파리의 노동계급은 확고한 공화파였지만 사회적 관심이 강했고, 1848년에 부르주아 공화주의자들에게서 겪은 배신에 대한 원한이 적지 않았다.

코뮌을 예고하듯이 1860년대에 파리에서 벌어진 투쟁은 영웅적이라 할 만한 수준으로 전개되었다. 그것은 공동체와 계급 개념에 정치적 의미를 부여하려는 투쟁이었다. 또 계급 연대와 적대감의 진정한 기반을 밝히는 것을 목적으로 삼고, 자신들의 요구를 강제하고 세력을 동원할 수 있는 정치적, 경제적, 조직적, 물리적 공간을 찾아내기 위한 투쟁이었다. 이 모든 의미에서 그것은 파리의 정치와 문화뿐 아니라 파리 경제를 변모시키기 위한 지정학적 투쟁이었다.

자본과 제국의 사이가 벌어진 것은 어떠한 극적인 대치 사건 때문이 아니라 그들 사이에 있던 유기적 연결이 서서히 부식되어감으로써 이루어진 것이었다. 토지수용 조건에 대한 파리 부동산 소유자들의 반격, 생시몽주의자들이 추구하는 저리低利의 대부에 대한 프랑스은행의 저항, 골치 아프게 구는 오스만에 대한 산업가들의 원망의 증가, 소공장주와 점포 주인들이 자본에 지배당하는 현상의 확대 등은 부르주아의 이런저런 분파들이 점점 이탈하고 있다는 신호였다. 부동산 소유자들 같은 일부 세력은 부분적으로 제국의 편으로 돌아왔지만 다른 사람들은 점점 더 멀어졌다. 아이러니한 일이지만 제국이 노동자들을 성공적으로 탄압할수록 제국을 반대하는 부르주아들은 점점 더 거리낌 없이 속마음을 털어놓았다. 그런데 반대가 커질수록 노동자들이 활동할 수 있는 정치적 공간은 더 넓어졌다. 한편으로는 부르주아들의 반대가 증가했지만, 또 한편으로 제국은 대중주의적 기반의 일부인 노동자들의 비위를 맞추지 않을 수 없게 되었다.

공화주의 정당의 재건은 제2제정이 이룬 가장 상징적인 업적 가운데 하나였다. 또 국내의 여러 부분에서 나오는 수많은 상이한 여론의 흐름을 한데 결합한 것에 기반을 두기는 했지만, 결정적인 역할을 한 것은 파리의 상황이었다. 부르주아 공화주의는 자유 전문 직업인들(아마 공화국을 자율적인 계급 권력을 획득하는 수단으로 보았을) 속에 강력하지만 일관되지 못하게 이식되었으며, 사업계, 산업계, 상업계에서 강력한 지지를 받을 가능성을 갖고 있었지만 1848년에 비해 훨씬 더 예리하게 규정될 필요가 있었다. 바리케이드에서 나타난 제어할 수 없이 폭발적인 여성성의 이미지는 엄중히 규제되고 길들여지고 철저하게 존경받을 만한 것이 되어야 했다. 학생과 지식인, 작가, 화가의 몰락한 공화주의도 어떻게든 상대하고 통제해야 했다. 하지만 부르주아 공화주의자들 역시 성공하려

그림 101 도미에는 여기에서 심각하게 정치적이며 복잡한 문제에 직면했을 때 '선한 부르주아'가 만나게 되는 소소한 모순점 가운데 하나를 묘사한다.

면 노동계급의 지지를 얻을 필요가 있었다. 사유재산, 화폐의 힘, 자본의 순환, 심지어 가부장제와 가족제도까지도 버릇처럼 위협하는 공화국의 사회적 개념에 대한 양보는 최소한으로 줄이면서 노동계급의 지지를 얻으려면 어떻게 해야 할까 하는 것이 애송이 공화주의 정당이 직면한 가장 시급한 문제였다. 정치적 자유, 준법성, 표현의 자유, 대의제 정부(국가에서나 지역정부에서나)의 문제에 대해서는 제휴가 가능했다. 부르주아 공화주의자는 따라서 그러한 사안을 정치 토론의 중심 의제로 설정하려고 애썼다. 생산자조합association의 자유, 노동자의 권리, 대의제는 좀더 민감한 문제였다. 사회주의 공화국social republic에 관한 논쟁은 교육 개선 따위의 상대적으로 안전한 문제에 관한 개혁주의적 수사법 속에 묻혀야 했다. 부르주아 공화주의는 가부장제를 방어하다보면 폭력적이 되고 사회주의에 대해 잔인한 태도를 취하는 경향이 있었다. 공화국의 사회적 개념과 정치적 개념 사이에서 벌어지는 전투는 코뮌의 피바다에서 판명되었듯이 생사를 건 투쟁이 될 수밖에 없었지만, 그와 동시에 노동계급과의 연대라는 주제는 항상 협상의 여지를 열어놓고 있어야 했다.

1860년대 초반에 이루어진 노동계급 정치의 부활은 원래 전통적으로 존재하던 제도적 권리의 재천명에 의거한 것이었다. 제국의 규제가 있기는 했지만 상호부조협회는 이미 은폐된 노동자 조직 모두의 합법적 얼굴이 되었다. 그들이 곧바로 노동조합 형태로 변신하는 바람에(대부분의 파업 활동 근저에는 그들이 있었다) 1850년대에 수많은 고소가 제기되었다. 하지만 정치적 의도를 가지고 그것을 간접적으로 활용할 때는 도무지 통제할 길이 없었다. 예를 들면 장례식의 중요성이 바로 이런 데 있었다. 장례식은 아주 중요한 상호부조 행사이며 모든 회원이 함께 모여 무덤 곁에서 토론을 하다가 흔히 정치 연설로 이어지곤 했기 때문이다. 제국은 상호부조협회mutual benefit society에 대한 공격을 갈수록 꺼리게 되었다. 왜냐하면 노동계급의 지지를 권유하고 동원하는 수단으로서 그런 조직이 점점 더 필요해졌기 때문이다. 1860년대 초반에는 생산자조합 및 조합들 간의 연립coalition이 실제로 고발되지 않고 존속했다는 증거가 상당히 많이 있다.[3] 상호부조협회는 의식 형성의 중심이자 요구의 집단적 표현을 조직하는 수단이 되었다. 그 속에 숨겨진 조합주의corporatist 형식은 수공업 노동자들이 기술적·조직적 변화와 밀려오는 비숙련 이주 노동자들로 인한 피해에 맞서 스스로를 방어하려 할 때 더욱 돋보였다. 상호부조라는 구도를 이렇게 활용한 결과는 상당히 중요했다. 격리되었던 노동과 생활이 이어졌으며, 생산과 소비 문제에 대한 관심의 통일성이 그 덕분에 유지될 수 있었던 것이다. 또 파리 산업의 맥락에서 보자면 그것은 상호부조주의적mutualist이고 협동조합주의적cooperative인 노선을 지키는 대안을 탐색하려는 노력을 강화했다. 의식과 정치적 행동은 모두 그렇게 단합된 감정에서 각자의 장점을 끌어내게 된다.

후대 행정의 연원이 되는 제도 설립과 근대화의 물결은 1862년 이후에 가장 뚜렷해진다. 보수주의 가톨릭과 연대한 왕당파 상층부로부터 점점 더 심하게 공격당하던 황제는 그의 지사가 보기에도 심한 곤경에 처해 있던 노동계급에 지지를 구하지 않을 수 없게 되었다. 하지만 노동자들을 산업 진보와 제국의 편으로 끌어들이라는 황제의 지시는 톨랭이 작성한 장문의 해명서를 받았을 뿐, 그 외 풀뿌리 계층의 반응은 거의 얻지 못했다. 톨랭은 그 해명서를 본 황제와 면담을 하고, 상호부조협회의 회장들로 구성된 노동자위원회의 결성권을 따냈으며, 그 위원회가 조합주의적이고 전문적 역할을 맡는다는 것을 기정사실로 인정받았다. 아이러니한 일이지만 1862년에 그 위원회의 회의가 시작된 바로 그 순간에 파리 수공업 노동자들의 첫 번째 대규모 파업 가운데 하나인 인쇄공 파업이 벌어졌다. 대중(수많은 공화주의자를 포함하여)이 그들에게 공감했음에도 불구하고 인쇄공 파업 지도부는 조합 간의 연립을 결성했다는 죄목으로 수감되었다. 황제는 그들을 사면했으며, 그럼으로써 사실상 연립과 생산자조합을 금지한 법률을 무효화했다. 그는 그 운명적인 런던 박람회에 가도록 자신이 도와준 그 노동자들이 돌아와서 노동조합을 통해 달성된 영국의 더 나은 노동 조건과 임금수준에 대해 이야기하자 사면을 베풀었다.

그러나 묘한 일이지만, 양편 중 어느 누구도 계급투쟁의 현실을 인정하려 들지는 않았다. 1860년대 초반에 노동계급 정치가 개시되자 처음에는 상호부조주의 감정의 물결이 일어났다. 상호부조협회는 숫자와 회원 수 양면에서 번창했으며, 상호 신용 기관(크레디 오 트라바유 같은 것), 소비자 협동조합(1864년에 두 군데가 설립됨), 협동조합식 주거 기획 등이 온 사방(심지어는 황제의 개인적 지지를 얻기도 했다)에서 솟아났다. 동시에 황제는 에밀 올리비에(나중에 1869년 자유주의 제국의 총리가 되는)에게 단체행동에 관한 법안을 개정하라고 지시했다. 조직적인 계급투쟁을 피하기 위해 고안된 이 법안은 노동계급에 파업권은 주었지만 조직하고 소집할 권한은 주지 않았다. 제본공과 청동 주물 노동자들은 재빨리 임금 삭감 없는 노동 시간 단축을 위한 파업을 벌여 이 점을 널리 알렸고 석공들이 그 뒤를 이었다. 영향력의 절정에 있던 프루동은 이 시점에서 파업과 노동조합을 통렬하게 비난하면서(그는 올리비에의 법안을 거의 인정했던 것으로 보인다), 상호부조주의적 노동자 민주주의(모든 여성을 그들이 속한 가족 영역으로 돌아가도록 하는 방안도)를 추진했다. 1866년 제네바에서 열린 인터내셔널의 프랑스 대표단은 톨랭의 지도 아래 사실상 프루동주의와 상호부조주의적인 헌장을 갖고 감으로써 그 이념들이 수공업 노동자의 의식을 깊이 지배하고 있음을 증명했다.

노동자 운동도 나름대로 좌절을 겪었다. 독립적인 노동자 신문을 창간하려는 시도는 금방 탄압되었는데, 부분적으로는 부르주아 공화파의 반대 때문이기도 했다. 독립적인 정치 공간을 확정하려는 시도 역시 마찬가지로 실패했다. 1864년에 수공업 노동자들은 일부 급진적 공화파의 지지를 받아 「60명 선언」을 발표하여, 노동자의 권리를 하나의 정치적 사안으로 설정하려는 데 초점을 맞추었다. 또 그것은 전반적으로 계급투쟁의 무시무시한 망령을 불러내고, 제국이 노동자 운동을 부르주아 공화주의자의 열망을 좌절시키는 데 이용하고 있다는 근거는 없지만 터무니없지는 않은 의혹을 촉발하는 결과를 낳았다. 선언의 서명자이며 인터내셔널 파리 지부의 설립자 가운데 한 명인 톨랭이 1863년에 노동자들이 지닌 명분의 특수성을 강조하기 위해 독자적인 노동자 후보로 입후보하자 공화주의 언론은 그를 악랄하게 공격했다. 또 그에 대한 그 진영의 반대가 어찌나 심했는지, 어느 의회 선거에서 그가 얻은 표는 500표도 채 되지 않았다. 그 선거에서 부르주아 공화주의자들은 파리 대부분 지역을 휩쓸었다.

1867년에서 1868년 사이의 일시적인 불황은 노동자의 전투력과 수사법의 전환점이자 계급 세력이 급격히 재배치되는 신호탄이 되었다. "백만장자 파업"으로 알려지게 되는 사태로 인해 프랑스은행의 금고에 잉여 자본이 엄청나게 축적되었고 공공사업과 파리 상류층의 부동산 시장에서 정체 현상이 일어났으며, 더욱 거세지는 국제 경쟁과 물가의 급격한 상승 때문에 실업률이 올라갔다. 페레르 형제의 몰락, 불안한 주식 시장, 프로이센과의 지정학적 갈등이 폭발할 가능성의 증가 등의 사태로 인해 예전 같으면 제국의 권위주의가 베풀어줄 수 있던 안정감이 이제는 훼손되었다. 1867년 만국박람회가 제공한 구경거리는 어떤 차원에서는 기분전환이 되었겠지만, 실질임금은 줄어드는데 상품 물신주의와 소비자주의를 찬양하며, 국가 간 경쟁과 지정학적 긴장이 고조되고 있는데 경쟁 상품과 함께 프로이센 왕까지 파리 심장부 한복판에 데려오는 아이러니를 많은 사람이 비판했다.

그때 노동자 운동은 훨씬 더 전투적이 되었고 주된 목표도 권리보다는 실질임금 투쟁으로 바뀌었다. 인터내셔널 내부에서 이러한 추세는 톨랭과 프리부르 같은 상호부조주의자 세력이 쇠퇴하여 발랭과 말롱 같은 공산주의자들로 대체되는 형태로 나타났다. 후자가 젊다는 점을 감안할 때 그들이 취하는 태도는 1848년 기억의 영향은 덜 받은 것이면서 1860년대 내내 진행된 계급 갈등의 현실 상황에서 연마된 것이었다. 그 시점에서 인터내셔널이 고소당했지만 그럼으로써 오히려 창립 지도자들이 제거되어 변화가 촉진되고, 파리 노동자들 사이에서 인터내셔널의 명성이 더 높아지고 더욱 신뢰받는 집단이 되는 데 도움이 되었다. 인터내셔널은 지하로 들어갈 수밖에 없었는데, 그곳에서 전투적인 블랑키주의자와 조우했다. 블랑키주의자들도 자신들의 혁명 전략의 일부로서 노동계급을 조직하는 쪽으로 전환하고 있었다. 그러나 노동조합을 대중적 노동계급 행동의 대리자로 만드는 방향으로 조직하고 연합하려고 분투하던 발랭만큼은 더욱더 집산주의적인 정치collectivist politics 쪽으로 빠르게 이동하면서도 여전히 사회주의를 향한 이행 기반으로서 조직의 몇몇 상호부조주의 원칙에 집착하고 있었다.[4] 수공업 노동자들은 계급 조직과 상호부조주의 간의 긴장을 잘 알지 못한 채 그들 사이에서 모호하게 양다리를 걸치고 있었다.

1867년에는 청동 주물 노동자, 양복공, 건설 노동자 등이 임금 인상을 일차적 요구로 내걸고 대규모 파업을 벌였다. 같은 해에 생활수준에 대한 전반적인 불만이 넘쳐 거리 시위로 분출되었고, 비조직적, 비숙련 노동자들에게도 영향을 미쳤다. 1848년 이후 최초로 벨빌의 비조직 노동자들이 도시 내부의 수공업 노동자 구역으로 들어와서 불만을 쏟아냈다. 바리케이드가 여기저기서 솟아났지만, 생기자마자 거의 즉시 질서유지군에 의해 쓸려나갔다. 부르주아들은 큰 이권을 받았지만 역시 그것에 속지 않았다. 유사의회제 정부의 복귀(의회에 복구된 연단으로 상징되는)로 불평을 털어놓을 포럼이 열렸다. 1860년대 초반의 자유 연설 운동은 이미 좌안을 학생과 지식인 소요의 온상으로 변모시킨 바 있다. 산업가들은 오스만에 대해 불평했고, 작업장 장인과 점포 주인들은 신용 조건에 대해, 그리고 국가가 너무 많은 지원을 해준 거대 독점기업들의 위력에 대해 거세게 항의했다. 경기가 후퇴하고 프로이센이 사도야에서 오스트리아를 격퇴하자(멕시코 전투의 나쁜 결과는 말할 것도 없고) 평화와 번영을 약속하고 권좌에 올랐던 모든 정부 인사의 자신감이 흔들렸고, 이제 그 약속 가운데 어느 하나도 실현되지 않을 것처럼 보였다. 오래전부터 국부國富와 권력의 큰 잔치에서 배제되었다고 느끼고 있던 티에르 같은 부르주아 인사들은 자신들에게 유리한 쪽으로 소요와 불안 사태를 동원할 준비가 되어 있었다. 심지어 군주주의자도 대중의 불만을 결집시킬 수 있는 구심점인 탈중앙집중화 같은 명분을 찾아낼 수 있었다.

이 모든 것은 그저 1868년에서 1871년 사이에 벌어지는 무시무시한 투쟁의 전주곡에 불과했지만, 제국을 갈아치우려면 어떤 계급 연대가 필요한가 하는 문제를 제기했다는 점에서 중요했다. 군국주의자는 부르주아적 도심에서 공화국의 공격을 막아내기에 충분한 지원을 끌어올 수 있는가? 부르주아 공화주의자는 노동계급운동을 통제하여 정치적 공화파들을 사회주의자의 손에 닿지 못하는 곳에 둘 수 있을까? 급진적인 자유사상가와 몰락한 공화주의자가 비숙련 노동자를 포용하기 위해 수공업 노동자의 편견을 극복하고 손을 내민 노동자 운동과 연대를 맺고, 그럼으로써 혁명적이고 사회주의적인 공화정을 만들 수 있는가? 제국이 포섭과 경찰력과 끄나풀을 수단으로 하여 이러한 파벌을 분리하고 지배하고 조작할 수 있는가? 실제로는 제국이 갈수록 더 많이 양보하지 않을 수 없게 되었다. 제국은 언론 검열을 완화했고(1868년 5월) "비정치적" 주제에 관한 대중 집회를 허가했다(1868년 6월). 노조 결성의 권리는 1869년에 승인되었다. 하지만 국가가 탄압과 도발의 힘을 포기한 것은 결코 아니었다.

인터내셔널 지도부는 적대적인 공화파 부르주아들과 협력하려고 했다가 이르게는 1867년 말엽부터 곧바로 체포되었다. 신분 높은 공화주의자들은 계급 연대의 호소를 무시했다. 노동자들 역시 정치적 공화파가 1848년에 자신들을 어떻게 배신했는지 너무나 똑똑히 기억했기 때문에 그런 전술에 비판적이었다. 인터내셔널 지도부의 제2세대는 자신들만의 운동의 힘을 육성할 수 있는 독립적인 공간을 찾고자 했다. 발랭은 제본공 상호부조협회를 지도하여 1869년에는 그것을 활발하고 응집력 있는 조합으로 바꾸어놓았다. 1867년에 그는 하숙집에 거주하는 노동자 대중이 단골로 이용하던 술집이나 카바레보다는 좀더 일관성 있는 방식으로 값싼 식품을 조달하고 소비와 정치를 함께 할 수 있는 폭넓은 소비자 협동조합 시스템La Marmite을 설립하는 것을 도왔다. 그는 작업장과 노동자 조직 내 여성의 동등한 권리를 열렬하게 옹호했다. 또 1869년에는 파리의 수많은(아마 적어도 2만 개는 될) 조합의 연맹을 구성하는 운

동을 이끌었으며, 국내외 공간에서 펼쳐지는 노동계급 활동을 통합하려
는 인터내셔널의 시도에서 주도적 역할을 담당했다. 그것은 극히 폭넓은
지정학적 투쟁 개념이었기 때문에 "정직한 부르주아"를 겁에 질리게 만
들었다. 발랭이 직면한 문제는 조직되지 않고 기술도 없는 거대한 노동
자 대중을 항상 수공업적 기반 위에 서 있던 운동 속으로 통합해 들여
야 한다는 것이었다. 그가 다른 사람들과 함께 1870년에 세운 기본 골조
는 그 과제를 달성하기에 결코 충분하지 않았다. 그 취약점을 깨닫고 그
는 급진적이고 수시로 혁명적 성향을 드러내는 주변부 부르주아들과 전
술적인 연대를 맺는 길을 추진했다.

보헤미안과 학생운동 내에는 그런 주변부 그룹이 언제나 있었다. 블랑

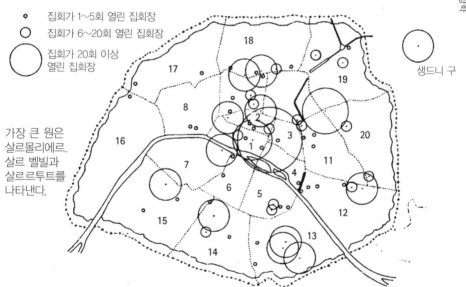

그림 102 파리에서 열린 대중 집회의 장소와 빈도, 1868~1870년

키주의자들은 자체적인 프로그램을 중심으로 그러한 불만을 체계화하는 일에 착수했다. 하지만 언론 검열이 완화되자 불평불만이 훨씬 더 광범위하게 노출되었다. 신문사 경영자인 로슈포르는 급진적인 비판과 혁명적 수사법으로 가득한 신문 『라 랑테른La Lanterne』지를 내어 순식간에 대중과 불만 계급의 영웅이 되었다(그 때문에 보수적 부르주아들은 기겁했고 로슈포르는 잠깐 동안 수감되었다). 이 운동의 위력을 깨달은 발랭은 전술적 연대를 체결하여 급진적 공화파들의 모든 프로그램에 사회문제를 적절하고 확실하게 통합하는 방향으로 노력했다. 급진적 공화파로서도 1848년의 배신의 기억을 지울 필요가 있었다. 이를 위한 노력의 일환으로 1868년에 그들은 1851년의 바리케이드에서 죽은 공화파 국회의원인 보댕의 죽음을 상기시켰다. 그들은 "죽은 자의 날the Day of the Dead"에 그의 무덤까지 대규모 순례 행진을 하자고 제안했다. 정부는 길을 막으려고 했고, 간신히 몽마르트르 묘지에 도착한 사람들도 그의 무덤을 찾는 데 애를 먹었다. 여기에서 대중 모금이라는 발상이 등장했다. 정부는 이 사건에 가담한 이들을 처벌했지만 오히려 쿠데타라는 "범죄"에 더 많은 관심이 쏠리게 만들었을 뿐이며, 그 과정에서 젊은 변호사인 강베타가 순식간에 급진적 명분을 수호하는 영웅으로 떠올랐다. 보댕의 상징적인 부활과 전통의 창조는 어떤 면에서는 천재적인 발상이었다. 그것은 노동자 투쟁의 공간 심장부에서 부르주아가 담당하는 역할이 상징적으로 부각되도록 제국의 불법성에 초점을 맞추었다(이것이 몽마르트르 묘지의 특별한 장점이었다). 급진적 부르주아들은 이런 종류의 몸짓을 통해 상징적 통합 속에서 "다른 쪽 파리"를 끌어안으려 손을 내밀었다.

1868년 6월 28일 시작된 "비정치적" 대중 집회들은 특별한 사건이었다. 이런 집회는 불평이 많은 지역에서 매우 집중적으로 열렸으므로, 정부가 아무리 철저하게 감시한들 그런 모임이 대중 교육과 정치적 의식화의 기회로 변질되지 못하게 막을 수 없었다.[5] 지정학적으로 볼 때, 코뮌이 발생할 확률은 아주 높았다. 집회는 파리라는 공간 전역에 불균등하게 확산되어 있었을 뿐 아니라 청중과 주제, 장소도 제각기 신속하게 전문화되었다. 이런 집회를 자신들의 명분을 대중에게 교육할 기회로 여겼던 정치경제학자와 부르주아 개혁가들은 대부분 이를 감당해내지 못했고, "다른 쪽 파리"의 집회장에서 연설하다가도 걸핏하면 야유에 묻혀 중단하곤 했다. 도시의 여러 구역에서 정기적인 정치 무대가 된 장소를 지배하는 것은 급진파, 페미니스트, 사회주의자, 블랑키주의자, 그 밖의 수많은 혁명가, 이런 온갖 잡다한 부류의 집합체였다. 정치경제학자와 개혁가들은 도시 동북부를 전적으로 급진파, 사회주의자, 혁명가의 손에 넘기고 좌안과 우안 도심부의 상대적으로 안전한 곳으로 물러나지 않을 수 없었다. "다른 쪽" 파리는 이제 오로지 대중 정치 선동만을 위한 공간이 되어버린 것 같았다. 그러한 경향은 대중적인 거리 문화, 즉 혁명적인 노래와 발라드가 혼탁한 지하세계에서 거의 20년 동안이나 잠자는 듯이 엎드려 있다가 갑자기 부활하여 터져나옴으로써 더욱 강화되었다.

신분 높은 부르주아들뿐 아니라 제국의 지지자들도 마찬가지로 이런 종류의 선동에 신경을 쓰지 않을 수 없었다. 제국이 법과 질서의 이름으로 불평분자들을 결집시킬 수 있을까? 큰 양보를 한다면 혹시 모른다. 그리하여 1869년이 시작되자마자 재정 면에서 보수적인 부르주아 비판자들의 면전에서 오스만의 위태롭던 재정 정책이 공식적으로 부정되었다. 지사에 대한 쥘 페리의 혹독한 공격이 『오스만의 환상적 회계』에 실렸고, 온갖 잘못의 책임이 오스만에게 돌아갔다. 그 여파는 좀 묘하게 나타났다. 우선, 그로 인해 오스만은 공공사업을 축소함과 동시에 건설업과 파리의 산업에 더욱 압박을 가하지 않을 수 없었는데, 그럼으로써 사회적 불평분자들을 더욱 격분시켰다. 둘째, 그를 공격한 사람들 가운데서도 그의 사업이 지닌 쓸모를 부정한 사람은 아무도 없었으며, 많은 사람이 그의 기획 가운데 이런저런 부분들이 1869년에 완성되게 해달라고 청원하거나, 아니면 로스차일드처럼 기꺼이 시에 돈을 빌려주겠다고 나섰다. 오스만은 황제를 겨냥한 공격의 대리 과녁에 불과하며, 그가받고 있던 독점적인 후원이 위태로운 상황임이 갈수록 분명해졌다.

곧 이어진 1869년 5월의 선거운동은 정치적 선동에 휩싸였다. 올리비에가 파리 한복판에서 자유주의 제국을 위한 지지라는 주제를 내걸자 소요가 벌어졌다. 샤틀레에 모인 군중은 흩어지지 않고 시끌벅적하게 혁명의 전통적인 구심점인 포부르 생앙투안Faubourg Saint-Antoine 바스티유 광장에서 나시옹 광장으로 가는 거리로, 13세기에 파리 외곽의 마을로 조성된 이후 이 무렵에는 가구 공방, 철공소, 제화 공장 등 공방이 많이 모여 상인과 노동자가 밀집한 구역이 되었다. 1789년의 바스티유 점령 때에도 적극적으로 가담한 주민이 가장 많았던 구역이다으로 이동했다. 이튿날, 2만 명가량의 군중이 수공업 노동자 구역 주변에서 움직였고, 그다음 날에는 1만 5000명의 군중이 처음 집결했던 소르본에서 바스티유로이동하려 했지만 길이 차단된 것을 알았다. 이 단계에서 오스만의 대로는 전장戰場으로 변했다. 이제까지 산책하는 부르주아와 소비자들이 점령했던 그곳은 갑자기 불만 품은 노동자, 학생, 소상인, 거리의 사람으로이루어진 밀려드는 군중에게 점령되었다. 6월 12일에 그 군중은 오페라극장까지 진출했고, 최초의 진짜 바리케이드를 설치했다. 이에 대해 부르주아들은 마음에 들지 않는 자들을 쫓아내고 대로의 공간에 대한 자신들의 권리를 재천명한다는 반응을 보였다. 황제조차도 양편 모두가 노리는 오페라극장과 생드니 문 사이의 영역을 지나가는 행동이 어떤 상징적 가치를 가지는지 알고 있었다. 비록 그가 지나갈 때 얼음장 같은 침묵이 깔렸지만 말이다.

하지만 대로변에 모인 군중 역시 비밀을 숨기고 있었다. 예를 들면, 격렬한 선동과 "흰 셔츠"가 비밀경찰의 활동의 표시였는지 아닌지 도저히 확인할 길이 없었다. 확실히 그들에게는 법과 질서에 대한 위협을 선동하고 신분 높은 부르주아들을 겁주어 제국의 우리 속으로 물러나게 만들 기회가 얼마든지 있었다. 군중이 어느 정도로 혁명적 정신을 가지고 있는지도 도저히 알 길이 없었다. 2만 명 혹은 그 이상 되는 군중이 모였을 때에도 법을 준수하려는 공화주의자가 흩어지자고 요청하면 대개 흩어지곤 했다. 그리고 급진파 기자인 빅토르 누아르가 황제의 조카에게 저격당한 뒤 모인 10만 명 이상의 거대한 시위대는 파리 중심부로 들어가는 길목을 막은 질서유지군과 맞서지 않고 로슈포르의 요청에 따라 조용하게 흩어졌다. 하지만 그 전날 쓴 기사에서 로슈포르는 혁명의 날이 다가온다는 암시에서 한발 더 나아간 바 있다. 블랑키주의자들 역시 그 순간 봉기를 일으키기를 원했지만 지지를 거의 받지 못했다. 시절은 아주 불안정했지만 지도부는 불확실한 태도를 보였다. 모호하고 반대 감정이 분산되는 상황이 극복되고 혁명으로 변신할 수 있을 것인가?

1869년 5월과 6월의 선거 결과는 그렇지 않음을 나타냈다. 급진주의 동조자가 당선된 곳은 벨빌뿐이었고, 그 당선자인 강베타는 온건한 사회주의자와 좌익 부르주아의 견해를 능숙하고도 권위 있게 이어줄 수 있는 정치가였다. 다른 곳에서는 정치적 공화파가 선거판을 휩쓸었다. 부르주아 세력이 강한 서부에서는 극보수파인 티에르가 제국측 후보자를 간신히 이기기도 했다. 1년 뒤에 치러진 민회 선거의 의미는 더욱 해

그림 103 오스만이 몰락하자 그의 창조적 회계를 폄하하려는 캠페인이 뒤이어 일어났다. 그가 공적 기금을 착복했다는 것이 그 가운데서도 대표적인 비난이었다. 마일리가 그린 이 삽화에서 그는 파괴하려는 의도로 파리를 팔아치운 도둑으로 분류되었다. 그러나 자신이 운영한 사업에서 그가 개인적인 이득을 챙겼다는 증거는 거의 없다.

석하기 힘들다. 하지만 기권(급진 좌파의 강요에 의한)이 그렇게 눈에 띄게 늘어나지 않았고 "반대" 투표가 우세하기는 했지만, 제국에 대한 찬성표는 여전히 놀랄 만큼 많았다. 얼핏 보아도 대중 계급에 대한 훨씬 더 철저한 조직과 교육이 있어야 사회주의 공화국을 탄생시킬 수 있을 것 같았다. 그리고 사회주의자들이 힘을 쏟은 것도 바로 그 과제였다. 대중 집회는 이웃 간 조직을 위한 기반이 되었고, 거기에서 거론된 주제들은 노동조합, 소비자 협동조합, 생산자 협동조합, 페미니스트 조직 등의 결성을 촉진했다. 이런 조직들은 하부구조를 형성하여 코뮌에서 지극히 훌륭하게 활용되었다. 또 이웃 간에도 의견 불일치와 개인 간의 분쟁, 조직상의 갈등은 많았지만 그들의 혁명적 정치 성향에 대해서는 의문의 여지가 없었다. 하지만 이런 형식의 저항은 거리에서 제기되는 것과는 다른 방향을 추구했다. 상업, 가죽 가공업, 목공업 파업과 노동조합 및 이웃 조직 간의 연결점을 구축하는 일은 저마다 다른 박자로 진행되었고, 그와 동시에 좀더 명확한 과녁들을 겨누고 있었기 때문에 경찰이 침투하기가 상대적으로 더 힘들었다. 혁명운동을 끈질기게 구축해나가고자 하는 사회주의자와 자발적이고 폭력적인 봉기를 기대하는 블랑키주의 자가 나뉘는 큰 경계선이 이 지점이었다.

하지만 1870년이 되자 부르주아 대중이 제국의 족쇄를 벗어날 합법적인 길을 찾고 있으며, 어떤 형태로든 "빨갱이들"과의 연정에서 이탈하고 있다는 것이 분명해졌다. 그들은 언론기관 내에서 자신들이 가진 소유권과 영향력을 사용하여 법과 질서의 메시지를 노동자와 소부르주아들에게 똑같이 주입시키려고 했다. 그러나 생활 여건이 악화되고 경제가 제자리걸음을 하게 되자 불평분자들은 나날이 더 위협적인 존재가 되었다. 1870년 2월 벨빌에서 벌어진 분쟁에서 여러 명이 사망했으며, 다수

그림 104 1870년에 카일의 대규모 공장에서 일어난 노동자 파
업은 부르주아 계열 신문에 보도될 정도로 규모가 컸고 중요
했다.

가 체포되었고, 상당한 재산피해(주로 인기 없던 점포 주인과 지주들의)도 발생했다. 카일의 기관차 작업장에서 벌어진 대규모 파업에서는 분노가 전례 없이 높이 치솟은 동시에, 이제까지 두드러지지 않았던 노동자 조직이 모습을 드러냈다. 제국이 불안해지고 부르주아들이 주도권을 쥐면서 불만이 들끓어 통제할 수 없는 지경에 도달한 것 같았다. 절망적인 여건이 되어가고 있는데도 인터내셔널의 지도자들(블랑키주의자와는 달리)은 사회주의 혁명을 일으키기에는 아직 정치 여건이 성숙하지 않다고 생각했다. 나중에 코뮌에서 너무나 똑똑히 드러나는 사실이지만, 그 점에서는 그들의 판단이 옳았다. 놀라운 것은 혁명 조직을 구축하여 여러 이질적인 요인을 파리(프랑스 또한)라는 산개한 공간으로 통합해 들일 수 있도록 하자는 문제에서 그들이 보인 편차가 얼마나 크고 폭넓고 깊은가 하는 점이다. 결국 여러 사건이 뒤엉켜 위기가 벌어지다보니, 실패할 수밖에 없는 명분을 너무나 서투르게 옹호하지 않을 수 없었다는 점이 그들의 비극이었다. 그러나 그 위기 사태는 우연한 것이 아니라 예측할 수 있는 일이었다. "정직한 부르주아"—티에르가 이끄는—들이 제국을 포기하고 정권의 열매를 움켜쥐려 했을 뿐 아니라 "빨갱이들"을 끝장내고 자신들이 만든 일종의 "최종 해결책"의 제물로 만들기로 작정했다는 징후는 얼마든지 있었다. 그리하여 잔혹한 소극의 최종 막幕이 1871년 5월, 3만 명의 코뮌 가담자들이 죽은 피비린내 나는 어느 주간까지 미루어졌을 뿐이다.

코뮌에서 정확하게 무슨 일이 일어났는가 하는 것은 우리의 이해 범위를 벗어난다. 하지만 그 대부분은 제2제정 파리의 변형 과정과 그 영향에 뿌리가 있었다. 여성을 위한 시립 작업장 운영, 생산자와 소비자 협동조합의 장려, 빵집의 야근 중지, 임대료 지불과 채무 징수의 유예, 몽드피에테Mont-de-Piété에 있는 시립 전당포에 들어온 저당물 판매 등의 조건에는 파리의 노동계급을 여러 해 동안 괴롭혀왔던 아픈 부분이 반영되어 있다. 수공업 노동자 의회와 노동조합의 강화, 1868년에서 1870년 사이에 열린 대중 집회 장소에서 성장했으며 구역의 방어에 핵심적인 역할을 담당하게 되는 이웃 간 클럽의 활력, 여성노동조합의 결성, 중앙집중화와 탈중앙집중화 간의, 그리고 위계질서와 민주주의 간의 긴장을 이어주는 노동자의 정치적 조직들(20개 구 위원회, 국민방위군 중앙위원회, 코뮌 자체)을 연합하려는 시도는 모두 옛날의 관계에서 파생된 새로운 조직 형태가 활발하게 추구됐음을 증명한다. 노동부의 창설과, 비종교적 무상 초등 교육과 직업교육을 추진하는 강력한 조처들은 사회에 대한 깊은 관심을 입증했다.

하지만 코뮌은 결코 사유재산이나 화폐 권력에 진지하게 도전하지는 않았다. 그것이 징발한 것은 폐기된 작업장과 주거지뿐이었고, 프랑스은행의 합법성 앞에 엎드렸다(이는 마르크스와 레닌이 잘 지적한 일화다). 주류의 다수파는 서로 맞서기보다 원칙적이고 상호적으로 받아들일 수 있는 조처를 찾으려 했다(블랑키주의자 가운데 일부도 이 방향으로 나아갔다). 하지만 코뮌에 대한 반대도 많이 있었다. 긴장감이 상승하면서 "온건한" 공화주의자인 구區의 수장들과 코뮌 사이의 균열이 커졌다. 1870년 프로이센의 포위 속에 남아 곤경에 과감하게 맞서는 것까지는 참아주던 부르주아는 1871년 3월 21일과 22일에 이빨을 드러내어 "질서의 친구들"의 시위를 일으켰고, 그 뒤 파리 서부는 반동 군대가 침투하기 쉬운 지점이 되었다. 코뮌에 대한 투표 유형의 지도가 어떤 모습일지 충분히 예상할 수 있는 일이었다. 하지만 이번에는 헤게모니의 칼자루가 노동계급을 기반으로 한 운동의 손에 쥐어져 있다는 차이가 있었다.

프로이센과의 굴욕적인 항복 문서에 조인한 뒤 티에르가 국민의회를 보르도에서 베르사유로 옮기기로 결정했고, 1871년 3월에 파리를 무장 해제하는 데 실패한 후 행정부의 모든 기능을 파리에서 철수하자, 농촌의 반동 세력은 도시와 농촌의 연대를 호소하는 코뮌의 미약한 외침으로는 도저히 상대할 수 없는 방식으로 결집했다. 사악한 선전의 부추김을 받은 무지하고 공포감에 매몰된 농촌 인구를 동원하여 어떤 구역도 내주지 않을 준비가 되어 있는 군대(어쨌든 범죄적이고 무신론적인 파리에서 빨갱이 악마를 쫓아낼 임무가 그들에게 맡겨졌으니까)를 소집한 것은 티에르가 어떤 결과가 오든 개의치 않고 파국적으로 끝장을 내려 했다는 것을 보여준다. 베르사유 측에 신속한 선제공격을 할 가능성이 사라지자 코뮌은 운명을 기다리는 것 외에 달리 할 수 있는 일이 없었다. 그 부담감 때문에 코뮌을 만들어낸 불안정한 계급과 파벌 간의 연대 내에서 분열이 일어나고 내부적 불만과 경쟁심이 부추겨졌다. 제각기 나름대로 찬란한 혁명 이론으로 무장한 급진적 부르주아 사이에서, 실천적 애국자와 수사법과 꿈의 행상인들 사이에서, 사건 전개에 대해 당혹해하는 노동자와 일관되고 강력한 해석을 제시하려고 애쓰는 수공업 노조 지도자들 사이에서, 구역과 도시와 국가의 충신들 사이에서, 중앙집중론자와 탈집중론자 사이에서 일어난 분열 모두가 코뮌에게 일관성이 결여되고 내적 갈등으로 점철된 정치적 행동이라는 이미지를 씌웠다. 하지만 그러한 분열은 오래전부터 생성되어온 것이다. 그 연원은 전통 속 깊은 곳에 놓여 있으며, 그 분열의 발전 과정은 자본주의 근대성으로의 전환과 제국의 정치와 자본의 경제 간의 충돌 때문에 흐트러졌다. 마르크스가 『루이 보나파르트의 브뤼메르 18일』에서 썼듯이, 다시 한번 "모든 죽은 세대의 전통이 산 자의 뇌리에 악몽처럼 걸리게 된다". 하지만 이번에 그 악몽을 내면화한 것은 노동계급운동이었다. 코뮌은 순수한 프루동주의와 다시 세워진 1789년의 정신에서 추출한 순수한 자코뱅주의를 불신임하기 위한 비용이라기에는 너무 비싼 대가였다. 정치적 공화국을 넘어 자신들이 품고 있던 갈망의 잠재적 실현태로서 사회주의 공화국을 바라본 적이 한 번도 없었던 부르주아 사회, 그 사회의 자궁 속에 있던 대안적 근대성이, 코뮌이 추구하고 있던 것의 핵심이던 어떤 것이 살해되는 비극이 일어났기 때문이다.

코뮌은 유일하고, 독특하고, 극적인 사건이었고, 아마 자본주의 도시의 역사에서 이런 종류로서는 가장 특별한 사건이었을 것이다. 그 불씨에 불을 붙인 것은 전쟁, 프로이센에 포위되었다는 절망감과 패배의 굴욕감이었다. 하지만 코뮌의 원재료는 이 도시의 역사적 지형이 자본주의적으로 변형되는 느린 리듬에 맞추어 이미 한데 모여 있었다. 나는 이 책에서 파리의 전경을 불가항력적인 방식으로 바꾸어놓은 경제와 사회조직, 정치, 문화 영역에서 이루어진 변형의 복합적인 양식을 드러내려고 시도했다. 그 과정에 있는 각 단계에서 우리는 티에르와 발랭, 폴 밍크, 쥘 미슐레, 페레르 형제와 로스차일드 같은 인물이 거리의 가수와 시인, 소매치기, 수공업 노동자, 은행가와 창녀, 하인과 게으른 부자, 학생, 창녀, 관광객, 점포주, 전당포 주인, 캬바레 주인, 부동산 투기꾼, 지주, 변호사, 교수의 군중 속에서 소용돌이처럼 돌고 있는 모습을 본다. 어쨌든 그들은 모두 동일한 도시 공간 속에 들어 있었고, 이따금씩 대로나 바리케이드에서 서로 마주치기도 했고, 모두들 각각의 방식으로 그들 나름의 역사적이고 지리적인 존재의 사회적 여건을 형성하고 통제하려고 분투하고 있었다. 그들이 활동했던 역사적·지리적 여건이 자신들이 선택한 것이 아니었음은 자명한 사실이다. 코뮌은 그 자체로서 드

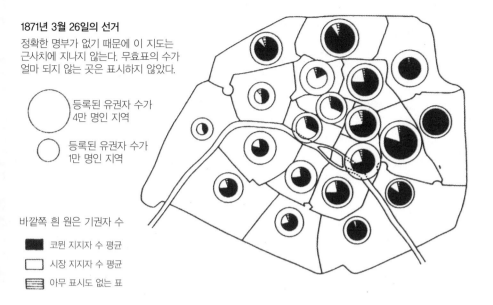

1871년 3월 26일의 선거

정확한 명부가 없기 때문에 이 지도는
근사치에 지나지 않는다. 무효표의 수가
얼마 되지 않는 곳은 표시하지 않았다.

등록된 유권자 수가
4만 명인 지역

등록된 유권자 수가
1만 명인 지역

바깥쪽 흰 원은 기권자 수

■ 코뮌 지지자 수 평균

□ 시장 지지자 수 평균

▤ 아무 표시도 없는 표

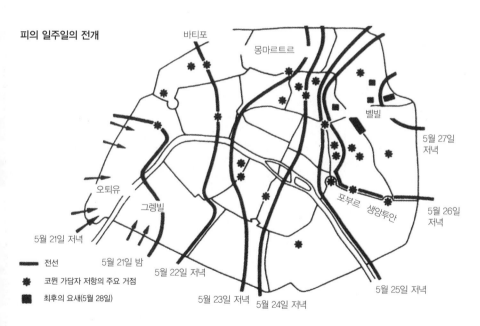

피의 일주일의 전개

바티포

몽마르트르

벨빌

5월 27일
저녁

오퇴유

그렝빌

포부르
생앙투안

5월 26일
저녁

5월 21일 저녁

━ 전선

5월 21일 밤

✳ 코뮌 가담자 저항의 주요 거점

5월 22일 저녁

■ 최후의 요새(5월 28일)

5월 23일 저녁

5월 24일 저녁

5월 25일 저녁

그림 105 1871년 3월 26일 선거와 1871년 5월의 '피의 일주일' 동안 파리가 재점령되어가는 단계들을
보면 정치적 성향이 이 도시 내에서 동서로 불균형을 이루고 있음이 너무나 명백히 드러난다. 서부에서
투표한 사람의 숫자가 적은 것은 이 도시의 유복한 시민들 가운데 많은 수가 시골의 휴가지로 달아난
탓이다.

라마틱한 변형의 절정기에 달해 있던 자본주의 세계라는 특정한 공간 내에서 구성된 특정한 계급 배치도 내에서 권력과 사회관계를 변모시키기 위한 탐색의 결과물이다. 우리는 그러한 투쟁에 대한 연구에서 배울 것이 많다. 또 찬양할 만하고 영감을 고취시키는 소재 역시 많이 있다.

3부

코다

1871

18장

사크레쾨르 바실리카의 건설

몽마르트르 언덕이라 알려진 언덕 꼭대기의 전략적인 위치에 자리 잡은 사크레쾨르 바실리카la Basilique du Sacré-Coeur는 파리를 굽어보는 위엄 있는 자리를 차지하고 있다. 다섯 개의 흰 대리석 돔과 그 곁에 솟아 있는 종탑은 이 도시의 어느 구역에서도 보인다. 구舊 파리를 이루는 거리들의 빽빽하고 미궁 같은 그물망 안에서도 이따금씩 그 모습이 흘낏 눈에 들어온다. 뤽상부르 정원에서 으스대듯이 아이와 놀아주는 젊은 엄마들에게나, 고생하여 노트르담 꼭대기에 기어올라간 관광객이나 보부르 센터Centre Beaubourg의 에스컬레이터를 타고 힘들이지 않고 올라간 관광객들에게나, 파리 남서부의 그르넬Grenelle에서 메트로를 타고 도시를 가로지르거나 북역으로 쏟아져 들어가는 통근자들, 또 일요일 오후에 뷔트 쇼몽 공원의 바위 꼭대기에서 배회하는 알제리 이민들의 눈에도 그 건물은 장엄하고 으리으리하게 모습을 드러낸다. 그것은 전통적 노동계급 구역인 벨빌과 라빌레트 변두리의 파비앵 대령 광장Place du Colonel Fabien——우리 이야기에서 중요한 역할을 담당하는 장소들——에서 볼링 게임을 하는 노인에게도 똑똑히 보인다.

페르라셰즈 묘지의 오래된 비석 사이에서 바람이 낙엽을 쓸어가는 추운 겨울날, 프랑스 제3공화정의 초대 대통령이던 아돌프 티에르의 묘지 계단에서도 그 바실리카는 보인다. 지금은 라데팡스의 현대적인 복합 오피스 건물에 거의 가려지지만, 20킬로미터도 더 떨어져 있으며 아돌프 티에르가 죽은 장소이기도 한 생제르맹앙레의 앙리4세파빌리옹에서도 보였다. 하지만 지형이 들쑥날쑥하다보니 유명한 코뮌 전사들의 벽 Mur des Fédérés, 바로 그 페르라세즈 묘지 안의 1871년 5월 27일에 코뮌 최후까지 살아남았던 몇몇 전사가 격렬한 전투를 벌인 끝에 비석 사이에 포위되어 한꺼번에 총살당한 장소에서는 보이지 않는다. 지금은 늙은 밤나무 그늘이 드리운, 덩굴로 뒤덮인 그 벽에서는 사크레쾨르를 볼 수 없다. 사회주의자와 노동자, 그들의 지도자를 위한 그 순례지는 아돌프 티에르의 음울한 무덤이 있는 언덕 마루 때문에 가톨릭교도들의 순례지에서는 시야가 닿지 않는다.

사크레쾨르 바실리카가 아름답거나 우아하다는 데 이의를 제기할 사람은 별로 없을 것이다. 그것이 충격적이고 눈에 확 들어온다는 점, 스타일이 특이하고 유별나서, 그 발밑에 펼쳐진 도시로부터 존경을 요구하는 일종의 거만하고도 장엄한 분위기를 빚어낸다는 점도 대부분 인정할 것이다. 맑은 날이면 그것은 멀리까지 빛을 발하며, 아주 흐린 날이라도 돔이 티끌만 한 빛의 입자까지 포착하여 흰 대리석 빛을 뿜어내는 것 같다. 밤의 조명 속에서는 허공에 매달린 것처럼, 무덤 같기도 하고 천상에 속한 것 같은 모습으로 보인다. 그리하여 사크레쾨르는 성스러운 장엄함의 이미지, 영원한 기억의 이미지를 전달한다. 그런데 그것은 무엇의 기억인가?

그 질문의 대답을 들으려고 바실리카를 찾는 방문객은 제일 먼저 몽마르트르의 가파른 언덕길을 올라야 한다. 숨을 고르려고 발걸음을 멈

그림 106 사크레쾨르 바실리카

춘 사람은 지붕 꼭대기와 굴뚝과 돔과 탑과 기념물이 겹쳐진 근사한 전망, 즉 1872년의 따분하고 안개 낀 10월 어느 날 아침과 달라진 것이 별로 없는 옛 파리의 전망이 눈앞에 펼쳐지는 것을 보게 될 것이다. 그때 파리 대주교는 그 가파른 언덕길을 올랐다. 꼭대기에 닿았을 때 기적처럼 태양이 안개와 구름을 쫓아내어, 파리의 근사한 파노라마가 주교 앞에 펼쳐졌다. 대주교는 한 순간 경이감에 사로잡혔다가 이렇게 외쳤다. "이곳이다. 순교자들이 있는 곳. 사크레쾨르Sacré-Coeur(성심聖心)가 모든 이를 불러 모으고 다스릴 장소는 이곳이다!"[1] 그렇다면 이 장엄한 바실리카에서 축성되는 순교자들은 누구인가?

그 신성한 장소에 들어가는 방문객은 아마 틀림없이 동쪽 끝의 반원형 돔을 덮고 있는 엄청난 크기의 예수상에 놀랄 것이다. 팔을 활짝 편 모습으로 그려진 그리스도상은 가슴에 성심의 모습을 담고 있다. 그 아래에 라틴어 구호에서 직접 인용된 'GALLIA POENITENS'라는 두 단어가 눈에 띈다. "프랑스는 회개하노라"라는 이 엄중한 훈계 아래에는 예수의 신성한 심장, 열정으로 불타오르고 피로 물들어 있으며 가시관에 둘러싸여 있는 심장의 그림이 들어 있는 커다란 금빛 관이 서 있다. 순례자들은 밤낮으로 조명이 비추는 바로 이곳에 기도하러 온다. 바실리카의 입구에 서 있는 성 마르그리트 마리 알라코크의 등신대 입상 맞은편에는 그 성스러운 인물이 쓴 편지—날짜는 1689년, 장소는 파레르모니알Paray-le-Monial—에서 인용된 단어들이 우리에게 성심 숭배에 대해 더 많은 이야기를 해준다.

사랑으로 가득한 성자의 심장이 수난 속에서 굴욕과 모욕을 겪으며 맛본 고통과 분노를 배상하고자 하는 영원한 성부는 기념물을 세워 이

550

예수의 신성한 심장에 바치는 기도, 복음서에 따르면 한 백인대장이
십자가에서 고통 받는 예수의 옆구리를 창으로 찔렀을 때 드러난 그 심
장은 17세기 이전에도 잘 알려져 있었다. 하지만 환상을 본 마르그리트
마리는 성심 숭배를 가톨릭교회 내에서도 특별한 숭배로 변모시켰다. 그
녀의 삶은 시련과 고통으로 점철되어 있었고, 태도 또한 준엄하고 혹독
했지만, 그 숭배가 전해주는 그리스도의 이미지는 전체적으로 따뜻하고
사랑이 느껴지며 회개와 온화한 신비주의로 충만했다.[2] 마르그리트 마
리와 그녀의 추종자들은 대단한 열성으로 그 숭배를 전파했다. 이를테
면 그녀는 루이 14세에게 편지를 보내어 그리스도에게서 온 메시지를 전
달하겠다고 말했다. 그 메시지란 왕이 회개하고 성심에 헌신하여 군기에
그 그림을 넣고 그것을 찬미하는 성당을 지음으로써 프랑스를 구원하
라고 요청하는 내용이었다. 현재 바실리카 안의 돌에 새겨져 있는 말은
1689년에 왕에게 보낸 편지에서 따온 것이다.

그 숭배가 전파되는 속도는 느렸다. 그것은 가톨릭 내의 신앙 양식에
강한 영향을 미친 18세기의 프랑스 합리주의와 어울리지 않았고, 얀센
파Jansenist가 전하는 엄격하고 완강하고 자제력이 강한 예수의 이미지와
도 정반대였다. 하지만 18세기 말쯤에는 장래에 큰 힘을 발휘하게 될 중
요한 추종자를 얻었다. 국왕 루이 16세와 그 가족이 개인적으로 성심을
믿게 된 것이다. 프랑스혁명이 전개되는 동안 수감되어 있던 그는 석방된
다면 석 달 내에 공개적으로 성심에 헌신할 것이며 그럼으로써 프랑스를
구원하겠노라고 서원했다(무엇으로부터의 구원인지는 말하지 않았고, 말할
필요도 없었다). 그리고 성심 숭배를 위한 성당도 짓겠다고 했다. 그러나

루이 16세가 구원된 방식 때문에 그 서원의 실현은 불가능해졌다. 마리 앙투아네트의 사정도 마찬가지였다. 왕비는 기요틴에 가기 전 최후의 기도를 성심에 바쳤다.

이런 사건들이 흥미를 끄는 것은 우리 이야기에서 중요한 한 가지 연대, 즉 성심 숭배와 앙시앵레짐의 반동적 군주주의 사이의 연대를 예고해주기 때문이다. 이런 사건들 때문에 성심 숭배 추종자들은 프랑스혁명의 대의大義에 대해 확고부동한 반대 입장을 견지했다. 또 반대로 자유, 평등, 우애의 원칙을 신봉하는 사람들, 어쨌든 섬뜩한 반교권주의의 감성과 관행으로 기울어진 사람들이 그런 숭배에 사로잡히는 경우는 극히 드물었다. 혁명적 프랑스는 그것을 전파하기에 결코 안전한 장소가 아니었다. 지금은 파레르모니알에 전시되어 있는 마르그리트 마리의 유골과 다른 유물까지도 혁명 기간에는 조심스럽게 숨겨져야 했다.

그러나 1815년에 왕정복고가 이루어지자 그 모든 사정이 바뀌었다. 부르봉 왕조는 유럽 강대국들이 지켜보는 속에서 옛 사회질서를 최대한 회복할 길을 찾았다. 혁명기의 무절제에 대한 회개라는 주제가 강력하게 대두되었다. 루이 18세는 죽은 형이 성심에 바친 맹세를 실현하지는 않았지만, 형과 형의 가족이 그처럼 아무런 예식도 없이 매장된 장소에 자신의 돈으로 속죄의 성당을 지었다. 프랑스는 회개하노라GALLIA POENITENS.

성심 숭배의 전파를 위한 협회가 설립되었고, 마르그리트 마리의 찬미를 위한 절차가 1819년에 로마로 전달되었다. 보수적 군주제와 성심 숭배 사이의 관련은 더욱 공고해졌고, 보수적 가톨릭교도 사이에서 그 숭배가 확산되었다. 하지만 프랑스 가톨릭의 자유주의적이고 진보적인 일파는 여전히 그것을 의혹의 눈길로 보고 있었다. 그러나 이제 또 다른 적이 국토를 유린하고 있었고, 사회질서를 무너뜨리고 있었다. 프랑스는 자본주의 산업화가 주는 부담감과 긴장감을 겪고 있었다. 7월 왕정 치하에서 간헐적으로, 또 이어진 나폴레옹 3세의 제2제정기 초반의 거대한 물결 속에서 프랑스 경제의 일부 부문과 제도적 구조, 사회질서는 급격히 변형되고 있었다. 보수적 가톨릭의 관점에서 볼 때 이 변형은 프랑스의 삶에서 지극히 귀중한 것에 대한 위협이었다. 왜냐하면 그 때문에 조야하고 냉담한 물질주의와 과시적이고 도덕적으로 퇴폐적인 부르주아 문화 그리고 계급 긴장의 첨예화가 초래되었기 때문이다. 성심의 숭배는 이제 기질이나 상황 때문에 부드럽고 너그러운 그리스도의 이미지에 이끌린 교도들이나 지난날의 정치 질서의 복구를 꿈꾸는 자들뿐 아니라 새로운 사회질서, 즉 화폐가 숭배가 되고 금융의 교황권이 실체 교황의 권위를 위협하는 사회질서, 숭배의 일차적 대상인 신을 이교도 신이 대체하려는 사회질서가 내세우는 물질적 가치에 위협당하는 기분을 느낀 사람들까지 그 기치 아래로 끌어모았다.

1860년대에 프랑스 가톨릭은 이러한 전반적 여건에다 구체적인 불평 몇 가지를 추가할 수 있었다. 나폴레옹 3세는 (상당한 동요를 겪은 뒤에) 결국 이탈리아 통합을 지지하는 쪽으로 돌아섰고, 교황의 세속적 권력으로부터 중부 이탈리아를 해방시키기 위해 정치적·군사적으로 열성을 보였다. 교황은 그러한 정치를 선의로 해석하지 않았고, 군사적 압박이 가해지자 바티칸으로 물러나서 자신의 정치권력이 회복될 때까지 나오지 않겠다고 선언했다. 교황은 바티칸이라는 유리한 고지를 차고 앉아, 그가 프랑스 전역을 휩쓸었다고 판단한 도덕적 퇴폐와 프랑스의 정책을 통렬하게 비난했다. 그는 이런 방식으로 자신의 명분을 적극적으로 추구하기 위해 프랑스 가톨릭을 결집하고자 했던 것이다. 시기가 아주 적절했다. 마르그리트 마리는 1864년 비오 9세에 의해 성인으로 시성되었으며, 성심 숭배는 보수주의가 제기하는 각종 반대를 위한 결집의 외침이 되었다. 프랑스 남부에 있는 파레르모니알로 가는 거창한 순례의 시대가 시작되었다. 고위급 금융계 귀족들이 협력하여 건설한 새 철로에 몸을 실은 순례자들은 공적·사적인 온갖 범법 행위에 대해 회개를 하러 왔다. 그들은 프랑스의 물질주의와 넘쳐나는 퇴폐에 대해 회개했다. 그들은 교황의 세속상 권력에 부과된 규제에 대해 회개했다. 그들은 옛날의 존경스러운 사회질서에 구현되어 있던 전통적 가치의 소멸을 위해 회개했다. 프랑스는 회개하노라GALLIA POENITENS.

사크레쾨르 바실리카의 정문 바로 안쪽에서 방문객들은 다음의 명문을 읽을 수 있다.

> 서력 기원 1875년 6월 16일, 비오 9세 교황 성하의 치세에,
> 1870년에서 1871년 사이에 벌어진 전쟁 기간에 알렉상드르 르장티와
> 위베르 로오 드 플뢰리가 바치고 파리 대주교인 기베르 예하가 인증한
> 맹세를 실현하기 위해, 건축가 아바디의 설계에 따라 1873년 7월
> 23일의 국민의회 투표에 의해 집행되다. 예수의 성심을 위해 세워진
> 이 바실리카의 첫 번째 초석이 기베르 대주교 예하의 손으로 엄숙하게
> 놓여진다…….

저 요약된 역사에 살을 붙이고 그 배후에 무엇이 있는지 알아보자. 1870년 여름, 비스마르크의 대부대가 프랑스군을 상대로 연일 승전보를 올리자 절망적인 분위기가 프랑스를 뒤덮었다. 많은 사람은 이 패배가 도덕적으로 퇴폐하고 잘못을 저지른 프랑스에 신의 의지로 내려진 정

당한 징벌이라고 해석했다. 외제니 황후가 가족 및 궁정 신하 모두와 함께 상복으로 차려입고 튀일리궁에서 노트르담까지 걸어가 공개적으로 성심에 예배를 올리라는 제안을 받은 것은 이러한 분위기에서였다. 황후는 이 제안을 긍정적으로 고려했지만, 이 역시 너무 늦었다. 9월 2일, 나폴레옹 3세는 패하여 스당에서 포로로 잡혔다. 9월 4일 시청 앞 계단에서 공화정이 선포되었고, 국민방위정부Gouvernement de Defense Nationale가 결성되었다. 또 그날, 외제니 황후는 파리에서 달아났는데, 신중하게도 황제의 권유에 따라 짐과 귀중품을 챙겨 이미 영국으로 보내놓은 뒤였다.

스당에서의 패배로 제국은 끝장났지만 전쟁은 끝나지 않았다. 프로이센 군대는 계속 진군했고 9월 20일에는 파리를 에워싸고 이듬해 1월 28일까지 그 도시를 포위했다. 알렉상드르 르장티는 다른 수많은 신분 높은 부르주아 시민과 마찬가지로 프로이센군이 다가오자 파리에서 달아나서 지방에 피란처를 구했다. 푸아티에에서 고달픈 생활을 하며 파리의 운명에 대해 고뇌하던 그는 12월 초반 "신께서 파리와 프랑스를 구해주신다면, 그리고 로마 교황을 구원해주신다면 자신은 파리를 성심에 봉헌된 성소로 만드는 데 모든 힘을 다하겠다"고 맹세했다. 그는 이 맹세에 가담할 사람들을 찾아 나섰고, 곧 위베르 로오 드 플뢰리라는 열성적인 지지자를 얻었다.[3] 그러나 르장티가 한 맹세의 문구는 그다지 호의적인 반응을 끌어모을 수 없었다. 왜냐하면 그도 곧 알게 되었지만, 지방은 "파리에 대한 증오의 화신"이었기 때문이었다. 그러한 상황이 이상할 것은 없다. 여기서 잠시 시간을 거슬러 올라가 왜 그렇게 되었는지를 알아보면 도움이 될 것이다.

앙시앵레짐 아래에서 프랑스 국가기관은 강력하게 중앙집중화하는 성향을 띠었고, 그런 성향은 프랑스혁명과 제국 치하에서 더욱 공고해졌다. 이 중앙집중화 현상은 이후 프랑스 정치조직의 기반이 되었고 파리가 나머지 프랑스와 맺은 관계에서 특별히 중요한 역할을 파리에게 부여했다. 파리는 행정·경제·문화 면에서의 우위를 보장받았다. 하지만 1789년의 사건은 파리 사람들이 정부를 건설하고 파괴할 힘을 갖고 있음을 보여준 것이기도 했다. 그들은 그 힘을 교묘하게 사용했고, 그 결과 거리낌 없이 자신들을 특권적 존재, 즉 그들 생각에 후진적이고 보수적이며 농촌의 비중이 압도적으로 큰 나머지 프랑스에 그들 기준으로 "진보적"이라고 판단한 것들을 강요할 임무와 권리를 지닌 존재로 간주하게 되었다. 파리 부르주아들은 정치적 신조를 불문하고 지방 생활의 편협성을 경멸하는 성향(대개 지방에서 받아오는 임대료 덕분에 도시에서 편안한 생활을 하고 있으면서도)이 있었고 농민을 불쾌하고 이해 못 할 족속으로 여겼다. 망원경의 다른 쪽 끝으로 보면 파리는 대체로 권력과 지배와 기회의 중심으로 간주되었다. 파리는 질시와 증오를 한 몸에 받았다. 권력과 권위가 과도하게 파리에 집중됨으로써 발생한 적대감에다, 특권과 물질적 성공과 도덕적 퇴폐와 악덕과 사회적 불안이 집결한 중심지인 대도시에 성격이 모호한 소도시와 농촌이 가질 수 있는 온갖 적대감이 추가되었다. 프랑스에서 특이한 현상은 "도시-농촌 모순"에서 발산하는 긴장감이 파리와 그 외 프랑스의 관계에 너무나 강력하게 집중되어 있다는 점이었다.

이 긴장감은 제2제정 치하에서 상당히 고조되었다. 파리는 철도가 개설되어 전국의 공간적 통합 과정의 중심축이 되자 거대한 경제 활황을 누렸다. 도시는 새로 등장하는 전 지구적 경제와 새로운 관계에 들어섰다. 확대되는 프랑스 수출에서 파리가 차지하는 몫은 큰 폭으로 늘었고 인구도 급속히 증가했는데, 그 대부분은 농촌 노동자의 대량 이주 때문이었다. 파리가 금융과 투기와 상업 활동의 중심이 되면서 부와 권력이 급속도로 집중되었다. 파리의 부와 역동성과, 몇 군데 예외(마르세유, 리옹, 보르도, 뮐루즈 등지)는 있지만 지방의 무기력과 후진성 간의 대조는 갈수록 두드러졌다. 뿐만 아니라 도시 내 유복함과 빈곤 간의 대조 역시 충격적인 것이 되었고, 서부의 유복한 부르주아 구역과 북부, 동부, 남부의 노동계급 구역 간의 지리적 격리가 점점 심해지는 형태로 표현되었다. 벨빌은 서부의 부르주아 시민들은 거의 와볼 생각도 하지 않는 낯선 지역이 되었다. 그곳의 주민 수는 1853년에서 1870년 사이에 두 배 이상으로 늘어났는데, 부르주아 언론은 그곳 주민을 아주 모욕적이고 흉악한 용어로 묘사했다. 1860년대에 경제성장 속도가 둔화되고 제국의 권위가 떨어지기 시작하면서 파리는 사회적 불안정이 끓어오르는 가마솥이 되었고, 모든 선동에 취약한 곳이 되었다. 무엇보다도, 오스만은 앞에서 보았듯이 널찍한 대로와 공원과 정원과 온갖 종류의 기념비적 건물로 파리를 장식했다. 그는 재정 상태가 지극히 위태로운 상황에서도 엄청난 비용을 치르며 이런 일을 수행했는데, 지방 사람들의 검소한 사고방식으로는 그런 업적은 도저히 권장할 만한 것이 아니었다. 부르주아들 또한 오스만이 기획한 공적인 과시라는 이미지와 어울리는 과시적 소비 행태를 보였다. 그들 가운데 대다수는 국가의 돈으로 시행된 오스만의 개선 작업에 투자하여 부자가 된 사람들이었다.

그러니 아무리 경건한 목적을 위해서라고 한들 지방과 농촌 가톨릭교도가 호주머니를 털어 또 하나의 기념물로 파리를 꾸며줄 마음이 전혀 나지 않았다고 해서 놀랄 일도 아니다. 그러나 르장티의 제안에 대해 이보다 더 구체적인 반대도 제기되었다. 파리 시민은 지방과 농민의 감정이 군주제와 심각하게 뒤섞여 있는 시기에 주제넘게도 습관처럼 공화정을 선포했다. 뿐만 아니라 지방에서는 프로이센과의 갈등을 끝내고 싶어 하는 경향이 강했지만, 파리에 남아 가혹한 포위 사태에 직면한 사람들은 놀랄 만큼 비타협적이고 호전적인 태도로 무슨 결과가 오든 끝까지 싸우겠다고 선언했다. 그리고 파리의 노동계급에 퍼지고 있던 새로운 유물론적 정치학의 소문과 암시에 혁명적 열정의 다양한 표현이 가미되어, 존경받는 부르주아 시민이 사라지고 없는 이 도시가 급진적이고 사회주의적이기도 한 철학의 제물이 되었다는 인상을 주었다. 포위된 파리와 점령되지 않은 바깥 영토 사이의 통신수단은 비둘기나 풍선밖에 없었으니, 농촌에 있는 공화주의 반대파와 도시에 있는 군주제의 적들이 당연히 써먹을 법한 오해의 여지는 얼마든지 있었다.

따라서 르장티는 자신의 맹세에서 파리 이야기는 빼야겠다고 정치적인 판단을 내렸다. 하지만 1871년 2월 말이 다가오자 교황은 그것을 승인했고, 이후 그 운동에는 힘이 약간 붙었다. 그리하여 3월 19일, 그 맹세를 지지하는 주장이 담긴 상당한 길이의 팸플릿이 나돌았다.[4] 그 임무는 국가적 차원의 정신을 담아야 한다고 저자는 역설한다. 왜냐하면 프랑스 국민은 전국적으로 저질러진 범죄에 대해 전국적인 보상을 해야 하기 때문이다. 그들은 그 기념물을 파리에 세우려는 의도를 확인했다. 그 도시에 더 이상의 장식이 덧붙으면 안 된다는 주장에 대해 그들은 이렇게 대답했다. "파리가 설령 재로 화한다 해도 우리는 여전히 우리의 국가적 잘못을 자백하고 그 폐허 위에서 신의 정의를 선언하기를 원한다."

우연찮게도 팸플릿이 나온 시기와 문구는 아주 예언적이었다. 3월 18일, 파리 사람들은 코뮌의 지휘 아래 자치 정부를 세우는 방향으로 나아가는, 돌이킬 수 없는 걸음을 떼어놓았다. 그 후, 실제든 상상된 것이든 코뮌 가담자들이 저지른 범죄는 부르주아를 경악시켰고 격노케 했으

그림 107 코뮌이 끝나갈 무렵 파리에 번진 불길은 엄청난 파괴의 흔적을 뒤에 남겼다. 남아 있는 수많은 사진(대부분 촬영자는 신원 미상) 가운데 아직도 불이 완전히 꺼지지 않은 루아얄 거리의 사진이 하나 있다. 시청이나 재정부, 튀일리궁 같은 중요 공공건물 대다수는 폐허로 변했다. 궁전은 결국 1880년대에 정권을 잡은 공화파의 행정부가 허물었다. 재건축 비용도 이유 가운데 하나였지만, 왕실과 나폴레옹 권력의 상징물이자 증오의 대상이었기 때문이었다.

며, 지방의 여론은 그보다 더 시끄럽게 악화시켰다. 그리고 점점 격화되는 내전 과정에서 파리의 많은 지역이 실제로 재로 변했기 때문에, 이러한 잿더미 위에 회개의 바실리카를 짓는다는 발상이 갈수록 호응을 얻게 되었다. 로오 드 플뢰리가 눈에 띄게 만족스러운 기색으로 지적했듯이, "앞으로 몇 달 동안 재로 변한 파리라는 이미지가 수없이 강조될 것이다."[5] 이 이야기를 조금만 설명하도록 하자.

파리 코뮌의 연원은 일련의 사건들이 복잡다단한 방식으로 서로 충돌한 데 있었다. 그것이 국내에서 차지하는 정치적 중요성 바로 그 때문에 파리는 오랫동안 일체의 자치 정부를 거부당해왔고, 국가 정부에 의해 직접 운영되었다. 19세기의 대부분 기간 동안 공화파가 우세했던 파리는 군주주의자(부르봉의 "왕당파"든 "오를레앙파"든)의 지배하에서 안달하고 있었다. 앞에서도 보았듯이 "공동체"라는 단어를 통해 민주적 형태의 시 정부를 요구하는 목소리가 모든 정당에서 나온 지는 오래되었고, 도시 내에서 광범위한 지지를 확보했다.

1870년 9월 4일에 설립된 국민방위정부는 급진적이지도 혁명적이지도 않았지만 공화파였다.[6] 또 결과적으로 흐리멍덩하고 무능한 정부이기도 했다. 물론 그 정부가 힘든 상황에서 고생을 하기는 했지만, 이런 어려움이 있었다고 해서 그 한심한 처신이 결코 용서받을 수는 없었다. 우선 그들은 군주주의자들의 존경심을 얻지 못했고, 우익의 반동을 끝없이 두려워했다. 바젠 장군이 이끄는 동부군이 10월 27일, 메츠에서 프로이센군에 조건부 항복을 했을 때, 그는 군주주의자인 자신이 공화파 정부를 위해 싸울 수 없기 때문에 그렇게 행동했다는 인상을 남겼다. 항복에 반대한 몇몇 장교는 바젠이 프랑스의 명예보다 정치적 입장을 우위에 놓는다는 것을 알았다. 이는 앞으로 오랫동안 프랑스 정치를 괴롭히게 될 문제였다. 나중에 코뮌의 무장 세력을 한동안 지휘하게 되는 (그리고 그런 행동으로 인해 임의적인 사형선고를 받고 처형당하게 될) 로셀은 명명백백하게 애국심이 결여된 바젠의 행동에 뼛속 깊숙이 충격받은 장교 가운데 한 명이었다.[7]

하지만 지배계급의 상이한 분파 사이에 조성된 긴장감은, 놀랄 만큼 완고하고 전통적인 부르주아와 자기가 서 있는 입각점을 이제야 깨닫고 자기 목소리를 내기 시작한 노동계급이 실제적으로든 상상 속에서든 서로에게 느끼는 적대감에 비하면 아무것도 아니었다. 올바르게 인식했건 착각이었건 간에, 부르주아들은 노동계급의 조직과 정치적 클럽이 1860년대에 등장하고, 인터내셔널 노동자 연대의 파리 지부가 활동하며 노동계급 내 사상의 활기가 살아나고 무정부주의와 사회주의 철학자들이 다시 등장하자 엄청난 불안을 느꼈다. 그리고 노동계급—결코 그 적들이 두려워한 것처럼 잘 조직되었다거나 통합된 것은 아니었지만—이 계급의식이 출현했다는 신호를 잔뜩 내보이고 있었던 것은 확실했다.

국민방위정부는 노동계급의 광범위한 지지가 없이는 프로이센 승리의 물결을 저지하거나 파리의 포위를 풀 수 없었다. 그리고 좌익 지도자들은 원래는 황제의 전쟁을 반대했지만 기꺼이 그 정부에 승복할 준비가 되어 있었다. 블랑키주의자들은 정부에 "강력하고 절대적인 지지"를 약속했고, 인터내셔널의 지도부까지도 독일 노동자들에게 골육상잔의 투쟁에 참여하지 말라고 호소하는 임무를 다한 뒤에는 파리 방어를 위한 조직에 뛰어들었다. 노동계급 선동의 중심지인 벨빌에서는 공화정의 이름을 내건 국가적 명분 아래 어마어마한 인원이 집결했다.[8]

부르주아들은 덫에 걸렸다고 느꼈다. 그들과 대열을 함께했던 당시의 한 관찰자는 이렇게 썼다. 그들은 한편에는 프로이센, 다른 편에는 이제까지 "빨갱이"라 부르던 자들 사이에 끼어버렸다. 그는 계속한다. "이 두 가지 악惡 가운데 부르주아가 어느 편을 더 무서워하는지 나는 모르겠다. 그들은 외국인도 증오하지만 벨빌 주민을 훨씬 더 무서워한다."[9] 이들이 아무리 외국인을 패주시키고 싶어한들 노동계급이 전위부대로 나선 부대와 함께 그 일을 할 수는 없었다. 프랑스 역사상 마지막도 아니지만, 부르주아는 좌익을 애국 전선의 주류 세력으로 내버려두고 독일인에게 항복하는 편을 선택했다. 1871년에 "내부의 적"에 대한 두려움이 국가적 자존심을 압도한 것이다.

처음에는 프랑스가 파리 포위를 깨뜨리지 못한 까닭이 프로이센군의 우수함과 프랑스의 군사적 무능력 탓이라고 해석되었다. 하지만 승리를 약속했던 전투마다 처참한 재앙으로 끝나자 정직한 애국자들은 당국이 잔꾀를 부려 배신과 반역을 저지르는 것이 아닌지 의심하기 시작했다. 정부는 갈수록 "국민변절정부Gouvernement de Defection Nationale"라 불리게 되었다. 이는 마르크스가 나중에 코뮌을 열렬하게 옹호할 때 사용하여 대단히 큰 효과를 본 호칭이었다.[10] 정부는 파리인들의 도시 민주주의에 대한 요구에 대해서도 똑같이 미적거리면서 응답을 미루었다. 신분 높은 부르주아 대다수가 달아났으니 선거가 치러지면 시의 권력을 좌파가 장악할 듯싶었다. 우익 군주주의자들이 의심하는 점을 감안할 때 국민방위정부는 이제까지 오랫동안 요구되어 오던 것을 승인해줄 형편이 아니라고 생각했다. 그래서 그들은 한없이 시간만 끌었다.

10월 31일 파리에서는 이미 이러한 다양한 실마리들이 한데 모여 봉기의 움직임이 생기기 시작했다. 바젠이 수치스럽게 항복한 직후, 정부가 프로이센과 정전 협상을 하고 있다는 소문이 새어나갔다. 공포의 대상인 벨빌 주민들이 무리 지어 시내로 들어오자 파리 주민들은 거리로 나와 정부 임원 몇 명을 포로로 잡고는, 시 선거를 치를 것이며 항복하지 않는다는 것을 구두로 보장해야 풀어주기로 합의했다. 이 사건은 우익의 성질을 건드리기에 충분했다. 12월에 시골에 있던 르장티 앞에 놓인 것은 "파리에 대한 증오"라는 직접적인 명분이었다. 정부는 하루하루 힘겹게 전투를 벌였다. 하지만 결과적으로 그들은 프로이센을 상대로 싸울 때보다 벨빌 주민들을 상대할 때 훨씬 더 잘 싸웠다.

그리하여 파리 포위는 계속 연장되었다. 악화된 시내의 여건은 이제 사회적으로 불안정한 상황에 예측할 수 없는 영향을 미쳤다.[11] 정부는 무능하고 주민의 요구에 둔감했으며, 그럼으로써 꺼져가던 불만의 불꽃에 기름을 부은 격이 되었다. 사람들은 고양이와 쥐를 잡아먹으면서 버텼고 상대적으로 특권층인 사람들은 동물원의 어린 코끼리 폴룩스의 고기(코 살 1파운드에 40프랑)를 나눠 먹었다. 쥐고기—"돼지고기와 자고새 고기를 섞은 듯한 맛"—의 가격은 한 조각에 60상팀이던 것이 4프랑으로 올랐다. 정부는 1월까지도 빵 배급제를 실시하는 기본적인 조처도 실시하지 못했으며, 1월이 되어 실시하려고 했을 때는 이미 너무 늦어버렸다. 공급량이 줄었고, 빵에 뼛가루를 섞는 바람에 문제가 장기화되었는데, 임시방편으로 카타콤에서 인골을 훑어내어 만든 뼛가루였기 때문에 더욱 먹지 못할 것이 되었다. 평민들이 모르는 사이에 자기 선조들을 먹어치우고 있는 동안, 터무니없는 가격에 물품을 공급하는 매점매석 상인들 덕분에 사치스러운 카페 생활은 계속 유지되고 있었다. 뒤에 남아 있던 부유층은 비록 가격은 비싸게 치렀지만 늘 해오던 대로 계속 쾌락에 탐닉했다. 정부는 특권을 적게 가진 자의 감정을 배려하지 않는 냉담한 태도로, 계속 이어지는 부유층의 과시적 소비나 그런 와중의 이익 추구를 저지하려는 행동을 전혀 하지 않았다.

12월 말경이 되면, 국민방위정부에 대한 반대가 과격해지고 규모도 커졌다. 그 반대는 1월 7일의 저 유명한 『붉은 벽보L'Affiche rouge』의 간행으로 이어졌다. 파리의 20개 구arrondissement의 중앙위원회가 서명한 그것은 정부가 결단력 결여, 무기력, 지연작전으로 나라를 심연의 가장자리로 끌고 간다고 비난했으며, 정부는 행정도 싸움도 할 줄 모른다고 주장했다. 그리고 그러한 정권을 지속시킨다면 결국은 프로이센에 항복하게될 뿐이라고 했다. 그것은 전면적인 자원 징발, 배급제, 대규모 공격을 위한 프로그램을 선언했다. 그것은 "민중을 위해 길을 비키라! 코뮌에 길을 비켜줘라!"는 유명한 호소로 끝을 맺는다.[12] 파리 전역에 걸린 플래카드에 적힌 그 구호는 효과가 있었다. 군대는 단호하게 반응하여 최후의 대규모 공격을 한 차례 실시했는데, 군사적으로 무능했고 엄청난 희생자를 낸 공격이었다. "그들이 오로지 희생되기 위해 출정했다는 사실을 모르는 사람은 없었다"고 리사가레는 썼다.[13] 배신과 반역의 증거가 드러나 현장에 가까이 있던 이들도 질릴 지경이었다. 그 때문에, 계급 이익보다 국가의 이익을 우선하는 많은 정직한 애국 부르주아가 반체제 급진파 및 노동계급과 연대를 맺게 되었다.

1월 말 파리인들은 피할 길 없는 정전停戰을 수동적이고 언짢은 기분으로 받아들였다. 정전이 되자 화평 조약을 협상하고 비준할 입법의회를 구성하기 위한 전국 선거를 치러야 했다. 화평 조약에는 프랑스군이 무장을 해제해야 한다고 명시되어 있었지만, 쉽게 무장 해제시킬 수 없었던 파리의 국민방위군은 그대로 전투 세력으로 남는 것이 허용되었다. 프로이센군의 감시하는 눈초리하에서 굶고 있는 도시에 식량이 보급되었다. 남아 있던 부르주아 대부분은 농촌의 피란처로 달아났고, 가난해지고 봉급도 받지 못했으며 사기가 떨어진 군인들이 도시로 밀려들어와

그림 108 삽화가인 샴이 늙어가는 도미에에게 합세하여 1870년 파리 포위기의 황량한 몇 달 동안 유머를 끌어내려고 애썼다. 여기에는 매일 밤 할당되는 쥐고기를 얻기 위해 줄을 선 파리인들이 등장한다. 샴은 또 독자들에게 쥐고기를 먹으려는 고양이가 달려들지 않도록 조심하라고 충고한다.

그림 109 티에르는 1840년대 이후 도미에의 삽화에 자주 등장하는 소재였다. 그가 1870년 정치 무대에 갑작스럽게 재등장하자 비판적 코멘트를 할 또 다른 기회가 생겼다. 왼쪽 그림에서(1871년 2월 24일에 실림) 티에르는 새로 선출된 보르도의 국민의회를 지휘하는("하지만 대사가 써진 화면을 볼 수가 없어") 모습으로 나타났고 오른쪽 그림(코뮌이 선언된 뒤임 4월 21일에 그려진)에서는 티에르가 국가라는 수레에 매인 말에게 채찍질을 하면서 베르사유 방향으로 가자고 하는 모습을 볼 수 있다. 당당한 자유의 모습으로 그려진 파리는 다른 말을 반대 방향으로 잡아당기고 있지만 동시에 티에르 쪽을 비난하는 듯이 돌아보고 있다. 국가의 분열이 불길하게 예고되었다.

그곳의 사회적·정치적 스트레스를 가중시켰다. 2월의 선거에서 이 도시는 급진적 공화파에 응분의 몫을 돌려주었다(루이 블랑, 위고, 강베타, 심지어 가리발디까지도 당선되었다). 하지만 프랑스의 농촌과 지방은 오로지 평화쪽에만 표를 던졌다. 좌익은 항복하는 데 반대하는 입장이었고, 국민방위정부에 몸담았던 공화주의자들은 전쟁을 이끈 사람들이었으니 심각한 한계가 있었고, 보나파르트주의자들은 불신의 대상이었으니, 평화의 표는 군주주의자들에게 향했다. 공화주의적인 파리는 국민의회의 다수를 군주주의자가 차지한 사실에 직면하고는 경악했다. 부분적으로는 군주주의자들이 굴욕적인 평화협정이 될 수밖에 없는 것에 서명하는 책임을 지려고 하지 않다보니, 또 부분적으로는 오랜 정치계 경험 덕분에, 그때 73세이던 티에르가 대통령으로 선출되었다.

티에르는 2월 26일(1848년 2월 혁명 기념일에 너무 가까우니 마음이 좀 불편하다)에 예비 평화협정에 서명했다. 그는 알자스와 로렌을 독일에 양도했다. 파리인이 보기에 더욱 심한 일은 그가 3월 1일에 프로이센군이 파리를 상징적으로 점령한다는 데 동의한 것이었다. 대다수 파리 주민이 무장 투쟁을 하겠다고 위협하고 있었으므로, 그런 행위는 쉽사리 피바다를 만들 수 있었다. 그런 파국을 막은 것은 좌파(그렇게 되면 프로이센이 자신들을 섬멸할 것이며, 그럼으로써 티에르의 일을 대신해주게 되리라는 것을 이해했으므로)의 조정력과 국민방위군의 새로운 음지 그룹인 중앙위원회 덕분이었다. 프로이센인은 샹젤리제를 행진했고, 군중은 얼음 같은 침묵 속에서 이를 지켜보았으며, 주요 기념물에는 검은 휘장이 드리워져 있었다. 이러한 굴욕은 쉽게 용서될 수 있는 것이 아니고, 그 책임은 부분적으로 티에르 탓으로 돌려졌다. 그는 또 엄청난 전쟁배상금을 무는 데도 동의했다. 이 시점에서 티에르는 프로이센 은행에서 필요한 채무 금액을 변통해주겠다는 비스마르크의 제안을 물리칠 만큼만 애국자였다. 그는 그 특권은 프랑스 몫으로 떠넘겼고, 이 고난의 1년을 프랑스 금융계의 고위급 신사들에게 최고의 수익률을 올린 해로 만들어주었다.[14] 그들은 티에르에게 그 돈을 걷으려면 우선 "파리에 있는 불량배들"을 먼저 처리해야 한다고 말했다. 그가 실행할 능력이 있었던 것은 오직 이 임무뿐이었다. 그는 1834년 루이 필리프 치하에서 내무부 장관으로 있으면서 프랑스 역사상 최초의 노동계급운동 가운데 하나를 잔혹하게 탄압한 책임이 있는 사람이었다. "저열한 대중"을 영원히 경멸하는 그는 오래전부터 그들을 처리하려고 계획하고 있었다. 그것은 1848년에 루이 필리프에게 제안했던 계획이었지만, 이제 마침내 본인이 그것을 실행할 지위에 올라선 것이다. 이 나라의 보수주의를 활용하여 도시의 급진주의를 쳐부순다는 계획 말이다.

3월 18일 아침에 잠이 깬 파리 주민들은 나머지 프랑스 군대가 대포를 압수하기 위해 파리로 파견되었음을 알게 되었다. 이는 9월 4일 이후 대규모로 국민방위군에 가담해온 서민 대중을 무장 해제시키는 방향으로 명백하게 내디딘 한 걸음이었다. 파리의 노동계급 대중은 자발적으로 그 대포는 자기들 것이라고 주장했다. (어쨌든 포위 기간 동안 수집한 철물로 그들이 직접 만든 대포가 아닌가?) 지친 프랑스 병사들은 몽마르트르 언덕에서 진을 치고, 갈수록 난폭해지고 분노가 더해가는 군중을 마주보면서, 그곳에 집결시킨 막강한 대포 부대를 지키고 서 있었다. 르콩트 장군은 부하들에게 군중을 향해 발포 명령을 내렸다. 병사들은 차마 그렇게 할 수 없었고, 라이플 총신을 공중으로 치켜든 채 군중과 즐겁게 어울렸다. 분노한 군중은 르콩트 장군을 포로로 잡았다. 또 우연히도 1848년 6월 혁명 기간에 저질러진 잔혹한 학살에서 큰 역할을 담당했던 것으로 기억되며 증오를 받아오던 토마 장군도 이들과 맞닥뜨렸다. 두 장군은 로지에 거리 6번지의 정원으로 끌려갔으며, 상당한 혼란과 분노로 가득한 논쟁을 거친 끝에 벽을 보게 돌려세워져 총살되었다.

이 사건은 극히 중요하다. 보수주의자들에게 이제 그들 나름의 순교자가 생긴 일이기 때문이다. 티에르는 반항적인 파리 주민을 살인자이자 저격수로 규정할 수 있었다. 몽마르트르 언덕 꼭대기는 오래전부터 기독교 성인들의 순교 장소였다. 보수적 가톨릭은 이제 르콩트와 클레망 토마의 이름을 성인 명단에 올릴 수 있게 되었다. 그 후에 사크레쾨르 바실리카를 지으려는 투쟁이 전개되면서 "그리스도교 사회를 방어하고 구원하다가 죽은 어제의 순교자"인 이들을 기념해야 한다고 제안하는 청원이 뻔질나게 올려졌다.[15] 이는 바실리카 건설을 지지하여 1873년의 국민의회에서 통과된 공식 법안에서 실제로 사용된 문장이다. 1875년 6월 열여섯 번째 날, 바실리카의 초석이 놓였을 때 로오 드 플뢰리는 "그처럼 성스러운 장소였다가 사탄이 고른 장소처럼 변한 그곳에, 최초의 사탄적인 범죄행위가 실행되고 그토록 많은 파괴를 저지르고 그토록 영광스러운 두 명의 순교자를 교회에 보내준 바로 그 장소에" 그 바실리카가 세워지리라는 사실에 환호했다. "그렇다. 코뮌이 시작된 바로 이곳이 사크레쾨르가 세워져야 할 장소다. 클레망 토마와 르콩트 장군이 처형된 이곳에." 그는 "이제 사악한 마음의 소유자들에게 겁을 줄 수 있는 방법과, 그들의 계획을 파기하고 무덤을 파려고 했던 곳에 요람을 놓을 수 있는 방법을 너무나 잘 알고 있을 신을 경배하며 서 있는 선한 그리스도교도 군중"에 대해 환희를 느꼈다. 그는 신도들로 이루어진 이 군중을 "흥분한 악령이 줄지어 서 있고, 모든 종교적 사고에 적대적이며 무엇보다도 교회에 대한 증오로 고무된 주민들이 살고 있는 언덕"과 대비시켰

그림 110 이 놀라운 사진에 찍힌 몽마르트르의 대포는 주로 대중이 헌납한 재료를 녹여 파리 작업장에서 만든 것이었다. 파리와 베르사유 사이의 균열을 촉발한 논쟁의 발화점이 그것들이었다.

다.[16] 프랑스는 회개하노라GALLIA POENITENS.

티에르는 3월 18일의 사건에 대해 파리에서 군대와 정부 요원들을 완전히 철수하는 것으로 대응했다. 멀찌감치 베르사유에 안전하게 떨어져 있으면서 그는 파리의 침공과 탈환을 조직적으로 준비했다. 비스마르크는 조금도 망설이지 않고 파리의 급진파를 진압하는 임무를 달성하는 데 필요한 만큼의 프랑스 군대를 재조직하도록 허가했고, 그 목적을 위해 죄수를 석방하고 보급 물자를 방출했다. 하지만 만일을 대비하여 그는 도시 주위에 프로이센 군대를 대규모로 계속 주둔시켰다. 그들은 그 뒤에 일어난 사건들을 침묵 속에서 목격한다.

파리 주민들은 아무런 간섭도 받지 않았고, 사건 전개에 대해서도 약간은 놀랐지만, 국민방위군 중앙위원회의 지휘하에 내버려진 행정 기관을 모두 접수했을 뿐 아니라 놀랄 만큼 신속하고 효율적으로 운영을 재개했고(극장도 다시 열었다) 3월 26일에는 선거까지 치렀다. 3월 28일에는 코뮌이 하나의 정치적 사실로 선언되었다.[17] 그날은 파리의 평민들을 위한 즐거운 축일이었고 부르주아에게는 당혹스러운 날이었다. 하지만 코뮌의 정치가 일관성 있게 진행된 것은 결코 아니었다. 프랑스 역사상 최초로 상당수의 노동자가 선출되어 인민 대표로 자리 잡았지만 여전히 부르주아 출신의 급진파가 코뮌을 지배했다. 중도 노선의 공화주의자에서 자코뱅파, 프루동주의자, 인터내셔널의 사회주의자, 블랑키주의 혁명가 등 온갖 정치 성향으로 구성된 코뮌은 분파주의의 요소가 풍부했고, 급진적이거나 사회주의적인 노선 가운데 어떤 것을 택해야 하는지에 대한 시끄러운 논쟁도 얼마든지 있었다. 그것은 과거에 있었을 법한 어떤 것에 대한 향수로 점철되어 있었지만 어떤 면에서는 좀더 평등주의적인 모더니즘의 미래를 지향하기도 했으며, 그 미래에서는 생산자조합의 원칙 및 사회적으로 조직된 행정부와 생산의 원칙을 적극적으로 추구할 수 있을 터였다. 그러나 이 가운데 많은 부분은 미결로 남았다. 왜냐하면 코뮌 가담자들이 근대성에 대해 어떤 주장을 했든 간에 반동적 보수주의의 조류에 곧 압도당하게 되기 때문이다. 티에르는 4월 초에 공격을 감행했고, 파리의 두 번째 포위가 시작되었다. 프랑스의 농촌과 지방은 노동계급의 파리를 파괴하기 위한 작업에 투입되었다.

그 뒤 이어진 일은 코뮌에 재앙이었다. 베르사유 군대는 마침내 파리의 외곽 방어선—1840년대에 티에르가 구축한 것이다—을 뚫고 서부 파리의 부르주아 구역을 신속하게 통과하여 오스만이 도시의 노동계급 구역 안에 건설한 큰 대로를 따라 서서히, 그리고 무자비하게 전진해왔다. 온 사방에 바리케이드가 설치되어 있었지만 군대는 대포로 그것을 날려보내고 소이탄을 쏘아 적대 세력이 들어 있는 건물을 부술 준비가 되어 있었다. 그리하여 피바람이 드물지 않았던 프랑스 역사에서도 가장 잔혹한 피의 폭풍이 시작되었다. 베르사유 군대는 인정사정 두지 않았다. 시가전에서 죽은 자의 수—누가 보더라도 그리 큰 숫자는 아닌—에 재판도 없이 즉결 처형된 엄청난 수가 더해졌다. 무알랭은 사회주의 유토피아적 견해를 가졌다는 이유로 살해되었다. 공화파 대의원이자 코뮌에 대한 비판자이던 밀리에르는 어쩌다가 그의 신문 기사를 싫어하게 된 어떤 대위 때문에 살해당했다(팡테옹의 계단에서 강제로 무릎을 꿇리고 죄를 용서해달라고 빌라는 말을 듣자 그는 대신에 생애 최초로 이렇게 외쳤다. "코뮌 만세!"). 뤽상부르 정원, 로보의 바라크, 지금까지도 경배가 이어지는 유명한 페르라셰즈 묘지의 벽은 처형자들의 작업이 계속됨에 따라 끝없는 총성으로 진동했다. 2만에서 3만 명 사이의 코뮌 가담자는 그렇게 죽었다. 프랑스는 회개하노라GALLIA POENITENS. 그러나 보복이 있었다.

그림 111 달르마뉴 거리에 있는 코뮌 전사들의 바리케이드,
1871년 3월

이 슬픈 역사에서 우리의 주의를 끄는 사건이 하나 있다. 5월 28일 오전, 탈진한 외젠 발랭, 제본공이며 제2제정 치하에서 식량조달업자이자 노조원, 국민방위대원, 지성적이고 존경스럽고 흠잡을 데 없이 정직하고 헌신적인 사회주의자, 코뮌 가담자이자 용감한 군인이던 발랭이 발각되어 체포되었다. 그는 르콩트와 클레망 토마가 죽은 로지에르 거리의 바로 그 집으로 끌려갔다. 발랭의 운명은 그들보다 더 혹독했다. 사형선고를 받은 뒤 그는 포학한 군중에게 학대와 구타를 당하고 모욕받으면서 몽마르트르의 언덕길 주위를 끌려다녔다. 어떤 사람은 10분이었다고 하고 다른 사람들은 여러 시간이었다고 한다. 마침내 그는 벽을 마주 보고 돌려세워져 (얼굴은 이미 으스러졌고 눈알 하나가 튀어나와 있었다) 총살되었다. 그는 겨우 32살이었다. 그를 죽이기 위해 총격을 두 번 가해야 했다. 총탄을 장전하는 사이에 그는 외쳤다. "코뮌 만세!" 그의 전기 작가들은 이를 "외젠 발랭의 골고다 수난"이라 불렀다. 좌파 역시 순교자를 얻었다. 그리고 그것도 사크레쾨르가 세워진 바로 그 장소에서였다.[18]

"피의 일주일"이라 불린 그 기간에 저질러진 재산 파괴 또한 엄청났다. 코뮌 가담자들은 당연히 사유재산의 특권에 매혹되지 않았으므로 증오의 대상인 상징물들을 망설이지 않고 두들겨 부쉈다. 방돔 기념주—나폴레옹 3세가 그 위에 서 있는—는 권위주의 통치의 종말을 상징하기 위해 5월 16일에 거창한 행사 속에서 끌어내려졌다. 나중에 화가인 쿠르베가 이 행위의 책임을 추궁당했고, 기념물의 재건 비용을 물어내라는 선고를 받았다. 코뮌 가담자들은 루이 18세가 자기 형이 처형당한 죄책감을 파리인들에게 주입하기 위해 지은 보속의 성당을 파괴하겠다고 선언했으나 실행하지는 못했다. 그리고 티에르가 본색을 드러내자, 코뮌 가담자들은 파리에 있는 그의 집을 돌 하나하나까지 전부 뜯어내는 데 재

그림 112 1871년 5월의 '피의 일주일' 끝에 체포된 약 300명가량의 최후의 코뮌 전사들이 페르라세즈 묘지에 있는 페데레 벽(코뮌 전사들의 벽) 앞에서 즉결로 총살되어, 그 벽은 그 뒤 수십 년 동안 순례지가 되었다. 알프레드 다르주의 구아슈 그림.

그림 113 베르사유군에게 총살된 코뮌 가담자들(디스테리의 사진). 누군가가 아래 오른쪽 젊은 여성의 손에 흰 화환을 놓았다(자유의 상징은 또다시 매장될 것인가?).

그림 114 방돔 기념주의 전복. 여기에서 몰과 비에에 의해 묘사된 이 장면에는 대단한 관심이 집중되었으며, 이는 건물과 기념물들이 파리인에게 얼마나 깊은 정치적 의미를 갖는 상징물인지를 알려준다.

미를 붙였다. 공쿠르가 느끼기에 이는 "대단히 나쁜 영향"을 미친 상징적 행위였다. 하지만 파리를 온통 소각한 것은 완전히 다른 문제였다. 후퇴하는 코뮌 가담자들이 전략적인 이유로 고의적으로 방화한 집들뿐만 아니라, 포격 와중에 불에 탄 건물들도 있었다. 손에 잡히는 모든 것을 불태워버림으로써 내키는 대로 보복을 행했다는 코뮌의 "방화범" 신화가 여기에서 생겼다. 괴물 같은 석유 여사petroleuse에 관한 헛소문이 베르사유 측 신문을 통해 유포되었고, 수상하게 보이는 여자는 그 자리에서 총살당했다. 부르주아인 오데우는 블랑슈 거리에서 옷차림도 단정한 어떤 여자가 병 두 개(그 속에 무엇이 들었는지 우리는 결코 알지 못할 것이다)를 들고 있다는 이유로 모욕당하는 광경을 의기양양한 어조로 일기에 기록했다. 술에 상당히 취한 어떤 군인이 불쑥 튀어나오는 것을 그녀가 밀어내자 그는 그녀의 등을 쏘았다.[19]

진실이 무엇이건 간에, 방화범이라는 소문은 강한 힘을 발휘했다. 1년이 지나지 않아 교황은 코뮌 가담자들을 "지옥의 불을 파리 시내로 가져온, 지옥에서 등장한 악마들"이라고 불렀다. 도시의 재는 교회에 대항하여 코뮌이 저지른 죄의 상징이 되었고, 사크레쾨르를 세울 에너지가 솟아날 토양을 비옥하게 만들게 된다. 위베르 로오 드 플뢰리가 "파리가 재로 변한다면"이라는 말의 단어 선정이 적절했다고 자축한 것도 무리가 아니다. "코뮌의 방화범들이 세계를 공포에 질리게 했으므로", 그 구절은 위력이 배가되어 사람들에게 주입될 수 있다고 그는 지적했다.[20]

코뮌의 여파는 결코 유쾌하지 않았다. 시체가 거리에 산재해 있었고 도저히 참을 수 없는 악취를 풍겼다. 한 예만 들어보자. 오스만이 뷔트쇼몽(한때는 잡범들을 교수형에 처하는 곳이었고 나중에는 시의 쓰레기장이 되었다)에 새로 만든 아름다운 공원의 호수에 마구 내던져진 300구 가량의 시체는 여러 날이 지나 흉측하게 퉁퉁 불어오른 상태로 수면에 떠올랐고 다시 끌어내야 했다. 화장터의 불이 여러 날 계속해서 그 시체를 태웠다. 오데우는 "총알이 마구 박혀 있고 더럽고 부패한" 그 시체들을 보고 기쁨을 느꼈으며, "그 시체의 악취"를 "평화의 향기처럼 받아들였고, 코는 너무 민감해서 반란을 일으킬지 몰라도 영혼은 기뻐한다"고 했다. "우리 역시 잔인하고 무자비해졌고, 그들의 피로 손을 씻고 목욕하는 것을 즐거이 여겨야 할 것이다." 하지만 피바다가 계속되자 부르주아 계급 내 수많은 사람은 속이 뒤틀리기 시작했고, 결국은 그 계급에서도 어지간한 사람들은 모두 "그만!"이라고 외치지 않을 수 없었다. 저 유명한 일기의 기록자인 에드몽 드 공쿠르는 그 모든 일이 정당하다고 스스로 확신시키려고 애쓰면서 다음의 일기를 썼다. "화해도 없고 흥정도 없었다는 것은 좋은 일이다. 야만적인 해결책이었다. 순전히 힘으로만 이루어진 해결이었다. 그 해결책 때문에 사람들은 비겁한 타협을 할 수 없었다. (…) 피가 너무 많이 흘러 창백해질 때까지 피바다가 계속된다. 그런 숙청, 주민의 전투적 부분을 죽여 없앰으로써 다음번 혁명의 세대 전체를 몰아내는 숙청이라니. 〔나폴레옹 치세가 끝난 뒤〕 침묵의 20년 세월을 견딘 뒤에 등장한 것이 구 체제였다. 그 모든 것을 감당했던 당국은 이번에도 감히 그렇게 할 것인가."[21] 이런 감정은 바로 티에르의 것과 같았다. 하지만 드 공쿠르는 나중에 벨빌을 지나가면서 "추악한 침묵의 얼굴"을 보자, 이곳은 "정복당하기는 했지만 복종하는 구역은 아니"라는 생각이 들지 않을 수 없었다. 다른 방법으로는 혁명의 위협을 숙청할 수 없었던가?

1870년에서 1871년 사이의 경험 및 나폴레옹 3세와 제2제정의 퇴폐적인 "축제적 물질주의"를 상대해본 경험으로 가톨릭교도들은 광범위하

그림 115 몽마르트르 언덕 꼭대기에서 바라본 코뮌 마지막 나날의 불타는 파리의 전망. 로오 드 플뢰리가 자신이 "파리가 설령 재로 변한다 할지라도" 사크레쾨르를 짓겠다는 맹세를 한 것이 얼마나 뜻밖의 적절한 행동이었는지에 대해 말했을 때 그의 마음에 떠올랐던 뭔가가 이 장면에 포착되어 있다.

게 영혼을 탐구하는 국면으로 빠져들었다. 그들 대다수는 프랑스가 죄를 범했다는 인식을 받아들였고, 그로 인해 속죄의 표현이 등장하고 신비적이기도 하고 거창하기도 한 경건주의 운동이 일어나게 되었다. 비타협적이고 교황지상주의자인 가톨릭교도들은 물어볼 필요도 없이 권위의 존경에 의거한 법과 질서와 정치적 해결책으로 복귀하는 것을 선호했다. 또 법과 질서의 약속을 내건 쪽은 전반적으로 비타협적 가톨릭교도인 군주주의자 본인들이었다. 자유주의 가톨릭교도는 이 모든 것이 마땅찮았지만, 교황부터가 그들을 "사실상 프랑스의 골칫거리"라고 무시하는 마당에 무슨 세력을 동원할 만한 처지는 전혀 아니었다. 군주주의와 비타협적 가톨릭주의 사이에 연대가 강화되는 것을 막을 도리는 없었다. 사크레쾨르의 건설을 보장한 것은 이 강력한 연대였다.

그러나 그 맹세의 창시자가 당장 처리해야 할 문제는 그 경건한 소망을 실제로 시행 가능하게 만드는 일이었다. 르장티와 로오 드 플뢰리는 새로 임명된 파리 대주교의 지원을 기대했다. 투르 출신으로 티에르와 동향인 기베르 예하가 파리 대주교의 직위를 받아들이기까지는 설득이 좀 필요했다. 세 명의 전임 대주교가 급사한 상황이었으니까. 첫 번째 대주교는 1848년의 봉기 때, 두 번째는 1863년에 저격수에 의해 세 번째는 코뮌 기간에 살해당했다. 베르사유 측이 자신들을 학살하겠다고 맹세하자 코뮌 가담자들은 이에 대응하기 위해 인질을 잡기로 작정했다. 대주교는 가장 중요한 인질로 잡혀 있었고, 코뮌 가담자들은 그와 블랑키를 교환하려고 시도했다. 티에르는 협상을 거부했는데, 대주교(어쨌든 그 대주교는 자유주의 가톨릭이었으니까)가 죽어서 순교자가 되는 편이 그를 살리기 위해 정력적이고 공격적인 블랑키를 내주는 것보다 더 유리하다고 판단했던 것이 틀림없다. "피의 일주일" 동안 코뮌 가담자들 가운데 일

그림 116 코뮌에서 저질러진 일에 대한 후회와 역겨움은 처음
에는 사회민주적 성향을 지닌 공화주의자들에게서만 나타났
다. 마네(위)는 사건들에 깊이 감동받아, 바리케이드에서 죽
은 이들을 애도하는 그림을 여러 장 그렸다. 최후의 그림 가
운데 하나에서 도미에(아래)는 "노동자들이 서로 싸울 때"에
대해 비통하게 언급했다.

부 분파는 할 수 있는 모든 보복을 다 저질렀다. 5월 24일, 베르사유 군대가 가장 참혹하고 잔혹한 방식으로 파리를 향해 전진하면서 코뮌에서 능동적인 역할을 한 것으로 의심되는 사람을 모조리 처형하던 그 시각에 대주교는 총살당했다. 그 마지막 주간에 74명의 인질이 총살되었고, 그 가운데 24명이 사제였다. 그 무시무시한 반교권주의는 1789년에 그랬던 것처럼 코뮌 치하에서도 여전히 살아 있었다. 하지만 코뮌 가담자 가운데 2만 명 이상을 죽이고 거의 4만 명에 달하는 수감자와 수도 없이 많은 도망자를 낸 엄청난 규모의 숙청이 저질러졌으니, 티에르는 6월 14일에 다음과 같이 기베르 예하를 안심시키는 편지를 쓸 수 있었다. "'빨갱이들'은 완전히 섬멸되었으며, 내일부터는 활동을 재개하지 못할 것입니다. 그들은 엄청난 투쟁을 벌였지만 패했으니 앞으로 50년 안에는 두 번 다시 그런 투쟁이 일어나지 못합니다."[22] 이런 장담을 듣고 기베르 예하는 파리로 왔다.

새 대주교는 성심을 위한 기념물을 건설하려는 운동에 감명받았다. 1872년 1월 18일 공식적으로 그 과업의 책임을 떠맡은 그는 르장티와 로오 드 플뢰리에게 이렇게 썼다.

> 당신들은 참된 관점에서 우리 나라의 불행에 대해 생각했습니다.
> (···) 신과 그리스도에 반대하는 음모가 수많은 사람의 심장과, 거의
> 배교라 할 만한 징벌의 과정을 지배했습니다. 사회는 승리한 외국인과
> 벌인 전쟁과, 같은 나라의 자녀들끼리 벌인 더욱 끔찍한 전쟁으로
> 인한 공포의 노예가 되었습니다. 발뻠하느라 하늘에 저항하는
> 반란군이 되어버린 우리는 힘든 삶 때문에 무정부주의의 심연으로
> 떨어졌습니다. 프랑스의 국토는 아무런 질서도 없는 곳이라는

이미지를 줄 뿐이고, 이로써 모든 공포가 다 끝난 것도 아닙니다.
(…) 이 사원, 공적인 속죄와 회개 행위로 세워진 사원은 (…) 우리
가운데서 악덕과 불경의 찬양을 위해 세워진 다른 예술작품과
기념물에 반대하는 저항으로 서 있게 될 것입니다.[23]

1872년 7월 무렵에는 바티칸 유폐에서 아직 풀려나지 않은 교황지상
주의자 교황 비오 9세가 이 맹세를 공식적으로 승인했다. 엄청난 선전
캠페인이 전개되었고, 운동에는 힘이 붙었다. 그해 말엽까지 약속된 기
부금은 100만 프랑이 넘었고, 남은 것은 이 맹세를 물질적이고 물리적
인 표현으로 바꾸는 일이었다.

첫 단계는 장소를 물색하는 일이었다. 르장티는 아직도 미완성이던
오페라극장의 기초를 사용하고 싶어했다. 그가 보기에 그것은 "터무니
없는 사치와 꼴사나움과 천박함의 기념물"이었다.[24] 샤를 로오 드 플뢰리
(위베르 로오 드 플뢰리와 친척 관계가 아님)가 그린 오페라극장의 개략적인
원래 설계도는 발레프스키 백작("나폴레옹의 사생아이자, 나폴레옹 3세가
현재 가장 총애하는 정부의 남편이라는 수상한 명성의 소유자"[25])의 반대 때
문에 1860년에 기각되었다. 르장티는 그것 대신에 채택된 가르니에의 설
계(오늘날 남아 있는 것)가 가장 확실하게 "악덕과 불경의 기념물"이 될 자
격을 갖추었다고 보았으며, 바로 그 자리에 바실리카를 건설하는 것만큼
제국의 기억을 지워버리기에 알맞은 일은 달리 또 없으리라고 생각했다.
물론 이는 1867년에 완공된 파사드를 허물어야 한다는 것을 의미했다.
코뮌 가담자들이 자신과 똑같은 취지를 내세워 방돔 기념주를 허물었던
일은 아마 르장티의 관심사가 아니었을 것이다.

그러나 1872년 10월 하순, 대주교 본인이 문제를 떠맡고 나서서 몽마

르트르 언덕을 선정했다. 왜냐하면 그곳이라야 파리에 대한 상징적인 지배권을 확보할 수 있기 때문이었다. 그 장소는 부분적으로 공유지였으므로, 그곳을 손에 넣으려면 정부의 동의나 적극적인 지원이 필요했다. 정부는 그 장소에 군사 요새를 지으려고 생각하고 있었다. 대주교는 그러나 군사 요새는 인기가 형편없기 십상이지만, 자신이 제안하는 요새는 덜 공격적이면서도 더 군건할 수 있다는 점을 지적했다. 티에르와 각료들은 군대보다는 이데올로기에 의한 보호가 더 낫다는 데 설득당한 것으로 보이며, 이 문제를 공식적으로 추진하라고 대주교에게 권했다. 대주교가 1873년 3월 5일 자 편지에 쓴 것은 그런 내용이었다. 그는 공적 용도를 가진 사업인 바실리카의 건립을 선언하는 특별법을 통과시켜달라고 정부에게 요청했다. 이 법안은 그 장소를 징발하는 데 필요한 토지 수용법을 허용하기 위한 것이었다.

그와 같은 법은 교회와 국가의 분리를 선호하던 해묵은 감정과 충돌했다. 하지만 이 기획을 지지하는 보수적인 가톨릭계의 감정은 아주 강렬했다. 티에르는 결정을 질질 끌었지만 그의 우유부단함은 오래가지 못했다. 군주주의자는 자기들이 나서야 할 때가 왔다고 판단했다. 1873년 5월 24일, 그들은 티에르를 권좌에서 몰아내고 대신에 극보수주의자인 왕당파의 막마옹 원수를 그 자리에 앉혔다. 그는 바로 두 해 전에 무장한 베르사유군을 거느리고 코뮌을 참혹하게 진압한 사람이었다. 프랑스는 다시 한번 정치적 분란에 빠져들었다. 금방이라도 군주제로 복귀할 것 같았다.

막마옹 정권은 신속하게 이 법안에 수정 조항을 첨부하여 의회로 되돌려보냈는데, 그것은 당시 도덕적 질서의 통치를 확립하려는 프로그램의 일부가 되었다. 이 질서하에서 부유층과 특권층—따라서 사회를 보존하기 위해 적극적으로 모험을 감수했던—은 왕의 지도력 및 교회의 권위와 연대하여 프랑스를 최근에 당했던 것과 같은 사회적 위험으로부터 보호할 권리와 임무를 가지며, 그럼으로써 나라가 무정부상태의 심연으로 떨어지지 않도록 예방한다. 도덕적 질서를 조금이라도 재확립하기 위한 캠페인의 일부로 대규모 시위가 동원되었다. 이들 시위 가운데 가장 큰 것이 1873년 6월 29일, 파레르모니알에서 열렸다. 50명의 국민의회 의원을 포함한 3만 명의 순례자가 공개적으로 성심에 예배하기 위해 그곳까지 걸어갔다.[26]

이 법안에 대한 보고를 하기 위해 결성된 위원회는 이러한 분위기 속에서 7월 11일 국민의회에서 소견을 말하게 되었다. 위원회의 위원 가운데 4분의 1은 맹세의 추종자였다. 위원회는 속죄의 바실리카를 짓자는 제안은 의심의 여지 없이 공공사업이라고 보았다. 그런 기념물을 누구나 볼 수 있도록 몽마르트르 언덕에 짓는 것은 옳고 적절한 일이다. 순교자—어제의 것을 포함한—의 피가 흐른 것이 그 장소였으니 말이다. "우리 슬픔의 절정을 이룬 범죄를 이 속죄의 작업으로 지워버릴" 필요가 있으며, "너무나 많은 고통을 겪은" 프랑스는 "자신의 뜻에 따라 패배와 승리를 내려주시는 주의 은총과 보호를 구해"야 한다.[27]

7월 22일과 23일로 이어진 논쟁은 부분적으로는 법적이고 기술적인 문제와 국가-교회 관계가 걸린 법안의 의미를 둘러싼 것들이었다. 비타협적인 가톨릭교도들은 가차 없이 계속 추진하자고 주장했다. 그들은 의회가 "코뮌의 무장에 대항하기 위한 저항으로서만이 아니라, 화합과 양보의 신호로서의" 국가적 책무를 공식적으로 받들기를 원했다. 이들의 수정안은 거부되었지만 본 법안은 244표라는 다수표를 얻어 통과되었다. 토론 과정에서 파리 출신의 한 급진적 공화파 대의원이 홀로 반대

목소리를 냈다.

자유사상과 혁명의 원천인 파리를 굽어보는 높이에 가톨릭 기념물을
세우려고 생각하다니. 당신들 머리에 뭐가 들어 있는가? 그것을
교회가 혁명을 이기고 승리한 기념물로 만들겠다니. 그렇다. 당신들이
없애고자 하는 것은 그것, 당신들이 혁명의 전염병이라 부르는 것이다.
당신들이 되살리고자 하는 것은 가톨릭 신앙이다. 왜냐하면 당신들은
근대의 정신과 싸우는 중이니까.
(…) 글쎄, 파리 주민들의 감정이 어떤지를 아는 나로서는, 그들과
같은 혁명적 전염병에 물든 나로서는, 당신들이 신앙을 과시하면 파리
주민의 덕성이 함양되는 것이 아니라 더 심한 소동이 벌어질 것이라고
말하겠다. 당신들은 우리를 교화하기는커녕 오히려 자유사상과
혁명 쪽으로 우리를 밀어 보낸다. 사람들은 군주주의자 도당들,
혁명의 적들이 만든 이러한 표현물을 보고, 가톨릭주의와 군주제가
통합되었군, 이라고 혼잣말을 할 것이고, 어느 한쪽을 거부하면서
다른 쪽도 함께 거부할 것이다.[28]

　　이 기획이 결실을 맺도록 추진하기 위해 결성된 위원회는 토지수용권
을 행사하는 법안을 무기로 삼아 몽마르트르 언덕의 꼭대기에 장소를
얻었다. 그들은 약속된 기부금을 걷었고, 건물이 그 배경에 놓인 발상만
큼이나 거창한 것이 될 수 있도록 더 많은 기금을 모으러 나섰다. 바실
리카 설계를 위한 경연이 열렸고, 판정이 내려졌다. 건물은 웅장하고 그
리스도교 전통과 일치해야 하지만 제2제정기 동안 지어진 "악덕과 불경
에 바쳐진 기념물"과는 아주 달라야 했다. 제출되고 대중 앞에 전시된 78

개의 설계도 가운데 건축가 아바디의 설계안이 선정되었다. 그 결정에도 논란이 많았다. 내부 압력이 너무 심했다는 고발이 금방 나타났고, 보수적인 가톨릭계에서는 그것이 "동방적인" 디자인처럼 보인다고 언짢아했다. 왜 정통 프랑스식 설계를 선정할 수 없었는가? (당시 이 말은 설사 비올레르뒤크 스타일로 합리화된 버전일지라도 13세기의 고딕 전통에 충실한 설계라는 뜻이었다.) 그들은 이렇게 물었다. 하지만 위원회는 아바디가 설계한 장엄한 돔, 순수한 흰 대리석, 꾸밈없이 단순한 세부 묘사에 감동했다. 어쨌든 흉측한 오페라극장의 현란함과 비교하여 이보다 더 다른 것이 있을 수 있겠는가?[29]

1875년 봄이 되자 첫 초석을 놓을 준비가 다 되었다. 하지만 급진적이고 공화주의적인 파리는 아직 충분히 회개하지 못했음이 틀림없었다. 대주교는 사크레쾨르의 건설이 1789년의 원칙을 매장하려는 시도로, 도발적인 행위로 취급받고 있다고 불평했다. 또 한편으로는 그 원칙들이 혹시 죽어서 매장되더라도 그것들의 부활을 위해 자기는 기도하지 않을 것이라고 말했는데, 이런 관점은 어처구니없는 논쟁을 촉발해 대주교 자신도 거기에 가담하지 않을 수 없게 되었다. 그는 "종교의 적"으로부터 이 기획을 향해 표명된 적대감에 대한 경악을 나타낸 회람을 발행했다. 그는 오로지 신앙과 경건성에서 우러난 생각에 사람들이 감히 정치적 해석을 부여하려는 것을 참을 수 없어했다. 그는 독자들에게 확언했다. 정치란 "우리의 열망과는 전혀 거리가 멀다. 그와는 반대로 이 작업의 동기는 정치가 국가의 불운을 처리하기에는 무력하다는 심오한 확신이었다. 이러한 불운의 원인은 도덕적이고 종교적인 것이며, 치유책 역시 동일한 영역의 것이어야 한다". 그는 계속했다. 이외에도 그 작업은 정치적인 것으로 간주될 수 없다. 왜냐하면 정치의 목적은 분열인 데 반해,

"우리의 작업은 모든 것의 통합을 목표로 하기 때문이다. 우리가 실현하려 하는 작업의 최종 목적은 사회 평화다."[30]

이제 명백히 방어적인 입장에 선 정부는 기공식을 거창하게 열어야겠지만 그 행사가 추악한 대립 사태로 변질될 수도 있다는 생각에 극도로 불안해졌다. 신중을 기해야 했다. 위원회는 지나치게 도발적이지 않게 첫 초석을 놓을 방법을 찾아야 했다. 교황이 구원의 손길을 뻗어, 모든 곳의 가톨릭교도들을 위해 성심에 헌신하는 날을 선언했다. 그 차폐막 뒤에서 첫 초석을 놓는 행사는 훨씬 축소된 규모로 별 사고 없이 치러졌다. 건설이 이제 진행되고 있었다. 프랑스의 회개는 물질적이고 상징적인 형태를 띠게 되었다. 프랑스는 회개하노라GALLIA POENITENS.

초석을 놓은 때로부터 1919년에 이 바실리카가 마침내 축성되기까지 40년은 분란이 잦은 시기였다. 오랫동안 석고를 채굴해왔기 때문에 기반이 불안정해진 언덕 꼭대기에 그렇게 큰 구조물을 세우려는 데는 기술적인 어려움이 있었다. 건축 비용이 큰 폭으로 상승했는데 성심 숭배에 대한 열광은 줄었기 때문에 재정적 곤란도 빚어졌다. 아바디는 1884년에 죽었고, 그의 계승자들은 하나같이 원래 설계에서 뭔가를 더하기도 하고 빼기도 했다(가장 눈에 띄는 추가 사항은 중앙 돔의 높이를 대폭 키운 것이다). 또 정치적 논쟁이 계속되었다. 이 기획을 담당한 위원회는 이 기금이 계속 들어오도록 격려하기 위해 일찍부터 다양한 책략을 정해두고 있었다. 예를 들면 개인과 가족들이 건축 석재 하나씩을 살 수 있게 했으므로 사크레쾨르에 찾아가면 그런 수많은 이름이 돌에 새겨져 있는 것을 볼 수 있다. 상이한 지역과 조직이 각기 특정한 예배소의 건설에 기금을 내도록 권장되었다. 국민의회 의원, 군인, 성직자, 기타 온갖 부류의 사람들이 이 방식으로 노력을 모았다. 각기 특정한 예배소는 각각의 의미를 지니고 있었다.

예를 들면 지하실 납골당의 예배소 가운데는 교육자 예수Jésus-Enseignant의 예배소가 있는데, 로오 드 플뢰리의 표현에 따르면 이것은 "프랑스가 저지른 죄 가운데 하나는 신 없는 교육을 하겠다는 어리석은 발명"이었음을 상기시키는 시설이다.[31] 1871년 이후 교육에 대한 교회의 지배력을 유지하려는 격렬한 전투에서 진 진영의 사람들이 이 예배소에 기금을 냈다. 이 예배소 다음인 지하실 맨 끝, 로지에르 거리가 지나가던 노선에 가까운 곳에는 노동자 예수Jésus-Ouvrier의 예배소가 있다. 가톨릭 노동자들이 자기들만의 예배소에 기금을 내려 했다는 사실은 대단히 기뻐할 일이었다. 르장티는 이렇게 썼다. 그것은 "노동계급 대부분이 처해 있던 무시무시한 불경에 항거하려는" 노동자들의 갈망과 함께 "유럽 거의 전역에서 그들을 노예와 제물로 삼는 불경스럽고 진정으로 지옥 같은 조합"에 저항하려는 결단을 보여준다. 국제노동자조합International Working Men's Association에 대한 언급은 착각 탓도 아니고 이해할 수도 있는 일이다. 아주 틀린 견해이지만 부르주아 서클에서는 당시 코뮌에 대해 그 "지옥 같은" 조합이 끼친 사악한 영향력 탓을 하는 것이 버릇처럼 되어 있었기 때문이었다. 하지만 역사에 아이러니한 전환을 자주 가져오곤 하는 기묘한 운명의 변덕으로 인해, 노동자 예수의 예배소는 "외젠 발랭의 골고다 수난"의 경로를 거의 정확하게 밟아나가는 노선에 자리 잡고 있다. 따라서 부분적으로는 최근에 발생한 우익 순교자 두 명의 피를 기념하기 위해 높이 세워진 바실리카가 지하 깊은 곳에서는 어쩌다보니 좌익의 순교자를 기념하게 된 것이다.

이 모든 것에 관한 르장티의 해석은 사실 어딘가 왜곡되어 있다. 코뮌의 마무리 단계에서 알베르 드 묀이라는 한 젊은 가톨릭 신자는 코뮌 가담자들이 끌려가서 도살당하는 것을 절망감 속에서 지켜보았다. 충격을 받은 그는 "합법적으로 구성된 사회가 이 사람들에게 무슨 일을 했는가" 하는 의문을 품었고, 그들의 불행은 대체로 유복한 계급의 무관심을 통해 초래되었다고 결론지었다. 1872년 봄에 그는 혐오스러운 벨빌의 심장부로 갔고, 첫 노동자 서클cercles-ouvrier을 세웠다.[32] 이것은 프랑스에서 새로운 가톨릭주의의 시작이었다. 이 단체는 사회적 행동을 통해 노동자들의 정신적 필요뿐 아니라 물질적 필요에도 관심을 기울이려 했다. 노동자들의 모금이 몽마르트르 언덕 꼭대기에 있는 바실리카의 건설을 위해 졸졸 흘러들기 시작한 것은 사크레쾨르를 위한 운동의 핵심을 지배하는 비타협적이고 교황지상주의적 가톨릭주의와는 전혀 거리가 먼 이같은 조직을 통해서였다.

그러나 정치적 어려움은 점점 더 커졌다. 마침내 공화주의적 헌법으로 무장한 프랑스는 (대체로 군주주의자들의 비타협성 때문에) 이제 편리해진 통신과 대중 교육, 산업 발전이 길러낸 근대화 과정의 손아귀에 장악되었다. 나라는 온건한 형태의 공화주의를 받아들이는 쪽으로 이동했고, 1871년에 선출되어 국민의회를 지배했던 퇴영적 전망을 지닌 군주주의에 대해서는 쓰라린 환멸을 느꼈다. 파리에서는 "항복하지 않은" 벨빌 주민들과 몽마르트르와 라빌레트의 이웃들이 티에르의 예상보다 더 빨리 자기주장을 내세우기 시작했다. 이 구역에서는 망명한 코뮌 가담자들을 위한 사면 요청이 갈수록 강해지면서, 그와 동시에 바실리카에 대한 증오가 자라났다. 그 기획에 반대하는 선동의 수위가 상승했다.

1880년 8월 3일 이 문제는 "몽마르트르 꼭대기, 사크레쾨르 성당의 정면, 파리시가 소유한 토지 위에 자유의 거대한 신상을 세우자"는 제안의 형태로 시의회에 상정되었다. 당시 프랑스 공화주의자들은 미국을 군주제나 기타 봉건적인 허례허식 없이도 완벽하게 기능을 발휘하는 하나의 모델 사회로 받아들였다. 이 모델이 뜻하는 바를 사람들에게 납득시키고 또 자유와 공화주의와 민주주의 원칙에 대한 깊은 애착을 상징하는 캠페인의 일부로서, 그들은 그때 현재 뉴욕항에 세워져 있는 자유의 신상을 위한 기금을 모금하고 있었다. 이 제안의 발의자들은 말했다. 왜 저 밉살스러운 사크레쾨르의 모습을 그 비슷한 질서의 기념물로 지워버리지 않는가?[33]

어떤 반론이 나오든 간에, 바실리카는 우익의 불관용과 광신주의를 상징한다고 그들은 말했다. 그것은 문명에 대한 모욕이며, 근대의 원칙에 적대적인 것이고 과거를 환기시키며 프랑스 전체에 찍힌 낙인이라는 것이다. 파리 사람들은 1789년의 원칙에 대한 애착을 후회 없이 과시하는 쪽으로 기울어졌으며, 대주교가 예전에 "악덕과 불경"이라고 규정한 바로 그런 기념물을 세워 "가톨릭 광신주의"의 표현이라 여긴 것을 지워버리기로 작정한 것이다. 10월 7일경에는 시의회가 전술을 바꾸었다. 바실리카를 "끊임없이 내전을 상기시키는 것"이라고 부른 의회 의원들은 61대 3의 결의로 정부에게 1873년에 제정된 공공 용도 법안을 폐지하고 다시 공유지가 될 그 대지를 진정한 국가적 중요성을 지니는 작품을 건설하는 데 사용하자고 요청했다. 바실리카의 건설—아직도 기초밖에 올라가지 못하고 있던—에 기금을 낸 이들에게 어떻게 배상을 할지에 관한 문제는 교묘하게 회피하면서 의회는 그 제안을 정부에 올렸다. 1882년 여름 무렵 그 요청은 하원에서 의제로 상정되었다.

기베르 대주교는 다시 한번 이 작업을 공적으로 옹호하는 임무를 짊어져야 했다. 그는 바실리카에 대해 이제는 귀에 익은 반대를 역시 귀에 익은 답변으로 맞받아쳤다. 그는 이 작업은 정치가 아니라 그리스도교와 애국적 감정에서 촉발되었다고 주장했다. 이 작업의 속죄적인 성격에 반대하는 이들에게 그는 자기 나라가 오류를 범하지 않는다고 여길 수 있는 사람은 아무도 없다고 간단하게 대답했다. 성심 숭배가 적절한지에 대한 문제에는 교회 안에 있는 사람만이 판단할 자격이 있다고 말했다. 바실리카가 내전을 상기시킨다고 설명한 이들에게 그는 대답했다. "내전과 소요가 그리스도교 사원이 행한 짓인가? 우리 교회에 자주 드나드는 사람들이 법을 어기는 소요와 반란을 저지르거나 하는가? 시시때때로 우리 도시의 거리를 혼란스럽게 만드는 무질서와 폭력 속에 그런 사람들이 있는가?" 계속해서 그는 나폴레옹이 평화의 사원을 몽마르트르에 세우고자 했음을 지적했다. "우리가 마침내 진정한 평화의 사원을 짓고 있는 것이다."[34] 그런 다음, 그는 건설 중단이 가져올 부정적인 영향을 검토했다. 건설 중단은 그리스도 교도의 감정에 심각한 상처를 남길 것이고 분열을 초래할 것이다. 이런 종교적 사업이 당대 정부의 정치적 변덕에 얽매이는 것은 분명히 나쁜 선례가 될 것이라고 그는 말했다(1873년의 법 자체가 그런 선례를 만들었다는 사실은 가볍게 무시했다). 그리고 기금을 낸 사람들뿐 아니라 이미 시행된 작업에 대한 배상이라는 복잡한 문제가 따른다. 마지막으로 그는 이 사업이 600가구에게 일거리를 주고 있다는 사실에 호소했다. "그 부문의 파리로부터 중요한 고용 연원을 박탈한다는 것은 정말로 비인간적인 일일 것이다."

1882년에는 강베타(벨빌 출신)와 클레망소(몽마르트르 출신) 같은 개혁주의 공화파들이 장악하고 있던 하원의 파리 대표단은 이런 논지에 감명받지 않았다. 열띤 논쟁이 벌어졌다. 정부는 1873년의 법안에 완강하게 반대한다고 선언했지만 그 법안을 폐기하는 데도 똑같이 반대했다. 왜냐하면 그렇게 하면 교회에 대한 배상금 1200만 프랑 이상을 물어내야 했기 때문이다. 좌익이 노골적으로 터뜨리는 분노를 누그러뜨리기 위해 수상은, 법안을 폐기한다면 대주교는 가장 고생스러운 임무를 완성해야 한다는 의무감에서 놓여나게 될 것이며, 교회는 "현재 발의안의 후원자들이 반대하는 것보다 무한히 더 효과적인" 선전 작업을 추진하는 용도로 수백만 프랑을 받게 되리라는 말까지 하게 되었다.

그러나 급진적 공화파들은 사크레쾨르를 신성한 흰 코끼리 같은 존재로 간주할 작정은 아니었다. 또 배상을 할 의사도 없었다. 그들은 경건한 교권주의를 선언한 가증스러운 상징물을 제거하고, 그 자리에 사상의 자유에 바치는 기념물을 세우기로 결심했던 것이다. 그들은 정면으로 들고 일어나 내전의 책임을 군주주의자와 비타협적 가톨릭교도가 맺은 동맹 탓으로 돌렸다. 클레망소는 급진파의 명분을 선언하기 위해 일어섰다. 그는 1873년의 법안은 국민의회가 프랑스에게 성심 숭배를 강요하려고 애쓴 행동이자 모욕이라고 단언했다. "우리는 인권을 위해, 그리고 프랑스혁명을 옹호하여 싸웠고 지금도 계속 싸우고 있기 때문"에 그렇게 주장하지 않을 수 없는 것이다. 그 법안은 교권적教權的 반동의 산물이며, "혁명적 프랑스를 좌절시키려는 시도이고, 자유와 평등과 우애라는 원칙을 확립하기 위해 교권주의에 승리하려는 우리의 끝없는 투쟁에 대해 교회에 사죄하라고 비난하려는 시도다". 그는 선언했다. "우리는 정치적 행동에 대해서는 반드시 정치적 행동으로 응대해야 한다." 그렇게 하지 않는다면 프랑스는 참을 수 없는 성심의 간섭 아래에 놓이게 될 것이다.[35]

이와 같은 열정적인 연설로 클레망소는 반교권주의 감정의 불길을 부채질했다. 하원은 261대 199라는 결과를 얻은 투표로 1873년의 법안을 폐기하기로 했다. 바실리카. 이제 기초 위에 벽이 올라오고 있던 바실리

그림 117 뉴욕으로 수송되기 전 파리의 작업장에 있는 자유의 여신상

카는 허물어질 운명에 처했다. 하지만 그것은 기술적인 문제 때문에 살아남았다. 법이 회기 중에 너무 늦게 통과되었기 때문에 법안 반포를 위해 갖춰야 하는 온갖 형식적 요건이 마련되지 못한 것이다. 정부는 온갖 관련 비용과 채무를 처리하기가 정말로 너무나 끔찍한 나머지, 조용히 손을 써서 그 발의안이 대의원실에 다시 상정되지 못하게 막았고, 다음 회기에는 훨씬 더 비중과 의미가 큰 문제들을 검토하도록 만들었다. 파리의 공화주의자들은 의회에서 상징적이지만 실효는 없는 승리만 거두었다. 구원된 대주교는 작업을 계속 독려했다.

그렇지만 어쨌건 그 문제가 사그러든 것은 아니었다. 1897년 2월 발의안이 다시 상정되었다. 그 무렵에는 정력적이고 성장하는 사회주의 정당의 형태를 띤 노동계급운동이 그랬듯이, 반교권주의 공화주의가 비약적으로 발전하고 있었다. 하지만 언덕 꼭대기의 건설 작업 역시 그와 비슷하게 진행되고 있었다. 바실리카의 내부 공사가 완공되고 1891년에는 예배를 위해 개방되었고 거대한 돔은 완성을 앞두고 있었다(그 위에 세워진 십자가는 1899년에 공식적으로 축성되었다). 그 바실리카가 여전히 "내전을 상기시키는 것"으로 간주되기는 했지만 그렇게 거대한 작업을 허문다고 생각하니 이제는 그것도 아주 끔찍했다. 그리고 이번에 그 운명을 쇠락하는 군주제적 명분과 분리해서 보는 편이 유리하다는 점을 간파하여, 가톨릭주의의 이름으로 바실리카를 옹호한 이는 다름 아닌 알베르 드 묑이었다. 교회는 교훈을 얻기 시작했으며, 성심 숭배는 변화하는 사회 상황에 대응하여 새로운 의미를 얻기 시작했다. 1899년경에는 좀더 개혁적 사고의 소유자인 교황^{비오 9세의 후임인 레오 13세}이 성심 숭배를 인종 간 조화와 사회적 정의와 화해라는 이상에 봉헌했다.[36]

그러나 사회주의자 하원의원들은 그것을 새로운 기금 모집을 위한 조작이라고 보았으므로 감동하지 않았다. 그들은 가증스러운 상징물을 허물자는 안건을 밀어붙였다. 설령 그것이 완공을 거의 눈앞에 두고 있었다 할지라도. 그리고 3000만 프랑의 비용을 댄 800만 모금자에게 배상해야 하는 문제가 따르는데도 말이다. 하지만 하원의 대다수는 그런 상상에 몸서리쳤다. 그 발의안은 322 대 196으로 기각되었다. 이것을 마지막으로 그 건물은 공식적인 위협에서 완전히 벗어났다. 돔이 1899년에 완성된 뒤에는 1912년에 최종적으로 완성될 종탑의 건설로 관심이 돌려졌다. 1914년 봄에 모든 것이 준비되었고 10월 17일에 공식적으로 축성되는 일만 남았다. 그러나 독일과의 전쟁이 끼어들었다. 그 피비린내 나는 분쟁이 끝난 뒤에 바실리카는 드디어 축성되었다. 승리한 프랑스—클레망소의 불같은 연설의 인도를 받은—는 한 세대 전에 벌어진 독일과의 전쟁에서 패배한 결과로 구상된 기념물의 축성을 즐겁게 축하했다. 프랑스의 회개는 드디어 그 보상을 가져다주었다. 프랑스는 회개하노라 GALLIA POENITENS.

이 고통스러운 역사의 침묵 속 메아리를 지금도 들을 수 있다. 그 한 예로, 1971년 2월, 경찰에 쫓긴 시위자들은 바실리카에 피신했다. 그곳에 든든한 둥지를 튼 그들은 급진주의자 동료들에게 "파리에 너무 오랫동안 떠돌고 있던 붉은 깃발의 기억을 지워버리라는 목적으로 코뮌의 시체 위에 세워진" 교회를 점령하는 데 가담하라고 요청했다. 옛날의 은둔처에 갇혀 있던 방화범의 신화가 금방 되살아났고, 겁에 질린 주임 신부는 방화를 막기 위해 경찰을 불렀다. "빨갱이들"은 무지막지한 진압 작전에 의해 교회에서 쫓겨났다. 코뮌에서 생명을 잃은 사람들을 기념하기 위해 행위 예술가인 피뇽에르네스트는 5월에 죽은 코뮌 가담자들의 모습을 그린 장막으로 바실리카 아래의 계단을 덮었다. 그리하여 파리 코

그림 118 사크레쾨르를 흡혈귀로 나타낸 1896년 무렵 간행된 『라 랑테른』의 포스터

뮌의 100주년 기념일은 바로 그 장소에서 기려졌다. 그 사건에 딸린 코다$_{\text{coda}}$〔종결부〕처럼, 1976년에 바실리카에서 폭탄이 터져 돔이 상당 정도 파괴되었다. 그날, 페르라셰즈 묘지를 찾은 방문객은 오귀스트 블랑키의 무덤에 붉은 장미 한 송이가 놓여 있는 것을 보았다고 전한다.

로오 드 플뢰리는 "다른 사람들이 무덤을 파려고 했던 곳에 요람을 갖다놓기"를 필사적으로 원했다. 하지만 영묘靈廟처럼 생긴 사크레쾨르의 구조물을 보는 방문객들은 그곳에 무엇이 묻혀 있는지 궁금해한다. 1789년의 정신인가? 프랑스의 죄악이 묻혀 있는가? 비타협적 가톨릭주의와 반동적 군주제의 동맹인가? 르콩트와 클레망 토마 같은 순교자의 피? 아니면 외젠 발랭과, 그와 함께 무자비하게 도살된 2만 명 이상의 코뮌 가담자들의 피인가?

건물은 무덤 같은 침묵으로 그 비밀을 숨기고 있다. 오직 산 자, 이 역사를 알고 있는 자, 그 지점에 빛을 더하기 위해, 혹은 그에 반대하여 투쟁한 이들의 원칙을 이해하는 자만이 진정으로 그곳에 매장된 신비를 캐낼 수 있다. 그리고 그럼으로써 무덤의 죽음 같은 침묵에서 풍부한 경험을 구해내고, 그것을 시끌벅적하게 시작하는 요람으로 변모시킬 수 있다.

주

서문

1. 하르신Harsin(2002), 262은 표준적 설명을 논박할 증거를 제시한다. 들라트르 Delattre가 제시한 설명의 최근 요약(2002), 108-111은 그것을 대니얼 스턴Daniel Stern(마리 다구Marie d'Agoult의 필명)의 당대 회고록인 『1848년 혁명의 역사 Histoire de la Revolution de 1848』의 것으로 돌린다. 아귀용Agulhon(1983)은 혁명과 그 후유증의 역사적 배경에 대한 설명을 제공한다.

2. 플로베르Flaubert, 『감정 교육Sentimental Education』(아귀용, 1983에 인용된 것), 39-40.

3. 게달라Guedalla, P.(1922), 163-164.

4. 루이 나폴레옹이 정확하게 어떤 방법으로 권좌에 올랐는지 하는 것에 대해서는 훌륭한 설명이 많이 있다. 그중에는 물론 마르크스Marx의 설명(1963)도 포함된다. 아귀용(1983)은 좀더 신중하며, 역사적 견해와 역사 기록들을 극도로 조심스럽게 평가한다.

5. 가장 참혹한 증거는 카셀Casselle이 수집한 것들이다(2000). 하지만 보위 Bowie(2001)가 수집한 증거들 및 데카르Des Cars와 피뇽Pinon(1991)이 수집한 증거들이 이미 이 사실을 강력하게 시사한 바 있으며, 가장 최근에 나온 카르모나Carmona의 오스만 전기(2002)는 오스만의 『회고록Memoires』을 신뢰성이 적은 것으로 본다.

6. 야니스_{Janis}(1986)에는 1851~1852년에 찍은 르세크_{Le Seq}의 철거 장면 사진이 전부 실려 있으며, 마르빌의 사진 기록 대다수는 드 테지_{De Thezy}(1994)에 재수록되어 있다.

7. 함부르크_{Hambourg}(1981), 9에 인용됨.

8. 위크스_{Weeks}(1999), 28와 카르모나(2002)는 오스만의 회고록을 근거로 한 이 설명을 확증한다.

9. 루아예_{Loyer}(1988), 67.

10. 스티그뮬러_{Steegmuller}(1950), 168.

11. 플로베르(1979b), 134.

12. 클라인_{Klein}(1967)과 클라크_{Clark}(1973a)의 설명을 볼 것.

13. 보들레르_{Baudelaire}(1981), 104-107.

14. 보들레르(1983b), 56-57.

15. 보들레르(1981), 402-408.

16. 보들레르(1947), 25-27.

17. 켐플_{Kemple}(1995)은 발자크_{Balzac}에 대한 마르크스의 의존과 찬양에 관한 아주 흥미있는 논의를 제공한다. 프라워_{Prawer}(1978)도 볼 것.

18. 도미에_{Daumier}는 클라크(1973a)에게서 논의되었다. 파세롱_{Passeron}(1979)에게서 더 관습적인 평가를 볼 수 있다.

19. 쇼르스케_{Schorske}(1981).

20. 벤야민_{Benjamin}(1999). 이 작업에 관한 필수적인 수많은 다른 주석 가운데 나는 프리스비_{Frisby}(1988), 길록_{Gillock}(1996), 벅모스_{Buck-Morss}(1991)의 것이 내 목적과 관련하여 가장 쓸모있다고 생각한다.

21. 가야르_{Gaillard}(1977)의 저작에 대해 아주 감탄했고, 또 그녀가 찾아낸 사실들을 내가 아래에서 광범위하게 인용했기 때문에 특히 인용한다.

22. 스콧_{Scott}(1988).

23. 랑시에르_{Ranciere}(1989).

24. 가장 자세한 이론적 주장은 하비_{Harvey}(1996)에서 전개되었다. 원래 파리 연구

의 형태(이 판본에서도 유효한)가 어떤 것인지 알려주는(그러나 서둘러 덧붙여야겠지만 지시하지는 않는) 이론적 틀은 하비(1982)가 제시했다.

1장

1. 보들레르(1965), 119-120.

2. 발자크, 『13인당 이야기』(『인간 희극』, 이하에서는 HT로 표기), 311, 330.

3. 프랜더가스트Prendergast(1992), 마커스Marcus(1999), 스티를Stierle(2001)은 도시 생활에 대한 발자크의 이해에 면밀한 관심을 쏟는 문학평론가들에 의한 탁월한 연구다.

4. 플라이아데 출판사의 선집 제1권은 1845년에 정해진 방식에 따른 발자크의 저작 구조를 보여준다. 서문은 피에르조르주 카스텍Pierre-Georges Castex이 썼으며, 발자크 저작의 출판과 작품 개정 연도표는 로제 피에로Roger Pierrot가 작성했다.

5. 발자크, HT, 132.

6. 제임슨Jameson(1982), 157.

7. 발자크, 『농민들』, 22 ; 『나귀 가죽』(이하 WAS), 268-269 ; 189.

8. 발자크, WAS, 137-138.

9. 발자크, HT, 179-184.

10. 발자크, HT, 180.

11. 발자크, HT, 82.

12. 켐플(1995)을 볼 것.

13. 발자크, 『농민들』, 38, 108 ; 스콧(1985)도 볼 것.

14. 발자크, 『농민들』, 215.

15. 클라크(1973b), 120-124에 실린, 쿠르베Courbet의 「오르낭의 장례식」(시골의 계급 관계가 묘사된 그림)이 파리 전시를 위해 오르낭에서 옮겨질 때 이 그림에 대한 적대감이 점점 커지는 과정에 대한 설명은 흥미 있는 비교 사례를 제공한다. 클라크는 파리의 부르주아들이 자신들의 선입견에 들어맞지 않는 그림을

만날 때 상처 받고, 자기들이 충분히 이해하지 못하는 방식 때문에 당혹스러워한다고 말한다.

16. 발자크, 『잃어버린 환상』(이하 LI), 170-182.

17. 발자크, HT, 33, 56, 151, 309-315; 지멜Simmel(1971)의 참조는 그의 유명한 논문인 「메트로폴리스와 정신 생활The Metropolis and Mental Life」을 참조한 것이다.

18. 발자크, 『세자르 비로토』, 75.

19. 발자크, HT, 311, 325; 풀레Poulet(1959, 137)도 볼 것.

20. 마르크스(1967), 151; 발자크, 『외제니 그랑데』.

21. 발자크, HT, 312-318.

22.. 발자크, HT, 64.

23. 발자크, 『사촌누이 베트』(이하 CB), 428.

24. 발자크, 『고리오 영감』(이하 OG), 249.

25. 파랑Farrant(2001), 129에서 인용.

26. 발자크, HT, 309-310.

27. 발자크, HT, 312-313.

28. 발자크, HT, 318-320.

29. 발자크, HT, 321.

30. 발자크, HT, 322; 노동 여건에 관해서는 318을 보라.

31. 발자크, HT, 324.

32. 발자크, HT, 325.

33. 발자크, HT, 318.

34. 발자크, HT, 31, 34, 181.

35. 발자크, HT, 178.

36. 발자크, HT, 178.

37. 발자크, HT, 34, 87, 128.

38. 공간을 돌아다니는 것과 한 장소에 붙박이는 것 사이의 대조는 이 시기에 경

제적으로, 또 정치적으로도 중요한 주제다. 나중에 코뮌(한 장소에서 일어난 혁명)이 공간을 통제하는, 그리고 프랑스의 나머지 지역을 동원하여 파리의 혁명 운동을 짓밟으려는 반동군의 우월한 능력에 의해 전반적으로 궤멸되었다는 논의를 전개할 것이다. 서문에서 지적되었듯이, 이것은 또한 티에르가 1848년 2월에 루이 필리프에게 강권했던 전략이기도 했다.

39. 마커스(1999), 74.

40. 발자크, HT, 31.

41. 이 요점은 다간Dargan(1985), 파랑(2001), 스티를(2001)에게서 강력하게 제시되었다.

42. 여기의 이 구절은 발자크의 것. OG, 27-33.

43. 마커스(1999).

44. 발자크, HT, 366.

45. 발자크, HT, 305.

46. 발자크, 『미지의 걸작Le chef-d'œuvre inconnu』.

47. 발자크, 『사촌 퐁스』(이하 CP), 148.

48. 벤야민(1999), 19.

49. 발자크, HT, 382.

50. 풀레(1959), 106.

51. 발자크, HT.

52. L. 마르크스(1964), 164에 인용.

53. K. 마르크스(1973), 539: 하비(1989, 3부)도 볼 것.

54. 발자크, 『절대의 탐구La recherche de l'absolu』, 173-174.

55. 발자크, WAS, 53-54.

56. 발자크, WAS, 198-199.

57. 풀레(1959), 103-105에 인용.

58. 풀레(1959), 99-100에 인용.

59. 발자크, HT, 32-33, 324.

60. 발자크, HT, 147.

61. 발자크, OG, 304.

62. 풀레(1959), 126에 인용.

63. 발자크, 『샤베르 대령』.

64. 부아예Boyer(1994), 187-197, 372-379. 나는 부아예의 저술이 도시에 관한 기억의 문제가 갖는 수많은 면모를 아주 잘 밝혀준다고 생각한다.

65. K. 마르크스(1963), 18.

66. 이 구분은 알박스Halbwachs(1992), 부아예(1994)와 벤야민(1968), 특히 그의 「역사 이론에 관한 논문」에서 집중 조명되어 있다. 아래에 나오는 인용은 벤야민과 부아예의 것.

67. 발자크, HT.

68. 로시Rossi(1982), 130.

69. 퍼거슨Ferguson(1994)은 이 점을 설득력 있게 제시한다.

70. K. 마르크스(1967), 1장에서 상품의 물신화를 해부하는 유명한 작업을 수행한다.

71. 19세기 파리의 만보객이라는 존재는 보들레르에 의해 조명된 이후로 항상 특이한 매력을 발휘해왔다. 벤야민(1999)은 그 점에 많은 시간을 할애한다. 윌슨Wilson(1992)은 이 개념을 유용하고도 비판적인 방식으로 검토하고 그 역사에 대한 개략적 소개를 첨부한다.

72. 발자크, 『결혼의 생리학』, 123-124.

73. 제임슨(1995), 226.

74. 발자크, HT, 190.

75. 풀레(1959), 110. 발자크의 『루이 랑베르』, 246도 볼 것.

2장

1. 클라크(1984), 36.

2. 칸토로비치Kantorowicz(1957).

3. 아귀용(1981).

4. 발자크, 『농민들』, 183.

5. 플로베르, 『감정 교육』, 290.

6. 푸코Foucault(1984), 241.

7. 아귀용(1981), 57.

8. 세자르 달리Cesar Daly가 어떤 기여를 했는지는 비처러Becherer(1984)가 길게 검토했다.

9. 이오네스쿠Ionescu가 수집한 텍스트(1976)는 아주 큰 도움이 되었고, 아래에서 상당량 활용했다.

10. 힐Hill(1975); 프랑스 역사가들이 1840년대에 담당한 역할에 대해서는 아귀용(1983)을 보라.

11. 로즈Rose(1978)는 훌륭한 바뵈프Babeuf 전기다.

12. 코코란Corcoran이 수집한 유토피아적 사유에 관한 글들(1983)은 이루 말할 수 없이 귀중한 자료로, 여기서도 많이 활용된다. 1848년 혁명사 협회Société d'Histoire de la Révolution de 1848가 수집한 회상과 분석 글 모음도 마찬가지로 탁월하다. 블랑키의 생애와 저술은 도망제Dommanget(1926, 1957, 1970)에서 길게 검토되어 있다. 트리스탕Tristan(1843, 1982)은 역사적 통찰력뿐 아니라 정치적 통찰력도 제공한다.

13. 벤야민(1999), 736.

14. 벤야민(1999), 25-26.

15. 뒤르켐Durkheim(1958)은 오귀스트 콩트Auguste Comte의 주장에 맞서 근대 사회 이론의 근거를 세운 독창적 사유의 원천이었던 생시몽의 평판을 회복하기 위해 모든 노력을 다한다(콩트는 학생 때 생시몽에게서 배웠지만 나중에 절연했다).

16. 이오네스쿠(1976), 153에 실린 글.

17. 이오네스쿠(1976), 80과 테일러Taylor(1975), 32에 실린 글.

18. 이오네스쿠(1976), 210에 실린 텍스트.

19. 랑시에르(1989)는 탁월하고 논쟁적인 글에서 1830년대와 1840년대에 형성되

기 시작한 노동자 언론에 기여한 선별된 노동자-작가 및 노동자-시인 그룹의 사고와 동기를 재구성한다.

20. 바쿠닌Bakunin(1976)이 쓴 르루Leroux의 전기는 핵심적인 자료의 출처가 되어 준다.

21. 바굴리Baguley(2000)는 1840년대 루이 나폴레옹이 유토피아주의에 가담한 사실에 상당한 관심을 기울이며, 그것이 제2제국 정책에 미친 영향을 일부 추적한다.

22. 영어로 나온 푸리에Fourier 저작으로서 도움이 될 만한 것은 1971년과 1996년에 각각 출판된 두 가지 판본이 있다. 비처Beecher와 비앵브뉘Bienvenue가 쓴 1971년판의 서문에는 푸리에의 생애와 시대 배경 설명이 있어 도움이 된다. 비처(2002)에는 콩시데랑Considerant이 쓴 포괄적인 전기가 들어 있다.

23. 비처와 비앵브뉘(1971), 36.

24. 존슨Johnson(1974), 66은 카베Cabet와 이카리아주의자에 집중하고는 있지만 다양한 운동과 출판에 관한 풍부한 배경지식을 제공한다.

25. 코코란(1983), 113에 인용. 1848년 혁명사 협회가 주도하여 편찬한 선집은 아주 풍부한 자료를 담고 있다.

26. 슈얼Sewel(1980).

27. 바쿠닌(1976), 99에 인용.

28. 랑시에르(1989).

29. 발레트Valette(1981)에 인용됨.

30. C. 모지스C. Moses(1984), 92에 인용됨.

31. C. 모지스(1984), 83, 111에 인용됨.

32 빈센트Vincent(1984), 144-146. 프루동의 전기와 연구는 많이 있다. 나는 주로 빈센트(1984)와 하이엄스Hyams(1979)의 것을 사용했다.

33. 모지스(1976)는 생산자조합에 관한 정보를 상당량 제공하며, 아귀용(1983) 또한 지나치는 듯이 그것에 대해 언급한다. 원래 출처는 고세즈Gossez(1967)다.

34. 빈센트(1984), 141을 볼 것. 공산당 정치 연회에서 행해진 연설 몇 가지가 코코

란(1983), 72-79에 실려 있다.

35. 코코란(1983), 188-196.

36. 코코란(1983), 81-82.

37. 존슨(1974), 107.

38. 랑시에르(1989), xxvi. 영어판에 붙은 서문은 랑시에르의 논지에 대한 존슨과 슈얼의 답변을 요약한다.

39. 비처와 비앵브뉘 (1971), 33-34.

40. 유토피아주의자들에 대한 공격은 1848년의 『공산당 선언』에서 시작되었다.

41. 피오어Piore와 사벨Sable(1984); 하비(1989), 2부.

42. 비처러Beecherer(1984).

43. 매리Marrey(1981), 193에 인용됨.

44. 피농(1991).

45. 비처와 비앵브뉘(1971), 2-7.

46. 매리(1981), 203-204.

47. 코코란(1983), 193.

48. 벤야민(1999), 635.

49. 페레몽Perrymond이라는 인물은 최근 들어 재발견되었다(메나디에Meynadier, 랑케탱Lanquetin과 함께. 또 물론 세자르 달리도 빼놓을 수 없다). 최근 자료 가운데는 매리(1981), 파파야니스Papayanis(2001), 모레Moret(2001), 롱카얄로Roncayalo(2002), 데카르와 피농(1991)이 있다. 또 그의 사상의 간략한 윤곽이 부아예(1994)에 소개되어 있다.

50. 마르샹Marchand(1993)은 메나디에의 사상에 상당한 관심을 표명한다.

51. 퍼거슨(1994)은 발자크와 플로베르의 대조를 아주 효과적으로 활용한다.

52. 퍼거슨(1994), 95.

53. 플로베르, 『감정 교육』(1964), 18, 257.

54. 퍼거슨(1994), 99.

3장

1. 퍼거슨(1994)은 혁명의 전통을 자신의 설명의 주된 초점으로 삼는다.

2. 슈발리에Chevalier(1973), 45.

3. 마르크스(1963, 1964).

4. 오스만의 생애에 대한 전기적 서술은 어딘가 신뢰성이 부족해 보이는 그 자신의 회고록 외에도 여러 개가 있다. 그 가운데 가장 완결된(따라서 지루한) 것은 데카르Des Cars(1978)와 카르모나Carmona(영역본은 2002)다. 라메이어 Lameyre(1958)는 좀더 잘 읽힌다. 위크스Weeks(199)는 최근에 영어로 나온 생생한 서술이다.

5. 반 잔텐Van Zanten(1994), 199-203.

6. 제2제국의 변형에 관한 탁월한 설명은 여러 개 있다. 예컨대 지라르Girard(1952, 1981), 가야르(1977) 같은 것과, 영어로는 핑크니Pinkney(1958)의 표준적 설명을 자댕Jardin(1995)이 사려 깊게 보완한 것이 있다. 마르샹Marchand(1993)은 오스만의 작업을 장기적 관점에서, 매우 통찰력 있게 파악한다.

4장

1. 레옹Leon(1976), 241; 클루Clout(1977).

2. 지라르(1952), 111.

3. 보들레르(1983b), 73.

4. 플레시Plessis(1973), 110.

5. 밀러Miller(1981), 37.

6. 소비 패턴에서의 이 혁명은 푸르넬(1858, 1865) 같은 당대의 평자들이 명백하게 알아차렸듯이, 소득과 계급 지위 및 행세와 강력한 연관이 있었다.

7. 르텔Retel(1977).

8. 기디언Giedion(1941)은 찬양 조의 평가를 내렸고, 흥미롭게도 로버트 모지스 Robert Moses(1942)는 1950년대와 1960년대에 뉴욕에서 근무하던 그의 경력 초반에 오스만의 업적을 여러 가지 측면에서 복제하면서 오스만의 공헌, 방법,

단점에 대한 사려 깊은 분석을 썼다(카로 Caro, 1974를 볼 것).

9. 오스만(1890-1893), vol.2, 34.

10. 지라르(1952), 118.

11. 그린버그 Greenberg(1971); 하자리싱 Hazareesingh(1998).

12. 오스만(1890-1893), vol. 2, 202.

13. 시벨부슈 Schivelbusch(1977).

14. 졸라 Zola(1954), 76-79.

5장

1. 오탱 Autin(1984); 부비에 Bouvier(1967); 졸라(1991).

2. 하비(1982), 10장은 이 논지의 근거다.

3. 투테스크 Tudesq(1956).

4. 마르크스(1967), vol. 3, 592; (1973), 156.

5. 뒤퐁페리에 Dupont-Ferrier(1925); 레비르부아예 Lévy-Leboyer(1976).

6. 오탱(1984); 플레시(1982).

7. 오탱(1984), 186.

8. 밀러(1981), 28.

9. 레스퀴르 Lescure(1980), 19.

10. 졸라(1991), 117-118.

11. 졸라(1954a), 76.

12. 플레시(1982), 81.

13. 뒤셴 Duchene(1869).

14. 오탱(1984), 249-256.

15. 하이엄스(1979), 154-171; 빈센트(1984).

16. 켈소 Kelso(1936), 102.

17. 1867년 노동자 위원회, 『노동자 대표단 보고서 Rapports des délégations ouvrières』
    (1969), vol.1, 126.

6장

1. 도마르$_{Daumard}$(1965), 23-35. 더 일반적으로 보면 이 저작은 이 시기 파리의 부동산 이권에 관한 기본 자료다. 서트클리프$_{Sutcliffe}$(1970) 역시 아주 큰 도움이 된다.

2. 도마르(1965), 137.

3. 가야르(1977), 85-120.

4. 도마르(1965), 228.

5. 가야르(1977), 136.

6. 가야르(1977), 110-112.

7. 핑크니(1958), 185-187을 볼 것; 서트클리프(1970), 40-41; 가야르(1977), 27-30; 오스만(1890-1893), vol.2, 310, 371 역시 이와 유사한 설명을 제시한다.

8. 알박스(1973), 5장; 서트클리프(1970), 117.

9. 마사질$_{Massa-Gille}$(1973), 5장; 서트클리프(1970), 117.

10. 졸라(1954a), 108.

11. 가야르(1977), 121-127 및 도마르(1965), 267.

12. 가야르(1977), 104-115, 127-144; 라메이어$_{Lameyre}$(1958), 152.

13. 지라르(1981), 186; 가야르(1977), 82.

14. 서트클리프(1970), 118.

15. 지라르(1981), 173-175; 서트클리프(1970), 158; 도마르(1965).

16. 오탱(1984), 186; 라메이어(1958), 140-142; 가야르(1977), 92; 알박스(1909).

17. 가야르(1977).

18. 서트클리프(1970); 가야르(1977), 85-100.

7장

1. 그람시$_{Gransci}$(1971), 212-223; 젤딘$_{Zeldin}$(1958, 1963). 루이 나폴레옹에 대한 더 온건한 견해를 보려면 바굴리(2000)와 카르모나(2000)를 볼 것. 이들은 과거의 전형적인 태도에 비해 그의 업적을 훨씬 더 훌륭한 것으로 평가하는 경향

이 있는 수정주의적 태도에 속하는 것으로 보인다.

2. 핑크니(1958); 마사질(1973); 서트클리프(1970).

3. 페리Ferry(1868)가 주 텍스트. 서트클리프(1970), 42도 볼 것

4. A. 토마Thomas(n.d.), 65.

5. 핑크니(1958), 178; 채무 금융의 의미는 하비(1982), 266-270에서 검토되었다.

6. 루즈리Rougerie(1965), 129-134.

7. 가야르(1977), 224-230, 269-273, 331-334; 쿨스타인Kulstein(1969), 100.

8. 쿨스타인(1969); 젤딘(1958).

9. 세인트 존St. John(1854), 25.

10. 클라크(1973a), 121; 리프킨Rifkin(1979). 푸르넬의 설명(1858, 1865)에는 거리 생
    활의 세부 묘사가 아주 풍부하다.

11. 페인Payne(1966); A. 토마(n.d.), 174.

12. 달로텔Dalotel, 포레Faure, 프라이무스Freiermuth(1980); 쿨스타인(1969).

13. 벨레Bellet(1967).

14. 리프킨(1979).

15. 젤딘(1958, 1963).

16. 코르봉Corbon(1863), 93; 뒤보Duveau(1946); 리프킨(1979); 랑시에르Ranciere와
    보데Vauday(1988).

17. 르페브르Lefebvre(1974), 370.

18. 라자르Lazare(1869, 1870).

19. 마르크스(1963)가 조사하기 시작한 곳이 이 지점이다.

20. 오스만(1890-1893), vol. 2, 371.

21. 가야르(1977), 136.

22. 오스만(1890-1893), vol. 2, 200.

23. 가야르(1977), 331-332.

24. 오스만(1890-1893), vol. 2, 197-202.

8장

1. 코르봉(1863); 슈얼(1980).

2. 랑시에르(1989).

3. 슈발리에(1950), 75.

4. 스콧(1988), 6장; 슈얼(1980).

5. 도마Daumas와 파앵Payen(1976); 슈발리에(1950); 가야르(1977); 르텔(1977); 스콧(1988).

6. 코트로Cottereau(1980); 지라르(1981), 215-216; 가야르(1977), 390; 뒤보(1946), 252-269.

7. 코트로(1988), 121.

8. 가야르(1977), 121.

9. 슈발리에(1950), 96; 가야르(1977), 443.

10. 뒤셴(1869).

11. 플레시(1982).

12. 가야르(1977), 286.

13. 마르크스(1967), vol. 1, 342; 코트로(1988), 146-148.

14. 뒤캉Du Camp(1875), vol. 6, 235.

15. 가야르(1977), 378, 446.

16. 밀러(1981).

17. 도마와 파앵(1976), 147.

18. 도마와 파앵(1976), 135; 젤딘(1958), 76.

19. 허시버그Hershberg(1981)는 19세기 필라델피아의 자료에 대한 상세한 분석을 통해 이 점을 아주 강력하게 강조한다.

20. 코르봉(1863).

21. 풀롱Foulon(1934); 르죈Lejeune(1977).

22. 코트로(1988), 130.

23. 르죈과 르죈(1984).

24. 레피디Lepidis와 자코맹Jacomin(1975), 230.

25. 코트로(1988), 144.

26. 르쥔과 르쥔(1984), 102-103; 졸라(1970), 176-177.

9장

1. 매케이McKay(1933).

2. 루즈리(1965, 1968b).

3. 해너건Hanagan(1980, 1982); 코트로(1980), 70.

4. 슈얼(1980).

5. 슈발리에(1950); 가야르(1977), 코트로(1988), 랑시에르(1989)는 모두 이 기본적 추세의 방향에 관해서는 동의한다.

6. 르텔(1977), 199-207.

7. 풀로의 설명(1980)은 아주 재미있으며, 발랭의 증거는 1867년 노동자위원회의 『노동자 대표단 보고서』, (1869), vol. 1, 99에 나온다.

8. A. 토마(n. d); 슈얼(1980); 해너건(1982); 뒤보(1946).

9. 루즈리(1968a); 뒤보(1946).

10. 가야르(1977), 245-246.

11. A. 토마(n.d.), 179.

12. 풀로(1980).

13. 뒤보(1946), 236-248.

14. 슈발리에(1950), 96; 프리부르Fribourg(1872).

15. 라자르(1869), 코친Cochin(1864), 83; 뒤보(1946), 363; 가야르(1977), 417.

16. 슈발리에(1950); 핑크니(1958), 152.

17. 프라이스Price(1981); 베버Weber(1976); 구체적 사례가 필요하면 나도Nadeau의 회고록들을(1895) 볼 것.

18. 슈발리에(1950), 233; 핑크니(1953, 1958), 157-161; 가야르(1977), 405; 루즈리(1965).

19. 뒤보(1946), 284-295: 가야르(1977), 406-411.

20. 뒤보(1946), 327: E. 토마Thomas(n.d.), 200.

21. 시몽Simon(1861): 르루아볼리외Leroy-Beaulieu(1868).

22. 바니에Vanier(1960), 109: 달로텔(1981).

10장

1. 미슐레Michelet(1981), 65: 가야르(1977), 222-224와 스콧(1988), 147도 볼 것.

2. E. 토마(1966).

3. E. 토마(1966), 1장: 시몽(1861).

4. 스콧(1988): 밀러(1981): 맥브라이드McBride(1976, 1977-1978): 르죈과 르죈 (1984).

5. E. 토마(1966): 미셸Michel(1981).

6. F. 그린Green(1965), 95.

7. 젤딘(1973), 307: 코르뱅Corbin(1978): 하르신(1985).

8 세인트 존(1854), 233-308: 르죈과 르죈(1984).

9. 하르신(1985): 풀로(1980)도 볼 것.

10. 달로텔(1981), 134.

11. 스콧(1988), 101: 코트로(1980).

12. 랑시에르와 보데(1988).

13. 달로텔(1981), 72.

14. 코트로(1980), 25-27: 르플레Le Play(1983), 9: (1878), 5, 427-430.

15. 헬러슈타인Hellerstein(1976): 맥브라이드(1976), 21-22.

16. 미슐레(1981).

17. 윌슨(1992)은 폴록Pollock(1988), 62에 대해 유용한 비판을 제공한다.

18. 르플레(1983), 9: 젤딘(1973), vol. 1, 293-303.

19. 베를랑슈타인Berlanstein(1979-1980): 르플레(1983), 149, 274. 코트로(1980)는 프루동을 배제하는 한이 있어도 페미니즘과 사회주의가 폭넓게 양립 가능한

관계를 맺어야 함을 강력하게 지지하는 논의를 편다. 그러나 랑시에르와 보데 (1988)는 다른 주장을 편다.

20. 코르봉(1863), 65; 매클래런McLaren(1978).
21. 풀로(1980); E. 토마(1966); C. 모지스(1984).

11장

1. 슈발리에(1950), 50; 마르크스 (1967), vol. 1, 269.
2. 페이살루아Fay-Sallois(1980); 슈발리에(1950), 46-52; 지라르 (1981), 136; 가야르(1977), 225.
3. 게랑Guerrand(1966), 85; 코르봉(1863), 181; A.토마(n.d.), 179; 플로스Flaus(1949); 가야르(1977), 129-131; 라메이어(1958), 174.
4. 풀로(1980), 146; 오디간Audiganne(1854), vol. 2, 379.
5. 엥겔스(1935); 가야르(1977), 209; 파리 비위생적 주거 위원회Commission des Logements Insalibres de Paris(1866); 라자르(1869); 풀로(1980), 146.
6. 게랑(1966), 105, 199.
7. 가야르(1977), 233-267; 뒤보(1946), 328-343.
8. 풀롱(1934), 56-67.
9. 앤더슨Anderson(1970), 1975.
10. 허턴Hutton(1981).
11. 오스피츠Auspitz(1982).
12. 가야르(1977), 281.
13. 지라르(1981), 288-289; 가야르(1977), 270.
14. 가야르(1977), 416-423.
15. 풀롱(1934), 20-26; 달로텔, 포레, 프라이무스(1980); 미셸(1981).
16. 뒤보(1946); 르플레(1983).
17. 페이살루아(1980); 동즐로Donzelot(1977).

12장

1. 반 잔텐(1994), 211; 트루스델Trusdell(1977)은 책 한 권을 온통 스펙터클이라는 문제에 바친다. 세넷Sennett의 책(1978)은 자본주의 도시가 그 시절에 어떻게 발전하고 있었는지에 대한 좀더 일반적인 이해 속에서 연극성과 스펙터클의 이해를 수용하기 때문에 훨씬 더 흥미롭다. T. 클라크(1984)는 상품화와 스펙터클의 연결 고리를 이용하여 1860년대의 화가들 사이에서 일어나던 인상주의 운동에 채용된 감수성을 이해하고자 한다.

2. N. 그린(1990), 77-80; 랑시에르(1988).

3. 벤야민(1973), 165-167.

4. 졸라(1995), 76-77; 패션에 관해서는 바니에(1960)을 보라.

5. 세넷(1978), 145-148.

6. 바슐라르Bachelard, 192에 인용됨.

7. 보들레르(1947), 52-53.

8. T. 클라크(1984), 36.

9. 공쿠르Goncourt(1962), 53; 세넷(1978)도 볼 것.

10. 하인Haine(1996), 37; 162-163.

11. 구베르Goubert(1986), 74-76.

12. 바니에(1960), 178-180; 공쿠르(1962), 53.

13. 벤야민(1973).

14. 벤야민(1973), 74.

13장

1. 굴드Gould(1995), 코브Cobb(1975), 카스텔Castells(1983), 퍼거슨(1994)도 볼 것.

2. 도마르(1965, 1973).

3. 슈발리에(1973); 오스만(1890-1893), vol. 2, 200.

4. 마르크스(1963), 75; (1964), 47; 슈발리에(1973).

5. 코르봉(1863), 34-48.

6. 위고Hugo(1976), 15.

7. 슈얼(1980), 259.

8. 젤딘(1973), 481.

9. 뒤보(1946), 218 ; 쿨스타인(1969) ; 코르봉(1863).

10. 오스만(1890-1893), vol. 2, 200.

11. 그린버그(1971), 80 ; 루즈리(1965), 75.

12. 가야르(1977), 231.

13. 르페브르(1974) ; 가야르(1977) ; 그린버그(1971).

14. 『파리 안내』, 1983년판(1867), 170 ; M. 프리드Fried(1963).

15. 슈발리에(1973), 300.

16. 슈발리에(1973), 198-199에 인용됨.

17. 마가던트Margadant(1982), 106.

18. 코르봉(1863), 102.

19. 레보Reubaud(1869).

20. 코핑Copping(1858), 5.

21. 세넷(1978), 137.

22. 풀로(1980) ; 하인(1996) ; 세넷(1978), 215.

23. 굴드(1995).

24. 코트로(1988), 155 ; 베르티에Berthier(1998) ; 하인(1999).

25. 리프킨과 토마(1988).

14장

1. 조던Jordan(1995)은 오스만의 작업 가운데 이런 측면들을 특히 잘 다룬다.

2. N. 그린(1990).

3. 리드Reid(1991) ; 구베르(1986) ; 갠디Gandy(1999) ; 조던(1995).

4. 트롤럽Trollope, 리드(1991), 38에 인용된 부분에서.

5. 핑크니(1958), 125-126.

6. 리드(1991), 30 ; 핑크니(1958), 132.

7. 갠디(1999), 24에 인용됨.

8. 갠디(1999), 24.

15장

1. 리프킨(1979).

2. 찰턴Charlton(1959), 2.

3. 코르봉(1863), 83.

4. 찰턴(1959), 10 ; 플로베르(1982), 25 ; 뒤캉(1875) ; 공쿠르(1962), 275 ; 들라크루아Delacroix(1980), 96.

5. 보들레르는 클라인(1967), 86에 인용됨 ; 위고(1976), 1047.

6. 풀롱(1934) ; 미슐레(1981), 350 ; 플로베르(1976), 325.

7. 슈발리에(1973), 269 ; 스콧(1988) ; 르플레(1878).

8. 포테스큐Fortescue(1983) ; 젤딘(1973), 39.

9. T. J. 클라크(1973a, 1973b) ; 루빈Rubin(1980).

10. 길데Gildea(1983), 321.

11. 폭스Fox와 바이즈Weisz(1980) ; 바이즈(1983) ; 윌리엄스Williams(1965).

12. 젤딘(1958), 101에 인용됨 ; F. 그린(1965), 3장.

13. 리프킨(1979) ; 위고(1976) ; 체르노프Tchernoff(1906), 517.

14. 마르크스(1963), 15.

15. 마이클 프리드Michael Fried(1969) ; 보들레르(1981).

16. 랑시에르와 보데(1988).

17. 『파리 안내』 1983년판(1867), 33 ; 오스만(1890-1893), vol. 2, 533 ; 비들러Vidler(1978), 84.

18. 비들러(1978), 91.

19. 졸라(1954a).

20. 뵈요Veuillot(1867), ix ; 페리(1868).

21. 공쿠르(1962), 61.

22. 보들레르(1947), 94.

23. 버먼Berman(1982), 155-164; 볼포르트Wohlforth(1970).

24. 볼포르트(1970); 마르크스(1973), 163.

25. 데이비드 폴David Paul이 번역한 벤야민(1973), 57에 인용됨.

26. 졸라(1954a), 78-79.

16장

1. T. J. 클라크(1973a), 16에 인용됨; 또 허츠Hertz(1985), 173-174에도 인용됨.

2. 세인트 존(1854), 91.

3. 리프킨(1979).

4. 체르노프(1906), 506-526; 코핑(1858), 80; T. J. 클라크(1973a); F. 그린(1965).

5. 코핑(1858).

6. 글라켄Glacken(1967), 592에 인용됨; 고비노Gobineau(1853-1855); 비디스Biddiss (1970).

7. 고귀한 야만인이라는 신화는 엘링슨Ellingson(2001)에서 해부되었다.

8. 로랑티Laurentie, 하자리싱(1998), 127에 인용됨.

9. 슈발리에(1973); 마르샹(1993).

10. 그로스먼Grossman(1974); 사이드Said(1979).

11. 히츠먼Hitzman(1981); 사이드(1979), 167.

12. 미슐레(1981); 졸라(1991).

13. 플로베르(1979a), 198-199.

14. 샤르다크Chardak(1997)에 인용됨; 던바Dunbar(1978), 52.

15. T. J. 클라크(1973b).

16. N. 그린(1990).

17. 버먼(1982), 153; 벤야민(1973); 비들러(1978).

18. 도망제Dommanget(1969).

19. 세인트 존(1854), 11.

20. 하자리싱(1998); 그린버그(1971), 24.

21. 오스만(1890-1893), vol. 2, 202; 세인트 존(1854), 14; 그린버그(1971); 굴드 (1995).

22. 『파리 안내』(1867), 30.

23. 슈발리에(1973), 360-361.

24. 플로베르(1964), 334.

25. 라자르(1870), 60.

26. 리드스키Lidsky(1970), 46에 인용됨.

27. 보들레르(1983b), 67; 플로베르(1979b), 49; 공쿠르, 베커Becker(1969)에 인용.

28. 허턴(1981), 66.

29. 오디간(1854, 1865), 코르봉(1863), 풀로(1980)도 볼 것.

30. 발레Vallés(1872-1873); 코르봉(1863), 209; 라자르(1869, 1870, 1872).

31. 레피디와 자코맹(1975), 285.

32. 허턴(1981); 도망제(1926, 1969).

33. 코르봉(1863), 110; 하이엄스(1979); 『1867년 노동자위원회 회의 속기록Procès-verbaux de la commission ouvrière de 1867』(1867), 28-33.

34. 마르크스(1967), vol. 3, 441.

35. 슈얼(1980), 243-276.

36. 코르봉(1863), 122-141.

37. 무알랭Moilin(1869); 베르나르Bernard(2001).

38. 리사가레Lissagaray(1976), 393.

39. 리드스키(1970), 45, 115에 인용됨; 토마(1966), 182.

40. 가장 완벽한 연구는 토마의 것(1966)이다.

41. 허츠(1983).

42. 아귀용(1981), 99.

43. A. 토마(n.d.), 164; 『1867년 노동자위원회 회의 속기록』(1867), 100; 문Moon

(1975); C. 모지스(1984).

44. 하이엄스(1979), 274.

45. 데리쿠르D'Hericourt(1860); F. 그린(1965), 95; E. 토마(1966), 70-87.

46. 레프Reff(1982); T. 클라크(1984).

47. 아귀용(1981), 185; 허츠(1983).

48. 미슐레(1981); 보들레르(1983b), 531; 『1867년 노동자위원회 회의 속기록』
     (1867).

49. 시몽(1861); 『1867년 노동자위원회 회의 속기록』(1867), 213-217도 볼 것; 스콧
     (1988).

50. 달로텔(1981), 122; 『1867년 노동자위원회 회의 속기록』(1867), 233.

17장

1. 마르크스(1963), 135.

2. 젤딘(1958), 10.

3. 토마(n. d.), 192.

4. 르쾬(1977); 루즈리(1968b).

5. 정치적 의식의 전투는 달로텔, 포레, 프라이무스(1980)에 자세하게 서술되어 있
    다.

18장

1. 종케Jonquet(1890), 54.

2. 당세트Dansette(1965); 종케(1890).

3. 로오 드 플뢰리Rohault de Fleury(1903-1909). 이 4권짜리 사크레쾨르 건설 역사
    는 중요한 정보원이다. 그것은 개인적으로 인쇄하여 배포한 책으로, 극소수만
    남아 있다. 바실리카의 도서관에는 4권 모두 소장되어 있고, 다른 것들은 국
    립도서관에서 볼 수 있다. 자료와 주석을 모은 두 권짜리 책이 브누아Benoist에
    의해 만들어졌다(1992).

4. 로오 드 플뢰리(1903-1909), vol. 1, 10-13.

5. 같은 책.

6. 기유맹Guillemin(1956).

7. E. 토마(1967).

8. 리사가레(1976).

9. 브뤼하Bruhat, 도트리, 테르젠Tersen(1971), 75.

10. 마르크스와 레닌Lenin(1968); 세르프Cerf(1971).

11. 라자르(1872); 베커(1969).

12. 브뤼하, 도트리, 테르젠(1971); 에드워즈Edwards(1971).

13. 리사가레(1976), 75.

14. 기유맹(1971); 브뤼하, 도트리, 테르젠(1971), 104-105; 드레퓌스Dreyfus(1928), 266.

15. 로오 드 플뢰리(1903-1909), vol. 1, 88, 264.

16. 로오 드 플뢰리(1903-1909), vol. 1, 264.

17. 코뮌에 관한 설명은 많고 다양하다. 나는 브뤼하, 도트리와 테르젠(1971); 참여자이던 리사가레의 기록(1976); 루즈리(1971); 젤리넥Jellinek(1937), 에드워즈(1971)를 광범위하게 활용했다. 뒤캉(1878)은 우익적 시각에서 본 극히 당파적인 설명을 제공하며, 리드스키(1970)는 코뮌에 적대적이던 시절에 쓰인 글을 수집했다. 이 사건 및 그로 인한 여파를 찍은 사진은 최근 관심의 주제가 되었다; 수집된 훌륭한 사진들을 보려면 노엘Noel(2000)과 프랑스 국립박물관 연합the Reunion des Musées Nationaux(2000)을 볼 것; 석유 여사의 신화를 철저하게 조사한 것은 E. 토마(1966)이고, 루즈리(1965)는 누가 가담했으며 동기가 무엇이었는지 파악하기 위해 가담자들의 모든 재판 기록을 자세히 검토한다.

18. 풀롱(1934).

19. 오데우Audéoud는 젤리넥(1937), 339에 인용되어 있다. 코뮌 기간에 씌어진 공쿠르의 일기 기록을 추린 베커(1969), 29는 이 인용문이 공쿠르의 것이라고 주장한다.

20. 로오드 플뢰리(1903-1909), vol. 1, 13.

21. 베커(1969), 312.

22. 기유맹(1971), 295-296; 로오드 플뢰리(1903-1909), vol. 2, 365.

23. 로오드 플뢰리(1903-1909), vol. 1, 27.

24. 종케(1890), 85-87.

25. 핑크니(1958), 85-87; 울프Woolf(1988).

26. 당세트(1965), 340-345.

27. 로오드 플뢰리 (1903-1909), vol. 1, 88.

28. 같은 책.

29. 아바디Abadie(1988), 222-224.

30. 로오드 플뢰리(1903-1909), vol. 1, 244.

31. 로오드 플뢰리(1903-1909), vol. 1, 269.

32. 당세트(1965), 356-358; 레피디와 자코맹(1975), 271-272.

33. 「파리시 회의 속기록」(1880년 8월 3일, 10월 7일, 12월 2일).

34. 로오드 플뢰리(1903-1909), vol. 2, 71-73.

35. 로오드 플뢰리(1903-1909), vol. 2, 71-76.

36. 르수르드Lesourd(1973), 224-225.

참고문헌

Abadie, P, 1988, *Paul Abadie, Architecte*, 1812–1884. Paris.

Agulhon, M. 1981(1979). *Marianne into Battle: Republican Imagery and Symbolism in France*, 1789–1880. Trans. J. Lloyd. London.

———.1983(1973). *The Republican Experiment*, 1848–1852. Trans. J. Lloyd. London.

Allison, J. 1932. *Monsieur Thiers*. New York.

Anderson, R. 1970. "The Conflict in Education." In *Conflicts in French Society*. Ed. T. Zeldin. London.

———.1975. *Education in France*, 1848–1870. Oxford.

Audiganne, A. 1854. *Les Populations Ouvrières et les Industries de la France dans le Mouvement Social du XIXème Siècle*. Paris.

———.1865. *Les Ouvrièrs d'à Present et la Nouvelle Économie du Travail*. Paris.

Auspitz, K. 1982. *The Radical Bourgeoisie: The Ligue de l'Enseignement and the Origins of the Third Republic*. London.

Autin, J. 1984. *Les Frères Pereire*. Paris.

Baguley, D. 2000, *Napoleon III and His Regime*. Baton Rouge, La.

Bakunin, J. 1976. *Pierre Leroux and the Birth of Democratic Socialism*, 1797–

1848. New York.

Balzac. H. de. 1951. *Old Goriot*(OG). Trans. M .Crawford. Harmondsworth, U.K.

———. 1955. *Eugénie Grandet*(EG). Trans. M. Crawford. Harmondsworth, U.K.

———. 1965. *Cousin Bette*(CBE). Trans. M. Crawford. Harmondsworth, U.K.

———. 1968. *Cousin Pons*(CP). Translated H. Hunt. Harmondsworth, U.K.

———. 1970. *A Harlot High and Low*(HHL). Trans. R. Heppenstall. Harmondsworth, U.K.

———. 1971. *Lost Illusions*(LI). Trans. H. Hunt. Harmondsworth, U.K.

———. 1974. *History of the Thirteen*(HT). Trans. H. Hunt. Harmondsworth, U.K.

———. 1976. *La Comédie Humaine*. Vol. 1. Paris(Pléiade edition).

———. 1977. *The Wild Ass's Skin*(WAS). Trans. H. Hunt. Harmondsworth, U.K.

———. 1994. *César Birotteau*(CBI). Trans. R. Buss. Harmondworth, U.K.

———. 1997a. *Colonel Chabert*(CC). Trans. C. Cosman. New York.

———. 1997b. *The Physiology of Marriage*. Baltimore.

———. 2001. *The Unknown Masterpiece*. Trans. R. Howard. New York.

———. N.d., *The Old Maid*(OM). London and New York, Chesterfield Society, *The Works of Honore de Balzac*. vol. 14.

———. de. N.d. *The Peasantry*. London and New York, Chesterfield Society, *The Works of Honore de Balzac*, vol. 20.

Bartier, J., et al. 1981. 1848: *Les Utopismes Sociaux*. Paris.

Baudelaire, C. 1947(1869). *Paris Spleen*. Ed. and trans. L. Varese. New York.

———. 1981(1845–1864). *Selected Writings on Art and Artists*. 2nd ed., repr. Trans. P. E. Charvet. London.

———. 1983a(1857). *Les Fleurs du Mal*. Trans. R. Howard. Boston.

———. 1983b. *Intimate Journals*. Rev. ed., repr. Trans. C. Isherwood. San Francisco.

Becherer, R. 1984, *Science plus Sentiment: Cesar Daly's Formula for Modern*

Architecture. Ann Arbor, Mich.

Becker, G., ed. 1969. *Paris Under Siege, 1970–71: From the Goncourt Journal*. Ithaca, N.Y.

Beecher, J. 2002. *Victor Considérant and the Rise and Fall of French Romantic Socialism*. Berkeley, Calif.

Beecher, J. and R. Bienvenu. 1971. "Introduction." In C. Fourier, *The Theory of the Four Movements*. Trans. and ed. Beecher and Bienvenu. Boston.

Bellet, R. 1967. *Presse et Journalisme sous le Second Empire*. Paris. Benjamin, W. 1968.*Illuminations*. Trans. H. Zohn. New York.

———. 1973. *Charles Baudelaire: A Lyric Poet in the Era of High Capitalism*. Trans. H. Zohn. London.

———. 1999. *The Arcades Project*. Trans. H. Eiland and K. McLaughlin. Cambridge, Mass.

Benoist, J. 1992. *La Basilique de Sacré-Coeur a Montmartre*. 2 vols. Paris.

Berlanstein, L. 1979 –1980. "Growing Up as Workers in Nineteenth-Century Paris: The Case of Orphans of the Prince Imperial." *French Historical Studies* 11:551 –576.

Berman, M. 1982. *All That Is Solid Melts into Air*. New York.

Bernard, J-P. 2001. *Les Deux Paris: Les Representations de Paris dans le Second Moitié du XIXème Siècle*. Paris.

Berthier, P. 1998. *La Vie Quotidienne dans La Comédie Humaine de Balzac*. Paris.

Biddiss, M. 1970. *Father of Racist Ideology: The Social and Political Thought of Count Gobineau*. New York.

Bouvier, J. 1967. *Les Rothschild*. Paris.

Bowie, K, ed. 2001. *La Modernité Avant Haussmann: Formes de L'éspace Urbain a Paris, 1801–1853*. Paris.

Boyer, C. 1994. *The City of Collective Memory: Its Historical Imagery and Architectural Entertainments*, Cambridge, Mass.

Braudel, E, and E. Labrousse, eds. 1976. *Histoire Économique et Sociale de la France*. Vol. 3. Paris.

Bruhat, J., J. Dautry, and E. Tersen. 1971. *La Commune de* 1871. Paris.

Canfora-Argandona, E., and R. H. Guerrand. 1976. *La Répartition de la Population: Les Conditions de Logement des Classes Ouvrières a Paris au XIX siècle*. Paris.

Casselle, P. 2000. "Commission des Embellissements de Paris: Rapport a l' Empereur Napoleon III Rédigé par le Comte Henri Simeon." *Cahiers de la Rotonde*, 23.

Castells, M. 1983. *The City and the Grassroots*. Berkeley, Calif.

Cerf, M. 1971. *Edouard Moreau*. Paris.

Chardak, H. 1997. *Elisée Reclus: Une Vie*. Paris.

Charlety, S. 1931. *Histoire du Saint-Simonisme*. Paris.

Charlton, D. 1959. *Positivist Thought in France During the Second Empire, 1852–1870*. Oxford.

Chevalier, L. 1950. *La Formation de la Population Parisienne au XIXeme Siècle*. Paris.

———. 1973(1958). *Laboring Classes and Dangerous Classes*. Trans. F. Jellinek. Princeton, N.J.

Clark, T. 1984. *The Painting of Modern Life: Paris in the Art of Manet and His Followers*. London.

Clark, T.J. 1973a. *The Absolute Bourgeois: Artists and Politics in France, 1848–1851*. London.

———. 1973b. *Image of the People: Gustave Courbet and the 1848 Revolution*. London.

Clout, H. 1977. *Themes in the Historical Geography of France*. London.

Cobb, R. 1975. *A Sense of Place*. London.

Cochin, A. 1864. *Paris: Sa Population, Son Industries*. Paris.

Commission des Logements Insalubres de Paris. 1866. *Rapport Générale sur les Travaux de la Commission Pendant les Années* 1862–1865. Paris.

Copping, E. 1858. *Aspects of Paris*. London.

Corbin, A. 1978. *Les Filles de Noce: Misère Sexuélle et Prostitution aux 19eme et 20ème Siècles*. Paris.

Corbon, A. 1863. *La Secret du Peuple de Paris*. Paris.

Corcoran, P. 1983. *Before Marx: Socialism and Communism in France, 1830–48*. London.

Cottereau, A. 1980. "Etude Préalable." In D. Poulot, *Le Sublime*. Paris.

——. 1988. "Dennis Poulot's *Le Sublime*—a Preliminary Study." In A. Rifkin and R. Thomas, eds., *Voices of the People*. London.

Dalotel, A. 1981. *Paule Minck: Communarde et Féministe*. Paris.

Dalotel, A., A. Faure, and J. C. Freirmuth. 1980. *Aux Origines de la Commune: Le Movement des Réunions Publiques a Paris, 1868–1870*. Paris.

Dansette, A. 1965. *Histoire Religieuse de la France Contemporaine*. Paris.

Dargan, J. 1985. *Balzac and the Drama of Perspective*. Lexington, Ky.

Daumard, A. 1965. *Maisons de Paris et Propriétaires Parisiens au XIXème Siècle*. Paris.

——. ed. 1973. *Les Fortunes Françaises au XIXème Siècle*. Paris.

Daumas, M., and J. Payen, eds. 1976. *Evolution de la Geographie Industrielle de Paris et Sa Proche Banlieue au XIXème Siècle*. 2 vols. Paris.

Dautry, J. 1977. *1848 et la IIme République*. Paris.

Delacroix, E. 1980(1926). *The Journal of Eugene Delacroix*. Trans. L. Norton, ed. H. Wellington. Ithaca, N.Y.

Delattre, S. 2000. *Les Douze Heures Noires: La Nuit a Paris au XIXeme Siècle.* Paris.

Des Cars, J., and P. Pinon, eds. 1991. *Paris-Haussmann: Le Pari Haussmann.* Paris.

De Thèzy, M. 1994. *Marville.* Paris.

D'Hericourt, J. 1860. *La femme affranchi.* Paris.

Dommanget, M. 1957. *Les idées politiques et sociales d'Auguste Blanqui,* Paris.

———. 1969. *Blanqui et l'opposition révolutionnaire a la fin du Second Empire.* Paris.

———. 1970(1926). *Blanqui.* Reprint. Paris.

Donzelot, J. 1977. *La Police des Familles.* Paris.

Dreyfus, R. 1928. *Monsieur Thiers Contre l'Empire: La Guerre et la Commune.* Paris.

Du Camp, M. 1875. *Paris: Ses Organes, Ses Fonctions et Sa Vie dans la Seconde Moitié du XIXème Siècle.* 6 vols. Paris.

———. 1878. *Les Convulsions de Paris,* 4 vols. Paris.

Duchene, G. 1869. *L'Empire Industriel.* Paris.

Dunbar, G. 1978. *Elisée Reclus.* Hamden, Conn.

Dupont-Ferrier, P. 1925. *Le Marché Financier de Paris sous le Second Empire.* Paris.

Durkheim, E. 1958, *Socialism and Saint-Simon.* Trans. C. Sattler. Yellow Springs, Ohio.

Duveau, G. 1946. *La Vie Ouvrière en France sous le Second Empire.* Paris.

Edwards, S. 1971. *The Paris Commune.* Chicago.

Ellingson, T. 2001. *The Myth of the Noble Savage.* Berkeley, Calif.

Engels, F. 1935(1872). *The Housing Question.* New York.

Farrant, T. 2001. "Du Livre Illustré a la Ville-Spectacle." In K. Bowie, ed., *La*

Modernité Avant Haussmann. Paris.

Fay-Sallois, F. 1980. *Les Nourrices a Paris au XIXéme Siècle*. Paris.

Ferguson, P. 1994. *Paris as Revolution: Writing the 19th Century City*. Berkeley, Calif.

Ferry, J. 1868. *Comptes Fantastiques d'Haussmann*. Paris.

Flaubert, G. 1964(1869). *Sentimental Education*. Trans. R. Baldick. Harmondsworth, U.K.

———. 1976(1881). *Bouvard and Pecuchet*. Trans. A. J. Krailsheimer. Harmondsworth, U.K.

———. 1979a. *Flaubert in Egypt*. Trans. and ed. F. Steegmuller. Chicago.

———. 1979b. *Letters, 1830–1857*. Trans. and ed. F. Steegmuller. London.

———. 1982. *Letters, 1857–1880*. Trans. and ed. F. Steegmuller. London.

Flaus, L. 1949. "Les fluctuations de la Construction d'Habitations Urbaines" *Journal de la Société de Statistique de Paris*(May–June 1949).

Fortescue, W. 1983. *Alphonse de Lamartine: A Political Biography*. London.

Foucault, M. 1984. *The Foucault Reader*. Ed. P. Rabinow. Harmondsworth, U.K.

Foulon, M. 1934. *Eugène Varlin*. Clermont-Ferand.

Fourier, C. 1971. *The Utopian Vision of Charles Fourier: Selected Texts*. Trans. and ed. J. Beecher and R. Bienvenu. Boston.

———. 1996. *The Theory of the Four Movements*. Ed. G. S. Jones and I. Patterson. Cambridge.

Fournel, V. 1858. *Ce Qu'on Voit dans les Rues de Paris*. Paris.

———. 1865. *Paris Nouveau et Paris Future*. Paris.

Fox, R., and G. Weisz. 1980. *The Organisation of Science and Technology in France, 1808–1914*. London.

Fribourg, A. 1872. *Le Paupérisms Parisien*. Paris.

Fried, M. 1963. "Grieving for a Lost Home." In L. Duhl, ed., *The Urban*

Condition. New York.

Fried, Michael. 1969. "Manet's Sources: Aspects of His Art, 1859 –65." *Artforum* 7, no. 7:1 –82.

Gaillard, J. 1977. *Paris: La Ville,* 1852–1870. Paris.

Gandy, M. 1999. "The Paris Sewers and the Rationalization of Urban Space." *Transactions, Institute of British Geographers.* n.s 24:23 –44.

Giedion, S. 1941. *Space, Time, Architecture.* Cambridge, Mass.

Gildea, R. 1983. *Education in Provincial France,* 1800–1914. Oxford.

Girard, L. 1952. *La Politique des Travaux Publics Sous le Second Empire.* Paris.

——. 1981. *Nouvelle Histoirre de Paris: La Deuxième République et le Second Empire.* Paris.

Glacken, C. 1967. *Traces on the Rhodian Shore.* Berkeley, Calif.

Gobineau, A., Compte de. 1853 –1855. *Essai sur l'Inégalité des Races Humaines,* Paris.

Gossez, R. 1967. *Les Ouvriers de Paris: L'Organisation,* 1848 –51. Paris.

Gossman, L. 1974. "The Go–between: Jules Michelet, 1798 –1874." *MLN* 89:503 – 541.

Goubert, J.-P. 1986. *The Conquest of Water.* Oxford.

Gould, R. 1995. *Insurgent Identities: Class, Community and Protest in Paris from 1848 to the Commune.* Chicago.

Gramsci, A. 1971. *Selections from the Prison Notebooks.* Trans. Q. Hoare and G. N. Smith. London.

Green, F. 1965. *A Comparative View of French and British Civilization,* 1850– 1870. London.

Green, N. 1990. *The Spectacle of Nature: Landscape and Bourgeois Culture in Nineteenth-Century France.* Manchester, U.K.

Greenberg, L. 1971. *Sisters of Liberty: Marseille, Lyon, Paris, and the Relation to a Centralized State, 1868–71*. Cambridge, Mass.

Guedalla, P. 1922. *The Second Empire*. New York.

Guerrand, R.-H. 1966. *Les Origines du Logement Social en France*. Paris.

Haine, W. 1996. *The World of the Paris Café*. Baltimore.

Halbwachs, M. 1909. *Les Expropriations et le Prix de Terrain, 1860–1900*. Paris.

——. 1928. *La Population et les Traces des Voies a Paris Depuis un Siècle*. Paris.

Hambourg, M. 1981. "Charles Marville's Old Paris." In French Institute/Alliance Française, *Charles Marville: Photographs of Paris at the Time of the Second Empire on Loan from the Musée Carnavalet*. Paris and New York.

Hanagan, M. 1980. *The Logic of Solidarity*. Urbana, Ill.

Hanagan, M. 1982. "Urbanization, Worker Settlement Patterns, and Social Protest in Nineteenth Century France." In J.Merriman, ed., *French Cities in the Nineteenth Century*. London.

Harsin, J. 1985. *Policing Prostitution in Nineteenth Century Paris*. Princeton, N.J.

——. 2002. *Barricades: The War of the Streets in Revolutionary Paris, 1830–1848*. New York.

Harvey, D. 1982. *The Limits to Capital*. Oxford.

——. 1989. *The Condition of Postmodernity*. Oxford.

——. 1996. *Justice, Nature and the Geography of Difference*. Oxford.

Haussmann, G.-E. 1890–1893. *Mémoires du Baron Haussmann*. 2 vols. Paris.

Hazareesingh, S. 1998. *From Subject to Citizen: The Second Empire and the Emergence of Modern French Democracy*. Princeton, N.J.

Hellerstein, E. 1976. "French Women and the Orderly Household." *Western*

Society for French History 3: 378–389.

Hershberg, T. 1981. *Philadelphia: Work, Space, Family, and the Group Experience in the Nineteenth Century*. New York.

Hertz, N. 1983. "Medusa's Head: Male Hysteria under Political Pressure." *Representations* 4:37–54.

Hill, C. 1975. *The World Turned Upside Down*. Harmandsworth, U.K.

Hitzman, A. 1981. "Rome Is to Carthage as Male Is to Female: Michelet, Berlioz, Flaubert and the Myths of the Second Empire." *Western Society for French History* 8:378–380.

Hugo, V. 1976(1862). *Les Misérables*. Trans. N. Denny. Harmondsworth, U.K.

Hutton, P. 1981. *The Cult of the Revolutionary Tradition: The Blanquists in French Politics, 1864–1893*. Berkeley, Calif.

Hyams, E. 1979. *Pierre-Joseph Proudhon: His Revolutionary Life, Mind, and Works*. London.

Ionescu, G. 1976. *The Political Thought of Saint-Simon*. Trans. and ed. G. Ionescu. Oxford.

Jameson, F. 1982. *The Political Unconscious*. London.

———. 1995. "Fredric Jameson on *La Cousine Bette*." In M. Tilby, ed., *Balzac*. London.

Janis, E. 1986, "Demolition Picturesque: Photographs of Paris in 1852 and 1853 by Henri Le Secq." In P. Walch and T. Barrow, eds., *Perspectives on Photography: Essays in Honor of Beaumont Newhall*. Albuquerque, N.M.

Jellinek, F. 1937. *The Paris Commune of 1871*. London.

Johnson, C. 1974. *Utopian Communism in France: Cabet and the Icarians, 1839–1851*. Ithaca, N.Y.

Kantorowicz, E. 1957. *The King's Two Bodies*. Princeton, N.J.

Kelso, M. 1936. "The French Labor Movement during the Last Years of the Second

Empire." In D. McKay, ed., *Essays in the History of Modern Europe*. New York.

Kemple, T. 1995. *Reading Marx Writing: Melodrama, the Market and the "Grundrisse."* Stanford, Calif.

Klein, R. 1967. "Some Notes on Baudelaire and Revolution." *Yale French Studies* 39:85–97.

Kulstein, D. 1969. *Napoleon III and the Working Class*. San Jose, Calif.

Lameyre, G.-N. 1958. *Haussmann, Préfet de Paris*. Paris.

Lavedan, P. 1975. *Histoire de l'Urbanisme a Paris*. Paris.

Lazare, L. 1869. *Les Quartiers Pauvres de Paris*. Paris.

———. 1870. *Les Quartiers Pauvres de Paris: Le XXème Arrondissement*. Paris.

———. 1872. *La France et Paris*. Paris.

Lefebvre, H. 1967. *La Proclamation de la Commune*. Paris.

———. 1974. *La Production de l'Espace*. Paris.

———. 1976(1973). *The Survival of Capitalism*. Trans. F. Bryant. London.

Lejeune, M., and P. Lejeune. 1984. *Calicot: Xavier-Edouard Lejeune*. Paris.

Lejeune, P. 1977. *Eugène Varlin: Pratique Militante et Écrits d'un Ouvrier Communard*. Paris.

Leon, P. 1976. "La Conquête de l'Espace Nationale." In F. Braudel and E. Labrousse, eds., *Histoire Économique et Sociale de la France*. Vol 3. Paris.

Lepidis, C., and E. Jacomin. 1975*Belleville*. Paris.

Le Play, F. 1878. *Les Ouvriers Européens*. 6 vols. Paris.

———. 1983. *Ouvriers de Deux Mondes*. Abridged ed. Paris.

Leroy-Beaulieu, P. 1868. *De l'État Moral et Intellectual des Populations Ouvrières et Son Influence sur le Taux de Salaries*. Paris.

Lescure, M. 1980. *Les Sociétés Immobilières en France au XIXème Siècle*. Paris.

Lesourd, P. 1973. *Montmartre*. Paris.

Levy-Leboyer, M. 1976. "Le Credit et la Monnaie: L'Évolution Institutionelle." In F. Braudel and E. Labrousse, eds., *Histoire Économique et Sociale de la France*. Vol. 3. Paris.

Lidsky, P. 1970. *Les Écrivains contre la Commune*. Paris.

Lissagaray, P.-O. 1976(1876). *Histoire de la Commune*. Paris.

Lynch, K. 1964. *The Image of the City*. Cambridge, Mass.

Marchand, B. 1993. *Paris: Histoire d'une Ville*. Paris.

Marcus, S. 1999. *Apartment Stories: City and Home in Nineteenth Century Paris and London*, Berkeley, Calif.

Margadant, T. 1982. "Proto-urban Development and Political Mobilization during the Second Republic." In J. Merriman, ed., *French Cities in the Nineteenth Century*. London.

Marrey, B. 1981. "Les Realisations des Utopistes dans les Travaux Publics et l' Architecture: 1840–1848." In Société d'Histoire de la Revolution de 1848 et des Revolutions du XIXème Siècle, *1848: Les Utopismes sociaux*. Paris.

Marx, K. 1963(1852). *The Eighteenth Brumaire of Louis Bonaparte*. New York.

——. 1964. *Class Struggles in France, 1848–1850*. New York.

——. 1967. *Capital*. 3 vols. New York.

——. 1972. *Theories of Surplus Value*. 3 vols. London.

——. 1973. *Grundrisse*. Harmondsworth, U.K.

Marx, K., and F. Engels, 1952(1848). *Manifesto of the Communist Party*. Moscow.

Marx, K., and V. I. Lenin, 1968. *The Civil War in France: The Paris Commune*, New York.

Marx, L. 1964. *The Machine in the Garden*. London.

Massa-Gille, G. 1973. *Histoire des Emprunts de la Ville de Paris, 1814–1875*.

Paris.

McBride, T. 1976. *The Domestic Revolution*. New York.

———. 1977–1978. "A Woman's World: Department Stores and the Evolution of Women's Employment, 1870–1920," *French Historical Studies* 10:664–683.

McKay, D. 1933. *The National Workshops: A Study in the French Revolution of* 1848. Cambridge, Mass.

McLaren, A. 1978. "Abortion in France: Women and the Regulation of Family Size." *French Historical Studies* 10, 461–485.

Meynadier, H. 1843. *Paris sous le Point de Vue Pittoresque*. Paris.

Michel, L. 1981(1886). *The Red Virgin*. Trans. B. Lowry and E. Gunter. University, Ala.

Michelet, J. 1973(1845). *The People*. Trans. J. McKay, Urbana, Ill.

———. 1981. *La Femme*. Paris.

Miller, M. 1981. *The Bon Marché: Bourgeois Culture and the Department Store*, 1869–1920. London.

Ministère de la Culture, de la Communication, des Grands Travaux et du Bicentenaire. 1988. *Paul Abadie: Architecte* 1812–1884. Paris.

Moilin, T. 1869. *Paris en l'An* 2000. Paris.

Molotch, H. 1976. "The City as a Growth Machine: Towards a Political Economy of Place." *American Journal of Sociology* 82:309–32.

Moncan, P, and C. Mahout. 1991. *Le Paris du Baron Haussmann: Paris sous le Second Empire*. Paris.

Moon, S. 1975. "The Saint-Simonian Association of Working Class Women, 1830–1850." *Western Society for French History* 5:274–280.

Moret, F. 2001. "Penser la Ville en Fourieriste: Les Projets pour Paris de Perreymond." In K. Bowie, ed., *La Modernité Avant Haussmann*. Paris.

Moses, C. 1984. *French Feminism in the Nineteenth Century*. Albany, N.Y.

Moses, R. 1942. "What Happened to Haussmann." *Architectural Forum* 77(July): 1-10.

Moss, B. 1976. *The Origins of the French Labor Movement, 1830–1914.* Berkeley, Calif.

Nadaud, M. 1895. *Mémoires de Léonard, Ancien Garçon Macon.* Bourganeuf.

Noel, B, ed. 2000. *La Commune: Paris* 1871. Paris.

Papayanis, N. 2001. "L'Émergence de l'Urbanisme Moderne a Paris." In K. Bowie, ed., *La Modernité Avant Haussmann.* Paris.

Paris Guide. 1983(1867). Paris.

Payne, H. 1966. *The Police State of Louis Napoleon Bonaparte.* Seattle, Wash.

Pinkney, D. 1953. "Migrations to Paris during the Second Empire." *Journal of Modern History* 25:1-12.

———. 1958. *Napoleon III and the Rebuilding of Paris.* Princeton, N.J.

Piore, M., and C. Sable. 1984. *The Second Industrial Divide: Possibilities for Prosperity.* New York.

Plessis, A. 1973. *De la Fête Impériale au Mur des Fédérés, 1852–1871.* Paris.

———. 1982. *La Banque de France et Ses Deux Cents Actionnaires sous le Second Empire.* Paris.

Pollock, G. 1988. *Vision and Difference: Femininity, Feminism and the Histories of Art.* London.

Poulet, G. 1959. *The Interior Distance.* Trans. E. Coleman. Baltimore.

Poulot, D. 1980(1870). *Le Sublime.* Paris.

Prawer, S. 1978. *Karl Marx and World Literature.* Oxford.

Prendergast, C. 1992. *Paris and the Nineteenth Century.* Oxford.

Price, R. 1975. *The Economic Modernization of France.* London.

———. 1983. *The Modernization of Rural France.* London.

Procès-Verbaux de la Commission Ouvrière de 1867. 1867. Paris.

Rabinow, P. 1989. *French Modern: Norms and Forms of the Social Environment*. Cambridge, Mass.

Rancière, J. 1988. "Good Times or Pleasure at the Barriers." In A. Rifkin and R. Thomas, eds., *Voices of the People*. London.

———. 1989. *The Nights of Labor: The Workers' Dream in Nineteenth Century France*. Trans. John Drury. Philadelphia.

Rancière, J., and P. Vauday. 1988. "Going to the Expo: The Worker, His Wife and Machines." In A. Rifkin and R. Thomas, eds., *Voices of the People*. London.

Reff, T. 1982. *Manet and Modern Paris*. Washington, D.C.

Retel, J. 1977. *Elements Pour une Histoire du Peuple de Paris au 19eme Siècle*. Paris.

Reunion des Musées Nationaux. 2000. *La Commune Photographiée*. Paris.

Reybaud, L. 1869. "Les Agitations Ovrières et l'Association Internationale." *Revue des Deux Mondes* 81:871–902.

Rifkin, A. 1979. "Cultural Movements and the Paris Commune." *Art History* 2:210–222.

Rifkin, A., and R. Thomas, eds. 1988. *Voices of the People: The Politics and Life of "La Sociale" at the End of the Second Empire*. London.

Robb, G. 2000. *Balzac: A Biography*. London.

Rohault de Fleury, H. 1903–1909. *Historique de la Basilique du Sacré-Coeur*. 4 vols. Limited ed. Paris.

Roncayalo, M. 2002. *Lectures de Ville: Formes et Temps*. Marseille.

Rose, R. 1978. *Gracchus Babeuf: The First Revolutionary Communist*. Stanford, Calif.

Rossi, A. 1982. *The Architecture of the City*. Cambridge, Mass.

Rougerie, J. 1965. *Procès des Communards*. Paris.

———. 1968a. "Remarques sur l'Histoire des Salaires a Paris au Dix-neuvième siècle." *Le Mouvement Sociale* 63:71–108.

———. 1968b. "Les Sections Françaises de l'Association Internationale de Travailleurs." *Colloques Internationales du CNRS*. Paris.

———. 1971. *Paris Libre*. Paris.

Rubin, J. 1980. *Realism and Social Vision in Courbet and Proudhon*. Princeton, N.J.

Said, E. 1979. *Orientalism*. New York.

Saint-Simon, H., Comte de. 1952. *Selected Writings*. Ed. and trans. F.M. H. Markham. Oxford.

———. 1975. *Selected Writings on Science, Industry and Social Organisation*. Trans. K. Taylor. London.

Saisselin, R. 1984. *The Bourgeois and the Bibelot*. New Brunswick, N.J.

Schivelbusch, W. 1977. *The Railway Journey: The Industrialization of Time and Space in the Nineteenth Century*. Berkeley, Calif.

Scott, J. C. 1985. *Weapons of the Weak: Everyday Forms of Peasant Resistance*. New Haven, Conn.

Scott, J. W. 1988. *Gender and the Politics of History*. New York.

Sennett, R. 1970. *The Uses of Disorder: Personal Identity and City Life*. New York.

———. 1978. *The Fall of Public Man: The Social Psychology of Capitalism*. New York.

Sewell, W. H. 1980. *Work and Revolution in France*. New York.

Simmel, G. 1971. "The Metropolis and Mental Life." In Simmel's *On Individuality and Social Forms*. Ed. D. Levine. Chicago.

———. 1978(1920). *The Philosophy of Money*. Trans. T. Bottomore and D. Frisby. London.

Simon, J. 1861. *L'Ouvrière*. Paris.

Smith, W. 1991. *Napoleon III*. London.

Société d'Histoire de la Revolution de 1848 et des Revolutions du XIXème Siècle. 1981.*1848: Les Utopismes Sociaux*. Paris.

St. John, B. 1854. *Purple Tints of Paris*. New York.

Steegmuller, F. 1950. *Flaubert and Madame Bovary: A Double Portrait*. New York.

Stierle, K. 2001. *La Capitale des Signes: Paris et Son Discours*. Paris.

Sutcliffe, A. 1970. *The Autumn of Central Paris*. London.

Taylor, K. 1975. "Introduction." In Saint-Simon, *Selected Writings on Science⋯* Ed. Taylor. London.

Tchernoff, 1. 1906. *Le Parti Républicain*. Paris.

Thomas, A. N.d. *Le Second Empire, 1852–1870*. Paris.

Thomas, E. 1966(1963). *The Women Incendiaries*. Trans. J. Atkinson and S. Atkinson. New York.

———. 1967. *Rossell*(1844–1871). Paris.

Tilly, L. A., and J.A.Scott. 1978. *Women, Work, and Family*. New York.

Tristan, F. 1843. *L'Union Ouvrière*. Paris

———. 1982(1840). *The London Journal of Flora Tristan*. Trans. J. Hawkes. London.

Truesdell, M. 1997. *Spectacular Politics: Louis-Napoleon Bonaparte and the Fête Impériale, 1849–70*. Oxford.

Tudesq, A.-J. 1956. "La Crise de 1847, Vue par les Milieux d'Affaires Parisiens." *Etudes de la Société d'Histoire de la Revolution de 1848* 19:4 –36.

Valette, J. 1981. "Utopie Sociale et Utopistes Sociaux en France vers 1848." *Société d'Histoire de la Revolution de 1848* 13 –110

Vanier, H. 1960. *La Mode et Ses Metiers*. Paris.

Vidler, A. 1978. "The Scenes of the Street: Transformations in Ideal and Reality,

1750 –1871" In S. Anderson, ed., *On Streets*. Cambridge, Mass.

Ville de Paris, Conseil Municipal. 1880. *Procès Verbaux*. Paris.

Vincent, K. 1984. *Pierre-Joseph Proudhon and the Rise of French Republican Socialism*. Oxford.

Weeks, W. 1999. *The Man Who Made Paris Paris: The Illustrated Biography of Georges-Eugene Haussmann*. London.

Woolf, P. 1988. "Symbol of the Second Empire: Cultural Politics and the Paris Opera House." In D. Cosgrove, and S. Daniels, eds., *The Iconography of Landscape*. Cambridge.

Zola, E. 1954a(1872). *The Kill(La Curée)*. Trans. A. Texiera de Mattos. New York.

——. 1954b(1885). *Germinal*. Trans. L. Tancock. Harmondsworth, U.K.

——. 1970(1876). *l'Assommoir*. Trans. L. Tancock. Harmondsworth, U.K.

——. 1991(1891). *Money(L'Argent)*. Trans. E. Vizetelly, Stroud.

——. 1995(1883). *The Ladies Paradise(Au Bonheur des Dames)*. Trans. Brian Nelson. Oxford.

그림 목록

옮긴이의 말

이 책은 영국 출신의 지리학자 데이비드 하비가 쓴 『Paris, Capital of Modernity』를 번역한 것이다. 1935년에 태어난 하비는 케임브리지대학교에서 지리학을 공부하고 영국과 미국에서 오랫동안 지리학과 교수로 있으면서 여러 권의 저서를 펴냈다. 역사지리학 분야의 개척자라 할 수 있을 하비는 공간과 인간의 관계를 여러 각도에서 파고든다. 그중에서도 그가 특히 큰 관심을 가진 것은 자본주의와 도시의 관계다. 즉 자본주의가 갖는 모순이 역사지리적 전환을 겪으면서 어떻게 재편되는가 하는 문제를 추적하는 것이 그의 주과제다. 따라서 근대성, 근대화, 도시화의 문제는 언제나 그에게 최대의 흥밋거리였다. 이 책은 바로 그 문제를 파리라는 도시의 변형과정을 통해 다루고 있다. 자본주의적 도시화의 가장 전형적인 사례가 19세기에 이루어진 파리의 개조 작업이라고 보기 때문이다.

그의 저작으로는 1973년의 『사회 정의와 도시Social Justice and the City』, 1982년의 『자본의 한계The Limits to Capital』(한울, 1995)가 있고, 1985년에는 『자본의 도시화The Urbanizarion of Capital』와 『의식과 도시 경험Consciousness and the Urban Experience』 두 권이 출간되었다. 이 두 권은 마르크스주의에

입각한 도시 발전사 연구에서 아주 중요한 위치를 차지한다. 전자는 자본주의 생산양식의 맥락에서 도시화가 어떻게 전개되며, 도시화의 결과가 자본주의 관계에 어떤 의미를 지니는지를 파악하는 것인 반면, 후자는 개인들이 도시 일상의 생활 속에서 만들어나가는 경험 및 의식의 의미와 그 뿌리에 있는 사회적 총체성을 분석한다. 1989년에는 위 두 권의 주요 내용을 취합하여 『도시 경험The Urban Experience』(『도시의 정치경제학』, 한울, 1996)으로 펴내기도 했으며, 같은 해에 『포스트 모더니티의 조건 The Condition of Postmodernity』(한울, 1994)을 냈다. 또 2000년에는 『희망의 공간Spaces of Hope』(한울, 2001), 그리고 2003년에는 이 책, 『모더니티의 수도, 파리Paris, Capital of Modernity』가 출간되었다.

이 책은 완전히 새로 쓴 책은 아니다. 1985년에 나온 『의식과 도시 경험』에 실린 주요 논문을 개정·증보하고, 풍부한 시각 자료를 보충했으며, 서문을 새로 썼다. 특히 당대의 정치적·사회적 격변을 현장에서 보도하는 듯한 도미에의 삽화는 일반 대중의 복잡 미묘한 심정을 이해하는 데 큰 도움을 준다. 하지만 약 20년이라는 시간 차를 두는 두 권의 책에서 볼 수 있는 가장 큰 차이가 단지 사진과 삽화의 유무는 아니다. 정통적 마르크스주의 정치경제학 방법론으로 도시문제를 분석하던 1985년의 책에 비해 2003년의 책에는 발터 벤야민의 영향력이 눈에 띄게 드러나 있다. 1830년대 파리의 도시 구조에 관한 벤야민의 미완성 연구 기획 '아케이드 프로젝트'의 관심사와 스타일, 그리고 보들레르에게서 자주 등장하는 인물 유형인 만보객의 관점에서 이해되는 근대성의 논의가 이 책에 새로운 색채를 부여하고 있다.

전체 구성은 새로 쓰인 서문과 발자크에 관한 장, "정치체를 꿈꾸다"라는 제목을 가진 새 장, 그리고 『의식과 도시 경험』에 실렸던 중심 부분을 손질하여 재수록한 부분으로 이루어진다. 새로 집필된 서문의 중요 논점은 근대성이라는 개념 자체가 하나의 신화에 지나지 않음을 폭로 하는 것이다. 하비는 근대라는 것이 그 이전과 근본적으로 단절된 시대 라고 보는 것은 근대성이라는 허구적 신화에 지나지 않으며, 그런 신화 를 조장한 것이 1848년 혁명과 오스만화Haussemannisation로 대표되는 창조 적 파괴의 행위라고 본다. 1848년 혁명이 파리의 정치경제, 일상생활, 문 화의 제반 영역에서 크나큰 단절을 초래했고, 오스만의 작업은 그 뒤에 이어졌다는 것이다. 하비는 이렇게 질문한다. 1848년에 실제로 무슨 일 이 일어났기에 그러한가? 그 사건은 당대인들의 의식에 어떤 영향을 미 쳤는가? 시가전이 벌어졌고, 혁명이 일어났고, 의회가 소집되었으며, 거 기서 루이 나폴레옹이 대통령으로 당선되었고, 그러다가 쿠데타가 일어 나서 제정으로 바뀌었고, 박력 있는 보르도 지사이던 오스만이 파리 지 사가 되었다. 하비는 오스만이 파리의 개조 계획을 추진하는 책임자가 된 전후 사정을 조사하여, 그 계획이 오스만의 지사 임명 이전에 이미 세 워져 있었다는 사실을 강조한다. 그리고 오스만화라는 것으로 대표되 는 변화, 근대성의 신화가 주장하는 것 같은 과거와의 철저한 단절이라 는 것이 허상에 지나지 않는다는 점을 밝혀낸다. 그러한 사실이 어찌하 여 묻혀버렸는가 하는 질문에 대한 대답은 간단하지 않다. 오스만화라 는 신화는 오스만의 『회고록』에서 시작되는데, 그 점에 관한 한 그 책은 사실을 왜곡하고 은폐하는 시치미 떼기의 탁월한 모델이라 할 수 있을 정도다. 왜 시치미를 뗐는지 묻는다면 파리 개조 계획에서 오스만이 맡 았던 역할에 대한 이해가 선행되어야 한다고 말할 수밖에 없다. 굳이 설 명하자면, 하비는 오스만을 중심으로 전개된 단절에 관한 논의를 권력 장악을 위한 전략으로 이해해야 한다고 본다. 즉 오스만은 자기 계획에 권위를 더하기 위해 자기가 오기 전에 계획된 것들의 부적합성을 입증해야 했으며, 자기 계획의 창의성과 새로움을 강조하지 않을 수 없었고, 그것을 신화의 수준으로 밀어올림으로써 제2제정의 권위도 함께 더해주었다는 것이다. 그의 계획은 제국의 권력에 의해서만 실현될 수 있었고, 제국은 그것을 사회통제 수단으로 활용했다. 그렇기 때문에 제2제정 및 오스만의 기획은 파리의 근대화와 복잡 미묘한 관계를 맺고 있다. 그것은 결코 시민 자치라든가 사회주의 사상의 발전과 공존할 수 없다. 그렇다고 구시대적인 봉건적 이권이나 지주계급의 이익과 공존하지도 못한다. 재정 조달을 위해 전제 왕권과 화폐 민주주의 사이에서 위태로운 곡예를 벌이던 오스만은 결국은 양자 간 갈등의 희생물이 되어 몰락한다.

하비는 오스만이 파리의 도시계획에 기여한 정도를 평가절하하려는 것은 아니다. 그는 오스만이 확대한 규모, 혁신적인 사고방식, 새로운 기술에 대한 열린 사고, 새로운 조직 형태의 적용 방식에 찬사를 보냈다. 개조 계획 자체를 오스만이 시작한 것은 아니라 하더라도 그 계획이 실행되고 추진된 방식은 확실히 오스만 스타일이며, 그런 특징이 신화화된 근대성의 이미지를 만들기에 적합했다고 봐야 할 것이다.

얼핏 보면 이 책은 파리를 사랑하는 사람들이 흔히 듣고 싶어하는 내용을 담고 있을 것 같지만, 오히려 그들이 받아들이고 싶지 않은 면모를 더 많이 드러낸다. 낭만적 환상으로 에워싸인 파리의 치장을 벗겨내고, 그러한 낭만적 환상이 씌워지기까지 파리가 거쳐온 누추하고도 뒤틀린 현실의 구조를 보여주기 때문이다. 이 책을 읽고 나면 독자들의 코에는 파리의 역사가 내뿜는 피비린내가 느껴질지도 모른다. 낭만적인 파리는 19세기에 이루어진 작업의 산물이지만 그전의 과거와 근본적으로 단절된 것은 아니다. 어떤 사회적 질서도 기존 여건 속에 잠복해 있지 않던 변화를 달성할 수는 없기 때문이다. 하비의 목적은 파리가 역사의 온갖 쓰레기가 모인 무더기도, 어떤 한 개인의 편집광적인 기획을 실천한 결과로 만들어진 것도 아니라, 자본주의적 근대화의 느린 과정을 거치면서 만들어진 것임을 보여주려는 데 있다. 근대화의 과정은 제2제정 이전에 이미 시작되고 있었으며, 제2제정이 달성한(근본적이지는 않더라도) 대폭적인 변화를 이어받아 혼란 속에서 태어나는 제2공화정에서도 프랑스 사회의 변형은 계속 이어지기 때문이다.

이 책에서 오스만을 제외하고 가장 중요한 위치를 차지하는 것은 발자크다. 하비는 발자크와 보들레르의 작품 속에 등장하는 파리라는 도시와 그 속에서 사는 사람들을 살펴보면서 이 무렵 진행되고 있던 자본주의가 빚어내는 인간형과 그들을 지배하는 파리라는 도시의 위력을 분석한다. 하비가 보는 발자크는 도시주의자urbanist라 할 수 있다. 발자크의 『인간 희극』에 포함된 모든 작품에는 자본주의가 정신없이 진행되는 파리가 또 하나의 주인공이나 마찬가지인 위치를 차지하고 있다. 자본주의가 도시를 장악하면서 도시의 거주민은 상품 물신주의의 노예가 되고 파리가 비대해짐에 따라 시골은 갈수록 수탈과 상대적 박탈감에 시달리게 된다. 발자크는 파리 안팎에서 형성된 이러한 대립 구도를 적나라하게 묘사한다. 도시의 구석구석을 하나의 살아 있는 생물처럼 다루면서 감정과 인격을 가진 부분들로 변모시킨다. 거리와 건물과 실내장식은 저마다 등장인물의 성격과 행동, 운명과 필연적인 연관을 맺고 있다. 도시는 인간을 비인간화하는 힘의 화신이다. 시민들은 자본주의가 도시 공간을 착복하는 해악에 대해 수없이 비난하면서도, 비인간화하는 도시를 떠나지 못하고 전원에 대한 강한 향수만 품고 살아간다. 반면 플로베르는 정반대로 그것을 하나의 무대장치에 불과한 것으로 축소한다. 발자크에게서 유기체와 같던 주변 환경에 대한 묘사는 필연적 관계의 부재를 표현하는 기능을 할 뿐이다. 부르주아 미학은 낙오자의 미학이 되어버리고 도시는 죽은 사물이 된다. 물론 이러한 발자크와 보들레르의 세대 차이가 칼로 자른 듯이 명료하지는 않으며, 그 차이를 너무 강조한다면 근본적인 단절이라는 것을 허구로 치부하는 하비 본인으로서도 일관성을 잃게 될 수 있다. 어쨌든 발자크와 보들레르가 본 파리는 오스만이 개조하려고 했던 바로 그 파리이며, 그들이 만들어낸 인간 유형은 그의 도시 개조 작업 속에서 전형적인 자본주의적 인격을 완성하고 성공과 몰락을 겪는다.

하비에게서 중요하게 다루어지는 개념으로 신체 및 정치체body politic 가 있다. 2장은 프랑스의 정치 현실 및 파리라는 도시의 현상 및 재편 과정에서 정치체 개념이 어떤 역할을 했는가를 다루고 있다. 정치에서 신체라는 발상 자체는 연원이 오래된 것으로, "교회는 곧 그리스도의 몸"이라는 기독교적 사고방식의 연장선 위에서 절대왕정기 "왕의 두 신체", 즉 자연적 신체와 국가를 가리키는 정치적·사회적 신체라는 발상이 나왔고, 그것이 정치체 개념으로 이어진 것이다. 신체는 욕망의 주체이고 노동이 이루어지는 장이자 사회적 생성물이다. 또 신체 안팎에다 스스로 질서를 창조할 수 있는 존재이며, 활동적이고 변화 가능한 주체. 그것은 정치의 주제다. 『포스트 모더니티의 조건』에서는 그것이 세계화와 대비되는 맥락에서 다루어지지만, 여기서는 그러한 맥락이 그다지 부각되지는 않는다. 정치체는 자연적 신체의 은유를 사용하며, 도시 개조 논리에 활용되는 유기체적 순환이라는 개념과도 관련된다. 신체가 조화를 이루어 건강한 상태를 유지해야 하듯이 정치체란 구성원들의 행복을 최대한 보장하면서도 집단적 기획을 통해 공통의 목적을 달성할 수 있는 것이어야 한다. 이러한 이상은 많은 사회사상가에게 영향을 주어 각자의 유토피아 사상으로 발전하기도 했다. 특히 생시몽의 이상은 제2제정기의 많은 정치가에게 영향을 주었으며, 루이 나폴레옹도 그의 영향을 받은 사람 중 하나다.

신체는 정치적 저항과 해방 정치가 이루어지는 유일한 무대이기도 하다. 신체에 영향을 미치는 외적 힘 가운데 가장 중요한 것은 노동과정이다. 하비는 노동과정이 파리 개조 과정에서 어떤 영향을 받고 어떻게 굴절되었는지 길게 분석한다. 이 책의 2부에서는 상품과 주민과 자본의 순환이라는 문제, 노동과 경제구조의 변화에 대한 탐구가 주관심사다. 도시 공간의 변형은 산업구조 및 노동 방식의 변화에 곧바로 영향을 주었고, 그것은 또 각 계급의 생활 형태와 의식에서 변화를 초래했다. 예를 들면 도심에서 공장을 몰아내려 했던 오스만의 도시계획으로 인해 파리의 근교화가 촉진되었고, 그에 따라 공장 지대와 노동자 거주 지역, 부유층 주거지가 격리되었으며, 그들 간의 의식적 단절은 극단적으로 심화되었다. 코뮌은 그 극단적인 단절이 낳은 불행한 결과물이다. 아직 사회보장에 관한 사고가 자리잡기 전인 이 시기에는 각 계급의 이해 조정을 통한 장기적 이익 달성이라는 발상을 실천할 주체는 어디에도 없었다. 거꾸로 말하자면 모든 가치가 상품 가치로 환원되는 자본주의 체제가 오스만의 도시 개조 과정을 통해 구태의연한 껍질을 던져버릴 기회를 좀더 빨리 포착했다고 할 수 있을 것이다. 심화된 계급 격리와 공간적 격리, 경제적 격리는 프랑스 사회와 고유한 방식으로 상호작용을 주고받으며 18세기 말에 시작된 프랑스혁명의 노선을 계속 이어나간다.

과거에 국내에서 나온 하비의 저서들은 주로 정치경제적 관점에서 공간 분석에 초점을 맞추고 있었고, 따라서 이론서의 성격이 강했다. 하지만 이 책은 좀더 다양한 분야를 두루 아우르며 이 시기에 발달했던 문화를 수많은 각도에서 조망하고, 거기에서 얻은 관찰을 통해 보편적인 종합을 보여주려는 의도를 갖고 있다.

그렇기 때문에 이 책은 저자의 다른 책에 비해 생생하고 구체적인 설명을 훨씬 많이 담고 있다. 용어나 개념에 대한 설명이 부족한 것처럼 보일 수도 있지만, 그보다는 복잡하기 짝이 없는 현상을 평면적이지 않게 해설해나가는 탁월한 기술 방식이 더 인상적이다. 저자는 마치 파리가 인격을 지닌 자본주의적 주체인 것처럼, 그 속에서 황제와 오스만, 부르주아와 노동자 계급 어느 한쪽에도 치우치지 않으려고 노력하면서 근대화 과정 자체를 중심축으로 삼아 이야기를 끌어나간다. 물론 저자의 마르크스주의적 관점을 구태여 상기하지 않더라도 그가 동조하는 것이 누구의 입장인지는 말할 필요도 없다. 발자크와 보들레르의 묘사를 통해 파리는 하나의 생물체처럼, 말 그대로 정치하는 신체로 다루어지고 자세하고 생생하게 이해된다. 특히 3부 코다에서는 코뮌 이후 고통을 치유하려 노력하는 순례자의 도시라는 감성적인 이미지가 전면에 부각된다. 사크레쾨르 성당의 건설에 관한 이 부분의 서술은 코뮌에 대한 기술과 맞물려 순백색의 건물 표피 아래에 핏빛이 감돌고 있는 듯한 착각을 일으키기도 한다. 발자크와 보들레르, 도미에 및 다른 삽화가들, 당대의 사진작가인 마르빌 등의 눈을 통해 파리의 변형을 지켜보면서 정치경제학으로는 채 다룰 수 없었던 당대인의 의식 내면을 분석하는 부분은 그가 달성하려 했던 관찰과 탐문을 통한 다양한 부분들의 역동적인 종합이라는 목적이 과연 어떤 것인지 실감하게 해준다. 어쩌면 그의 목적은 역사를 다시 쓰려는 것인지도 모른다. 또는 역사를 인식하는 우리의 사고방식에 수정을 가하고 싶은 것이라 할 수도 있을 것이다. 물론 저자라면 다들 나름대로 독자의 사고방식에 영향을 미치고 싶어하지만.

저자의 관심 분야가 워낙 방대하다보니 혹 그의 의도가 정확하게 전달되지 못한 것은 아닌지, 번역을 끝낸 지금도 걱정이 된다. 마르크스 사상의 효용이 다했다는 듯 마구 폐기되던 1990년대의 소동도 한물 지나간 지금 시점에서 보더라도, 하비는 여전히 중심을 잃지 않고 탁월한 현상 종합 능력을 발휘하고 있다.

도시라는 복잡한 공간은 그에 못지않게 복잡한 자본주의라는 현상을 반영한다. 인간이 지은 건물이 그 속에 사는 인간을 규정한다. 농촌과 도시는 농민과 도시민의 상이한 생활 방식을 담는 그릇이자 그 상이함이 반영된 표상이다. 자본주의의 성장과 함께 성장한 도시는 자본주의의 공간적 화신이라고도 할 수 있을 것이다. 이 책이 도시에 항상 살면서도 그러한 본질적 관계에 대한 이해를 도외시한 채 살아가는 일상에 참신한 자극이 되기를 기대한다.

몇 년 전에 소개했던 이 책을 다시 독자들에게 보여드릴 기회를 얻었다. 다시 읽으면서 몇 군데 잘못을 바로잡을 수 있어서 정말 다행이다. 10년이 지났지만 정말로 근사하고 감탄스러운 책이라는 생각은 처음 읽을 때와 조금도 달라지지 않았다. 그런 감탄이 독자들에게 조금이라도 전해진다면 더 바랄 것이 없겠다.

옮긴이의 말

찾아보기

찾아보기

모더니티의 수도, 파리

1판 1쇄	2019년 3월 15일
1판 2쇄	2022년 1월 3일
지은이	데이비드 하비
옮긴이	김병화
펴낸이	강성민
편집장	이은혜
마케팅	정민호 김도윤
홍보	김희숙 함유지 이소정 이미희
독자모니터링	황치영

펴낸곳　　(주)글항아리 | 출판등록 2009년 1월 19일 제406-2009-000002호

주소　　　10881 경기도 파주시 회동길 210
전자우편　bookpot@hanmail.net
전화번호　031-955-2696(마케팅) 031-955-1936(편집부)
팩스　　　031-955-2557
ISBN　　　978-89-6735-604-0 03920